한반도 평화와 통일 2

남남갈등을 넘어 비핵평화와 통일을 향해

한반도평화만들기·한반도포럼 기획
백영철 외 지음

연세대학교 출판문화원

차례

2권

6부
한반도 평화 협력과 통일 - 통일과정을 중심으로

7부
한반도 긴장완화와 평화구축 방안

6부

한반도 평화 협력과 통일

– 통일과정을 중심으로

한 반 도 평 화 와 통 일

여는 글

격변하는 북한의 정치와 경제

백영철 한반도포럼 회장

한반도 통일의 당위성이나 필요성은 아무리 강조해도 부족하다. 통일 이후 발생하는 다양한 편익, 통일한국의 지정학적 위상과 역할의 확대 등 미래지향적 청사진도 중요하지만 오늘의 학술회의는 통일에 이르는 과정에 대한 논의가 매우 중요하다는 인식 하에서 출발하였다.

통일과정은 크게 두 가지 시나리오를 상정할 수 있다. 우선, 한반도 평화가 정착되는 가운데 남북한의 사회·경제적 통합이 형성되는 토대위에서 통일이 이루어지면 통일은 소위 대박이 될 수 있다. 그러나 남북 간의 군사적 긴장과 충돌 속에서 전쟁을 수반한 통일은 회복불능의 재앙이 될 수 있는 것이다.

오늘의 세미나는 박근혜 대통령의 드레스덴 선언에 나타난 대북정책의 평가와 더불어 남북 당면문제 해결방안과 비핵-평화정착 방안, 남북경제협력과 통합 그리고 주변국과의 평화 및 통일외교 등 통일과정 논의를 집중 조명하고자 개최되었다.

박근혜 대통령은 독일통일의 상징적 도시 드레스덴에서 「한반도신뢰프로세스」 발표 이후 가장 구체적인 대북정책 3대 제안(인도적 문제해결, 민생 인프라 구축, 민족동질성 회복)을 발표하였다. 드레스덴 선언은 박근혜 대통령의 통일 의지, 비전과 정책이 담겨져 있다. 남북 교류협력사무소 설치와 DMZ 평화공원 설치 제안 등 주목할 만한 제안을 포함하고 있다. 대북정책의 큰 방향(3대 제안) 설정은 잘 되었다고 생각한다. 그러나 드레스덴 선언은 향후 정책적으로 보완·발전시켜야 한다. 정책이 현실성을 갖추려면 상대방의 의중을 파악하여 요구를 일부라도 수용해서 접점을 찾아야 한다. 예컨대 민생 인프라 구축을 위한 '복합농업단지 제안'이나 '지하자원 공동개발'은 좋은 제안이지만 북한 측에서 보면 시급성이 떨어진다. 북한에서 시급하게 필요로 하는 쌀, 비료지원, 금강산 관광 재개에 대한 요구는 전부 빠져있어서 북한의 기대에는 크게 못 미쳐 실망한 것으로 보인다.

박근혜 대통령은 헤이그에서 개최된 핵안보정상회담과 드레스덴 선언을 통하여 북한의 비핵화를 강도 높게 요구하였다. 박 대통령은 북한의 핵과 경제발전의 병진노선 포기를 정면으로 요구하였다. 병진노선에 대한 포기 요구는 북한 지도자의 기본정책 노선에 대한 전면 부정이나 도전으로 받아들여 질 수 있기 때문에 북한의 비핵화만을 요구하는 것이 현명한 접근으로 보인다. 북한의 비핵화와 관련하여 박 대통령은 북한의 안보우려 해소를 위한 「동북아 안보협의체」 추진을 제안하였다. 북한으로서는 「동북아 안보협의체」 구성 이전에 「평화협정」 체결과 「북미국교정상화」가 보다 시급한 요구인 것이다. 한반도포럼은 2012년 7월 북한의 비핵화 진전과 연계해서 평화협정 논의를 시작하여 북한의 비핵화 완성 시 평화협정 체결과 북미국교정상화라는 3단계 로드맵을 제시한 바 있다.(남북관계3.0: 한반도 평화협력프로세스, 2012)

앞으로 대북정책 입안 시에는 북한의 생태, 상황과 의중을 헤아릴 줄 아는 이론전문가 아닌 실무전문가의 자문과 조언을 받는 것이 필요하다.

북한은 박근혜 대통령의 대북정책 제안을 거부하면서 차마 입에 담을 수 없는 지나친 표현으로 인신공격을 하였다. 남북 당국자 간에는 상대방에 대한 비판 시에도 최소한의 예의를 갖추어야 한다. 남북 당국 간에는 여러 차례에 걸쳐 상대방에 대한 비방 중상 금지를 합의한 바 있다. 기존 합의가 이행될 때 신뢰가 구축되어 새로운 협력의 장이 열리게 되는 것이다. 갈등 현안 해결에 있어서 절제된 언어의 사용은 갈등관리와 해소의 윤활유 역할을 한다는 것이 전문적 연구결과이다. 북한은 설령 현 상태를 못마땅하게 생각하더라도 내일의 대화와 화합을 위한 공간과 여지를 항상 열어놓아야 한다.

박근혜 대통령은 3월 26일 헤이그에서 개최된 핵안보정상회의를 전후하여 「한중정상회의」(3/23), 「한미일3개국 정상회의」(3/27), 「드레스덴 선언」(3/28)까지 포함하여 북한의 핵폐기를 일관되게 요구하였다. 이와 맞물려 한국은 연례행사로서 일련의 한미군사훈련인 키리졸브, 독수리 훈련과 쌍용 훈련을 실시하였다.

한편 북한은 통일대박론과 드레스덴 선언을 흡수통일 기도로 간주하고, 특히 한미군사훈련에 대응하여 북한경비정의 NLL침범, 해안포와 방사포 발사 그리고 탄도미사일 및 노동미사일을 발사하였다. 한걸음 나아가 제4차 핵실험으로 "새로운 형태의 핵실험 가능성"을 제기하였다.

3월 24일 파주에서는 북한에서 보낸 것으로 추정되는 무인기가 발견되었고 청와대를 근접 촬영한 것으로 드러났다. 핵개발과 같은 소위 비대칭 전력 증강에 주력해온 북한이 만일 무인기에 화학무기를 장착하거나 자폭 기능 추가 시에는 심각한 대남 위협이 될 것이라는 우려가 제기되었다.

지난 3~4월은 한반도 긴장고조와 대결의 연속이었다. 남북 간의 군사적 긴장은 일방적인 군사적 압박만으로는 그 해결을 기대할 수 없다. 북한의 군사적 도발에는 강력하게 대처하여야 하지만, 한편 우리는 남북 당국자

간 직접 대화를 통하여 군사적 긴장과 도발의 수준을 낮추는 방안을 모색하여야 한다.

그리고 북한의 핵문제는 한반도 안정과 평화에 가장 위협적인 요소이다. 최대의 잠재적 피해자로서 한국은 6자회담의 틀 내에서 미·중·일·러 등 관계국들과의 협력을 강화함과 동시에 앞으로는 북한과 직접 대화가능한 채널을 열어서 보다 능동적이고 적극적인 해결방안을 강구하는 것이 바람직하다. 왜냐하면 북한 핵문제는 주변국의 이해와 상황에 따라서 정책의 우선순위에서 뒤로 미뤄질 수 있기 때문이다.

한반도 운명을 결정할 수 있는 북핵문제의 해결방안을 모색하는데 있어서 한국은 외세 의존적이며 원심적인 노력에만 의존하지 말고 보다 능동적이며 구심적인 노력을 함께 경주하는 것이 보다 효율적이고 신속한 해결에 도움이 될 것이다.

남북 당국 간의 대화는 6자회담이라는 큰 틀에서 이루어지므로 결국은 6자회담 운영의 활성화를 도모하고, 나아가 북한의 비핵화 완성과 연계하여 평화협정 체결, 북미국교정상화, 동북아안보협의체 구성 등을 통해 북한의 안보우려를 해소시키면서 한반도 평화정착에 기여하게 될 것이다. 요컨대 한국정부는 남북 당국 간 직접 대화를 통하여 한반도의 군사적 긴장완화와 비핵/평화정착을 위한 적극적 역할을 모색해야 한다.

통일준비위원회 출범이 조만간 그 윤곽을 드러낼 것으로 보인다. 그 출범과 관련하여 박대통령은 몇 가지 원칙을 천명하는 것이 필요하다고 보인다.

첫째, 한국정부는 북한을 흡수통일 할 의도가 없으며, 평화공존과 평화통일의 원칙에 의해서 통일준비를 추진하겠다는 점을 분명히 밝혀야 한다. 평화통일 원칙은 범국민적 공감대와 국제적 동의를 확보하는데 긴요하다. 반면 흡수통일 기도는 남북 간 갈등을 부추기고 군사적 긴장을 유발할 수 있다.

둘째, 통일준비위원회 인적 충원에 있어서 지나치게 이념 편향적 인사는 배제하고 전문성을 갖춘 통합형 인사를 중용해야 한다.

셋째, 통일준비위원회가 법적 지위를 갖는 지속가능하고 범국민적 운동으로 발전할 가능성을 열어놓아야 한다. 통일준비위원회를 앞으로 엘리트 수준을 넘어서서 통일운동 국민본부로 확대 발전시키는 방안을 적극 검토해야 한다.

북한에 대한 인도적 지원은 다만 인도적 고려뿐만 아니라 통일준비 차원에서 더 이상 미룰 수 없는 사안이다. 대북 인도적 지원은 70년간 분단되고 이질화된 상황에서 민족동질성을 회복하고 민족공동체를 복원하는데 있어서 마치 인체의 동맥을 연결하는 것과 같은 중요한 역할을 하게 될 것이다. 따라서 앞에서 제안한 통일운동 국민본부의 역점사업으로 한국의 지방자치단체(도·시·군)와 북한의 같은 수준의 행정단위와 자매결연을 통해 식량을 지원하게 되면 분배의 투명성도 보장되고 남북 주민간의 교류협력도 활성화되어 결과적으로 대북 인도적지원은 통일기반 구축에 결정적으로 기여하게 될 것이다.

1주제

한반도 평화 협력과 통일

드레스덴 선언과 한반도 통일

유호열 고려대

1. 드레스덴 선언

지난 3월 28일 박근혜 대통령은 네덜란드 헤이그에서 개최된 제3차 핵안보정상회의의 참석 이후 독일을 국빈 방문하여 통일 독일의 실상을 현장에서 파악하고 성공적인 통일의 상징인 구동독 지역의 드레스덴에서 한반도 평화통일을 위한 구체적인 대북 제안을 담은 드레스덴 선언을 발표하였다. 또한 박근혜 대통령은 평화적 통일을 달성하기 위해서는 남북 간 교류협력의 확대가 가장 효과적인 방법임을 강조하고, 드레스덴 선언을 통해 한반도 통일에 이르는 길에 놓인 장애 요소와 이를 극복할 수 있는 실천적 과제들을 제시하였다.

드레스덴 선언은 북핵문제와 천안함 폭침 등 대남도발에 따른 각종 대북제재조치를 변경하기에 앞서 우회하거나 또는 부분적인 완화조치를 시행하기 위하여 남북 간 절충과 조절을 담당할 '남북교류협력사무소'의 설치·운영을 제시하였다. 현 단계에서 5.24조치에 저촉되지 않는 인도적 사업을 우선적으로 추진하는 동시에 5.24조치를 우회할 수 있는 사업과 추진 방식을 적용하는 방안을 제안하였다.

드레스덴 선언에서는 북한의 비핵화를 엄격한 전제조건으로 상정하지는 않았으나 북한 핵문제 해결을 통한 평화와 안전을 통일한국의 미래상으로 분명히 하고, 북한에 대한 본격적이고 대규모 지원을 위해서는 북핵문제가 해결되어야 함을 분명히 하고 있다. 이러한 기조하에 우리 정부는 한중 간, 한미일 간 정상회담을 통해 북핵문제를 해결하기 위한 전략적 공조체제를 유지하는 동시에, 북한은 체제 생존과 주민들의 삶을 향상시키기 위해 도발이나 협박을 통해 긴장을 조성하기보다 남북관계 개선을 통한 발전 방안의 수용을 촉구하였다.

2. 북한의 정세 변화와 반응

북한은 지난 4월 9일 최고인민회의 제 13기 1차 회의를 통해 김정은을 북한 최고 권력기구인 국방위원회 제1위원장에 재추대하고 최고인민회의 상임위원회, 국방위원회, 내각 등 정부 핵심 권력기구를 재정비하였다. 또한 김영남 최고인민회의 상임위원장과 박봉주 내각 총리를 유임하고, 최룡해를 국방위원회 부위원장으로 승진시키고 리수용을 외무상에 임명하는 등 인물 교체를 최소한으로 국한시켰다.

김정은 시대의 첫 번째 최고인민회의 구성을 통해 북한은 내각 및 주요 국가/정부 기구의 주요 구성원들을 대부분 유임함으로써 체제 안정화와 정책의 일관성, 특히 경제정책의 근간을 유지하는 방향에서 김정은에 충성을 다짐하고 김정은 중심의 유일체제를 공고히 하였다. 동시에 핵·경제 발전 병진정책 관철을 재차 천명하였다.

북한은 국방위 대변인 성명을 통해 박근혜 대통령의 드레스덴 선언을 "흡수통일의 일환으로 간주"하여 공식적으로 배격하고 이와 연계해 북한의 비핵화를 전제로 한 6자회담 한미일 3국 수석대표 회담을 비난하며, 대미 공세를 지속하고 있다. 북한은 미국의 대북 적대시정책을 비난하고 그 철회를 요구하면서 한미합동군사훈련을 대북압살공세로 규정, NLL을 위협하는 포사격 훈련과 미사일 발사 등 도발을 강행하였다. 동시에 미국의 대북 적대정책이 지속될 경우 자신의 핵 억제력을 더욱 강화하는 조치로서 새로운 형태의 핵실험(4차 핵실험)을 배제하지 않을 것이라고 위협하는 등 공세적 도발을 지속하고 있다.

지난해 장성택 처형 이후 내부 통제와 결속을 강화하며 진행되어온 일련의 조직 및 간부 재정비 작업이 일단락되고 결과적으로 김정은 중심의 유일 체제가 출범하였으나, 김정은 정권의 대내외 정책 방향과 내용은 여전히 불안정한 상태이다. 현재 장성택 일파에 대한 숙청이 진행 중으로 그 파급 효과를 판단하기에는 아직은 시기상조라고 할 수 있다. 아직까지 백두혈통 정통성의 근간인 김경희의 거취가 불분명하고, 김정은에 대한 충성맹세가 각 부문에 걸쳐 진행되고 있으나 실제 북한 내부에서 정책의 일관성이나 지속성이 확보되지 못한 것으로 추정된다. 대외정책에서도 북일관계 정상화를 위한 협상이나 북중, 북미, 남북관계에 임하는 북한의 전략적 판단의 존재 여부와 정책 방향을 예측하기 어려운 상황이 지속되고 있다.

3. 우리의 대응

불확실하고 불안정한 북한의 내부 정세에 효과적이고 전략적으로 대응하기 위해서는 우리의 대북정책의 목표와 이행 전략을 다층적으로 수립하고 상황 변화에 기민하게 대응하되, 중장기적으로 우리의 전략 목표에 따라 한반도 정세를 주도해 나가야 한다. 한반도 신뢰프로세스, 서울 프로세스, 동북아 평화협력 구상, 유라시아 이니셔티브 및 드레스덴 통일구상 및 통일준비방안을 체계적이고 유기적으로 정비하고, 정책의 일관성과 효율성을 제고하여야 할 것이다.

우리의 대북정책의 목표는 박 대통령이 언급한 〈북핵 불용〉과 〈튼튼한 안보〉에 기반하여 남북관계를 개선, 발전시켜 궁극적으로 평화통일을 달성하는 것임을 분명히 하여야 한다. 또한 정책의 우선순위와 전략적 접근 및 대내·대외 및 대북관련 정책 수립과 이행구조를 종합적으로 체계화하여야 한다.

〈북핵 불용〉과 〈튼튼한 안보〉를 위하여 6자회담에서 북핵문제를 해결할 수 있는 현실적 진전을 담보로 주변국과의 협력, 공조체제를 강화하고 튼튼한 안보를 위하여 한미동맹을 더욱 공고히 하면서, 한미일 공조체제 및 한중관계의 전략적 협력구도를 유지·강화하여야 한다. 6자회담의 사전 조치를 재확인하는 동시에 북한의 추가 핵실험에 대비한 안보적 측면의 대북억지력의 확충과 대북제재에 대비한 내부 정책 조율과 국제사회와의 협력기반을 유지하여야 한다. 전시작전권 전환과 관련하여서는 북한이 핵무기를 보유하는 상황에서는 한미연합사 체제를 유지하고 전시작전권 전환 기일을 연장할 필요가 있다. 북한과 중국, 러시아 등이 반발하거나 우려하는 한미군사합동훈련을 지속하되 최소한 중국, 러시아에게는 방어적 목적의 연합훈련임을 확고히 할 수 있는 조치를 지속적으로 강구하여야 한다.

박근혜 정부는 튼튼한 안보를 강조하면서 NLL 등 영토와 주권을 확고히 할 것을 명시하였고, 제2의 천안함, 연평도 사태는 절대로 용인할 수 없으며 자위권의 범위 내에서 가능한 모든 수단을 동원하여 강력한 억지력을 구축할 것임을 천명한 만큼 이에 합당한 강력한 안보태세를 갖추어나가야 한다. 북한은 국지적 도발과 비대칭적 저강도 도발은 지속할 것이므로 안보 분야에 있어서 분명한 대북 억지 시그널을 유지할 필요가 있다.

〈한반도 신뢰프로세스〉의 실천적 과제이자 남북관계의 새로운 진전을 위해 5.24조치의 재검토가 이루어져야 한다는 의견들이 제기되고 있으나 전면 해제는 현실적으로, 그리고 전략 및 전술 차원에서 불가하며, 부분적으로 완화하는 문제 역시 아직 시기상조이다. 5.24조치가 실시된 지난 4년 동안 남북관계의 경색을 가져왔을 뿐 북한에 대한 압박의 효과가 적고 향후 〈한반도 신뢰프로세스〉의 진척을 위해 필수적인 교류협력과 인도적 지원 확대를 위해서도 이제는 해제되어야 한다는 지적은 또다시 북한의 "도발-대화-보상-도발"의 악순환을 반복하고 실질적인 남북관계 진전과 진정성 있는 평화통일의 기반을 구축하는 데 부정적인 영향을 줄 것이다.

5.24조치와 유엔안보리의 대북제재안을 이행하는 과정에서 북한에 대한 경제적 압박이 가해졌고 이를 통해 북한경제는 공급 부족에 시달리고, 결과적으로 대중국 무역 의존도가 90%에 달할 할 정도로 심각하게 파행적인 수준으로 운영되기에 이르렀다. 북한의 대중 경제의존도 심화는 부정적 측면과 함께 중국이 추진해온 개혁개방의 흐름이 제한적이나마 북한에 확산되는 효과를 가져왔음을 감안하여야 한다. 북한의 경제가 시장에 의해 주도되고, 시장의 확산은 결국 주민들 간의 이동과 정보 교환으로 이어졌다. 북한 상층부의 견고함과 체제 통제의 강화에도 불구하고 시장 확산은 시장에 의존하는 대다수 인민들을 각성시키고 이들의 삶의 형태가 빠른 속도로 변화함에 따라 북한체제가 밑으로부터 변화하는 기폭제가 되고 있다. 5.24 조치의 또 다른 긍정적, 전략적 성과는 북한 당국으로 직접 환수되는 외화 및 인도적 지원 물품이 철저히 제약됨으로써 북한 당국의 정책 변화를 강제적으로 촉구하는 압박 요인으로 작용하였다는 것이다. 이것은 개성공단의 파행을 해결하는 과정과 이산가족상봉 사업을 전후하여 남북 간에

드러난 협상 행태에서 다시 한번 확인할 수 있었다.

드레스덴 선언에서 제기한 대북 인도적 지원과 민생지원 및 남북교류협력 활성화는 남북관계의 단계별 개선 조치로서 의미 있는 제안이나 이를 실천하기 위해 필요한 우리 내부 정책의 우선순위에 따라 완급과 규모 및 방식을 재조정하여야 한다. 국제기구가 개입하는 대북 인도적 지원의 장점인 분배 투명성 확보와 신뢰성 확보를 적극 활용하는 동시에 직접 지원방식을 전술적으로 연계하는 전략이 필요하다. 대북 인도적 지원과 민생 지원에 상응하여 이산가족상봉과 납북민간인과 국군포로, 그들의 직계 가족의 송환 및 북한 내 정치범 수용소에 감금된 정치범의 송환, 석방을 함께 모색하여야 한다. 또한 이산가족상봉사업의 정례화 및 생사 확인 규모의 대폭 확대를 대북 인도적 지원 및 민생 지원과 적극 연계해 추진하여야 한다.

신남북관계를 견인함에 있어 기존의 정부 중심 체제에서 민관역할분담이 필요한 부분에 대해서는 실질적으로 대북사업(민간교류 포함)의 정치적 효과, 통일 준비역량 확충 등과의 역학관계를 고려하여 적극적으로 추진하여야 한다. 대북 식량 및 경공업품 차관 상환 문제, 금강산관광 관련 현금 선지급 등 제도적 미비점을 보완하고 책임소재도 분명하게 재설정하되 대북협상에서 전략화할 수 있도록 법적 조치를 엄격히 적용하여야 한다.

유엔 인권위원회가 북한인권조사위원회의 보고서를 근거로 채택한 북한인권결의안의 국내 이행을 적극 추진함으로써 북한 인권의 실질적 개선에 기여하는 동시에 통일준비과정에서 북한 인권문제를 핵심 의제로 설정하여야 한다. 북한 인권침해 가해자들에 대한 객관적인 자료를 지속적으로 수집, 분석하고 이를 국제사법기구에 적극 제소하는데 협력하여야 한다. 탈북민의 국내 정착을 적극 지원하고 탈북민의 제3국으로부터의 강제 송환을 금지하도록 국제사회와 적극 협력하여야 한다. 유엔 북한인권사무소를 국내에 적극적으로 유치하고 북한 인권문제에 관해 국제기구와 긴밀한 협조체제를 주도적으로 견인하여야 한다. 또한 국회에 계류 중인 〈북한인권법〉이 통과될 수 있도록 정부/여당의 적극적인 역할이 필요하다.

끝으로, 북핵문제 해결과 한반도의 긴장 완화 등 정치·군사 문제를 포함하여 박 대통령의 드레스덴 선언의 이행문제를 비롯한 이산가족상봉 정례화 등 남북 인도적 사업과 인적 교류협력문제 등을 논의하기 위한 남북 고위급접촉을 북측에 제의할 필요가 있다. 이 고위급접촉은 회담 의제의 확대와 심도 깊은 논의가 이루어질 수 있도록 판문점보다 양측 수도인 서울과 평양에서 3박 4일 정도 일정의 장관급 회담으로 한다.

◈

북한체제 변화와 통일정책

박형중 통일연구원

◈

I. 서론

1) '통일'의 기회와 가능성은 '북한문제'에 대한 현실주의적 고찰에 입각할 필요가 있다. 여기서 '현실주의'란 "현실의 조건이나 상태를 그대로 인정하며 그에 입각하여 사고하고 행동하는 태도"를 지칭한다.(네이버 국어사전)

2) '북한문제'가 제기할 '현실'을 구성하는 두 개의 문제가 있다. 첫째, 앞으로 남북관계가 어떤 양상을 가질 것인가? 둘째, 앞으로 북한 내부 변화가 어떤 양상을 가질 것인가? 이 두 가지 문제로부터 "'통일' 및 대북정책과 관련하여 한국이 무엇을 어떻게 할 것인가?"의 문제가 도출될 것이다.

3) 여기에는 ①우리가 선택하는 측면과, ②우리의 선택이 제약당하는 측면이 존재한다. 특히 '통일대북정책'은 제기되는 (상당 부분 우리가 어찌할 수 없는 주어진) 현실에 부합하게 설정되어야지, 좌파 또는 우파 또는 그 어느 색깔의 희망에 근거하여 설정되어서는 안 될 것이다.

4) 이 글의 기본적인 논지를 우선 간략하게 정리하면 다음과 같다.

앞으로 남북관계의 기본값은 '갈등과 대치'의 국면을 보여줄 것이다. 다시 말해서 남북한 어느 한 쪽이 '항복'하기 전까지 '갈등과 대치'가 지속될 것이다. 남북한이 타협을 통해 '갈등과 대치'의 대안을 성사시킬 가능성은 매우 낮다. 국제적 세력형세 또는 남북한 내부형세에 큰 변화가 있으면 상황이 달라지겠지만 그 개연성은 당분간 무시할 수 있을 정도로 낮다.

'갈등과 대치'의 장기화는 '매우 높은 수준의 위험 요소'를 등장시킬 것이며, 매우 거칠고 다루기 어려운 도전을 제기할 가능성이 대단히 높다.

5) 이러한 전망이 내포하는 통일·대북정책에 대한 정책적 함의는 다음과 같다. 통일·대북정책은 목가적, 희망적 전망 및 정책 방향과 그에 부합하는 물적 심적 준비가 아니라, 높은 수준의 위험과 어려운 도전에 대한 현실적 인식과 준비, 제기될 상황 대처에 대한 적실성 및 현실에서 선택 및 실현 가능한 정책 수단에 대한 숙고와 준비, 상황이 이렇다는 것에 대한 인식 회피 방지 및 공감대 확산을 기초로 수립되어 시행되어야 한다.

Ⅱ. 한국과 북한의 정책 선택과 상호 작용의 개념도

1) 한국, 북한, 미국과 중국이 각각 향후 선택할 정책적 입장을 크게 세 가지로 나누어 보면 다음과 같다. ①현행 입장(A)를 고수하는 경우, ②보다 강화된 입장(B)를 취하는 경우, ③보다 약화된 입장(C)를 취하는 경우가 그것이다. 한국과 북한의 정책 선택 가능성을 기초로 북한과 한국/미국의 정책선택 간의 상호작용을 개념적으로 보여주는 것이 〈표 1〉이다. 현재 상황은 한국/미국과 북한이 현행노선을 취하고 있는 (Ⅳ)의 국면이다.

표 1 한국과 북한의 정책 선택과 상호 작용 개념도

한(미)의 선택 \ 북한선택			약화된 노선(C)	현행 노선(A)	강화된 노선(B)
			협상/타협 노선	일방 노선/버티기	일방성 관철 노선
			• 중장기 핵 포기, (동결 통한 핵 보유 노선) • 정권 강화형으로 대내외 관계 설정	• 김정은 노선 • 핵 보유 고수, 압박위주 정책 • 내부 현상 유지	• 4차 핵실험 거행, • 고립된 핵보유국
약화된 노선(C)	협상/타협 노선	중장기 비핵화 노선, 관여 위주	(II) • 남북 동등 타협 노선 • 갈등과 협력의 병존 (한국식 정책 지향과 북한식 정책 지향의 경쟁) • 공존과 (중장기) 통일 모두 가능	(I) • 북한 우위 경로 • 갈등〉협력, • 북한의 압도적 우세 아니면 남북관계 불안정 • 북한 주도 남북관계 • 북한 핵무기 보유에 기반한 남북 평화 공존	
현행 노선(A)	일방 노선/버티기	단기 비핵화 노선, 압박 위주	(III) • 북한 열세 경로 • 갈등〉협력 • 한국의 압도적 우세 아니면 남북관계 불안정 • 한국 주도 남북관계 • 한국 주도 공존 및 점진 통일	(IV) • 남북 동등 갈등/교착 상태 (현행 상태) • 주기적 긴장고조 속에서 간헐적 협상 또는 가중된 압박	(VI1) • 북한의 선제 국지도발 ⇒ 한미가 어떤 대응? (천안함/연평도 재탕 또는?)
강화된 노선(B)	일방성 관철 노선	세컨더리 보이콧 등 강압 강화 추진		(IV2) • 미국이 선제조치로 돈줄 죄기 강화 ⇒ 북한이 어떤 대응? (추가 핵실험 또는?)	(VI3) • 4차 핵실험 + "상상 못할 대가" (윤병세) ⇒ 누가 항복하는가? 정권 붕괴? 전쟁? 또는?

2) 현재 한국과 미국은 상황을 (IV)로부터 (III)으로 변화시키고자 노력하면서 대북정책을 지금 보다 더 강경한 (B)로 변경할 것이라 압박하고 있다.

3) 북한은 상황을 (IV)로부터 (I)로 변화시키고자 노력하면서 한국과 미국에 대해 지금보다 더 강경한 정책 (B)를 채택할 수 있음을 협박하고 있으며, 이면에서는 (C)도 선택 가능함을 시사하고 있다.

4) 중국은 현재의 (IV)로부터 한미와 북한을 공히 (II)로 유도하기 위해

노력 중이나 성사를 강요할 능력은 없다. 논의의 단순화를 위해 중국의 선택은 〈표 1〉에서 고찰하지 않기로 한다.

5) 여기에서 다음과 같이 기본적인 질문을 제기할 수 있다. 한국과 미국, 북한, 그리고 중국은 각기 현상태로부터 자신이 원하는 상태로 상황을 변화시키기 위해 노력하고 있는데, 실제로 원하는 바를 성취할 수 있는가?

6) 본 발표는 각 국가별로 〈현행 입장〉을 뒷받침하는 인식과 조건, 그리고 〈현행 입장〉을 고수 또는 (강화든 약화든) 변경을 초래하는 조건은 무엇인가에 분석의 초점을 두고 논의를 전개하고자 한다.

Ⅲ. 한국(미)과 북한의 정책 선택 전망

1. 북한의 정책 변화 가능성

1) 북한의 현재 입장(A)는 김정일 사후 2.29 합의 파기, 3차 핵실험 및 장성택 숙청과 같은 온건 노선의 폐기를 통해 내부적으로 공고화된 노선을 구축하고 있다.

2) 동시에 북한은 (A)에서 보다 강경한 노선(B)로 이동하겠다고 위협하고 있다. 북한은 2014년 3월 14일 국방위 성명으로부터 시작하여 거듭 "핵과 미사일, 인권문제로 계속 압박하면 핵실험을 하겠다'고 발표(2014.4.4. 이동일 북한 유엔대표부 차석 대사 기자회견)함으로써 4차 핵실험을 시행할 수 있다고 위협하였다.

3) 북한은 보다 약화된 노선(C)로 이동할 용의가 있음을 표명하기도 했다. 북한은 2013년 9월말 베를린, 런던 등에서 미국 전문가와 비공식 접촉에서 '핵미사일 실험을 유예할 수 있다'고 밝힌 바 있다. 조엘 위트가 전하

는 바에 따르면, "기본적으로 핵 문제에 대한 북한의 입장은 2005년 9·19 공동성명을 재확인하면서 핵 프로그램을 협상테이블에 올려놓겠다는 것"이다. 그러나 "대화의 전제조건으로 비핵화 사전조치들을 이행하는 것은 받아들이지 않겠다는 입장이며 대화초기에 대량살상무기 프로그램과 관련한 신뢰구축 단계를 밟기를 희망한다"는 것이다. 북한은 현재 비핵화로 종결되는 '다단계(multistage) 프로세스'(양측이 단계마다 필요한 이행조치를 취해 나가는 방식)를 구상하고 있다. 이를 위해 ▲비핵화 ▲정치 ▲군사 ▲경제의 협상분야를 상정하고 있으며 비핵화를 최종 목표로 여러 단계를 거치면서 각 협상분야에서 논의된 조치들을 이행하는 방식을 생각하는 것으로 평가할 수 있다.

4) 2014년 4월 4일 현재의 상황을 평가하면, 북한 내부에서는 정치적으로 보다 강경한 노선 (B)로 나가고자 하는 압력이 보다 온건한 노선 (C)로의 압력보다 큰 것으로 보인다(장성택 숙청). 북한은 기존 입장을 계속 견지하면서, 강경 정책으로의 협박, 또는 온건 정책으로의 회유를 계속할 가능성이 높다. 시간이 흘러갈수록, 한미의 단호한 입장, 중국의 대북한 경고에도 불구하고, 북한 내부의 정치적 압력, 김정은의 조급성, 북한 내부 경제사정 악화 등으로 4차 핵실험 등 강경 조치를 취할 가능성도 상존한다. 이것은 과거의 경험에서 보았을 때, 한, 미, 중이 말은 크게 하지만, 실효성 있는 제재는 못 하리라는 계산도 작용한 것으로 판단된다.

2. 한(미)의 정책 변화 가능성

1) 북한 대 한·미의 입장은 현재까지 서로 간에 타협점을 찾기 어려우며, 상호 버티기 국면이라고 할 수 있다. 한·미는 실효성 있는 그리고 2.29보다 강화된 비핵화 조치를 북한이 선제적으로 취해야 6자회담에 임

할 수 있다는 입장을 취하고 있다. 이에 반해 북한은 6자회담의 무조건 재개, 6자회담이 열리면 신뢰구축 조치를 고려할 수 있다는 입장에서 물러서지 않고 있다.

2) 한국의 정책 변화 가능성을 검토해 보면 다음과 같다. 한국의 현재 입장은 '한반도 신뢰프로세스' 및 '통일준비' 정책 견지를 기본축으로 하고 있다. 현 정부의 정책 성향과 미국과의 관계를 고려해 볼 때 한국이 근본적으로 완화된 입장(C)로 변화할 가능성은 낮다. 또한 실효성 있는 추가 압력 수단이 부재하고, 북한의 도박에 취약하다는 점, 그리고 국내 여론의 압력 등으로 한국이 근본적으로 강경화된 입장(B)로 변화할 가능성 역시 낮다. 국내 여론은 보다 강경한 조치를 요구하는 압력과 보다 완화된 조치를 요구하는 압력이 동시에 존재하는 상태이나 한국 정부가 강경한 입장(B)로 선회할 가능성은 크지 않을 것이다.

3) 미국의 정책 변화 가능성을 살펴보면 다음과 같다. 오바마 정부의 정책은 '전략적 인내'에 기초하고 있다. 북한과의 역사적 경험, 현 북한 인권 실태에 대한 부정적 평가의 강화, 과거 대북 온건협상파의 대북 환멸 증가, 또한 온건파가 현저히 약화되고 있다는 점에서 미국이 완화된 입장(C)로 변화할 가능성은 낮다고 보여진다. 동시에 강화된 입장(B)로 변화시키고자 하는 레토릭과 정치압력이 상존한다고 평가할 수 있다. 미국이 강력한 압박 조치(예를 들어 세컨더리보이콧 등)를 취하자면 미중관계에 대한 악영향 등 비용도 상당히 크다는 점에도 불구하고, 북한이 4차 핵실험을 감행하는 경우 미국은 강화된 입장(B)를 선택할 가능성이 있다.

4) 한·미 공조와 기본 노선에는 차이점 역시 존재한다. 첫째, 미국에 비해 한국에는 현저히 타협적 정책, 즉 남북관계 개선에 대한 내부적 정치압력이 상존하고 있으며, 북한의 도발과 위협에 대한 민감도가 더 높다. 둘째, 대북정책의 불안정성이 상대적으로 한국에서 더 높다. 다시 말해서 대

북한 그리고 국내정치적 전술적 태도(posturing)에 대한 고려 때문에 정책의 안정성과 일관성에 문제가 있다. 이것은 안보 사안의 과잉 국내정치화 및 안보 사안에 관한 국내여론의 과잉반응 경향이 정책적 레토릭 및 전술조치 과잉 경향으로 귀결되는 현상과 관련이 있다. 셋째, 미국은 지리적 이유, 전략적 이해관계의 상대성 등의 이유로 상대적 안정감을 유지하고 있으며, 남북 간 전술적 분란의 원인을 쌍방책임으로 생각하는 경향이 있다. 넷째, 미국은 '아시아로의 회귀(pivot to Asia)'의 관점에서, 한국은 '동북아평화협력구상'의 관점에서 대북정책을 고려하는 경향이 있다.

5) 북한이 4차 핵실험을 감행할 경우 북한에게 "상상 못 할 대가"를 치르게 할 마음의 준비와 능력을 구비하고 있는가?

Ⅳ. 종합적 판단

1. 향후 남북관계의 기본값

1) 남북한 어느 쪽도 상대의 일방 우세를 인정하지 않은 상태이기 때문에, 위의 I, II, III, IV에서 (남북한에서 변란이 없는 한) 중장기적으로 지속가능한 조합은 II 또는 IV라고 할 수 있다.

2) II를 재수립하는 것은 불가능하지 않지만, 매우 어렵기 때문에 앞으로 남북관계의 중장기 기본값은 IV가 될 가능성이 높다. 〈북한은 핵 보유를 고수〉, 한국은 〈비핵화를 고수〉 한 채, '상대방이 항복할 때까지 상호 누가 오래 버티는가'를 핵심으로 하는 IV 국면이 기본값이 될 것이다.

3) 2014년은 당분간 상황은 IV에 고착하거나 IV1, IV2 또는 IV3으로 흘러갈 가능성이 높다.

4) Ⅳ에서 Ⅱ로 가자면 난관이 많고 이를 돌파하자면 (그 누구도 발휘하기 힘든) 고도의 정치력이 필요할 것이다. 현재의 상황에서 Ⅳ에서 Ⅱ로 가기 위한 조건들 가운데 유리한 조건과 불리한 조건을 정리하여 보면 아래와 같다.

① 〈호조건 1〉 중국은 한·미와 북한을 설득하여 Ⅱ를 성취하고자 한다.

② 〈호조건 2〉 북한의 협박행동과 한·미의 협박행동이 상호 작용하여 상대방을 일정하게 자제시키는 것을 통해 사실상 Ⅱ로 귀결하는 경향이 존재한다.

③ 〈악조건 1〉 한국과 미국, 그리고 북한이 공식 정책에서 힘주어 공언하는 바는 Ⅱ를 부정하는 것이며, 중국이 Ⅱ를 성사시킬 만한 외교력을 가지고 있지 않다.

④ 〈악조건 2〉 Ⅱ와 유사한 협약들(제네바합의, 9.19합의, 2.13합의 등)이 과거에 거듭 실패했다는 부정적 경험에도 불구하고 지속가능한 타협이 가능하다는 것을 설득해야 한다.

⑤ 〈악조건 3〉 북한이 감내할 수 있는 비용(특히 핵 보유)과 한·미가 감내할 수 있는 비용(단기 철저한 비핵화) 사이에 격차가 매우 큼에도 불구하고 북한과 협상을 통해 타협안을 만들어 내야 한다.

⑥ 〈악조건 4〉 악화된 대북인식 때문에 미국 내의 반대와 한국 내부의 반대 등을 설득하기 쉽지 않다.

5) 현실적으로 흘러가는 상황은 한·미 그리고 북한이 Ⅱ에 수렴하는 동향이 항시적으로 현존하게 만들 것이다. 북한은 Ⅰ을 원하나 관철시킬 능력은 없지만, Ⅰ을 관철하고자 하는 위협 행동을 통해 한·미가 원하는 Ⅲ의 도래를 저지할 수 있다. 한·미에게는 그 역이 성립한다. 따라서 북한이 Ⅰ을

추구하는 행동은 한·미에 비용을 증가시키며, 한·미가 III을 원하는 행동은 북한에 비용을 증가시키는 가운데, 반복 게임을 통해 결국 II에서 타협하는 경향이 존재한다.

6) 그러나 II를 기조로 하는 남북관계(화해협력 기조하에 남북공존) 재수립이 성공할 가능성은 배제할 수는 없지만 개연성이 낮다. 첫째, 북한 내부의 문제와 관련한 변수들의 존재가 개연성을 낮추고 있다. 이와 관련하여서는 ① 북한의 핵/미사일 능력 증가 및 보유 고수, ② 북한의 한국에 대한 불신(정권 교체마다 정책 변경), ③ 흡수통일 또는 한국의 문화적, 경제적 영향력의 대내 파급에 대한 북한의 두려움, ④ 김정일 정권에 비해 김정은 정권의 취약성 증가 등의 변수들이 그것이다. 둘째, 남한 내부에서 화해협력 기조하의 남북공존 재수립 가능성을 낮추는 요인들이 존재한다. ① 한국에서 통일 준비론의 증가, ② 북한 내부 상황에 대한 증폭된 부정적 인식 (3대 세습, 인권 문제), ③ 핵 문제와 관련한 증가된 불신, ④ 한국에서 북한을 주니어 열위 파트너로 보는 인식의 증가, ⑤ 끊이지 않는 북한 불안정론 등의 부정적 시각들을 지적할 수 있다. 셋째, 남북한에 공통된 변수로는 과거 남북관계에 관한 상호 인식이 남북관계 진전을 막는 요인들로 작용하고 있다.

7) 한국에 정권교체가 있더라도 II를 기조로 하는 '화해협력 기조 하 남북공존' 정책 추진은 쉽지 않을 것이다. 과거 한국 정부가 II를 지향하는 정책을 추진할 수 있었던 이유는 북한의 핵무기 보유 고수가 노골화되지 않았고, 〈단계적 비핵화〉에 상응하여 〈경제적 보상과 안보보장〉의 거래가 가능하다고 상정했기 때문이다. 그러나 북한이 핵 보유를 고수한 상태에서 한국정부가 II를 추구하는 경우, ① 북한이 얼마나 협력할 것인가? ② 미국이 얼마나 협력할 것인가? ③ 한국 국내 여론이 얼마나 협력할 것인가? 등의 문제들을 심각하게 고려해야 할 것이다. 현재 II는 그 지탱성에 있어 취약할 가능성이 크고, 대내외적으로 정치적 비용이 클 가능성이 높다. 이밖

에도 위에 언급한 다양한 요인이 작용할 것으로 보인다.

2. Ⅳ가 남북관계에서 중장기 기본값이 될 가능성이 높은데 그 여파는?

1) Ⅱ가 등장할 개연성이 낮다면, 다음으로 안정적인 상태는 Ⅳ라고 할 수 있다. 한국 우위(Ⅲ) 또는 북한 우위(Ⅰ)의 남북관계가 대두하기 시작하면, 북한 또는 한국이 극력 저항하면서, 상대의 우위를 무위로 만들려고 할 것이다. 따라서 한국은 Ⅲ으로, 북한은 Ⅰ로 상황을 변경시키고자 하는 동향이 지속되면서도 결국은 Ⅳ가 지탱될 것이다.

2) Ⅳ가 장기화할수록, 남북한 간 군사적 긴장 수위는 높아질 것이다. 북한은 상황이 불리하게 반전되는 것을 막기 위해 간간이 Ⅳ1, Ⅳ2 상황을 유도하기 위한 강화된 조치(C)를 취할 것으로 예상된다. 한·미는 북한 핵 능력 증강을 저지, 군사 협박을 저지하는 방안으로 (C)를 채택해야 한다는 내부 압력이 높아질 것이다. 이러한 상황은 북한의 핵·미사일 능력의 지속적 강화, 핵과 미사일, 그리고 국지도발에 대해 한국의 강화된 대응에 대해 북한은 강화된 맞대응으로 나올 가능성이 높다. 특히 북한의 비대칭공격 능력이 꾸준히 향상될 것이며, 이를 사용한 협박이 주기적으로 행해질 것으로 예측된다. 반면 북한의 외교적 고립, 내부 문제는 점차로 심각해질 가능성이 있다.

3) Ⅳ가 장기화하는 가운데, 상황 변화를 유발할 수 있는 요인들로는 다음과 같은 변수들을 지적할 수 있다. ① 한국에서의 정권교체, ② 북한의 내부 변란 또는 매우 위협적이고 치명적인 도발, ③ 중국의 대북한 배반, 또는 중국 안보 동맹의 대두, ④ 미국의 정책 변경 (내부 재정 압박으로 대북 억지력 제공에 소극적, 동북아에서 미국의 역할 축소)

4) 위의 4가지 중에서 가장 중요한 변수는 〈북한의 내부 변란〉 또는 〈매

우 위협적이고 치명적인 도발〉이 될 것이다. 그리고 두 가지 어느 경우든 한국의 안보와 복지에 중대한 위협을 제기할 가능성이 높다.

5) 특히 〈매우 위협적이고 치명적인 도발〉 변수는 북한의 붕괴를 야기하거나, 북한 우위에서 남북관계가 재설정되는 계기를 만들어 낼 가능성이 있다.

3. 통일대북정책에 주는 시사점

1) Ⅳ가 남북관계의 기본값이 될 것이라 상정한다면, 한국의 기회를 확장하고 위험을 최소화하는 다음과 같은 정책이 필요하다. ① 북한의 핵 및 미사일 개발, 국지도발, 강화된 심리전에 대응하는 외교 능력과 군사 능력 강화, ② 사이버 공격 등 북한의 다양한 비대칭도발에 대한 대응 능력 완비, ③ 북한 내부 변란에 대한 대응 능력 증가, ④ 남북간의 갈등과 대치, 주기적 긴장 고조, 북한의 사이버 및 심리 공격 등의 심각성에 대해 인지하기를 기피하는 경향을 극복하는 태도 함양, ⑤ 앞으로 다가올 상황에 부합하는 전략적 마인드와 행마를 취할 준비.

2) 북한과의 긴장완화 및 신뢰구축을 추구한다는 정책 노력을 보여줄 필요가 있다. 이러한 정책 노력은 이루어지기 쉽지는 않지만 뜻밖에 등장할 기회를 선제 포착할 포석이 될 수 있다. 또한 국제적으로 한국 외교와 대북통일정책의 정당성을 강화해야 한다. 이는 국내정치 안정을 위해서도 필요한 조치이다.

3) 상호 이익이 되는 제한적 협력관계를 수립하여야 한다. 북한과 성사시킬 수 있는 협력 수준의 한계, 북한과 상존할 수밖에 없는 갈등을 인정한 위에서 상호 이익이 되는 협력관계를 수립하도록 시도하여야 한다.

4) 북한의 변화에 대한 근거 없는 장밋빛 기대와 남북협력 발전을 상정하면서 정책 구상을 하고 미래를 전망하는 것을 회피해야 한다. 다시 말해

서 불가피하게 존속할 수밖에 없는 남북간 상호 갈등, 정치적 외교적 비용과 제약, 북한 내부 체제의 특성에 내포되어 있는 제약과 한계 등을 무시하지 말아야 한다.

5) 이상의 분석 결과 IV가 남북관계의 중장기 기본값이 될 것으로 보인다. 이는 II 또는 III의 국면이 도래할 때 혹은 현실화의 가능성이 등장하는 시기에 대한 정책 대안을 위주로 대북통일 정책을 숙고하는 경향을 극복할 필요가 있음을 함의한다. 창조적 대안이 절실한 시기이다.

북핵외교의 리셋팅: 환경 변화와 새로운 비핵화 전략 모색

전봉근 국립외교원

1. 서론

북한 핵문제를 해결하기 위한 북핵교섭은 80년대 말 베이징 미·북 접촉에서 시작하여 이미 4반세기 이상의 역사를 갖는다. 1991년 말 '한반도 비핵화 공동선언'에서 시작하여 1994년 북·미 제네바 기본합의문, 2005년 9.19 6자 공동성명, 2012년 2월 29일 미·북 핵합의에 이르기까지 비핵화 노력의 성과도 있었다. 그렇지만 모든 핵합의의 불이행과 북한의 핵무장 현황을 볼 때 대북 비핵화 노력은 실패했다고 볼 수밖에 없다. 더욱이 북한의 핵능력이 지속적으로 증대하는 데다 핵무장 의지도 더욱 견고해지고 있어 비핵화 전망이 과거 어느 때보다 어둡기 때문이다. 심지어 3회 핵실험과 핵무장 확대의 결과, 오늘 북한은 종종 아홉 번째 핵국으로 불리기도 한다.[1)]

---

1) NPT 상 '핵국'이라는 명칭은 법적 용어로서 1967년 당시 핵무장한 유엔안보리 상임이사국 5개국에 한정적으로 사용된다. NPT 비회원국으로 핵개발에 성공한 이스라엘, 인

김정은 체제의 등장과 더불어 북핵 국면과 북한 정세의 급격한 변동은 북핵협상 환경에 대한 새로운 평가와 더불어 새로운 비핵화 전략을 요구한다. 북한의 2차 핵실험(2009.5) 이후 비핵화 전망에 대한 비관론이 일기 시작했다. 김정일의 사망 이후 김정은 체제가 등장하면서 비핵화 전망이 더욱 어두워지는 추세이다. 2011년 미·북 핵대화와 남북 핵대화가 열리고 2012년 들어 미·북 간 2.29 핵합의가 발표되어 일시적으로 북핵 국면의 개선이 기대되었다. 그러나 곧 이은 북한의 로켓 시험발사(2012.4.13)와 3차 핵실험(2013.2.12.)으로 인해 다시 북핵 국면이 악화되었다. 최근 미·중 간 경쟁구도도 북핵외교와 한반도 평화에 부정적인 영향을 미칠 전망이다.

2014년 들어 다시 북한이 4차 핵실험을 위협할 정도로 북핵사태가 악화되었다. 4반세기의 걸친 북핵사태의 지속적인 악화와 핵위기의 반복을 방지하기 위해 일상적인 대응이 아니라, 새로운 전략적 접근이 필요한 시점이다. 이 글은 북핵을 둘러싼 정책환경의 변화와 과거 북핵협상의 실패 원인을 분석하고, 새로운 비핵화전략을 모색하고자 한다.

2. 북핵정책 환경의 변화

가. 북한의 핵무력·경제건설 병진노선 채택 및 핵무장 법제화

북한은 향후 핵증강을 지속하면서 6자회담과 북미회담을 요구하는 '북한

도, 파키스탄 등 3개국은 '사실상(de facto) 핵국'으로 불린다. 북한의 핵무장 상태가 장기간 지속될 경우 '사실상 핵국'으로 불릴 가능성도 있다. 그런데 다른 '사실상 핵국'은 원래 NPT 비회원국이었지만 북한은 NPT 회원국으로서 불법 핵활동이 발각되자 NPT를 탈퇴한 특별한 사례이므로 '사실상 핵국'과 차별화된다. 북한과 다른 '사실상 핵국'을 영원히 구분하기 위해 필자는 북한에 대해 '불법핵개발국'이라는 별도의 범주를 만들어 부여할 것을 주장한다.

식' 투-트랙 접근을 지속할 전망이다. 북한은 2012~13년에 걸쳐 핵개발에 대한 3개의 중대한 국가정책을 채택하였다. 이런 동향을 볼 때 앞으로 북한이 스스로 핵무기를 포기하거나 핵활동을 중단할 가능성은 거의 없어 보인다.

첫째, 북한 개정헌법(2012.4) 서문은 "(김정일은) 우리 조국을 불패의 정치사상 강국, 핵보유국, 무적의 군사강국으로 전변시켰으며, 강성국가 건설의 휘황한 대통로를 열어놓았다"고 기술하였다. 이는 북한이 헌법에서 스스로 핵국임을 대외적으로 천명하고 핵무장이 최고의 국가정책임을 확인한 셈이다.

이에 앞서 이명박 대통령이 2012년 신년사에서 북한의 핵개발 중단을 요구하자, 북한은 조국평화통일위원회 서기국 보도를 통해 "세계가 이미 공인하는 것처럼 우리는 이미 당당한 핵보유국이고 핵 억제력은 그 무엇과도 바꿀 수 없는 우리의 혁명유산"이며 "핵보유국의 지위를 더욱 강화"할 것이라고 주장했다. 김정은도 김일성 주석 탄생 100주년 기념 열병식 연설(2012.4.15)에서 "군사 기술적 우세는 더는 제국주의자들의 독점물이 아니며 적들이 원자탄으로 우리를 위협 공갈하던 시대는 영원히 지나갔다"고 말해 핵무장을 기정사실화 했다.

둘째, 2013년 3월 31일 노동당중앙위원회 전원회의에서 "경제건설과 핵무력건설을 병진시킬 데 대한 새로운 전략노선"이 채택되었다. 구체적으로, 핵보유의 합법화, 핵무력의 확대 강화, 핵무력의 전투준비태세 완비 등이 국가정책으로 채택되었다. 경제건설 항목 중에서도 자립 핵동력산업 발전, 경수로 개발, 우주과학기술 발전 등은 북한의 대량살상무기 능력과 관련된다. 병진노선의 후속조치로 4월 2일 북한 원자력총국은 우라늄 농축공장을 비롯한 영변의 모든 핵시설과 동결 · 폐쇄 되었던 5MW 흑연감속로를 재정비 · 재가동한다고 발표했다.

셋째, 북한은 2013년 4월 1일 최고인민회의에서 "자위적 핵보유국의 지위를 더욱 공고히 할 데 대하여" 법을 채택하여 핵무기 보유와 사용을 법제화하였다. 이 법에 따르면, "(공화국은) 핵억제력과 핵보복 타격력을 질량적으로 강화하기 위한 실제적인 대책(3조)"을 세우고, "핵무기는 적대적인 다른 핵보유국이 우리 공화국을 침략하거나 공격하는 경우 그를 격퇴하고 보복타격을 가하기 위하여 조선인민군 최고사령관의 최종명령에 의하여서만 사용(4조)"하도록 한다.

그 외에도 이 법은 비핵국에 대한 핵위협 금지, 핵무기의 안전관리, 핵실험의 안전성 보장, 핵무기·물질·기술의 불법적 해외이전 금지, 핵군축 지지 등을 포함하여 일견 자칭 '핵국'으로서 의무와 역할을 규정한 것으로 보이지만, 불법 핵개발국의 억지논리에 불과하다.

나. 중국의 한반도 개입 및 영향력 증가

중국의 북핵정책이 마침내 의미 있는 변화의 징후를 보인다. 북한의 반복되는 핵도발에 대해 중국의 인내심도 한계에 보이고 있다. 사실 불과 수년 전만 하더라도 중국은 북한의 핵능력을 과소평가하고 북·중 친선을 우선시하였으며, 미국과 한국의 비핵화 정책에 비판적이었다. 왜 중국의 대북정책이 변화하는 것일까.

2000년대 하반기 들어 '중국의 부상' 이후 미·중 경쟁이 부각되면서 중국은 종래 한반도 문제에 대한 방관자적 입장에서 벗어나 개입을 확대했다. 소위 '북·중관계 긴밀화' 기간 동안 중국은 2010~11년간 이례적으로 3차례나 북·중 정상회담을 갖고 경제지원도 확대했다. 북핵문제는 주요 의제가 아니었다. 김정일 사망 이후 2011년 12월 말 김정은이 인민군 최고사령관으로 추대되자, 중국은 발 빠르게 후진타오 주석 명의의 축전을 보내 김정은 체제를 안정화시키는 데 크게 기여했다. 중국은 대북 영향력을 확대하여, 미국의 대중 포위망을 타개한다는 전략을 구상한 것으로 보인다.

중국은 북한의 취약한 권력교체기에 핵개발을 지연시킬 수 있는 좋은 기회를 놓친 셈이다. 이 어려운 시기에 북한은 오히려 핵개발을 촉진하고 핵국 지위도 주장하는 데 성공했다. 북한은 2006년 10월, 2009년 5월 각각 핵실험을 실시하였고, 2010년 들어 핵무장을 공공연히 주장하기 시작했다. 김영남 최고인민회의 상임위원장은 2011년 12월 29일 김정일 중앙추도대회에서 김정일의 업적으로 인해 '핵보유국'이 되었다고 발표했다. 마침내 북한은 2012년 4월 개정헌법에서 '핵보유국'임을 선언하였다. 북한은 중국의 소극적인 대북 비핵화정책과 미·중 경쟁을 활용하여 핵무장을 기정사실화하는 단계에 이르렀다.

그런데 중국의 대북정책은 2013년 2월 3차 북핵실험으로 인해 새로운 변곡점을 맞이한다. 시진핑 정부의 등장과 더불어 중국 대외정책의 변화도 주요 변수이다. 중국이 미·중관계를 협력관계로 만들기 위해 노력하고, 국제사회에서 '책임대국'으로서 역할을 추구함에 따라 북핵문제도 좌시할 수 없게 되었다. 보다 중요한 것은 북핵으로 인해 중국의 국익이 침해받는다는 냉철한 현실주의적 판단으로 보인다.

그런데 중국의 대북정책이 전면적으로 변화했다고 보기 어렵다. 한미동맹에 대한 완충지대로서 북한의 고유한 가치가 있는 데다, 미·중 경쟁이 심화되면서 중국에 있어 북한의 전략적 가치가 증가한다. 중국이 북한의 핵무장을 반대하지만, 비핵화 방법론과 우선순위에 있어서는 여전히 한·미와 입장차가 있다. 미·중 경쟁이 격화될 경우, 중국이 북핵문제에 비협조적이거나, 북한이 자신의 전략적 가치가 상승할 경우 이를 이용하여 핵문제에 대한 양보를 얻어낼 가능성도 배제할 수 없다.

더욱 주목해야 하는 것은 중국의 부상 이후 한·미와 국제사회의 대북 압박수단이 약해졌다는 점이다. 주효한 비핵화 압박 레버리지로 미국의 대북 안전보장, 그리고 한국과 국제사회의 경제지원과 협력이 있다. 그런데 중국의 부상 이후 안전보장과 경제지원에서 중국이 한·미의 대체재 역할을 담당하게 된다. 대북 경제제재는 북·중 교역으로 대체되고, 미국의 대북 압박에 대해 중국이 바람막이가 되었다.

다. 북핵위기 일상화와 북핵비용 증가

우리 경제는 지난 수십 년간 남북분단과 군사적 대치로 인해 국가 신용등급이 하락하고 각종 경제적 불이익을 받는 '코리아 디스카운트'를 톡톡히 치르고 있다. 그런데 분단이 일상화되면서, 통일이 중장기적으로 가져올 엄청난 정치·외교적 가치와 사회·경제적 편익을 알지만 단기적인 혼란과 통일비용 때문에 통일을 외면하는 이도 적지 않다.

설상가상으로 북핵위기의 일상화마저 우려된다. 지난 20년째 비핵화를 위한 집중적인 외교노력에도 불구하고, 북한의 핵능력과 핵위협은 증가일로에 있다. 그 결과, 우리는 '분단 디스카운트'에 더해 '북핵 디스카운트'까지 지불하게 될 것이다. 북한 핵능력이 매년 증가하는 현 추세가 지속된다면 '북핵 디스카운트'와 이에 따른 비용도 더욱 커질 전망이다. 북핵위기가 더욱 고착화되기 전에 이를 해결하지 못하면 분단위기와 마찬가지로 일상화될 가능성이 높다. 북핵위기로 인해 우리는 어떤 비용을 치르고 있나.

첫째, 북핵은 우리에게 최대 안보위협 요소인 동시에 새로운 종류의 안보위협이다. 북핵으로 인한 추가 안보위협을 상쇄하기 위해서 타 분야의 예산을 희생해서라도 킬-체인과 같은 첨단 국방시스템을 새로이 구축하지 않으면 안 된다. 우리의 핵무장이 오히려 값싼 방안이라는 주장도 있지만, 국제사회의 책임 있는 국가이며 비확산의 모범국인 한국에게 현실적 옵션이 아니다. 따라서 우리는 한미동맹과 미국 핵우산에도 더욱 의존하게 된다.

둘째, 북핵으로 인한 경제적 손실이 크다. 북한의 각종 핵도발은 즉각적으로 채권시장, 주식시장, 투자시장, 남북경협 등에 부정적인 영향을 미치며, 국가경제뿐만 아니라 개인과 기업에게도 심대한 손실을 입힌다. 만성화된 북핵위기는 국가신용도에 반영되고 국가와 기업에도 추가비용을 전가시켜 국제경쟁력을 약화시킨다.

셋째, 우리의 귀중한 외교역량과 외교자본이 비핵화외교에 과도하게 쏠린다. 한국은 경제적 생존과 번영을 위해 통상외교, 자원외교, 에너지외교, 국제안보외교에 더 많은 외교역량을 투입해야 하지만, 긴박한 북핵 위협 하에서는 그럴 여유가 없다. 더욱 생산적인 부분에 투입되어야 할 외교역량과 외교자본이 안타깝게도 북핵외교에 소진되는 셈이다.

넷째, 우리의 대북정책 전반이 북핵의 인질이 된다. 우리는 북한과 관계개선, 경협, 인도지원, 이산가족상봉, 군사적 긴장완화 등 많은 현안을 갖고 있는데, 북핵으로 인해 모든 것이 정체되어 있다. 한반도 신뢰프로세스도 남북관계 개선을 위한 좋은 비전과 방법론을 제시하였지만, 북핵의 인질이 되어 좀처럼 그 구상을 펼칠 기회를 갖지 못한다. 그리고 북핵은 남북통일에도 중대한 장애물이 된다. 주변국들이 핵능력을 물려받을 통일한국의 등장을 결단코 반대할 것이기 때문이다.

3. 새로운 비핵화전략 모색

가. 북핵 동결과 추가 핵실험 방지를 위한 초기 긴급조치

북한 비핵화를 위한 최우선 긴급조치는 북한 핵활동을 동결시키고 9.19 공동성명과 2.29합의 체제를 복구하는 것이다. 이로써 북한의 핵능력 증강과 추가 4차 핵실험을 차단하는 효과가 있다.

북한은 무기용 플루토늄을 90년대 10~12kg 수준에서 한때 4배 이상 증가하여 최대 약 50kg(핵무기 5~8개 분량)을 보유한 것으로 추정되었다. 그런데 3회 핵실험으로 플루토늄 15~20kg을 소모하여, 현재 약 30kg을 보유한 것으로 추정된다. 현재 북한의 플루토늄 추가 생산능력이 제약되어 추가 핵실험을 쉽게 할 수 있는 상황은 아니지만, 플루토늄 핵무기 성능 개선, 김정은 체제 과시, 한반도 군사적 긴장고조 등을 위해 추가 핵실험 필요성은 상존한다.

북한이 2010년 11월 영변 핵시설을 방문한 전 로스알라모스 국립핵연구소장 헤커(Siegfried S. Hecker) 박사에게 우라늄농축시설을 공개한 이후 새로이 고농축우라늄 기반의 핵무기 능력이 주목받고 있다. 북한은 이 우라늄농축시설을 자체 건설 중인 경수로용 핵연료 제조를 위한 것이라고 주장하지만 쉽게 무기용으로 전환될 수 있는 농축의 속성으로 인해 핵무기 프로그램으로 볼 수밖에 없다. 영변 농축시설의 전면 가동 시 1년에 핵무기 1개분 이상의 고농축우라늄 생산이 가능할 것으로 추정되고, 또한 별도 비밀 농축시설이 있을 개연성이 높아 북한 고농축핵프로그램의 차단도 긴급한 비핵화 과제이다. 북한의 농축작업이 진행되어 핵물질 재고가 늘게 되면, 북한은 여유분 핵물질을 이용하고 또한 HEU 핵무기의 전략화를 위해 추가 핵실험을 실시할 동기가 높아진다.

북한의 추가 핵활동을 중단시키고 핵실험을 차단하기 위해 단기적으로 2.29 북·미 합의(2012)의 복구가 시급하다. 이를 통해 핵실험을 우선 중단시키고 6자회담의 재개와 연동하여 북한 핵활동의 동결도 확보한다. 이를 위해 2013년 11월 채택된 이란 핵합의도 참고가 된다.

나. '한반도형' 비핵화 모델 개발

6자회담 참여자가 모두 북한 비핵화를 추구하지만 그 전략과 방법론에 대한 5자간 또는 6자간 합의가 없어 설사 형식적 합의가 만들어지더라도 이행되지 못하고 있다. 6자회담 이전에 만들어진 남북 핵합의와 미·북 핵 합의가 같은 전철을 밟았지만 개선되지 못하고 있다. 따라서 이를 극복하기 위해 '한반도형' 비핵화 모델을 적극 개발해야 한다. 효과적인 북한 비핵화 모델이 없다면, 미·북 핵대화와 6자회담은 시간낭비와 시간벌기에 지나지 않는다.

지난 20년간 다양한 비핵화 해법과 모델을 북한에 적용하려고 했으나 모두 실패하고 말았다. 모두 다른 나라에 적용된 비핵화 모델을 단순 모방하는 단계에 그쳤기 때문이다.

우선 한반도비핵화 공동선언에 나타난 '상호사찰' 해법은 '아르헨티나-브라질식'을 모방하였다. 아르헨티나와 브라질은 80년대까지 핵 경쟁을 벌이다가 1991년 '브라질-아르헨티나 핵물질 계량통제 기구(ABACC: Argentine-Brazilian Agency for Accounting and Control of Nuclear Materials)'로 불리는 핵통제위원회를 설립하여 상호사찰을 실시하고 핵투명성을 보장하는 데 성공하였다. 미국은 이 방식을 적용하여 남북 간 '한반도 비핵화 공동선언'을 만들게 하는 데 성공하였으나, 실제 이행에는 실패했다. 아르헨티나-브라질 해법이 성공한 정치적 배경에는 양국에서 군사독재정권을 대체한 민주정부의 등장과 양국 간 군사적 경쟁의 종료가 있었다는 점을 간과하였기 때문이다.

다음, 제네바 합의에 적용되었던 '우크라이나식' 비핵화 모델이 있다. 소련의 해체로 2,000여 기의 핵탄두를 계승한 우크라이나는 1994년 초 미국, 러시아와 3국협정을 체결하고 핵을 포기한 대가로 안전보장과 경제지원을 보상받았다. 탈냉전기 들어 우연히 소련의 핵무기를 물려받은 우크라이나는 자발적으로 핵을 포기하려는 확고한 정치적 의지를 갖고 있었기 때문에 비핵화가 가능했다. 그러나 반대로 탈냉전기 들어 체제위기를 경험한 북한은 오히려 핵개발에 매달렸기 때문에 '우크라이나식' 비핵화 모델은 북한에 그대로 적용되기 어렵다. 더욱이 우크라이나의 경우, 조속한 핵포기로 인해 충분한 정치·경제적 보상을 받지 못했다는 불만이 나오고 있어 이는 오히려 북한에게 최종 순간까지 핵무기를 포기하지 않아야 한다는 교훈을 주었다는 해석도 있었다. 최근 우크라이나의 국경변경 사태는 이런 교훈을 강화시켜, 북핵문제의 해결에 잘못된 메시지를 보낼 수도 있어 주목해야 한다.

이렇게 1991년 한반도 비핵화 공동선언에 적용된 아르헨티나-브라질 상호사찰 모델, 1994년 미·북 제네바합의에 적용된 우크라이나의 안보-경제 교환 모델, 2003년 리비아의 정치적 빅딜과 선 핵포기 후 보상 모델 등은 모두 탈냉전기 들어 자발적으로 비핵화를 결정한 국가를 대상으로 하여 북한에 적용하기 어려운 한계가 있다.

한편, 북한은 이라크와 리비아 비핵화 사례가 결국 정권붕괴로 이어진 점을 반면교사로 삼고 있으며, 인도·파키스탄 모델에 따라 '사실상 핵국'으로 인정받기를 요구한다. 최근 우크라이나도 새로운 반면교사가 될 가능성이 있다.

새로운 '한반도' 비핵화모델은 안보-경제 교환의 우크라이나 모델, 중재와 정치적 빅딜의 리비아 모델, 안보환경의 변화와 정권변화가 전제된 남아공 모델 등의 복합 모델이 될 가능성이 높다. 한국이 역사적 비핵화 사례를 참고하되, 창의적인 '한반도형' 비핵화 해법을 개발해야 한다. 새로운 비핵화 해법은 9.19 6자공동성명을 기본으로 하되, 제재와 보상체제, 역할분담, 이행일정, 이행보장체제 등을 보강해야 한다. 이를 갖고 우선 5자간 합의를 조성하고, 6자회담에서 북한과 새로운 일괄타결에 합의해야 한다.

표 1 비핵화 사례와 모델 비교

모델	특징
아르헨티나-브라질식(1991)	- 탈냉전기 민간정부 등장으로 자발적 핵개발 · 핵경쟁 포기 - 상호사찰 실시로 핵투명성 상호보장 - 한반도 비핵화공동선언의 모델
우크라이나식 (1994)	- 우크라이나, 구소련 붕괴로 핵무기 인수, 핵 포기 자세 - 경제지원과 안전보장 제공과 핵 포기 교환 - 미·북 제네바 기본합의문(1994)의 모델
리비아식 (2003)	- 영국 중재로 미-리비아 간 핵 타결 - 리비아의 선 포기 결정, 미국의 정권교체 불추구, 경제지원과 관계정상화 보상 - 리비아의 핵개발 기획 단계, 미국의 제재해제 시 석유수출로 경제적 이득 등으로 핵포기 용이
남아공식 (1991)	- 탈냉전기 안보위협 해소, 정권교체로 자발적 핵포기 - 유일한 핵개발 이후 핵포기 사례
파키스탄 · 인도식	- 사실상 핵국으로 북한의 핵무장 모델 - NPT 비가입국으로서 NPT 탈퇴국인 북한과 차이
'한반도식'	- 북한: 핵무장 의지 과시, 유일 NPT 탈퇴국, 핵개발 완성 - 우크라이식, 남아공식, 리비아식 복합 모델

다. 비핵화, 남북관계 발전, 동북아 평화 3개 축 연동전략 추구

새로운 비핵화 해법은 ▲북한의 변화, ▲한반도 평화체제 구축, ▲동북아 안보협력, ▲북·미와 북·일 관계개선, ▲대북 경제에너지 지원 등을 포함한다. 이는 바로 9.19 6자 공동성명의 기본 구상이기도 하다.

박근혜 정부의 비핵화 구상도 매우 복합적이다. 박근혜 정부의 북핵정책, '한반도 신뢰프로세스', '동북아 평화협력구상'은 각각 정책대상이 다르지만 궁극적인 목표와 방법론을 공유하고 있어, 그 선순환체제를 구축하여 정책효과를 극대화해야 한다. 비핵화 없는 '신뢰프로세스'와 동북아 평화협력구상은 불안정하며 지속성이 결여된 정책구상에 불과하다. 따라서 아래 표와 같이 3개 정책구상의 병행추진을 통해 상호 시너지 효과를 극대화하고, 목표 달성의 안정성과 지속성을 보장해야 한다.

표 2 박근혜 정부의 비핵화 –'신뢰프로세스'–동북아구상

	한반도 신뢰프로세스	비핵화 구상	동북아 평화협력구상
목표	남북관계 정상화, 지속가능 평화 정착 통일 인프라 구축	북한 비핵화	동북아 평화와 번영
이행 과제	- 인도적 문제 해결 - 남북대화 확대 - 호혜적 교류협력 활성화 - 정치군사 신뢰구축 - DMZ 세계평화공원 건설 - '비전 코리아 프로젝트' 장기 추진	- 대북 억지 강화 - 유엔안보리결의 집행 - 한·미·중 전략대화 - 협상 다각화와 6자회담 추진 - 국제공조체제 유지	- 역내 연성이슈 협력 및 협력습관 축적 - 동북아 다자대화 개시 - 유라시아 협력 - 비핵화-'신뢰프로세스'와 선순환체제 구축

북한 비핵화 로드맵은 미·북관계 개선뿐만 아니라, 한반도평화체제 구축, 동북아평화협력체 구축 등을 포함하여 다면적으로 접근해야 한다. 북핵문제 해결, 북·미관계 개선, 남북관계 개선과 평화정착, 동북아협력 진전 등이 상호 균형 있게 발전된다면 상호 보완과 상승작용을 일으키겠지만, 불균형이 심화된다면 오히려 타 분야의 진전도 저해할 우려가 있다.

특히 포괄적 해법의 핵심요소로 북한에 대한 안전보장 제공이 중요하다. 북한은 핵무기를 보유함으로써 외부 침략으로부터 체제안보를 보장할 수 있는 확실한 억제력을 확보했다고 믿고 있기 때문에 자신의 안보를 확실하게 보장하는 조건과 정치·경제적 보상이 충분하지 않다고 판단될 경우 비핵화 지원조치도 수용하지 않을 것이다. 협상론의 바트나(Best Alternative to Negotiated Agreement) 원칙에 따르면, 북한은 협상 결과가 현재 핵무장보다 좋지 않다면 협상에 나서지 않을 것이라고 한다. 따라서 북한의 안보를 보장한다는 충분한 믿음이 갈 수 있는 조치를 병행하면서 단계적이며 구체적인 정치·경제적 보상을 제안해야 북한이 수용할 것이다. 이것만으로는 불충분하다. 바트나에 따르면, 북한은 협상 불참이 협상 참여보다 고통스러워야만 협상에 나설 것이므로, 당분간 북한에 대한 전방위적 제재가 불가피하다.

이 보고서는 북한 비핵화를 위한 새로운 구상으로 비핵화의 초기조치, 기반조성, 심화, 완료 등 4단계 진전에 따라 한반도평화체제 구축과 남북관계 개선과 동북아 평화협력을 연동시키는 4단계 비핵화 로드맵을 제시하고자 한다. 여기서 6자회담과 남북관계 프로세스는 북한 비핵화의 단계적 진전에 상응하여 상호 영향을 미치며 나아가게 된다.

6자회담 프로세스는 비핵화 진전에 따른 양자관계 개선, 경제지원, 동북아안보협력 확대 등을 포함한다. 한반도평화체제 구축은 사실 6자회담의 틀 밖에서 병행 진전될 것이나, 단순화를 위해 6자회담 프로세스에 포함한다. 남북관계 프로세스는 남북 간 정치·경제·사회문화 차원에서 진행되며, 특히 한반도 신뢰프로세스의 원칙에 따라 단계적으로 전개될 것이다.

첫 단계에서 북한 핵활동 동결, 핵실험과 미사일발사 모라토리움, 6자합의 이행 확인 등 북한 '비핵화 초기조치' 가 추진된다. 북한의 비핵화 초기조치는 한·미 정부가 제기하는 6자회담 재개를 위한 '사전조치(Pre-steps)'에 해당된다. 이 단계에서는 6자회담과 남북관계 프로세스의 초기 조치가 예상된다. 예를 들면, 미·북 대화 재개, 초보적 경제에너지 지원, 동북아안보협력 협의, 남북대화 재개, 식량지원과 경제협력 재개, 드레스덴연설의 '평화통일기반 구축' 사업의 본격 추진 등이 있다.

둘째, 핵시설 신고와 검증, 핵시설 패쇄와 폐기 개시 등 '비핵화 기반조성' 단계가 진행되면, 이에 상응하는 6자회담과 남북관계 프로세스가 활성화된다. 6자회담 프로세스 차원에서는 대북제재 완화, 북한의 국제금융기구 가입지원 협의, 동북아 평화협력체 설치 협의, 미·북 연락사무소 개소 등을 추진하고, 이와 병행하여 한반도 평화체제를 위한 4자 평화포럼을 가동한다. 남북관계 차원에서도 남북교류협력사무소 상호 개설, 남북정상회담 개최, 인도지원 전면 확대, 대규모 개발지원 착공, 남북연계 인프라 건설, 남북 군사신뢰구축, 군비통제 협의 등 다양한 정치·군사적 신뢰구축조치와 경제협력을 추진한다.

셋째, '비핵화 심화' 단계에서는 북한 핵시설 폐기 완료, 핵무기 폐기 개시, 핵물질 이전 개시, 북한의 NPT 복귀 등이 진행될 것이다. 남북과 국제 차원에서는 동북아 안보협력체 창설, 북한의 국제금융기구 가입, 남북 경제공동체 구축 및 군비통제 추진 등 사업을 추진한다.

마지막으로 '비핵화 완성' 단계에서는 북한의 핵무기 폐기 완료, 핵물질 이전 완료, NPT 완전복귀 등 비핵화 조치가 있어야 한다. 이 단계에서는 미·북 수교, 남북 평화협정 체결 등이 추진되고, 대북 경수로사업도 본격적으로 검토한다.

라. 새로운 북핵문제와 대응방안

북한 핵무장이 기정사실화되고 또한 북한 비핵화에 많은 시간이 소요될 것이라는 전제하에 우리는 북핵 문제의 관리를 위해 아래와 같은 '불편한 진실'과 직면하게 된다. 이 문제들은 자칫 북한의 핵무장을 기정사실화하고 묵인한다는 인상을 북한과 국제사회에 줄 우려가 있기 때문에 그동안 외면되었다.

첫째, 북한 핵시설의 안전 문제이다. 북한은 동결(폐쇄)된 흑연감속로에 더해, 경수로 건설을 재촉 중이며 최근 완성단계에 이르렀다는 보도도 있었다. 그런데 특히 북한의 기술수준과 경수로의 복잡성을 감안할 때 경수로가 가동되면 원자력 안전사고가 발생할 가능성이 높다. 북한 핵시설의 폐기를 추구하지만, 상당기간 유지될 핵시설의 안전을 위해 국제원자력기구가 나서서 안전성을 평가하고 기술자문을 제공할 필요성도 있다.

둘째, 북한의 핵물질·기술·장비가 해외로 유출되는 것을 방지하기 위한 '핵안보'가 필요하다. 이를 위해 북한에게 '핵안보'의 강화를 요구하거나

'핵안보' 지원을 제공하는 방안도 있다. 북한 당국이 자신의 핵능력의 일부를 해외 국가 또는 비국가단체에게 판매할 가능성을 배제할 수 없기 때문이다. 도난과 불법유출 가능성도 없지 않다. 핵안보정상회의가 요구하듯이 역내 핵안보 문제를 다루기 위한 별도 동북아 핵안보(원자력안전) 협의체를 발족시켜야 한다.

셋째, 북한의 핵무기 사용독트린과 지휘통제권에 대한 문제가 있다. 북한은 사실상 핵무기를 획득하였지만 이에 대한 사용독트린과 지휘통제권은 자의적이며, 최소한의 책임성과 체계성마저 결여되어 있을 가능성이 높아 그냥 방치하기에는 매우 위험하다. 2013년 4월 초 제정된 "자위적 핵보유국의 지위를 더욱 공고히 할 데 대하여" 법령에 따르면, 김정은 최고사령관이 핵무기 사용의 최종결정권을 갖는다. 모든 핵국과 사실상 핵국은 국민에게 책임지는 선출직의 통수권자가 핵무기 사용의 최종결정권을 갖는다. 그런데 북한은 김정은의 개인적 충동과 오판에 의한 핵무기 사용에 대한 통제가 부재한 것으로 보인다. 앞으로 이 문제에 대한 추가 검토와 대책이 필요하다.

4. 결론

지난 20년간 북한 핵능력이 지속적으로 증가하고 이에 따라 북핵위기의 군사·외교·경제적 비용도 증가하였다. 우리의 대북정책 전반이 북핵의 인질이 되었다. 우리는 북한과 관계개선, 경협, 인도지원, 이산가족상봉, 군사적 긴장완화 등 많은 현안을 갖고 있는데, 북핵으로 인해 모든 것이 정체되어 있다. 한반도 신뢰프로세스도 남북관계 개선을 위한 좋은 비전과 방법론을 제시하였지만, 북핵의 인질이 되어 좀처럼 그 구상을 펼칠 기회를 갖지 못한다.

그런데 북한의 체제와 안보위기 지속, 수정헌법의 핵보유국 언급, 핵무력과 경제건설의 병진노선 채택, 핵무장 법제화 등을 감안할 때 당분간 북한 비핵화의 진전과 북핵협상의 성공 가능성은 매우 낮다. 최근 북핵협상 환경은 더욱 악화되는 경향이 있다. 북·중관계 긴밀화, 중국의 부상과 동북아 미·중 경쟁, 중국의 한반도 개입 증가, 이란 핵합의, 우크라이나 사태 등으로 한반도와 북핵정책 환경이 급변하고 복잡해졌다. 그리고 북한의 핵능력이 증강될수록 비핵화 가능성은 더욱 요원해지고 비핵화 비용은 더욱 증가한다. 북핵위기가 일상화되기 전에 창의적이고 과감한 비핵화정책이 필요한 시점이다.

6자회담 참여자가 모두 북한 비핵화를 추구하지만 그 전략과 방법론에 대한 5자 간 또는 6자 간 합의가 없어 설사 형식적 합의가 만들어지더라도 이행되지 못하고 있다. 6자회담 이전에 만들어진 남북 핵합의와 미·북 핵합의가 같은 전철을 밟았지만 개선되지 못하고 있다. 따라서 이를 극복하기 위해 '한반도형' 비핵화 모델을 적극 개발해야 한다. 효과적인 북한 비핵화 해법과 모델이 없다면, 미·북 핵대화와 6자회담은 시간낭비가 될 것이다.

지난 20년간 다양한 비핵화 해법과 모델을 북한에 적용하려고 했으나 모두 실패하고 말았다. 모두 다른 나라에 적용된 비핵화 모델을 단순 모방하는 단계에 그쳤기 때문이다. 새로운 '한반도' 비핵화모델은 안보-경제 교환의 우크라이나 모델, 중재와 정치적 빅딜의 리비아 모델, 안보환경의 변화와 정권변화가 전제된 남아공 모델 등의 복합 모델이 될 가능성이 높다. 한국이 역사적 비핵화 사례를 참고하되, 창의적인 '한반도형' 비핵화 해법을 개발해야 한다.

새로운 비핵화 해법은 한반도평화체제 구축 및 동북아 안보협력 프로세스, 그리고 대북경제지원과 연계한 복합적 비핵화 전략이 되어야 한다. 이는 바로 9.19 6자 공동성명의 기본이 되는 구상이기도 하다. 한반도 신뢰프로세스와 평화협력프로세스도 포괄하여, 포괄적, 다층적, 단계적 접근방안에 따라 비핵화 전략을 추진한다.

복합적 비핵화 전략은 북한 변화전략도 포함된다. 북한이 핵무장 동기를 갖고 있는 한 비핵화가 사실상 불가능하며, 설사 합의가 있다고 하더라도 성실한 이행을 기대하기 어렵다. 또한 북한이 정권과 체제유지를 위해 국제규범을 훼손하고 주민복지를 희생시키는 현 체제와 전략을 유지하는 한 북한 비핵화를 기대하기 어렵다. 따라서 북한의 핵무장 동기를 해소하기 위한 북한 변화전략도 반드시 필요한 실정이다. 특히 북한의 개혁·개방 변화는 외부의 압력과 주민의 압력에 좀 더 반응적인 체제를 만들 것이므로, 북한의 개혁·개방을 위한 노력이 병행되어야 한다.

남북경제협력과 통일 준비

김병연 서울대

1. 서론

남북경제협력의 목표는 다음의 네 가지로 정리할 수 있다. (1) 북한 주민들의 기본적 생계유지에 기여한다. (2) 북한의 시장경제로의 체제이행에 기여한다. (3) 한국의 경제성장과 남한 주민의 후생 증진에 기여한다. (4) 통일 혹은 남북경제통합을 위한 우호적 조건을 형성한다. 이 목표는 상호 배타적인 것은 아니다. 예를 들면 (1), (2)가 진전되면 (4)에 기여할 수 있다. 그리고 (3)이 이루어지면 (4)도 촉진되는 관계에 있다.

이 연구는 남북경제협력과 통일에 초점을 두고 있다. 남북경제협력과 통일은 상호 밀접히 조율되어야 한다. 즉, 남북경제협력은 궁극적으로 통일을 준비, 지지, 지향하는 정책이 되어야 하는 것이다. 그러나 남북관계의 개선이라는 단기적 목표에 초점을 맞추어 남북경제협력을 시도하면 통일과의 연관성이 희박해질 가능성이 있다. 북한 정권이 남북관계 개선으로 인한 이익은 향유하면서 통일 혹은 통합으로 가는 길은 차단할 수 있기 때문이다. 이 점이 햇볕정책의 한계라고 볼 수 있다. 반면에 통일이라는 장기적 목표만 강조하면 남북관계를 개선시키기 어려울 뿐만 아니라 북한 주민의 후생 증진이나 북한 변화를 자극할 수 있는 정책 수단을 상실함으로써 결과적으로 통일 준비에 역효과를 미칠 수 있다. 이것이 비핵·개방·3000 정책의 문제점인 것으로 판단된다.

현재까지의 대북정책으로부터 다음의 교훈을 얻을 수 있다. 첫째, 북한의 최고권력자가 스스로 시장경제화를 시도할 가능성은 낮다. 오히려 지하자원 수출과 개발사업권 제공, 그리고 부분 개방을 통한 대외무역, 관광사업에서 경화를 벌고 이를 기초로 사회주의 정치체제와 경제체제를 계속 운용하려 할 가능성이 높다. 둘째, 김정은 정권의 경제개혁도 큰 틀에서는 사회주의를 유지하면서 부분적 개혁을 통해 실리를 확보하려는 데서 벗어나지 않을 것이다. 그러나 이러한 개혁은 실패할 가능성이 크다는 점은 과거 구사회주의 경제개혁 경험에서 확인할 수 있다. 1965년 소련의 코시긴 개혁, 1960년대 헝가리의 신경제메커니즘, 1980년대 후반의 페레스트로이카가 그 실례이다. 셋째, 한국이 대북경제정책으로 어떤 인센티브를 주거나 어떤 제재를 가하더라도 북한의 김정은 정권이 북한 경제체제를 자본주의로 전환하는 결정을 유도하기는 어려울 것이다. 여기에 비핵화까지 경협의 전제조건으로 삼으면 경협의 시작은 더욱 어려워진다. 넷째, 경협에서 시작하여 남북관계를 접근하는 것이 남북관계의 개선에 가장 유용한 전략이다. 그러나 경협을 통해 북한 최고권력자의 목표를 바꾸기는 어려울 것이다. 따라서 이를 우회하는 스마트 전략이 필요하다.

현재 북한체제는 시장과 무역활동으로 말미암아 안정적 요인과 불안정적 요인이 동시에 증가하였다. 그에 따라 북한 정권의 딜레마도 그만큼 깊어지고 있다. 장기적으로는 시장과 무역이 체제의 정치적, 이념적 기초를 무너뜨릴 가능성이 크다고 예측된다. 그러나 체제의 침식 또는 와해를 방지하고자 시장을 없애고 무역 활동을 억압한다면 북한의 경제적 기초는 와해될 가능성이 있다.

2. 북한 변화 전략과 정책

2.1 북한 변화 시나리오와 체제이행 정책

북한이 중국식 개혁 개방을 택한다면 향후 통일의 가능성은 감소하지만 통일을 한다면 그 비용은 크게 줄어들 것이다. 반면 북한이 붕괴한다면 통일비용과 가능성이 모두 현저히 증가할 것이다. 붕괴 시나리오의 경우 관건은 어떻게 통일비용을 줄이면서 통일을 이룩할 것인가 하는 점에 놓여 있다.

통일비용은 다음과 같은 요인들이 결정한다.

① 통일 과정의 순조로움(정치 불안, 북한의 내전, 군사적 충돌 등)

② 북한의 초기조건: 경제발전 수준, 인적 자본 수준, 정치, 제도적 왜곡 정도 등(한 연구에 따르면 초기조건은 체제이행 경제의 경제성과의 최소 18.7%를 설명),

③ 통일/통합 및 체제이행 정책: 화폐전환, 사회안전망, 사유화, 자유화, 기업 형성, 제도 개혁과 통합 등

표 1 북한의 체제이행에 있어 유리한 점과 불리한 점

북한 체제이행시 유리한 점	북한 체제이행시 불리한 점
- 지리적 위치: 세계에서 가장 빨리 성장하고 있는 지역이며 큰 시장에 근접한 위치 - 체제이행 후발국으로서의 학습효과: 동유럽, 구소련, 중국 등의 체제이행 경험에서 학습할 수 있는 가능성 - 한국과의 협력: 제도적, 재정적 제약 극복에 도움이 되며 미래에 대한 불확실성을 감소시킬 수 있음	- 초기 조건: 초기조건이 유리한 순서로 체제이행 국가 26개국 중 16위. 이는 체제이행 초기 GDP의 3분의 1의 하락 가능성 시사 - 복잡한 지정학: 북한의 미래에 대한 불확실성 증가 - 오랜 기간 동안의 억압적 정치, 경제 체제: 이는 주민과 제도가 새로운 환경에 적응하는 것을 어렵게 만들고 그 시간이 오래 걸리게 할 수 있음

통일 시나리오는 여러 요인에 의해 다양한 시나리오가 가능하나 크게 급진적, 점진적 시나리오로 구분할 수 있다.

표 2 급진적, 점진적 시나리오의 전개와 장단점

	급진적 시나리오	점진적 시나리오
전개	- 북한의 급변 사태, 남한으로의 대량 이주 등으로 촉발될 가능성 높음	- 북한 정권의 자발적 체제이행, 혹은 내부 혹은 외부 세력에 의한 안정화 이후 체제이행
장점	- 통일(통합)의 확실성 증가 - 통일의 불가역성 증가	- 이상적으로 정책을 설계, 집행함으로써 통일 비용 절감 가능 - 남북한에 주는 충격 감소
단점	- 통일 비용 증가 - 남북한 혼란 가능성	- 남북한의 미래에 대한 불확실성 증가

이러한 시나리오는 주어지는 것인 동시에 외교(특히 대중, 대미 외교), 우리의 초기 대응과 정책, 북한 주민들의 선택 등과 같은 변수들을 통해 우리가 이 선택에 영향을 미칠 수도 있다.

위의 시나리오 내용은 다음의 표로 요약할 수 있다.(급진적 시나리오와 점진적 시나리오에 대한 각각의 정책은 Kim and Roland (International Economic Journal, 2012)와 김병연(2010)에 제시되어 있음.)

표 3 점진적 시나리오와 급진적 시나리오 하에서의 정책

점진적 시나리오	급진적 시나리오
체제이행의 단계적 접근 - 초기: 집단농장의 가족농으로의 전환, 농가와 기업의 계약책임제 시행, 교환의 자유 허용, 창업과 투자의 자유의 허용(de facto) - 중기: 핵심은 수출을 통한 성장과 성장을 통한 안정화. 이를 위해 저임금 유지, 소규모 사유화, 가격자유화, 경쟁제도 도입, 이원적 은행제도 구축, 무역 자유화, 국제금융기구 가입 추진 - 후기: 대규모 사유화, 기업, 산업의 구조조정과 통폐합, 자본시장 활성화, 자본자유화 **남북경제통합 시나리오** - 3대 원칙: 초기 이행 이후 본격적 통합 추진, 경제통합은 체제이행과 단계적으로 조응, 자연스러운 진화 과정으로서의 통합(EU의 예). - 준비기: 빈곤구제, 북한의 인적, 제도적 역량 구축, 개성공단의 전후방 연계 등 생산능력 확충 - 시작기: 위의 정책 + 산업협력(SOC 공동건설 및 이용, 자원개발 투자) - 진행기: 외국 기업의 대북 진출, 사유화 과정 참여, 시장 상호 개방, 자본 이동, 노동력 이동의 단계적 실시, 제도적 통합 시작 - 완료기: 각종 법 제도 단일화, 화폐통합, 노동력 이동 자유화	**세 가지 중요한 대응** - 북한의 거버넌스 - 긴급 구호와 탈북자 문제 - 시장경제로의 체제이행 정책 **북한의 거버넌스** - 한국의 first move 상태에서 중국과 협상? **긴급 구호 및 탈북자 문제** - 식량 및 기초 소비재의 신속한 공급과 치안 유지가 핵심 - 대량 탈북의 여부에 따라 다음 정책이 결정됨. 경제적 효율성을 위해 북한 주민이 북한에 정주하도록 유도. 이를 위해 토지, 주택을 북한 거주 조건으로 무상 배분하되 단기 임대는 가능하나 최소 5년 동안 매매하지 못하도록 함. **시장경제로의 체제이행 정책** - 기업형성: 기업가대출(평균 250-500 달러를 모든 가구에게 은행을 통해 지급) - 사유화: 원소유자 반환을 배제하고 보상원칙, 북한 주민 공급분을 제외하고 경매. 작은 사유화에서 큰 사유화로 단계적 실시. - 화폐통합(전환율 결정): 시장환율을 따라 결정. 북한에 정주하도록 저량에 관해서는 유리한 전환율 고려. **대량 탈북의 여부가 통일비용과 직결** - 先경제적 통합, 後정치적 통일 추진 가능

점진적 시나리오의 모델로서 유럽통합 과정을 참조할 수 있을 것이다. 유럽통합은 산업공동개발(유럽석탄철강공동체), 관세동맹(EEC), 화폐통합(EMU) 단계를 거쳐 이루어졌다. 회원국이 확대되는 과정을 보면 가장 도전적으로 확장이 이루어진 것은 동유럽 체제이행국이 편입되던 경우였다.(2004년의 확장의 경우 구회원국과 신회원국의 인구비와 일인당 GDP의 비율은 각각 27.9%와 38.7% 이었음) 남북통일의 경우는 유럽통합에 비해 더 깊은 통합, 즉 정치적 통일을 목표로 하기 때문에 유럽통합의 경우와 비교하여 고려하고 다루어야 할 변수가 훨씬 많다는 점을 염두에 두어야 할 것이다.

표 4 유럽연합의 확대와 그 특성

	Population	GDP/capita PPP	Inflation	Openness
Enlargement	Millions and C %	U.S.dollars and C % EU	% and C - EU	Trade % PPP GDP and) C - EU
1973 (Denmark, Ireland, and the United Kingdom)				
Candidates	64.3	4166.0	9.3	41.5
Existing EU	209.4	4081.0	8.1	47.2
Candidates v EU	30.7	102.1	1.2	-5.6
1981 enlargement (Greece)				
Candidates	9.7	5653.0	24.5	37.8
Existing EU	278.5	9054.0	11.6	61.5
Candidates v EU	3.5	62.4	12.9	-23.7
1986 enlargement (Portugal and Spain)				
Candidates	48.5	8308.0	9.2	26.4
Existing EU	290.0	12060.0	2.9	52.1
Candidates v EU	16.7	68.9	6.3	-25.7
1995 enlargement (Austria, Finland, and Sweden)				
Candidates	22.0	20180.0	2.1	100.6
Existing EU	350.0	19372.0	3.0	65.7
Candidates v EU	6.3	104.2	-0.9	35.0
2004 Transition Countries				
Candidates	104.6	8638.0	11.3	35.3
Existing EU	375.3	22303.0	1.3	63.3
Candidates v EU	27.9	38.7	10.0	-28.0

2.2 현 시점에서의 대북정책

1) 남북 경협 정책 축의 정책은 "단기적으로 작동 가능하고 장기적으로 지속 가능(short-term workable and long-term sustainable)"한 정책이 되어야

한다.

2) 대북정책이 작동하기 위해서는 경제 분야에서 협력을 증진시켜 나가는 것이 필요하다.

3) 장기적으로 지속 가능하기 위해서는 통일 준비에 기여할 뿐 아니라 경협 비용 면에서도 비용 대비 효과가 뚜렷해야 할 것이다.

4) 신 대북경제정책은 '스마트(smart) 정책'이어야 한다. 이는 북한의 최고 권력자가 개혁과 개방을 시도할 것이라는 기대감에 입각한 정책이 아니어야 한다는 것을 의미한다. 이것은 북한 경제에 도움이 되면서도 그 도움이 북한 주민들의 후생 증진을 목표로 하며 북한 주민과 관료의 이해관계와 의식 변화에 초점을 맞추는 것이다. 이를 통하여 결과적으로는 북한 최고 결정자의 의사 결정에 영향을 미치는 동시에 통일과 통일 후 북한의 성장 가능성을 제고시키는 것을 목적으로 한다.

5) 북한 경제의 실질적 기둥인 시장과 부분적 대외개방을 이용하는 정책이어야 한다. 이는 북한 정권의 유지를 위해서도 배제시킬 수 없는 정책이다. 그리고 이 통로는 한국의 대북정책을 위해서는 "기회의 창(window of opportunities)"의 역할을 할 것이다.

6) 이를 위해 경협 정책을 더 세분화하는 동시에 정책 수단도 다원화할 필요가 있다. 경협은 인도적 지원과 상업적 거래를 구분하고, 정책 수단 면에서는 정부와 민간의 파트너십을 기반으로 할 필요가 있다.

7) 경제 협력을 강조함으로써 단기적 작동 가능성을 증가시키되 경협의 종류에 따라 차별적으로 접근해야 한다. 먼저, 북한 주민의 생계유지와 보건을 목적으로 하는 인도적 지원은 남북관계와 관계없이 지원해야 한다. 둘째, 남한과 북한의 민간 경협도 원칙적으로 정부 정책과 독립적으로 추구되어야 한다. 셋째, 정부의 대북 경협은 북한의 체제 전환 혹은 비핵화 의지와 실행 단계에 따른 조건적(conditional), 남북한의 상호 이익을 추구하

는 호혜적(mutually beneficial) 그리고 북한의 개혁과 개방을 도울 수 있는 전략적(strategic) 원칙을 기초로 추구해야 할 것이다.

8) 정부 대 정부의 신대북경제정책은 다음 사항을 면밀히 평가하여 집행되어야 할 것이다.

① 한국이 이 정책으로 얻게 될 이익은 무엇인가? 이 이익을 확보할 수 있도록 정책이 구체적으로 설계되었는가?
② 북한에서의 수혜자는 누구인가? 이 정책은 수혜자들로 하여금 북한 경제성장과 북한의 미래 변화에 긍정적으로 기여하도록 도울 수 있는가?
③ 북한 권력 그룹의 경제와 사회의 통제력에는 어떤 영향을 미치는가?
④ 북한 주민의 후생에는 어떤 영향을 미치는가?
⑤ 북한의 시장에는 어떤 영향을 미치는가?
⑥ 북한의 무역에는 어떤 영향을 미치는가?
⑦ 북한의 경제체제와 사회 변화에는 어떤 영향을 미칠 것인가?
⑧ 북한 주민들에게 시장경제와 남한에 대한 학습기회를 제공할 수 있는가? 있다면 그 효과는 얼마나 클까?
⑨ 북한과 외부 세계의 접면을 얼마나 증대시키는가? 북한인들이 한국과 다른 국가의 국민들과 자주 만나는 기회를 제공하는가?

9) 박근혜 정부가 북한의 비핵화를 중요한 정책 목표로 간주하고 이를 위해 정책을 마련한다면 이 정책이 실효성을 가지기 위해서는 다음의 조건을 만족시켜야 할 것이다. 첫째, 북한에 대한 군사적 억지력이 유지되는 동시에 북한이 비핵화에 관심을 가질 만한 충분한 경제적, 정치적 유인이 제공되어야 한다. 둘째, 북한이 합의를 어기고 중도에 핵개발을 재추진할 경

우 북한이 치르는 비용을 극대화시키는 정책이 개발되어야 한다. 셋째, 나아가 인센티브의 제공과 북한의 변화를 결합시켜 북한 경제와 정치 구조를 변화시키는 정책이 마련되어야 할 것이다. 이는 주변국, 관여국에게 한국 주도의 통일을 설득할 수 있는 중요한 근거가 될 수 있을 것이다.

10) 앞에서 언급한 경제·정치적 유인과 위반시 불이익, 북한의 변화와 결합된 인센티브를 중심으로 하는 정책과 더불어 박근혜 정부가 준비해야 할 몇 가지 조건들은 아래와 같다.

첫째, 사람의 준비

① 북한 주민이 건강을 유지하여 노동 가능한 신체를 보전

② 북한 교육의 지원과 커리큘럼 개발 지원

③ 정책결정자를 대상으로 한 시장경제 교육

④ 북한 기술 인력 개발 및 교육

⑤ 한국에서의 북한 연구자/전문가 집단 육성, 북한 개발 관련 전문 관료 육성

둘째, 통계의 준비

① 북한 관련 통계 작성과 개발에 집중 지원

② 정부 통계를 연구자와 공유하는 제도 마련

셋째, 정책의 준비

① 북한의 체제이행, 추격형 성장, 경제개발이라는 3중의 문제를 동시에 풀 수 있는 정책 마련

② 탈북자의 조기 정착을 도울 수 있는 효과적인 정책이 필요

넷째, 재정의 준비

① 통일 친화적인 한국의 복지 제도를 구축.(예를 들어, 지역별 물가를 고려한 복지 제도가 필요할 수 있다.)

② 통일시나리오를 뒷받침할 수 있는 재정 정책의 개발

③ 재정건전성 유지

다섯째, 3-5년 동안의 구체적 계획과 초기 1년의 상세한 액션플랜 준비

① 북한의 급변 시 초기 대응이 매우 중요

② 초기 1년은 일/주 단위로 상세한 계획이 필요

③ 3-5년의 계획도 매우 구체적으로 수립

여섯째, 사회의 준비

① 북한주민과 함께 살 수 있는 통합의 사회 구축

② 통일정책에 대한 큰 틀에서의 사회적 합의 마련

한반도 통일준비와 통일과정

박영호 통일연구원

I. '통일 대박론'과 통일준비위원회의 설치

2014년 1월 6일 신년기자회견에서 박근혜 대통령은 '한반도 통일시대의 기반구축'을 국정운영의 2대과제 중 하나로 제시했다. 그리고 "통일은 대박"이라고 생각한다면서 세 가지 구체적 조치를 제시했다. 첫째, 한반도에 평화를 만드는 것으로, 안보태세를 튼튼히 하고 북한 핵능력의 고도화 차단과 북핵의 완전 폐기를 위한 다양한 방안을 모색하겠다는 것이다. 북한 핵위협이 있는 한 남북경협 및 교류와 역내 공동발전을 제대로 할 수 없다고 보았다. 둘째, 대북 인도적 지원을 강화하고, 이를 통해 남북 주민 간 동질성 회복을 추진하겠다는 것이다. 농업, 축산업 등 북한 주민에게 실질적으로 도움이 되는 분야를 지원하고 그 과정에서 동질성 회복을 위한 길이 열릴 것으로 보았다. 셋째, 한반도통일에 대한 국제적 공감대를 확산하겠다는 것이다. 통일이 우리만의 힘으로 되는 것이 아니라 국제적 협력을 얻어야 하며, 한반도 통일은 주변국들의 공동번영과 함께 이루어져야 한다고 보았다.

이러한 '통일 대박론'은 「통일준비위원회」의 발족 선언으로 이어졌다. 대통령은 2월 25일 경제혁신 3개년계획 담화문을 통해 한반도의 평화와 통일을 위한 초석을 다지고 통일을 이뤄나가기 위해 대통령 직속의 「통일준비위원회」를 발족시켜 체계적이고 건설적인 통일의 방향을 모색해 나가겠다고 천명했다. 동 위원회에서는 "한반도의 통일을 준비하고 남북 간의 대화와 민간교류의 폭을 넓혀갈 것"이며, "외교·안보, 경제·사회·문화 등 제반 분야의 민간 전문가들과 시민단체 등 각계각층이 참여할 수 있도록 해서 국민적 통일 논의를 수렴하고, 구체적인 '통일 한반도'의 청사진을 만들어 나갈 것"이다. 그리고 "남북 간, 세대 간의 통합을 이루어 새로운 시대의 대통합"을 지향한다.

3월 18일 국무회의에서 처리한 '통일준비위원회의 설치 및 운영 규정'(시행 2014.3.21. 대통령령 제25265호, 2014.3.21, 제정)에 따르면, 한반도 통일의 체계적인 준비를 위하여 설치되는 통일준비위원회는 통일 준비를 위한 기본 방향 제시, 분야별 통일 준비 과제 발굴·연구, 통일에 대한 사회적 합의 촉진 등의 기능을 담당한다. 대통령이 위원장을 맡으며, 부위원장 2인을 포함해 50명 이내의 위원으로 구성된다. 기구로는 분야별 분과위원회와 기획운영단, 사무국이 있으며, 여론 수렴을 위한 회의체나 자문단을 구성하여 운영할 수 있다. 위원회 회의는 정기회의와 임시회의가 있으며, 정기회의는 분기마다 1회 개최하는 것을 원칙으로 한다.

Ⅱ. 통일준비의 필요성

평화 통일은 헌법 전문에 담긴 국가목표이다. 역대 정부 모두 통일을 목표로 내세웠으며, 북한도 항상 통일을 말하고 있다. 그러나 독일이 2015년에 통일 25주년을 맞이하며 베트남과 예멘이 이미 오래전에 통일되었으나 한반도는 여전히 분단된 상태에 있다. 통일을 말한다고 통일이 이루어지는 것은 아니지만, 준비하지 않는 통일 또한 이루어지기 어려울 것이다. 남북분단의 현실과 오늘날의 국제안보와 국제정치·경제적 상황의 변화는 통일을 가시화하기 위해서는 오랜 준비와 노력이 필요함을 말해주고 있다.

분단이 우리의 의사에 반하여 이루어졌으나 통일은 우리가 주도적으로 이루어야 한다. 어느 주변국가가 한반도의 통일을 가져다주지는 않는다. 1972년 12월에 체결된 동서독 기본조약은 통일 전 양국 관계를 규율하는 법적·제도적 기초가 되었다. 서독은 동독은 교류·협력을 확대해 나갈 수 있었으며, 양독 주민 간의 동질성 회복에도 어느 정도 기여한 것으로 평가된다. 남북한 사이에도 1992년 2월 남북기본합의서가 발효되었다. 그러나 동 합의서는 실제적인 효력을 발휘하지 못했다. 1988년 7.7선언 이후 남북간 교역과 인적 교류가 꾸준히 증대되었어도 남북관계의 대립과 갈등의 본질은 변하지 않고 있다.

통일을 만들어나가기 위해서는 다방면에서의 능력과 힘을 길러야 한다. 서독의 경우가 웅변으로 증명해주고 있다. 경제력의 신장, 평화외교를 통한 주변국으로부터의 신뢰회복(유럽 속의 독일, NATO 속의 독일), 기본조약 체결 이후 정권의 교체 여부에 상관없이 법·제도와 투명성에 기반을 둔 꾸준한 동독과의 관계개선 정책, 성숙한 민주주의 운영을 통한 국민적 컨센서스 확립의 거버넌스 등을 구비하였다. 이러한 능력을 바탕으로 통일의 기회가 왔을 때 그 기회를 놓치지 않았다. 상당한 수준의 통일 기반을 구축했던 것이다.

동서독관계와 남북관계, 서독과 한국, 동독과 북한을 일대일의 방식으로 비교하기에는 역사적 상황과 분단 과정, 분단 시기의 국내외적 현실 및 통일 상황이 초래된 국제적 환경이 매우 다르다. 특히 오늘의 남북관계의 현실은 1970년대 후반의 동서독관계에 비해서도 훨씬 그 수준이 낮다. 더욱이 한반도의 지정학적 조건은 집단안보체제의 결여, 북한의 핵무기 보유 및 활용 전략, 전체주의적 북한체제는 물론 최근의 한·일관계, 중·일관계 등에서 나타나고 있는 갈등, 떠오른 중국과 쇠퇴하는 미국으로 상징하는 강대국 관계의 변화 등에서 보듯이 동서독의 경우에 비해 훨씬 복잡하다고 평가할 수 있다. 따라서 우리에게는 보다 적극적이고 장기적이며 전략적인 차원에서의 통일을 준비하는 노력이 필요하다.

Ⅲ. 통일준비의 과제

통일준비의 과제는 매우 광범위하다. 크게 보면, 국내적 역량을 강화하는 과제, 국제적 역량을 강화하는 과제, 그리고 남북관계 차원의 역량을 강화하는 과제로 구분할 수 있을 것이다.

첫째, 국내적 역량의 강화는 물적 토대의 확충과 정신적 역량의 강화로 나눌 수 있다. 물적 토대의 핵심은 경제력의 신장이다. 한반도 통일이 우리 경제의 추가 도약과 동북아 차원의 공동 발전 및 번영에 기여할 수 있다는 비전 제시만으로는 통일을 준비하고 추진해나가는 데 한계가 있다. 통일로 가져오는 미래의 편익은 당면한 이익에 우선하지 않는다. 따라서 경제혁신의 방식을 통하든, 새로운 수출시장을 개척하든, 혁신적 과학기술의 개발을 통하든, FTA의 확대를 통한 경제영토의 확대를 통하든 지속적인 경제적 역량의 신장이 있어야 한다.

정신적 역량의 강화는 통일에 대한 의지의 신장과 대북 및 통일정책을 둘러싼 동의와 인정/관용(tolerance)의 거버넌스 형성을 말한다. 사실 분단이 장기화되면서 통일에 대한 의지는 매우 약화되었다. 일상화된 분단 구조 속에서 분단의 폐해에 대한 인식도 낮아진 상태이다. 북한의 핵실험이나 장거리미사일 발사, 간헐적인 저강도 군사적 충돌 등이 때때로 분단 극복의 필요성을 각성시켜 주고는 있으나, 통일을 향한 유무형의 부담에 대해서는 매우 인색한 편이다. 또 대북정책과 통일정책을 둘러싼 논쟁은 공유하고 조화하는 방식을 찾기 보다는 배제의 방식을 찾는 것이 우선하는 소모적 갈등으로부터 벗어나지 못하고 있다. 역대 정부마다 국민적 합의 기반을 대북 및 통일정책의 원칙이나 기조로 강조해왔으나, 여전히 가장 풀기 어려운 문제로 남아 있다.

둘째, 국제적 역량의 강화는 한반도 통일에 대한 국제사회의 지지와 협력의 기반 강화를 말한다. 한반도 통일은 남북관계 차원의 현상 변경뿐 아니라 동북아지역 국제질서의 현상을 변경하는 일이다. 따라서 주변국들에게는 사활적인 국가이익의 문제이다. 따라서 우리가 지향하는 방식의 통일에 대해 주변국들의 확고한 지지와 협력을 얻기 위해서, 또는 적어도 명백하고도 확실한 반대를 제어하기 위해서는 한반도 주변국들의 사활적인 이익과 잘 조응하면서 우리의 통일이 추진되어야 한다. 한반도 통일이 우리의 국가발전과 함께 동북아 및 세계 차원의 평화와 공동번영에 이바지한다는데 이해가 공유되도록 해야 한다. 한반도 통일을 '동북아 평화와 협력의 틀' 형성과 병행하도록 정책이 준비되고 추진되어야 한다.

셋째, 남북관계 차원의 역량의 강화는 '정상적인 남북관계'를 만들기 위한 남북 간 대화·접촉과 교류·협력을 꾸준히 신장시켜나가는 것이다. 적대관계의 국가들도 접촉을 하고 대화를 시도한다. 군사적 충돌이 대화와 접촉을 일시적으로 중단시킬 수 있지만, 어느 일방의 행동 변화만을 요구하는 관계가 지속되어서는 안 된다. 접촉과 대화는 쌍방지향적인 것으로 만들어야 하지만, 때로는 총체적 국력의 우위에 있는 일방이 적극적인 대화와 접촉을 이끌고 유도해나갈 수 있다. 북한은 오랜 기간의 고립으로 피포위의식이 강한 상태이다. GDP와 1인당 국민소득 차원에서 남북 간 격차는 매우 뚜렷하다. 남한이 남북관계를 개선·발전시키는 데 주도력을 발휘해야 함을 의미한다.

이상의 논의를 바탕으로 통일을 적극적으로 준비하기 위해 필요한 단·중기적인 정책과제를 제시해본다.

통일준비위원회의 운영

통일준비위원회는 대통령이 위원장을 맡음으로써 힘을 갖는 기구가 되었다. 그런데 현재 통일 관련 정부 기관으로는 헌법 기구이자 대통령이 의장인 민주평화통일자문회의와 정부 부처인 통일부가 있다. 따라서 통일준비위원회의 목적과 기능이 통일부와 민주평화통일자문회의의 목적과 기능과 중복되지 않도록 하면서 상호 유기적이며 시너지를 얻는 협력관계를 갖도록 운영할 필요가 있다. 통일준비는 범정부적 차원과 범사회적 차원에서 추진되어야 한다. 통일준비위원회가 통일준비와 관련한 기본 방향을 제시하는 데 중점을 둔다면 정부의 정책입안 및 집행부서인 통일부는 통일 관련 기관과 협력 네트워크를 구축하고 행정 허브의 기능을 수행하도록 한다.

통일준비계획의 작성과 통일준비연습 실시

통일준비를 종합적, 체계적으로 추진하기 위하여 경제사회 5개년 개발계획과 같은 통일준비계획(예: 3개년 계획, 5개년 계획)을 마련하고, 매년 보완·발전시킨다. 동 계획의 마련은 남북관계발전기본계획처럼 법률적으로 강제사항이 되도록 한다. 이에 기반하여 통일역량의 강화를 위해 매년 통일준비연습을 실시한다. 정부 부처와 정부 출연연구기관이 함께 모여 다양한 통일·통합 시나리오에 따른 도상연습을 실시하여 실제적 상황의 전개토록 하는 것이다.

통일준비 실태 평가제도 도입

정부의 정책집행 업무를 평가하기 위하여 정부업무평가기본법이 있으며, 국무총리가 각 부처의 업무실적을 평가한다. 동 법에 따라서 통일부, 외교부 등 일부 부처가 대북·통일정책의 실적에 대한 평가를 받고 있다. 통일준비는 통일부, 외교부, 국방부 등 통일·외교·안보 부처만의 업무에 한정되지 않는다. 예를 들어 통일에 대비한 재정계획, 사회복지제도 등 다양한 분야에서 통일을 종합적으로 준비해나가야 한다. 따라서 통일준비를 범정부 차원에서 실시하는 것을 확립하고 지속성을 확보하기 위하여 법률적 차원에서 평가 제도를 도입·운영하도록 한다.

통일한국의 비전, 통일방안의 개발

이미 지적하였지만, 한반도 내외의 정세변화는 매우 역동적이다. 우리의 공식 통일방안인 민족공동체통일방안은 새로운 시대적 변화와 한국 사회의 현실을 반영하도록 보완·발전되어야 한다. 또한 통일한국의 비전, DMZ 세계평화공원 설립 등 주요 정책과제를 관리하고 세부 추진대책을 개발하도록 한다. 이러한 과제들은 다양하고 광범위한 전문가의 의견은 물론 국민 여론의 수렴과정을 거치도록 한다. 통일한국의 국가비전 개발과 확산은 주변국과 국제사회의 적극적 지지와 협력 확보를 위한 중요한 수단이다.

맞춤형 통일외교 담론 개발

한반도 통일에 대한 국제사회의 공감대를 얻기 위해서는 명확하고 분명한 통일한국의 비전에 토대를 둔 통일외교의 대상별 맞춤형 통일담론이 개발되어야 한다. 한반도 통일이 한반도와 동북아 차원, 그리고 세계의 평화와 공동 번영의 기회를 가져온다는 일반적 담론만으로 불충분하다. 주변국들이 한반도 통일이 자국의 사활적 국가이익에 도움이 되거나 적어도 조화를 이룬다고 판단할 때 한반도 통일의 추진이 동력을 받을 수 있다.

동북아 비핵평화협력 로드맵 개발

평화통일을 위한 동북아 비핵평화협력 프로세스의 구축·추진이다. 한반도 신뢰프로세스와 동북아 평화협력구상이 북한 비핵화와 동북아 다자안보협력의 구체화로 이어져야 한다. 북한 비핵화와 한반도 신뢰프로세스와 동북아 평화협력 구상의 선순환 통합 로드맵을 개발하고 관련국과의 협력을 통해 추진될 수 있도록 한다.

통일과 통합의 미시계획 마련

통일비용을 최적화하기 위하여 통일과 통합의 미시계획을 마련한다. 국토개발, 수송, 에너지, 의료, 보건, 농업, 복지 등 수많은 분야에 대해 현실적 대책을 마련하기 위해 통일부와 통일연구원이 중심이 되고 전 국책연구원이 참여하는 공동연구가 필요하다.

북한 변화의 견인

우리와 함께 북한이 평화통일의 주역으로 참여하도록 변화를 견인하는 세밀한 전략과 정책방안이 강구·추진되어야 한다. 남북 간 신뢰의 형성이 쌍방적이어야 하듯이 통일의 추진도 쌍방 지향적이어야 한다. 통일은 그 자체로 끝나는 것이 아니라 통합으로 완성되어야 하기 때문이다.

남북대화와 교류·협력의 재개

상기의 과제들에 앞서서 당면한 과제는 남북대화와 교류·협력을 재개하는 것이다. 대화와 접촉이 없는 정책의 추진은 무의미하다. 한반도 신뢰프로세스에서 제시된 일부 정책과제들과 '드레스덴 선언' 중에는 북한의 긍정적 대응을 유도하기 위한 과제들도 있다. 북한이 핵무기 개발전략을 견지하고 있으며 대남 위협 및 비난공세를 강화하고 있으나 남북관계를 전면적으로 단절시킬 수는 없다. 우리의 5.24조치는 사안에 따라서는 명시적 방식이 아니더라도 남북관계의 경색국면을 돌파하는 수단으로 사용하도록 해야 한다.

Ⅳ. 통일과정

이상의 과제들이 통일준비를 효율적으로 수행하기 위한 단·중기적 과제라고 한다면, 그에 토대를 둔 통일과정을 개략적인 추진구도로 제시하면 〈그림〉과 같다. 이러한 통일추진구도는 민족공동체통일방안의 기본 골격을 유지하면서도 변화된 남북관계와 국제정세의 현실을 반영하는 것이다. 특히 남북한은 유엔회원국으로서 '국가성'에 대한 현실적 사고를 가져야 한다. 남북기본합의서의 제1조에서 "서로 상대방의 체제를 인정하고 존중한다."는 약속이 실제로 이행되어야지 남북관계의 발전을 기대할 수 있고 '남북관계의 정상화'라는 목표가 달성될 수 있다.

필자가 제안하는 통일추진구도는 통일준비를 적극화하기 위한 현실적 필요를 반영하고, 한국 사회의 다원화 현상을 수용하며, 남북관계의 발전을 통한 새로운 '국민 정체성'을 확립하며, 북한의 호응을 견인하기 위한 데 있다. 이러한 제안은 우리 사회 내부와 국제사회, 그리고 북한에 대하여 우리의 통일비전과 미래상을 제시하고 구체적인 과정을 보여줌으로써 평화통일의 기반 조성에 기여함을 목적으로 한다.

제도 통일 준비(정치공동체 실현)

통일헌법 채택
(총선거)

제도통일 준비

- 통일헌법 제정(공화, 자유, 민주, 복지, 평등, 평화의 가치를 반영)
- 통일실현 방법·절차 마련

⇧

경제·사회 공동체 운영

- 남북 공동생활권 발전
- 사람·물자·정보 자유 이동(사회공동체)
- 남북 공동시장 발전

⇧

남북연합체제 형성

- 남북연합기구 구성·운영
- 평화협정 및 국제보장체제 가동
- 단계적 군축 추진

남 북 연 합

남북연합헌장 채택
(정상회담)

평화체제 구축과 경제공동체 형성

- 평화협정 체결, 평화관리기구 구성·운영, 국제사회 지지·보장
- 북·미관계 및 북·일 관계 정상화
- 북핵문제 완전 해결(비핵화 완성)
- 경제공동체 형성

⇧

평화증진과 협력 가속화(남북관계 정상화)

- 상주 대표부 설치·운영
- 남북대화 및 교류·협력 일상화·제도화
- 군사적 신뢰구축 본격 추진
- 북핵 폐기 이행 및 검증
- 북한발전 종합계획 추진

⇧

남북관계 안정적 발전

- 평화협력 토대 구축(남북기본협정 체결)
- 남북대화 및 교류협력 다양화·활성화
- 초보적 군사적 신뢰구축
- DMZ 세계평화공원 설치
- 북핵문제 해결방향합의, 기합의 준수이행

평 화 · 협 력

〈그림〉 한반도 통일 추진 구도

2주제

국제협력과 한반도 통일

한미협력과 통일

박인휘 이화여대

I. 미국의 국가이익과 동북아

1. 미국의 국가이익

한미협력의 출발점을 무엇으로 삼아야 하는가에 대해서는 다양한 논의가 가능하겠지만, 미국의 관점에서 본다면 당연히 미국의 국가이익이 한미협력을 통해 어떻게 실천되는가의 문제일 것이다. 국가이익을 정의하는 방식은 국가들마다 조금씩 차이가 있을 수 있지만, 미국은 전통적으로 '글로벌 전략', '동아시아지역전략', 그리고 '해당 국가를 상대로 한 전략'을 설정하고 이를 전제로 한 국가이익을 정의하는 경우가 일반적이다. 따라서 미국의 한반도에서 추구하고자 한 국가이익이 무엇인가에 대한 이해가 선행되어야 할 것이고, 이 과정에서 미국이 추구하는 다양하고 광범위한 전략들과 대한반도 전략 사이에서 유지되는 '조화와 균형'에 대해서도 정확하게 파악해야 할 것이다.

냉전기의 경우, 2차 대전 직후인 1945년을 전후로 동북아 현대 국제질서가 정착되었고 이 과정에서 미국의 '동아시아적 정체성'이 미국의 국가이익 안에 구체적으로 자리잡게 되었다. 특히 동북아에서 미국이 경험한 냉전적 경험은 이 지역에서 미국이 어떤 이익을 추구해야 하는가에 대한 정당성의 근거로 작용했는데, 가장 대표적인 특징으로는 냉전 시절 미소대결에서 비롯된 미국의 '안보이익'과 '경제이익'의 실천적 결합을 예로 꼽을 수 있다. 이것은 이 지역 국가들을 상대로 한 군사 중심적 동맹관계 및 미국시장과의 결합이 다양한 형태를 거쳐 미국의 이익을 심화시켜왔음을 의미한다. 탈냉전기에 들어서는 미국의 동아시아 전략의 관계적 차원의 좀 더 확대되어 미국이 추구하는 글로벌 전략과 더욱 적극적으로 연계된 특징을 보여 왔다. 냉전 종식 이후의 미국의 국가이익에 대해서는 한 번 구체적으로 언급할 필요가 있는데, 우선 '글로벌 이익'의 경우 세계 자본주의체제의 분업구조 관리, 신자유주의의 확대, 대량 살상무기 확산금지, 지역패권국가의 출현 저지, 유라시아에서 강대국들 간의 안정성 확보, 중동지역의 평화와 지역 내 영향력 확보, 미국 중심의 글로벌 경제 작동, 민주주의와 자유이념의 전파 등으로 정의된다. 반면 '동아시아적 이익'의 경우는 상대적으로 간결하게 정의되는 데 한 마디로 '지역균형자'로서의 역할을 성공적으로 지속하는 것이다. 이 과정에서 중국 부상에 대한 안정적인 관리, 일본, 한국 등을 중심으로 한 역내 동맹국가와의 관계 강화, 대만문제와 북한문제로 대표되는 지역분쟁 주도권 유지, 세계경제의 심장으로서의 지속적인 역할, 역내 국가들에 대한 적극적인 민주주의 확산 등과 같은 세부적인 이해관계가 서로 복잡하게 얽혀있다고 볼 수 있다.

2. 미국의 동북아전략

미국의 동북아전략(2000년대 이후 동북아와 동남아가 하나로 통합되는 경향)과 관련하여 가장 먼저 이해해야 하는 부분은 미국의 동아시아 전략가들 내부에는 오래전부터 뚜렷하게 구분되는 두 개 그룹이 있는데, 바로 '중국 스쿨'과 '재팬 스쿨'이다. 다시 말해 오랫동안 미국 전략가들 사이에는 동북아 문제를 중국 중심으로 접근해야 한다는 입장과 일본 중심으로 접근해야 한다는 입장이 팽팽히 맞섰던 것이 사실이다. 물론 최근에 와서는 일본(미일동맹)을 중심으로 동북아 전략을 수립해야 한다는 목소리가 지배적인 상황이다. '중국 접근법'과 '일본 접근법'은 각각 '졸릭 접근법'과 '아미티지 접근법'으로 불리기도 하는데, 잘 알려진 바와 같이 중국을 상대로 '2+2 회의'를 시작한 당시 졸릭 국무부장관과 2000년 대선에서 당시 부시 후보의 대외정책을 책임졌던 아미티지 대사의 보고서 내용을 기반으로 하고 있다.

사실 미국의 동북아 전략이 중국을 중심으로 작동하느냐 혹은 일본의 중심으로 작동하느냐의 문제는 이미 한국전을 전후로 시작된 고유한 문제로 봐야한다. 잘 알려진 바와 같이 미국이 주도한 동북아 안보 현실은 미국 주도의 '복층적 양자동맹(hub-and-spoke의 전통)'으로 알려져 있는데, 이는 한국전이 중요한 배경이 되었기 때문이다. 물론 양자동맹의 기원에 대한 다양한 논쟁과 해석이 존재하는데, 여기서는 대체로 미국이 자국의 이익을 극대화하는 가장 효과적인 방안으로 동아시아 국가들과 일대일 동맹관계를 추진한 것으로 설명하고자 한다. 결과적으로 동아시아 국가들 중심의 지역안보 다자주의 출현이 매우 제한적으로 진행되었고, 현재에 와서는 동아시아의 양자 및 다자 형식의 다양한 회의체 (consulting dialogue, EASED, 한중일협력체 등)들이 일정한 역할을 담당하는 현상에 대해서는 공감하는 분위기이다.

또한 미국은 동아시아의 '통합'과 '분열'이 다양한 형태로 재조정되면서 동시에 미국의 '세력균형자(balance of power)'로서의 역할이 지속적으로 재생산되는 구조를 만들기 위해 최선을 다하고 있다. 이러한 미국의 입장이 가장 대표적으로 드러나는 이슈가 바로 동아시아 지역주의에 대한 미국의 입장 변화인데, 과거 상당 기간 동안 미국은 동아시아 지역 안에서 여하한 지역주의 운동에 반대했던 것이 사실이다. 하지만 대략 오바마 행정부 이후부터는 동아시아 역내 국가들 간 지역주의가 결국에는 국가들 간 제도화의 관행을 쌓게 만들어, 궁극적으로 미국이 추구하는 제도화된 국제질서를 수용할 것이라는 논리 하에, 최근에 와서는 동아시아 지역주의를 오히려 환영하는 듯한 경향마저 보이고 있다.

한편 최근 중국의 패권화 전략 이후 동아시아 전략에 대한 중요성과 동 지역에 대한 재관여정책이 추진되고 있는 점에도 주목할 필요가 있다. 중국의 부상이 불가피한 현실이고 관련하여 미국을 포함한 많은 동아시아 국가들에게 어려운 외교환경을 제공하는 것은 사실이지만, 동시에 중국이 미국을 대체하는 세력으로 부상할 것이라는 판단에는 다양한 견해와 전략이 혼재하는 상황이어서, 미국은 역내 국가들의 이러한 인식을 적극 활용하는 전략을 구사하고 있다.

Ⅱ. 중국의 부상과 동북아

1. G2의 의미와 특징

중국의 부상과 관련해서는 대략 2010년경부터 보편적인 의미로 사용되고 있는 'G2'라는 표현에 대해서 생각해 볼 필요가 있다. 물론 21세기의 외교환경이 기본적으로 탈근대적 국제정치환경으로서 네트워크화 되고 있고, 다수에 걸친 '힘의 중심성'이 존재하고 있는 한편 다양한 힘의 성격에 따른 외교 수단의 변환 역시 빠르게 진행되고 있는 상황이다. 이러한 현대 외교행위의 복합성을 종합적으로 고려할 때, 중국으로 표현되는 특정 국가가 '제도적 힘' 및 '외교적 흡인력'이라는 관점에서 미국을 대체하는 것은 불가능하다는 견해가 지배적이다.

따라서 향후 국제질서는 미국의 중재적 혹은 견인적 역할을 전제로 하되, 주요 국가, 국제기구, 협의체, 민간 행위자를 모두 포함한 다양한 영역과 층위에서 '글로벌 거버넌스'가 형성될 것으로 기대된다. 이 과정에서 중국의 경제성장에 따른 국제정치적 역할의 강조가 불가피한 측면은 있겠지만, 중국 역시 미국에서 비롯되는 힘의 공백을 나눠가지는 나머지 국가 중의 하나가 될 가능성이 크다. 또한 G2가 처음 등장했을 때의 의미는 세계경제의 안정적인 운영을 위한 중국의 역할 증대로 이해되었으나, 최근에 와서 미중갈등이 더욱 악화되는 경향을 보이면서 중국의 국제정치적 리더십에 대해서는 부정적인 견해가 더 우세한 상황이다. 관련하여 미중갈등의 악화라는 차원에서, 미국의 동아시아 정책은 시간이 갈수록 대중국정책과 동일한 의미를 가지게 되었다는 점에도 유념할 필요가 있다.

2. '미중경쟁'과 동북아 정치

미중경쟁을 '동북아 정치' 차원에서 좀 더 살펴보자면, 근대국제질서 수립 이후 과거에 존재했던 어떤 유형의 강대국대결과 비교하더라도, 미중경쟁(갈등)은 정치제도, 경제발전, 사회문화, 역사배경, 양자관계의 의미 등의 관점에서 문화적 이질성이 매우 크다. 이러한 특징을 전제로 한 미중갈등은 동북아 질서에 어떤 영향을 미칠 것인가? 대체로 다음과 같은 세 가지 결과가 나타날 것으로 전망된다. 첫째, 지역 자체에서 발생하는 견제와 균형의 메커니즘이 부재하는 현재의 상황은 당분간 지속될 것이다. 동북아 질서는 강대국정치(power politics)의 영향력에 워낙 노출이 강한 지역으로 알려져 있는 관계로, 지역 자체의 균형 메커니즘이 등장할 수 있는 환경은 아직 요원해 보인다. 둘째, 전후 질서부터 작동했던 미국의 '안보균형자(security balancer)' 역할 역시 지속될 것이다. 국제정치에서 힘의 공백은 그것을 강력히 희망하는 국가의 등장을 통해서 가능한데, 동북아에서 아직 이러한 분위기가 감지되지 않고 있다. 셋째, 앞선 두 가지 특징적 결과와 맞물려, 역내 국가들 간 현재와 같은 이중적 상호의존적 구조 역시 당분간 지속될 전망이다. 동북아는 물론 동아시아 국가 전체가 다른 어떤 지역보다도 경제성장에 대한 욕구가 강하기 때문에, 경제사회적 역내 상호의존은 매우 높을 것이지만, 동시에 불신의 정치문화가 워낙 강해서 정치안보적인 반감과 경쟁의식 역시 매우 높은 수준에서 유지될 전망이다.

미중갈등은 어떤 의미에서 과거에 이미 존재했던 다양한 유형의 강대국간 대결과 비교하여 어떤 면에서는 유사성을 가질 것이고, 또 어떤 면에서는 차별성을 가질 것이다. 미중갈등이라는 강대국정치가 내포하는 유사성과 차별성을 국제정치학적으로 정확하게 분석하는 일이 그 어떤 과제보다도 중요하다고 생각한다. 과거의 '강대국정치' 즉, 19세기 유럽협조체제, 20세기 미소양극체제, 탈냉전기 미국단극체제 등과 학문적 및 정책적 비교가 중요해 보인다. 핵심적으로 미중갈등의 가장 큰 특징은 "협력과 갈등의 극단적 공존"이다. 이런 맥락에서 "동북아"라는 지역은 미중 사이에서 대표적인 갈등의 상징으로 인식되고, 특히 한국의 경우 우리의 의지와 무관하게 서방세계에게 한국과 중국 사이의 사회경제관계의 심화는 중국의 부상을 상징적으로 보여주는 현상으로 인식되고 있다. 이러한 지역의 구조적 변화가 미국이 새롭게 정의할 국가이익 속에 어떻게 녹아드느냐가 관건인데, 결과적으로 미국의 '지속적인 선택'은 한미일 자유주의 연대, 태평양 안보의 확보, 중국 경제의 대서방 의존도 강화, 정치적 자유주의의 확산, 기존 동맹관계의 강화 등으로 구현될 것이고, 동시에 미국의 '전략적인 포기'는 동아시아 지역주의의 성장, 북한문제의 미국 중심적 해법 등이 될 수 있다.

Ⅲ. 한반도 통일환경과 주요 변수

1. 글로벌 경제상황과 미국의 역할

2008년 이후 글로벌 금융위기는 세계적인 차원의 근본적인 해결 부재와 미국 리더십의 한계를 극명하게 보여줬다. 한편으로 중국의 지속적인 부상은 미국의 경제위기에 대비되어 더욱 매력적으로 보였던 것 역시 사실이다. 특히 중국의 5세대 지도부(시진핑)가 현재의 환경문제, 에너지문제, 산업구조개선 등을 성공적으로 해결할 수 있다면 중국의 글로벌 영향력을 더욱 증대될 것이다. 다만 글로벌 경기를 회복시킬만한 특별한 수요 창출이 없고, 경제성장의 대규모 단계적(진화적) 변화를 기대하기 어려운 상황에서 경제위기는 모든 국가에 연동되어 영향을 미치고 있어 중국의 글로벌 역할 증대에는 분명한 한계가 있을 수밖에 없다.

또한 미국의 글로벌 역할이 위축되면서 각종 현안들에 대한 대응능력 부재가 드러나고 있는데, 이미 오래 전의 우크라니아 사태, 북한 문제, 리비아 문제, 아프칸 문제, 이란 문제 등에서 미국이 지도력 부재를 노출시킨 바 있고, 특히 국방예산효율성, 시퀘스터 등으로 대표되는 대외국방정책의 구조적 부담은 미국의 역할에 대한 다양한 우려와 해석으로 이어지고 있다. 바이든 행정부의 등장으로 미국의 '전통적 외교력'이 강조되고 있기는 하다. 그러나, 비용을 외교의 기준으로 설정한 미국 국민들의 '트럼피즘'이 공고하게 자리잡고 있는 한, 전세계 수준에서 미국의 일반적 군사적 우위는 유지되겠지만, 군사행동의 범위와 우선순위에 큰 변화가 발생할 수밖에 없다는 견해에는 별 이견이 없는 상황이다.

결과적으로 미국의 역할은 한국의 국가안보 정책에 중대한 영향을 미칠 것인데, 특히 전작권 전환 문제가 문재인 정부 종료때까지도 미완의 과제로 남게 될 전망이 크기 때문에, 소위 '동맹간 내부 게임'이 과거와는 전혀 다른 차원에서 복잡하게 전개될 가능성이 더욱 높아졌다.

2. 한반도와 동북아 지역구조의 양면성: 동맹구조 vs. 지역공동체

한미협력이라는 차원에서 '한국의 동북아적 정체성'은 가장 중요하게 고려해야 할 변수 중의 하나이다. 이는 한 마디로 안정적인 동북아 질서는 한반도 평화통일의 가장 핵심적인 전제 조건이라는 의미를 가진다. 특히 동북아는 앞서 잠깐 언급한 바와 같이, 미국 중심의 양자동맹이 작동하는 '동맹구조'와 경제사회 문화적 의존성이 높은 '공동체적' 구조가 공존하고 있는 형국이다. 이러한 특징 때문에 고도의 안보 긴장과 threat perception이 아직까지 존재하고 있고, 역내 모든 행위자는 적대감의 차원에서 국가안보 정책에 접근하고 있다. 한중일 경제가 글로벌 GDP에서 차지하는 비중이 25% 수준을 넘어서고 있고, 인적교류를 포함한 경제사회적 공동체 의식이 급속히 높아진 사실을 고려할 때, 이러한 안보 긴장은 이례적인 현상이 아닐 수 없다.

동북아에서의 동맹구조와 공동체구조의 모순은 '긍정적 결과'와 '부정적 결과' 모두를 야기하고 있다. 경제성장, 고도의 상호의존의식, 다양한 기능적 협력이 작동하는 긍정적인 요소가 있는가 하면, 세계 평균치를 앞서는 군비경쟁과 적대감의 심화 그리고 이러한 부정적인 요소를 부추기는 역사 논쟁이 작동하고 있다. 특히 '북한문제'는 이러한 모순적 공존의 대표적인 사례라는 점을 명심해야 할 것이다. 한편 한국은 미국과 동맹을 맺고 있고, 중국과는 '협력적 전략 파트너십'을 맺고 있는 전 세계에 얼마 되지 않는 나라의 하나로서, 미국과 중국을 상대로 일종의 한국형 강대국외교 모델을 개발해야 하는 국가적 운명에 직면해 있다고 해도 과언은 아닐 것이다.

이제 현실적으로 정치, 군사적으로 미국 중심적 관계, 그리고 경제, 사회적으로 중국 중심적 관계를 어떻게 우리의 국가이익으로 구현하느냐의 문제가 남아 있다. 북한 문제와 관련하여 '남북관계'와 '미중관계'가 상호의존적이라는 전략적 인식이 필요한데, 한국의 전략적 사고 범주에는 여전히 미국과 북한이 이분법적으로 존재하고 있다는 사실이 큰 걸림돌로 작용하고 있다. 이러한 대립적 안보담론을 어떻게 개선하느냐가 관건이 아닐 수 없다.

Ⅳ. 한반도 통일과 미국

1. 한반도 통일에 대한 미국의 이익구조(interest structure)

다음으로 한반도 통일 문제와 미국의 이해관계에 대해서 살펴보겠다. 이를 위해서는 먼저 미국의 전략적인 포괄성에 대해서 살펴볼 필요가 있다. 미국의 거시적인 전략적 목표는 '글로벌 안보의 확보' & '미중관계의 안정적인 발전' & '한미일 자유주의 연대 공고화' 등을 들 수 있다. 또한 대량살상무기의 평화롭고 안정적인 관리와 해결을 통해 한반도문제가 동북아(동아시아)의 세력균형을 급속히 변화시키지 말아야 한다는 확실한 입장을 유지하고 있다. 좀 더 구체적으로 미국의 국가이익과 한반도 통일이라는 관점에서, 성공적인 동맹관계의 미래지향적인 발전을 통해 동아시아 복층적 동맹관계의 안정적인 운영이 한반도 문제에도 잘 적용되기를 희망하고 있다. 이 과정에서 한미동맹은 미국의 모든 동맹관계를 대표하는 정치적, 경제적, 사회적 상호 발전으로 이어지기를 목표로 한다.

돌이켜 보면 한미동맹은 최초의 군사동맹적 정체성에서 시작하여 '포괄적 동맹', '전략동맹', '복합동맹' 및 '책임 및 신뢰 동맹'으로 이어지면서, 매우 성공적인 동맹 성공 사례로 평가받고 있다. 특히 중국의 부상에 따른 미국 정부 내에서 한미동맹의 전략적인 중요성이 어떻게 변화하는가에 대한 많은 분석과 논쟁이 이어지고 있는데, 대체적인 평가를 보면, 중국의 강대국화 및 이와 연동된 미중갈등은 한미동맹의 전략적 가치를 더욱 높여주고 있다는 견해에 공감대를 이루고 있는 상황이다.

물론 한반도 안보구조에서 발견되는 '안보-안보부재'의 기형적인 상호의존이 한미동맹과 어떤 형태로든 연동되어 있다는 주장 역시 존재하는 것이 사실이다. 한미동맹이 한반도는 물론 동북아 안보질서 차원에서 '안보부재의 정치(politics of insecurity)'로 이어져 안보상황이 개선되지 않으면서도 동시에 미국의 개입을 지속적으로 정당화시킨다는 비판이 한편에서 존재하고 있는 것이 사실이다. 이런 관점에서 문제를 바라보자면, 지난 20여년 동안 남북한 모두 '안보(security)'는 실종되었고 대신 '안보부재(insecurity)'가 작동했고, 그 결과 현재의 한반도 안보구조는 '한국의 안보(한미동맹)'와 '한반도의 안보 불안(북핵)'이 서로 모순적으로 상호 의존한 상태라는 설명이 있다.

2. 미국과 한반도문제의 특징

앞서 언급한 한반도 안보부재의 정치(politics of insecurity) 차원의 입장을 수용하지 않는다고 하더라도, 미국의 의도와는 무관하게 미국의 이해관계와 북핵문제가 어떤 형태로든 연계되어 있는 사실을 부인할 수는 없다. 예를 들어, 북한이 생존전략으로 핵개발을 선택한 배경에는 북한이라는 전체 사회의 '포괄적인 안보'를 포기하고 대신 김정일과 김정은으로 상징되는 '리더십의 안보'의 보장만을 목표로 했기 때문이다. 그런데 이러한 북한의 전략은 냉전 종식 이후 실패가 자명한 남한과의 직접적인 대결을 피하고 대신 한반도에 일정한 수준의 위기를 항시적으로 유지하여 미국의 개입이 지속되도록 함으로써, 북한의 생존 가능성을 높여주는 모순적인 결과로 이어지고 있다.

결과적으로 북한의 의도를 정교하게 분석해 보면, 한반도 문제의 해결은 '북한문제'가 아니라 '북핵문제'라는 인식을 국제사회에 각인시켜 남북한 분단 상황을 탈냉전에도 지속적으로 구조화시키는 데에 북한 전략의 숨은 의도가 있다. 따라서 한미가 북핵문제에 얽매이면 얽매일수록 탈냉전적 분단구조는 장기화된다는 점을 깨달아야 한다. 흥미롭게도 북한의 '핵외교'는 한반도의 평화로운 관리를 포함하여 동북아 지역안정성을 중시하는 미국의 전략과 매우 효과적으로 결합되어 있다.

안타깝게도 북핵문제가 30년이 넘어서면서 소위 '핵 피로(Nuclear fatigue)' 현상이 발생하여, 북한이 결국 핵을 포기하지 않을 것이라는 비관적 전망이 확산되고 있다. 미국과 중국이 '핵폐기'보다는 현실적으로 '핵관리' 정책으로 점진적으로 선회하고 있는 것이 아닌가 하는 의구심 역시 확산되고 있다. 지난 30년 동안의 '유화적' 접근과 '원칙적' 접근이 모두 가시적인 성과로 이어지지 못하면서, 한편으로 심리적으로 '급변사태'와 같은 현상을 기대하는 소극적 자세를 보이고 또한 이를 정치권 및 학계 등에서 공개적으로 논의하는 모습 역시 전략적으로 문제가 될 수 있을 것이다.

V. 한미협력과 통일

1. 미국의 한반도 통일 지원 전략

다음으로 미국은 한반도 통일에 어떤 입장을 견지하고 있을까? 우리의 의지와 능력이 통일의 시기와 방법에 영향을 줄 수 있으며, 이 과정에서 우리는 미국의 능력과 의지를 조정할 지혜와 힘을 가졌는가? 한미동맹은 한반도 평화통일에 '가장 중요한 외교자산'임에는 이론의 여지가 없다. 그렇다면 통일의 현실적인 실천을 앞당기기 위해 미국은 어떤 역할을 담당할 수 있을까?

결국 이는 미중갈등 시대로 알려진 현 시점의 글로벌 및 지역적 안보질서에서 우리의 국가역량이 어느 정도로 발휘될 수 있는가의 문제이다. 가장 중요한 부분은 우리의 대미정책 강화가 북중관계의 강화를 초래하거나, 혹은 북한의 심리적 안보 위협을 증폭시키지 않아야 한다는 점이다. 통상적으로 미국을 향한 우리의 영향력 강화는 4개 정책 영역을 통해서 구현되곤 한다. 첫째, '군사안보 영역'인데, 핵관련물질에 대한 철저한 관리, 북미종전 및 평화협정의 성공적인 추진, 한미동맹의 통일지향적 기능 강화 등을 실천할 수 있어야 한다. 둘째, '경제사회적 영역'인데, 글로벌 경제중심과의 연결성 보장, 안정적인 외환시장/수출시장/에너지 자원 등의 확보, 한미간 사회문화적 교류의 견고한 확대 등을 실천할 수 있어야 할 것이다. 셋째로, '국제적 영역'인데, 여기에는 한반도평화통일에 대한 국제여론 형성 및 지지, 중국이 반통일적 정책(북한의 망명정부, 한중국경지대의 군사개입, 북핵 비호 등)을 사전에 억지, 동북아 안정성 유지를 위한 억지력 확보 등과 같은 국가정책 목표가 포함되어야 한다. 마지막으로 '미국 내 영역'의 경우, 미국 내 지지여론 형성, 의회 차원의 지지, 대규모 regime change 에 대한 각종(경제적, 법적) 지원 유도, 미국 내 유력 여론주도층(싱크탱크)의 지원 등을 실천할 수 있어야 한다.

이 과정에서 가장 중요한 과제는 '통일을 둘러싼' 우리의 이익구조(interest structure), 미국의 이익구조, 그리고 북한의 이익구조 사이에 간극을 메우는 노력이다. 현실적으로 우리의 이익구조에 따른 통일을 위한 우리의 여하한 노력은 북한의 이익구조에 의하면 예외 없이 붕괴의 유도나 흡수의 시도로 해석될 가능성이 높기 때문이다.

2. 한미협력과 대미 통일외교의 원칙

끝으로 중국의 부상으로 한반도 문제에 대한 미중간 협력의 중요성이 더욱 커지고 있는 상황이다. 하지만 안타깝게도 아직 '한미중 협의체'와 같은 정책 조정 기능은 제도화되지 못했다. 북한을 고립시키기 위한 목적의 정책 조정이 아니라는 분명한 메시지를 주면서 동시에 현실적으로 한반도 안보논의의 가장 중요한 정책 조율 창구 마련이 시급해 보인다. 한편 북한의 관점에서는 '정권 생존'에 대한 가능성과 희망을 가지고 있을 것이다. 궁극적으로 현재와 같은 남북한 관계의 장기경색은 한반도 문제에 대한 한국의 역할을 지속적으로 축소시키는 결과로 이어질 수 있음에 명심해야 한다.

우리가 북한과 대화를 단절하고 또한 중국의 부상이 계속되면 미국의 전략적 복합성이 더욱 커지고 되고, 결국 한반도문제에의 탈한반도적 변수의 중요성만 커지게 된다. 한 마디로 한반도 통일 문제에 대한 한국의 자율적 공간이 점점 축소된다는 의미이다. 한미동맹 과정에서 '한반도 평화통일-동북아 안보구조' 간 연결성이라는 특수성으로 말미암아 우리 정부의 부단한 노력 없이는 북핵문제에 관한 해결의 모멘텀을 찾기 어렵다는 점을 직시해야 한다. 이를 해결하기 위해서는, 북한이 안고 있는 근본적인 불안감을 해소해주고, 동시에 북한체제에 구조적인 영향을 미칠 수 있는 '남북한 결합형' 혹은 '대북한 포섭형' 대북정책 개발이 시급해 보인다. 좀 더 현실적으로 설명하자면, 기본적으로 한반도 평화통일이라는 근본적인 평화가 달성되기 위해서는 그에 선행하는 소규모 평화가 지속적으로 축적되어야 한다는 의미이다. 다양한 '작은 평화'의 실현을 위해서 미국은 매우 유용한 협력자가 아닐 수 없다.

소규모 평화의 축적을 위해서는 무엇보다도 북한 내 유화주의자들이 지속적으로 전면에 나설 수 있도록 환경을 만들어 주는 전략적 노력이 필요하다. 이러한 노력을 대미외교에도 적용하여 지금까지 미국의 '한반도 평화유지' 지향적 전략이 향후 '한반도 통일지원' 전략으로 전환될 수 있도록 우리의 외교 지혜가 필요한 상황이기도 하다. 결국 우리가 북한문제를 '북핵문제'와 '핵이외의 문제'라는 이분법적으로 접근하는 한 북한이 의도하는 '탈냉전적 분단구조'의 장기화는 지속될 것이다.

한반도 통일과 중국

김흥규 아주대

I. 문제제기

1. 중국의 한반도 통일에 대한 새로운 접근

한반도 통일문제와 관련하여 중국의 역할에 대한 우리의 일반적인 인식은 중국이 비우호적이며 북한 편향이라는 것이었다. 따라서 과거 우리의 정책은 중국의 한반도 개입을 저지하거나 무력화하는데 초점을 맞추고 있었다.

최근 중국이 반드시 비우호적일 것이라 전제하기보다는 변수가 존재한다는 새로운 인식이 등장하고 있으며, 한반도 통일에 대해 중국 내 정책결정층과 젊은 학자들 사이에서 보다 긍정적인 분위기가 확산되고 있다. 따라서 우리의 정책 역시 중국을 한반도 통일에 유리한 역할을 하도록 유도하거나, 적어도 방해가 되지 않도록 중립화하거나, 유사시 군사개입을 사전에 차단하는 외교안보적 노력을 기울이는 방향으로 전환하고 있다.

중국의 공식 입장은 한반도에서 무력에 의한 통일이 아니라 자주적인 방식에 의한 자주평화통일을 지지한다는 것이다. 그러나 실제의 정책은 후진타오 시기까지도 한국주도하의 통일을 최대한으로 보류하거나 억제하는 전략을 고수하고 있다는 평가가 일반적으로 받아들여지고 있다. 이것은 이분법적으로 사고하는 냉전시대의 유산이기도 하고, 우리가 경험적으로 인식한 결과이기도 하며, 현재 중국이 처한 전략적 상황을 반영하는 것이기도 하다.

냉전시기 남북한의 통일관은 다양한 수사에도 불구하고 상호 흡수통일을 전제로 무력사용도 불사할 수 있다는 의지를 지니고 있었다. 한국의 입장에서 한반도 통일은 한·미동맹을 기반으로 한 북진통일이 주요방식으로 인식되었다. 이러한 맥락에서 중국은 한·미동맹을 통해 억지, 압도하거나 적어도 무력(無力)화 시켜야 할 대상으로 보았다. 이러한 인식은 탈냉전시기인 오늘날도 남북한 사회와 정책결정자들의 사고 속에 여전히 강하게 남아 있는 실정이다. 이것은 남북한 모두가 여전히 각기 역사적인 정당성을 주장하면서 미완의 국가형태로 남아, 일민족 일국가 체제를 완성해야 한다는 목표를 지향하는 한 불가피한 논리적 귀결일수도 있다.

문제는 탈 냉전시기 새로운 내외정세의 변화 속에서 통일과 관련한 이러한 사고와 정책이 가장 현실적이고 합목적적인가 하는 것에 의문이 제기될 수밖에 없다는 것이다. 현재 한반도 통일문제를 다루는 데 있어 다음과 같은 새로운 변수를 고려해야 할 필요성이 존재한다.

우선, 북한은 사회주의체제의 고질적인 문제점인 경제적 어려움을 겪고 있고, 최근 김정은 정권이 권력 공고화를 위해 단행하고 있는 내부 숙청으로 인해 내부적 불안감도 증대하고 있다. 또한 북한은 정권과 체제유지의 불안감 및 탈냉전 안보환경의 변화로 안보적 불안감이 더해져 핵무장을 통해 이를 극복하려 하고 있다. 그러나 전략적인 자산으로 핵무장을 인식하고, 고집할수록 국제적 고립은 가속화되고, 정작 체제유지에 필요한 개혁과 개방정책을 채택하는 것은 더더욱 어려워지고 있다. 이러한 정책을 지속할 경우, 향후 체제 내 폭발(implosion)의 가능성을 배제할 수 없으며, 한반도에서 무력충돌의 가능성도 동시에 늘어나고 있다.

두 번째, 북·중관계 역시 냉전시대의 동맹관계에서, 전통적인 '특수'관계로, 그리고 정상국가 간의 관계로 전환 중에 있다. 이는 북·중관계가 단지 이데올로기적인 유대에 의해 규정되는 것이 아니라 보다 복합적인 전략, 외교, 안보, 경제적 이해관계에 의해 규정되는 방향으로 전환하고 있음을 의미한다. 중국의 북한에 대한 사고도 다양하게 분화하고 있으며, 북한의 전략적 가치를 놓고 그만큼 고민도 늘어나고 있다.

세 번째, 미·중관계 역시 1970년대 이후 적대관계에서 탈피하여, 전략적 이해에 따라 경쟁과 협력의 복합적 구조로 얽혀있다. 21세기 들어서 미·중은 당분간 협력과 갈등이 병존하겠지만, 중장기적으로는 전략적 경쟁의 관계에서 전략적 공존(Consortium) 혹은 미·중 협의(Concert of US-China) 체제로 전환이 불가피하다는 것을 인식하고 있다. 특히 동북아 지역에서는 이미 가장 중요한 두 국가(G2)로 자리매김하였고, 세력전이의 여부에 관계없이 어느 일방도 타방을 일방적으로 강요할 수 없는 상황이 되었다. 현 상황에서 미·중의 한반도에 대한 전략적 이해는 현상변경보다는 현상유지 정책을 더 선호하는 것으로 보인다.

네 번째, 남북한은 동일민족이라는 일반적인 인정과는 별개로, 모두 UN에 가입함으로써 남북한은 국제사회에서 각기의 두 개의 주권국가라는 인식이 일반적이라는 점이다.

이상의 변수들을 고려할 때, 한국의 입장에서는 탈냉전기 상황이 한반도 통일에 반드시 긍정적인 방향으로 진전되고 있다고 평가할 수는 없다. 한국은 주변 강대국들의 의사와는 달리 유일한 현상변경을 지향하는 국가,

즉 한반도 통일을 추구하는 국가로 남아 있다. 김정일 위원장의 사후 정국에서도 보듯이 중국은 한국이 현상변경을 추구할 개연성에 대해 강한 의구심을 가지고 견제를 하려하고 있다. 이것은 북한 내의 급변 상황과 같은 일이 발생한다고 하더라도 반드시 한반도 통일로 진전될 개연성은 그리 크지 않다는 것을 의미한다. 동시에 한반도에서 갈등과 분쟁의 위험성도 증대하고 있다는 점을 염두에 두어야 할 것이다.

한반도 통일문제에 있어 중국의 개입은 변수가 아니라 항상 고려해야 하는 상수였고 향후에도 상수로 남을 것이다. 중국은 한반도를 여전히 중시하고 있으며, 어떠한 형태로든 한반도 문제에 개입할 의지와 역량을 지니고 있다. 더욱이 중국의 대북 및 대미관계 역시 변화하고 있으며, 한·중관계 역시 변화하고 있다. 중국의 이러한 변화가 과연 한반도 통일에 어떠한 함의를 지닐 것인지를 이해하는 것은 한반도 통일이 멀고 요원할지라도 통일과 관련하여 가장 어렵고 핵심적인 퍼즐 중 하나를 푸는 작업이라 할 수 있다.

2. 중국의 현상유지 정책 변화 가능성

한반도 통일과 관련하여 중국이 반드시 부정적인 입장을 취할 것이라고 전제할 필요는 없다. 우선, 북한지역이 중국이 전제하는 핵심이익의 영역에는 포함되지 않을 개연성이 크다는 점을 주목해야 한다. 2009년 다이빙궈 국무위원이 제1차 미·중 전략 경제대화에서 제시한 중국의 3대 핵심이익은 중국 공산당의 집정능력, 주권과 영토와 관련된 문제, 지속적인 경제발전과 사회 안정과 관련한 문제이다. 이러한 관점에서 놓고 볼 때, 중국에게 북한의 전략적 지위는 전략적으로 중요한 [중대이익] 지역이라고 규정할 수 있다. 물론, 상황에 따라 북한 문제는 중국의 핵심이익인 집정 능력에 영향을 미칠 수 있는 사안이 될 수 있어 중국의 핵심이익과 연계될 개연성도 존재한다. 즉, 미국이 중국의 동의 없이 일방적으로 북한을 점령하는 상황을 허용하는 것은 공산당의 집정 능력에 영향을 미칠 수 있다. 또 북한의 붕괴가 중국이 사회안정과 경제발전에 영향을 미칠 개연성에 대해서도 우려할 수 있을 것이다.

지경학적인 의미에서는 북한의 존재는 오히려 중국의 지속적인 경제발전에 부정적인 영향을 미칠 수도 있다. 특히 북한이 야기한 북핵 위기는 중국이 미국 및 한국과의 군사적 분쟁에 연루될 개연성, 한반도의 불안정이 중국 동북지역 경제 및 사회 안정 및 발전을 저해할 개연성, 북한의 독자적 외교군사노선 증대, 북핵 기술과 물질이 중국내 분리·독립주의자에게 확산될 개연성도 커지고 있다. 북한이 중국에게 전략적 이익을 가져오기 때문에 중요한 측면보다는 전략적 비용을 크게 초래할 수 있기 때문에 역설적으로 중요해지는 상황이 전개되고 있는 것이다. 따라서 현재 중국 내에 북한의 전략적 지위문제와 관련하여 전략파들과 전통파들 사이에 논쟁이 벌어지고 있는 것도 이러한 연유에 기인하고 있다.

중국의 대한반도 및 북한정책은 시진핑 집권 이후 진화하고 있다. 국내외의 많은 전문가들이 중국의 대북정책은 근본적으로 변한 것이 없고 변하지 않을 것이라 단정하지만, 시진핑 시기에 들어서 이에 대한 종합적인 조정이 진행 중에 있다. 아직 그 결말은 분명하지 않고, 향후에도 많은 변수에 의해 영향을 받을 것이지만, 분명한 것은 기존의 대북 정책과는 확연히 다르며, 어떤 의미에서는 북경대 니우쥔 교수가 분석한 바처럼 임계점의 선상에서 움직이고 있다고 볼 수 있다.

중국의 기존 대한반도 정책은 전쟁방지(不戰), 북한혼란방지(不亂), 한국에 의한 통일저지(不統), 비핵화(無核)라는 3不 1無 원칙을 근간으로 하고 있었다. 그런데 이제 중국 당국은 기존의 3不 1無 원칙 대신에 비핵화, 안정과 평화유지, 대화를 통한 문제해결이 중국의 공식적인 대한반도 정책이라는 점을 강조하고 있다. 기존에 3不 1無 원칙에 내포되어 있는 '한국에 의한 통일 저지' 원칙이 새로 제시한 원칙 속에서는 사라졌고, 심지어는 (한국에 의한 자주적) 평화통일 지지라는 원칙을 제4원칙으로 제시하고 있다. 이것은 기존에 공식적으로 언급해 온 한반도 평화통일 지지라는 원칙과 일맥상통하지만, 새로운 남북관계 및 한중관계의 맥락에서 보면 보다 실천적이면서 북한을 크게 압박하는 함의를 지니고 있는 것이다.

특히 주목할 것은 중국의 전략사고들이 분화하고 있다는 것을 이해하는 것이다. 중국은 더 이상 단일한 사고를 지닌 단일한 행동 주체들에 의해 대외정책은 물론이고 대한반도 정책이 결정되지 않을 것이기 때문이다. 따라서 중국 내에 존재하는 전략사고들의 흐름을 면밀히 관찰하고 분석하여, 이들이 한반도 통일에 미치는 함의와 영향력을 읽어내는 노력이 대단히 중요하다. 진화의 과정을 겪고 있고, 외교안보 분야에서 거의 패러다임의 변화라 할 수 있는 변화의 씨앗을 잉태하고 있는 시진핑 시기의 외교안보의 정향을 읽어낼 필요가 있는 것이다. 이는 중국의 대한반도 정책 및 한반도 통일에 대한 입장에 대단히 중요한 영향을 미칠 것이기 때문이다. 이러한 이해를 바탕으로 대 중국 정책을 보다 정교하게 입안할 수 있고, 한반도 통일에 보다 접근할 수 있는 수단들을 구비하게 될 것이다.

Ⅱ. 통일한국에 대한 중국의 우려와 편익 분석

1. 시진핑 중국의 통일한국 관에 대한 평가

시진핑의 중국은 통일에 보다 긍정적인 사고로 전환 중에 있다. 중국의 한반도 정책이나 통일문제에 대한 보수성이 유지되고 있으며, 현재 드러나는 중국의 태도변화는 책략적인 측면이 강하다는 해석이 널리 존재한다. 하지만, 이는 중국의 외교에 진행되고 있는 전략 환경변화에 대한 인식 및 전략 사고의 변화, 중국 국력 및 지도부의 변화에 따른 중국의 외교 고민 등을 간과한 것이라고 볼 수 있다. 최근 한반도 정책의 변화에서 엿보이듯이 중국은 국력에 대한 자신감을 바탕으로 한반도 통일에 대한 사고를 과거에 비해 보다 긍정적으로 전환 중에 있다. 이는 중국 내부의 토론과정 중에 한반도 통일이 양안통일 이후에 와야 한다는 입장이 당연시되는 상황에서 점차 양안의 통일을 오히려 촉진시킬 수도 있는 사안으로 인식하는 경향이 강화되고 있기 때문이다. 최근 공개된 중국 군사과학원 왕샹의 [조선반도 전략보고서] 내용은 이러한 흐름을 반영한 보고서이다.

그러나 중국의 변화를 정책의 변화로 연결 짓는 것은 아직 무리이다. 중국의 이러한 한반도 통일에 대한 태도변화를 정책변화로 인식하는 것은 논리적 비약이며, 현실은 여전히 다소 신중한 현상유지 속 변화 모색 정도로 해석하는 것이 합당할 것이다. 한반도에 여전히 냉전구조가 유지되고 있고, 북한의 지전략적 가치는 여전히 유효하며, 미중간의 관계가 불안정하고, 한중간의 신뢰관계도 충분히 높지 않기 때문이다. 중국의 변화를 이끌어내기 위해서는 우선, 한중간의 신뢰/공동이해 강화가 필요하고, 다른 변수들의 변화가 동시에 수반되어야 할 것이다.

주목할 것은 중국내 대한반도 정책과 관련해 Bottom Line과 Red Line의 구분을 시도하고 있다는 점이다. 전자는 최악의 상황을 상정하는 것이며, 중국은 보다 적극적으로 이에 대한 시나리오 개발 및 대비책을 강구하고 있다. 후자는 중국이 반드시 피해야 할 혹은 저지해야 할 선으로, 최근 왕이 외교부장은 이와 관련하여 한반도에서 동란이나 전쟁이 발생해서는 안 된다는 것이라고 언명한 바 있다. 이 둘을 구분한 것은 중국이 보다 적극적으로 한반도 문제에 대해 개입하겠다는 의사표시이자 북한 문제에 대해서도 보다 현실적으로 문제들을 분석하고 대응책을 준비하겠다는 생각으로 전환하고 있는 것을 말한다. 과거에는 이 문제에 대해서는 중국 내에서도 아예 논의 자체가 금지되었다. 다만, 중국 역시 미국 및 한국과의 전략적 소통 없이는 구체적인 분석 및 시나리오 개발이 어려울 것이며, 이에 따라 북한 문제를 놓고 한국 및 미국과 전략성 대화를 더 강화하려 할 것으로 추정할 수 있다.

2. 통일한국에 대한 중국의 우려

중국의 주변지역으로서 한반도의 중요성에 비추어볼 때 한반도 통일 역시 중국에게 매우 중요한 문제이다. 한반도가 비록 중국의 핵심이익에 들어가지는 않는 것으로 보이지만, 여전히 전략적으로 중요한 '중대이익' 지역이다. 또한 경우에 따라서는 중국의 핵심이익에 영향을 미칠 수 있기 때문에 중국이 한반도 문제 발생시 어떠한 형태로든 개입할 것이라는 것을 상수로 인식하여야 한다. 중국은 향후 10년을 중화민족 부흥을 위한 '전략적 기회기'로 설정하고 한반도를 포함한 주변지역에서의 평화와 안정 유지를 희망하고 있다. 중국은 주변지역으로서 한반도가 불안정해질 경우 자신들의 지속적인 경제발전을 저해하고, 이는 다시 공산당 정권의 정당성 위기로 이어질 가능성이 높다고 인식하고 있다.

한중수교 공동성명과 역대 중국지도부의 언명 등을 볼 때, 중국은 공식적으로 한반도에서 무력에 의한 통일을 지지하지 않고, 평화적인 방식에 의한 '자주적인 평화통일'을 지지하고 있다.

하지만, 중국정부의 공식 입장(자주적 평화통일)의 이면에는 한국이 미국과 협력하여 북한의 붕괴를 유도해 흡수통일을 추구할지 모른다는 우려가 내재되어 있다는 점에서 현재와 같이 한미동맹이 강력한 상황에서는 한국이 주도하는 한반도 통일을 내심 바라지 않을 것이다. 강대국화를 도모하는 중국의 입장에서 패권국 미국과의 관계 설정이 매우 중요하기 때문에 한국의 주도로 한반도가 통일될 경우 미국의 동북아에서의 전략적 입지가 강화될 것을 우려하고 있다. 다른 한편으로는 통일 이후 강대해진 한국이 중국에 우호적일 것이라는 확신이 없고 미국의 영향권 내에서 미국과 함께 중국을 견제할 수 있는 수준으로 발전할 가능성도 배제할 수 없기 때문이다. 또 다른 문제는 급격히 부상하는 과정에서 중국은 국내외적으로 많은 취약점을 안고 있고, 한반도에서 급격한 현상변경을 초래할 개연성을 안고 있는 불안정성 및 불확실성 증대를 원하지 않고 있다. 중국은 이를 감내할 내구성이 부족하기 때문이다.

따라서 현재 상황에서 중국이 희망하는 현실적이면서 최선의 한반도 상황은 남북한이 대화와 교류를 통해 관계를 개선하면서 남북관계가 안정화되는 것, 북한이 이 과정에서 비핵화를 추진하는 것, 북한의 개혁개방정책 강화로 중국과 관계를 증진하고 북한의 돌발적인 태도를 억제하는 것, 동시에 북한의 변화를 촉진할 저변을 확대하는 것, 한국이 미일동맹에 가담하지 않고 어느 정도 독자적이고 중립적인 입장을 유지해 주는 것이다.

3. 통일한국이 중국에 주는 이득

최근 중국 내부의 전략사고 변화를 보자면, 기존의 지정학적인 사고를 넘어 점차 지경학적인 사고의 확대, 세계 전략적인 차원에서 지역 중견국인 한국의 전략적 가치 재발견, 중국의 국가이익에 기반한 남북한의 전략적 가치 재평가 경향이 강화되고 있으며, 이는 한반도 통일에 대한 보다 적극적이고 긍정적인 사고로 이어지고 있다. 다만 이 과정은 다양한 변수의 영향을 받고 있기 때문에 우리 측의 지대한 노력과 시간이 동시에 소요되는 과정으로 이해해야 할 것이다.

남북한 통일은 한반도에서의 전쟁 위협을 없애고 세계 최악의 독재정권을 해체시켜 동북아 및 세계 평화에 기여할 수 있기 때문에 국제사회와 동북아는 물론 한반도 주변국들에게도 큰 이익을 가져다 줄 수 있다. 이렇게 되면 동북아 지역내의 핵심적 갈등요소가 해소되고 역내 국가간 교류협력 확대와 시장통합 등으로 동북아지역이 세계 정치경제질서의 중심지로 급부상할 가능성이 높다. 따라서 한반도 통일에 직·간접적으로 막대한 영향력을 행사하는 미국과 중국, 일본, 러시아 등 주변 4강이 각각 통일 한국 건설에 따른 다양한 이익을 기대하는 것 역시 가능하다.

한반도 통일문제와 관련하여 중국정부가 기대하는 최적의 상황은 바로 당사자인 남북한이 평화적인 관계를 유지하면서, 한반도가 비핵화되고, 북한이 중국식의 개혁·개방정책을 채택하면서, 한반도 안보상황이 전반적으로 안정되고, 남북한의 자주적인 역량으로 평화적인 통일로 가는 것이다. 이것은 물론 중국의 현상유지적인 한반도정책이라는 측면이 좀 더 강조된 것이지만, 반드시 중국이 한반도 통일을 반대하는 세력이 아닐 수 있다는 것을 의미한다. 즉, 통일한국이 핵무장을 하지 않고, 한반도 상황의 안정을 담보하면서 중국의 경제성장에 유익하고 적대적인 국가가 되지 않는다면 중국은 한반도 통일을 지지할 수 있을 것이다.

하지만 한반도가 처한 현실은 이와 같지 않다는 점에서, 중국은 한반도 통일과 관련하여 기존의 현상유지 선호 및 평화적 방식에 의한 통일 지지 입장을 당분간 유지할 가능성이 높다. 중국은 남북한과 동시에 협력하고 소통하면서 한반도 상황을 안정적으로 관리하고자 할 것이다. 중국은 북한 김정은 체제와는 접촉과 협력을 강화하는 한편 북한이 중국식 개방을 선택하도록 지속적으로 노력할 것이고, 이 과정에서 북한체제의 붕괴를 막기 위한 외교적, 경제적 지원은 여전히 유지할 것이다. 한편 중국은 북한에서의 급격한 '변화'를 최대한 억제하는 방향으로 대북정책을 조정하고 있으며, 혹시라도 급격한 '변화'가 발생하더라도 중국에 미치는 영향을 최소화하고자 할 것이다.

결국 한반도 통일 과정에서 중국을 긍정적인 세력으로 전환시키는 작업은 한반도 통일이 중국에게 부담이나 우려가 아닌 안보적, 외교적, 전략적, 경제적 차원은 물론 중화민족의 통일이라는 양안(兩岸)관계 차원에서도 이득이라는 점을 확신시키는 것이다.

첫째, 안보적 차원에서 한반도 통일은 중국 대외정책의 핵심 기조인 주변지역의 평화와 안정을 통해 지속적인 경제발전을 통한 강대국화 달성에 유리한 조건을 제공할 것이라는 점을 강조해야 한다.

둘째, 외교적인 차원에서 중국의 대외정책에서 중요한 위치를 차지하고 있는 강대국관계, 특히 미국과의 관계를 안정시킬 수 있는 계기로 작용할 것이라는 점을 강조해야 한다. 즉, 그동안 중·미 양국은 한반도를 포함한 동아시아의 평화와 안정에 대한 인식을 공유하고 있음에도 불구하고 북핵문제를 포함한 지역 불안정성 문제에 노출되어 있었지만, 한반도 통일은 동아시아 지역의 평화와 안정에 기여함으로써 궁극적으로는 중미관계의 안정에도 기여할 것이라는 점을 강조할 필요가 있다.

셋째, 전략적인 관점에서 한반도 통일은 동아시아에서 미국의 영향력은 줄어드는 대신 중국의 한반도에 대한 영향력 및 역할을 강화시킬 수 있다는 점을 강조해야 한다. 한국은 미국과는 짧은 시간 동안 동맹관계를 굳건하게 유지해 왔으나, 한국과 중국은 오랜 시간 동안의 지리적, 문화적, 역사적인 밀접한 관계에도 불구하고 냉전과 탈냉전을 거치면서 적성국가로 변모했고, 수교한 지 이제 21년밖에 되지 않았다는 점을 확인할 필요가 있다. 따라서 한반도 통일시 중국은 한국과의 밀접한 관계를 활용하여 경제

협력 강화는 물론 안보·군사관계 발전의 기회로 삼을 수 있고, 이러한 상황은 자연스럽게 동아시아 지역에서 미국의 영향력 축소로 이어진다는 점에서 중국으로서는 나쁜 선택이 아니라는 점을 강조해야 한다.

넷째, 지경학적 관점에서 볼 때, 통일된 한반도가 더 중국에 이익이 될 수 있다는 점을 강조할 필요가 있다. 중국이 처한 국내외적 상황을 고려할 때 지속적인 경제발전이 중요하지만 북핵문제를 포함한 동아시아에서의 불안정성이 부정적인 영향을 초래하고 있다. 특히 새로운 경제사회발전 전략 수립을 통해 '중화민족의 부흥'을 꿈꾸고 있는 시진핑 정부의 입장에서는 동북3성 북·중 접경지역의 안정 및 이를 통한 경제협력의 확대가 매우 중요하다. 따라서 한반도 통일은 바로 북핵문제의 기본적인 해결 및 북·중 접경의 안정을 전제하고 있다는 점에서 중국의 지역발전전략 성공에도 매우 중요한 역할을 수행할 것이라는 점을 강조해야 한다.

다섯째, 한국의 통일은 중국의 동북지역의 안정에 크게 기여할 수 있다. 북한의 불안정성은 지속적인 탈북자 문제로 인한 동북 치안문제를 야기하고 또 국제사회와 마찰을 유발하고 있다. 동시에 북한의 핵실험 및 핵물질 관리 문제는 일본의 후쿠시마 원전 사태 이후 초미의 안보사안으로 부상하고 있다. 통일은 이러한 동북지역의 안보문제를 일거에 해소할 수 있는 사안이라는 점을 확신토록 해야 한다.

마지막으로 양안(兩岸) 통일문제와 관련하여 한반도 통일이 매우 중요하면서도 긍정적인 영향을 미칠 것이라는 점을 강조해야 한다. 중국은 그동안 '하나의 중국' 원칙에 따라 대만문제를 자신들의 주권 및 영토보전과 관련된 핵심문제로 간주해 왔기 때문에 한반도 통일에 대해 무조건적인 반대를 하기 어려운 처지에 있다. 즉, 대만은 중국과 불가분의 일부이므로 어떤 형태로든 대만의 독립이나 이탈을 인정할 수 없고, 필요하다면 무력을 사용해서라도 통일을 해야 한다는 입장을 포기하지 않고 있다. 따라서 한반도 통일은 중국과 대만 간의 통일 분위기를 조성함은 물론 실질적인 통일 논의 단계로 접어들 경우 국내외적인 우려를 불식시킬 수 있는 기회로 작용할 수 있다. 특히 한국이 주도하는 한반도 통일은 '종합국력'에서 우위를 점하고 있는 중국에게 있어서 양안 통일이 갖는 부정적인 영향은 최소화하고 긍정적인 효과(편익)를 최대화하는 데 기여할 것이라는 점을 강조할 필요성이 있다.

Ⅲ. 한반도 통일 기반 구축을 위한 한국의 대중정책 방안

1. 한중 협력과 신뢰의 기반 확대

한중 협력을 통해 전략적 협력동반자관계의 내실화를 기해야 한다. 중국의 전략적 선택에 한중관계 역시 대단히 중요한 변수임에 틀림이 없다. 필요시 상호간 기초적인 신뢰를 바탕으로 전략적 이익을 조정해 나갈 수 있는 관계를 지향해야 한다. 한중은 경제협력 뿐만 아니라 다양한 영역에서 협력의 경험을 구축해 나가야 하며, 다양한 전략 대화를 통해 상호 간의 전략적 눈높이를 조정해 나가야 한다.

한·미·중의 관계는 연미화중(聯美和中)의 단계에서 연미협중(聯美協中)의 단계로 나아가야 할 것이다. 연미화중 단계의 핵심은 상호 간의 갈등요소나 이해의 차이를 과감히 줄여나가는 것이다. 이를 바탕으로 상호 공동의 전략적 목표에 합의하고 협력지향적인 행동을 같이하는 연미협중의 단계로 진화할 수 있도록 노력해야 할 것이다. 조만간 예상되는 시진핑 주석의 방한을 양국 사이에 존재하는 주요 이슈들에 대한 차이를 과감히 축소하는 계기로 활용할 것을 제안한다.

2. 한 · 미 · 중 간 조화로운 관계 설정 노력

한국정부는 역내 갈등이 고조되지 않도록 관리할 필요가 있다. 현 단계에서 한국 외교의 핵심적인 원칙은 역내 대립과 갈등보다는 협력과 공생의 관계를 추구하는 것에 두어야 한다. 이는 중견국가로서 우리의 국력에도 부합하는 것이며, 시대의 추세와도 부합한다. 현재 중국이 한국을 전략적으로 중시하고 필요로 하는 이 시점에서 중국과의 갈등 여지가 있는 사안들에 대해 과감히 그 차이를 해소해 나가는 노력이 긴요하다. 특히 서해 수역 경계획정과 이어도 문제는 반드시 이 정부 내에 해결해야 할 사안이며, 이를 위해 집요하게 요구해야 할 것이다. 아니면 한국은 동해에서는 일본과 독도문제로, 남해에서는 중국과 이어도 문제로 금세기 내내 갈등 국면을 이어갈 수도 있기 때문이다. 역내 갈등 구도는 어떤 형태로든 한국의 이익에 부합되지 않는다. 한국 외교는 갈등의 구성원이나 촉매제가 되기보다는 이 갈등을 완화하고, 역내 평화와 안정을 위한 새로운 대안을 지속적으로 제시하는 데 초점을 맞추어야 할 것이다.

한국정부는 원칙을 바탕으로 한·미·중의 조화로운 관계를 중시하여야 한다. 한미동맹의 발전과 한중 전략적 협력동반자 관계는 개념적으로 상충되지 않음을 유념하고, 한미동맹 발전과 한중 전략적 협력동반자 관계를 심화하면서 조화를 추구하는 전략을 완고하게 추진해야 할 것이다. 한미동맹이냐, 한중 관계냐를 상호배타적으로 보고 둘 중 하나를 선택한다거나 미중의 가운데서 등거리외교를 하겠다는 식의 소극적 발상은 지양되어야 한다. 현 단계에서 대중 관계 속도조절론은 시대착오적이며, 중국은 물론이고 미국과 일본과의 관계도 모두 동시에 강화하는 방향으로 나아가야 할 것이다. 향후 미중관계는 파고가 높아질 개연성이 커 한국 외교안보는 일변도 외교의 유혹을 거세게 받을 것으로 전망된다. 미·중 양국에 최선의 성의를 다하면서도 우리의 원칙과 이익을 지켜내는 노력이 필요하다. 이를 위해 한국이 반드시 지켜야 할 핵심이익과 원칙이 무엇인가에 대한 내부적인 합의가 절대적으로 필요한 시점이다.

중국의 Bottom Line과 Red Line 구분 추세에 부응하여 대북 B 플랜을 놓고 중국과 전략대화를 추진해야 할 것이다. 중국 측 역시 아직 한반도 통일에 대한 구체적인 시나리오를 가지지 못하고 있는 것으로 평가된다. 따라서 동 사안에 대한 한국과의 소통이 필요할 것으로 판단된다. 향후, 중국의 대한반도 통일 시나리오 작업에 우리의 이해를 적극적으로 투입할 수 있는 노력과 전략적 접근이 필요하다. 이를 위한 검토와 조정을 위한 TF팀 구성도 고려해 볼 만하다. 2013년 박근혜-시진핑 정상회담처럼 청와대 차원의 적극적인 대 중국 통일문제 제기가 필요하다. 한국 국가안보실과 중국 국가안전위 간의 Hot Line을 구축하여 일단 유사시 수시로 소통 가능하게 제도화하며, 한중 간 동북아 안정과 평화에 영향을 미치는 정세(특히 북한)에 대한 상시 모니터링과 협의체제를 구축해야 할 것이다. 동시에, 양기관의 지지를 받는 1.6트랙 정도의 전략성 대화를 개최하여 한반도 위기관리 문제를 논의하고, 이를 바탕으로 추후 한·미·중 간의 채널을 수립하여 우리가 허브 역할을 담당할 수도 있을 것이다. 한국의 대북 강공 위주의 정책은 중국과도 갈등을 초래할 개연성이 크다. 따라서 원칙은 분명히 하되, 대화와 협력정책을 병행할 의지가 있다는 유연성을 겸비해야 할 것이다. 미국 및 중국과 다 같이 북한 정권의 붕괴를 추진하지 않는다는 전제하에 북한의 개혁개방, 한반도 긴장완화, 북한의 군사적 도발에 공동 대응, 비핵화라는 공동의 목표를 추진하는 주도적인 외교를 전개해나가는 것이 긴요하다.

3. 중국 내 전략사고들에 대한 맞춤형 전략 가동

중국 내 전략사고는 크게 전통적 지정학론, 발전도상국론, 신흥강대국론으로 분류할 수 있다. 이들은 각기 한반도 통일에 대한 입장에 차이를 지니고 있으며, 정책결정에 접근하려 경쟁하고 있다.

시진핑 시기의 주류로 부상하고 있는 신흥강대국론자들과 적극적인 관계를 증진시키는 전략이 필요하다. 이들은 시진핑 체제에서 주류로 부상하고 있으며, 향후 한반도 통일의 과정에서 가장 우호적인 세력이 될 수도 있고, 아니면 가장 적대적인 성격의 세력이 될 수도 있는 양날의 칼을 지니고 있다. 이들은 강대국이라는 자아인식과 이에 합당한 외교안보 전략을 구사하려는 의지를 지니고 있고, 국가이익에 준해서 국가관계를 처리하겠다는 분명한 원칙을 제시하고 있다. 따라서 현재로서는 북한에 가장 껄끄러운 세력이 부상하고 있는 것이다.

이들은 기존의 북중관계에 크게 영향을 미쳤던 이데올로기적인 유대나 다른 심리적 정서에서 벗어나고 있다. 기존의 대한반도 사고로부터 비교적 자유롭고, 국가 대전략 차원에서 한반도 인식 및 정책을 재구성하려 하고 있기 때문에 그 과정에서 한국의 이해를 어떻게 투입하느냐에 따라 영향을 크게 미칠 수 있다. 따라서 이들은 현재 한국정부가 대북한 문제 및 통일문제를 다루기 위해 가장 집중적으로 공들여야 할 대상이며, 접촉면을 대폭 확대하고 체계적으로 관리해야 할 필요가 있다. 특히 새로이 부상하고 있는 젊은 세대들 중에 이 입장의 담지자들이 많아 이들에 대한 신상파악 및 분석, 관리가 절실하다. 다만, 한국이 추구하는 바가 중국의 국익과 충돌한다고 판단될 경우, 이들은 다른 어느 그룹 못지않게 한국을 압박할 수 있는 양날의 칼을 지니고 있다는 것도 동시에 인식할 필요가 있다.

4. 중견국 외교 강화를 통한 독자적 외교공간 창출

통일기반 조성을 위한 외교적 포석이 중요하다. 기존의 한반도 중심 외교에서 세계를 무대로 외교를 전개할 필요가 있으며 그 핵심 구상 중 하나가 중견국 외교일 것이다.

중견국가 외교를 추진할 필요성은 간략히 정리해보면 다음과 같다. 통일 추진을 위해 주변국 외교뿐만 아니라 국제사회의 지지를 이끌어 낼 저변을 확대하고 한국의 국제적인 위상을 제고시키는 한방(韓方)적인 노력을 추진해야 한다. 현재, 한반도 신뢰프로세스 및 동북아 평화구상의 실현이 어려운 상황에서 중견국가 협력 포럼은 박근혜 정부 최대의 외교적 업적으로 부상할 수 있는 사안이다. 강(强)중견국으로서 한국이 취할 전략은 각 네트웍의 가교역할을 추구하는 것이다. 한국은 협력의 입안자 및 촉진자, 갈등, 긴장, 분쟁 완화를 위한 브로커, 교량, 지역 이익의 증진자 역할을 할 수 있을 것이다. 중견국으로서 한국의 역할은 갈등보다는 협력과 안정을 추구할 때 극대화할 수 있다. 따라서 한국은 역내 협력과 소통 강화를 위한 다양한 시도를 주도적으로 전개할 필요가 있다. 동아시아 지역협력과 다자협력 추진을 통한 대 중국 포용 및 미중 갈등을 조정할 레버리지를 마련하며, 다자적 틀 형성 노력을 통해 새로운 전략공간을 제공할 수 있어야 한다.(예: '아세안+3')

5. 중국내 부상하는 젊은 신흥강대국론자들의 발굴 및 지한파 육성 노력

중국 내 한국 전문가 집단의 연로화 현상이 진행 중에 있다. 시진핑 시기 중국 내 세대교체가 가속화되는 상황이며, 젊은 신흥강대국론자들이 조만간 중국의 주요 정책결정과정에 영향을 미치는 인사들로 자리매김할 것이다. 이를 위해 중국 내(북경, 상해, 동북3성, 기타 지역으로 분류하여) 새로운 젊고 유능한 한반도 및 동북아 전문가들을 전략사고에 따라 분류하는 프로젝트를 가동하고, 신흥 강대국론자들을 집중적으로 육성하는 노력을 체계적으로 전개할 것을 제안한다. 이는 한국 역시 이에 걸맞은 지식 사회(Intellectual Community)를 구성해야 한다는 것을 의미한다.

6. 새로운 통일방안의 검토

현재 우리 통일방안의 핵심 골격은 '민족공동체' 통일 방안이라 할 수 있다. 이는 처음 제시된 지 이미 25년이란 세월이 지나 재검토 및 발전적인 해체가 필요한 시점이다. 우리의 기존 통일 방안은 지나치게 정치중심적이라고 할 수 있다. 이는 현재의 분단과 대립, 불신의 구조에서 통일의 진전을 더 어렵게 하고 있다. 1민족, 2국가체제라는 인식에 기반을 두면서 북한에도 국제사회에서 책임 있는 국가에게 요구되는 그러한 도덕적 기준과 원칙을 요구할 수 있어야 한다. 다만, 1민족으로서 상호 통일을 지향한다는 원칙을 공유하는 것은 중요하며 민족국가체제의 요구에도 부합할 것이다. 현 '한반도 신뢰 프로세스'가 담고 있는 과정으로서의 통일 노력에 초점을 두고, "경제공동체" 수준의 실천 가능한 목표를 설정하여 경제적 통합을 통해, 신뢰와 협력의 관행을 쌓고, 정치적 통일로 가는 길을 열어야 한다. 동시에 통일의 최종 단계(end-state)마저 배타성을 띠기보다는 유연하게 열어놓아, 남북한 간의 타협, 화해와 협력의 가능성을 보여주어야 할 것이다. 마지막으로 남북한 간의 안보와 평화구축을 통일을 위한 가장 중요한 전제로 두면서, 동시에 평화적 방식으로 한민족의 복리를 증진시키는 통일이 이뤄져야 한다는 원칙을 제시한다.

한러관계와 통일
-교통, 물류협력을 중심으로-

안병민 한국교통연구원

1. 들어가는 말

최근 한반도를 둘러싼 남-북-러 관계에 미묘한 변화가 나타나고 있다. 우리 정부가 러시아의 우크라이나 크림반도 합병을 공식적으로 반대한다는 입장을 발표한 이후에 한국 산업부와 러시아 경제개발부 간의 제3국 동반진출을 위한 금융협력 MOU(수출보증기관 협력) 체결이 무기한 연기되는 등 한-러 간 전략적 협력동반자 관계에 있어서 긴장관계가 형성되고 있다. 한-러 정상회담에서의 한국 정부의 구상(유라시아 이니셔티브, 한반도 신뢰프로세스와 동북아 평화협력구상)에 대해 러시아 측이 공감 및 지지를 표명했던 과거의 분위기가 급냉할 가능성이 대두되고 있는 것이다.

반면, 북-러 관계에서는 경제부문을 중심으로 활발한 논의가 이루어지고 있다. 북-러 간 무역경제과학기술협력위원회를 중심으로 철도, 가스관, 개성공단 진출 문제 등에 대한 협의가 이루어지고 있다. 러시아 극동개발부 장관의 방북(2014.3) 이후 북-러 간 교역규모를 2020년까지 10억 달러 수준으로 확대하기로 하였으며, 양국 간 무역에서 러시아 루블화를 결제통화로 사용하는 것에 합의하였다. 그리고 러시아 기업의 개성공단 진출방안도 협의하고 있다. 러시아 하원은 금년 4월에 북한에 대한 100억 달러 채무면제 정부 간 협정을 승인하였다.

특히 북-러 간에는 교통, 물류 부문에서의 협력이 가시적인 성과를 나타내고 있다. 북한의 나진과 러시아의 하산 간 철도·항만 협력사업은 그간의 걸림돌로 작용되었던 경제성 문제와 북-러 간 채무 상환문제, 그리고 5.24 조치 이후의 경색된 한반도 문제들을 해결한 성공적인 사례가 되고 있다. 본고에서는 북한과 러시아의 교통의 현주소와 협력 현황, 통일을 위한 남-북-러 3각 협력의 가능성을 살펴보고자 한다.

2. 러시아에서의 교통, 물류의 위상

1) 러시아에서의 교통

러시아의 교통부문은 러시아 전체 고정자본 투자의 약 24%를 차지하고 있으며, 교통부문의 고용 인구는 러시아 전체의 약 6%로 약 290만 명 수준이다. 정부의 재정수지를 통한 교통부문의 수익률은 약 2,700억 루블(약 9조 8 천억 원)로 흑자를 기록했다.

2) 극동 바이칼 지역에서 교통의 위상과 역할

극동과 바이칼 지역에서 교통은 러시아 대륙과 연계하여 물적, 인적자원을 수송하는 경제 기반으로 러시아의 영토통합과 경제단일화를 위해서 필요한 사회경제 인프라로서 기능한다. 이 지역의 교통의 비중은 역내 총생산에서 극동지역 13%, 바이칼지역이 22%을 차지할 정도로 비중이 높다.

극동지역에서의 지역경제개발계획의 지침은 「2025년까지의 극동 및 바이칼지역사회 경제발전전략」이다. 이 계획은 3단계로 진행되며 교통은 중요한 고리로서의 역할을 담당하고 있다.

① 1단계(2009-2015): 투자 증대, 자원개발기술 도입, 지역주민 고용 증대, 현대식 인프라 개발
② 2단계(2016-2020): 에너지자원 개발을 위한 메가 프로젝트 실행, 교통발전 잠재력 실현, 자원 가공 상품 수출증대
② 3단계(2021-2025): 극동 바이칼 지역의 산업, 교통, 자원개발 발달과 노동 효율성 향상

극동 및 바이칼 지역의 교통 발전전략을 하위 부문별로 간략하게 정리하면 아래와 같다.

① 철도: 항만, 산업단지, 자원매장지로 진입하는 TSR과 BAM철도는 과부하. TSR, BAM 철도를 중심으로 극동 바이칼 지역의 간선망 개발 촉진
② 도로: 도로 간선망 개발을 통한 역내 주요 지역 간 연계를 활성화, 항만 및 인접국가 간 교통연계를 촉진. 지방도개발을 통한 주민 이동성 향상
③ 항공: 항공노선의 통합, 연계, 안전성 보장을 목표. 주요 공항의 네트워크를 구축 및 개발. 이르쿠츠크, 하바롭스크, 블라디보스톡 공항은 국제공항으로 개발

④ 해운: 하바롭스크와 연해주 항만을 중심으로 개발. 항만의 컨테이너 및 일반화물, 벌크화물 수송 확대를 위한 시설 현대화가 우선과제. 항만의 전문화, 항만 내 장거리 철도 노선 연계 및 물류 복합단지 건설을 추진

3) 시베리아횡단철도의 수송 능력과 현안

시베리아횡단철도의 수송능력은 연간 1억 2000만 톤에 달한다. 2012년 수송실적은 전년 대비 8.5% 증가한 1억 1,120만 톤 수준(용량 한계)으로, 수출이 93%, 수입이 6%, 수송(transit)은 1%를 차지하고 있다. 석탄 수송은 전체의 34%인 약 3,800만 톤을 담당하고 있다. 화물 증가요인은 석탄 수송이 25%, 광석 수송 15%, 철강이 9% 정도로 증가요인으로 작용하였다.

표 1 시베리아횡단철도의 화물 구성

구분	수송중량 구성비(%)	운임수입 구성비(%)
Class 1	59.9	33.9
Class 2	27.5	42.1
Class 3	12.6	24.0

러시아의 철도화물 요금은 3개 등급으로 분류된다.

① class 1: 석탄, 철광석, 건재, 목재 등 자원, 낮은 운송료

② class 2: 화학비료, 곡물, 중간 운송료

③ class 3: 철강, 고철, 화학제품, 컨테이너, 완성차 등 공업제품. 비싼 운송료

러시아의 가장 중요한 동력원은 석탄으로, 저운임 정책을 유지하고 있다. 러시아 철도수송 화물의 10톤/km당 수입은 3.4루블(2009년)이나, 석탄은 절반 이하인 1.6루블 수준이다. 석유화학제품 5.3루블, 철강제품 4.7루블과 비교하면 대단히 저렴한 비용으로 책정되어 있음을 알 수 있다. 수출 시 석탄가격은 석탄가격에 철도운임을 포함한 가격으로 일괄 협상이 이루어진다. 일반적으로 석탄 가격의 30%가 철도운임이다.

러시아는 2012년도에 약 1억 3,000만 톤의 석탄을 수출하였는데, 이 가운데 89%인 1억 1,600만 톤이 항만을 통해 반출되었다. 전체 수출 석탄 중 41%가 러시아 극동지역 항만을 통해 수출되고 있으며, 전체 수출용 석탄 중 약 17%가 한국으로 수송되었다.

2012년 시베리아횡단철도로 수송된 국제 컨테이너 화물량은 2011년 대비 15.4% 증가한 638,216 TEU이다. 또한 컨테이너 전용열차의 이용 비율이 높아지고 있다. 2013년 상반기 국가별 수송 실적을 정리하면 아래와 같다.

① 러시아-일본: 30,298 TEU(전년 대비 44.2% 증가)
② 러시아-한국: 95,842 TEU(전년 대비 25.6% 증가)
③ 러시아-중국: 193,968 TEU(전년 대비 8.0% 증가)

2013년 상반기 극동지역에 위치한 항만의 처리 실적 역시 증가추세를 보이고 있다.

① 블라디보스톡항: 388,674TEU(전년 대비 14.3% 증가)
② 보스토치니항: 224,029TEU(전년 대비 17.1% 증가)

4) 바이칼-아무르철도(BAM)의 수송 능력과 현안

BAM철도는 시베리아횡단철도의 타이세트역에서 분기하여 하바로프스크주의 소베츠카야 가반항까지 연결되는 전장 4,324km에 달하는 중요한 산업철도이다. BAM철도는 중-러 관계 악화로 인해 북-러 접경지역과 격리된 새로운 횡단철도를 건설할 필요성, BAM 철도 인근의 풍부한 지하자원의 개발 요인, 시베리아횡단철도 수송난 해소 등의 요인에 따라 착공되어 1989년에 완공되었다. 2012년 12월에는 쿠즈네촙스키 터널(3.9km) 개통 및 25km 신설 건설로 병목구간 통과 중량을 총중량 4,000톤에서 5,500톤으로 향상시켰다. 러시아철도는 2025년까지 4,948억 루블(14조5000억 원)을 투입하여 BAM철도의 수송 능력을 현재보다 2배 수준으로 확대한다는 전략을 수립(2016년에 3,550만 톤)해 놓고 있다. BAM 철도 현대화계획은 지하자원 개발계획, 항만 증설계획, 기관차 등 차량 현대화 계획과 조정이 이루어지지 않은 상태에서 별개로 추진되어질 것이다. 그러나 계획기간 내 실현가능성은 낮다고 예측된다.

3. 북한의 교통시스템과 러시아

러시아(구소련 포함)는 1940년대 말부터 1990년대 초에 걸쳐 철도, 해운 및 항만, 항공, 관수송 등에 있어서 총 10억 달러 이상 북한을 지원해 온 것으로 나타나고 있다. 지원사업의 상당 부문은 러시아의 북한교통시설 이용(청진항, 나진항, 웅상항)과 관련된 것이며, 대부분의 지원은 한국전쟁 이후의 복구기와 1970년대에 집중적으로 이루어진 것이 특징이다.

1) 철도

북한과 러시아 간 철도 부문의 협력은 한국전쟁 종전 이후 본격화되었다. 러시아는 한국전쟁 직후 시설이 대파된 평양전기기관차공장(현, 김종태전기기관차연합기업소)과 원산철도차량공장(현, 6월4일공장)의 복구를 폴란드와 함께 지원하여 1959년 8월부터 공장 조업을 정상화시켰다. 1971년부터는 청진철도차량공장(현, 6월7일공장) 건설을 지원하였으며, 1975년에는 평양디젤기관차공장을 완공시키는데 협력하였다.

러시아는 북한의 국경역인 두만강역과 러시아 국경역인 하산역 간의 친선교 건설 및 두만강-청진 간 철도 개량 사업, 두만강-라진 간, 두만강-청진 김책제철소 간의 광궤 노선 부설 공사 사업, 북한 철도의 중앙통제시스템 건설 사업, 디젤 기관차 및 화차 공급, 철도전문인력 양성 등을 지원하였다. 1940년대 중반부터 1980년대 말까지 러시아가 북한에 지원한 철도부문의 지원금액은 약 1억 3,400만 달러 수준에 달하는 것으로 알려져 있다.

2) 항공

구소련이 북한의 교통시설 건설을 위해 지출한 지원금액 중에 가장 큰 비중을 차지하는 부문은 항공부문이다. 러시아는 민간항공기 제공, 평양·삼지연·청진공항의 정비, 평양공항의 항공관제시설 제공, 조종사 및 정비사의 교육 등에 약 8억 7천만 달러를 지원하였다.

이처럼 막대한 지원이 이루어진 것은 항공 부문의 시설 및 기자재(항공기)가 고가인 것에 기인한다. 이러한 지원을 바탕으로 북한과 구소련 간에는 1974년에 평양-하바로프스크 간, 1983년에는 평양-모스크바간 항공노선이 개설되었다. 또한 소피아, 방콕, 마카오 등 중장거리 노선의 취항도 소련이 중대형 항공기를 지원함으로써 가능할 수 있었다.

북한이 현재 러시아의 지원으로 보유하고 있는 항공기로는 AN-24, TU-134, TU-154(여객), IL-76(화물) 등 20여대가 있다.

3) 관(管)수송

관 수송은 일정한 압력이 형성되어 있는 관(파이프)의 액체나 기체를 매개로 하여 화물을 수송하는 형태로서 공기관 수송과 수력관 수송이 있다. 러시아는 1980년대 중반에 무산에서 청진까지의 정광(精鑛) 수력관 개선을 지원하였다. 이 수송관은 무산광산연합기업소에서 주초-서풍산-신참-서상-고무산-부령-장흥을 거쳐 청진까지 98km를 연결하고 있다. 무산-청진 간 정관수송로의 연간 수송능력은 약 1,000만 톤으로, 구소련은 정관수송로 개량에 약 120만 달러를 지원한 바 있다.

4) 항만

러시아의 북한 항만 및 해운 부문에 대한 지원은 화물선 제공, 항만의 시설 현대화(청진항, 나진항, 해주항, 선봉항), 조선소의 현대화, 항만하역시설 정비, 원산해운양성소 등 선원교육 등에 집중적으로 이루어졌다. 1980년대 말까지 러시아의 대북한 항만 및 해운 분야 지원 규모는 약 6,100만 달러 수준인 것으로 알려져 있다.

5) 전문가 양성을 위한 교육 지원

북한과 러시아는 1952년에 '조선민주주의인민공화국과 소비에트사회주의공화국연방 간의 소련 고등교육기관으로의 유학에 관한 협정'을, 1962년에는 북한과 러시아가 '대학 및 대학원생의 호상 연구를 위한 조건에 관한 협정'을 체결했다. 1955년에는 북한과 러시아 간에 '과학기술원조에 관한 협정'을 체결하였다. 동 협정은 상호 간의 기술 문서 및 해당 정보의 교환, 기술 원조의 제공, 전문가의 파견, 과학기술 협력을 위한 위원회의 설치 등을 주요 내용으로 하고 있다.

김정일과 푸틴 대통령과의 2001년 모스크바 선언 이후, 양국은 북한 철도기술자들을 대상으로 하는 러시아 국내 교육기관에서의 전문교육을 확대 실시하였으며, 현재 북한 교통부문의 기술 관료 중 상당수는 러시아의 전문교육을 이수하고 있다.

4. 유라시아 이니셔티브 구상과 러시아의 유라시아 구상, 중국의 실크로드 경제벨트 구상

1) 유라시아 이니셔티브 구상

'유라시아 이니셔티브'는 2013년 10월 서울에서 개최된 유라시아시대의 국제협력컨퍼런스에서 박근혜 대통령이 제안한 한반도 평화구축 방안으로, '하나의 대륙', '창조의 대륙', '평화의 대륙'을 실현함으로써 유라시아 역내 국가들의 경제협력은 물론 통일의 기반을 구축하자는 구상이다.

① 하나의 대륙: 물류, 교통, 에너지 인프라 구축, 거대한 단일시장 형성
② 창조의 대륙: 창조경제 추진으로 유라시아를 세계 성장엔진화
③ 평화의 대륙: 한반도 신뢰 프로세스와 동북아 평화협력 구상에 대한

국제적 지지에 기초해 한반도의 평화를 이끌어내자는 실행계획

'유라시아 이티셔티브'는 TSR, TCR과 TKR을 연결하여 복합물류 네트워크를 구축하고 실크로드 익스프레스(SRX)로 발전시킨다는 신뢰외교 구상이 그 밑그림이다. 또한 통합 에너지망을 위해 가스관 부설과 송전망 구축사업 진행한다는 계획이다.

2) 러시아의 유라시아 연합구상

러시아의 푸틴 대통령은 2011년, 유라시아에서의 새로운 통합프로젝트인 유라시아 연합구상을 발표한 바 있다. 이 계획은 구소련지역을 중심으로 한 지역의 다면적 통합을 진행시켜 EU와 아시아를 연결하는 가교역할을 하겠다는 내용으로, 푸틴 정부의 외교정책에서 가장 우선순위가 높은 것은 구소련을 포함한 유라시아 지역이다.

유라시아 연합구상은 러시아를 중심으로 주변국가(CIS국가)들과 관세동맹, '공통경제공간'의 틀에서의 통합을 향후 유라시아 경제연합, 유라시아 연합으로 심화, 발전시켜 나가겠다는 구상이다. 이후 2011년 11월에는 벨라루시, 카자흐스탄과의 3개국 정상회담에서 「공통경제공간」 창설 개시를 선언하고, 유라시아경제위원회라고 하는 3개국 간 공동기구 창설 조약을 체결하였다.

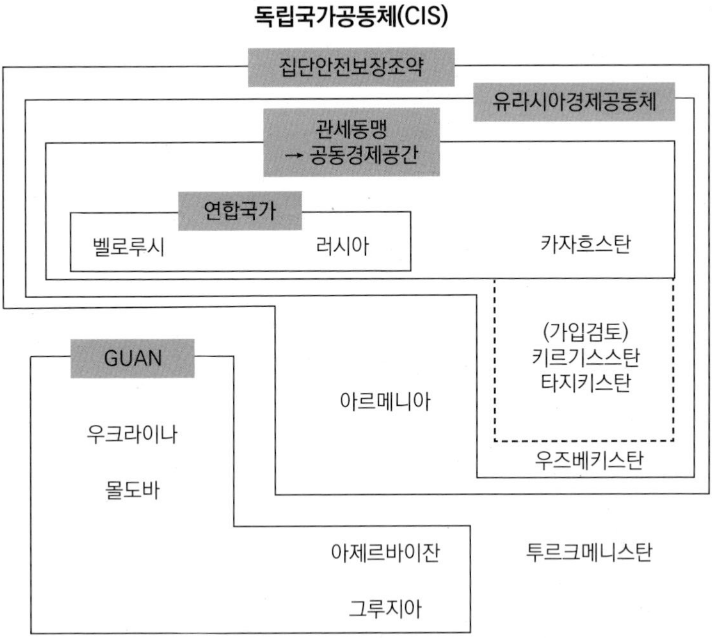

〈그림1〉 러시아의 유라시아 구상

(자료: ロシアNIS貿易會, ロシアNIS調査月報, 2011년 12월호, p. 109.

3) 중국의 실크로드경제벨트 구상과 21세기 해상실크로드 공동건설 구상

중국의 시진핑 국가주석은 2013년 카자흐스탄 방문 시 '실크로드 경제벨트'라는 전략적 구상을 제시하였다. '실크로드 경제벨트' 구상은 중국과 중앙아시아가 손을 잡고 새로운 실크로드 경제권을 만들어 공동번영과 협력의 시대를 구축하자는 제안으로 중국 서부지역의 발전 및 확대를 유럽과 아시아의 내륙지역, 나아가 유럽 전지역으로까지 확대해 가겠다는 경제구상이다. 중국은 러시아, 카자흐스탄, 투르크메니스탄과는 최대 교역국, 우즈베키스탄, 키르키스탄과는 2번째 교역국, 타지키스탄과는 3번째 무역상대국으로서의 위치를 차지하고 있다. 중국 정부는 이 '실크로드 경제벨트' 구상이 중국이 주도하는 경제계획이 아니라 다원적으로 개방되는 협력프로세스이며, 중앙아시아에서 패권을 추구하거나 세력권을 형성할 의도는 없다고 강조하였다.

또한 중국은 동남아 국가들과는 상호 평등의 기초위에서 '21세기 해상실크로드'를 공동으로 건설하자는 제안한 바 있다. 동남아국가들과의 관계를 전략적 동반자관계로 격상시키면서 수송, 경제회랑 중심의 경제협력을 본격화하자는 것이다.

중국은 2013년 9월에는 상하이 협력기구(SCO) 기조연설을 통해 SCO 회원국 간의 교통, 무역, 에너지 협력의 강화를 역설하면서 SCO를 공동운명체-이익공동체로 만들자는 구상도 제시하였다.

4) 유라시아 비전 공유 및 협력체제 구축 필요성

이러한 각국의 역내 개발협력구상들을 종합해 보면, 한국과 러시아, 한국과 중국, 더 나아가 한국-중국-러시아 간의 유라시아 비전 공유 및 협력체계 구축 필요성이 대두하고 있다고 평가할 수 있다. 따라서 향후 한반도 정세 및 국제정치의 관계 변화에 따라 협력 및 상충 관계가 나타날 것으로 보인다.

5. 유라시아 이니셔티브 구상의 1단계 사업: 나진-하산 교통, 물류사업의 현황과 전망

1) 사업의 성격 및 추진 배경

나진-하산 교통, 물류사업은 나진항을 중심축으로 하여, ①TKR-TSR 연결사업의 Pilot Project라는 성격, ②나진항을 통한 새로운 해륙복합운송의 활성화라는 측면을 내포하고 있다. 남-북-러 철도-항만협력사업은 박근혜 정부가 추진하는 유라시아 이니셔티브 구상의 제1단계 돌입을 의미한다. 동시에 이것은 아시아와 유럽을 하나의 대륙으로 연결하기 위한 물류, 교통, 에너지 인프라 연결사업의 시작이며, 동북아 평화협력구상과 한반도 신뢰프로세스가 가동되었음을 의미한다.

한국과 러시아 양국은 1991년 10월 양국간 '철도협력의정서' 체결 이후 TKR-TSR 연결을 위해 협력관계를 유지하고 있다. 이후 TKR-TSR 연결과 관련한 양국 간 철도협력은 전격적인 남북철도 연결 합의에 따라 쌍무적 관계에서 남-북-러 3자 협력관계로 전환될 예정이다. 그동안 TKR-TSR 연결과 관련되어 남-북-러 3국 사이에는 전문가회담, 운영자회담 등 다양한 형태의 협의가 이루어졌으나, 합의 도출에는 실패하였다.

2006년 러시아는 한국 기업들에게 나진-하산 간 교통·물류사업을 목적으로 하는 한-러 합작회사를 설립, 나진(북)~하산(러)~TSR을 활용한 남-북-러 3자 간 국제 복합운송사업을 제안한 바 있다. 이 사업은 나진-하산이라는 새로운 물류 루트를 개발하여 운송비 및 운송시간 절감을 통한 경쟁력 확보를 목적으로 한다. 주요 사업으로는 북-러 간 합영사업인 나진항, 나진~하산 철도 개보수 투자 및 운영 사업 등이 있다. 이 사업에는 한국 측에서 유수의 물류기업, 철도공사 관련 회사, 해운선사 등이 참여하도록 되어 있다. 2007년 6월에는 한·러 간 '나진-하산 프로젝트 추진' 양해각서와 '한·러합작물류회사 설립을 위한 양해각서'가 체결되었으나, 경영 참여 등 현안에 대한 합의에 실패하였으며, 북한 핵문제 등으로 사업은 무산되었다. 동 사업은 SOC 투자, 초기 운영비용, 화차 확보 등으로 구성어져 있으며, 화차 확보는 한·러합작회사에서 프로젝트 파이낸싱(PF)을 통해 조달하도록 계획되었다. 동사업의 투자 규모는 2억 1,000만 달러로서 러시아가 1.26억 달러, 한국 컨소시엄이 0.84억 달러를 투자하는 것을 내용으로 한다.

표 2 나진-하산 투자계획(안)

(단위: 백만불)

구 분		금액	러시아 철도공사	루코(한국 컨소시엄)
SOC 투자	- 나진항개보수 - 나진-하산 철도개보수	200	120	80
운송사업 기반조성	- 컨테이너 운송사업 기반조성	10	6	4
합 계		210	126	84

한국 측의 불참으로, 러시아는 2008년 4월에 북한과 양자 간 형태로 북한 나진—러시아 하산 간 철도 현대화 및 나진항 3호 부두 개발에 관한 협력 합의서를 체결하였다. 이 사업 추진을 위한 합영회사 나선컨트란스를 설립하였으며, 사업주체는 러시아 철도공사와 북한 철도성으로 러시아가 지분의 70%, 북한이 30%를 투자하는 형태이다. 주요 사업 내용은 철도역 8개소 개보수, 선로전환기 설치, 철도 도상의 자갈과 노후 침목, 레일의 전면 교체, 통신 및 전력 케이블의 설치, 나진항 3호부두 현대화 등으로 구성되어 있다. 2011년 10월에 나진-하산간 시범열차 운행, 2013년 9월에 정식 개통식이 이루어졌다.

2013년 11월에는 한러 정상회담에서 나진-하산간 철도 복구 및 나진항 제3부두 현대화에 따른 양국 기업 간 철도 및 항만 협력사업에 대한 합의가 이루어졌다. 한국의 POSCO. 현대상선, 한국철도공사가 이 사업에 참여하기로 하였으며, 러시아는 러시아가 보유 중인 나선컨트란스의 지분 가운데 49%를 한국기업에 매각하여 신규 사업자금을 조달하도록 되어 있다. 한국 컨소시엄은 POSCO가 터미널의 운영과 석탄 등 광물자원의 물동량 확보, 코레일은 철도 운영 및 상·하역, 현대상선은 해상운송을 담당하며, 한국기업이 참여하는 나진-하산 간 교통물류사업의 주요 화물은 석탄을 중심으로 하고 있다.

2) 사업의 발전 조건 및 추진 과제

나진-하산간 교통물류사업은 석탄의 안정적인 생산 및 공급, 정시성과 경제성, 안전성이 확보된 철도수송, 효율적인 항만 하역 및 선박 운항, 화차의 효율적인 공급, 그리고 북-러 간의 국경 통과와 북한 나진항에서의 입출항 절차 등이 효율적으로 결합될 때, 성공적인 사업으로 평가될 수 있을 것이다.

2014년 2월 나진항 및 나진-하산 연결철도시설에 대한 현지실사가 이루어졌으나, 실제 상업 운행까지는 선결 과제가 남아 있다. 장거리 운송상의 문제, 화차 공급문제, 북한의 인프라 노후 문제, 북한의 관련법과의 관계 등이 그것이다.

첫째, 러시아 석탄의 나진항까지의 장거리 운송상의 문제이다. 러시아 석탄산지로부터 반출 항만인 나진항까지 수송거리가 너무 길다는 문제가 있다. 극동지역으로 반출되는 석탄의 대부분은 시베리아의 주요 석탄광산에서 생산된다. 쿠즈바스광산에서 나진항까지의 수송거리는 6,110km이

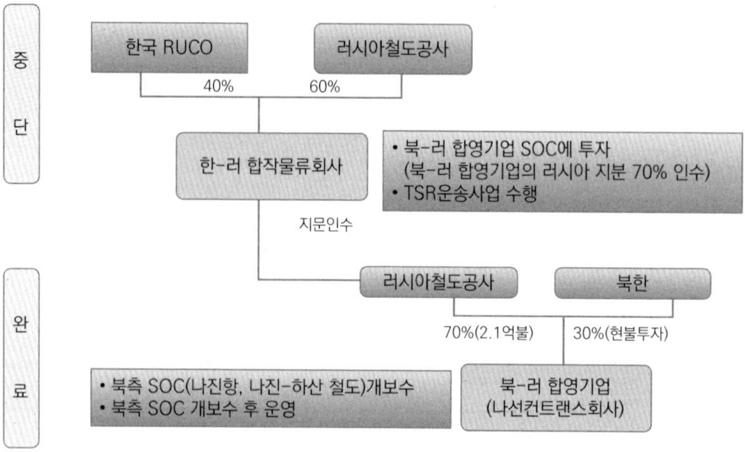

〈그림2〉 한·러간 '나진-하산 프로젝트(2007년) 추진 체계

자료: 한국철도공사

며, 네륜그리 광산에서는 2,633km, 엘가 광산에서는 2,493km에 달한다. 극동지역 항만을 통한 석탄운송은 석탄의 채굴원가보다 철도운임이 비싼 비정상적인 구조가 나타나고 있다. 러시아 철도공사가 석탄운임을 인상하는 경우, 사업성은 악화될 가능성이 높다.

둘째, 화차 공급문제이다. 러시아철도에서 사용되는 화차는 약 109만 대로, 민간회사가 전체의 55%, 러시아철도 자회사가 36%, 러시아철도가 9%를 보유하고 있다. 러시아철도회사는 화차의 부족으로 나진항 석탄 운송에 자국 화차 공급에 난색을 표명하고 있는 바, 투자기업들이 화차 추가 구매 시 수익성이 저하될 수 있다는 문제가 있다.

셋째, 북한지역 내 교통인프라 시설의 노후화가 문제이다. 하산에서 나진 간 철도는 러시아 자본과 기술에 의해 현대화되었으나, 항만시설이나 인입선, 하역시설 등은 매우 낙후되어 있다. 1990년대 중반의 북한 내부 자료에 의하면, 나진-홍의(두만강역으로의 분기역) 간 1일 열차 운행은 총 36회로 화물열차 28회, 여객열차가 8회로 나타나 있다. 화물 열차수송 시 화차는 25-30량 정도 편성하였으며, 1회 최대 화물수송량은 1,750톤 수준에 불과하다. 나진항은 1-3호 부두가 있으며, 1호 부두에는 철도 인입선이 3개, 2호 부두에는 4개, 3호 부두에 4개가 있다. 이 11개 인입선 중 동시에 여러 선로에서 화물수송이 이루어질 경우, 병목현상이 발생할 가능성이 매우 높은 실정이다. 또한 북한의 철도수송 능력, 나진항의 보관시설 능력 및 처리능력에 대한 면밀한 평가 작업 역시 반드시 이루어져야 할 것이다.

넷째, 북한의 관련법에 관한 문제가 있다. 북한은 2011년 국제철도화물수송법을 채택, 새로운 환경변화에 선제적으로 대응하고 있다. 그러나 북한의 철도법, 철도차량법, 국제철도수송법, 항만법, 해운법, 해상짐수송법 등 관련법에 대한 심층적인 검토가 반드시 필요하다.

6. 맺는말

한반도 통일을 위한 국제협력사업으로서의 교통, 물류의 위상은 매우 중요하다. 1992년의 유럽연합의 설립조약인 마스트리히트 조약(Maastricht Treaty)은 교통시설의 확충이 유럽경제의 경쟁력을 향상시킬 뿐만 아니라 유럽의 통합을 촉진시킬 것이라고 강조하였다. 또한 저렴한 운송비용은 유럽 산업의 경쟁력을 증진시키며, 교통시설의 정비 및 확충은 개발이 부진했던 지역과 주변 지역에 접근성을 향상시킴으로써 유럽 전체의 경제적 통합을 가속화할 것이라고 보았다.

한국과 러시아, 북한은 교통의 연계성, 교통수단의 보완성, 수송회랑의 경제성 측면에서 이익을 공유하고 있어 사업의 성공 가능성이 높다. 남-북-러 3국은 고비용 물류구조를 해결하기 위한 공동 관심사를 기초로 물류, 광공업, 농업 등이 결합된 새로운 형태의 패키지형 사업을 개발할 필요가 있다. 북한의 노동력, 한국의 기술과 자본, 러시아의 자원과 기초 인프라시설을 활용한 협력사업이 가능하며, 개성공단 기능을 대체할 수 있는 극동러시아지역의 공단개발도 역시 가능할 것이다. 나진-하산 교통·물류사업은 선결 문제점이 있음에도 불구하고 남-북-러 3자 간 협력사업에서 수익모델 창출이 가능한 사업 가운데 하나이다. 더욱이 2012년 8월, 러시아는 156번째의 WTO 정식 회원국이 됨에 따라 제도의 투명성, 예측 가능성, 일관성 측면에서 변모하려는 움직임을 보이고 있고, 협력 파트너로서의 위상을 구축하고 있다.

향후 통일을 향한 교통 인프라 국제협력사업은 국민적 공감대, 경제성, 상호성, 북한의 수용가능성, 안정성, 사업의 국제성에 기초한 사업 추진이 필요할 것이다. 또한 북한과 러시아에게 파트너로서의 책임 있는 역할을 부여하여야 하며, 지속적으로 상호 신뢰 매카니즘을 구축해나가야 할 것이다.

〈참고 자료〉

안병민, “나진-하산 교통물류사업의 현황과 향후 발전 가능성,”『KDI 북한경제 리뷰』, 제16권 제1호(2014)

안병민, “동북아 평화협력, 유라시아 공조가 핵심,”『Peace Tunnel』, 통권 제20호(2014)

안병민, “북방 협력의 새로운 이정표, 유라시아 이니셔티브 실현,”『민족화해』, 통권 제66호(2014)

안병민, 성원용,『북한교통인프라 현대화를 위한 재원조달방안 연구』,(한국교통연구원, 2006),

이성원·안병민 외,『유라시아 이니셔티브 구현을 위한 글로벌 교통협력 비전과 과제』(서울: 한국교통연구원, 2014)

ロシアNIS貿易會, ロシアNIS調査月報, 2011년 12월호

한일관계와 통일

진창수 세종연구소

1. 드레스덴 구상에 대한 일본의 평가

1) 긍정성

첫째, 드레스덴 구상은 박근혜 정부의 대북·통일정책의 일관성 속에서 구체화되었다. 드레스덴 구상은 한반도 신뢰프로세스, 평화통일 기반 구축, 통일대박론, 통일준비위원회(이하 통준위) 신설 등 대북·통일정책의 추진방향을 대북 3대 제안으로 제시하고 있다. 이것은 북한 비핵화에 대한 원칙을 고수하면서 대북 제안을 통해 남북관계 개선의 의지를 천명한 것으로 평가할 수 있다.

둘째, 드레스덴 구상은 남북관계의 주도권 확보를 통해 관계개선의 돌파구를 마련하기 위한 조치이다. 박근혜 정부는 급변하는 동북아 질서와 북한체제의 불확실성이 어느 때보다 큰 상황에서 한국의 주도적이고 창의적인 대북정책 요구를 반영하여 대북정책의 중·단기 전략과 과제 및 대북정책의 세부 실천과제를 제시함으로써 정책을 구체화하였다. 북한의 반발은 드레스덴 구상이 아니라 북핵문제와 북한체제의 문제점을 지적한 것에 대한 거부이라고 할 수 있다.

2) 문제점

먼저, 드레스덴 선언에는 대북정책에 대한 전략적 구상이 부재하다. 드레스덴 선언은 새로운 대북 제안이라기보다는 대선 공약을 다듬어서 발표한 수준에 머물러 있다는 문제점을 지니고 있다. 세부적 대북 제안을 기초로 하고 있기보다 포괄적 대북제안을 주로 담고 있기 때문에 향후 출범할 통일준비위원회(통준위)의 검토 및 건의 과정을 거쳐 제안했으면 훨씬 무게감이 있었을 것으로 보인다. 한편 드레스덴 구상은 햇볕정책이나 원칙을 강조하는 보수적 정책과 차이가 있으나 무엇을 하려는 정책인지 모호한 부분이 있는 것 역시 부인하기 어렵다. 이 점에서 드레스덴 구상의 내용이 북한당국이 아니라 한국 국민에게 더욱 어필하는 내용이라고 보인다.

둘째, 북한이 호응할 수 있는 여건을 조성하기에는 부족하다. 드레스덴 구상은 대북정책의 방향과 과제로서는 손색없으나, 대북 제안으로서는 북한과의 물밑접촉, 주변국과의 협력, 분위기 조성 등 추가 사항에 대한 고려가 필요해 보인다.

셋째, 북한이 드레스덴 선언에 부정적으로 반응하고 있다. 북한은 국방위 대변인 성명을 통해 드레스덴 선언은 "흡수통일을 전제로 한 통일 구상"일 뿐이라고 반박하였다. 북한은 한국이 북한을 폄하·왜곡하면서 남북관계를 개선하자고 제안했다는 것으로 평가절하하고 드레스덴 구상의 순수성을 그대로 받아들이고 있지 않다. 따라서 현재 북한의 긍정적 호응을 이끌어내기에는 어려운 상황이며, 북한의 반응이 유보적인 상황에서 성급하게 드레스덴 구상을 추진하면 북에 끌려가게 되는 함정으로 작용할 수 있다는 우려가 일고 있다.

2. 한반도 통일에 대한 일본 내 이중적 시각

일본은 한반도 통일이 거대 시장의 탄생과 자유민주주의 국가 간의 교류 증진, 동북아 안정과 평화라는 이익을 가져다줄 것이라고 기대하면서도, 다른 한편으로는 한반도 통일에 의해 탄생된 거대 한국이 자국의 이익을 침해할 가능성에 대해 우려하고 있다. 한반도 통일로 인해 일본의 상대적 몰락에 비해 한국의 상대적 상승이라는 조건의 변화가 있을 수 있다는 점에서, 일본 내에서 한국과 일본의 경쟁관계가 좀 더 부각됨에 따라 통일한국에 대한 경계심이 있는 것이 사실이다. 그렇지만, 일본은 중국의 부상에 대해 더 큰 위기의식을 가지고 있기 때문에 중국의 대국화에 대응하거나 견제하기 위해서도 한국과의 협력관계가 필요하며, 한반도 통일은 동북아의 안정과 평화에 도움이 된다는 인식도 높아지고 있다.

일본은 한반도의 평화와 안정을 통해 동북아의 안정과 평화가 이룩되기를 원하고 있는데, 통일한국이 이에 기여할 것이라고 인식하고 있다. 단, 한반도 통일이 현상을 급격히 파괴하지 않는 점진적 과정을 통해 이루어지고, 통일한국이 강력한 군사력을 보유하지 않을 것을 희망하고 있다. 특히 일본은 통일한국이 핵으로 무장한 국가가 되지 않기를 기대하고 있다. 중국과 비교하면, 중국은 현상유지를 지향하는 데 비해 일본은 한반도 통일이 동북아 평화공동체의 필수적인 조건이라고 보고 있다. 한반도 통일에 대해 일본 사회가 가지고 있었던 애매한 자세는 통일 후 어떠한 국가가 나타날지에 대한 불확실성 때문이다. 따라서 일본은 한국이 주도할 통일에 대해서는 그다지 경계하지 않을 것이다. 일본에서는 북한체제에 대한 혐오감이 강하기 때문에 북한체제를 없애기 위한 한국 주도의 한반도 통일에 대한 거부감이 점차 줄어드는 경향이 있다.

3. 일본이 바라는 통일한국의 모습

1) 비핵화된 통일한국

일본은 핵을 가진 통일한국을 우려하기 때문에 북한의 비핵화가 통일의 전제라고 인식하고 있다. 후나바시 요이치(船橋洋一) 일본 아사히신문 주필은, "한반도 통일은 북한의 비핵화를 전제로 이뤄져야 하며 이를 위해 통일문제에 대한 국제적 협력이 필요하다. 특히 국제사회가 (비핵화된) 한반도 통일이란 목표에 합의하는 게 중요하다. 통일한국에 국수주의가 퍼지고 중국의 영향권에 들어갈 경우 이는 동북아 지역의 안정을 해칠 수 있다"[1] 고 우려하였다. 이와 유사한 맥락에서 이토 나리히코(伊藤成彦) 일본 중앙대 명예 교수는 "한국이 통일이 된다면 한반도를 포함한 동북아시아 지역에서 비핵지대를 창설하는 것이 좋다. 이는 일본 내의 핵에 대한 유혹을 봉쇄하고 중국의 핵개발을 억제하는 길이 될 수 있다"[2]고 주장하였다.

미국 의회 산하기관인 의회조사국(CRS)도 보고서(2009.12.9)[3]를 통해 북

---

1) 출처: 조선일보(2010.4.9.자)

2) 출처: 연합뉴스(2007년 10월 31일자) 아시아사회과학연구원의 국제회의에서 이토 나리히코 일본중앙대 명예교수의 발언

3) 일본의 장래 핵 문제 : 정책논의, 전망 그리고 미국 국익(Japan's Nuclear Future Policy Debate, Prospects, and U.S. Interests)

한이 핵을 보유한 상태에서 한국이 통일을 이룩하면 일본도 핵보유를 심각하게 검토하게 될 것이라고 지적한 바 있다. 의회조사국은 이 보고서를 통해 "핵무기를 보유한 상태에서 남북이 통일되고, 새로운 통일국가가 핵무기를 계속 유지하게 된다면, 일본은 다른 계산을 하게 될 것"이며, "일부 일본 내 전문가들은 핵무장한 통일한국이 핵무기를 가진 북한보다 (일본에) 더 위협이 된다고 주장해 왔다"고 강조하였다.

2) 민주적 자유주의 국가인 통일한국

일본은 통일한국이 민주적이고 자유주의적인 국가로 재탄생하기를 희망하고 있다. 일본은 현재 북한의 핵문제에 대해 심각한 우려와 위협의식을 가지고 있는 바, 한반도 전체가 자유민주주의와 시장경제를 추구하는 평화국가로 통일되는 것을 바라고 있다.

인류발전의 가치는 자유주의이고, 민주주의이기 때문에 일본은 통일한국이 민주주의의 이념을 바탕으로 한 국가를 실현함으로써 자유민주주의 이념을 공유하는 국가 간의 협력을 기대하고 있다. 후나바시 요이치 주필은 한일관계가 지닌 긍정적 잠재성에 주목하면서 한·미·일의 경제협력을 기반으로 한 통일국가의 완성을 기대하고 있음을 표명하였다.[4] 특히, 후나바시 요이치 주필은 한일 FTA가 "북한의 붕괴와 통일로 인한 위기와 충격을 흡수할 수 있는 전략적 깊이를 제공할 것"이라고 강조하면서, "미국의 동맹국이자 민주주의 체제인 '한일 FTA'는 아태지역 자유무역 확대의 기본틀이 될 것이며 중국 중심의 지역경제 질서에 대한 우려를 방지하는 데도

---

4) 한반도비전포럼(2010.5.13~14)

기여할 것"이라고 전망하였다.

3) 국제공헌국가인 통일한국

일본은 통일한국이 글로벌 이슈에 대해 지역적으로 공헌하고, 중견국가로서 중국과 일본, 선진국과 개도국 사이를 이어주는 역할을 확대하며, 한국의 발전경험을 여타 국가에 전수하여 국제평화와 안전에 공헌할 수 있는 국가가 되기를 희망하고 있다. 와카미야 요시부미 논설주간은 "아시아의 평화와 안정, 그리고 진정한 국익을 위해 각국의 대국적 판단이 필요하다. 한국의 통일은 북한문제가 해결되면서, 한국전쟁이 사실상 종결되는 큰 구상 안에서 실현시킬 필요가 있다"[5]고 주장하였다. 또한 후나바시 요이치 주필도 한미일 삼각공조를 통한 한반도 통일 여건의 단계적 확보에 대한 필요성을 강조하면서 "한·미동맹과 미·일동맹을 강화하고, 한·미·일 3국의 협력을 유지하는 것이 중요하다"[6]고 역설하였다. 단, 통일된 한국이 한·미·일 협력으로 중국을 포위하고 위협하는 것이 아니라 자유주의에 바탕을 둔 국제협력국가가 되어야 한다고 전제하였다.

4) 동북아의 경제발전과 번영을 가져오는 통일한국

통일한국의 탄생은 동아시아의 새로운 거대 시장의 탄생을 의미하기 때문에 일본에게는 경제도약의 기회가 될 것으로 기대하고 있다. 도쿄대 이노구치 다카시(猪口孝)교수는 "통일한국이 자본주의 시장체제로 운영될 가

---

5) 한국 · 중국 · 일본 3개국 국제심포지엄(2003.2.25)

6) 한반도비전포럼(2010.5.13~14)

능성이 높기 때문에 일본은 남북한의 통일을 환영해야 한다. 왜냐하면 통일이 되었을 때 시장이 커져 일본에 이익이 되기 때문이다"[7]라고 언급한 바 있다.

일본은 통일한국이 일본과는 경제협력지대를 강화하고, 중국과 러시아와는 철도와 도로의 연결을 통해 아시아와 유럽이 자유 왕래할 수 있는 터전이 되기를 희망하고 있다. 지금까지 북한문제로 인해 경제통합 논의는 안보 논의에 밀려 실현되지 못한 것이 현실이나, 통일한국의 등장은 일본과 중국의 거대시장을 연결할 수 있는 계기가 되고 동북아 FTA를 적극적으로 실현하여 동아시아 경제통합의 계기가 될 가능성이 높다고 전망하고 있다.

4. 통일한국이 일본에 주는 이익

1) 안보적 이익

북한의 핵개발, 장거리미사일 개발 및 수출, 생화학무기의 대량보유 등으로 초래된 동북아지역의 안보불안 요인이 통일한국의 핵투명성 보장과 생화학무기 폐기로 해소됨에 따라 크게 감소될 것으로 전망할 수 있다. 특히, 북한의 호전성으로 인하여 지속된 한반도의 긴장이 종식됨에 따라 동북아는 새로운 평화의 장을 열게 될 것으로 예상된다.

한반도 통일로 인해 일본은 한반도 불안에 따른 안보위협이 감소되면서

---

7) 미국 워싱턴 D.C.에서 개최된 세미나에서 발언(2009.04.23)

군사안보 비용과 사회적인 갈등을 크게 절감할 것으로 예측할 수 있다. 지금까지 일본이 북한문제로 인해 증가시킬 수밖에 없었던 안보예산을 경제발전과 사회복지로 전환할 수 있을 것이고, 미일관계에서도 새로운 전기를 마련 가능할 것으로 전망된다. 예를 들면 미군기지 문제도 미국과의 대등한 관계를 주장하는 일본 내의 요구에 따라 전향적으로 해결할 수 있을 것이며, 이의 해결을 통해 미군기지문제의 사회적인 갈등을 줄일 수 있을 것으로 판단할 수 있다.

한반도 통일은 국제질서 속에서 최후로 남아있는 냉전질서가 해체되고, 새로운 탈냉전질서로 이행하는 것을 의미하며, 이렇게 되면 지금까지 군사안보면에서 국제적 영향력을 확보하지 못한 일본도 새로운 동아시아 질서구축에 역할을 할 수 있는 기회를 획득하는 계기가 될 것이다. 특히, 비전통적인 안보나 새로운 위협에 대한 대응에서 일본의 역할 확대가 가능하다.

다만 한반도 통일 이후 경제력과 군사력을 바탕으로 지역 내 주도권을 장악하려는 중국의 노력은 더욱 거세질 가능성이 있다. 특히 중국은 북한지역 경제재건에서 역할수행을 요구하고 군사력을 강화하여 지역 내 영향력 행사를 극대화할 가능성도 제기되고 있다. 이때 일본은 통일한국과 함께 동아시아의 평화와 안전을 확보하기 위해 협력을 강화할 수 있을 것으로 전망된다.

2) 경제적 이익

골드만삭스증권은 남한의 자본과 기술력, 북한의 노동력과 천연자원이 결합한 통일한국의 경제는 30~40년 안에 독일과 일본 등의 주요 선진국을 앞지를 것으로 분석하였다.[8] 골드만삭스는 통일한국의 GDP 규모가 2015년 1조 6,430억 달러, 2030년 3조 2,800억 달러, 2040년에는 5조 5,190달러에 이를 것으로 전망하였다.

이러한 예측대로 한국의 자본과 기술에 북한의 노동력과 천연자원이 결합하여 새로운 거대시장이 탄생하게 된다면, 일본은 새로운 시장을 개척함으로써 불황을 타개할 수 있는 기회를 획득하게 될 것이다. 동시에 중국은 남북한의 통일 후에도 공산주의 체제를 유지할 가능성이 높기 때문에 동아시아 발전의 견인차 역할에 있어서는 그 한계가 노정될 것이다.

지금까지는 전쟁과 막대한 통일비용, 북한의 권력승계 불안 등에 따른 대북 리스크가 주변 국가들의 경제발전에 위협적인 요소로 작용해 왔다. 이러한 안보불안이 제거된다면 동아시아, 특히 일본에게는 안정적 경제발전을 이룰 수 있는 계기로 작용할 것이다. 예를 들면 일본은 기술과 자본력을 바탕으로 한반도에서 새로운 사업 기회를 잡을 수 있고 경제통합을 모색할 가능성이 열릴 것으로 전망된다.

이미 중국은 제조업 분야의 값싼 노동력과 거대시장을 앞세워 동북아 경제통합을 주도하려 하고 있는데, 한국과 일본은 이러한 중국의 영향력 확대를 우려하고 있다. 현재 한국과 일본은 중국과의 관계에서 무역흑자를 보이고 있지만, 몇 년 내에 한국과 일본의 경쟁력은 약화될 가능성이 지대하다. 하지만 통일한국은 한반도에서 거대시장을 형성함에 따라 중국의 일방적인 경제통합에 대응할 수 있는 새로운 분위기를 조성할 것이라고 예상된다. 한일 양국이 경제적인 상호의존을 심화(한일 FTA 체결 등)시키고 시장경제에 순응적인 경제통합을 주도하면 일본에게는 국내적 불황 탈출과 함께 중국에 대응할 수 있는 새로운 시장을 확보하게 되는 계기가 되어줄

---

8) 출처: 머니투데이(2009.9.21자)

것으로 예상된다. 또한 북한의 노동력과 일본의 자본이 결합하면 중국시장에서 경쟁할 수 있는 기반도 마련 가능할 것으로 보인다.

3) 외교적 이익

한반도 통일이 이루어지면 동아시아질서가 변화되면서, 일본은 미국과 새로운 관계를 형성할 수 있을 것이다. 즉, 일본은 통일한국과 협력하여 미국에 대해 일정한 교섭력을 가짐으로써 동아시아질서 유지에서 새로운 역할 확대가 가능하다.

한반도 통일 후 새롭게 형성되는 안보질서 속에서도 한국과 일본은 대미관계에서 대등한 관계를 가질 수는 없을 것이므로 한일 양국은 미국에 대해 공동 대응하는 것이 국익에 부합할 것이다. 특히 일본은 한국과 공통 인식을 바탕으로 미국에게 조언할 수 있을 때 국익이 극대화될 수 있을 것으로 판단된다. 예를 들면 미국이 지나치게 안보에 대한 공헌을 요구하거나, 미중관계에서 중국의 입장을 지지하는 경우, 한국과의 협력이 일본의 국익에 도움으로 작용할 것이다.[9] 또한 앞으로 대두할 가능성이 높은 중일 간 갈등상황에서 한반도가 완충 역할을 할 가능성도 높다. 와카미야 요시부미 논설주간은 "한국과 일본은 국제무대에서 그 이상으로 가치관이 비슷한 나라를 찾기 힘들 정도로 유사점이 많다. 더욱이 경제적, 군사적으로 도약하는 중국의 대두가 눈에 띈다. 중국에 비하면 한국과 일본은 소수파에 지나지 않는다. 한국과 일본이 각각 고립된 상태로 나간다면 언젠가 동아시아에서 중국의 지배를 허락하는 사태가 올지 모른다. 한일 양국은 미국과 중국의 사이에 끼여 두 나라의 안색을 살피는 처지가 될 수 있다. 따라서 일

---

9) 출처: 소에야 요시히데(添谷芳秀) 2005

본과 중국 간에는 아시아의 주도권 다툼이 더욱 치열해질 것이다. 중요한 것은 완충 역으로서 한국의 존재다. 경제발전, 근대화, 민주화의 속도에서 일중 간에는 아직 시차가 크다. 이 점에서도 중간적인 위치인 한국의 존재는 귀중하다"고 역설하였다.[10]

4) 문화적 이익

통일한국에서는 이제까지 동북아에서 진행되었던 냉전의 논리가 사라지고 새로운 포스트 모던 질서가 정착되는 계기가 될 가능성이 높다. 이에 따라 국가 간의 시민교류와 문화전파가 활성화되는 동력이 될 것으로 판단된다. 특히 한국과 일본은 동아시아를 선도하는 문화국가로서 서로 협력하면서 세계의 시민정신과 문화를 발전시킬 수 있을 것으로 전망된다.

통일한국으로 인해 한일관계가 대등화되면 될수록 한일 양 시민사회가 서로 교류함으로써 얻을 수 있는 이익은 높아질 것이다. 또한 이것은 거꾸로 한일관계를 동반자적인 관계로 만드는데 도움을 줄 수 있을 것이다.

5) 시너지 효과

통일한국은 국제공헌을 지향할 것이므로 일본과 한국의 협력은 국제공헌의 시너지 효과를 창출할 것이며, 앞으로 한일관계가 지향하는 목표로서 국제공공재를 제공하는 역할이 확대될 것이다. 한일관계가 기타 국가들이나 사회들을 위해서도 이익을 줄 수 있는 역할을 담당함으로써 국제사회에서 존경받을 수 있는 국가가 되는 것은 필요하고 중요하다. 일본 내에서도

10) 출처: 동아일보(2004.1.9자)

한일관계의 중요성을 단순히 힘의 관계에 따라 생각하는 것이 아니라 이와 같은 공공재 제공이라는 측면에서 생각하려는 사고가 커지고 있다. 일본은 자본을 가지고 있으나 국제적인 위험에 대처할 수 있는 인재나 시스템이 부족한데 이를 한국과의 협력을 통해 보완함으로써 국제공헌국가로서의 역할 강화가 가능하다는 인식이 확대되고 있다. 아프카니스탄 교육에서의 한일 협력은 일본의 자본과 한국의 인재가 결합하여 성공한 대표적인 사례로 들 수 있을 것이다.

또한 일본은 한일 협력을 통해 동아시아에서 실현가능한 질서를 형성할 수 있고, 이것이 일본 국익에도 도움이 될 것으로 판단된다. 예를 들면 환경문제의 관건인 태양전지, 연료전지 분야에서 한일 기술력과 연구 성과는 세계적인 수준이지만, 이들 기술력과 연구 성과를 묶어줄 제도적 기반이 미비한 상태이다. 이러한 분야에서 한일 협력이 이룩되면 국제사회에서 유의미한 질서를 만들어 낼 수 있을 것으로 예상할 수 있다.

현 추세대로 중국의 성장이 지속될 경우 세계적 에너지문제에서 갈등이 유발될 가능성이 높기 때문에 자원이 부족한 한일이 협력하면 새로운 에너지 시장의 개척도 가능할 것이다.

5. 일본과의 협력 방향

첫째, 대북정책 관련 한일 간의 협의 구조의 확대가 필요하다. 드레스덴 구상은 물론 동북아평화구상의 실현을 위해서는 일본의 협력 확보가 불가결하기 때문에 한일 간 정책 협의를 확대 추진해야 한다. 여기에는 대북정책 추진에서 일본과 함께 간다는 인식을 필요로 한다. 따라서 한일 간의 대북정책 공조를 위해서는 과거사 문제와 북한 문제를 분리하여 대응할 필요가 있기 때문에 한미일 정상회담 이후 가시화된 한미일 공조 회복의 모멘텀을 유지해야 할 것이다.

둘째, 한미중 협력과 한미일 공조를 병행해야 한다. 북한문제 해결을 위해 한미중 협력과 한미일 공조를 병행함으로써 한미중 공조체제에 대한 일본의 우려를 불식시켜야 한다. 북한문제와 관련하여 한미일 공조를 강화하고, 한반도 유사시에 대비한 한미일 및 한일 간 안보 대화를 확대해야 한다. 과거사 관련 한중 연대는 일본의 반발과 한미일 공조 약화를 초래할 수 있기 때문에 한미중 협력을 적극 활용할 필요가 있다.

셋째, 북일교섭에 대해 객관적으로 인식할 필요가 있다. 아베 내각이 독자적인 대북관계 개선에 나설 경우에 대비하되, 본격적인 북일관계 개선에 대한 과대평가는 경계하여야 한다. 북한과 일본은 최근의 국제적 고립을 만회하고자 하는 데 이해관계가 일치하기 때문에 당분간 북일 교섭이 지속될 가능성이 크다. 아베 내각이 핵문제와 분리하여 납치문제 해결을 우선하거나, 비핵화 진전 없이 대북제재를 완화하려 할 경우 한미일 공조로 견제해야 할 것이다.

7부

한반도 긴장완화와 평화구축 방안

한 반 도 평 화 와 통 일

여는 글
백영철
기조발제
홍석현

여는 글

백영철 한반도포럼 회장

1953년 7월 정전협정이 체결된 지 60년이 경과하였습니다. 그러나 한반도 평화체제 구축 전망은 요원해 보입니다.

북핵문제 해결을 위한 6자회담은 2008년 12월 이후 교착상태에 빠져 있습니다. 그동안 북한은 두 차례 핵실험(2009.5, 2013.2)을 단행하고 제4차 핵실험 가능성을 위협하면서, 동시에 장거리 미사일 및 중·단거리 미사일 발사로 한반도 안정을 위협하고 있습니다. 한편 한·미 간에는 강도 높은 합동군사훈련을 실시하는 가운데 미국의 THAAD 구상과 한국형 미사일방어체제(KAMD) 개발을 통한 북한의 핵위협을 억제하기 위해 확장억제전략을 추구하고 있습니다. 북한은 한·미 합동군사훈련을 "공격형 핵전쟁 연습"이라고 비난하는 가운데 한반도의 긴장은 더욱 고조되고 있습니다.

박근혜 정부는 북한에 대하여 고위급접촉을 제안하고 유엔에서의 외교장관회담 가능성 등 대화 제의를 하였으며, 북한은 아직 이에 대해 긍정적 반응을 보이지 않고 있습니다.

오늘 개최되는 한반도포럼에서는 한반도에서의 긴장실태의 원인을 면밀히 분석하고 긴장완화와 신뢰구축, 북한 비핵화에 대한 새로운 모색을 위한 전문가들의 고견과 대책이 제시되기를 기대합니다.

기조발제

홍석현 중앙일보·JTBC 회장

한반도포럼 회원 여러분.

최근 북한이 활발한 대외활동에 나서고 있습니다. 김정은 정권이 출범한 지 3년 가까이 계속된 칩거에서 벗어나는 모습입니다. 특히 서방을 향한 관계 개선 의지가 뚜렷해 보입니다. 북한 대외관계 최고 책임자인 강석주 노동당 비서가 유럽을 순방하고 이수용 외무상은 내일 유엔 총회에서 15년 만에 연설할 예정입니다. 추궈홍(邱國洪) 주한 중국대사는 김정은이 중국을 방문할 것이라고 말했고 북한과 일본 사이의 교섭도 무르익는 것으로 전해집니다. 지난달에는 미 공군기가 평양을 방문했다고도 합니다.

북한의 움직임은 분명 긍정적입니다. 비록 이번 유엔 총회에서 북한 인권상황이 중요 화두가 되는 것을 막아보려는 의도가 있다고 하더라도 그렇습니다. 적어도 경계심에 가득 차 잔뜩 웅크리고만 있는 것보다는 훨씬 좋은 징조로 보입니다.

이런 변화가 남북관계에도 긍정적 영향을 미치기를 희망합니다.

한반도 포럼은 지난 3년 반 동안 한반도 평화정착, 나아가 통일의 밑거름이 되기 위해 애써 왔습니다. 백영철 회장님을 비롯한 모든 회원들께서 한마음으로 참여해 주신 덕분에 지금까지 주목되는 성과를 낼 수 있었습니다. 포럼의 고문으로서 저는 크게 기쁘게 생각합니다. 회원 여러분께 깊이 감사드립니다.

지난 7년 동안 남북관계는 그 이전 10년에 비해 오히려 퇴보했다고 말할 수 있을 것입니다. 북한은 핵실험과 간헐적인 무력도발로 남한을 자극했고 남한은 관계 단절과 압박으로 맞받았습니다. 그 결과는 대립과 긴장의 격화였습니다. 남북한이 함께 번영을 구가하고 머지않아 통일을 이룰 수도 있을 것이라는 희망은 줄어들고 오히려 이러다 전쟁이라도 나는 것 아니냐는 불안감이 커져 왔습니다.

그러나 고진감래라고 했습니다. 저는 멀지 않은 장래에 남북관계가 좋아질 수 있다고 생각합니다. 자칫 남북 모두가 재앙을 맞을 수도 있다는 생각은 저만 가진 것이 아닐 것입니다. 이 자리에 계신 여러분도 마찬가지일 것입니다. 그런 생각들이 모여서 빗나가기만 하는 남북관계의 물꼬를 올바른 방향으로 틀어놓을 것입니다. 바로 여러분이 지금까지 해온 일들이 물꼬를 트는데 결정적으로 기여할 것이라고 확신합니다.

오늘 모임의 주제가 바로 '한반도 긴장완화와 평화구축 방안'입니다. 여러분께서 전문적이고 통찰력 있는 고견을 내주시겠습니다만 잠시 제 의견을 말씀 드리고 싶습니다.

정치·군사적으로 남북관계는 분단 이후 지금까지 본질적으로 변화하지 않았다고 생각합니다. 남북이 만나 잘해보자고 여러 차례 합의했습니다만 어떤 합의도 실천에 옮겨지지 않았습니다. 남한은 남한대로, 북한은 북한대로 자신의 입맛에 맞는 합의들만 지키라고 강변하는 지금 상황이 이를 보여줍니다. 남과 북이 상대방에 대한 극단적인 불신에서 하루빨리 벗어나야 합니다.

경제 교류와 사람들의 왕래가 활발해 지면서 군사적 대립도 줄어든 시기가 있었습니다. 북한이 개성이나 금강산 지역에서 군대를 철수하고 공단과 특구를 설치한 것은 과감한 결정이라고 할 만합니다. 그러나 그뿐이었습니다. 개성공단과 금강산 특구의 군사적 의미가 작다고는 할 수 없습니다만 남북한 사이의 군사적 대립은 그 강도와 본질 면에서 전혀 달라지지 않았습니다.

북한이 핵개발을 가속화하면서 북한에 대한 한국과 미국의 군사적 압박도 강화돼 왔습니다. 북한은 지난해에 이어 올해도 한미 합동 군사연습에 대해 거칠게 반발했습니다. 그러나 한국과 미국은, 북한이 핵무기 개발을 중단하고 핵무기를 포기하면 될 것이라고 일축하고 있습니다. 마치 양측이 파국을 향해 달려가는 모습처럼 보입니다. 남북한은 한치의 양보도 없는 '안보의 딜레마'에 빠진 모습입니다.

여러분들이 이 안보 딜레마를 해소할 수 있는 지혜를 내주시겠습니다만 제 생각을 보태자면 남북관계를 규정하는 패러다임이 달라져야 한다고 봅니다. 정치적, 군사적 불신을 줄여 나가는 특단의 조치가 있어야 한다고 봅니다.

그러자면 '핵과 군사적 압박'이라는 현재의 상황이 구조적인 문제가 되지 않도록 해야 합니다. 예컨대 핵문제 해결을 모든 문제에 우선하는 입장을 재검토해야 합니다.

북한의 핵개발이 처음 불거진 20여 년 전부터 지금까지 북한이 절대 핵무기를 포기하지 않을 것이라는 비관적 예측이 있어왔습니다. 사실 북한은 그런 전망이 맞는다는 것을 입증해 왔습니다. 20여 년 동안 많은 어려움을 감수하면서 핵개발을 추진해온 북한이 얼마간의 경제적 보상과 확실치 않은 체제 보장 방안을 믿고 핵을 포기할 것이라고 생각하는 건 무리일 겁니다.

그렇다면 새로운 결단이 필요한 시점입니다. 핵문제 해결을 단계적이고 장기적인 과제로 다룰 필요가 있습니다. 예컨대 북한이 더 이상 핵개발을 진전시키지 않고 핵보유 상황을 투명하게 공개하는 것을 '안보 딜레마' 해결의 출발점으로 삼는 것입니다. 동시에 그 시점은 오늘의 주제인 한반도 긴장완화와 평화구축의 출발점이 될 수 있을 것입니다.

핵문제의 완전한 해결 시점을 한반도의 항구적 평화 정착과 남북의 공동 번영이 상당하게 진전되는 시점으로 늦춰 잡아야 할 것 같습니다. 핵문제 해결을 너무 서두를 경우 북한의 붕괴 이외에 다른 모든 전망과 대책이 설 자리를 잃게 되기 때문입니다.

북한의 붕괴는 한반도와 동북아 정세의 파국으로 이어질 위험성이 있다고 생각합니다. 북한 붕괴에 대비한 충분한 군사적, 경제적 방책이 있어야 한다고들 합니다만 그것이 정말 가능할 지에 대해 저는 회의적입니다. 그보다는 파국을 피하는 지혜를 찾아야 합니다.

북한 핵문제를 해결하기 위한 국제사회의 노력이 지난 몇 년 동안 정체 상태입니다. 미국은 더 이상 의미 있는 해결 노력을 할 의지가 약해진 듯합니다. 중국도 지금 이상으로는 북한을 압박하기 어려울 것입니다. 그런데도 핵문제에 발목이 잡혀 다른 문제의 해결도 어려움을 겪고 있습니다.

통일을 시야에 두고 한반도 평화를 모색해야 하는 우리가, 함께 치열하게 고민해서 박근혜-김정은 시대에 맞는 해법을 제시해야 할 핵심 과제는 다음 세가지가 아닌가 생각합니다.

첫째, 핵에 관한 어떠한 잠정적인 합의와 조치를 취하고 평화와 협력의 방안을 논의할 것인가,

둘째, 5.24 조치를 그대로 두고는 대화 자체를 시작할 수가 없습니다. 5.24 조치의 해제 방안은 무엇인가,

셋째, 미국과 중국의 역할에 더 기대할 수 없다면 우리의 Initiative로 남북한이 핵과 한반도 문제를 주도하고 미국과 중국을 견인하는 방안은 무엇인가, 의 세 가지이겠습니다.

북한은 핵문제 해결을 남한과 논의하는 것을 한사코 거부해왔습니다. 그러나 우리 하기 나름이라고 생각합니다. 북한이 관심 가질 만하고 동시에

핵문제 해결과 한반도 평화 정착을 추구할 수 있는 최적의 방안을 여러분들이 만들어주실 것으로 기대합니다.

모두에 말씀드린대로 북한이 서방을 향해 적극적으로 손짓하고 있습니다. 조만간 북한이 남한을 향해서도 손을 내밀 것을 기대합니다.

그런 때를 대비해 미리 준비를 해야 합니다. 마침 우리가 이 자리에 모인 것은 그런 점에서 아주 시의적절한 일입니다. 여러분들의 통찰력과 지혜가 빛을 발해야 할 때라고 생각합니다. 감사합니다.

◈

한반도 군사적 긴장 실태와 해소방안 모색

박휘락 국민대

◈

I. 서론

한국의 국민들과 역대 정부가 "통일", "화해협력", "신뢰구축"과 같은 긍정적인 이상을 지속적으로 추구해왔음에도 불구하고 남북한 간의 관계는 좀처럼 나아질 기미를 보이지 않고 있다. 분단 당시에는 곧 통일이 될 것으로 생각하였고, 한때는 남북한의 정상회담이 개최되어 화해협력의 물꼬가 터질 것이라는 기대가 높았으며, 남북한 간의 신뢰 회복을 위한 다양한 이벤트가 있었지만, 시간이 흐를수록 남북한 간의 관계는 오히려 경색되는 형국이다. "신뢰 프로세스"라는 단어에서 드러나고 있듯이 '통일'이나 '화해협력'은 커녕 최소한의 '신뢰'도 형성되지 않은 상태로 남북한 관계가 표류하고 있다.

남북관계가 개선되지 못한 채 긴장이 고조되는 원인의 핵심적인 요소는 남북한 군대 간의 대결일 것이다. 남북한은 1950년 6월 25일부터 1953년 7월 27일까지 동족상잔의 전쟁을 치른 바 있고, 현재도 '정전협정'으로 군사적 행위를 일시적으로 중지한 상태일 뿐이며, 지금 이 시점에도 쌍방의 대규모 군사력이 휴전선을 중심으로 대치하고 있다. 남북한은 법적으로는 전쟁 중인 상태이다. 2010년 3월과 11월의 천안함 폭침과 연평도 포격에서 보듯이 군사적 적대행위가 수시로 자행되고 있고, 북한은 일거에 한국을 멸망시킬 수도 있는 핵무기를 개발한 상태로서 은연중에 그 사용 가능성으로 위협하고 있다.

그렇기 때문에 남북한 관계를 개선하기 위해서는 군사적 분야에서 물꼬가 터져야 한다는 인식이 많았고, 따라서 다양한 군사적 신뢰구축조치(Military Confidence Building Measures)를 개발 및 시행하고자 하였다. 한국은 서로의 훈련에 대한 상호 참관을 요청하였고, 핫라인을 구축하기도 하였으며, 남북한 국방장관 회담과 장성회담 등 가급적이면 많은 접촉의 기회를 갖고자 하였다. 그러나 이 또한 북한의 호응을 얻지 못하여 한때의 이벤트로 종료되고 말았다. 최근에는 수시로 북한이 미사일을 발사하거나 집중적인 포병사격을 실시하거나 무인기를 침투시킴에 따라 신뢰구축을 말하기가 어려운 상황이다.

극단적인 상황에서 다른 국가들에게 자신의 의지를 강요하는 국가의 공식적 수단이 군대이기 때문에 군사 분야의 긴장이 완화되어야 다른 분야의 협력이 제도화될 가능성이 높다. 그러나 분단의 핵심적인 요소인 만큼 과감하게 양보하는 것이 쉽지 않아 군사적 긴장 완화가 성사되기 어려운 것도 사실이다. 정치적이거나 경제적인 협력을 통하여 군사적 긴장 완화를 추구하는 간접적 측면도 고려해볼 수 있으나 그것도 생각처럼 효과가 지속된다고 볼 수는 없다. 남북한 간의 군사적 긴장을 완화해야 된다는 당위성에는 공감하지만 어떻게 할 것이냐에 대해서는 해답을 찾기는 어려운 것이 현실이다.

다만, 남북한의 군사적 긴장을 군사적 측면으로만 접근해서는 곤란하다는 것은 분명하다. 환자의 경우 나타나는 증상은 한 가지라도 그 원인은 복합적인 경우와 마찬가지로 군사를 넘어선 종합적이면서 복합적인 원인의 분석과 대책의 마련이 필요할 것이다. 비록 성과가 확실하지는 않지만, 다양한 분야에서 다양한 처방을 지속적으로 강구할 때 그것이 누적되어 어느 순간 군사적 긴장도 완화되는 효과가 나타날 수 있을 것이다. 이러한 점에서 군대는 물론이고, 국가와 국민들도 각자의 분야에서 적극적으로 노력할 분야를 찾아야할 것이고, 그러한 것들이 종합적으로 작용하여 어떤 변화가 나타나도록 기대해야할 것이다.

Ⅱ. 클라우제비츠의 삼위일체론 +

냉정하게 따지면 국가의 어느 분야도 분리하여 생각하기 곤란하듯이 군사도 국가의 모든 분야와 긴밀하게 연관되어 있다. 제1차 세계대전 이후 총력전(total war)이라는 용어가 사용되면서 군사의 종합성은 더욱 두드러지고 있다. 현대의 전쟁이나 군사적 활동에는 국가의 모든 수단이 동원된다. 군사적 대결(이의 극단적인 형태가 전쟁이다)의 내면에는 국가와 국민들의 의지와 역량이 결집되어 있다. 전쟁이 유사시의 대규모 군사적 대결이라면, 군사적 긴장은 평시의 군사적 대결일 것이고, 그렇다면 당연히 군사적 긴장에도 국가와 국민의 모든 요소가 연관되어 있다고 봐야 한다.

군사문제를 종합적으로 접근해야 한다는 데 대한 고전적인 근거 중의 하나는 클라우제비츠(Carl von Clausewitz)의 "삼위일체론(Trinity)"이다. 클라우제비츠는 전쟁에 관한 이론은 "국민(the people)", "군대(the army)", "정부(the government)"의 요소를 종합적으로 고려하면서 이들 간의 균형을 달성해야 한다고 주장하였기 때문이다. 그의 유작인 『전쟁론』(On War) 중에서 클라우제비츠는 스스로 어느 정도 완성도가 높다고 평가한 제1장의 맨 마지막에 결론의 성격으로 삼위일체에 관하여 언급하면서, "(이 세 가지 중에서) 어느 하나라도 무시하거나 임의로 관계를 고정화하고자 하는 이론은 그 이유만으로도 무용해질 정도로 현실과 부합되지 않게 된다(A theory that ignores any one of them or seeks to fix an arbitrary relationship between them would conflict with reality to such an extent thar for this reason alone it would be totally useless)"라면서 이 세 가지 요소의 종합적이고 균형된 고려를 중요시하고 있다.[1)]

클라우제비츠는 국민, 군대, 국가의 특징을 명확하게 기술하고 있는 바, 그에 의하면 국민은 "원초적인 폭력, 미움, 증오로서 맹목적인 자연력(premordial violence, hatred, and enmity, which are to be regarded as a blind natural force)"이고, 군대는 "창의적 정신이 자유롭게 활동할 수 있는 우연과 개연성의 작용(the play of chance and probability within which the creative spirit is free to roam)"이며, 정부는 "이성에만 좌우되는, (전쟁을) 정책의 수단으로 복속시키는 요소(its element of subordination, as an instrument of policy, which makes it subject to reason alone)"라고 설명하고 있다.[2)] 즉 단순하게 말하면 국민들은 감정, 군대는 불확실성, 정부는 이성을 대표한다고 할 수 있는데, 전쟁이나 군사에 관한 모든 문제는 이 세 가지 요소의 균형을 통하여 풀어나가야 한다고 해석할 수 있을 것이다.

실제로 이러한 클라우제비츠의 삼위일체론은 전쟁에 대한 승패의 원인을 찾는 기준으로 적용되어온 바가 있다. 미국의 서머즈(Harry Summers, Jr)

---

1) Carl von Clausewitz, *On war*, ed. and trans., Michael Howard and Peter Paret, indexed edition (Princeton: Princeton Univ. Press, 1984), p. 89.

2) *Ibid*.

대령은 삼위일체론에 근거하여 미국의 베트남전과 1991년의 걸프전을 분석하였다. 그는 베트남전쟁에서는 미국의 삼위일체가 제대로 유지되지 못하여(특히 국민의 측면) 패배하였고, 걸프전에서는 반대로 삼위일체가 잘 조화를 이루어 승리한 것으로 분석하였다.[3] 따라서 전쟁을 포함한 군사적 문제의 성공적 해결을 위해서는 삼위일체론에 근거한 국민, 군대, 정부의 종합적이고 조화로운 협동이 관건이라고 할 것이다.

다만, 현대의 전쟁이나 군사문제는 이와 같은 삼위일체로 구성되는 국가내의 요소도 중요하지만 국가외적인 요소, 즉 국제관계도 무시할 수 없다. 특히 한국과 같은 강대국들로 둘러싸여 있는 환경이고, 상대적으로 국력의 크기가 작을 경우에는 국민, 군대, 정부가 효과적으로 협동하거나 조화를 이룬다고 하더라도 주변 강대국들의 역학관계가 우호적이지 않으면 원하는 결과를 획득하는 것이 어렵다. 이러한 점에서 한국의 군사적 문제 해결에는 국제적 환경을 추가하여 이해하는 것이 필요하다. 즉 〈그림 1〉에서 제시되고 있는 바와 같이 한반도의 군사적 긴장에 관한 분석을 위해서는 클라우제비츠가 제시한 국민, 군대, 정부의 세 가지 요소를 기준으로 하되 여기에 국제환경을 추가할 필요가 있다는 주장이다.

---

3) Harry G. Summers, Jr., *On Strategy: A Critical Analysis of the Vietnam War* (Novato: Presidio, 1982); Harry G. Summers, Jr., *On Strategy II: A critical Analysis of the Gulf War*, 권재상, 김종민 역, 「미국의 걸프전 전략」 (서울: 자작아카데미, 1995).

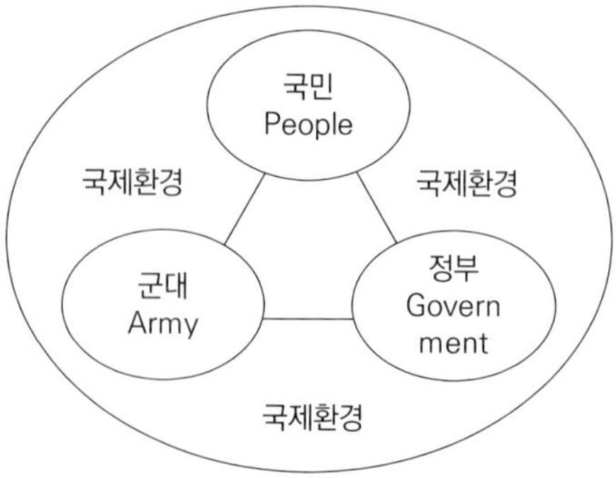

〈그림 1〉 한국의 군사적 문제 인식의 틀

Ⅲ. 한반도 군사적 긴장의 실태

한반도의 군사적 긴장은 분명히 심각한 수준이고, 앞에서 언급한 바와 같이 그 원인을 군사적인 것에서만 찾을 수 없다. 긴장에 미치는 영향력이 크다고 생각하는 순서대로 제2장에서 제시한 네 가지 요소에 근거하여 긴장상태를 설명하면 다음과 같다.

1. 정부

한반도의 군사적 긴장에 있어서 가장 큰 책임을 져야 하는 요소는 바로 정부이다. 군사적 긴장의 근본원인은 남북한의 분단이고, 분단은 남북한이 별도의 정부를 수립함에서 비롯되었기 때문이다. 한국의 헌법에 의하면 북한지역은 어느 불법적인 정부단체가 무단으로 점유하고 있는 지역이고, 북한의 정부는 불법단체이다. 북한의 입장에서도 유사하게 생각할 것이다. 이러한 상충적인 입장으로 인하여 1950년에는 동족상잔의 전쟁까지 겪었고, 현재도 쌍방의 대규모 군사력이 휴전선을 중심으로 대치하고 있는 셈이다.

이와 같은 맥락에서는 역설적이지만 남북한 정부의 통일정책을 현 군사적 긴장의 근본적인 배경으로 볼 수도 있다. 남북한 정부가 '통일'을 주장하고 있다는 것은 공통적인 것이 아니라 '자유민주주에 의한 통일'과 '공산주의 또는 주체사상에 의한 통일'이라는 극단적인 두 이념간의 대결인 셈이다. 두 이념이 공존하기 어렵기 때문에 결국 통일은 상대방을 부정하는 것이고, 따라서 이것이 강조될수록 남북한 간의 군사적 긴장은 강화되게 되어 있다. 북한은 남한의 '통일'을 자신을 정복하거나 흡수하려는 의도로, 남한은 북한의 '통일'을 6.25전쟁과 같은 군사적 수단을 사용하려는 의도로 해석하지 않을 수 없기 때문이다. 한국의 입장에서 보면 북한은 통일을 '악몽'으로 생각하고 있고, 전 세계에서 한반도 통일을 가장 반대하는 세력이 바로 북한 지배계층인 셈이다.[4)]

한국의 공식적 통일방안은 "민족공동체 통일방안"인데, 이것은 '인간 중심의 자유민주주의'를 그 철학으로 제시하고 있다.[5)] 이러한 철학은 지금까지도 바뀐 적이 없다. 한국은 1989년 9월 노태우 정부 시절에 "한민족공동체 통일방안"으로 처음 제시한 것을 1994년 8월 김영삼 정부가 "한민족공동체 건설을 위한 3단계 통일방안"이라면서 현재의 '민족공동체 통일방안'을 정립하였는데, 20년이 지난 지금까지 변함없이 계승되고 있다. 이와 같이 수정 및 보완이 없다는 것은 한편으로는 일관성을 유지하고 있는 것으

---

4) 안드레이란코프, "남북한 긴장완화와 통일의 새로운 해법," 『한반도 군비통제』, 제50집 (2011년 12월), p. 111.

5) 통일부 홈페이지. http://www.unikorea.go.kr/index.do?menuCd=DOM_000000101009000000 (검색일: 2014년 8월 4일).

로 볼 수도 있지만, 다른 한편으로는 통일방안의 구현에 대한 기대감이 낮기 때문일 수도 있다. '민족공동체 통일방안'이 주창하는 "화해협력→남북연합→통일국가"가 워낙 시간이 걸리고 구현되기가 어렵기 때문이다. 그래서 최근 한국에서는 북한의 붕괴와 같은 갑작스러운 정세 변화로 인한 통일을 기대하고 있는 것이다. 1994년 김일성의 급작스러운 사망, 2008년경의 김정일 와병설, 2011년의 김정일 사망 등 북한 지도자를 둘러싼 주목할 만한 변화가 있을 때마다 한국에서 급변사태가 활발하게 논의된 것이 그 증거이다.

실제로 최근 남북한 간에 정치적 및 군사적 긴장이 높아진 데는 북한의 '급변사태'에 대한 한국의 논의와 기대도 상당부분 작용하고 있다고 판단된다. 한국의 입장에서는 북한에서 심각한 내부 불안정이 발생하면 그것을 지원하여 북한의 체제를 민주적으로 전환하고, 그를 통하여 궁극적으로 한반도의 통일을 지향한다는 것으로 평화적인 과정이고, 민족의 공영을 위한 방안이라고 생각할 수 있다. 그러나 북한의 입장에서 보면 한국의 북한 급변사태 논의는 자신이 붕괴하기를 기다리거나 붕괴되도록 공작하여 남한식으로 통일하겠다는 것으로 적대적으로 인식할 가능성이 높고, 이런 상황에서 통일논의의 진전을 기대하기는 어려운 것이 사실이다.

실제로 2008년 11월 이상희 당시 국방장관이 국회에서 북한의 급변사태와 관련하여 '작전계획 5029'의 필요성을 설명하였다고 언론이 보도하자 북한의 노동신문은 전면적 대결태세에 진입할 것과 남북 사이의 합의사항을 무효화할 것이라면서 반발하였다.[6] 또한 2010년 1월 13일 한국 언론이 북한의 급변사태에 대비한 한국 정부의 '부흥계획'이 존재한다고 보도하였

6) 정성장, "한 · 미의 북한 급변사태 논의와 대북 군사전략 과제," 『정세와 정책』, 제15권 (2009년 3월), pp. 6-7.

을 때도 북한은 국방위원회 명의의 성명서를 통하여 “청와대를 포함해 이 계획 작성을 주도하고 뒷받침한 남조선 당국자들의 본거지를 날려보내기 위한 거족적 보복 성전이 개시될 것”이라고 위협하기도 하였다.[7] 2010년 8월에 이명박 정부가 ‘통일세’를 신설하는 문제를 검토한다고 언론에서 보도되자 “역도가 떠벌린 통일세란, 어리석은 망상인 ‘북 급변사태’를 염두에 둔 것”이라면서, ”불순하기 짝이 없는 통일세 망발의 대가를 단단히 치르게 될 것“이라고 비난한 바 있다.[8] 박근혜 대통령이 2014년 3월 28일 “인도적 문제 해결, 민생 인프라 구축, 동질성 회복” 등의 3대 제안을 포함한 평화적 통일 구상인 ‘드레스덴 선언’을 발표하였지만, 북한은 2014년 4월 12일 최고권력기구인 국방위원회의 대변인 담화를 통하여 이를 “흡수통일 논리이자 황당무계한 궤변”으로 매도하면서 거부한 바 있다.

2. 군대

남북한 군사적 긴장의 가장 직접적이면서 핵심적인 요소를 구성하는 것은 남북한 간의 첨예한 군사적 대치이다. 남북한의 대규모 군사력이 휴전선을 중심으로 대처하고 있다는 사실 자체가 군사적 긴장의 현실이고, 실제로 남북한 군대 간에 다양한 형태의 군사적 충돌이 발생하고 있다.

이러한 군사적 긴장은 쌍방의 군사력이 많거나 대치하고 있는 정도가 직접적이기 때문에 발생한다고 볼 수도 있지만, 현실적으로는 양국 간의 군사력에 있어서 불균형이 발생하였을 때 커질 가능성이 높다. 팽팽한 가운데서는 대치는 하더라도 도발은 자제할 가능성이 높지만, 불균형이 발생하

7) 『조선일보』, 2010년 1월 15일, A1.

8) 『조선일보』, 2010년 8월 18일, A1.

면 우세한 쪽은 군사력으로 어떤 성과를 달성하고자 할 수 있고, 열세한 쪽이 우세한 쪽의 군사력 사용에 적극적으로 대비해야하기 때문에 군사적 긴장을 늦출 수가 없다.

군사력의 계량적 산정이나 비교가 쉽지 않고, 균형과 불균형은 실제보다는 인식의 측면이 더욱 크게 작용할 수는 있으나 재래식 군사력에 있어서 남북한 간에 심각한 불균형이 존재한다고 보기는 어렵다. 아직도 북한의 숫적 우위는 지속되고 있으나 한국이 발전된 경제력을 바탕으로 지속적으로 전력증강을 도모하여 질적인 우위를 상당할 정도로 구비한 상태이기 때문이다. 한국 국방부가 발표한 『국방백서』에 의하면 북한은 전체 군사력이 119만 명인데 반하여 한국은 65만이고, 육군의 군단급 숫자도 남한이 12개인 반면에 북한은 15개이며, 해군의 함정은 남: 북한이 129척: 420척, 공군의 전투임무기도 460대: 820대이며, 예비병력의 경우 320만대: 770만 명으로 양적인 측면에서는 북한이 여전히 우세하다.[9] 그러나 세계화력지수(GFP: Global Fire Power Index)에서는 경제력을 비롯한 다양한 요소를 종합적으로 고려하여 2014년의 경우 한국을 세계 9위로 평가하면서 북한은 35위로 평가하고 있다.[10] 따라서 북한군의 수적 우위는 한국의 질적 및 경제적 보완에 의하여 상쇄된다고 볼 수 있다.

그러나 북한의 핵무기 개발로 한반도의 군사적 균형은 재래식 전력의 균형이 좌우할 수 없는 상황이 되었다. 북한은 핵무기를 보유하였지만 한국은 그렇지 못하고 있을 뿐만 아니라 북한이 핵미사일로 공격할 경우 유효한 방어태세를 구비하지 못하여 절대적으로 열세한 상태가 되었는데, 재래식 군사력 균형에만 의존하는 것은 합리적이지 않기 때문이다. 북한이 현

9) 국방부, 『국방백서 2012』 (서울: 국방부, 2012), p. 289.

10) GFP, *Countries Ranked by Military Strength* (2014), at: http://www.globalfirepower.com/countries-listing.asp (검색일: 2014년 8월 4일).

재 어느 정도의 위력을 가진 핵무기를 얼마나 보유하고 있는지에 대해서는 확실한 정보는 없지만, 그 동안 추출한 플루토늄의 양을 바탕으로 계산하였을 경우 대체적으로 10기 이하 정도를 만들었을 것으로 판단되고 있다.[11] 또한 북한은 2006년 10월 9일 1차 지하 핵실험, 2009년 5월 25일 제2차 핵실험을 거쳐서, 2013년 2월 12일 3차 핵실험을 실시하였고, 그 결과 "소형화·경량화된 원자탄을 사용했고...다종화(多種化)된 핵 억제력의 우수한 성능이 물리적으로 과시됐다."[12]고 자체적으로 발표한 상태이다. 또한 북한은 1,000여기 정도로 추산되는 다양한 탄도미사일을 보유하고 있다. 북한이 핵미사일로 공격하거나 공격하는 것으로 위협할 경우 한국은 한미동맹에 의존한 것 이외에 효과적으로 대응할 수 있는 능력을 전혀 구비하지 못한 상태이고, 따라서 심각한 군사적 불균형이 발생한 셈이다.

실제로 북한이 핵무기를 보유하기 시작한 이후 북한의 군사적 도발은 점점 고조되고 있다. 2010년 3월의 천안함 폭침과 그 해 11월의 연평도 포격사태는 제2차 핵실험까지 실시한 자신감이 배경이 되었을 가능성이 높고, 제3차 핵실험에 성공한 이후부터 북한은 수시로 다양한 미사일을 시험발사하거나 포 사격을 하거나 무인기를 침투시킴으로써 한반도의 군사적 긴장을 고조시켜 왔다.

3. 국제환경

한국에서는 지금까지 한반도 군사적 긴장의 원인으로 국제적인 환경을

11) FAS, *Status of World Nuclear Force*, at: http://www.fas.org/programs/ssp/nukes/nuclearweapons/nukestatus.html (검색일: 2014년 4월 1일)

12) Ibid.

지나친 비중으로 평가해온 경향이 있었다. 분단 자체가 강대국들의 결정에 의해서 이루어졌고, 냉전 시에는 한반도가 냉전의 첨예한 현장이 되었으며, 아직도 냉전의 잔재가 많이 남아있기 때문일 것이다. 이러한 점으로 인하여 일부 지식인들은 한미동맹이나 주한미군의 주둔에 대하여 부정적인 견해를 표명하기도 한다. 그러나 실제에 있어서 국제환경은 군사적 긴장상태와 직접적인 관련을 갖고 있지는 않을 가능성이 높다. 2010년의 천안함 폭침이나 연평도 포격, 그리고 최근 북한의 군사적 도발을 국제환경의 변화로 설명하기는 어렵기 때문이다.

다만, 최근 들어서 한반도 주변의 강대국들이 세력 각축의 경향을 보임에 따라 한반도의 군사적 긴장을 더욱 고조시키거나 최소한 낮추기는 어려운 방향으로 작용할 가능성은 높아지고 있다. 천안함이나 연평도 사태 이후 북한에 대한 제재 정도를 결정하는 유엔안전보장이사회 논의 과정에서 드러났듯이 어떤 사태가 발생할 경우 북한, 중국, 러시아 간 북방삼각관계가 여전히 가동되고 있고, 중국과 미국 간에 전략적 경쟁양상이 강화되고 있으며, 최근에는 우크라이나 사태를 둘러싼 미국과 유럽연합의 제재에 대하여 러시아가 반발함에 따라 냉전시대로의 복귀도 우려되는 상황이기 때문이다. 또한 중국이 군사력 증강을 지속하는 가운데 일본도 '집단적 자위권 행사', '적극적 평화주의' 등으로 그 역할을 확대시키고 있고, 센카쿠 열도(중국명은 다오위다오)의 영유권을 둘러싸고 언제 극단적인 군사적 충돌이 발생할지 예측할 수 없는 상황이다. 특히 미국이 재정적자로 인하여 이 지역에 대한 균형자의 역할을 적극적으로 수행하지 못할 가능성이 드러남에 따라 동북아시아 지역의 불안전성은 더욱 커지고 있다.

한반도를 둘러싼 국제환경과 관련하여 더욱 문제가 되는 것은 한국 스스로 자기를 국제환경의 종속변수로 인식하는 경향이 지나치게 크다는 점이다. 한국의 국가전략을 수립하고자 할 경우 당연히 주변정세나 주변국들의 전략변화도 고려하여야 하지만, 그러한 정세 변화에 지나치게 민감한 나머지 한국 스스로의 주체성을 제대로 확립하지 못하는 점이 존재하는 것으로 판단된다. 이로 인하여 국제적인 환경의 크지 않는 변화가 한반도에는 큰 영향을 미치는 결과가 초래되고, 결과적으로는 동북아시아 및 세계적인 수준에서 군사적 긴장상태가 고조될 경우 한반도가 받을 충격도 커질 가능성이 높다고 할 것이다.

4. 국민

북한의 경우 주민들은 정권에 의하여 일거수일투족이 통제되고, 그들의 의견이 정책에 반영되는 비중이 거의 없기 때문에 한국만큼 국민의 요소가 중요하지는 않을 것이다. 반면에 한국에서는 국민들의 의견이 무척 중요하다. 한국에서는 대통령, 지방자치단체장, 그리고 국회의원 및 지방자치단체 의원 등 중요한 의사결정권자의 대부분이 선거로 선출되거나 국민여론의 동향을 고려하지 않을 수 없기 때문이다. 따라서 한반도의 군사적 긴장의 강화 및 약화도 한국 국민들이 어떤 방향으로 여론을 형성하느냐에 영향을 받지 않을 수 없다.

북한 정권에 대하여 한국 국민들은 점점 부정적으로 생각하고 있고, 이것은 군사적 긴장완화를 어렵게 만들 수 있다. 2013년에 한국방송공사(KBS)에서 발표한 바에 의하면 2005년부터 북한 정권에 대한 호감도가 점차 감소하여 2013년의 경우에는 반감을 느끼는 비율이 71.1%에 달하고 있고(2005년에는 48.4%), 남북관계를 경계 및 적대의 대상으로 보는 여론도 65.1%(2010년에는 56.1%)로 증대되고 있다.[13] 이러한 상황에서 긴장완화

13) 한국방송공사, 『2013년 국민 통일의식 조사』 (서울: KBS, 2013), pp. 81-86.

를 추진하는 것은 국민들의 정서에 맞지 않을 수 있고, 따라서 정책결정자들이 그러한 정책을 추진하기가 어려울 것이다.

북한에 대한 부정적 인식이 증대되는 데도 불구하고 통일에 대한 국민들의 열망이 계속 높은 것도 한반도의 군사적 긴장완화에는 부정적으로 작용할 가능성이 높다. 한국방송공사에서 조사한 바에 의하면 북한 정권에 대한 부정적 인식이 증대됨에도 불구하고 통일에 관심을 가지는 국민들의 비율은 2013년의 경우 68.5%(2005년에는 73.7%)에 이르고, 통일이 되는 것이 좋다는 인식도 69.1%(2005년의 경우 65.2%)를 유지하는 것으로 드러나고 있다.[14] 앞에서 설명한 대로 '통일'이라는 주제 자체가 상대를 부정하는 데서 비롯되어 군사적 긴장을 고조시킬 가능성이 높고, 북한 정권을 부정적으로 생각하면서도 통일을 하겠다는 것은 '흡수통일'에 대한 기대가 더욱 높다는 것이며, 그만큼 북한으로 하여금 한국을 경계하도록 만들 가능성이 높다고 할 것이다.

한두 가지의 조사로 국민여론을 정확하게 파악할 수 없고, 국민들의 여론은 상황에 따라 바뀌는 것이지만, 북한에 대한 부정적인 인식과 통일에 대한 열망이 동시에 높아짐에 따라 북한과의 화해협력이나 경제협력, 민간 간의 교류가 확대되는 것이 쉽지 않다고 판단할 수밖에 없다. 그렇다면, 군사적 긴장완화에 대한 국민들의 기여도도 제한적일 것이다. 특히 이러한 추세에서는 합리적 통일론 보다는 갑작스러운 감상적 통일론이 확산될 우려가 크기 때문에 정부로서는 이성에 바탕하여 냉정하면서도 합리적인 대북정책을 추진하고자 노력해야할 것이다.

---

14) *Ibid*. pp. 96-100.

Ⅳ. 한반도 군사적 긴장 해소 방안

긴장완화 또는 더욱 발전된 형태인 군비통제 등은 국가안보를 달성하는 한 가지 방편은 될 수 있지만 목표일 수는 없기 때문에 안보에 기여하는 범위 내에서 시행되어야지 그것의 성사에만 집착해서는 곤란하다.[15] 그러나 국가안보를 위태롭게 하지 않는 범위 내에서 군사적 긴장을 해소 또는 완화하는 것은 말처럼 쉽지 않다. 안보를 보장하는 범위 내에서의 군사적 긴장완화는 군사적 안정을 전제로 하는데, 그러한 안정이 금방 달성되지 않을 수도 있고, 달성 여부에 대한 판단도 주관적일 수밖에 없기 때문이다. 이러한 점을 유념하면서 본 연구에서는 국가안보와 군사적 안정을 저해하지 않으면서 군사적 긴장완화를 달성하기 위한 내용을 앞 장에서의 실태분석과 연관하여 우선순위를 두어 제시하고자 한다.

1. 북한 핵무기에 대한 억제/방어력 구비 및 조심스러운 신뢰구축 조치 노력

북한 핵무기와 관련한 한반도 군사적 긴장을 위하여 가장 중요한 요소는 군사적 균형을 회복하는 일이다. 현재와 같은 핵전력의 불균형 상태는 군사적 안정상태가 아니고, 한국이 아무리 호혜적인 군사적 긴장완화를 요구하더라도 북한이 들어줄 가능성은 없기 때문이다.

한반도 핵태세의 균형 측면에서 한국이 취하고 있는 일차적인 조치는 미국의 확장억제, 특히 핵우산이 확실하게 제공되도록 하는 것이다. 비록 한미 양국 국방부 간에 "확장억제정책위원회"가 설치되어 있고, 양국군이 '맞

15) 황진환, "남북한 군사적 신뢰구축과 군비통제 방향," 『한반도 군비통제』, 제49집 (2011년 6월), p. 61.

춤형 억제전략'에 합의하여 노력하고 있다고 하지만 이러한 원칙적 내용만으로는 충분한 억제를 기대하기 어렵다. 이 정도로는 북한이 한반도를 핵무기로 공격할 경우 미국이 핵무기로 응징보복한다거나 북한이 그렇게 믿어서 핵무기 사용을 자제할 것으로 확실할 수 없기 때문이다. 북한이 핵미사일로 한국을 공격할 경우 미국이 어떤 전력으로 어떻게 응징보복하겠다는 구체적인 계획을 한미 양국이 함께 작성할 필요가 있고, 필요할 경우 충분한 훈련까지 실시해야 할 것이다. 한국 스스로도 북한이 핵미사일로 공격할 징후가 명백한 경우 선제타격(preemptive strike)을 실시할 수 있는 태세를 강화하고, 실제로 핵미사일 공격이 가해질 경우 어떤 일이 있어도 북한의 수뇌부들은 확실하게 사살하는 등으로 보복하겠다는 계획을 수립하고, 이러한 사실을 북한에게 전달할 필요가 있다.

추가적으로 한국은 북한이 핵미사일로 한국을 공격할 경우 그것을 공중에서 요격(interception)할 수 있는 탄도미사일 방어(BMD: Ballistic Missile Defense)를 위한 능력을 서둘러 강화해 나가야 할 것이다. 이것은 방어용이기 때문에 군사적 긴장을 고조시키지 않을 수 있고, 앞으로 계속 개선시켜 신뢰도를 높일 수 있으며, 상당한 요격능력을 구비하는 수준에 이를 경우 북한의 핵미사일 공격력을 무용화시킬 수 있는 잠재력을 지니고 있다. 우선은 종말단계(terminal phase) 하층방어(lower-tier defense)를 위한 PAC-3 요격미사일을 조기에 확보하여 주요 전략지역을 중심으로 최소한의 방어를 제공하되, 중기적으로는 지상의 THAAD와 같은 종말단계 상층방어(upper-tier defense) 무기체계나 해상의 SM-3 요격미사일까지 확보함으로써 방어의 범위를 확대하고, 신뢰성을 강화할 필요가 있다. 한국이 탄도미사일 방어체제를 구축하면 미국의 탄도미사일 방어체제에 가입하게 된다거나 중국을 자극할 수 있다는 식의 오해에서 벗어나 북한의 핵미사일 위협으로부터 군사적 안정을 확보하는 데 필요한 모든 조치를 강구할 필요가 있다. 미국이 THAAD를 배치하려고 한다면 당연히 수용해야할 것이다.

극단적인 상황이지만 북한이 실제로 핵미사일로 한국을 공격하여 어느 도시에 핵무기가 폭발하는 상황까지도 가정하여 핵 대피 또는 핵 민방위(nuclear civil defense)에 관한 조치까지 강구할 필요도 있다. 이것은 방어적 성격의 조치라서 군사적 긴장을 고조시키지 않으면서 핵무기에 대한 억제력과 방어력을 동시에 강화할 수 있는 조치이다. 실제로 그러한 상황이 발생하였을 경우 사전에 대비하였을 경우와 그렇지 않았을 경우의 차이는 너무나 크다. 국가 전체 수준에서 핵 민방위의 필요성 여부를 판단하여 추진 방향을 정립하고, 담당부서를 명확하게 지정하며, 필요한 조치들과 우선순위를 결정하여 추진해 나가야할 것이다. 학계에서도 이 문제를 적극적으로 논의함으로써 정부의 조치를 촉구하거나 국민들에게 선택의 기회를 제공할 수 있어야 한다.

동시에 남북한 군대 간의 군사적 신뢰구축 조치(CBM: Confidence Building Measures)를 확대 및 발전시켜 나가고자 노력할 필요도 있다. 그동안 한국의 적극적인 노력으로 국방장관 회담, 장성급회담이 개최되는 등 남북한 군대 간에 상징적인 행사는 몇 번 개최되었다. 그러나 현실을 평가해보면 아직 남북한 군대는 "초보적인 수준의 군사적 신뢰구축마저 이루어지고 있지 않는 상황이고, 남북경협을 군사적으로 보장하는 부분에서 제한적인 조치들이 이행되었을 뿐이다."[16] 그럼에도 불구하고 군사적 신뢰구축이 가능하다면 그 효용은 클 것이기 때문에 성과가 없더라도 꾸준한 의제로 유지할 필요는 있다. 최근 북한이 포병사격을 사전에 통보한 점에서 보듯이 북한군도 불필요한 긴장을 회피하고자 하는 의도를 보였기 때문에 한국이 조심스럽게 접근할 경우 일정한 수준까지는 진전을 이룰 수도 있다고

16) Ibid., p. 55.

판단된다. 한국군의 훈련행위에 대하여 사전에 북한 측에 적극적으로 통보하는 범위와 기회를 확대할 필요가 있고, 한국군 장교들이 해외 등에서 북한군 장교와의 접촉하는 것을 장려하며, 한국군의 무기 및 장비, 인력에 관한 정보를 주기적으로 공개 및 통보하는 등의 신뢰구축 조치들을 지속적으로 개발 및 추진할 필요가 있다. 북한군과 약속한 것은 철저하게 준수하고, 그 과정을 통하여 신뢰를 점점 누적시켜 나가야 한다. 동시에 비무장지대 내 경계활동의 강도도 융통성 있게 조정할 필요가 있다. 앞으로 정부에서 비무장지대 활용 또는 개발을 추진하게 되면, 개성공단 설치나 통관 절차 수립에 협조한 것과 마찬가지로 남북한 군이 적극적으로 협조하는 자세를 보이는 것도 신뢰구축에 기여할 수 있을 것이다.

군사적 측면에서 취하는 긴장완화 조치들은 신중한 나머지 소극적인 것으로 인식될 수 있다. 오히려 군사적 긴장을 조장하려는 방향으로 오해될 수도 있다. 그러나 앞에서도 언급한 바와 같이 군사적 긴장완화가 목적이 아니라 전쟁과 같은 극단적인 사태를 예방하는 것이 군 존재의 목적이라는 점을 잊어서는 곤란하다. 군사적 긴장을 완화하고자 군비를 일방적으로 감축할 수는 없기 때문이다.

2. 정부의 통일정책에 대한 전반적 재검토 및 재정립

정부는 한국의 평화통일 정책을 근본적으로 재정립 및 재발표할 필요가 있다. 한국은 "민족공동체 통일방안"으로 "화해협력→남북연합→통일국가"로 이행하는 것을 지향하는 것으로 되어 있지만, 실제로는 북한의 급변사태를 기대하면서 필요한 만큼의 비중을 두지 않는 것으로 판단되기 때문이다. 한국의 현 공식적인 통일방안은 남북한이 서로의 실체를 인정한 바탕 위에서 화해와 협력을 달성하고, 그것이 이루어진 이후에 정치적인 통합을 모색하는 방향이다. 이 중에서 1단계의 화해협력은 북한도 반대하지 않을 뿐만 아니라 남북한 간의 긴장을 완화하는 데 실질적인 영향을 미칠 수 있는 사항이기 때문에 그것을 어떻게 추진하겠다는 세부적인 전략과 방안을 현재의 현실에 맞도록 더욱 발전시킬 필요가 있다. 성급하게 2단계나 3단계로 이전하기 보다는 1단계에 더욱 많은 시간과 중점을 투입할 필요가 있다. 1단계만 충실하게 된다면 2단계와 3단계는 의견만 모이면 금방 가능할 것이기 때문이다.

다소 역설적이지만 정부는 앞으로 '통일'을 지나치게 강조하지 않도록 유의할 필요가 있다. 대신에 '화해협력' '대화' '상생과 공영'과 같은 단어를 강조하는 것이 효과적일 것이다. 이들 단어만으로도 현 민족공동체 통일방안의 1단계는 충분히 추진할 수 있는데, 굳이 남북한이 서로 상반된 입장을 갖는 마지막 단계의 '통일'을 사전에 강조할 필요는 없다는 것이다. 앞에서도 언급한 바와 같이 통일을 강조하는 것은 상대방을 부정하거나 나의 이념과 체제를 강요하는 것으로 북한에게 인식될 수밖에 없고, 그렇게 되면 1단계의 화해협력도 제대로 추진될 수 없다. 내부적으로 장기적 차원에서 준비해야할 사항은 일부 있을 수 있지만, 정부의 모든 노력은 1단계를 조기에 내실 있게 달성하는 데 주안을 둘 필요가 있다.

이러한 점에서 정부는 클라우제비츠가 특징으로 제시한 것처럼 '이성'(reason)에 입각하여 냉정한 판단을 내리고자 노력할 필요가 있다. 선거로 선출되는 대통령과 국회의원들이 국민여론에 둔감하기는 어렵지만, 정부가 일부 국민들의 감상적인 통일론에 휘둘릴 경우 통일은 점점 멀어질 것이기 때문이다. 오히려 정부는 통일이 생각처럼 쉽지 않고, 통일을 강조하는 것이 오히려 통일을 멀어지게 만들 수 있으며, 우선은 남북한 간의 화해와 협력, 나아가 긴장완화 및 평화공존을 달성하는 것이 현실적이면서 실질적인 방안이라는 내용으로 국민들을 설득할 필요가 있다. 하물며 정부가 정치적 이해 차원에서 통일을 강조해서는 곤란하다.

3. 국민들의 건전한 안보의식

위의 2항 논의와 관련해볼 때 한반도의 긴장완화를 위한 중요한 조건 중의 하나는 양측의 국민들, 특히 한국의 국민들이(북한은 주민들의 여론이 명확하게 형성되지도 않지만, 한국처럼 통일에 대하여 생각해볼 기회도 많지 않을 것이다) 통일 지상주의에서 벗어나는 것이다. 북한을 부정적으로 생각하면서도 통일에 대한 기대가 줄어들지 않는 것은 통일에 대한 국민들의 염원이 지대하다는 것으로, 이것은 오히려 통일을 어렵게 만들 수 있다. 반복적으로 언급한 바와 같이 '자유민주주의에 의한 통일'은 북한을 인정하지 않겠다는 결과가 되기 때문이다. 통일이 되지 않더라도 남북한 간이 보통의 국가들처럼 교류 및 무역하면서 군사적 긴장 없이 다른 말로 하면 평화공존하는 것이(그러다가 남북한이 합의가 되면 통일을 하면 된다), 통일을 한다면서 현재와 같은 긴장관계로 지내는 것보다는 바람직할 수도 있다. 클라우제비츠는 국민들의 경우 감정에 흔들릴 가능성이 많다고 하였는데, 이러한 점에서 국민 모두는 자신이 생각하는 바가 지나치게 감상적이지 않은 지 자문해볼 필요가 있다.

'군사적 긴장완화'나 '평화'에 대해서도 국민들이 냉정한 인식을 가질 필요가 있다. 군사적 긴장완화나 평화는 바란다고 하여 이루어지는 것도 아니지만, 분명한 것은 그것 자체가 목적이 될 수 없다는 것이다. 군사적 긴장을 완화시키고자 안보를 위태롭게 할 수 없고, 평화를 달성하고자 적의 요구를 무조건 수용할 수 없는 것이다. 군사적 균형을 통하여 안보를 확고하게 달성하는 것이 우선이고, 그런 다음에 군사적 긴장완화를 논의할 수 있을 것이다. 전쟁을 불사하겠다는 자세를 가져야 평화를 성취하게 되는 것이 현실이다. 이러한 성숙된 인식을 바탕으로 국민여론이 형성될 때 올바른 통일방안을 가진 정치인이 당선될 수 있고, 한반도의 긴장완화와 평화에 실질적으로 기여하는 정책들이 입안 및 시행되게 될 것이다.

다만, 북한주민에 대한 인도적 지원은 광범위하면서도 적극적으로 시행할 필요가 있다. 북한주민들을 진정으로 지원할 수 있는 방법을 생각해내야 하고, 동시에 그들의 자존심을 손상하지 않도록 언행을 조심할 필요가 있다. 탈북자들에 대해서도 적극적으로 도와주되 지나친 생색을 내지 않아야할 것이다. 국민 모두가 진정성을 갖고 북한주민들에게 접근할 때 북한주민들의 마음도 열리고, 그러한 것들이 누적되어 군사적인 긴장완화도 가능해질 것이다.

북한주민들에게 세계 및 한국에 대한 올바른 인식을 갖도록 지원해주는 노력도 유용할 것이다. 현재는 그들의 역할이 제한되고 영향력이 작지만, 북한 주민들의 의식이 점진적으로 변화되다가 보면 특정한 시점에서는 거부할 수 없는 파도와 같은 위력을 가지게 될 수도 있기 때문이다. 현재 북한주민들은 경제적 궁핍으로 외부세계에 관심을 갖기가 어렵고, 가용한 정보 자체가 차단되기 때문에 한국은 경제협력 등의 자연스러운 접촉을 통하여 필요한 정보를 북한 주민들에게 전달하고자 노력할 필요가 있다. 다소 작위적이지만 풍선 등을 통한 전단살포나 방송 등 심리전 도 유용할 것이다. 전 국민적으로 북한 주민과의 교류와 협력의 기회를 증대시켜 자연스럽게 그들에게 외부에 대한 정보가 전달되도록 노력할 필요가 있다.[17]

17) 안드레이란코프, "남북한 긴장완화와 통일의 새로운 해법," p. 112.

4. 자주적 정세인식 및 노력

한반도의 군사적 긴장완화를 위해서는 국제적 환경, 다른 말로 하면 주변정세 변화에 지나치게 민감하지 않도록 '의도적'으로 노력하는 자세가 필요할 수 있다. 한국은 약소국이기 때문에 당연히 주변국들의 행동에 의하여 영향을 받게 된다면서 주변국들의 눈치를 보는 것이 습성이 되어 독자적인 노선과 입장을 결정하는 데는 매우 소극적인 것이 현실이기 때문에 '의도적'으로 노력해야 한다는 것이다. 조금 위험스러운 측면이 보이더라도 외교안보의 주체성과 주도성을 강화할 필요가 있다. 어떤 사안이 발생하였을 때 외국의 입장을 참고하여 우리의 입장을 세우는 것이 아니라 우리의 입장을 먼저 세워서 주변국들이 따라오도록 한다는 자세를 가질 필요가 있다. 한국에게 유리한 방향으로 주변국들의 정책방향을 유도하거나 주변국들의 변화 방향을 감안하더라도 우리의 입장을 부분적으로 조정하는 데 국한하여야 할 것이다.

지금까지의 역사를 보면 한국은 지나치게 주변국들에게 무기력하거나 굴종적이었고, 그 결과 수많은 침략과 억압을 당하였다. 이제부터는 강대국 흥정의 결과가 아니라 한국이 주도한 산물로서 한반도 정세를 형성 및 이해할 필요가 있다. 이스라엘처럼 필요하다면 주변국들과의 극단적인 대결도 불사한다는 자세를 가질 필요가 있고, 국익을 중심으로 국민 모두가 일치단결하는 모습을 보여줄 필요가 있다. 현재에 비하여 훨씬 차이가 날 정도로 주체적 측면을 강화할 필요가 있다.

이러한 측면에서 주변국 정세 판단의 틀을 "동북아시아의 세력균형(balance of power) 유지"로 설정하는 것도 고려해볼 필요가 있다. 16세기 이후 영국이 자국의 이익을 극대화하는 방편으로 유럽의 세력균형을 유지하기 위하여 노력한 것처럼 한국도 동북아시아의 세력균형 측면에서 외교의 방향과 내용을 결정할 필요가 있다는 것이다. 한국이 균형자(balancer)가 될 수 있을 만큼 강력하지 못하다는 우려도 당연히 제기되겠지만, 다른 국가가 한국을 필요로 하는 정도가 크다는 점에서, 또한 최근에는 G20으로 경제력도 매우 커졌다는 점에서 균형자의 역할을 제한적으로 수행할 수 있다고 판단된다. 다만, 역사적 상처나 유교적 경험으로 인하여 균형자에게 필요한 외교적 유연성을 확보하는 것이 쉽지 않을 가능성이 높다. 따라서 한국은 교조적이거나 감정적인 외교정책에서 벗어나 오로지 세력균형상 필요한 국가와는 관계를 증진하고, 그렇지 않은 국가와는 관계를 소원하게 할 수 있는 외교적 탄력성을 강화할 필요가 있다. 이것은 상당한 외교적 역량을 필요로 하는 정책이지만, 이것 아니면 한국이 과거와 같은 역사를 되풀이하지 않을 방법이 없을 수도 있다.

V. 결론

현재의 상황에서 한국의 노력으로 한반도의 군사적 긴장을 완화시킬 수 있는 확실한 방책은 없다. 북한의 도발에 대한 확고한 억제태세를 유지하는 가운데, 장기적이거나 근본적인 차원에서 남북한의 군사적 안정을 이룩하는 것이 우선이다. 비록 그것이 언제 이루어질 것이며, 그 때까지는 아무런 긴장완화 조치도 강구하지 않는 것으로 들릴 수 있지만, 그것이 현실적인 방책이다. 지금까지 군사적 긴장완화를 위하여 성급하게 추진한 다양한 조치들이 모두 한 순간의 이벤트로 종료되었다는 사실을 상기할 필요가 있다.

현재 상태에서 한국에게 가장 중요한 것은 북한의 핵무기 공격 가능성에 대비하는 것이다. 외교적 수단으로 북한이 개발한 핵무기를 폐기시키는 노력도 등한시할 수는 없지만, 동시에 현실성이 크지 않다는 점도 인정해야 한다. 한국은 북한이 극단적인 선택을 할 가능성도 배제할 수 없다는 시각을 바탕으로, 한미동맹을 적극적으로 강화하여 북한에 대한 핵억제태세를 확보함과 동시에, 자체적으로도 탄도미사일 방어망을 구축하여 발사된 북한의 핵미사일을 공중에서 요격할 수 있어야하고, 극단적인 상황을 가정한 핵대피 노력도 논의할 필요가 있다.

비록 통일은 '대박'이고, 지금까지 모든 국민들이 염원해온 바이지만, 오히려 그러한 마음이 통일을 지체시킬 수 있다는 인식 하에 국민들은 통일지상주의에서 벗어날 필요가 있다. 한국의 공식적 통일방안이 지향하고 있듯이 남북한 간의 '화해협력'이 우선이다. 보통의 이웃국가들처럼 남북한이 자유롭게 교류 및 무역하는 상태를 확보하는 것이 최우선적인 과제이다. 그렇게만 되면 국민들 입장에서는 통일된 상태와 다르지 않고, 그러다보면 저절로 통일이 될 수밖에 없을 것이다.

한반도 정세가 어려울수록 그것을 한방에 해결할 수 있는 단방약(silver bullet)을 기다리게 되고, 그것을 약속하는 사람도 늘어나게 된다. 그러나 모든 국민들이 마음속으로 알고 있듯이 그러한 단방약은 없다. 장기적이면서 근본적으로 접근할 수밖에 없는 것이 현실이고, 그것을 인정해야 한다. 단방약이 없다는 것은 인정하는 것이야말로 한반도 긴장완화와 통일을 달성하는 첫 번째의 유용한 단계일 것이다.

남북한 긴장완화와 신뢰구축 방안

한용섭 국방대

I. 서 론

한반도에서 군사적 긴장을 완화하고 신뢰를 구축하는 방안은 무엇일까? 2008년부터 계속 악화되어 온 군사적 긴장이 그대로 지속될 경우, 한반도의 평화와 안정 문제는 어떻게 될 것인가? 특히 북한의 김정은 정권이 제3차 핵실험을 감행하고 핵보유 국가임을 공표한 후, 서울과 워싱턴에 핵공격 협박을 가하고 북한 군대에 대해서 무력도발을 부추기는 상황에서 한반도에서 군사적 긴장을 완화시킬 묘안이 있을 수 있는가? 이러한 질문들이 제기되고 있는 것은 그만큼 한반도의 군사적 대결 상황이 심각하기 때문일 것이다.

남북한 간의 군사대결 상황은 6.25전쟁 이후 계속되어 왔으나 세계적 차원의 탈냉전과 더불어 새로운 전기를 맞았던 것임에는 틀림없다. 남한은 이를 주도적으로 해소하기 위해서 북한과 1992년 2월 남북 사이의 화해, 불가침, 교류협력에 관한 합의서(일명 기본합의서), 9월의 기본합의서의 부속합의서에서 무력사용금지와 우발적 충돌방지, 그리고 5대 불가침 이행 보장조치 즉, 대규모 부대 이동과 군사연습의 통보 및 통제문제, DMZ의 평화적 이용, 군 인사 교류 및 정보교환, 대량살상무기와 공격능력의 제거를 비롯한 단계적 군축조치, 검증 등에 긴장완화와 신뢰구축을 향한 기본사항의 제목에 합의했다. 그러나 상호 이행을 위한 구체적인 논의에 들어가지 못하고, 북한의 핵개발 문제에 걸려 재래식 신뢰구축과 군비통제 논의는 중단되었다.[1]

그 후 2000년 6월 사상 최초의 남북한 정상회담을 통해 남북한 관계사에서 일대 전환점이 마련되는 듯 했었다. 남북한 간에는 장관급 회담, 국방장관 회담, 이산가족 상봉, 장기수 송환, 경제지원 등 화해와 교류협력이 활성화 되었으나, 북한이 남한과의 경제교류협력만을 추구함으로써 핵문제 등 군사안보문제는 다루어지지 않았다. 한편 북한은 핵과 미사일 문제를 미국과 해결해야 하는 문제라는 입장을 고수하며 소위 말하는 '통미봉남'을 계속하였다. 2007년 제2차 남북정상회담에서도 북한은 핵문제는 미국을 위시한 6자회담에서 다루고, 재래식 군사문제는 NLL문제만 한국과 협상하되, 다른 군사문제는 다루기를 원하지 않았다.

이명박 정부에서는 한국이 핵문제 우선 해결입장을 고수하고 있던 중, 북한이 2008년 7월 금강산 관광객 피살사건, 2010년 3월 천안함 피격 및 11월 연평도 포격 사태 등을 일으킴으로써 한반도에서 군사적 긴장이 증가하고, 남북한 군사안보관계는 악화되었다. 북한의 연이은 핵실험과 김정은 정권의 무자비한 협박언사와 도발 때문에 핵문제가 악화일로를 걷고, 재래식 군사긴장은 최고조에 이르게 되었다.

---

1) 백영철 외, 『한반도 평화 프로세스』 (서울: 건국대 출판부, 2005). pp. 187-216.

박근혜 정부에서는 북한의 핵을 비롯한 무력도발 위협을 억제하기 위해 노력하는 한편, 남북한 간의 신뢰프로세스를 발동시켜 긴장을 완화하고 신뢰를 구축함으로써 한반도의 평화통일 기반을 구축하겠다는 정책방침을 발표했다. 하지만 현재까지는 가시적인 성과를 못 거두고 있으며, 남북한 간 긴장은 지속되고 있다. 북한 김정은 정권의 무모한 대담성 때문에 안보와 안정이 위협받고 있는 상황이 계속되고 있다.

따라서 한반도에서 북한의 대 남한 기습공격 능력과 위협, 북한의 핵과 미사일 능력과 사용 협박이 계속 증가한다면 한반도의 안보는 불안해져서, 결국 어떤 사태를 초래할지 매우 불확실하다. 그러므로 본고는 지난 20여 년 동안 고조되어 온 군사적 긴장을 완화하고 신뢰를 구축하기 위해서 간헐적으로 전개되었던 남북한 간의 군비통제 노력을 분석하고, 그것의 진전을 가로막은 장애요인을 찾아서 새로운 긴장완화 방안과 신뢰구축 방안을 모색해 보고자 한다.

Ⅱ. 과거 남북한 간 신뢰구축과 군비통제 회담

1990년대와 2000년대에 남북한과 북미 간에 한반도에서 긴장을 완화하고 군사 분야의 신뢰를 구축하기 위한 협상이 여러 차례 개최되었다. 이러한 회담의 의제와 결과를 분석해 봄으로써 앞으로 전개될 수 있는 남북한 회담, 북미 회담, 또는 남북한과 미국이 참여하는 3자회담, 한반도 평화체제를 향한 4자 회담, 북핵 6자회담의 동북아 평화안보체제 워킹그룹 등의 회담에서 한반도의 신뢰구축과 군비통제에 대한 역사적인 시각과 함께, 미래 지향적인 정책 가이드라인을 얻을 수 있다.

1. 남북한 신뢰구축과 군비통제 회담

탈냉전 후 한국 정부는 한반도에서 긴장을 완화하고, 군사적 신뢰를 구축하기 위한 노력을 지속적으로 전개해 왔다. 학계에서는 군사적 신뢰구축을 "남북한 간의 군사관계에 있어서 투명성, 공개성, 예측가능성을 높임으로써 남북한 간 군사적 긴장을 완화하고, 오해와 오인, 오산을 통한 전쟁발발 가능성을 줄이며, 군사력을 사용함으로써 국가 목적을 달성하려는 정치적 의도를 약화시키거나 제거하는 것"[2]라고 정의하기도 했다.

노태우 정부는 1992년 남북 기본합의서를 통해 남북한 간의 전반적인 신뢰를 구축하기 위해 정치분야의 화해, 군사분야의 불가침, 경제사회문화분야의 교류협력을 활성화시켜야 한다고 주장하였다.[3] 김영삼 정부는 핵무기를 만드는 북한과 대화할 수 없다는 입장을 견지하였고, 북핵문제가 미북 제네바회담으로 넘어감에 따라, 남북한 간에 군비통제 회담이 열리지 않았다. 김대중 정부는 북핵문제는 미북 간에 다루고, 남북한 간에는 주로 경제교류협력을 위해 햇볕정책을 추진하였다. 남북한 간의 군사회담은 개최되었으나, 남북경제협력 사업을 군사적인 면에서 지원하기 위한 군사보장조치의 논의에 국한됨으로써 남북한 간의 신뢰구축과 군비통제에 대한 논의는 이루어지지 않았다.

노무현 정부에서는 국가안보전략서에서 한반도의 군사적 신뢰구축과 군비통제의 여건을 조성한다는 전략과제를 제시하고, 우선 다양한 교류협력과 함께 군사분야의 초보적 신뢰구축 조치를 시행하며, 나아가 다양한 군사적 신뢰구축조치를 본격적으로 시행하고 제도적 장치를 마련하며, 마지

2) 한용섭, 『한반도 평화와 군비통제』 (서울: 박영사, 2005), pp. 367-372.

3) 통일원, 『남북 기본합의서 해설』. (서울: 통일부, 1992). pp. 30-32.

막 단계로서 군사력의 운용통제 및 상호검증을 추진함으로써 구조적 군비통제를 위한 토대를 마련한다고 제시했다.[4] 그러나 실제로는 개성공단 건설을 포함한 남북교류의 군사적 보장 조치의 실현에는 어느 정도 성공했으나, 군사분야의 전반적인 신뢰구축에는 이르지 못하였다. 이명박 정부는 '비핵-개방-3000'이라는 정책을 제시하고 북핵문제 해결에 올인했으나, 북핵 능력은 더 커졌고 오히려 북한의 무력도발로 군사적 긴장이 더 고조되었다.

이러한 한국의 접근 방법의 특징을 보면, 한반도에서 군사적 긴장이 높은 이유는 남북한 간에 신뢰의 부족 때문이라고 분석하고, 군사분야에서 투명성, 공개성, 예측가능성을 높이는 조치를 북한당국에 제의함으로써 남북한 군사관계는 신뢰구축부터 출발하여 군비제한을 거쳐 종국에는 군축으로 가는 3단계 군비통제전략을 취했다고 할 수 있다.

반면 북한은 남한의 선 신뢰구축 후 군축 제안에 대해서 반대하는 입장을 내놓고, 한반도에서는 주한미군의 철수를 비롯한 군축이 선행되어야 하며, 신뢰구축은 군축이 달성되면 자연히 달성될 수 있다고 주장해 왔다.[5] 아울러 북한은 1990년대 후반부터 2000년대에 걸쳐서 선군정치의 기치아래 핵과 미사일 개발에 올인해 옴으로써 국제사회로부터의 고립이 심화되었으며, 김정일·김정은 정권은 대를 이어서 한반도에서 긴장을 고조시켜 왔던 것이다.

북한이 군사적 신뢰구축에 대해서 반대하는 보다 근본적인 이유는 김정일 개인의 시각에서 비롯되었다. 김정일은 소련이 붕괴된 이유가 1975년

4) 국가안전보장회의, 『참여정부의 안보정책구상: 평화번영과 국가안보』. (서울: 국가안전보장회의 사무처, 2004), pp. 32-37.

5) 황진환, 『협력안보 시대에 한국의 안보와 군비통제』. (서울: 도서출판 봉명, 1998).

헬싱키최종선언에서 서방측이 요구한 신뢰구축을 받아들임으로써 서구의 영향력이 소련 속으로 들어가 군부의 정신을 무장해제시켰기 때문에 소련이 붕괴되었다고 보고 있다.[6] 이 논리를 따라서 북한은 남한이 신뢰구축을 제안하는 이유를 북한 속에 남한과 서방세계의 영향력을 불어넣어서 북한 체제를 붕괴시키거나 전복시키려는 것이라고 의심하고, 남한의 대북한 신뢰구축 제의를 줄곧 거부해 왔다. 이것은 2000년 9월 제주도에서 개최되었던 제1차 남북 국방장관회담에서 남한 측이 남북한 간 군사적 신뢰구축을 제의했을 때, 북한 측이 "정전협정을 평화협정으로 바꾸어 북미 간에 교전상태를 해결하는 것이 급선무이며, UN군의 모자를 쓴 미국이 남북한 간의 신뢰구축을 어기면 언제든지 백지장이 되어 버릴 수 있다"고 말함으로써 남한의 신뢰구축 제의를 일언지하에 거절하였던 사례에서도 드러난다.[7] 북한이 군사적 신뢰라는 용어에 대해 회의감과 강한 의심을 갖고 있다는 점을 고려하여, 1990년대 유엔군축연구소에서는 북한의 평화군축연구소 인원을 초청하여 신뢰구축과 군비통제에 대한 한글 용어사전을 편찬하는 작업에 참가시키면서 신뢰구축 대신 안보협력이라고 에둘러 표현하기도 하였다. 스웨덴의 스톡홀름국제평화연구소(SIPRI)에서는 북한은 신뢰구축에 대해 거부감을 갖고 있으므로 북한에 대해서 신뢰구축을 수용토록 하기 위해서는 비군사분야의 신뢰강화조치(Confidence Enhancing Measures)를 병행

6) Yong-Sup Han, "An Arms Control Approach to Building a Peace Regime on the Korean Peninsula: Evaluation and Prospects," edited by Tae-Hwan Kwak and Seung-Ho Joo, *Peace Regime Building on the Korean Peninsula and Northeast Asian Security Cooperation* (Surrey, UK: Ashgate, 2010). pp. 45-61.

7) 필자와 국방부 군비통제관(김국헌 장군)과의 인터뷰, 2001.1.30. 한용섭, "한반도 군사적 신뢰구축: 이론, 선례, 정책대안," 『국가전략』 2002년 제8권 4호, p. 68.

추진할 필요가 있다고 주장한 바 있다.[8)]

또한 신뢰구축의 주체라는 관점에 있어서 남북한의 입장은 확연하게 차이가 난다. 한국은 북한을 정당한 대화상대자로 간주하고 남북한 간 대화를 통해서 신뢰를 구축할 수 있다고 보는 반면, 북한은 한반도에서 군사적 신뢰구축의 주체는 남북한이 아니고 북한과 미국이라는 입장을 견지해 왔다. 북한이 남한을 군사적 신뢰구축의 대화당사자로 인정하지 않은 것은 1993년 7월부터 개최된 북미 제네바협상 때부터 현실로 드러났다. 북한은 핵과 미사일을 비롯한 한반도 군사문제는 전적으로 북미간의 문제이지 남한이 개입할 성질이 못된다고 하면서 완강한 태도를 보였다. 그 후 2000년 6.15공동선언에서 남북한 군사문제가 전혀 다루어지지 않았고, 햇볕정책을 추진한 김대중 정부는 남북한 간에 선 경제교류협력, 후 군사문제논의 방식을 채택하였기 때문에 북한에 대한 경제지원이 남북한 간 군사적 긴장완화와 신뢰구축 및 군축으로 이어지지 못하였다. 2000년 10월에 북한 인민군 조명록 차수가 워싱턴을 방문하여 클린턴 대통령과 면담한 이후 나온 북미 공동성명에서 양국은 적대의사가 없으며, 한반도 평화체제를 구축하기 위해 4자회담 등 여러 가지 방법을 강구한다고 합의하였는데, 북한은 미국의 대북 적대시정책의 제거가 북미 간 신뢰구축의 출발점이라고 인식한 것으로 볼 수 있다. 그러나 북미간의 신뢰구축문제는 2001년 미국의 부시행정부 등장 이후 북한의 지속적인 핵개발 사실이 알려지고, 북미관계가 악화되면서 북핵문제의 시급성과 우선순위에 밀려 사라지고 말았다.

남북한 간의 군사적 신뢰구축에 관한 건널 수 없는 입장 차이에도 불구

---

8) Zdzislaw Lachowski, Martin Sjogren, Alyson J.K. Bailes, John Hart, and Shannon N. Kile, *Tools for Building Confidence on the Korean Peninsula* (Solna, Sweden: SIPRI, 2007), pp. 7-14.

하고 1992년 2월의 남북기본합의서와 2007년 11월의 제2차 남북국방장관회담 합의서에서 군사적 신뢰구축과 관련된 합의사항이 있었던 점은 주목할 만하다. 남북기본합의서의 남북불가침 조항을 보면, 남북한은 다섯 가지 신뢰구축과 군비통제 관련 조치를 합의하였는데, 그 내용을 보면 신뢰구축에는 대규모 부대 이동과 군사연습의 통보 및 통제 문제, 비무장지대의 평화적 이용, 군인사 교류 및 정보교환을 추진하기로 합의했다. 군축분야에서는 대량살상무기와 공격능력의 제거를 비롯한 단계적 군축의 실현 문제와 검증 문제 등을 협의하기로 했으나 그 이후 후속협상과 합의는 없었다.

그로부터 15년 후인 2007년 10월 개최된 제2차 남북정상회담의 10.4 공동선언에서 남북한 정상은 "남과 북은 군사적 적대관계를 종식시키고 한반도에서 긴장완화와 평화를 보장하기 위해 긴밀히 협력하기로 하였다. 남과 북은 서로 적대시하지 않고, 군사적 긴장을 완화하며 분쟁문제들을 대화와 협상을 통하여 해결하기로 하였다. 남과 북은 한반도에서 어떤 전쟁도 반대하며, 불가침의무를 확고히 준수하기로 하였다. 남과 북은 서해에서의 우발적 충돌방지를 위해 공동 어로수역을 지정하고 이 수역을 평화수역으로 만들기 위한 방안과 각종 협력 사업에 대한 군사적 보장조치 문제 등 군사적 신뢰구축조치를 협의하기 위해 남측 국방장관과 북측 인민무력부장간 회담을 2007년 11월 중에 평양에서 개최하기로 하였다."라고 합의했다. 제2차 남북정상회담의 후속조치로서 남북국방장관회담이 개최되었고, 여기서 군사적 신뢰구축과 군비통제에 관련된 합의가 이루어졌는데, 그 내용을 보면 신뢰구축분야에 선언적 조치인 적대행동금지, 불가침경계선과 구역의 준수, 무력불사용과 분쟁의 평화적 해결원칙 재확인, 서해상의 충돌방지 대책 논의, 정전체제의 종식 및 평화체제 구축 노력, 남북교류사업에 대한 군사적 보장조치 대책 강구 및 군사공동위원회 등 후속 회담의 개최

약속 등이 있다.[9] 그 이후 이에 대한 이행과 후속회담, 검증조치는 합의되지 않았다.

따라서 남북한 군사관계에서 신뢰구축을 위한 회담이 몇 차례 개최되기는 했으나 소제목만 합의해 놓은 상태이며, 실천은 제대로 되지 못했고 합의의 이행여부를 확인하는 검증은 한 번도 논의조차 되지 못했던 데서 남북한 간의 군사적 신뢰구축에 대한 큰 입장 차이를 발견할 수 있다.

그러면 북한 핵문제에 대한 몇 차례의 협상과 합의의 결과 북한과 남한, 북한과 국제사회 사이에는 신뢰가 구축되었다고 볼 수 있는가? 한마디로 대답하면, 북한은 핵분야에 있어서 국제적 신뢰를 얻지 못했다고 할 수 있다. 1992년 한반도 비핵화 공동선언의 이행과정에서 북한은 남북한 간 상호사찰을 회피하고 비교적 용이하다고 생각한 IAEA의 사찰을 수용했다. 그러나 IAEA에 신고한 핵시설을 몇 개 이내로 제한시켰고, 핵무기 개발은 여러 곳에서 은닉시킨, IAEA에 신고하지 않은 비밀시설에서 진행되었다. 북한은 한반도비핵화공동선언을 명백하게 위반하고 핵무기 제조와 시험을 실시했으며, 재처리시설과 농축시설을 보유함으로써 핵물질을 지속적으로 생산해 왔다.

1993년 3월에 핵확산금지조약(NPT)의 탈퇴를 선언함으로써 제1차 핵위기를 도발하고, 연이어 개최된 북미제네바 핵협상에서 제네바합의를 하였으나 제네바합의에서 금지한 핵무기 개발을 계속했고, 영변 이외의 지역으로 주요 핵시설을 옮겨서 비밀리에 핵개발을 지속했던 것으로 드러났다. 북한은 제네바합의에서 약속했던 핵시설의 동결을 풀고, 핵물질을 지속적으로 생산하였으며, 특히 우라늄 농축시설을 건설하여 우라늄탄을 개발한

9) 대한민국 국방부, 『2008 국방백서』 (서울: 국방부, 2008), pp. 274-276.

사실이 적발되자, 제네바합의 파기 및 NPT를 다시 탈퇴하였다. 제2차 핵위기를 해소하기 위해 2003년부터 2008년까지 6자회담이 개최되었고, 9.19 공동성명과 2.13조치 등이 합의되었으나, 곧 이어서 6자회담의 9.19 공동성명을 위반하고, 핵물질의 신고를 이행하지 않고 사찰도 받지 않았다. 그리고 핵실험을 세 차례나 감행함으로써 핵무기의 소형화, 경량화, 다종화를 성공시켰다고 선언하고, 한미 양국에 대해서 핵전쟁 협박을 가함으로써 모든 기존의 핵합의를 폐기시키고, 북한핵에 대해 조금이라도 남아있던 기대와 신뢰를 완전히 사라지게 만들었다.

북한은 1990년대 이후 북핵문제에 대해서 타협과 파행, 진전과 후퇴를 반복해옴으로써 한미중러일 등 6자회담 참가국과 국제사회의 신뢰를 상실했을 뿐 아니라 도리어 악화시켰다. 북핵을 이용한 위기조성-협상-합의-합의위반-위기조성 등을 주기적으로 반복했으며, 어떤 국제정치학자는 북한의 핵과 관련한 행위를 도발-위기-일괄타결-합의붕괴-도발의 악순환으로 지적하기도 했다.[10]

북한이 반복적으로 합의위반과 위기조성 행위를 선택한 결과 북한의 핵능력은 더 증강되었고 북한핵을 협상으로 해결할 수 있을 것인가에 대해 외부세계의 좌절감과 불신은 더 가중되었다.

마침내 김정은 정권이 북한의 핵보유를 김정일의 최대 업적으로 북한 헌법에 기술하고 과시함으로써 외부세계에 대해서 북한의 핵보유를 기정사실로 받아들일 것을 강요하고 있다. 앞으로 핵협상이 개최될 경우, 미국을 비롯한 국제사회가 북한이 핵보유국임을 인정하고, 향후의 핵개발프로그램만이 협상의제가 될 수 있다고 선수를 치고 있다. 북한 당국은 "미국과

---

10) 전봉근, 『북한의 2.13 합의 이행 동향과 전망』, 외교안보연구원 주요국제문제분석, 2007.6.12.

의 관계정상화 없이는 살아갈 수 있어도 핵억제력 없이는 살아갈 수 없다. 미국의 대조선 적대시정책과 핵위협의 근본적인 청산 없이는 100년이 가도 우리 핵무기 먼저 내놓은 일은 없을 것이다. 조미관계 정상화를 핵포기의 대가로 생각한다면 큰 오산이다."[11]라고 하며, 핵보유를 정당화시켰다. 그리고 북한은 자주권과 생존권을 수호하기 위해 핵억제력을 갖추었음[12]을 분명히 하고, 앞으로 핵무장력을 계속 강화시켜 나갈 방침임을 밝혔다. 또한 핵을 경제적 혜택과 맞바꾸는 흥정은 절대 하지 않을 것이라고 협상으로 핵문제를 풀 수 있을 것이라고 기대하는 국제사회에 대해 쐐기를 박기도 했다.[13]

북한이 그동안 제네바합의의 이행과정에서나, 9.19공동성명의 이행과정에서 일부 핵시설을 IAEA와 미국의 소수 전문가들에게 공개하거나 냉각탑을 폭파하는 행동을 보이기는 했지만, 북한은 그들의 핵프로그램에서 핵심적인 시설들을 지하화, 은닉, 분산시켜 비밀리에 핵개발을 지속해 왔다. 따라서 북한의 핵무기와 핵물질, 핵개발프로그램의 대부분이 비밀에 가려져 왔기 때문에 외부로부터 최소한의 신뢰도 받지 못하였고, 특히 6자회담이 중단된 2008년 말 이후에 모든 핵개발프로그램은 외부로부터 접근이 차단되었다. 그러므로 북핵에 대한 외부의 신뢰를 증진시키기 위해서는 북한의 핵에 대한 투명성이 증대되고, 공개되며, 예측가능한 방향으로 북한의 핵관련 행위와 시설, 무기와 물질들을 강력하게 통제할 수 있는 시스템의 구축이 필요한 것이다.

---

11) 북한 외무성 대변인 성명. "미국과의 관계 정상화와 핵문제는 별개문제," 『연합뉴스』, 2009.1.17.

12) 전성훈, 『김정은 정권의 경제 · 핵무력 병진 노선과 4 · 1 핵보유 법령』, 통일연구원 Online Series CO 13-11.

13) 북한 외무성 성명, "핵보유 경제적 흥정물 아니다," 『연합뉴스』, 2013.3.16.

2. 향후 긴장완화와 신뢰구축 노력에 대한 시사점

위에서 본 바와 같이 남북한 간에 군사적 신뢰구축은 소제목만 합의해 놓았을 뿐 북한이 한국을 신뢰할만한 대화당사자로 간주하지 않는다는 근본적인 문제가 있음이 발견되고 있다. 북핵문제와 관련해서도 남북한 간, 북미 간, 북한과 국제사회 간에 신뢰구축이 되지 못하고 있으며, 국제사회의 북한에 대한 불신은 점점 더 악화되는 현상을 보이고 있다. 이러한 악순환의 고리를 끊고 남북한 간에 군사분야의 신뢰를 구축하고, 북핵문제에 대해 국제사회의 신뢰를 구축하기 위해서는 무슨 일을 해야 할 것인가?

첫째, 남북한 간에 군사적 신뢰가 구축되기 위해서는 제일 먼저 북한이 남한을 긴장완화와 신뢰구축의 당사자로 간주해야 한다. 북한이 한반도 군사문제의 대화 당사자로서 미국만을 고집하는 경우 대화를 통한 남북한 간 신뢰구축에는 본질적으로 장애요인이 존재한다.

그러나, 신뢰구축에 대해 남북한 간, 북미 간의 입장차이가 크고, 신뢰가 부족하다고 하여 신뢰구축을 할 수 없다는 말은 성립되지 않는다. 1973년에 시작된 유럽의 헬싱키 프로세스를 보면, 미국을 중심으로 한 자유진영과 구소련을 중심으로 한 공산진영 간에 불신이 존재했고 군사적으로 대치해 있었지만, 헬싱키프로세스는 각 진영의 정치군사적, 경제적, 인도적 및 사회문화적 교류협력 면에서 이익의 비대칭성을 활용하여 이해를 타협하는 방식으로 신뢰구축을 합의하고 실천해 내었기 때문에 신뢰프로세스가 성립되었다고 볼 수 있다.[14] 따라서 군사분야의 신뢰를 구축하기 위해서는 남북한, 미국이 반드시 당사자로 참가하는 대화가 개최되고, 각국이 확보

14) James Macintosh, *Confidence Building in the Arms Control Process: A Transformational View* (Canada: Department of Foreign Affairs and Trade, 1996), pp. 31-61.

해야 할 이익을 의제로 제출하고 상호 타협을 거쳐 합의를 만들고 그 합의의 검증가능한 이행을 보장함으로써 신뢰프로세스를 만들어갈 수 있다고 보는 것이 타당하다.

둘째, 남한은 한미동맹을 통한 억지력과 군사력을 총체적으로 우리 편으로 보고 북한의 핵과 재래식 전력과 비교해서 군사력 균형을 생각하는 반면, 북한은 한반도에 배치되어 있거나 증원될 미군의 모든 군사력을 위협요소로 생각하고 있다. 즉 위협의 비대칭성이 있기 때문에 대화를 통한 긴장완화와 위협의 감소를 목표로 하는 군사적 신뢰구축에 대해서 남한, 북한, 미국의 입장이 판이하게 다르다는 점을 인식하고, 이를 현실적으로 감안한 포괄적인 신뢰구축대화 채널을 구상할 필요가 있다는 것이다.[15] 즉, 한반도에서 평화체제를 구축하기 위해서 남한, 북한, 미국이 필수적으로 참가해야 하는 것이다. 여기서 남북미 간 3자회담의 필요성이 제기된다.

셋째, 지금까지 남북한 간에 문서상으로 합의되었으나 북한의 이행여부가 보장이 되지 않은 군사적 신뢰구축과 군비통제에 대한 몇 가지 합의사항이 있는데, 군사적 신뢰구축이 제대로 되기 위해서는 합의당사자들이 합의의 이행여부를 확인함으로써 더욱 신뢰가 강화될 수 있다는 인식을 가지고, 기존의 합의를 이행하려는 진정성 있는 의지를 재천명하고,[16] 이러한 합의의 이행여부를 확인하는 검증체제를 반드시 마련할 필요가 있다.[17]

---

15) 현인택, 최강, "한반도 군비통제에의 새로운 접근." 『전략연구』. 제9권 2호. 2002. pp. 6-46.
백승주, "한반도 평화협정의 쟁점: 주체, 절차, 내용, 평화관리방안" 『한국과 국제정치』. 제21권 1호, 2006년 (봄) 통권 52호, pp. 257-287.

16) 박영호, "박근혜 정부의 대북정책: 한반도 신뢰프로세스와 정책 추진 방향" 『통일정책연구』. 제22권 1호 (2013), pp. 1-26.

17) 전성훈, 『북한 핵사찰과 군비통제검증』 (서울: 한국군사사회연구소, 1994), pp. 22-24.

즉, 재래식 군사분야는 최소한 남북한과 미국 3자 간에 회담이 개최되면 3자 간의 신뢰구축을 위한 합의문과 검증절차를 마련하는 것이 필요하다.

넷째, 핵분야와 재래식 군사 분야를 구분하여 핵문제의 해결 노력과 병행하여 재래식 긴장완화 및 신뢰구축을 추진할 필요가 있다. 북한의 핵문제가 심각해지면서 북미 간의 제네바 협상, 6자회담의 합의 및 합의의 이행과정에서 재래식 군사대결 문제는 뒤로 미루어지고, 핵문제 우선 해결에만 집중하게 되었다. 특히 6자회담 이후 한반도의 정전체제를 평화체제로 전환하는 문제와 한반도의 재래식 군사문제는 핵문제의 해결 이후로 미루어지게 되었다. 한편, 북한은 핵보유를 기정사실화 하면서 핵개발과 핵실험을 계속하고, 핵과 미사일로 한반도의 평화와 안정을 위협하면서, 핵문제를 해결하려고 하면 조건없는 핵회담의 재개와 북미평화협정을 병행해서 추진해야 한다고 주장해 왔다. 이에 맞서 남한은 북핵문제는 6자회담에서 해결하고자 하는 한편, 평화체제에 관한 협상은 별도의 채널 즉 4자회담에서 핵문제의 해결 이후 개최하는 것으로 입장을 정리한 바 있다.

그러나 한반도에서 군사적 긴장이 최고조에 도달하고, 남북한 간 군비경쟁이 치열하게 전개되고 있으며, 한반도에서 전쟁위험이 증대하고 있는 상황을 타개하기 위해서 핵분야의 협상과 재래식 군사분야의 협상이 병행 추진될 필요가 있다.[18] 북한이 핵보유를 바탕으로 재래식 기습공격을 시도한다면 재래식 전쟁과 핵전쟁을 혼합하여 전개할 가능성이 커지고 있다는 점을 감안할 필요가 있다. 북한의 핵과 미사일에 대해서는 미국의 강화된 대한국 확장억제의 제공과 한국의 킬 체인 및 한국형 미사일 방어체제로 대

18) 조성렬, "한반도 비핵화와 평화체제 구축의 로드맵: 6자회담 공동성명 이후의 과제," 통일연구원 KINU 정책연구시리즈, 2005-05.

처하는 것이 바람직하다.[19)]

한편, 북한이 핵을 보유한 상황에서 남한에 대해 재래식 무력을 사용한 강압외교와 무력도발, 전쟁협박을 구사하고 있으므로 이를 방지할 필요가 있다. 만약 남북한 간에 군사대화 없이 북한의 핵능력과 재래식 능력이 날로 증가한다면 한반도에서 전쟁발발 가능성과 전쟁 발발시 피해가 엄청나게 증가할 것으로 예상된다. 만약 북핵과 재래식 군사문제를 분리할 수 있고 북한의 재래식 군사문제에 대한 양보와 남한이 제공하는 경제협력 등을 연계할 수 있다면, 재래식 군사 긴장완화와 신뢰구축의 가능성은 커질 수도 있을 것이다.

지난 10년(2001-2010)간 북핵과 재래식 군사위협의 증가현상을 분석해 보면, 남북한 간의 군비경쟁과 안보불안이 얼마나 심각한지 알 수 있다. 남한의 군사비는 121% 증가했으며, 북한의 군사비는 81.8% 증가했다. 이것은 격렬한 군비경쟁 현상이 전개되고 있음을 말해주고 있는 것이다.

표 1 남북한 군사비 비교 (2001-2009)

(단위: 억 달러)

	2001	2004	2007	2009	
남한	110.8	163.5	265.9	245	+121%
북한	31.3 (북한발표자료)	39.1	51.3	56.9	+81.8%

자료: 한국 국방백서 및 IISS *Military Balance* 해당연도. 북한의 핵과 미사일에 대한 투자는 북한이 발표한 자료에는 반영되어 있지 않은 것으로 추정됨.

한편 북한은 선군정치에 근거해서 핵무기와 미사일, 비대칭 무력의 증강을 지속적으로 도모해 왔다. 북한의 핵무기 증가율을 보면, 2001년부터 10

19) 박인휘, "한반도 신뢰프로세스의 이론적 접근 및 국제화 방안"『통일정책연구』. 제22권 1호 2013, pp. 27-52.

년간에 걸쳐 핵무기 숫자가 300% 증가한 것으로 추정되고 있다. 또한 아래 〈표 2〉에서 보는 바와 같이, 북한은 자주포와 다연장포 부문에서 폭발적인 양적 증가를 보이고 있다. 이것은 북한이 기습공격능력을 증가시키고 있는 것이라고 볼 수 있다. 북한의 재래식 공격능력의 증가에 대응하여 남한은 육군의 장갑차와 자주포, 해군과 공군력의 증가를 보이고 있다.

표 2 남북한 주요 재래식 장비 증가 내역 (2001-2013)

	2001	2013	12년간 증가율(%)
남한	육군 장갑차 2,520	3,030	+20.2%
	해군 초계함/연안전투함 84	114	+35.7%
	공군 정찰기 23	41	+78.3%
북한	핵무기 3-5	10-30	+300%
	다연장포 2500	5100	+104%
	자주포 4400	8500	+93.2%
	초계함/연안전투함 310	383	+23.5%

자료: 영국 IISS, *Military Balance 2001-2002, 2013*. 현용해, 『탈냉전 이후 동북아 지역의 군비증강 및 군비경쟁 구조와 추이 분석』. (서울: 경기대학교 박사학위 논문, 2014), pp. 183-192.

위 〈표 1〉과 〈표 2〉에서 나타난 바와 같이 남북한 간의 군비경쟁과 북한의 기습공격용 무기의 증가가 계속된다면, 한반도에서 전쟁이 발생할 가능성이 점증하는 것으로 볼 수 있다. 또한 북한이 핵을 보유했다고 공언한 이후 증가하고 있는 무력도발 양상은 북한이 체제붕괴에 직면하거나, 외부의 압력을 내부 단결로 막을 수 없다고 판단하는 시기에 가서 전쟁을 개시할 가능성이 커진다는 것을 의미한다. 이러한 전쟁가능성을 억제하기 위해, 핵분야의 북한 대 미국의 핵억제력 균형을 감안하여, 북한으로 하여금 재래식 분야의 신뢰구축과 군비통제에 나오도록 유도하는 정책을 구사할 필요가 발생한다. 이를 군사분야의 신뢰프로세스라고 불러도 좋을 것이다.

다섯째, 핵분야에서 북한핵의 투명성과 공개성, 예측가능성과 검증가능성을 제고함으로써 북핵에 대한 신뢰를 다자간에 구축해 나갈 제도화가 필요하다. 다자 검증기구에는 6자회담 참가국 이외에 IAEA를 포함시킬 필요가 있다.

Ⅲ. 신뢰구축과 군비통제의 원칙과 목적

1. 신뢰구축과 군비통제의 원칙

만약 한반도에서 긴장완화와 신뢰구축을 위한 회담이 재개된다면, 회담을 진행할 원칙들이 있어야 하는데 남북한 양측은 다음과 같은 원칙을 견지해야 할 것이다.

우선 남한의 입장에서 보면, 첫째, 남한에 위협이 되는 북한의 기습공격능력을 축소시키는 방향으로 회담을 진행해야 한다. 일단 합의사항을 실천하게 되면 다시 과거로 돌아가기 힘든 조치들을 선택해야 한다. 김정은 위원장이 군사적으로 안도할 수 있는 좋은 말을 하고 좋은 의도를 표출했다고 하더라도, 그대로 다 믿고 아무 것도 하지 않을 것이 아니라, 그 의도를 확인하고 합의할 수 있는 것은 합의하고 그것을 실천할 수 있는 조치를 선택해야 한다는 말이다. 왜냐하면 북한과 같이 경제파탄에 직면한 공산주의 국가는 언제든 의도를 바꿀 수 있기 때문이다. 또한 한미 양국의 국내 여론과 제반 정치세력들의 견해차를 줄이기 위해서라도 안보관련 합의 내용은 명문화되는 것이 필요하다.

둘째, 북한의 상응한 조치가 없이, 주한 미군이나 한국의 방어태세에 일방적인 악영향을 줄 수 있는 조치들을 가급적 피해야 한다. 특히 주한 미

지상군은 일단 철수되면 다시 들어오기 힘들기 때문에, 군비통제조치를 선택할 때 이를 유의해야 한다.

셋째, 한국은 정치 경제 협상의 단계마다 북한의 상응한 군사위협 감소가 달성되었는가를 점검하면서 다음 단계의 협상으로 진행해야 한다. 군비통제가 성공하려면, 남북한 간에 상호 위협요소를 인정한 바탕 위에서 협상을 진행해야 한다. 사실 남북 상호간에 가진 불신과 의혹이 크므로 이를 줄이기 위해서는 남한과 미국은 북한의 위협인식과 북한이 지적하는 위협을 의제에서 배제해서는 곤란하다. 북한 또한 남한과 미국이 주장하는 군사위협을 인정하고 남북한 군사회담 시 이를 의제로 수용해야 한다.

넷째, 남북 양측은 위기 시 무력사용의 가능성 또는 유혹으로부터 벗어나야 한다.

다섯째, 남북 양측은 기습공격과 대규모의 종심 깊은 공격을 방지해야 한다.

여섯째, 남북 양측은 신뢰구축, 군비제한 조치와 군비축소를 동시에 해나간다.

특히 군비통제를 해나가는 데 있어 장기적으로 유의할 사항을 고려해야 한다. 즉, 통일 후 또는 통일을 향해 가는 과정에서 주변국의 위협으로부터 안전해야 하며, 통일 한국의 안전을 확보하고 주권을 수호할 수 있는 군사력 수준을 염두에 두면서 군비통제를 해나가야 한다. 통일 한국의 지역적 위상을 고려한 장기적 군비통제원칙은 다음과 같다.

첫째, 한반도에는 대량살상무기나 장거리 미사일이 없어야 한다.

둘째, 어느 정도의 군사력 현대화는 인정된다.

셋째, 종국적으로는 한반도에서 주한미군은 지상군 중심에서 공군과 해군 중심으로 전력을 재편성하면서 지역적 안정을 위해 장기적으로 주둔해야 한다. 북한의 상응하는 군사위협의 감소와 동시에 주한미군을 재조정할 때, 주한 미 지상군은 후방으로 배치되거나 규모가 축소될 수도 있음을 감

안해야 한다.[20]

2. 한반도에서 신뢰구축과 군비통제의 목표

그러면 한반도에서 군비통제를 통해 달성하려고 하는 정책 목표는 무엇인가? 이 정책목표의 설정은 대단히 중요하다. 이런 목표들이 분명하지 못하면 그 목표에 맞는 군비통제 조치를 간과할 수 있고, 수단을 목적시 할 수도 있기 때문이다. 즉, 지엽적인 몇 개의 군비통제조치를 관철하는 것이 목적시 될 수 있기 때문이다. 현재의 대치상황을 고려하여 남북한 미국의 정책담당자들이 한반도의 군사문제에 대해 갖고 있는 정책목표들을 다음과 같이 재설정할 수 있다.

첫째, 평화, 남북관계 정상화, 궁극적으로 평화 통일 달성에 기여
둘째, 침략의 억지와 전쟁 방지
셋째, 위기방지와 위기 발생 시 위기안정성 유지
넷째, 군비경쟁의 감소 및 종식
다섯째, 남북관계 정상화, 평화정착 이후 동북아시아와 아태지역에서 한국의 안보와 지역 내 위상 유지

이러한 원칙과 목표를 견지하면서 남북한 간에 협상에서 합의를 하든, 아니면 대화에서 양측이 해야 할 일을 결정하고 각각 실천해 나갈 수 있는

---

20) Paul Wolfowitz나 Richard Armitage 같은 이는 2000년 워싱턴에서 "북한이 서울을 향해 겨누고 있는 장사정포나 공격적 군사력을 후방으로 배치시킨다면, 주한 미 2사단도 후방으로 배치 전환해야 할 것"이라고 말한 바 있다.

군비통제조치를 제시하면 다음 〈표 3〉과 같다. 가장 이상적인 것은 남북 양측이 군비통제회담을 통해 합의서를 만들고 실제적 효과가 큰 조치들을 차근차근 이행해 나가는 것이다. 그러나 북한 김정은 리더십의 군 장악 정도, 남한 내의 진보 대 보수의 갈등 정도, 한미 양국 간의 견해차에 따라 협의사항의 우선순위가 조정될 수도 있다.

이와 관련하여 한 가지 상기할 것은 햇볕정책 추진 시에 김대중 정부가 북한에 대해서 '선 경제 후 군사' 접근방식을 취했던 결과, 군사적 신뢰구축과 군비통제에서 한 발짝도 나아가지 못했던 과거를 되풀이해서는 안 된다는 것이다. 그 당시 북한에 대해 군사적 문제를 제기하게 되면 북한의 자존심(pride)을 손상시키게 되어 북한이 남한과 경제협력도 하려고 하지 않을 것이란 견해가 존재하고 있었다. 따라서 경제교류협력 카드를 군사적 위협감소와 신뢰구축을 위해 연계시키지 못하고 일방적인 퍼주기 논쟁이 벌어졌던 것이다. 앞으로 남북한 간, 혹은 남북한과 미국 간의 신뢰구축과 군비통제 회담에서 우리가 가진 경제협력 카드를 북한의 실질적 군사위협 감소와 연계시키려는 시도가 일관성 있게 추진되어야만 진정한 신뢰구축이 시작될 수 있을 것이다.

3. 정책목표별 신뢰구축, 제한조치, 군축조치

아래 〈표 3〉은 한반도에서 평화를 구축하고, 남북 관계에서 긴장을 제거하고 정상적인 관계로 바꾸고 궁극적으로 평화적 통일에 이르기 위해서, 그리고 전쟁을 억지하고, 기습공격을 방지하며, 군비경쟁을 종식시키고, 위기안정성을 제고하며, 장기적 지역안정을 위해서 취해야 할 군비통제조치들을 제시하였다. 각 항에는 남북한이 달성해야 할 정책 목표별로 신뢰구축조치, 제한조치, 군축조치가 제시되어 있다.

표 3 정책목표별 군비통제 조치

각종	평화, 관계정상화, 평화 통일	전쟁 억지	군비경쟁 완화	위기 방지	장기적 · 지역적 안정성 강화
신뢰구축	비난, 파괴활동 금지 정부 · 민간교류 양측의 안보우려 토의와 해소를 위한 공식적 · 비공식적 포럼 개최 및 정례화	대규모 군사훈련 참관단 한국 · 미국의 대북한 무력불사용 선언 및 북한의 한미에 대한 무력불사용 선언 핵무기/ 장거리 미사일 모라토리움 및 폐기 선언과 검증	군사현대화 문제에 대한 상호토의 경제건설위한 군인력 전용 사용	대규모 군사훈련의 1년전 통보 직통전화의 설치 일정규모 이상의 군훈련 중단	지역안보대화에서 미래 한국군의 역할 토론 6자회담(남북한, 미 · 일 · 중 · 러)에서 지역신뢰구축방안 토의
제한조치	대규모 훈련 잠정 중지 한미 군사력의 급속한 변화 금지	기습공격 방지 위한 군사력 재배치 기습공격 방지 위한 선긋기(red lines)	현재의 훈련강도와 준비태세의 감소	비대칭적 후방배치(북한이 남한보다 더 후방으로 배치) 후방이동한 지역에 선긋기(red lines)	남북한 신뢰구축 및 공격 제한조치 이후 주한미군의 지상군 점진적 감축 및 해 · 공군으로 전환
군축	주한미군 문제 협상의제 수용 및 군사비 현재 수준에서 동결	똑같이 낮은 수준으로 군 감축	똑같이 낮은 수준으로 군감축 군사현대화 속도와 정도에 관한 상한선 설정	신속공격 가능한 군사현대화 금지	미래 한국의 독립과 안전 보장할 군사력 수준 확보

출처: Paul Davis, Richard Darilek and Yong-Sup Han, "Time for Conventional Arms Control on the Korean Peninsula," *Arms Control Today*, December 2000.을 현 상황에 맞게 수정한 것임.

신뢰구축조치(Confidence Building Measures: CBM)는 군사정책과 군 구조, 군의 운용에 관한 투명성, 공개성, 예측가능성을 제고하기 위해 고안된 조치다. 신뢰구축조치는 원래 상대편이 군사력을 사용하여 정치적인 목적을 달성하려는 전쟁의도를 저지하기 위한 목적으로 구상되었다. 신뢰구축은 기습공격 의도를 감소시킨다. 신뢰구축조치는 상호 군사정보 교환을 통해 군사력의 보유 및 배치상태에 대한 전반적인 정보의 파악, 군사훈련의 통보 및 참관을 통하여 상대방의 전투대비태세의 정도와 훈련의 정형, 작전적 전술의 운용 등을 알 수가 있고 특히 현장사찰을 통하여 상대방 군사의 사기 상태와 무기의 질적 수준 등을 파악할 수 있으므로, 신뢰구축조치를 실천할 경우 기습공격의 가능성을 상당한 정도로 약화시킬 수 있게 된다. 또한 군인사의 상호 교류, 군 고위 당국자 간 회담의 상설화, 전략·전술 토의, 직통전화의 설치 등을 통해 상호 의심관계에서 상호 신뢰할 수 있는 관계로 바꾸어 갈 수 있다. 여기에서 가장 중요한 것은 남북한이 정치군사 분야의 신뢰구축을 위해 정상회담, 국방장관 회담, 군사공동위 회담을 정기적으로 개최해야 한다는 것이다. 이 대화포럼이 프로세스로 정례화될 때에 비로소 신뢰와 평화의 프로세스가 작동될 수 있는 것이다.

군비제한조치는 현재 군사력보유를 그대로 인정하지만 그 사용과 배치, 운용 등을 규제하는 조치인데 훈련규모의 축소 또는 훈련의 중단, 훈련 빈도의 감소, 대비태세와 전투력의 약화, 전방 배치한 병력을 후방으로 철수시키는 조치, 평화지대의 설치들을 포함한다. 여기서 박근혜 정부가 제안한 바 있는 DMZ 평화공원은 현재 대부분 무장화되어 있는 비무장지대를 진정한 비무장지대로 바꾸고, 남북한과 세계가 공유할 수 있는 공원으로 바꿈으로써 군비통제에서는 군비제한조치로 분류할 수 있다. 군비제한조치는 다른 말로 운용적 군비통제라고 불리는데 이러한 조치들은 군비통제를 추상적인 개념에서 구체적인 조치로 바꾸는데 이롭다.[21] 이는 평시 무력충돌 가능성을 감소시키고 전쟁을 예방할 뿐 아니라 기습공격의 가능성을 줄이는 수단으로서 대단히 효과적인 방안이 된다.

군비축소는 문자 그대로 군사력을 줄이는 것이다. 병력은 민간 경제 활

---

21) Paul K. Davis, *Conceptual Framework for Operational Arms Control in Europe's Central Region* (Santa Monica, CA: RAND, 1988).

동 인력으로 전환시키고, 무기의 경우 완전 폐기시키는 것을 의미한다. 이는 신뢰구축조치를 통해 아무리 군사적 투명성과 예측가능성을 증진시킨다고 하더라도, 공격 무기를 감축시키지 않는다면 공격할 의도가 없어졌는지 여부를 확인할 길이 없으므로 무기의 결정적인 감축 이전에 상호 신뢰가 대단히 어려운 것을 감안한 조치다. 상호 군비축소를 하게 되면 국방비를 절감하며, 군 인력을 감소시키고, 군비경쟁의 요인을 약화시키게 된다.

〈표 3〉에서 보는 바와 같이, 한반도 평화와 남북관계 정상화, 그리고 궁극적 평화통일을 달성하기 위해서는 남북 양측이 신뢰구축 차원에서 상호 비난 파괴활동과 전복활동의 금지, 무력도발의 금지, 정상회담, 국방장관회담, 군사공동위 회담의 정기적 개최, 정부와 민간 인적교류의 활성화, 군사훈련에 대한 상호 통보 및 참관, 제한조치 차원에서 대규모 훈련 잠정중지 및 군사훈련의 회수와 규모의 제한, 전방 배치 공격 전력의 후방 배치, 군축차원에서 주한미군 협상의제 수용, 군사비동결 등을 조치해야 한다.

둘째, 전쟁억지와 기습공격 방지를 위해서 남북한 및 미국은 신뢰구축 차원에서 대규모 군사훈련 통보 및 참관, 북한에 대한 한미 양국의 무력 불사용 선언, 북한의 한미양국에 대한 무력 불사용 선언, 제한조치로서 기습공격을 방지하기 위한 군사력 후방배치, 후방배치 후 전방과 사이에 군사 진입 금지선(red lines) 설정 등을 해야 하며, 군축조치로서 남북한 미군이 현재의 남한과 미국이 갖고 있는 수준 보다 낮은 수준으로 북한과 한미양국이 동시에 장비와 인력을 감축하는 조치를 취해야 한다.

남북한 군비경쟁 완화 및 종식을 위해서 신뢰군축 조치로서 군사 현대화 문제에 대한 상호 토의를 하고, 경제건설 위한 군 인력 전용 사용을 제도화하며, 제한조치로서 현재의 훈련강도와 빈도 수, 준비태세와 전투력을 감소시키며, 군축으로서 북한 남한 미군이 현재 남한 보다 낮은 수준으로 장비와 인력을 동시에 감축시켜 가야 한다.

위기방지와 위기안정성 제고를 위해서 신뢰구축 조치로서 대규모 군사훈련을 하게 되면 1년 전에 상호 통보하고, 직통전화를 설치하며, 제한조치로서 상호 후진 배치를 하되, 북한 군사력을 남한보다 더 후방으로 배치시켜야 하며 (서울의 휴전선 근접을 이유로), 후방으로 이동한 병력에 대해서는 전방 진출을 금하는 진입금지선(red lines)을 그어서 그것을 이행토록 한다. 군축조치로서는 신속 공격을 가능하도록 하는 분야의 군사현대화를 금지시킨다.

장기적 지역적 안정을 제고하고 한반도의 위상을 유지하기 위해서는 신뢰구축 차원에서 지역안보대화를 적극 활성화 하여 미래 한국군의 위상과 역할에 대해 주변국의 컨센서스를 도출하며, 제한조치로서는 주한 미 지상군을 점진적으로 해공군 위주로 전환시키며, 군축차원에서는 미래 한국의 독립과 안전을 보장하기 위해 적정군사력을 정해 그 수준으로 전력을 조정하면서 미 지상군은 본토로 귀환시킨다.

Ⅳ. 결론

북한 핵시대에 남북한 간의 재래식 군사 긴장완화와 신뢰구축은 더 지난한 과제임에 틀림없다. 그러나 북핵문제에 진전이 없다고 해서, 재래식 군사적 대치와 긴장 문제를 그냥 두는 것은 북한이 재래식 기습 전쟁과 핵무기 사용을 연계할 수 있는 가능성을 열어 줄 수 있다는 점을 간과해서는 안된다. 유사시 북한의 전쟁개시로 인한 피해가 더 커질 수도 있고, 군비경쟁에 소요되는 비용도 천문학적으로 증가한다는 점도 고려해야 한다. 또한 북한 핵문제를 해결하기 위해 지금까지 20년이 넘게 경과하였으나 북핵문제는 오히려 악화되어 한반도의 긴장을 더 악화시키고 있다. 만약 북핵문제가 협상을 통해 해결된다고 하더라도, 남북한 간의 재래식 군비경쟁과 북한의 무력도발 등이 지속된다면, 국제적으로는 평화와 안정이 도래할 수 있지만, 한반도에서 재래식 군사대치와 긴장은 여전히 남아서 남북한 간의 불신과 대치관계는 존속되게 된다. 따라서 북핵문제의 해결노력과 병행하여 한반도에서 남북한 간에 군사적 신뢰구축과 긴장완화 노력이 계속될 필요가 있다. 또한 북한의 지도부가 핵무기 보유의 결과 미국과의 대결상태를 어느 정도 통제할 수 있다고 보고, 경제발전을 위해 재래식 군비통제와 군축을 시도할 의사도 생길 수 있을 것인데, 이러한 의사를 테스트하기 위해서라도 재래식 군사분야에서 신뢰구축과 긴장완화를 위한 노력은 시도될 필요가 있다.

지금까지 미국은 핵과 미사일 문제를 중심으로 북미간의 대화와 대결을 전개해왔다. 2001년 미국의 부시행정부는 잠깐 한반도에서 재래식 군사위협 문제와 북핵 문제를 동시에 다룰 필요가 있다고 생각했으나, 제2차 북핵위기 이후 지금까지 북핵문제를 중심으로 한반도 문제를 다루어 왔음을 알 수 있다. 미국 정부가 북핵문제와 함께 북한의 재래식 군사 위협 문제를 다루도록 한국은 미국 정부와 의회 지도자들의 관심을 환기시켜야 한다. 한반도에서 군사적 긴장완화와 위협감소를 위해서 어떠한 제약사항 없이 모든 의제를 협상 의제로 다룰 필요가 있다.[22] 남북한 간, 혹은 남북한과 미국 3자 군사회담이 이루어질 수 있다면 재래식 군사분야의 신뢰구축과 군비통제 논의는 더욱 활기를 띨 수 있을 것이다.

그리고 남북한 간 혹은 남북한 미국 삼자 간에 신뢰구축과 군비통제 회담이 성립된다면, 한국은 군비통제 정책목표인 평화, 남북 관계 정상화, 평

22) 이 문제와 관련해 본 연구진은 많은 전문가들과 의견을 나누었으며, 대체로 이러한 필요성에 대해 공감했다.

화 통일, 한반도에서 전쟁억지 및 북한의 기습공격 가능성 제거, 남북한 간 군비경쟁 완화, 한반도에서 위기방지 및 위기안정성 제고, 지역적 안정성 제고 등을 한꺼번에 달성할 수 있는 포괄적 군비통제 조치들을 제안하고 관철시켜야 한다. 이러한 관점에서 남북한 간 경제협력은 남북한 간 군사위협 감소를 연계시키는 가운데 전개될 필요가 있다. 햇볕정책처럼 북한에 대해 경제지원을 하면서 그 대가로 북한의 군사위협을 실질적으로 감소시키는 양보를 얻지 못한다면 한국은 큰 손해를 입을 수 있다. 박근혜 정부의 한반도 신뢰프로세스에서 제시하고 있는 바와 같이, 억지와 대화의 균형적 접근, 경제와 안보의 균형적 접근을 해야 할 필요가 있다. 그러나 지금까지 박근혜 정부도 선 핵문제 해결, 후 군사적 신뢰구축과 군비통제 같은 입장을 보이고 있고, 김정은 정권 또한 핵보유국 지위 강화 및 북미 평화협정 같은 데에 우선순위를 두고 있으므로 남북한 간 혹은 남북한 및 미국 3자 간에 신뢰구축 및 군비통제 회담이 성사되기 힘든 것이 사실이다.

그러나 개성공단 확대 및 금강산 관광 재개, 남북한 간 경제협력을 고려할 때 반드시 우리의 대북한 경제지원과 북한의 군사방면 양보를 연계시켜야 할 것이다. 즉 종합적인 관점에서 군사분계선 남북 지역의 남북한 연결을 검토하고, 상호 군사적 긴장완화와 위협감소책을 동시에 고려요소로 생각해야 한다는 것이다. 예를 들면, 남측은 군사분계선에서 남쪽으로 20km, 북측은 군사분계선에서 북쪽으로 40km 비대칭 군사배치제한 지역을 만들고 이 비무장 지역을 평화와 산업 복합지대로 개발하는 것도 한 가지 대안이 될 것이다.[23] 물론 그 지역의 경계에는 남북한 경계초소를 두어서 대규모 군사력 이동을 방지하고 점검하는 조치가 취해져야 할 것이다.

23) 필자의 Simon Peres 전 이스라엘 대통령과의 인터뷰 (1998.10.18, 텔아비브)

이것은 한반도 해빙과 남한의 대북한 경제지원, 남북한 교류활성화, 한반도 군사적 긴장완화와 위협감소책을 종합적으로 고려한 예에 불과한데, 이와 같이 한반도 상황에 맞는 구체적인 조치들을 개발하고 그것을 협상하고 합의에 이르도록 해야 할 것으로 본다.

유럽의 헬싱키 프로세스에서 여러 가지 조치들을 한반도에 그대로 적용시키려고 하는 것은 무리수다. 유럽에서도 신뢰구축을 위한 회담과 군축을 위한 회담이 1973년에 동시에 출발했으며, 꾸준히 개최되어 온 사실을 명심해야 한다. 다만 군축이 어렵기 때문에 동서 양진영이 완전 합의에 이르는 데 시간이 더 많이 걸린 것뿐이다. 동서 양진영과 유럽의 중립국 및 비동맹국들이 모두 회의체를 상설화 하고, 모든 국가가 위협으로 간주하는 것을 토의 의제로 제기했으며, 장기간 대화를 거쳐 가시적인 신뢰구축과 군축을 달성해 온 사실을 명심해야 한다. 또한 군축회담에서 양 진영의 군부 지도자들 간에 쌍방의 군사전략과 정책에 대한 공감대를 형성해 놓았기 때문에 고르바초프의 등장 이후 군축협상에서 급속도의 진전을 볼 수 있었다는 것을 고려해야 한다.

분단 69년 동안 쌓아 온 남북 사이의 적대감과 한반도 내의 모든 군사력이 하루아침에 감소하거나 없앨 수 있다고 생각한다면 큰 오산이다. 북핵 문제가 심각하다고 해서, 북핵 문제의 해결 없이는 재래식 군사문제에 대해서 토의조차 해서는 안된다는 주장은 더 큰 오산이다. 그래서 우리가 처한 군사 대치 현실을 철저하게 연구하고 그것을 해소할 수 있는 종합적인 방책을 마련하는 것이 한반도에서 신뢰를 구축해 나가는 길이다.

앞으로 제3의 한반도 신뢰구축 시대가 개막될 것이다. 한반도를 냉전에서 벗어나 상호 신뢰 속에서 평화공존 하는 체제로 만들기 위해서는 신뢰구축과 군비통제를 실천해야 할 때가 되었다. 북한이 경제개발을 진정으로 원한다면, 우리가 평화통일을 진정으로 원한다면, 남북한 군사대결과 군비

경쟁 구조를 바꾸어야 할 것이다. 북한의 핵무기 개발로 교착상태에 이르고, 군사적 긴장이 사상 유례없이 높아진 지금, 우리 한민족을 전쟁의 공포와 억압에서 벗어나, 경제발전과 복지향상으로 매진하도록 만들기 위해서는 남북한 간에 혹은 남북한 및 미국 삼자 간에 허심탄회하게 군사문제를 모두 논의하고 포괄적인 신뢰구축과 군비통제를 논의해야 한다. 그래야만 전쟁을 억제하고 평화통일에 이를 수 있을 것이다.

◈

'전략적 인내'의 한계와 새로운 비핵화외교 모색

전봉근 국립외교원

◈

요지

북핵문제가 불거진 지난 25년간 북한 핵능력이 지속적으로 증가하고, 북핵위기에 따른 우리의 군사·외교·경제적 비용도 증가하였다. 우리는 북한과 관계개선, 경협, 인도지원, 이산가족상봉, 군사적 긴장완화 등 많은 현안을 갖고 있는데, 북핵으로 인해 정체되어 있다. 한반도 신뢰프로세스도 남북관계 개선을 위한 좋은 비전과 방법론을 제시하였지만, 북핵의 인질이 되어 좀처럼 그 구상을 펼칠 기회를 갖지 못한다.

북한의 체제위기 지속, 김정은의 일인지배 강화, 핵무력과 경제건설의 병진노선 채택, 핵무장 법제화 등을 감안할 때 당분간 북한 비핵화의 진전과 북핵협상의 성공 가능성은 매우 낮다. 더욱이 최근 북핵협상 환경이 더욱 악화되는 경향이 있다. 북·중관계 긴밀화, 중국의 부상과 동북아 미·중 경쟁, 중국의 한반도 개입 증가, 우크라이나 사태, 일북협상 등으로 한반도와 북핵정책 환경이 급변하고 복잡해졌다. 북한의 핵능력이 증강될수록 비핵화 가능성은 더욱 요원해지고 비핵화 비용은 더욱 증가한다. 분단위기와 같이 북핵위기에 익숙해지는 경향마저 있다.

북핵위기가 일상화되기 전에 창의적이고 과감한 비핵화정책이 필요한 시점이다. 우선 '전략적 인내'의 효과에 대한 전면 재검토가 필요하다. 전략적 인내가 만들어진 배경이 있지만, 현재로서는 북한이 핵무장과 경제재건을 위한 시간을 버는데 이용되는 것 같다. 당초 우리가 기대하였던 제재와 고립을 통한 북한의 행동변화 효과는 나타나지 않는다.

대안으로서 다음을 제시한다. 첫째, 북핵사태의 악화 저지를 위해 핵동결을 우선적으로 추구하는 북핵 위기관리 외교를 추진한다. 이를 위해 비공식 6자회담 수석대표회담을 개최한다. 북한의 추가 핵활동을 중단시키고 핵실험과 장거리로켓트 시험발사를 차단하기 위해 단기적으로 2.29 북·미 합의(2012)의 복구가 시급하다. 북한 핵실험을 우선 중단시키고 6자회담의 재개와 연동하여 북한 핵활동의 동결도 확보한다. 이를 위해 2013년 11월 채택된 이란 핵합의도 참고가 된다.

둘째, 남북 고위급대화 채널, 미북대화, 한미전략대화를 통해 남북현안과 북핵현안의 포괄적 '미니 패키지 딜'을 추진한다. 이는 우리측이 요구하는 북핵의 사전조치, DMZ 세계평화공원 건설, 북한이 요구하는 5.24 조치 완화, 금강산관광 일부 재개, 6자회담 재개, 안보리 제재 완화 등을 일부분씩 반영한다. 과거 유사한 패키지 딜이 다수 있었다는 점을 감안하면 불가능하지 않다고 본다.

셋째, '한반도형' 비핵화 모델을 적극 개발한다. 6자회담 참여자가 모두 북한 비핵화를 추구하지만 그 전략과 방법론에 대한 5자 간 또는 6자 간 충분한 합의가 없어 설사 합의가 만들어지더라도 이행되지 못하는 실정이다. 지난 20년간 다양한 비핵화 해법과 모델을 북한에 적용하려고 했으나 모두 실패하고 말았다. 모두 다른 나라에 적용된 비핵화 모델을 단순 모방하는 단계에 그쳤기 때문이다. 새로운 '한반도' 비핵화모델은 안보-경제 교환의 우크라이나 모델, 중재와 정치적 빅딜의 리비아 모델, 안보환경의 변화와 정권변화가 전제된 남아공 모델 등의 복합 모델이 될 가능성이 높다. 한국이 해외의 비핵화 사례를 참고하되, 창의적인 '한반도형' 비핵화 해법을 개발해야 한다.

넷째, 한반도 신뢰프로세스, 한반도평화체제 구축, 동북아 안보협력 프로세스, 그리고 대북경제지원과 연계한 복합적 비핵화 로드맵을 만든다. 이는 바로 9.19 6자 공동성명의 기본이 되는 구상이기도 하다. 한반도 신뢰프로세스와 평화협력프로세스도 포괄하여, 포괄적, 다층적, 단계적 접근방안에 따라 비핵화 전략을 추진한다.

다섯째, 복합적 비핵화 전략은 북한 변화전략을 포함한다. 북한이 핵무장 동기를 갖고 있는 한 비핵화가 사실상 불가능하며, 설사 합의가 있다고 하더라고 성실한 이행을 기대하기 어렵다. 또한 북한이 정권과 체제유지를 위해 국제규범을 훼손하고 주민복지를 희생시키는 현 체제와 전략을 유지하는 한 북한 비핵화를 기대하기 어렵다. 따라서 북한의 핵무장 동기를 해소하기 위한 북한 변화전략도 반드시 필요한 실정이다. 특히 북한의 개혁·개방 변화는 외부의 압력과 주민의 압력에 좀 더 반응적인 체제를 만들 것이므로, 북한의 개혁·개방을 위한 노력이 병행되어야 한다.

1. 북핵 정책환경 변화 분석

가. 북한 핵능력 증강 및 핵실험 위협

북한 플루토늄(Pu)의 생산원은 영변의 5MWe '흑연감속원자로'로서 1986년 운전을 개시한 이래 1994년까지 가동 후 중단되었다가, 2003년 2월부터 2007년 7월 재중단 이전까지 가동하였다. 북한은 2013년 4월 동 시설의 재가동을 선언하였고, 2013년 9월 재가동의 징후가 탐지되었다. 동 시설의 운전이력과 원자로 특성을 고려하면, 5MWe 흑연로에서 생산 가능한 최대 Pu량은 약 44~50kg으로 추산되며, 북한이 지난 3차례의 핵실험에서 두 번 또는 세 번 Pu을 사용하였다면 상기 추정치에서 12~18kg을 제외한 약 30~40Kg 이하가 현재 북한 보유 Pu 재고량으로 추정되며, 현재 상황을 볼 때 최소 2~3년 이내 추가 Pu 생산은 없을 것으로 예상된다.

참고로, 미국 과학국제안보연구소(ISIS) 데이비드 올브라이트(David Albright)는 북한이 2차례의 핵실험에 사용한 Pu량을 감안하여 2012년 8월 기준 북한 Pu 재고가 34~36kg일 것으로 추산한 반면, 지그프리트 해커(Siegfried S. Hecker) 박사는 2014년 1월 기준 북한은 24~42kg의 Pu을 보유하고 있는 것으로 추정하는 등 정확한 Pu 재고량에 대해서는 전문가 간에도 이견이 있다.

다음, 북한이 2013년 2월 3차 핵실험 이후 핵무기의 '다종화'에 성공하였다고 주장하고 또한 국내외 북핵전문가들도 고농축 우라늄(HEU) 핵실험 가능성을 제기함에 따라, 북한의 HEU 핵물질 생산은 현실적인 위협이 되었다. 현 영변의 농축시설은 저농축우라늄(3.5%) 연간 1,800kg, 또는 무기급 고농축우라늄(90%) 연간 약 40kg을 생산할 것으로 추정된다.(해커 박사)

그런데, 영변 이외에 1개소의 추가 농축시설이 있을 것으로 추정되고, 또한 2003년 이후 영변 농축시설이 대폭 확장된 것으로 판단되어, 현재 북한의 농축시설은 공개된 영변 농축시설의 3배, 즉 6,000기 원심분리기를 가동 중인 것으로 추정된다. 현재 HEU 재고는 약 100kg, 농축시설의 가동률에 따라 매년 60~120kg HEU가 증가할 것으로 추정되나, 동 추정치는 매우 불확실하다.

나. 북한의 핵무장 제도화 및 핵전략 위험성 증가

북한은 향후 핵증강을 지속하면서 6자회담과 북미회담을 요구하는 '북한식' 투-트랙 접근을 지속할 전망이다. 북한은 2012~13년에 걸쳐 핵개발에 대한 3개의 중대한 국가정책을 채택하였다.

첫째, 북한 개정헌법(2012.4) 서문은 "(김정일은) 우리 조국을 불패의 정치사상 강국, 핵보유국, 무적의 군사강국으로 전변시켰으며, 강성국가 건설의 휘황한 대통로를 열어놓았다"고 기술하였다.

둘째, 2013년 3월 31일 노동당중앙위원회 전원회의에서 "경제건설과 핵무력건설을 병진시킬 데 대한 새로운 전략노선"이 채택되었다. 구체적으로, 핵보유의 합법화, 핵무력의 확대 강화, 핵무력의 전투준비태세 완비 등이 국가정책으로 채택되었다.

셋째, 북한은 2013년 4월 1일 최고인민회의에서 "자위적 핵보유국의 지위를 더욱 공고히 할 데 대하여" 법을 채택하여 핵무기 보유와 사용을 법제화하였다. 이 법에 따르면, "(공화국은) 핵억제력과 핵보복 타격력을 질량적으로 강화하기 위한 실제적인 대책(3조)"을 세우고, "핵무기는 적대적인 다른 핵보유국이 우리 공화국을 침략하거나 공격하는 경우 그를 격퇴하고 보복타격을 가하기 위하여 조선인민군 최고사령관의 최종명령에 의하여서만 사용(4조)"하도록 한다.

상기 법령 이외 북한의 핵무기 사용에 대한 정치적 독트린과 핵무기 사용의 군사전술 등이 알려지지 않은바, 북한의 핵무기 사용과 전쟁 억지를 위해 북한 핵전략을 파악하기 위한 노력이 필요하다. 북한은 일찍이 '인민군 전략로켓사령부'를 설치하여 노동, 대포동 미사일 등을 개발·배치하여 왔으며, 2012년 3월 김정은이 이를 방문함으로써 대외적으로 공개되었다.

핵전략의 비교연구를 위해 중국, 파키스탄, 인도 등과 같은 후발 핵국, 또는 소규모 핵전력 보유국의 핵전략에 대한 연구가 필요하다. 참고로, 중국의 경우 미소 등에 비해 상대적으로 매우 열등한 핵전력을 보유하고 있었기 때문에 핵무기 선제 사용 금지, 최소억지전략 등 핵전략을 견지하였다. 한편, 냉전기 미·소는 MAD핵전략에 따라 2차 공격이 가능한 대규모 핵전력을 유지하였다.

북한의 경우, 현재 핵무기 10기 이내의 소규모 핵전력을 보유하고 있지만, 정치군사적으로 취약한 자신을 보호하기 위해 매우 공세적이고 불확실성이 높은 핵무기 사용전략을 사용할 것으로 전망한다. 북한은 이미 핵전력, 재래식 전력, 기타 생화학 WMD 전력 등을 혼합운용하는 군사전략을 구사하고 있는 것으로 보인다.

다. 중국의 한반도 개입 및 영향력 증가

2000년대 하반기 들어 '중국의 부상' 이후 미·중 경쟁이 부각되면서 중국은 종래 한반도 문제에 대한 방관자적 입장에서 벗어나 개입을 확대했다. 소위 '북·중관계 긴밀화' 기간 동안 중국은 2010~11년간 이례적으로 3차례나 북·중 정상회담을 갖고 경제지원도 확대했다. 김정일 사망 이후 2011년 12월 말 김정은이 인민군 최고사령관으로 추대되자, 중국은 발 빠르게 후진타오 주석 명의 축전을 보내 김정은 체제를 안정화시키는 데 크게 기여했다. 당시 중국은 북한의 취약한 권력교체기에 핵개발을 지연시킬 수 있는 좋은 기회를 놓친 셈이다.

중국의 대북정책은 2013년 2월 제3차 북핵실험으로 인해 새로운 변곡점을 맞이한다. 시진핑 정부의 등장과 더불어 중국 대외정책의 변화도 주요 변수이다. 중국이 미·중관계를 협력관계로 만들기 위해 노력하고, 국제사회에서 '책임대국'으로서 역할을 추구함에 따라 북핵문제도 좌시할 수 없게 되었다.

그런데 중국의 대북정책이 전면적으로 변화했다고 보기 어렵다. 한미동맹에 대한 완충지대로서 북한의 고유한 가치가 있는 데다, 미·중 경쟁이 심화되면서 중국에 있어 북한의 전략적 가치가 증가했기 때문이다. 비핵화 방법론과 우선순위에 있어서는 여전히 한·미와 입장차가 있다.

중국의 부상 이후 한·미와 국제사회의 대북 압박수단이 약해졌다. 주효한 비핵화 압박 레버리지로 미국의 대북 안전보장, 그리고 한국과 국제사회의 경제지원과 협력이 있다. 그런데 중국의 부상 이후 안전보장과 경제지원에서 중국이 한·미의 대체재 역할을 담당하게 된다. 대북 경제제재는 북·중 교역으로 대체되고, 미국의 대북 압박에 대해 중국이 바람막이가 되었다.

라. 북핵위기 일상화와 북핵비용 증가

우리 경제는 지난 수십 년간 남북분단과 군사적 대치로 인해 국가 신용등급이 하락하고 각종 경제적 불이익을 받는 '코리아 디스카운트'를 톡톡히 치르고 있다. 그런데 분단이 일상화되면서, 통일이 중장기적으로 가져올 엄청난 정치·외교적 가치와 사회·경제적 편익을 알지만 단기적인 혼란과 통일비용 때문에 통일을 외면하는 이도 적지 않다. 설상가상으로 북핵위기의 일상화마저 우려된다. 지난 20년째 비핵화를 위한 집중적인 외교노력에도 불구하고, 북한의 핵능력과 핵위협은 증가일로에 있다. 그 결과, 우리는 '분단 디스카운트'에 더해 '북핵 디스카운트'까지 지불하게 될 것이다. 북핵의 교착으로 인해 우리는 국내 정치경제적 비용뿐만 아니라, 아래와 같은 외교안보적 비용도 크게 치른다.

첫째, 우리의 귀중한 외교역량과 외교자본이 비핵화외교에 과도하게 쏠린다. 한국은 경제적 생존과 번영을 위해 통상외교, 자원외교, 에너지외교, 국제안보외교에 더 많은 외교역량을 투입해야 하지만, 긴박한 북핵 위협 하에서는 그럴 여유가 없다.

둘째, 우리의 대북정책 전반이 북핵의 인질이 된다. 우리는 북한과 관계개선, 경협, 인도지원, 이산가족상봉, 군사적 긴장완화 등 많은 현안을 갖고 있는데, 북핵으로 인해 모든 것이 정체되어 있다. 한반도 신뢰프로세스도 남북관계 개선을 위한 좋은 비전과 방법론을 제시하였지만, 북핵의 인질이 되어 좀처럼 그 구상을 펼칠 기회를 갖지 못한다.

마. 새로운 북핵문제의 등장

첫째, 북한 핵시설의 안전 문제이다. 북한은 동결(폐쇄)된 흑연감속로에 더해, 경수로 건설을 재촉 중이며 최근 완성단계에 이르렀다는 보도도 있었다. 그런데 특히 북한의 기술수준과 경수로의 복잡성을 감안할 때 경수로가 가동되면 원자력 안전사고가 발생할 가능성이 높다. 북한 핵시설의 폐기를 추구하지만, 상당기간 유지될 핵시설의 안전을 위해 국제원자력기구가 나서서 안전성을 평가하고 기술자문을 제공할 필요성도 있다.

둘째, 북한의 핵물질·기술·장비가 해외로 유출되는 것을 방지하기 위한 '핵안보'가 필요하다. 이를 위해 북한에게 '핵안보'의 강화를 요구하거나 '핵안보' 지원을 제공하는 방안도 있다. 북한 당국이 자신의 핵능력의 일부를 해외 국가 또는 비국가단체에게 판매할 가능성을 배제할 수 없기 때문이다. 도난과 불법유출 가능성도 없지 않다. 핵안보정상회의가 요구하듯이 역내 핵안보 문제를 다루기 위한 별도 동북아 핵안보(원자력안전) 협의체를 발족시켜야 한다.

셋째, 북한의 핵무기 사용독트린과 지휘통제권에 대한 문제가 있다. 북한은 사실상 핵무기를 획득하였지만 이에 대한 사용독트린과 지휘통제권은 자의적이며, 최소한의 책임성과 체계성마저 결여되어 있을 가능성이 높아 그냥 방치하기에는 매우 위험하다.

2. 북핵협상 실패 원인과 교훈

가. 비핵화외교 실패의 원인과 교훈

80년대 말부터 시작되어 사반세기에 걸친 북핵협상은 '4단계' 악순환 패턴을 보였다. 북핵협상의 전형적인 패턴은 일반적으로 ▲북한의 핵도발, ▲핵위기 발생과 협상 개시, ▲일괄타결식 핵합의, ▲합의 붕괴 등 4단계로 구성된다. 특히 북핵협상은 북한의 IAEA 사찰 거부, 핵확산금지조약(NPT) 탈퇴, IAEA 사찰관 축출, 재처리 가동, 폐연료봉 인출, 핵실험 등 도발로 위기가 조성된 이후에 미국의 사후적인 대응조치로서 시작되는 경향을 보인다. 마지못한 협상에 이어 핵합의가 만들어지지만 상호 입장차를 좁히지 못하고 빈틈이 많고 애매한 핵합의가 된다. 결국 핵합의의 해석과 이행에 대한 이견이 발생하면서, 합의는 붕괴되는 악순환 주기가 반복된다.

사반세기에 걸친 북한 비핵화 노력에도 불구하고 핵협상의 악순환으로 인해 실패했다는 사실에서 우리의 정세판단과 협상전략에 심각한 오류가 있다는 점을 인정하지 않을 수 없다. 과거의 실패를 반복하지 않기 위해서 새로운 비핵화전략은 보다 현실에 바탕으로 두고 실현가능한 목표를 내세워야 한다.

첫째, 한·미 정부 모두 북한의 핵개발 의지와 역량, 그리고 정권과 체제 내구성을 과소평가 하였다. 특히 미 정부는 1994년 제네바합의 체결 당시 북한의 붕괴가 임박했다는 판단 하에 '시간 끌기' 차원에서 합의 체결과 이행에 소홀히 대처하였다. 결국 미국의 경수로 건설 및 원유제공 지연과 북한의 농축핵의혹이 충돌하여 결국 제네바합의체제가 무너지고 북한의 핵 활동이 통제되지 않는 상황이 되었다.

둘째, 핵합의에 대한 내부적 지지를 지속적으로 보장받는데 실패하였다. 1994년 제네바합의와 2005년 6자합의 모두 미국은 보수파의 지지를 얻는데 실패하였고, 북한도 내부 강경파를 설득하는데 실패하였다. 한·미의 경우, 북한 비핵화를 위한 외교적·경제적 보상 지불에 대한 반감이 높다. 북한의 나쁜 행동에 보상하는 모양새에 대한 반감이 크다.

그런데 시간이 흐를수록 북한 핵능력은 증가되고, 북한 비핵화를 위한 외교·경제적 비용도 증가하는 경향이 있다. 핵무장이 커질수록 북한의 비핵화 보상 기대와 우리의 보상수준의 격차가 더욱 커지는 경향이 있어, 미래의 타협은 더욱 어렵게 될 것이다.

셋째, 북한은 특별히 높은 핵무장 동기를 갖고 있어 일반적인 비핵화 해법이 통하지 않는다. 우크라이나, 남아공, 아르헨티나, 브라질 등 다른 성공적인 비핵화 국가는 모두 탈냉전기 들어 정치개방과 경제개혁, 그리고 핵무장 포기를 동시에 추진한 사례이다.

반면, 북한은 탈냉전기 시대 들어 오히려 구 사회주의체제와 세습정권을 고수함에 따라, 세계추세와 격차가 더욱 벌어지고 체제위기가 더욱 증폭된 사례이다. 따라서 북한이 설사 핵포기를 약속하더라도 이는 당시 상황을 모면하기 위한 위장전술에 불과할 가능성이 높고, 내부적으로 핵무기 개발 필요성이 더욱 증대한다는 점에 주목해야 한다. 더욱이 북한은 리비아, 이라크, 우크라이나와 같이 핵포기의 반면교사 사례에 주목하므로, 비핵화는 더욱 어렵게 되는 경향이 있다.

넷째, 미·북 간 극단적인 불신, 근본적인 이해관계의 충돌, 적대감 등이 파행적인 협상의 근저에 있다. 특히 북한과 미국은 각각 상대에 대한 신뢰수준에 비해 너무 높은 협상목표를 추구한다. 양측의 뿌리 깊은 불신을 감안할 때, 점진적인 상호 신뢰구축 없이는 달성하기 어려운 요구이다.

북한은 미국의 궁극적인 대북정책 목표가 체제전환과 정권교체라는 의구심을 항상 갖고 있다. 한국의 대북정책 목표도 결국 체제변화와 흡수통일이라고 믿고 있다. 미국도 북한이 핵을 쉽게 포기할 것으로 생각하지 않는다. 따라서 양측은 합의에도 불구하고, 상대를 불신하여 서로 상대의 선조치를 요구하며 다시 충돌하는 경향을 보인다.

다섯째, 협상구조의 문제점도 있다. 북핵 해결을 위한 미국 측의 외교적 노력은 선제적이고 전략적인 구상에 따른 것이 아니라 북한의 외교공세에 대한 반응으로 나타나는 경향이 있다. 북핵 문제의 완전하고 신속한 해결을 위한 로드맵과 전략을 갖고 체계적으로 접근하지 못하고, 북한의 벼랑끝 전술과 위기조장 전술에 말려들어 뒤늦게 위기해소 차원에서 최소한의 반응을 보이는 양상이다. 그 결과 마지못해 타결한 핵합의는 결국 그 내재적 결함으로 인해 합의의 해체와 새로운 핵사태의 반복을 초래한다.

종합하면, 과거 비핵화외교는 북한의 핵개발 의지와 능력, 그리고 체제내구성을 과소평가하는 오류를 저질렀다. 따라서 새로운 비핵화전략은 북한체제 내구성, 북한의 핵무장 의지와 능력, 북한 비핵화비용 증가 현상, 그리고 미국식 협상체제의 구조적 한계 등에 대한 재평가를 바탕으로 하여 목표와 가용자원 등에서 보다 현실적인 비핵화전략을 수립해야 한다.

나. '전략적 인내' 비핵화외교 전략의 재평가

미국의 북한 비핵화전략의 근간이 되는 전략적 인내에 대한 재평가가 필요하다. 북한의 반복되는 약속 위반과 핵도발에 대해, 안보리와 일방적 제재를 가면서 북한의 행동변화를 기다리는 정책은 한때 매우 타당한 것으로 보였다. 그런데 기다리던 북한의 행동변화가 보이지 않고, 제재와 고립도 북한식 독재와 주체경제에 대해서는 충분히 효력을 발휘하지 못하고 있다.

이에 대해 다음과 같은 의문이 제기된다. 첫째, 우리는 인내하면서 무엇을 기다리는가? 북한의 핵포기, 굴복, 중국의 전면적인 대북 제재와 압박을 기다린다면, 그 가능성이 낮다.

둘째, 기다리는 게임의 승자는 누구인가. 우리가 기대하는 효과가 나기 위해서는 언제까지 기다려야 하나. 지금까지 상황을 보면, 과거와 미래 상당기간 동안은 북한, 특히 북한정권이 '시간을 버는 것'으로 보인다.

셋째, 혹시 '전략적 인내'가 북한의 붕괴 또는 급변사태를 염두에 두고 마냥 기다린다면, 발생 가능성이 낮은 매우 불확실한 상황에 우리의 중요한 정책을 의존하게 되므로 경계해야 한다. '전략적 인내'가 자칫 '방치'로 흐를 가능성을 경계해야 한다. 이때야 말로 북한이 체제 강화와 핵무장 강화를 위한 시간을 버는 좋은 기회가 된다.

넷째, 현 상황이 10년간 지속되면 어떻게 될까? 나쁜 시나리오에 따르면, 북한은 핵무기 10-40개를 보유한 사실상 핵국이 될 가능성이 높다. 미중 경쟁, 중일 경쟁이 더욱 심화되고, 러시아의 동북아 개입이 시작되고, 미국의 아시아 개입은 더욱 위축될 가능성도 있다. 이때 한국의 외교적 자율성은 더욱 위축되고 비핵화 가능성은 더욱 멀어진다는 평가가 있다.

3. 새로운 북한 비핵화외교 추진방안

가. 핵동결과 6자회담 재개를 위한 비공식 6자 수석대표회담 개최

북한 비핵화를 위한 최우선 긴급조치는 북한 핵활동을 동결시키고 9.19 공동성명과 2.29합의 체제를 복구하는 것이다. 이로써 북한의 핵능력 증강과 추가 4차 핵실험을 차단하는 효과가 있다.

북한의 추가 핵활동을 중단시키고 핵실험을 차단하기 위해 단기적으로 2.29 북·미 합의(2012)의 복구가 시급하다. 이를 통해 핵실험을 우선 중단시키고 6자회담의 재개와 연동하여 북한 핵활동의 동결도 확보한다. 이를 위해 2013년 11월 채택된 이란 핵합의도 참고가 된다.

현 북핵 대치국면을 유지하면서 '올 오어 나싱(all or nothing)'의 입장을 유지한다면, 자칫 '나싱'을 얻을 위험성이 있어 주의해야 한다. 일단 현 대치국면을 해소하고 추가 진전의 기회를 갖기 위해서는 절충안을 추구하는 결단도 필요하다.

나. 북핵과 남북현안의 '미니 패키지 딜' 추구

남북 고위급대화 채널을 통해 남북현안과 북핵현안의 포괄적 '미니 패키지 딜'을 추진한다. 이는 우리 측이 요구하는 북핵의 사전조치, DMZ 세계평화공원 건설, 북한이 요구하는 5.24 조치 완화, 금강산관광 일부 재개, 6자회담 재개, 경제제재 완화, 평화체제 논의 가능성 등을 일부분씩 반영한다. 과거 유사한 패키지 딜이 다수 있었다는 점을 감안하면 불가능하지 않다고 본다. 동 구상의 실현을 위해 한미대화가 필요하며, 6자회담 대표간 협의도 필요하다.

다. 일북합의에 대한 대응과 국제연대 유지

일본의 납치문제 해결은 한국의 이산가족 상봉, 미국의 미군유해 송환 등과 같이 주변국이 반대할 수 없는 인도주의문제로서 신중한 접근이 필요하다. 일북합의에도 불구하고 납북자문제의 만족스런 해결과 일북수교의 급진전이 있을 가능성이 낮으므로, 우리로서는 일본납북자문제의 조속한 해결과 더불어 우리 이산가족 상봉의 재개를 북한에 촉구하는 방안도 검토해야 할 것이다.

다만 대북 제재의 해제에 대해서는 3차례에 걸친 핵실험과 유엔안보리 제재 결의 및 국제사회의 제재연대와 공동보조를 취할 것을 요구해야 하되, 납북자문제의 해결을 방해한다는 인상을 주지 않도록 신중해야 한다.

일북합의가 이행되는 동안 북한의 핵실험과 도발적 행동이 자제될 가능성이 높으므로 이번 기회를 활용하여 북핵활동의 동결과 6자회담의 재재를 추진하는 방안에 대해 한미중일 등 관련국 간 협의 필요성이 있다. 이번 북·일합의를 계기로 한국은 일본에게 △ 북핵에 대한 한미일 공조체제(3국 정상합의) 유지, △ 6자회담 관련국들의 우려 불식을 위한 일관된 외교행보 등을 요청할 수 있을 것이며, 이를 북핵공조의 분위기 쇄신을 주도해 가는 기회로 삼아야 한다.

라. '한반도형' 비핵화 모델 개발

6자회담 참여자가 모두 북한 비핵화를 추구하지만 그 전략과 방법론에 대한 5자간 또는 6자간 합의가 없어 설사 형식적 합의가 만들어지더라도 이행되지 못하고 있다. 효과적인 북한 비핵화 모델이 없다면, 미·북 핵대화와 6자회담은 시간낭비와 시간벌기에 지나지 않는다. 지난 20년간 다양한 비핵화 해법과 모델을 북한에 적용하려고 했으나 모두 실패하고 말았다. 모두 다른 나라에 적용된 비핵화 모델을 단순 모방하는 단계에 그쳤기 때문이다.

한편, 북한은 이라크와 리비아 비핵화 사례가 결국 정권붕괴로 이어진 점을 반면교사로 삼고 있으며, 인도·파키스탄 모델에 따라 '사실상 핵국'으로 인정받기를 요구한다. 최근 우크라이나도 새로운 반면교사가 될 가능성이 있다.

새로운 '한반도' 비핵화모델은 안보-경제 교환의 우크라이나 모델, 중재와 정치적 빅딜의 리비아 모델, 안보환경의 변화와 정권변화가 전제된 남아공 모델 등의 복합 모델이 될 가능성이 높다. 한국이 역사적 비핵화 사례를 참고하되, 창의적인 '한반도형' 비핵화 해법을 개발해야 한다.

마. 한반도 신뢰프로세스 및 동북아 평화협력구상과 병행추진 로드맵 개발

새로운 비핵화 해법은 ▲북한의 변화, ▲남북관계 개선과 한반도 평화체제 구축, ▲동북아 안보협력, ▲북미와 북일 관계개선, ▲대북 경제에너지 지원 등을 포함한다. 이는 바로 9.19 6자 공동성명의 기본 구상이기도 하다.

박근혜 정부의 비핵화 구상도 매우 복합적이다. 박근혜 정부의 북핵정책, '한반도 신뢰프로세스', '동북아 평화협력구상'은 각각 정책대상이 다르지만 궁극적인 목표와 방법론을 공유하고 있어, 그 선순환체제를 구축하여 정책효과를 극대화해야 한다. 비핵화 없는 '신뢰프로세스'와 동북아 평화협력구상은 불안정하며 지속성이 결여된 정책구상에 불과하다. 따라서 3개 정책구상의 병행추진을 통해 상호 시너지 효과를 극대화하고, 목표 달성의 안정성과 지속성을 보장해야 한다.

한반도 평화정착 추진 방안: 문제의 원인과 새로운 접근

박영호 통일연구원

I. 서 론

1970년대 초 이래 역대 한국정부가 추진해온 대북 및 통일정책의 기본 노선은 기능주의에 입각한 단계적, 평화적 접근이었다. 경제, 사회·문화 분야의 교류협력은 정치·군사부문에까지 영향을 미쳐 전반적인 남북관계의 발전을 가져올 것으로 기대하였다. 그동안 총리급회담과 정상회담, 장관급회담과 군사회담 등 각급 수준의 남북대화가 2014년 6월 현재 630회 이상 열렸다. 남북 정상의 위임을 받은 비밀접촉도 여러 차례 이루어졌다. 남북 간 접촉과 회담을 통해 7.4공동성명, 남북기본합의서, 6.15공동선언, 10.4선언을 비롯하여 많은 합의서가 산출되었다. 남북협력사업인 개성공단 사업은 우여곡절은 있으나 2004년 말 첫 생산이 이루어진 이후 10년째 가동되고 있으며, 북한 측 노동인력 5만 명이상이 매일 출근하고 있다. 개성공단 사업을 비롯하여 금강산관광과 개성관광 등을 지원하기 위하여 남북 군 당국 간의 통신선이 이어졌고 여러 차례의 군사 회담도 열렸다.

그러나 다른 한편에선 동·서·남해안을 통한 북한 측의 무장력 침투가 이어졌고, 천안함 폭침과 연평도 포격과 같은 군사적 위기가 발생하였다. 북한의 핵개발은 3차례의 핵실험을 거쳐 이제는 명백하게 핵 억제력의 강화를 밝히고 핵을 기반으로 한 군사전략을 개발하는 수준으로 진화하였다. 이와 연계된 단·중·장거리 미사일의 개발도 지속되고 있다.

한국은 북한의 핵무기 개발에 따른 대응전략을 마련하고 있으며 여전히 한·미동맹은 그 핵심 기반이다. 북한의 천안함 폭침과 연평도 포격, 그리고 3차 핵실험은 한국군의 대응 훈련과 한·미 연합훈련(연습)의 수준을 상향시켰다. 이에 대한 북한 측의 반응은 쉽게 예견될 수 있는 것이었다. 북한은 한·미 합동군사연습이 지난 1960년대부터 "계단식으로 확대되고" 미국의 "대조선 적대시 정책"과 한국의 대결 정책에 따른 "북침전쟁연습"이라는 입장에서 전혀 벗어나지 않고 있다.[1] 북한의 핵능력이 계속 증대하고 천안함 폭침과 연평도 포격 이후에도 군사적 위협은 크게 낮아지지 않았으며,[2] 한국군의 북한의 군사위협에 대한 대응의지도 강화되면서 남북 간의 군사적 대치와 갈등, 안보 당국 간의 공방은 오히려 증폭되었다.

그동안의 경험에서 우리는 경제 및 사회문화 분야 교류의 양적 확대가 정치군사적 신뢰구축으로 이어지지 않음을 보았다. 최근 몇 년 동안, 특히 3차 핵실험의 성공 이후에 북한의 호전적 공세는 더욱 강화되었다. 개성공단의 가동을 제외하면 남북관계는 적어도 외형적인 교류의 차원에서 크게

---

1) 조선인민군 총참모부 대변인 성명, "미제와 남조선 괴뢰들의 무모한 침략전쟁연습책동은 값비싼 피의 대가를 치를 것이다." 「조선중앙방송」, 2014. 8. 17.

2) 서울대학교 통일평화연구원의 국민통일의식조사에 따르면, 우리 국민이 느끼는 북한의 핵무기 보유에 대한 위협인식은 2009년 2차 핵실험 이후 74% 내외로 그 이전의 60% 대에서 대폭 증대하였으며 2011년 이후에는 80% 내외로 더 높아졌다. 또 2009년 이후에는 북한의 무력도발 가능성에 대하여 2/3 이상이 '가능성이 있다'고 응답하고 있다. 박명규 외, 『2013 통일의식조사』 (서울: 서울대학교 통일평화연구원, 2013), pp. 68-69.

퇴보하였다. "포용정책과 원칙 중심의 대북정책 모두 북한의 의미 있는 변화를 이끌어 내지 못했으며, 북한의 핵개발과 도발을 저지하는 데 한계가 있었다"[3]고 평가한다면 어떻게 '북한의 의미 있는 변화'와 '북한의 핵개발과 도발 저지'의 과제를 달성하고 한반도에 '공고한 평화상태'를 정착시킬 것인가?

이 글은 이러한 문제 인식에서 한반도의 평화정착이 제대로 추진되지 못한 원인을 분석하고, 새로운 접근의 필요성을 제기하고자 한다. 그동안 평화정착 또는 평화체제 형성과 관련한 많은 정책과 방안들이 나왔으나 실천되지 못한 이유를 살펴보는 것이 또 하나의 방안을 제시하는 것에 우선한다고 보기 때문이다. 문제의 원인이 규명되면 새로운 접근을 시도해볼 수 있을 것이다.

Ⅱ. 한반도 평화정착을 위한 역대 정부의 구상

한반도 평화정착과 관련한 공세적 제안은 실질적인 이행 의지와는 무관하게 북한으로부터 시작되었다. 북한은 정전협정 체결 이후 줄곧 주한미군 철수를 주장하고, 1960년대에는 미군 철수 조건 하 남북평화협정 체결, 남북 군대 각각 10만 또는 그 이하로 축소, 외국과의 군사조약 철폐 등을 주장하였다. 1970년대에 들어서는 이에 더하여 유엔군사령부 해체를 제기하였다. 그리고 1970년대 중반부터 남북 평화협정 체결 대신에 북미 평화협정 체결을 주장하기 시작했다. 이후 지금까지 변하지 않고 있는 주장은 주한미군 철수, 북미 평화협정 체결 등이며, 미국의 대북 적대시 정책 철폐와

3) 통일부, 『한반도 신뢰프로세스』 (서울: 통일부, 2013), p. 7.

한미 연합군사훈련의 중단이 부가되었다. 특히 냉전체제 종식 이후에는 북미 평화협정 체결, 대북 적대시 정책 철폐, 주한미군 철수, 한미 연합군사훈련의 중단 등이 일관되게 견지되고 있다.

한국은 1974년 1월 18일 박정희 정부가 대통령 연두기자 회견에서 남북상호불가침협정 체결로 통일 시까지 남북한이 평화공존 할 것을 제안하였다. 이어 1974년 8월 15일 광복 29주년 경축사에서 평화통일의 기본 원칙이 천명되었는데, 그 첫째가 한반도 평화정착을 위한 남북 상호불가침협정 체결 제안이었다.

전두환 정부는 1982년 1월 22일 민족화합 민주통일방안을 발표하면서 민족화합을 위한 남북한 기본관계 잠정협정의 체결을 제안(1.22 제의)하였다. 동 잠정협정 속에 무력 및 폭력의 사용 또는 위협의 완전 지양과 분쟁의 평화적 방법 해결, 현 휴전(정전)체제의 유지 및 군비경쟁 지양과 군사적 대치상태 해소 조치 협의 등을 제안하였다. 이어 1982년 2월 1일 1.22 제의의 20개 시범실천사업을 제안하면서 교류협력, 사회개방 분야 이외에 군사적 긴장완화를 위한 비무장지대의 군사시설 철거, 군비통제 협의와 군사책임자 간 직통전화 설치 운용 등을 제안하였다.

이때까지의 제안이 다소 방어적이었다면 노태우 정부가 북방정책을 추진하면서 남북 교류의 물꼬가 터지고 한반도 평화정착 문제와 관련해서도 보다 적극적인 입장이 표명되었다. 노태우 정부는 1988년 7월 7일 민족자존과 통일번영을 위한 특별선언(7.7선언)에서 적극적인 남북 교류협력의 추진과 함께 한반도 평화정착 여건의 조성을 위해 북한의 미국과 일본 등 한국의 우방과의 관계 개선에 협조할 용의가 있음을 밝혔다. 이어 1989년 9월 11일 제147회 정기국회 개회식 대통령 특별연설을 통해 한민족공동체 통일방안이 천명되었다. 동 방안에는 한반도 평화정착을 위한 군사 분야와 관련 군사적 신뢰구축과 군비통제의 실현, 휴전(정전)협정 체제의 평화체제 전환 가능 등이 포함되었다.

한반도 평화정착과 관련 가장 포괄적이고 원칙적인 사안들은 1992년 2월에 발효된 남북기본합의서에 담겼다. 남북기본합의서에는 서문에서 정치군사적 대결상태 해소, 긴장완화와 평화 보장 등을 담았으며, 제1장 남북화해의 장에서 파괴·전복 행위 금지, 정전상태의 공고한 평화 상태로의 전환, 평화상태가 이룩될 때까지 군사정전협정 준수 등에 합의하였다. 제2장 남북불가침 장에는 무력 사용 및 무력 침략 금지, 정전협정에 규정도니 군사분계선과 쌍방 관할 구역의 유지, 군사적 신뢰구축과 군축 협의·추진 등을 담았다.

이러한 합의를 이행하기 위해 분과위원회와 공동위원회 등이 구성되었으나, 실천에 이르지 못하고 남북기본합의서는 사실상 무용지물이 되었다. 그렇다고 하여 남북기본합의서에 담긴 평화정착과 관련한 문제들이 추진되지 않은 것은 아니다. 그 이후 역대 한국 정부는 대북정책 구상에서 평화공존, 평화정착, 평화체제 등 '평화'의 문제를 대북정책의 목표, 추진전략, 추진기조 또는 추진과제로 제시하였다. 또 국가안보목표 차원에서 평화의 문제가 제시되었다.

김대중 정부는 국가안보목표로 ① 한반도에서의 전쟁 억제와 항구적인 평화체제의 구축, ② 남북관계 개선과 평화공존관계 정착 및 통일기반 조성, ③ 과감한 구조개혁을 통한 국가경쟁력 회복과 경제 재도약을 설정하였다. 국가안보전략 기조로는 ① 확고한 안보태세를 통한 전쟁 억제와 냉전대결 구조 해체를 통한 한반도 안정과 평화기반의 공고화, ② 남북관계 개선과 평화공존관계 구축, ③ 국가의 안정 보장과 번영 및 발전의 도모를 제시하였다.[4]

---

4) 국방부, 『국방백서』 (서울: 국방부, 1998), p. 51.

노무현 정부는 국가안보목표를 ① 한반도의 평화와 안정, ② 남북한과 동북아의 공동번영, ③ 국민생활의 안전 확보로 설정하였다. '한반도의 평화와 안정'은 확고한 안보태세 확립, 잠재적 위협에 대한 대응능력 구비, 한반도 평화체제 구축을 통한 항구적 평화 보장을 추구하려는 것이다. 그리고 네 가지의 전략기조 중 첫째로 한반도 평화정착과 남북한 공동번영 추구를 통한 평화통일 기반의 조성과 동북아 공존·공영의 토대 마련을 제시하였다('평화번영정책 추진').[5]

박근혜 정부는 국가안보목표로 ① 영토·주권 수호와 국민안전 확보, ② 한반도 평화 정착과 통일시대 준비, ③ 동북아 협력 증진과 세계 평화·발전에 기여 등으로 설정하였다. '한반도 평화정착과 통일시대 준비'란 남북간 신뢰구축을 통한 한반도 평화정착과 통일시대의 준비를 말한다. 여기에는 북핵문제의 평화적 해결에 최선 경주, 남북관계 정상화 및 발전 노력, 통일의 적극적 추진이 포함된다. 국가안보전략 기조로는 튼튼한 안보태세 구축, 한반도 신뢰프로세스 추진, 신뢰외교 전개를 제시하였다.[6] 그리고 한반도 신뢰프로세스를 통한 남북관계 발전의 과제 중 하나로 '지속가능한 한반도 평화 정착'을 제시하고, 군사적 신뢰구축 및 실질적인 군비통제 추진과 'DMZ 세계평화공원' 조성을 세부 과제로 설정하였다.[7]

이명박 정부는 ① 한반도의 안정과 평화 유지, ② 국민안전 보장 및 국가번영 기반 구축, ③ 국제적 역량 및 위상 제고로 설정하고, 국가안보전략 기조의 하나로 새로운 평화구조 창출을 제시하였다. '새로운 평화구조 창출'이란 남북관계의 미래지향적 발전, 한미 간 공통의 가치와 신뢰를 바탕

---

5) 국방부, 『2006 국방백서』 (서울: 국방부, 2006), pp. 27-28.

6) 국가안보실, 『희망의 새 시대 국가안보전략』 (서울: 국가안보실, 2014), pp. 15-22.

7) 『희망의 새 시대 국가안보전략』, pp. 68-70.

으로 한반도 평화정착과 지역안정 및 세계평화에 기여하는 '21세기 전략동맹' 추진, 그리고 주변국들과 긴밀한 협력관계 구축 등이다.[8] 세부과제로 군사적 신뢰구축 및 군비통제 추진을 제시하였다.[9] 이상에서 살펴본 바와 같이 남북기본합의서 이후 역대 한국 정부는 평화와 안정, 평화공존관계 구축, 평화기반의 공고화 등 평화정착의 문제를 국가안보전략과 그 기조의 핵심 중 하나로 삼고 있다는 점에서 큰 차이가 없다. 다만, 김대중 정부와 노무현 정부가 평화체제 구축문제를 구체적 목표로 제시한데 반하여 이명박 정부와 박근혜 정부는 그렇지 않았다. 다만, 박근혜 정부는 "여건이 성숙되는 경우 평화체제 구축문제도 논의할 수 있을 것이다"는 입장을 보이고 있다.[10]

Ⅲ. 한반도 평화정착 부진의 원인

1. 북한의 체제 방어 기제의 작동

한반도 평화문제와 관련한 북한의 주장은 정전협정 체결 이후 거의 변하지 않았다. 주한미군 철수, 북미 평화협정 체결, 미국의 대북 적대시 정책 철폐 등이 일관되게 주장되고 있다. 북한은 본질적으로 한반도에서 안보·평화문제는 미국과 해결해야 한다는 입장을 유지해왔다. 북한은 미국이 대북 적대시 정책을 취하고 북한의 사회주의체제를 말살하려 하기 때문에 정

8) 국방부, 『2008 국방백서』 (서울: 국방부, 2009), pp. 34-35.

9) 국방부, 『2008 국방백서』, pp. 118-125.

10) 『희망의 새 시대 국가안보전략』, p. 69.

전협정 체제를 평화협정 체제로 전환할 의사가 없다고 본다. 미국이 이념과 제도가 다른 대부분의 나라와 외교관계를 수립했음에도 북한과의 외교관계 수립을 거부하는 것이 그 증거라고 주장한다. "현재 유엔 성원국의 86%를 차지하는 166개 나라가 공화국과 외교관계를 수립하였음에도 불구하고 미국만은 의연히 공화국을 국제사회에서 공존할 상대로 여기기를 거부하고 있다"는 것이다.[11] 사실 북한은 유엔회원국 193개국 중 미국과 외교관계가 없는 극소수 중의 하나이다.

북한이 북미 평화협정 체결을 주장하는 이유는 기본적으로 주한미군의 존재와 연관되지만, 한국이 군사적 자주권이 없다고 보는 데도 원인이 있다. 북한은 북미 평화협정 체결을 주장하면서 1980년대에는 북미회담에 남한의 참여를 제안하기도 하고, 1990년대에는 한국과는 남북기본합의서에 따라 불가침에 합의했으므로 미국과 새로운 평화보장체계를 수립할 것을 제안하기도 하였다. 또 1996년 4월 한미가 새로운 항구적 평화체제의 구축은 남북한이 주도해야 한다는 입장에서 제안한 남한, 북한, 미국, 중국이 참여하는 4자회담에 마지못해 참여하기도 하였다. 4자회담은 1997년 12월부터 1999년 8월까지 6차례 개최되었다. 이 회담에서도 북한의 북미 평화협정 체결 주장과 주한미군 철수, 한미합동군사 연습 중지 등의 주장은 견지되었다. 한반도 평화를 저해하는 본질 문제를 우선 해결하자는 것이었다.

제2차 북핵문제가 등장한 이후 이의 해결을 위해 구성된 6자회담이 진행되는 과정에서는 북한은 정전상태에서는 핵포기가 불가능하며, 평화체제가 구축되어야 미국의 대북 적대시 정책이 포기된 것으로 인정할 수 있다

11) 조선중앙통신, 『조선인권연구협회 보고서』, 2014.9.13.

는 입장을 보여주었다. 또 북한은 평화체제 수립은 한반도 비핵화의 실현을 위해 반드시 거쳐야 할 노정이라는 입장을 견지하고 있다.[12)]

냉전체제 종식 이후 북한은 사회주의진영 몰락의 영향이 북한에 파급되는 것을 방지하는 것이 무엇보다 중요했다. 1990년대 북한은 체제의 생존이 최우선이었다. 남북기본합의서를 산출한 남북 고위급회담에의 호응은 체제 방어적 목적이었다. 북한은 '누가 먹고 먹히우는 방식의 통일'이라는 흡수통일에 대한 우려를 가지고 있었다. 남북교류의 물꼬가 터진 이후 전개된 남북관계는 기본적으로 정치군사적 관계 개선보다는 경제사회적 거래의 확대를 통한 실리의 확보에 있었다. 김정일은 '선군정치'라는 위기관리 기제를 동원했다. 동시에 군사안보적 차원에서 핵무기 개발과 미사일 개발을 체제생존의 전략이자 수단으로 삼았다. 북한은 핵무기의 개발이 체제 방어를 위한 '불가피한 선택'이었다고 주장한다. 사실 북한에게 핵무기는 체제 방어는 물론 정권과 김일성 가계에 의한 유일지배 독재체제의 보전·유지를 위한 유력한 수단이다. 북한은 미국의 핵위협 때문에 북한이 결국 핵을 보유하게 되었다고 주장한다. 북한은 핵을 통해 미국과 대화통로를 열고 관계 개선을 위한 접근을 모색하였다. 또 핵무기의 개발로 미국과의 대화 통로를 유지하고 있다.

북한은 1970년대에는 미국과의 평화협정 체결을 통해 한반도에서 자신의 우월적 위치를 차지하려고 의도했다면, 1990년대 이후에는 미국과의 평화협정 체결을 체제 방어의 기제로 인식하고 있는 것으로 평가된다. 1990년대에 미국과의 핵협상과정에서 북한은 평화협정 체결, 새로운 평화보장 체계의 수립을 주장하였다. 북한에게 미국과의 관계 개선은 체제 유

---

12) 북한 외무성 담화, 2005.7.22.

지의 유효한 수단으로 간주되었으나, 미국에게 북한과의 관계 개선은 핵문제의 해결을 위한 수단이었으며 관계정상화는 완전 해결 이후의 문제였다. 북핵문제의 해결이 실패하고 북한이 핵보유국이 된 상황에서 한반도 평화체제 구축의 관점에서 본 공고한 평화정착 문제는 핵문제 해결 이후의 문제로 보아서는 안 된다.

또 한국이 군사적 자주권이 없다고 보는 북한의 입장을 가볍게 지나쳐서는 안 된다. 북한이 남한과 군사접촉을 해왔으나 본격적인 군사적 신뢰구축 회담이나 안보문제를 남한과 다루지 않으려는 이유가 여기에 있다. 한미동맹이 우리의 튼튼한 안보를 지탱하는 축의 하나임에는 틀림이 없으나 전시작전통제권 환수의 재연기는 대북협상 차원에서 한국의 입장을 계속 곤혹스럽게 만들 것이다.

2. 한국의 단절적 대북정책

사회주의진영 붕괴에 따른 체제위기감과 사회주의시장 상실, 경제기반의 피폐화 현상 등에 따른 경제적 필요는 북핵문제에 따른 남북관계 경색이나 남북 당국관계의 진전 없이도 북한으로 하여금 경제적 차원에서 남한에 접근하도록 하였다. 노태우 정부에서 시작된 남북 경제교류는 그 이후 남한 정부의 입장에서도 북한과의 관계 개선을 진전시켜 나가는 유효한 수단으로 간주되었다. 김영삼 정부의 대북정책에서는 사회주의 진영의 붕괴와 독일의 통일의 경험에서 북한도 언젠가는 그러한 상황을 맞을 수 있다는 기대 또는 정세판단이 있었다. 임기 초기에 비전향 장기수의 송환으로 북한에 대한 유화적 접근 정책을 취한 김영삼 정부는 북한의 NPT 탈퇴라는 대응에 따라서 강경 정책으로 선회하였다. 북핵문제를 미국의 손에 맡길 수밖에 없었던 김영삼 정부는 북한의 집요한 북미 평화협정 체결 주장을 남북한과 미국, 중국이 참여하는 4자회담의 개최로 대응하였다. 그러나 4자회담에서도 북한의 협상 파트너는 미국이었지 한국은 아니었다. 이밖에 김영삼 정부에서 한반도 평화정착과 관련한 남북 양자 간 차원의 뚜렷한 구상은 없었다.

김대중 정부는 김영삼 정부와는 다른 정도의 적극적인 대북접근 자세를 보였다. 여러 가지 정책추진기조 속에서도 '보다 많은 접촉과 대화와 협력'을 중점적으로 추진하였다. 그 정책적 수단은 인도적 차원의 지원 및 경협의 활성화 조치였다.

출범 초기 남북관계에 적용해보려던 상호주의 원칙은 북한의 노골적인 거부로 실패하였다. 대규모 경협 제안을 포함한 김대중 정부의 베를린선언(2000.3)은 북한의 '통미봉남' 정책 변화로 김대중 정부의 대북 접근에 호응하는 결과를 낳았고 2000년 6월 남북정상회담이 성사되었다. 그러나 베를린 선언은 상호주의의 포기를 가져왔다. 김대중 정부의 '햇볕정책'은, 사후에 드러난 정상회담 과정에서 제공된 수억 달러의 현금이 보여주듯이 북한의 경제 실익 확보 필요성과 경제적 수단을 통한 대북접근 간에 이해의 공유점을 찾을 수 있었다. 남북 교역이 증가하고 여러 분야에서의 교류가 봇물처럼 터졌다. 그러나 '안보와 협력의 병행 추진' 정책 기조는 사라진 채 평화교류의 우선 실현만이 강조되었다. 남북관계의 외형적 확대 속에서 북한의 핵개발은 계속되었으며, 한반도 평화정착을 위한 4자회담이 북한 측의 일방적인 중단으로 지속되지 않았어도 김대중 정부는 그에 대해 관심을 기울이지 않았다. 김대중 정부에서 2000년 9월 남북국방장관회담이 한차례 열렸고, 경의선·동해선 철도·도로 연결사업 등 경제협력사업과 관련 여러 차례의 군사실무회담이 열렸으나, 남북 간 실질적인 군사적 신뢰구축을 위한 협상은 열리지 않았다.

노무현 정부는 한반도 평화체제 구축에 대해 적극적인 관심을 보였다.

한반도 평화체제 정착은 동북아시대를 선도하기 위해서 필요하며, "평화번영정책은 한반도 평화체제를 구축하려는 것"이라는 입장을 보이기도 하였다. 또 한반도 평화체제 정착이 평화통일의 실질적인 기반을 조성하는 것이라고도 하였다. 노무현 정부는 '햇볕정책'의 보완·발전 차원에서 군사적 신뢰구축을 중요한 과제로 제시하였다. '한반도 평화체제 구축 구상'을 발표하고 남북 당사자 해결원칙을 강조하였다. 또 평화협정은 남북한이 중심이 되고 국제사회가 지지·보장하고 적극 동참해야 한다는 입장을 강조하였다.[13)]

그러나 노무현 정부의 평화체제 구축 구상은 실천으로 이행되지 못했다. 북한은 그 동안 완강하게 견지해오고 있는 군사안보문제에 대한 미국과의 해결 입장을 변경하지 않았다. 노무현 정부 아래서 가장 많은 군사접촉과 회담이 열렸으나 한반도 평화체제 구축을 논의하는 자리는 아니었다.

이명박 정부의 '비핵·개방·3000' 구상에서 평화체제 구축은 강조되지 않았다. '비핵·개방·3000' 구상이 다듬어진 대북정책에서 평화공동체를 제시하면서 한반도 비핵화를 이루고 남북 간 군사적 신뢰구축과 긴장완화를 실현, 새로운 평화구조를 창출하겠다고 제시하였다. 그러나 이명박 정부의 대북정책은 근본적으로 김대중 정부와 노무현 정부의 정책에 대한 비판 위에 서 있었다. 이명박 정부의 원칙을 강조한 대북정책은 북한의 강경한 대응을 불러왔다. 사실 북한은 이명박 정부 출범 이전부터 남한의 보수정부의 등장에 대하여 거부하는 입장을 보였다. 이명박 정부 아래서 한 차례의 장관급회담도 개최되지 않았다. 장관급회담 개최가 반드시 '정상적 남북관계'를 의미하지는 않지만, 당국 간 관계는 악화되었다. 2010년 3월의 천안함 폭침은 남북관계를 얼어붙게 하는 결정적 요인이 되었다. 이명

13) 국가안전보장회의, 『평화번영과 국가안보』 (서울: 국가안전보장회의 사무처, 2004).

박 정부는 2010년 5월 24일 △북한선박 운항금지, △남북교역 중단, △방북 불허 및 주민접촉 제한, △신규투자 불허 및 개성공단 체류인원 제한, △영·유아 등 취약계층을 제외한 대북지원 원칙적 보류 등을 핵심으로 하는 「5.24조치」를 발표하였다. 북한은 때로 유화정책을 취하기도 하였으나 전반적으로 이명박 정부에 대하여 강경한 공세를 펼쳤다. 이러한 상황에서 남북 간에 한반도 평화정착을 위한 접촉과 대화는 가능성을 찾을 수 없었다.

박근혜 정부는 김대중 정부 및 노무현 정부의 '햇볕정책'과 이명박 정부의 '원칙 중심의 정책'에 대한 비판적 평가로부터 통합적인 정책을 추진한다는 입장을 보였다. 그러나 한반도 평화체제 구축은 정책의 우선순위가 아니다. 기본적으로 "북한의 약속 위반과 군사적 도발로 인해 초보적인 신뢰조차 형성하지 못했다"는 입장이다. 지속가능한 한반도 평화정착의 과제로 군사적 신뢰구축 추진을 제시하고 있으나, "군사적 긴장완화와 무력충돌 가능성을 줄이기 위해서는 적절한 시점에 군사적 신뢰구축과 군비통제에 관한 논의를 시작할 필요가 있다"고 본다.[14] 남북 대립과 갈등의 현실에서 실현 가능성의 문제를 고려하더라도 소극적인 입장을 보여주고 있는 것으로 평가된다. 또 남북 간 신뢰를 쌓아가자는 정책은 쌍방 지향적이기보다는 북한의 행동 변화를 우선 강조하고 있다. 북한은 박근혜 정부의 대북정책에 대하여 체제통일 시도를 본격화하는 것이며, 흡수통일을 실현해보려는 구상이라고 강하게 반발하고 있다.[15]

이상에서 살펴본 바와 같이 냉전체제 종식 이후 한국의 역대 정부의 대북정책에서 한반도 평화정착과 관련한 정책은 매우 단절적이었다. 정부의

14) 『희망의 새 시대 국가안보전략』, p. 68.

15) "국방위원회 대변인 담화" 2014.4.12.

출범 시에는 평화체제 구축, 평화정착, 평화구조 창출과 같은 명칭으로 관련 정책 구상을 제시하거나 갖고 있었더라도 정책의 실현을 위한 의지는 부족하였다. 북한이라는 상대방이 있으나 교류협력 분야와의 상호 연동 속에서 평화정착을 추진하는 대북정책의 전략적 토대가 매우 취약하였다. 특히 정권 교체에 따라서 정책의 불연속성이 강하게 나타남으로써 공고한 평화정착 또는 평화체제 구축이라는 통일을 향한 핵심과제를 일관성과 장기 전략의 관점에서 추진할 수가 없었다. 이러한 점에서 독일의 경우는 우리에게 크나큰 교훈을 준다. 서독도 자유민주주의체제 아래서 국민의 지지정도에 따라서 정권의 교체가 이루어진다. 그러나 동방정책이 추진된 이후 서독은 정권의 교체와는 무관하게 일관된 독일정책을 전개해 나갔다.

표 1 노무현 정부 시기까지의 평화체제 구축의 과정에 대한 남북 간 입장 차이

	남 한	북 한
정세 긴장원인	북한의 군사적 위협 의도와 능력 - 오늘날 남북 간 긴장의 근본원인은 상대방의 군사적 의도와 능력에 대한 의구심	북미 간 교전상태에 따른 대북 적대시정책과 고립압살 책동 - 조선반도에서 전쟁반발의 위험이 커가고 있는 것은 남조선 주둔 미군을 위시로한 대규모 군사연습과 무력증강 책동에 기인
신뢰구축 문제에 대한 인식	평화체제 구축을 위해서는 군사적 신뢰구축 진전을 중심으로 先易後難식 접근이 필요 - 한반도 긴장원인의 핵심은 군사적 대결과 불신이므로 이를 해소하는 방안으로 군사적 신뢰구축이 우선적으로 논의될 필요	정치적 신뢰구축 없이 군사적 신뢰구축 논의는 어불성설 - (북미 간)교전관계, 적대관계에서 정치적 신뢰 없이 미군철수 문제를 배제한 군사적 신뢰조성 논의는 비현실적 - 헬싱키 방식은 조선반도가 처한 고유한 정치, 군사적 특성을 고려할 때 부적절
해결방향	남북 간 군사적 긴장완화 및 신뢰구축에 기반한 평화제도화 - 한반도 긴장완화를 위해서는 우선적으로 군사적인 투명성과 예측가능성을 높이는 군사적 신뢰구축 조치 합의가 필요	북미 간 교전 및 적대관계 해소 - 교전관계 청산 조치가 선행되고 그러한 정치적 분위기 속에서 무력의 수준을 낮추기 위한 신뢰구축 문제 논의 가능
↓	↓	↓
평화체제 구축의 과정	先 긴장완화 · 신뢰구축 後 (남북) 평화협정 체결	先 (북미) 평화협정 체결 後 군사적 신뢰구축

〈표 1〉은 노태우 정부 이후 노무현 정부 시기까지 남북한의 평화체제 구축의 과정에 대한 입장 차이를 정리한 것이다. 평화체제 구축의 과정의 문제는 평화협정과 긴장완화(신뢰구축)의 선후관계가 어떻게 되어야 하는가와 관련한 문제이다. 이는 당면한 정세 긴장의 원인, 신뢰구축 문제, 문제해결의 방향, 신뢰구축 문제 등에 대한 상호 인식의 차이에서 출발한다.

Ⅳ. 한반도 평화정착의 과제: 평화체제 구축의 관점[16]

한반도 평화체제 구축의 목적은 남북기본합의서에 나타난 대로 '공고한 평화상태'를 구현하려는 것이다. 한반도 평화체제의 구축은 "전쟁의 법적 종결 및 전쟁방지와 평화유지를 위한 제도적 장치를 마련함으로써, 정전상태를 평화상태로 전환하고, 남북한 및 국제적 차원에서 상호 적대적 긴장관계를 초래했던 제반 긴장요인들을 완화·해결함으로써, 항구적 평화정착을 위한 제도적 발전을 실현"하는 것이다.

한반도에 평화체제를 구축하는 것은 세 가지의 구성요소를 갖는다. 첫째, 정전협정을 평화협정으로 대체하는 평화협정의 체결이다. 둘째, 남북간 군사적 긴장완화와 신뢰구축이다. 셋째, 북핵문제의 평화적 해결과 북미관계 및 북일관계의 정상화이다.

평화체제는 세 가지 측면을 내포한다.[17] 첫째, 과정(Process)으로서의 평화체제이다. 평화체제란 단순히 전쟁의 법적종결에 국한되는 것이 아니라,

16) 이 부분은 필자의 "한반도 평화체제의 논의와 과제," 『한반도 군비통제』41집 (서울: 국방부, 2007), pp. 182-186을 다소 보완한 것이다.

17) 통일부, "한반도 평화체제 구축: 쟁점과 전략"(2006.1), p. 4.

남북한 및 국제적 차원의 제반 긴장요인을 포괄적으로 해결하면서 평화를 제도화하고 정착시켜 나가는 장기적 과정이다. 평화체제 구축은 평화협정 체결과 같은 일시적 사건이 아니라, 포괄적이고 장기적 과정이다. 둘째, 한반도 평화체제는 국제적 문제의 성격도 갖는다. 한반도 평화문제는 정치, 군사, 경제 등 다양한 분야에서 민족 내부적 요소와 북·미, 북·일 간 안보 현안 등 국제적 요소들이 혼재되어 상호 작용하는 문제이다. 따라서 관련 당사국들 간 국제적 협력을 통한 조화와 상호 보완이 요구되는 과제이다. 셋째, 평화적·점진적 통일의 제도적 기반으로서의 평화체제이다. 국제사회의 보편적 평화 프로세스와는 달리, 한반도 평화체제는 남북 평화공존 실현과 남북연합으로의 진입을 위한 제도적 기반을 제공하는 과도기적 체제를 말한다. 따라서 한반도 문제의 과도한 국제화를 지양하고, 남북 당사자 간 해결노력과 국제적 협력의 조화가 매우 중요하다.

한반도 평화체제 구축과정은 한반도의 불안정 상태를 극복하고 남북관계가 평화와 협력의 양 측면에서 균형적 발전을 이룸으로써, 민족적 화해, 무력 충돌 방지, 긴장완화와 평화보장, 다각적 교류·협력 실현, 그리고 민족공동의 이익과 번영을 실현하려는 것이다. 한반도 평화체제 구축은 과정이자 그 결과로서의 목표 달성을 포괄한다. 이러한 전제 위에서 한반도문제를 둘러싼 국제정치적 현실, 민족문제와 국제문제로서의 구조적 이중성, 남북관계 발전 추세, 북한의 체제내적 변화 가능성, 우리의 역량과 의지 등을 고려하여 평화공존과 다양한 분야의 협력 정책을 적극적으로 병행하여 추진할 필요가 있다.

한반도 평화체제 구축 과정에서의 세부 목표는 다음과 같이 설정할 수 있다. 첫째, 남북관계를 정상화하고 지속적 발전과정으로 진입시키기 위해서 정치·군사 및 비정치·군사 분야가 균형적으로 진화되어야 하며, 이를 위해서는 평화체제가 구축되어야 한다. 남북관계의 제 분야가 안정적이며 예측 가능한 제도화의 상태로 발전할 수 있도록 평화공존체제를 달성하는 것이다.

둘째, 남북 간 실질적인 정치적 화해와 군사적 신뢰를 구축하는 것이다. 남북관계의 지속성 유지와 교류·협력의 안정화·제도화를 위해서는 체제공존과 안전보장에 대한 상호 확신이 쌓여야 한다. 한반도 평화정착이 제대로 실천되지 못한 가장 큰 원인은 북한이 체제 안전 보장에 대한 확신을 갖지 못했기 때문에 기존의 정책으로부터 전혀 변하지 않는다는데 있었다.

셋째, 남북 교류·협력의 활성화와 제도화이다. 북한의 김정은 정권은 경제회복을 위해 북한 전역에 걸쳐 경제개발구 정책을 채택하였다. 시장화가 진전되고 있으며, 공장과 협동농장에서 개인 노동자에게 인센티브 제공 정책을 도입·추진하고 있다. 북한이 핵무력 건설과 경제건설을 병행하여 핵능력을 증대하려는 전략을 포기하지 않고 있으나, 북핵문제의 선 해결 후 북한체제의 변화를 추진하는 것은 현실적이지 않다. 북한이 경제개발을 추진하면서 자본주의세계에 편입될 수 있도록 하는 것이 북한 변화를 견인하는 한 방편이다. 남북 경제관계의 단절이 북한 경제의 탈구를 막지는 못한다. 북한과의 경제 교류·협력이 북한을 남한과의 지속적인 상호 작용 틀로 유인하는 길이다. 교류·협력의 범위, 규모, 폭 등을 점차로 확대하고 경협 제도화를 위한 합의를 이루어나가고 남북한 경제의 상호 의존성을 높여 나가야 한다.

넷째, 북한체제의 자발적인 변화 여건을 조성하는 것으로서, 남북 간 다방면에 걸쳐 상호 의존도를 높여나가면서 북한이 시장경제로의 경제작동체제의 변화를 본격적으로 선택하는 환경을 조성하고, 북한체제의 안정적 변화가 북한 스스로의 이익 선택으로서 발생할 수 있는 여건이 되도록 협력하는 것이다.

다섯째, '9.19 공동성명'과 '2.13 합의'는 북핵문제를 넘어서는 포괄적 문제 해결을 지향하고 있다. 한반도 평화체제 구축은 북핵문제의 해결과 동반하여 추진되는 과제이다. 북핵문제의 완전 해결과 평화체제 구축, 남북관계의 개선과 동북아 안보협력체제 구축, 북핵문제의 평화적 해결과 북미관계 및 북일관계의 정상화 등이 동시 병행적으로 추진되는 것이 필요하다.

V. 정책 제언: 새로운 접근

한반도 평화정착을 위한 정책과제에서 이미 논의되었지만, 평화체제 구축을 통한 공고한 평화의 정착은 ① 평화협정 체결, ② 남북 간 군사적 긴장완화와 신뢰구축, ③ 북핵문제의 평화적 해결과 북미관계 및 북일관계의 정상화 등 세 구성 요소를 실천함으로써 성취될 수 있다.

지금까지 한국과 미국의 정책은 북핵문제의 우선 해결에 초점이 맞추어졌다. 북한의 체제와 정권 및 통치자 개인의 권력 유지 수단으로써 핵무기 개발과 핵무기 전략이 유지된다면 북핵문제는 세 가지의 문제에 대한 북한 지도자의 확신이 서지 않는 한 쉽게 해결되지 않을 것이다. 적어도 체제 안보에 대한 확신이 있어야 한다. 북한은 그 수단으로서 미국과의 평화협정 체결 입장을 견지하고 있다. 미국과의 평화협정 체결 주장이 미군 철수를 겨냥하고 있지만 오늘날 북한체제의 현실과 미중관계의 변화 등 국제정치 현실의 변화를 고려한다면 그 문제는 얼마든지 협상이 가능한 문제이다. 따라서 최종적으로 평화협정 체결을 향한 평화협정 논의의 시작에 대해 소극적 입장을 가질 필요는 없다. 공고한 평화정착은 세 가지의 구성 요소를 동시 병행적으로 추진하여 상호 선순환의 작용을 통해 최종적인 결과가 조화롭게 나타나도록 하는 접근을 제안한다. 미국이 북핵문제 때문에 북한과의 관계 개선 및 정상화에 소극적일 필요는 없으며, 그러한 점에서 일본의 경우도 마찬가지이다.

또한 그동안 북핵문제를 해결하기 위하여 경수로 지원이나 에너지 및 식량지원과 같은 경제적 대가와의 교환을 추진하였다. 즉 북한의 '안보와 경제적 대가의 교환'이다. 그러나 이러한 방식은 북한의 입장에서 쉽게 수용할 수 있는 것이 아님을 지난 20년의 경험이 보여주고 있다. 북핵문제의 해결은 '안보와 안보의 교환', 즉 북핵문제의 해결과 한반도 평화체제 구축의 교환 방식을 추진할 필요가 있다. 그 과정에서 북핵문제의 해결 단계와 평화체제 구축의 단계가 상호 주고받기 방식으로 추진될 수 있을 것이며, 북한의 국제사회로의 편입을 견인해 나갈 수 있을 것이다. 7.7선언에서 한국은 북한의 미국과 일본과의 관계 개선을 지원할 용의가 있음을 표명하였다. 북한이 핵무기 개발로 한국과 미국, 그리고 국제사회와의 약속을 위반해왔으나, 북한을 협상의 틀로 강하게 유인하기 위해서는 미국도 북한과의 관계 개선에 전향적인 입장을 가질 필요가 있다. 북한의 핵무기와 재래식 무기에 의한 군사적 위협은 그것대로 튼튼한 안보에 토대한 강건한 군사적 억제로 대처하면서 북한을 지속적인 협상의 틀 안에 들어오도록 해야 한다.

한반도 평화체제의 구축을 추진하는 과정은 상당한 수준의 전략적 구도를 가져야 한다. 구체적인 전략 방향을 두 가지 제안한다. 첫째, '2.13 합의'에 따라 구성된 5개의 실무그룹회의가 다룰 과제와 한반도 평화체제를 위한 포럼, 그리고 남북관계의 발전 과제가 상호 유기적인 연관 관계를 가지도록 다시 틀을 짜야 할 것이다. 여러 가지의 과제가 동시 다발적으로 균형 있게 진척되도록 만드는 일은 현실적으로 매우 어렵다. 그러나 각 과제들이 별도로 독립적으로 추진되기보다는 상호 선순환 구조가 형성되도록 노력할 필요가 있다. 둘째, 한반도 평화체제의 구축은 전반적인 평화프로세스의 일환이다. 한반도 평화프로세스 추진은 남북한의 내부적 요인, 남북관계, 그리고 국제적 전략 환경 등 세 차원의 요인을 반영함으로써 복합적이고 다차원적인 평화체제 구축문제에 도전해야 한다. 당면하게는 5.24 조치의 해제와 금강산관광재개 문제 등에서 전향적 자세를 갖는 전략적 유연성을 보일 것을 제안한다. 북핵문제의 평화적 해결을 말하면서 시간을 소요한 결과는 북한의 핵능력 증대로 나타났다. 완고한 협상 상대에게는 강압적인 수단도 필요하지만 강압과 유연의 신축적 융합으로서 효과를 발휘하는 경우가 많다. 북한의 접촉면에 넓어지면 넓어질수록 변화의 기회는 더욱 증대할 것이다. 21세기는 스마트 파워의 시대가 아닌가?

8부

박근혜 정부의 대북정책과 남북관계 개선방안

한 반 도 평 화 와 통 일

여는 글
백영철

여는 글

백영철 한반도포럼 회장(건국대)

광복 70년, 분단 70년을 맞이하여 박근혜 정부는 한반도 평화통일의 기반 구축을 중요한 국정과제로 삼고 있다.

그동안 박근혜 정부는 한반도 신뢰프로세스, 드레스덴 선언, 통일준비위원회 발족 등을 통하여 강력한 통일 의지를 표명하며 의욕적 대북정책을 추진하여 왔다. 그러나 아직 실질적 업적은 미미한 상태에 머무르고 있고 남북관계는 정치·군사적으로 경색국면을 벗어나지 못하고 있다.

오늘의 세미나는 지난 2년간 박근혜 정부의 대북정책을 분석·평가하고 나아가 앞으로의 바람직한 정책 방향과 대안을 제시하고자 개최하였다. 박근혜 정부의 남은 3년 간 보다 내실 있는 대북정책이 이루어지기를 기대해 본다. 지금까지 한반도포럼(통일포럼)은 남북관계의 현실을 직시하면서 단순한 비판을 넘어서서 바람직한 대안과 정책 방향을 제시하는데 주력하여 왔다.

박근혜 정부의 대북정책은 세 가지 수준에서 전개되어왔다.

1) 원칙상 한반도 신뢰프로세스는 기본적으로 작은 문제부터 하나씩 신뢰를 쌓아 궁극적으로 큰 문제를 해결한다는 점진적인 접근 방법을 추구

하여 왔다. 이는 그동안 북한의 '합의-보상-파기'라는 행위의 악순환에 대한 대응으로 보인다.

2) 한반도 통일 비전과 관련해서 박근혜 대통령은 분단의 상징인 DMZ에 생태평화공원의 조성을 제안하고, 통일의 인프라 구축을 위한 한반도(종단/횡단) 철도건설과 기후문제 등 동북아평화협력구상(재난구조, 에너지 안보문제 포함) 그리고 유라시아이니셔티브 등을 제안하였다. '핵 없는 통일한국'이 동북아 평화협력과 세계 평화에 기여하게 된다는 거시적인 글로벌한 차원에서의 장기적 비전을 제시한 것으로 평가된다.

3) 구체적 대북정책의 수준에서는 한반도 철도 건설 등 교통인프라 구축, 산림/하천의 공동관리 등 환경인프라 구축, (시범)복합농업단지와 지하자원 공동개발 등 민생인프라 구축을 제시하였다. 그리고 민족동질성의 회복을 위해서 문화, 예술, 스포츠 교류 등을 활성화 할 것을 제안하였다.

그러나 북한의 입장에서 보면 시급한 북한 주민의 경제문제 개선과는 동떨어진 머나먼 주변부적 관심사항이다. 예컨대 쌀, 비료제공, 금강산관광재개 등 북한의 핵심적 관심사는 모두 빠져 있다.

〈문제점과 개선 방안〉

앞으로 남북관계 개선을 위하여 한반도 신뢰프로세스의 업그레이드와 인적 전문성 보강 등 다음과 같은 획기적인 조치가 필요하다.

첫째, 대승적이고 호혜적인 접근이 요청된다.

박 대통령의 한반도 신뢰프로세스는 하나씩 문제를 해결함으로써 신뢰를 쌓아가자는 점진적이고 1:1 상호주의에 기초하고 있는 것으로 보인다.

그러나 남북관계의 현실은 군사적 긴장완화, 한반도 비핵화, 이산가족 상봉 정례화, 5.24조치 해제, 금강산 관광재개 등 커다란 문제들이 산적해 있다.

이러한 문제들을 해결하기 위해서는 포괄적, 대승적, 호혜적 접근이 필요하다.

남북관계는 기본적으로 이중성을 갖는다.

군사적으로는 적대적 관계이지만 동시에 통일의 대상이며 파트너이기 때문이다. 북한의 군사적 도발에 대해서는 강력히 대처해야 한다. 그러나 교류와 협력 분야에서는 상대적으로 부강한 한국이 대승적 관점에서 접근하여 평화통일의 기반을 구축하여야 할 것이다.

우선 북한의 영유아와 노약자 등 취약계층에 대한 인도적 지원은 과감하게 대규모로 시작하여 점차 식량, 비료 등 일반적인 인도적 지원의 수준으로 확대하는 것이 민족동질성 회복 등 통일기반의 구축에 도움이 될 것이다.

그동안 남북관계는 일방적이며 선언적이고 상대방에 대한 정책적 배려가 부족하였다. 앞으로는 일방적이 아닌 호혜적인 입장에서 추진되어야 한다.

예컨대 이산가족 상봉이 1회로 끝난 것은 이에 상응하는 보상적 조치가 없었기 때문으로 보인다. 앞으로 이산가족 상봉은 금강산관광의 재개와 연계하여 추진하게 되면 정책적 실효성을 높일 수 있을 것이다.

둘째, 지뢰밭을 밟지 말아야 한다.

남북관계 개선을 위해서 한국 정부는 북한이 극도로 민감하게 반응하는 문제들에 대하여 신중하게 대처해야 한다. 예컨대 체제문제('붕괴', '쇠퇴', '고립' 등), 흡수통일, 세습 문제와 인권문제 등을 거론하면 마치 매설해둔 지뢰밭을 밟는 것과 같아서 여타의 중요한 이슈들에 관한 논의와 진전을 수포로 돌아가게 만든다.

셋째, 대북정책의 혼선을 피해야 한다.

현 정부는 대북정책의 원칙과 통일 방법의 제시에 있어서 종종 혼선을 보여주고 있다. 예컨대 통일부 장관은 남북 간의 교류와 협력을 강력히 요구하는 동시에 유엔에서는 외교부 장·차관이 북한 당국자와 인권문제에 관한 첨예한 설전을 벌이는 부처 간 정책적 혼선을 보여주었다.

대북정책의 컨트롤 타워(총괄조정) 기능이 필요하다.

모든 문제를 동시에 추진하는 것은 현실적으로 불가능하다. 정돈된 의제 선정과 정책의 우선순위를 결정하여 정책 로드맵을 만들어야 한다.

박근혜 대통령은 한반도의 평화통일을 강조하고 있으나 일각에서는 흡수통일을 거론하고 있다. 그리고 박 대통령은 통일의 기본 가치로서 자유, 평화, 번영 그리고 인권을 강조하면서 '통일대박론'을 제시하였다. 이에 대하여 북한은 '흡수통일' 기도라는 우려를 강하게 표명하고 있다.

통일 방법에 있어서 흡수통일에 대한 북한의 우려를 불식시켜야 한다. 이와 관련하여 우리 정부의 공식적 통일방안인 「민족공동체 통일방안」의 화해협력-남북연합-통일국가 3단계 방안과 자주, 평화, 민주의 3대원칙을 재천명하고, 최종 단계에서의 통일 정부의 형태는 남북 간 합의와 주민의 선택으로 결정한다는 방안이 합리적이며, 흡수통일 우려를 불식시키는 데 도움을 줄 수 있다.

넷째, 대북정책 관련 전문성과 중량감을 보충하여야 한다.

현 정부의 대북정책 인사라인을 살펴보면 대북정책의 전문성과 중량감이 부족하다. 따라서 대북정책의 경험이 풍부하고 북측과 대화가 가능한 중량감 있는 인사를 대통령 특보와 특사, 그리고 정책 고문으로 영입하여 남북관계 경색국면의 돌파구를 마련하여야 한다.

의미 있는 남북 간 채널이 마련되면 5.24조치 해제 문제, 금강산관광 재개 문제는 충분히 대화로 풀 수 있다.

그리고 다방면의 민간 교류(학계, 경제, 종교, 시민단체 등)를 허용하여 당국 간 대화의 가교 역할로 활용하고, 정부 간 공개, 비공개 접촉 등 접촉의 다면화로 남북 간 활로를 모색하여야 한다.

끝으로 북핵문제 처리 방안과 관련하여

한국은 해외의존적 패턴에서 벗어나 주도적으로 대처해야 한다.

박 대통령은 대북정책 발표 시 매번 북한이 핵을 내려놓고 평화와 공동발전의 길로 나오기를 지속적으로 촉구하고 있다. 그러나 북한의 비핵화를 견인할 수 있는, 즉 북한의 체제-안보 우려를 해소할 수 있는 정책 대안이나 실질적 노력이 부족하다.

소위 미국의 '전략적 인내' 속에 6자회담을 하지 않고 북핵문제를 방치하고 있는 것은 북한이 '핵보유 강국'으로 가는 것을 방치하는 것이다.

한국 정부는 소위 진입장벽을 낮추어 6자회담을 조속히 개최하여 북한의 핵 활동을 동결시키고 한반도 비핵화를 추진하여야 한다. 이를 위해서는 북한의 안보 우려를 해소하고 체제 보장을 위한 한반도 평화체제 구축 방안을 제시하여야 한다.

북한의 비핵화 수준과 연동하여 추진되는 한반도 평화체제 구축은 평화협정, 북·미관계 정상화, 동북아 평화안보체제 구축 등 세 차원의 진전과 발전을 통해 이루어질 수 있다. 나아가 한반도 비핵화와 평화체제 구축 그리고 교류협력 확대를 통하여 평화통일의 기반을 구축하고 동북아 평화시대를 열어갈 수 있을 것이다.

박근혜 대통령은 북한 비핵화를 위하여 미국과 중국, EU와 ASEAN 등 국제협력을 강조하고 있으나 지나친 해외의존적 패턴에서 벗어나야 한다.

국제협력을 유지하는 가운데서도 특히 6자회담의 틀 내에서 한국이 주도적으로 참여하는 남·북·미, 남·북·중 등 3자회의, 남·북·미·중 4자회의 개최 등 북한을 관여시키는 해법 마련에 능동적인 역할을 적극 모색해야 할 것이다.

독일 사례에서 보듯이 통일을 위해서 국제협력은 절실히 필요하다. 하지만 지금의 한·일관계, 한·중관계, 한·미관계 등을 보면 국제관계를 다시 가다듬어 통일을 위한 조화로운 정책을 추진해야 할 것이다.

끝으로 오늘 참석하신 최고급 전문가 여러분의 정책적 제언과 고견을 기대합니다.

박근혜 정부 대북정책 2년 평가와 향후 정책방향

최진욱 통일연구원

I. 서 론

본고의 목적은 박근혜 정부 출범 2년이 경과한 시점에서 박근혜 정부 대북정책을 평가하는 것이다. 대북정책 평가에서 가장 중요한 것은 대북정책의 목표인 분단의 평화적 관리와 통일준비를 균형 있게 보는 시각이다. 냉전 이후 정부가 바뀔 때마다 대북정책이 극과 극을 오가며 대북정책에 대한 평가는 종종 분단의 평화적 관리와 통일준비 중 어느 하나의 입장에 입각해서 다른 입장을 비판하는 이분법적 논쟁으로 귀결되곤 하였다. 경제, 교육, 복지 등 다른 분야에 비해 대북정책에 대한 평가는 사실상 이미 정해진 입장에 따라 이루어지는 경우가 빈번했다. 실제로 대북인식, 정책수단, 정책 목표 등에 있어서 두 개의 입장이 첨예하게 대립하는 상황에서 객관적이고 건설적인 평가보다는 기존의 입장이 반복될 수밖에 없었다.[1)]

---

1) 대북인식과 관련, 북한의 개혁 · 개방 지연 이유를 '한반도 냉전구조'에 있다고 보고 북한

대북정책 평가에는 다음의 기준과 고려사항이 우선적으로 포함되어야 할 것이다. 첫째, 대북정책에 대한 평가는 무엇보다 분단의 평화적 관리와 통일준비라는 대북정책의 두 가지 목표에 부합되는 정책의 추진여부이다. 구체적으로 북한의 도발에 대한 억지력 확보, 한반도 긴장완화, 남북한 화해협력, 동질성 회복, 인권을 포함한 인도주의적 문제, 북한의 비핵화, 북한의 개혁개방 등이 주요 측정 분야가 될 것이다. 둘째, 대북정책의 추진 결과 정해진 목표를 얼마나 달성했는지가 중요하다. 셋째, 대북정책의 목표를 달성하기 위해 필수적인 국제협력과 국민적 합의기반 도출 노력과 성과도 대북정책 평가에 포함되어야 할 것이다. 넷째, 대북정책의 목표를 수행하기 위한 환경에 대한 평가와 변화하는 대북정책의 환경에 적응하려는 노력 역시 중요한 고려사항이 될 것이다. 국민여론에 부응하는 정책인가에 대한 고려가 중요한 부분이 될 것이다.

본고에서는 박근혜 정부 대북정책의 추진실태와 특징을 분석한 후 이를 평가하고 향후 정책 과제를 제시하고자 한다.

이 안심하고 개혁 · 개방 할 수 있도록 한국과 미국, 일본의 대북 적대시 정책이 전환되어야 한다는 '북한의 변화 환경 제공론' 대 북한은 정권유지를 위해 내부 결속을 최우선시 하는 것이며 스스로 고립을 유지하고 있기 때문에 북한의 개혁 · 개방을 위해 외부에서 환경을 만들어 주어 해결하려는 것은 한계가 있으며 북한이 스스로 결정해야 할 문제라는 '북한 책임론'이 대립한다. 대북정책 수단과 관련해서는 남북간 교류협력의 확대가 북한의 변화를 가져오고, 화해를 통해 평화정착이 이루어지며 이 과정에서 통일은 자연스럽게 온다는 '기능주의 낙관론'과 북한의 변화가 담보되지 않는 단순히 경협의 양적 확대는 잘못된 북한체제를 강화시키고 핵개발 등 북한의 위협을 증가시킬 수 있다는 원칙론이 대립한다. 대북정책의 목표와 관련해서는 남북한이 상호 체제인정, 평화정착과 교류협력 등을 통해 '사실상의 통일' (de facto unification)을 이루는 것을 당면 목표로 하는 평화론 대 통일은 반드시 점진적으로 오는 것이 아니라 통일은 언제 올지 모르니 통일을 준비해야 한다는 통일론이 대립한다.

Ⅱ. 박근혜 정부 대북정책의 추진 실태와 특징

1. 추진 실태

가. 한반도 신뢰프로세스의 의의

한반도 신뢰프로세스는 어떻게 하면 남북관계에서 불신과 대결의 악순환을 끝낼 수 있을까 하는 고민 끝에 제안되었다. 과거 남북관계는 진전되는 듯하다가도 후퇴하기를 반복하였으며 남북관계의 근본적 문제는 신뢰의 부족 때문이라고 진단하였다. 남북관계에서 불신과 대결의 악순환을 끝내기 위해서는 불신의 벽을 넘어야 한다는 것이다. 남북간 신뢰 형성은 결코 쉬운 일이 아니나 남북관계의 진전을 위해서 반드시 선결해야 하는 일이다.

과거에도 남북관계에서 신뢰의 중요성이 언급되기는 하였으나 대북정책의 키워드로 '신뢰'가 사용된 것은 박근혜 정부가 처음이다. 과거 대북정책에서는 포용, 원칙, 전략적 인내 등과 같은 정책 수단을 둘러싸고 논의가 이루어졌으나, 한반도 신뢰프로세스에서는 신뢰라는 무형의 인프라에 주목하고 있다. 강경과 온건, 대화와 안보와 같은 과거의 이분법적 논쟁은 더 이상 의미가 없으며 강경할 때는 더 강경하게, 유연할 때는 더 유연하게 대처하는 것이 중요하다. 간략히 정리하면, 한반도 신뢰프로세스는 "튼튼한 안보를 바탕으로 남북 간 신뢰를 형성함으로써 남북관계를 발전시키고, 한반도에 평화를 정착시키며, 나아가 통일의 기반을 구축하려는 정책"이다.

한반도 신뢰프로세스에서는 남북관계를 방치하거나 과욕을 부리는 것 모두를 배제한다. 핵문제나 정치적 사안에 모든 남북관계를 연계시켜서 중단시키기보다는 인도적 지원과 대화노력 등을 통해서 신뢰구축 노력을 지속한다. 동시에 남북관계가 잠시 진전되는 듯하다가 다시 후퇴하지 않도록 과욕을 부리지 않고 신뢰수준에 맞게 남북관계를 차근차근 진전시키도록 한다. 신뢰는 일방적 양보를 의미하는 것도 아니며 유화정책도 아니다. 일련의 검증된 행동을 통해 벽돌을 쌓듯이 다음 단계로 나가는 것이다.

한반도 신뢰프로세스는 세 가지 목표를 추구한다. 첫째, 대결과 불신의 악순환을 반복해 온 남북관계를 상식과 국제규범이 통하는 새로운 남북관계로 변화시키는 것이다. 둘째, 남북관계를 긴장과 대결에서 벗어나 공고한 신뢰를 바탕으로 지속가능한 평화협력 관계로 바꾸어 나가는 것이다. 셋째, 남북한이 공동 번영할 수 있는 기반을 구축하고 한민족 전체와 세계인의 지혜를 모아서 평화통일에 이르는 방법을 모색해 나가는 것이다.

한반도 신뢰프로세스는 세 가지 추진 원칙에 입각한다. 첫째, 균형있는 접근이다. 과거 대북정책은 강경과 유화를 오갔으나, 강경과 유화의 이분법적 사고에서 벗어나 강경정책의 장단점과 유연한 정책의 장단점을 객관적으로 분석하여 장점은 유지·발전시키고 단점은 보완하겠다는 것이다. 균형은 강경과 유화의 균형뿐만 아니라, 안보와 교류협력 간의 균형, 남북대화와 국제공조의 균형, 협상과 억지 등 다양한 분야에서의 균형을 포함한다.

둘째, 진화하는 대북정책이다. 한국의 대북정책도 진화해야 한다. 북한의 올바른 선택을 유도하고 남북 간 공동발전을 구현하는 방향에서 대북정책을 지속적으로 보완·발전시켜야 한다. 또한 전개되는 상황에 맞춰 대북정책을 변화시킴으로써 한반도 상황을 능동적으로 관리해 나가고자 한다. 대북정책의 진화는 이전 정부와의 전면적인 단절과 인위적 차별화가 아니라 단점은 보완하되 장점은 살리면서 정책의 일관성을 유지하는 것이다.

셋째, 국제사회와의 협력이다. 한반도 신뢰프로세스 추진을 위해서는 국제사회의 도움이 필요할 수 있으며 이에 대한 다양한 전략이 필요할 것이다. 이를 위해서는 한국의 신뢰구축 노력이 국제사회의 지지를 받아야 할 것이다.

나. 통일대박론

2014년 1월 6일 연두 기자회견에서 박근혜 대통령은 “통일은 대박이다”라는 한마디로 통일기반 구축에 적극적으로 나설 것임을 천명하였다. 과거 통일논의는 통일 비용을 중심으로 이루어지면서 통일의 부정적 측면이 부각되었으나, 통일대박론은 편익 중심의 통일논의를 선언한 것이다. 요컨대, 박근혜 대통령의 통일대박론은 통일에 대한 부정적 인식을 극복하고 통일을 기회와 희망으로 보는 긍정적 통일담론을 확산시키기 위한 것이다.

통일은 정치, 경제, 사회 모든 분야에서 무궁무진한 기회와 희망을 가져다 줄 수 있다. 통일이 되면 한국의 국제적 위상이 올라가고, 분단으로 인한 사회적 갈등이 해소된다. 경제적으로는 코리아 디스카운트가 사라지고 북한의 풍부한 자원을 활용하여 경제적 도약의 계기가 될 수 있다. 북한의 핵문제 등 대한민국의 안보위협이 해결되고 북한 주민들의 인권 문제와 경제난이 해결될 것이다. 무엇보다 박근혜 정부에서 과거와 구분되는 통일의 진정한 의미는 국가, 정치, 경제 같은 거대 담론보다는 개개인의 행복에 있다. 동북아의 평화와 안정에도 기여함으로써 주변국들 개개인의 삶의 질이 향상될 것이다.

박근혜 대통령은 대북정책뿐만 아니라 외교안보정책을 아우르는 평화통일 기반 구축보다 적극적인 개념으로 ‘통일시대 기반 구축’을 제시하였으며 세 분야로 나누어 세부과제들을 제시했다.

첫째, 통일시대 기반 구축을 위해서는 평화가 정착되어야 한다. 통일에 핵심적인 장벽은 북핵이다. 북한이 핵을 고집하는 한 남북경협의 확대는 한계가 있다. 북핵과 민족공동체의 양립은 불가능하다.

둘째, 통일시대 기반 구축을 위해서는 인도적 지원이 필요하다. 인도적 지원은 정치적 문제나 핵문제와 관계없이 남북관계가 어려운 상황에서도 북한 주민들이 겪고 있는 고통을 해결하기 위해 지속되어야한다. 또한 학술, 종교, 스포츠 등 민간교류도 확대해 나가야 한다. 유럽 NGO와 한국 NGO가 힘을 합쳐 농업, 축산 지원을 할 수 있다. 인도적 지원은 남북한 주민들 간 동질성을 회복하는 수단이기도 하다. 탈북민이 한국사회에 성공적으로 정착하는 것은 통일한국의 미래이다. 탈북민에 대한 지원을 통해 이들이 코리안 드림을 이룰 수 있도록 해야 한다.

셋째, 통일시대 기반 구축은 국제협력 없이 불가능하다. 정상회담부터 공공외교에 이르기까지 다양한 채널을 통해 남북통일의 공감대를 확산시키는 일이 중요하다. 동북아 평화협력구상과 유라시아 이니셔티브가 대표적인 국제협력 노력이다.

다. 드레스덴 구상의 의미

2014년 3월 28일 독일 드레스덴에서 발표된 박근혜 대통령의 '한반도 평화통일을 위한 구상'은 박근혜 정부 출범 이후 천명한 대북정책 및 통일정책의 추진방향을 구체화한 것이다.

드레스덴 구상에서 박근혜 대통령은 인도적 지원, 민생인프라 구축, 남북한 동질성 회복 등 3대 대북 제안을 했다. 인도적 지원은 이산가족 문제의 해결을 위한 이산가족 상봉 정례화 등으로 남북간 신뢰를 쌓고 영유아 및 산모 지원 등 북한 주민들에 대한 인도적 차원의 지원을 확대하는 것이다.

민생 인프라 구축은 북한 지역에 농업, 축산 및 산림을 동시 개발하는 '북한농촌단지' 조성을 위한 남북협력, 남북간 신뢰구축에 따라 향후 보다 큰 규모의 경제협력추진, 교통·통신 등 가능한 분야의 북한 인프라 건설 투자와 한국의 북한 지하자원 개발 참여, 남북러 협력 사업과 함께 남북중

협력 사업 추진으로 한반도와 동북아의 공동 발전 추진이며 이러한 사업들을 추진하기 위한 국제사회 및 국제기구와의 협력 추진 등이 포함된다.

남북 주민 간 동질성 회복을 위한 과제로는 남북 소통과 통합을 위해 역사연구와 보전, 문화예술, 스포츠 교류 등을 장려하여 순수 민간 접촉의 확대 추진 등이 있다.

드레스덴 구상에서 제시된 대북정책 추진 방향은 2004년 광복절 경축사에 잘 나타나 있다. 박근혜 대통령은 남북이 실천 가능한 사업부터 시작하는 것이 시급하며 사고방식과 생활양식부터 하나로 융합해 가는 것이 필요하다고 강조했다. 박근혜 대통령은 환경협력의 통로, 민생의 통로, 문화의 통로 등 작은 것부터 소통하여 동질성을 회복하고 생활공동체를 형성하는 것이 바람직하다고 하였다.

드레스덴 구상은 한반도 신뢰프로세스를 구체화시키기 위한 노력의 일환으로 대북정책 이행 프로그램이라고 할 수 있으며, 1월 6일 연두기자회견에서의 통일대박과 2월 25일 통일준비위원회 발족 선언의 연장선상에 있다고 할 수 있다.

라. 통일준비위원회 발족의 의미

7월 15일 대통령직속 통일준비위원회의 출범은 통일에 대한 박근혜 정부의 관심과 의지에서 이미 예견된 것이라고 할 수 있다. 통일준비위원회 출범은 박근혜 정부의 대북정책을 제도적으로 뒷받침하기 위한 것이라고 할 수 있다.

통일준비위원회의 목적은 통일에 대한 국민적 공감대를 확산하고, 통일 추진의 구체적 방향을 제시하며, 민관 협력을 통해 통일을 체계적으로 준비하는 것이다. 이를 위해 통일준비의 기본방향, 통일준비 관련 과제발굴 연구, 민관 협력 등의 기능을 한다. 물론 이러한 목적과 기능이 여러 정부

조직에서 부분적으로 수행되어 왔으나, 통일준비위원회의 출범은 다음의 몇 가지 의미를 갖고 있다.

통일준비위원회의 발족은 통일로 가는 길에 국론통합의 필요성을 반영한 것이다. 통일대박으로 박근혜 대통령은 통일을 향한 민족의 여정을 선언한 것이다. 그러나 통일을 향한 긴 여정은 정부 혼자서 감당할 수 없으며 국민들의 역량이 결집되어야 할 것이다. 통일준비위원회에 보수와 진보를 망라한 민간전문가와 여야 정책위의장이 함께 참여한 것은 국민적 합의 기반 도출의 의지를 반영한 것이며, 국책연구기관장들의 참여는 민관협동의 활성화를 위한 것이라고 할 수 있다.

통일준비위원회의 출범은 통일 준비에 대한 정부의 확고한 의지를 대내외에 표명하는 것이다. 박근혜 대통령은 진정한 광복의 완성은 통일이 되어야 하며 분단이 장기화되면서 분단 현실에 대해 무감각해지는 상황을 방치할 수 없다고 보았다. 즉 비정상적인 것들을 정상화하기 위해서 통일 준비를 더 이상 늦출 수 없다는 것이다.

한반도 신뢰프로세스, 통일대박, 드레스덴구상으로 이어져 온 박근혜 정부의 대북정책이 단순히 정치적 구호나 장밋빛 미래상에서 끝나는 것이 아니라 통일준비위원회의 출범은 이를 실천하겠다는 강력한 의지의 반영이라고 할 수 있다. 통일정책은 일회성 이벤트성이 아니라 진정성을 갖고 지속가능한 정책이 되어야 할 것이다.

2. 특징

가. 균형

박근혜 정부 대북정책의 가장 큰 특징은 균형이다. 균형은 강경과 유화의 균형뿐만 아니라, 남북간 신뢰와 국제적 신뢰 및 국민적 신뢰의 균형,

협상과 억지 등 다양한 분야에서의 균형을 포함한다. 같은 맥락에서 이전 정부와의 전면적인 단절과 인위적 차별화가 아니라 단점은 보완하되 장점은 살리면서 정책의 일관성을 유지하는 것이다.

실제로 핵문제나 정치적 사안에 모든 남북관계를 경직되게 연계시켜서 중단시키기보다는 인도적 지원과 대화노력 등을 통해서 신뢰구축 노력을 지속하고자 한다. 북한의 핵문제나 인권침해에 대해서는 분명한 원칙을 갖고 문제제기를 하면서도 대화노력은 계속하겠다는 것이다. 이 과정에서 신뢰가 축적되면서 북핵문제도 돌파구가 마련되기를 기대한다. 대북정책을 추진함에 있어서 과속도 아니고 정체도 아닌 정속도를 유지시키는 것이다.

나. 통일 지향형 대북정책

박근혜 정부는 분단의 평화적 관리와 통일준비를 이분법적으로 보지 않고 조화를 이루고자 노력하고 있다. 즉, 분단의 평화적 관리와 통일준비의 이분법적 논쟁을 넘어서 양자가 조화를 이루는 통일 지향형 대북정책이라고 할 수 있다. 통일정책의 당면 과제는 남북간 경색국면을 해소하고 화해협력을 도모하는 등 분단을 평화롭게 관리하는 것이다. 그러나 분단관리 그 자체가 목적이 아니며 통일을 앞당기고 혼란을 최소화하는 등 통일을 지향하여야 할 것이다. 박근혜 정부는 통일대박을 통해 통일에 대한 부정적 인식을 불식시키고 통일을 기회와 희망의 계기로 보는 긍정적 담론을 확산시켰다. 통일이란 목표 설정은 대북정책뿐만 아니라 외교안보정책의 뚜렷한 방향을 제시할 수 있을 것이다.

다. 통일의 새로운 패러다임

과거 냉전 시기에 통일은 국가 중심으로 이루어져야 된다고 보았다. 그러나 남과 북에 서로 다른 이념과 체제를 갖고 있는 국가가 존재하는 한 국가 위주의 통합방식으로는 남과 북이 쉽게 합칠 수가 없었다. 냉전종식 이후 제시된 민족공동체통일방안은 남과 북이 교류와 협력을 통해서 사회공동체, 경제공동체를 이룬다면 궁극적으로 정치적 통합을 이룰 수 있다는 역발상이다. 이와 같은 기능주의 통합방식에도 불구하고 통일의 비전은 여전히 국가의 전유물로서 개개인의 행복보다 정치, 경제, 군사적인 측면에서 통일된 국가의 모습에 초점이 맞추어졌다. 천문학적 통일비용은 개개인의 삶의 질을 저하시키는 요인으로 인식되었으며 이는 통일에 대한 부정적 인식이 증가한 이유 중의 하나였다.[2)]

한편, 박근혜 정부는 통일의 개념을 국가 중심이 아니라 개개인의 행복이라는 관점에서 재정립했다. 통일은 한국 국민 뿐만 아니라 북한 주민들, 나아가 동북아를 넘어 인류의 대박으로 인식되었다. 따라서 통일은 남북간 적대감이 해소되고 상호 신뢰가 바탕이 되어야 한다고 보았다.

남북관계의 진전은 북한정권과의 관계개선 뿐만 아니라 북한주민들의 삶의 질이 향상되는 것이며 아시아의 허브, 일등국가, 세계 몇 위의 경제대국 같은 거창한 구호보다 개인의 행복이 중요한 통일의 비전이며 목표가 되었다.

라. 솔직한 현실 인식

박근혜 정부는 통일의 비전과 희망은 강조하되 통일로 가는 길은 험난하고 많은 도전이 기다리고 있다는 현실 인식을 갖고 있다. 통일은 대박이며 꿈과 희망이지만, 결코 요행수로 얻어지는 것이 아니라 꿈을 현실로 만들

---

2) 통일한국이 국가에 이익이 될 것이다는 응답은 60.5% 인데 반해서, 통일이 자신에게 이익이 될 것이다는 응답은 34%에 불과했다. 박종철 외, 「2014남북통합에 대한 국민의식 조사」(서울: 통일연구원, 2014). pp. 53-54.

기 위해서는 많은 준비가 필요하다.

따라서 한 번에 여러 이슈를 핵결하기보다는 하나씩 해결하려는 것이나, 작고 현실적인 과제에 집중하는 것은 현실의 어려움을 반영하는 것이며 기대감을 지나치게 높이지 않기 위함이다. 남북관계의 극적인 돌파구에 대한 기대감보다는 신뢰수준에 맞게 벽돌을 쌓듯이 차근차근 진전해야 한다고 믿는다.

마. 단계론 부재

박근혜 정부의 대북정책은 '작은 통일에서 큰 통일로'라는 큰 방향을 제시할 뿐 구체적인 단계나 로드맵은 없다. 사실 통일이나 남북관계의 진전이 특정한 단계를 거쳐서 되는 것은 아니다. 오히려 단계를 설정하면 이를 실행하려는 압박감으로 대북정책의 유연성을 저하시킨다고 보고 있다.

박근혜 정부는 인위적이며 불확실한 단계보다는 남북관계를 상식과 원칙 위에서 차근차근 풀어가고자 한다. 처음에는 느린 듯이 보이지만 신뢰가 축적되면 남북관계는 지금 상상할 수 없는 속도로 발전할 수 있을 것이다. 그 때까지 서두르지 않고 신뢰 축적 노력을 하고 있다.

Ⅲ. 박근혜 정부 통일정책의 평가 및 향후 정책방향

1. 평가

박근혜 대통령 취임 이후 2년간 직무수행 평가에서 지지율의 등락과 관계없이 외교/대북정책이 가장 잘한 분야로 꼽혔다. 대북정책에 대한 긍정적 평가는 다음 몇 가지 이유에 기인하는 것으로 보인다.

첫째, 박근혜 정부는 남북관계의 평화적 관리와 통일이라는 대북정책의 두 가지 목표에 부합되게 대북정책을 추진한 것으로 평가된다. 박근혜 정부 대북정책의 목표는 남북관계 발전, 한반도 평화정착, 통일기반 구축이며 실제로 박근혜 정부는 출범을 전후한 북한의 장거리 미사일 발사와 핵실험 등 안보위기를 극복했다. 북한의 도발위협에도 불구하고 폐쇄위기에 몰린 개성공단을 살리고 국제화에 합의했으며 대화제의를 지속하였다.

또한 북핵문제나 정치문제로 인해 남북관계 경색국면이 장기화되고 있음에도 불구하고 드레스덴 구상 등을 통해 대북지원 노력을 지속하였다. 특히, 대북지원은 남북간 화해를 넘어서 북한의 변화를 통한 동질성 회복과 궁극적으로 국정과제인 평화통일 기반구축으로 이어지도록 하였다. 특히, 자칫 상호 모순적으로 보이는 남북관계의 평화적 관리와 통일준비를 박근혜 정부는 조화롭게 잘 다루었다고 할 수 있다. 국민들은 긴장완화를 위한 대화노력이나 인도적 지원에 대해서는 지지하는 한편, 남북관계에서 원칙 없는 지원이나 경협, 그리고 북한에 대한 저자세가 아닌 의연하고 원칙 있는 자세를 기대한다.

둘째, 통일에 대한 국민의 관심과 의지를 제고했다. 평화통일 기반구축, 통일대박, 통일준비위원회의 활동 등은 통일에 대한 부정적 인식을 바꾸고 분단의 평화적 관리를 넘어 통일준비의 필요성을 깨닫게 했다. 드레스덴 구상과 통일준비위원회 등을 통해 민생인프라구축, 복합농촌단지, 모자보건 1000일 패키지 등 다양한 대북제의를 하였고 통일준비를 경제발전의 동력과 연계시킴으로써 통일의 현실성을 부각시켰다.

셋째, 박근혜 정부의 대북정책에 대한 긍정적 평가는 당장의 성과보다는 박근혜 정부 대북정책 추진의 방향성과 미래 전망에 대한 기대라고 할 수 있다. 국민들은 남북간 긴장을 원치는 않지만 그렇다고 북한의 태도변화 없이 대규모 지원을 원하는 것도 아니다. 아산정책연구원의 조사에 의하면 대북정책에 대해 “만족한다”는 응답이 “만족하지 않는다”는 응답보다 높지 않게 나타났음에도 불구하고 향후 대북정책의 방향을 “현재보다 유화적으로 나가야 한다”는 응답이 37.3% 인데 반해 “현재 수준을 유지해야 한다”는 응답과 “강경정책을 더 강화해야 한다”는 응답이 각각 23.9%와 22.2%로 나타났다. 대북 경제지원에 있어서도 “대북지원에 앞서 북한의 태도변화가 선행되어야 한다”는 응답이 71.2%였다.[3)]

넷째, 남남갈등이 감소하였다. 대북정책은 한국사회에서 여당과 야당, 보수와 진보를 구분하는 중요한 기준으로서 국정지지율과 거의 비슷하게 나타난다. 그러나 박근혜 정부 출범 6개월이 지난 시점에 MBC 조사에 의하면 대북정책에 대한 지지율이 국정지지율보다 높게 나타났는데, 이것은 대북정책을 둘러싼 남남갈등이 감소했다는 반증이다.[4)]

이는 이전 정부와의 차별화를 자제하고, 단계론, 로드맵 등 구체적인 정책추진 과정에 얽매이지 않고 대북정책의 유연성을 유지하였기 때문이다. 또한 현재 보다 향후 남북관계가 개선될 것이라는 낙관적 전망이 높게 나타나는 것은 박근혜 정부 대북정책에 대한 기대감이 반영된 것이다.[5)]

다섯째, 박근혜 정부의 대북정책에 대한 긍정적 평가는 대북정책 환경에 대한 고려가 반영된 것이다. 우선 남북관계 경색의 책임은 한국보다는 북한에 있다. 북한이 박근혜 정부의 대북정책을 흡수통일 의도라고 주장하면서 전면적으로 거부하는 것은 내부요인 때문인 것으로 보인다. 북한은 장성택 숙청 이후 내부안정을 최우선시하고 있으며 이를 위해 가장 중요한 것은 미국과의 관계개선이다. 즉, 핵을 기정사실화 한 채 미국과의 관계개

3) Asan Report, 「한국인의 대북 통일인식 변화」, 아산정책연구원, 2015.1.

4) 2013년 10월 대북정책 지지율이 전반적 국정지지율 65.8%보다 11.9% 높게 나타났다.

5) 현재 지지율 42.6%, 향후 잘할 것으로 본 응답은 48.4%이다. 「서울신문」, 2015.3.4.

선을 통해 경제적 지원을 받고 김정은 정권을 인정받고자 한다. 그러나 미국은 2.29합의 결렬 이후 비핵화에 대한 북한의 진정성 있는 태도 변화가 있기 전에는 북한과 핵협상이 무의미하다고 보고 북한과의 대화에 관심을 보이지 않고 있다. 미국은 대북제재 강화와 유엔총회에서 북한인권결의 등으로 북한의 태도 변화를 압박하고 있다. 더욱이 중동문제 등으로 북한문제가 미국 외교정책의 우선순위에서 밀려났다.

북한은 미북관계의 돌파구를 위해 다양한 방안을 강구하고 있으며, 남북관계 개선을 추진하거나 한국에 대한 도발 위협을 하는 것은 모두 같은 목적을 위한 것이다. 한미합동군사훈련을 중단하지 않으면 핵실험을 하겠다는 것도 미국을 직접 겨냥하여 돌파구를 열겠다는 의도로 보인다.

2. 향후 정책방향

가. 국제협력 강화

대북정책의 추진에 있어서 국제협력은 필수적이다. 북한의 도발 위협 등 안보위기를 극복하는 과정에서 뿐만 아니라 향후 남북관계의 개선시를 대비해서도 미국이나 중국과 국제협력을 강화하는 것은 중요하다. 북핵문제에 이어 북한 인권문제의 부각으로 북한에 대한 회의감이 확산되는 상황에서 국제사회와의 긴밀한 협력 없이 지속가능한 남북관계의 진전은 불가능하다.

특히, 최근 미국이 북한과의 대화를 통해 북핵문제를 해결하는 것에 대해 회의감을 갖고 있으며 중동문제 등으로 북한과의 대화에 적극성을 보이지 않고 있는 상황에서 미국과의 긴밀한 공조는 더욱 중요하다. 동북아 질서 재편과정에서 미국(아시아 재균형), 중국(신형대국관계), 일본(집단적 자위권 행사) 등이 각축하는 상황에서 한국의 대북정책 목표와 방향성을 공유하는 것은 한미공조의 강화에 기여할 수 있을 것이다. 통일 이후 주한미군의 지위, 한국의 대외관계 등에 대해 주변국은 예민하게 반응하고 있다.

나. 안보와 남북 교류협력의 통합적 병행 추진 및 선순환

대북정책은 정치, 군사, 경제, 사회 등 분야별로 선후관계에 얽매이지 말고 통합적으로 병행 추진하는 것이 바람직하다. 안보를 지나치게 강조하면 교류협력이 위축되어 분단이 고착화될 수 있고, 교류협력을 너무 앞세우면 안보를 해칠 수 있다. 물론 병행 추진을 하면 경제·사회분야가 정치, 안보 분야 보다 앞서 진전될 것이다.

대북정책과 통일준비의 전과정은 튼튼한 안보를 기반으로 추진되어야 한다. 안보가 튼튼해야 적극적인 남북 교류협력이 가능하며 대북 인도적 지원, 남북간 대화 및 교류협력 등은 안보 불안을 초래하는 것이 아니라 안보의 강화에 보탬이 되는 방향에서 추진되어야 한다.

다. 인내력 있는 접근

통일준비는 질서 있고 차분하게 진행되어야 한다. 과거 얼어붙었던 남북관계에 극적인 돌파구가 마련되는가 싶으면 순식간에 과열현상이 나타나고 얼마 지나지 않아서 냉각되는 것을 수차례 반복한 경험이 있다. 사실 진전과 후퇴를 반복하는 남북관계의 악순환을 끊겠다는 것이 박근혜 정부 대북정책의 출발점이다. 단기적인 성과를 위해 적당히 타협하고 머지않아 원점으로 돌아가지 않기 위해서는 과속하지 않고 차근차근 나아가겠다는 것이다. '일괄타결'보다는 남북관계의 현실을 인정하고 북한문제를 중장기적으로 관리하는 것이 바람직하다.

Ⅳ. 결 론

박근혜 정부는 급변하는 동북아 질서와 북한체제의 불확실성이라는 최악의 상황에서 출발하였다. 남북관계의 경색국면은 지속되고 있지만 지난 2년은 대북정책의 기본에 충실하며 남북관계의 기초를 닦은 시기였다. 한반도 신뢰프로세스는 대북정책의 수단보다 남북관계의 무형의 인프라인 신뢰 구축에 주목하고 있다. 정책수단과 신뢰는 스포츠에서 기술과 체력의 관계와 같다. 체력만으로 모든 것을 할 수 없지만 체력이 좋을수록 기술 습득과 구사에 유리하다.[6] 또한 박근혜 정부는 튼튼한 안보 위에서 남북관계를 진전시키고 나아가 평화통일의 기반구축이라는 목표를 성취하기 위해 국제협력 도모와 국민적 합의기반 도출이라는 기초에 충실하고 있다.

박근혜 정부는 대북정책의 목표와 방향을 올바로 설정하고 이를 구현하기 위한 많은 과제들을 제안하였으나 북한의 거부로 가시적 성과를 이끌어내지 못하는 아쉬움이 있다. 그러나 지난 2년간 준비한 기본기를 바탕으로 대북정책의 성과를 기대한다.

대북정책의 목표인 통일을 위해서 북한의 변화는 필수이다. 북한정권이 개혁개방을 거부한다면 향후 대북정책은 북한 주민들을 대상으로 한 정책개발 및 실행에 초점을 맞추어야 할 것이다. 제3국을 통해 북한의 개방개혁을 설득하고 도와줄 수 있도록 국제협력을 강화할 필요가 있다.

---

6) 최진욱 외, 「박근혜 정부의 대북정책 추진방향」(서울: 통일연구원, 2013), pp. 9-10.

박근혜 행정부의 대북정책과 남북관계 개선방안[1)]

권만학 경희대

1. 들어가면서

"박근혜 행정부" 출범 2년이 지났다. 이 정도 시간이면, 정부 대북정책의 의제 설정과 정책 내용 등을 분석하고, 성과를 중심으로 중간평가할 시점에 이르렀다 할 것이다. 특히 지난 2년 동안 국회도 여당인 새누리당이 다수 의석을 차지했기 때문에, 대통령과 의회 다수당이 다른 분점정부(divided government)에서 나타나는 정책 혼선과 책임 분산도 피할 수 있었던 박근혜 "정부"의 대북정책에 대한 분석과 평가는 매우 적실하다 할 수

1) 통상 한국에서는 "행정부"와 "정부" 호칭이 구분 없이 혼용되고 있는데, 정치학적으로 미국 등 대통령이 행정부만 장악하는 대통령제에서는, 예를 들면, 오바마 "행정부"(administration)라 부르고, 의회 다수당이 의회와 행정부를 둘 다 장악하여 국가 정책결정권을 쥐는 내각책임제에서는, 예를 들면, 캐머런 "정부"(government)로 부른다. 여기서는 이러한 차이에 주목하면서도, 통상관례에 따라 "박근혜 행정부"와 "박근혜 정부" 두 어휘를, 자주 동일한 의미로 사용하고자 한다.

있다.

정치에서 보수냐, 진보냐의 편향을 완전히 배제하기는 어렵지만, 본 논문에서는 박근혜 정부 대북정책에 대하여 이론적 기준들을 적용하고, 최대한 논리와 사실에 입각하여 객관적으로 분석 평가해 보고자 한다.

2. 대외정책 분석을 위한 몇 가지 이론적 고려들

민주국가에서 정책은 기본적으로 이념을 달리하는 정당들이 번갈아 집권함으로써 자신들 이념에 맞는 형태로 형성된다. 또한 최고 정책결정권자는 자신이 수행하는 큰 바둑 게임에서 여러 정책들을 자주 상호연관된 국면적 게임(nested games)으로 보고 작성하게 된다. 이러한 정책 현실에서는 따라서 정책의 이념성이 강화되어 프로파간다적 성격을 띠거나, 더 큰 목표를 위한 수단적 성격을 띠게 되어, 현실성을 잃고 실패할 확률이 높아진다. 냉전이 구조적 특성이었던 민주화 이전이나 민주화 이후 특히 정파간 이념적 차이가 크게 부각되는 시기에, 대북정책은 자주 이러한 수단적 성격과 프로파간다 성격을 많이 띠었다.

대외정책이 자체 효과를 위하여 입안된 경우라 하더라도 불완전한 고려들이 정책의 실패를 결과하기도 한다. 정책 효과성을 높이려면, 정책은 이론적 적실성, 논리적 일관성 그리고 현실 조응성을 구비해야 한다.

첫째, 이론적 적실성은 당연히 정책의 성패를 결정한다. 근거 이론의 모호성에 의해 실패한 정책의 예로는 W. 부시 미 행정부가, 민주주의에는 선행조건(prerequisites)이 있다는 기존 이론들을 무시하고, 이라크를 침공하여 미국식 민주주의를 이식하려 한 신보수주의적(neo-conservative) 모험이 있다. 하지만, 기존에 효과적이었던 정책이라 하더라도, 상황이 극단적으로 변화하면 기존 이론이 아니라 새 이론의 적실성이 높아질 수도 있다.

둘째, 논리적 일관성은 정책을 구성하는 여러 목표와 방법수단들이, 상하 좌우 선후로 논리적으로 일관성 있게 연계되어 있어야 함을 의미한다. 하위 목표는 이를 뒷받침하는 방법과 수단에 의해 성패가 결정되며, 다시 하위 목표는 상위 그리고 좌우 목표의 수단이 되어, 상위 및 평적 목표의 성패를 결정한다. 이슈가 복잡할수록 정책의 내적 구성도 복잡하게 되는데, 이들 목표들 간에 일관성이 결여되어 서로 결합하지 못하거나, 충돌하거나 또는 길항관계가 발생하면 정책의 효과성은 떨어질 수밖에 없다.

셋째, 정책이 이론적 적실성과 논리적 일관성 등 내적 정합성을 갖추어졌다 하더라도, 현실 조응성(correspondence to reality)이 떨어지면 효과적이 되기 어렵다. 대외정책 환경의 특징 중 매우 중요한 것은 정책 상대방이, 자신의 모든 역량을 동원하여 총력전까지 펼칠 수 있는 국가라는 점이며, 대내정책과 달리 정책의 실패가 국가의 존망까지 좌우할 수 있다는 점이다. 특수한 대외정책인 대북정책에서 상대방 북한은 더욱 특수한 위상을 차지하기 때문에, 대북정책의 성공을 위해서는 비상한 현실 조응성이 필요하다 할 것이다. 헬무트 콜 서독 총리가, 급변하는 공산권 변화에 발빠르게 대응하여, 동독 및 동구.소련 등과의 평화공존에 기초한 동방정책으로부터, 수십 년 간 서독에서 금기시되어온 통일정책으로 급선회한 것은 바로 이러한 정책의 예라 할 수 있다. 현실 조응성이 떨어지면 근거 이론을 바꾸어야 한다. 통일준비위원회(통준위) 민간위원장의 최근 흡수통일준비론 발언은 북한 위기가 사실일 경우 현실적 적응이 되지만, 그렇지 못하다면 정책이 실패를 예후하는 것이다.

3. 박근혜 행정부 대북정책의 평가와 분석

1) 박근혜 행정부 대북정책의 목표들과 전개

출범 당시 박근혜 행정부는 4대 국정기조의 하나로 "평화통일 기반 구축"을 제시하고,[2] 이를 추진하기 위한 3대 전략으로 국방 분야에서 "튼튼한 안보", 대북.통일 분야에서 "한반도신뢰프로세스", 그리고 외교 분야에서 "신뢰외교"를 제시했다. 정부는 "한반도신뢰프로세스를 통한 남북관계 정상화"의 3대 목표로서 "남북관계 발전", "한반도 평화정착", 그리고 "통일기반 구축"을 제시했다. 다시 말하면 3대 목표는, 남북관계 발전을 당면 목표로 실현하고, 다음으로 평화를 정착시키며, 궁극적으로 통일기반을 구축함으로써 단계적으로 국정기조인 평화통일 기반을 구축하는 형태로 설정되어 있다. 남북관계는 "원칙 중심의 대북정책"과 "대화와 교류 중심의 포용정책"을 바탕으로 추진될 것이다.

그런데 박근혜 정부는 2년차에 들어, 첫 번째 단계인 남북관계 발전이 거의 이루어지지 않은 상태에서, 그리고 두 번째 단계인 평화 정착은 거의 건너뛴 채, 세 번째 단계인 "통일기반 구축"으로 급도약했다. 대북정책은 흡사 웜홀(worm hole)을 지나듯 3단계로 이행했을 뿐만 아니라, "빠른" 통일 기반 구축 즉 "통일 준비"로 급선회했다. 박 대통령은 2014년 초 통일대박론을 통하여 통일을 의제로 설정한 후, 독일 드레스덴에서는 통일 구상과 함께 통준위 설립을 국제적으로 공표했다. 통준위는 "평화통일 추진 방향 제시와 통일 준비" 그리고 통일에 대한 "사회적 공감대 확산" 작업을 목적으로, 연구와 대통령 자문에 응하는 기능을 하도록 규정되어 있다. 이에

2) 다른 세 기조는 "경제부흥", "국민행복", "문화융성"이다.

따라 통준위는 국토교통부, 통일부 등과 함께 한반도 국토 개발 마스터 플랜을 만드는 등 구체적 통일 준비를 하고 있는 것으로 알려지고 있다. 그런데 통준위의 임무는 2014년말 다시 급전직하 "남북관계"로 바뀐다. 통준위는 "상호 관심사"를 논의하는 남북 당국회담을 열자고 김양건 북한 통전부장에 제의했다. 다시 말하면, 통준위는 통일준비 임무로부터, 통일부를 제치고, 남북관계 현안을 담당하는 임무를 부여받고 나선 것이다. 통일부가 담당하던 이 임무를 통준위가 해야 한다는 근거는 "통일준비위원회의 설치 및 운영에 관한 규정" 어디에서도 찾아볼 수 없다.

그러면 박근혜 정부의 대북 관련 정책은 어떤 효과를 거두었는가? 여기서는 3대 전략 중 간접적 통일 기반 구축을 위한 "신뢰 외교" 분야를 제외하고, "튼튼한 안보"와 "한반도신뢰프로세스"를 중심으로 분석해 보기로 한다.

2) "튼튼한 안보" 전략

국방 분야에서 박근혜 행정부의 목표는 "튼튼한 안보"이다. 박근혜 정부는 안보 강화를 위해 국방비를 대폭 증액하기로 했다.[3] 하지만 이에 반하여, 거의 모든 보고들이 북한의 핵.미사일 전력이 계속하여 증대 강화되고 있음을 보여주고 있으며, 이러한 경향을 역전시키려는 시도들은 실패했거나 거의 없다. 북한은 공식적으로 헌법에서 핵보유국임을 명시하고, 핵무력과 경제건설 병진 정책을 채택 유지하고 있다. 북한은 현재 최소 7개의

3) 국방부는 "2014~2018 국방중기계획"을 통해 2014년부터 5년간 총 214조원이 넘는 국방비를 투입한다고 밝혔는데 (2013. 7. 24), 이는 이명박 정부가 수립했던 "2013~2017 국방중기계획"을 수정, 7% 정도 증액한 것이다. GDP 성장률이 3% 이하로 하락하고 있는 현실을 감안하면 "튼튼한 안보"에 대한 투자는 대폭 증대한 것이다.

핵폭탄을 보유하고 있으며, 2020년까지 최대 100개까지 보유 가능하다는 추정들이 나오고 있다. 또한 북한은 핵무기 "다종화"에 성공하여 플루토늄탄과 우라늄탄을 둘 다 보유하고 있는 것으로 보인다. 또한 "소형화"도 진전시켜 노동 미사일에는 이미 탑재 가능하고, 대륙간탄도미사일 탑재도 추진하고 있다는 관측들이다. 북한은 또한 위치 포착이 어려운 이동식 대륙간탄도미사일 KN-08도 개발 중으로 알려지고 있다. 이러한 상황은 박근혜 정부의 "북핵 불용"과 "튼튼한 안보"라는 목표가 실패하고 있음을 보여주며, 그나마 북한 비핵화를 위한 어떤 희망적인 시도조차 없이, 그저 "북한이 핵을 버리는 결단을 한다면" 지원과 협력을 아끼지 않는다는 입장만(드레스덴) 고수하고 있다. 이는 이명박 정부와 마찬가지로, 북한이 비핵화의 전략적 결단을 내릴 경우 비핵화 협상에 응한다는 입장이어서, 선 비핵화 전략에 다름 아니다.

그간 한국과 국제사회는 선 비핵화에 반발하는 북한에 제재로 맞서 왔다. 하지만, 대북 국제 제재는 부분적이고 불완전하여, 제재에 의존하며 북한 변화를 기다려온 오바마 행정부의 "전략적 인내" 역시 북한 핵무장을 억제하는데 실패했다. 북한의 동맹국 중국이 북한 국가의 존재에 전략적 안보 이익을 가지고 있는 한, 완전한 대북 제재는 불가능하며, 가능한 어떠한 국제적 제재도 불완전할 수밖에 없다.

북한 비핵화가 점차 실패함에 따라, 박근혜 정부는 더욱 미국의 확장 억지(extended deterrence)에 의존하는 한편, 한국형 미사일 방어(KAMD) 강화와 킬체인 구축 등 북핵 방어 군비의 확장을 추진하고 나섰다. 한국은 재정적으로나 기술적으로 그리고 핵연료 조달에 이르기까지 마음만 먹으면 핵무장할 수 있는 능력을 다 갖추고 있지만, "자발적 선택"에 의해 핵무장을 포기하고 있는 것이다. "핵 없는 세계"를 추구하는 동맹국 미국의 반대와 세계화된 한국 경제의 특성으로 인하여, 한국에게는 북한과 같은 "핵무장의 선택”(nuclear option)이 거의 없다. 하지만, 박근혜 정부가 선택한 “억지” 와 “방어” 전략 역시 중요한 약점들을 가지고 있다.

우선 미국의 확장 “억지”에는 불확실성이 크다. 북한이 대륙간탄도미사일 개발에 성공하는 경우, 미국의 확장 억지에 불안감을 느껴 핵옵션의 길을 간 프랑스 예가 보여주듯이, 과연 미국이 한국 방어를 위하여 핵무기를 사용할 것인가는 불명확하다.

“방어” 전략의 경우는 다시 미국의 미사일 방어 의존과 한국의 자체 미사일 방어로 나뉘는데, 두 경우 모두 심각한 문제를 안고 있다. 이번 사드(THAAD) 배치를 둘러싼 한중, 미중 논란에서 보여 지듯이, 미국 미사일 방어의 남한 배치는 한국을 미중 갈등으로 편입시키는 결과를 가져올 것이다. 사드를 배치할 경우 한미는 사드가 비행 중간단계에 진입한 중국의 대륙간탄도탄을 요격할 수 없으며, 레이더도 탐지거리를 북한 지역으로 한정한다고 하지만, 중국은 남한 사드가 중국 중거리 미사일을 무력화시킬 것이며, 이는 다시 미국과 중국의 상호확증파괴(MAD) 균형을 깰 것으로 우려하고 있다. 또한 중국 중거리 미사일이 무력화되면 중국의 대 일본 군사우위는 상당히 무력화되어 이러한 정책이 센카쿠 갈등과 동중국해 개발권 등에 미치는 악영향은 중국이 규정한 바 “핵심 이익”을 상당히 삭감하게 될 것이다. 사드의 남한 배치는 서해/황해 안보를 사활 문제로 간주하는 중국에게, 과거 미 항모의 서해 진입을 반대했듯이, 기존 군사 균형과는 류(kind)를 달리하는 변화로 받아질 가능성이 있다. 미국은 “이란 위협”에 대비하기 위해 사드를 폴란드와 체코에 배치하려다, 결국 상호확증파괴(MAD)에 입각한 핵억지를 무력화한다며 강력히 반발한 러시아의 저항에 부딪혀 2009년 이 계획을 포기한 바 있다. 사드 배치 문제에서 보이듯이, 북핵 대응을 위하여 미국에 의존하면 할수록, 한국은 향후 확대가 불가피한 미중 갈등 속으로 빨려 들어갈 가능성이 크다. 북핵 문제가 심화될수록 한국은 더욱 미국과의 동맹에 의존하게 될 것이며, 결국 미중 갈등에 "연루"(entrapment)될 위험성은 높아진다.

킬 체인과 한국형 미사일 방어(KAMD) 등 한국 자체 미사일 방어 프로그램은 더욱 불완전하다. 북한 핵무기 공격 징후를 알아내어 30분전에 타격한다는 킬 체인은 선제공격 논란뿐만 아니라, 30분전까지 정확히 핵 발사 징후를 탐지해야 한다는 전제에 바탕하고 있는데, 이는 불가능에 가깝다. 사전 무력화에 실패하면 날아오는 미사일을 PAC-3 미사일 등으로 저고도 요격하겠다는 KAMD 역시 매우 불완전하다. 정확한 요격 능력은 기술적으로 향상시킬 수 있겠지만, 탐지 능력의 한계가 내재적 불완전성이다. 북한이 이동식 미사일 발사대와 잠수함에 핵무기를 배치할 경우, 그리고 가짜 핵무기로 교란을 유도할 경우, 이들을 탐지하고 식별하는 능력은 한계를 지닐 수밖에 없다. 2014년 북한이 스커드, 로동 미사일을 기습발사했을 때 한미군 당국은 단 한 번도 사전 탐지하지 못했다. 또한 남북한의 지군사학적 특징으로 인하여, 탐지와 대응 능력은 더욱 제한된다. 기술에 따라 다르겠지만, 북한이 초속 1km로 비행하는 전술핵무기를 배치할 경우, 불과 1-2분이면 서울에 도달할 수 있다. 아무리 낮은 확률이라도 핵폭탄이 한 발이라도 서울에서 폭발할 가능성을 수용한다는 것은 매우 어렵다. 이러한 측면에서 남한은, 잠재 적국과의 거리가 멀어 경고시간이 훨씬 긴 미국이 2차 핵태세 보고서(NPR, 2002년 1월)에서 미사일 방어를 핵전략 신3축(triad)에 포함시킨 경우와 다르다. 이렇게 종심과 경고시간이 짧은 한국의 지군사학적 상황은 "북핵 맞춤형 확장 억제"나 "한국형 미사일 방어" 모두를 불완전한 것으로 만들 수밖에 없다.

한국이 미사일 방어 전략을 계속 추진할수록 북한은 이에 더 많은 핵무장으로 대응할 것이며, 여기서 결과되는 안보 딜레마로 인하여 북한과 남한은 무한 핵 공격 및 방어 군비 경쟁으로 치달을 것이다. 이 비대칭적 핵무기 공수 대결에서 남한은 절대적으로 불리한 위치에 놓여 있다. 미사일 방어는 공격 무기에 비해, 정보 탐지 기술 모든 측면에서 엄청난 인프라를 요구함으로써 최대 수십 배에 이를 정도로 비싼 군비이다. 그러면서도 궁극적으로 남한이 북핵무기에 대항하여 "방어적 충분성"을 확보한다는 것은 불가능에 가깝다. 핵은 핵 말고는 대응 수단이 없다는 군사 이론은 적어도 한반도에서는 그 적실성을 가지고 있다.

3) 한반도신뢰프로세스

박근혜 대통령은 "빈틈없는 군사 대비 태세와 강력한 억지력을 유지해야만, 북한의 올바른 변화를 이끌어낼 수 있다"(2015 국군 장교 합동 임관식 축사, 2015. 3. 12)고 믿고 있으며, "남북 관계 발전", "대화와 교류 중심의 포용정책"을 추진하겠다고 공표했으나, 성공한 것으로 보이지 않는다. 통일부 스스로, "한반도신뢰프로세스를 통하여 북한의 의미 있는 변화를 유발하지 못했으며 북한의 핵개발과 도발을 저지하는 데 한계가 있다"고 평가하였다.[4] 류길재 통일부장관 자신도 "2년 동안 한반도신뢰프로세스가 얼마나 진전됐느냐 묻는다면 알다시피 크게 진전이 안 됐다"고 자평할 정도다. 신뢰프로세스가 목표로 했던 "남북관계 발전" 분야에서는 2014년 이산가족 상봉 한 차례와 당국 간 접촉이 잠시 있었을 뿐이며, 대화와 교류 모두 거의 중단된 상태다. 통준위의 대화 제의는 최소한의 긍정적 대응도 없이 시한인 2015년 1월을 넘겼으며, 박 대통령과 정부가 그간 제안한 "DMZ세계평화공원", "DMZ를 관통하는 유라시아 철길", "모자패키지 사업" 그리고 "복합농촌단지 조성" 모두 일방적 해프닝으로 끝나고 있다. 여기에 더

4) 박영호 외, 『신뢰정책의 과제와 추진전략』(서울: 통일연구원, 2014년 12월), pp. 120-124.

하여 북한의 남한에 대한 신뢰는 흡수통일론 반발 등으로 더욱 악화되고 있다. 이러한 남북관계 현상(現狀)은 개념상 다음 단계로 설정된 "한반도 평화 정착" 역시 공염불로 만들고 있다. 그러면 한반도신뢰프로세스가 작동하지 않은 이유는 무엇인가?

첫째, 신뢰 프로세스는 정책이 제1의로 갖추어야 할 논리적 정합성을 결여하고 있기 때문이다. 튼튼한 안보는 기본적으로 억지전략에 속하는 것으로서, 논리적으로 신뢰가 없는 상태에서 추진하는 것이다. 물론 억지전략과 포용정책을 병행할 수도 있지만, 이럴 경우 포용정책은 기본적으로 억지 전략의 하위 개념으로서, 억지 전략이 작동하는 구조 안에서 오인, 오해, 오판 등을 해소하는 수단이 된다. 하지만, 북한의 핵무장이 "남침" 의 도라기보다, 주권 국가로서 인정받지 못하고, 나아가 남한의 엄청난 재래식 군사 위협으로부터 오는 것이며, 다른 방법으로 이런 열세를 극복할 가능성이 없다면, 이는 북한의 사활적 문제로서, 핵무장을 통하여 필사적 방어 능력(desperate defensibility) 확보를 추진하려 할 수밖에 없을 것이다.[5] 다시 말하면, 튼튼한 안보라는 일방적 안보주의는 북한 안보의 약화를 가져와 억지력으로 작동하는 것이 아니라 핵무장을 더욱 가속화하는 효과를 가져오게 된다. 이렇게 되면, 포용정책은 억지전략과의 정합성을 잃고 자체 모순에 실패하기 마련이다. 포용정책이 성공하려면 억지전략을 수정하거나 대규모 경제 지원으로 신뢰를 구축하는 것인데, 그나마 일시적 처방에

---

5) 한국이 정치경제적으로 번영하는 민주주의를 이루고, GDP에서 40-50배, 연 군사비에서 10-30배의 우위를 유지하고도, 또 진보 보수 정권을 막론하고 지속적으로 병력 수와 의무 복무 기한을 축소하고 있는 현실에서, 아직도 재래식 군비에서 북한에게 열세이거나 겨우 균형을 이룬다는 냉전적 주장은 과연 합리적인가? 만일 그렇다면, 남북 군사균형에 대한 최고 비밀을 알고 있었음에도 불구하고 국방 비리로 유죄를 받은 노태우 전 대통령과 이양호 국방장관, 최근 군납 비리로 수사를 받는 전 해군참모총장에 이르기까지, 국가보안법 위반으로 처벌했어야 하고 또 그렇게 해야 할 것이다.

불과하다.

"튼튼한 안보"에 기초한 억지 전략은 신뢰프로세스가 제시한 두 번째 목표인 "평화 체제 구축"과도 조화를 이루지 못 한다. 박근혜 정부는 대화와 교류를 통한 포용정책으로 북한이 선 비핵화를 선택하면, 이후 평화체제를 선물로 주고자 한다. 하지만, 남한이 억지력에 기초한 일방적 안보주의를 첫 번째 목표로 추진하는 한, 그리고 북한의 핵 옵션이 열려 있는 한, 북한의 항복과 선 비핵화에 의한 평화 체제 형성은 무망하다. 북한이 "국가 안보 위협"을 느끼는 한, 북한으로서 선 비핵화를 선택하기는 어렵다.

셋째, 한반도신뢰프로세스가 가정하고 있는 불신의 원인과 현실과의 부조응이다. 신뢰프로세스는 남북 관계 파탄의 원인을 "신뢰의 결여"에서 찾은 것은 정확한 진단이지만, 불신의 원인에 대해서는 전적으로 북한책임론을 가지고 있는 것으로 보인다. 박 대통령은, 그간 북한이 위기를 조성하고, 양보를 얻어내고, 자신의 의무는 파기하고, 다시 위기를 통하여 양보를 얻어내는 갈취국가(extractionist state)로 생각하고 있는 것 같다.[6] 따라서 이러한 갈취 행위에 응하지 않는 것이 "원칙 중심의 대북정책"이 된다. 이렇게 불신의 책임이 전적으로 북한에 있다는 믿음은 일리가 있지만, 북한의 인식과 정반대여서 접점을 찾기가 어렵다. 북한은 정권이 바뀌는 한국이나 미국 정책들은 신뢰하기 어렵고, 특히 한미 보수 정권들의 대북 적대시 정책은 여전하다고 믿고 있는 것으로 보인다. 실로 W. 부시 행정부는 이전 클린턴 행정부와 북한의 합의사항을 뒤집는 ABC(Anything But Clinton)정책을 취했다. 부시 행정부가 새로운 추가 조건을 내세우면서 클린턴 행정부의 제네바 기본합의는 붕괴했고, 북미코뮈니케(2000.10)의 불가침 합의

6) 박 대통령은 북한이 "날로 먹으려든다"로 말했다고, 문희상 새정치민주연합 비대위원장은 양자 회동 후 전했다.

역시 "악의 축" 대북관으로 매몰됐으며, 9.19합의(2005.9)는 바로 다음날 BDA를 통한 북한 제재로 거의 수포가 되었다. 이명박 정부 역시 비핵개방 3000 정책으로 북한의 선 비핵화와 개방만을 압박하며 북한에 대한 교류 협력을 중단시켰다. 다시 말하면, 이러한 선례에 비추어, 박근혜 대통령의 대북관 속에서도 북한의 시각은 자리할 공간이 없고, 따라서 북한의 호응을 유도할 구체적 유인도 없는 바, 신뢰프로세스는 오히려 불신 프로세스가 되고 있다.

마지막으로 박 대통령의 통일대박론은 오해라는 해명에도 불구하고 논리적으로 일종의 흡수통일론이다. 통일대박론은 기본적으로 북한이 중국이나 베트남처럼 개혁개방을 하고, 한국 기업들이 북한경제에 대거 진출한다는 비전 위에 서 있다. 그렇지 않고 통일대박을 터뜨릴 수 있는 방법은 거의 없다. 이러한 전제를 최대한 충족시킬 수 있는 경우는 북한 정권이 붕괴하고, 남한이 북한을 접수하여 특수구역으로 통제관리하며, 북한 주민을 "국민"이 아니라 "특수 주민"으로 분류하여 대한민국 국민에게 돌아가는 각종 편익과 복지를 제한하고, 북한 지역을 전면 개방개혁하여 우리 기업을 대거 진출시켜 북한 경제를 성장시키는 경우이다. 박근혜 대통령은 독일 드레스덴을 방문한 자리에서, "독일 통일도 한반도의 통일로 이어질 것", "베를린 장벽도 자유와 평화에 대한 열정을 막지 못했다"고 선언함으로써 북한 붕괴에 바탕한 비전임을 강력히 시사했다. 드레스덴이 1989년 10월초 동독 정권에 대항하여 대규모 체포로 이어지는 대규모 시위를 촉발시키고, 궁극적으로 공산 통치를 붕괴시킨 독일 "평화혁명"에 불을 붙인 곳이라는 점에서, 이는 누가 보아도 한반도에서도 이러한 형태의 통일이 일어날 것을 박 대통령이 기원하고 있음을 보여주는 것이었다. 이후 통준위는 국토교통부, 통준위 등과 함께, 북한의 권역별, 부문별 발전전략을 포함한 국토 개발 마스터 플랜을 만들고 있는 것으로 알려지고 있다. 여기에서 당사자인 북한은 없다. 흡수통일론을 더욱 뒷받침하듯이, 통준위 민간 부위원장은 최근 통준위에 '비합의 통일'이나 '체제 통일'에 대한 팀이 있다고 말했다. 그는 또한 통일 준비의 시급성을, 북한에 시장 경제가 확대되고 부패가 확대되는 등의 "위기"에서 찾았다고 한다. 이렇게 북한 정권의 불안정과 독일식 통일을 상정한 "흡수통일론"에 북한이 극단적으로 반발하는 것은 당연하다 할 것이다.

흡수통일 준비는 북한 정권의 붕괴가 임박할 정도의 위기가 있는지 여부에 따라 시급성이 결정되겠지만, 박 대통령이 상정하고 있는 종류의 제한적 흡수통일은 두 가지 큰 장애를 가지고 있다. 그것은 과연 중국이 현 상태에서 우리 정부가 북한 지역을 통제할 수 있도록 용인할 것인가의 문제와 북한 주민들이 과연 남한 주민과의 커다란 격차를 상당 기간 묵과해야 하는 제한적 통일을 묵인할 것인가이다. 특히 후자의 경우, 우리 기업들에게 "대박"을 가져올 수는 있겠지만, 북한 주민들이 생각하는 "통일"은 아닐 것이다. 만일 일반적으로 인식하는 "통일"을 가정한다면, 북한을 남한 정치 및 경제 체제에 흡수하여, 북한 주민을 완전한 국민으로서 대우하는 경우인데, 그 경우 과거 많이 논의됐던 엄청난 "통일비용"이 발생할 수밖에 없다. 20년 이상 2조 유로를 통일비용으로 투입한 독일과 단순 비교하더라도, 한국의 경우 매년 1천억 유로가 소요될 것인데, 환산할 경우 정부 예산은 30% 이상 증액되지 않으면 안 된다. 대부분의 여론 조사들은 통일 찬성 90% 정도지만, 통일을 위하여 5% 이상의 세금을 더 낼 용의가 있다는 응답자들은 10% 이하로 급락함을 보여준다. 유료 통일 지지는 비용의 대부분을 부담해야 하는 미래 세대 즉 20, 30대 연령층에서 더욱 심하다. 하지만, 통일비용의 실상이 알려지면, 통일에 대한 거부감은 전 연령층으로 확산될 가능성이 크다. 이미 고령화 저출산 등으로 급증하는 복지 부담이 불가피한 상태에서, 그리고 전고후저라는 성장 패턴에서 후자에 들어선 현

경제 상황에서, 과연 통일 비용까지 감당할 국민이 얼마나 있을 것인가 의문이다. 많은 보고서들이 3만 명 탈북자들의 열악한 경제적 그리고 사회적 상황을 증언하고 있지만 이를 개선하고자 하는 노력은 예산 부족으로 답보 상태다. 세금을 지금보다 30% 이상 더 내가면서까지 이들의 700배가 되는 북한 주민 전체를 먹여 살리자는 선택에 얼마나 많은 지지가 형성될는지는 부정적일 수밖에 없다.

"북한 핵을 버리면", "개방과 변화의 길로 나오라", "올바른 선택" 그리고 "진정성 있는 대화" 등으로 표현되는 박근혜 정부의 안보 및 대북정책은 이명박 정부의 비핵개방3000과 비슷하다. 그리고 이명박 정부 정책의 결과가 그랬듯이, 박근혜 정부 출범 2년 동안, 한국의 안보 상황은 "튼튼"해지기보다는 악화되었고, 남북관계 역시 "발전"하기보다 악화하고 있다. 더욱 중요한 것은 현 정책 기조가 계속될 경우, 양대 목표는 더욱 악화될 뿐만 아니라 위험과 비용이 천문학적으로 솟을 가능성이 있다는 것이다. 억지정책, 선 비핵화, 통일준비론 등이 남북대화 발전이나 평화체제 구축과 조응하지 못하고 있기 때문이다. 여기에 정책 결정 구조마저 군 출신 인사들이 국가안보회의 요직을 장악하고 있어서, 남북관계 주무 부처장인 "통일부 장관은 아무나 할 수 있는 자리"(류길재 전 통일부 장관)가 되어버렸다.

4. 대안적 남북관계 개선 방안[7]

민주화 이래 시행된 한국 정부의 대북정책들은 강온, 보수와 진보의 정

7) 여기서 개진되는 "비핵평화 화해통일" 해법은 필자도 일부 참여한 한반도포럼, 『남북관계 3.0: 한반도 평화협력프로세스』를 필자 나름대로의 시각을 넣어 일부 변형한 것임을 밝힌다.

반대 정책으로 보이지만, 둘 다 기능주의적 접근법이라는 공통점을 지닌다. 김대중의 햇볕정책은 긍정적 기능주의 정책으로서 당근을 먼저 제공하면서 북한의 옷을 벗기려 했지만, 북핵을 막지 못했다. 이명박의 "비핵개방3000"은 부정적 기능주의 정책으로서, 비핵개방을 하지 않으면 기존의 당근을 중단할 것이며 또한 선 행동을 하면 후 당근을 제공하겠다는 정책이었다. 그는 "원칙을 지키면서 북한의 부당한 요구를 거절"하겠다고 자신의 정책을 정당화했지만, 결과적으로 "대통령의 시간"은 천안함 격침, 연평도 포격, 북한의 장거리 미사일 실험, 두 차례의 핵실험 등 한국전쟁 이래 최악의 안보 불안으로 점철됐다. 이들은 모두 남북관계가 가지고 있는 구조적 문제점에 대한 해결 없이, 편익을 주고 빼앗는 방식으로 북한의 협력을 유도하려 했으며, 박근혜 정부에 이르러 이러한 기능주의적 접근법의 효력은 이제 거의 다 소진되고 말았다. 또한 북한에 대한 강압정책 역시 한계를 드러냈다. W. 부시 행정부는 가능한 최대의 강압정책을 실시했으며, 오바마 행정부도 유엔 제재 등으로 북핵에 맞섰지만, 모두 북핵 진전을 막지 못했다. 북한이 중국 안보에서 차지하는 전략적 가치가 남아 있는 한 중국은 북한의 후견인 역할을 포기할 수 없을 것이며, 유엔 안보리 상임이사국이며 세계 2대 경제를 가지고 있는 중국에로 북한의 뒷문이 열려 있는 한 강압정책은 한계를 가질 수밖에 없다. 남북관계와 북핵에 대한 어떤 개선 방안도 이러한 한계를 인식하는데서 시작하지 않으면 안 된다.

대북 강경책과 유화책이 번갈아 등장하는 동안에도, 한국 안보는 더욱 악화되어 왔으며, 더욱 심각한 문제는 현재도 북핵 위협을 해결할 뾰족한 움직임이 없음으로써 향후 핵위협이 사상 최악으로 악화될 것이라는 전망이다. 핵무기는 군사적 무기일 뿐만 아니라, 정치적, 경제적 무기이다. 핵위협이 남한에 핵그늘을 드리우게 되면, 한국은 사활적 위기를 맞게 될지도 모르며, 통상적으로도 분단 디스카운트에 북핵 디스카운트까지 감수해야 할 가능성이 크다. 나아가 북핵의 심화는 한국으로 하여금, 더욱 한미동맹을 고리로 미중 갈등에 연루되도록 만들게 될 가능성이 크다. 이제 비핵화가 더 이상 해결을 미룰 수 없는 단계에 도달했다는 결론이 보수 진보에게 공유될 것이다. 이를 해결하기 위하여 성역 없이 유효한 대안을 천착해야 한다. 개선방안은 무엇인가?

이제 대북정책의 최고 목표를 북한 비핵화로 설정하고, 이를 달성하기 위하여 과거의 기능주의적 접근이나 강압적 정책을 넘어, 구조적이고 정치적인 접근을 시도할 필요가 있다. 기능주의 접근이 실패한 이유는 기본적으로 구조적 문제의 고난성에 있다. 작은 호혜적 이익들이 북핵무장을 가져온 구조적 문제를 해결하기에는 너무 작았기 때문이다. 악의 축과 유엔제재 등으로 표현된 강압정책 역시 치명적 약점을 가지고 있다. 강압정책의 한계는 첫째 대북 제재는 중국의 소극적 태도로 인하여 비효과적이며, 둘째 "자주"로 표현되는 북한에 대하여 효과적으로 사용할 지렛대가 별로 없다는 데 있다. 그렇다고 비핵화를 포기하고 북한과의 무한 군비경쟁과 함께 핵그늘에 살 수는 없을 것이다. 아직 실천해 보지 않고 유일하게 남아 있는 현실적 해결책은 구조적인 문제를 정치적으로 해결하는 것이다.

"대북 적대시" 정책의 종식을 요구하는 데서도 보이듯이, 북한이 핵무장으로 가는 근본 요인은 북한 국가와 정권의 "안보 불안"이다. 북한을 비핵화로 몰아가는 것은, 첫째 북한의 국가성을 인정하지 않는 한미의 "의도"이며, 둘째로는 따라서 그들의 존재를 위협하는 한미의 "능력"일지도 모른다. 북핵 억제에 실패하고 이제 다른 방법이 없다면, 북한의 의도와 환경을 구조적으로 바꾸어야 할 것이다.

이러한 방향에서 해결책을 모색하기 위해서는 첫째 북한 비핵화와 남북관계 발전을 가로막는 가장 큰 장애물이 남북의 상호 국가성 부정임을 인정해야 한다. 북한은 물론, 남한 역시 명시적으로 북한의 국가성과 정권을 부정하고 있다. 대한민국 헌법 제3조는 북한 지역을 우리 영토로 일방 선포하고 있으며, 국가보안법과 대법원 판례는 북한 정권을 진압해야 할 반국가단체로 규정하고 그 수괴들에 대하여 사형에 처하도록 하고 있다. 과거 북한이 경제 군사적 우위를 점유하고 있었던 1950, 60년대 이러한 불균형은 우리에게 심각한 안보불안을 야기했었다. 하지만, 정치 경제 군사적으로 남한이 월등한 우세를 보이고 있는 오늘날, 안보 불안을 느껴야 하는 것은 남한이 아니라 북한이다. 북한 정권은, 정권 불안뿐만 아니라 북한이라는 "국가 안보 불안"을 느낄 수밖에 없다. 남북 정치, 경제력 그리고 군사력을 비교할 때 아직도 북한이 자신의 능력을 과신하고 적화통일 의도를 가지고 있다고 보는 것은 어불성설이다. 남북한의 능력은 1970-80년대 이래 완전히, 그것도 엄청난 격차로 역전됐다.

이후 북한은, 국제정치학에서 말하는 국가의 제1의적 국제정치 과제 즉 "생존(self-preservation)" 전략을 모색할 수밖에 없게 되었다. 이러한 극도의 안보 불안은 남한과 미국의 "대북 적대시" 정책과 결합하여, 북한으로 하여금 "핵무장"에서 해결책을 찾도록 압박하고 있으며, 이러한 강박관념은 미국과 나토가 핵무기 없는 적대 정권을 전복시킨 이라크와 리비아 모델에 의해 더욱 강화될 수밖에 없다. 이러한 북한에 대해서는 인권 등 어떠한 외부의 비판과 요구도 "수단을 달리한 북한 붕괴 유도"로 받아들여질 가능성이 크다. 드 메지에르 전 동독 총리의 말처럼, "두려움에 떨고 있는 적은 사악한 적보다 더 무섭다." 북한이 이러한 "국가적" 안보 불안을 느끼는 한, 그리고 북한으로 하여금 핵무장을 포기하도록 만드는 효과적 압박 수단이 없는 한 강압적 방법으로 북핵을 포기시키는 방법은 없다. 어떠한 남북관계의 근본적 개선 그리고 북한 문제(North Korean Question)의 궁극적 해결도 북한의 국가성 인정이 없이는 불가능하며, 북한 인권 비난 등 어떠한 북한과의 관계도 화평연변(和平演邊) 기도로 보일 수밖에 없을 것이다.

소련 동구 인권에 대한 서구 비판의 길을 연 헬싱키협정(1975)의 제1조는 상호 주권 인정과 영토 존중이었으며, 1970년대 관계 정상화의 길을 열고 궁극적으로 통일에 이른 동서독 기본조약(1972)도 기본적으로 상호 국가 인정 조약이었다. 국가 불인정에 바탕한 비정상관계에서 핵무장은 비정상적으로 탄생할 수 있는 것이다.

북한의 국가성 인정이 우리에게는 충격일 수 있지만, 냉정하게 보자면, 이미 상당한 국가들이 북한을 국가로 인정하고 있다. 현재 한국 수교국은 190개국, 동시수교국은 157개국이다. 즉, 이미 북한을 인정하고 수교하고 있는 국가가 160개국이나 되며, 한국 미국 이스라엘 등 30개국만이 남한을 단독으로 인정하고 있다. 북한은 또한 국가만이 회원이 될 수 있는 유엔 회원국이며, 북한 내 외국 상주 공관은 외국 대사관 24곳, 유엔식량농업기구(FAO) 등 북한 내 국제기구 사무소도 9개소 등 모두 33개에 이른다. 북한을 국가로 인정하지 않고 있는 대한민국이 북한을 실질적 국가로 인정하고 있는 국제기구나 외국과 국교를 유지하고 있다는 것은 대한민국 대외정책의 자체 모순이며, 한국은 이러한 상태를 이미 오랫동안 유지해오고 있다. 이에 반하여, 중국의 경우 하나의 중국 정책을 실천적으로 유지해 오고 있으며, 한국은 이를 수용하여 중국 수교 전에 타이완과 단교하기도 했다. 중국의 “하나의 중국” 정책은 수용하면서 자신의 “하나의 한국” 정책은 이행하지 못하고 있는 것이다. 만에 하나, 북한의 국가성 인정 이후에도 북한이 위협적인 핵.미사일 개발을 계속 추진한다면, 여전히 북한 “적대시” 정책을 사용할 수도 있다. 한국이, 아래 제기하는 평화 환경을 거부하고, 과거 강경책으로 회귀할 수 있는 여지가 남아 있다는 것이다. 이러한 점에서 북한 국가성 인정은 사활적 모험으로 치명적 위험에 빠지는, 돌아올 수 없는 다리가 아니다.

둘째, 국가의 존재가 인정된다 하더라도, 현존하는 정권에 대한 평화가 보장되는 것은 아니다. 오늘날 존재할 권리가 인정된 국가들 간에도 수많은 갈등이 존재한다. 현실적으로 북한과 한미는 전쟁 중간의 정전 상태에 있으며, NLL 등 남북한 경계선은 완전히 합의되어 있지 않다. 따라서 북한의 국가성을 인정한다 하더라도, 최소한의 평화 체제라도 확립되지 않으면 북한으로 하여금 핵무기를 개발하도록 만드는 압박 요인은 계속 남게 되는 것이다. 이러한 점에서, 북핵 문제는 브라질·아르헨티나 모델이나 우크라이나 모델 등과 달리, 뿌리 깊은 적대국을 이웃에 가지고 있는 이스라엘이나 인도-파키스탄 모델에 가깝다. 이들 후자 국가들은 모두 핵무장의 길을 갔다. 어쩌면 1민족 2분단 국가로서 민족 정통성을 경쟁해야 하는 남북한 모델은 이들 국가들보다 더 어려운 상황에 있는지도 모른다. 그렇다 하더라도, 현상을 인정한다는 전제에 서면, 유일한 해결책은 비핵과 평화를 교환하는 것이다. 즉, 북한을 핵무장으로 몰아가는 외부적 위협을 제거하고 평화적 환경을 부여함으로써, 핵무장의 근본 동인을 없애주는 것이다.

북한 국가성 인정과 평화 체제 구축은 새로운 것처럼 보이지만, 사실 과거 북한과 미국 또는 6자회담국과의 합의들은 이미 이러한 내용들을 포함하고 있다. 예를 들어 최신 합의였던 9.19합의는 북미 상호간 "주권 존중," 관계 정상화 노력, 한반도 평화 체제 및 동북아 협력 안보 체제 구축 등 이미 이러한 해법을 담고 있었지만, 문제는 실천과정에서 평화축은 잠자고, 비핵화축만 압박함으로써, 북한을 더욱 핵무장으로 몰아갔다는 데 있다. 선 비핵화 전략은 어쨌거나 북핵무장의 확대와 고도화라는 결과를 가져왔을 뿐이다. 북한에 국가성을 부여하고 평화체제를 제공함과 동시에, 북한 핵무기의 완전하고 검증가능하고 불가역적인 폐기(CVID)를 맞교환하는 "공동안보" 정책은 여전히 시도해 볼 만하다. 비핵-평화가 교환된다면, 북핵무장을 가능하게 했던 중국의 지원 역할 역시 확실하게 비핵화로 돌아설 것이다. 평화를 주지 않으면서, 선 비핵화를 요구하는 것은 실제로는 북한을 더욱 핵무장으로 몰아가는 것이다.

셋째, 국가성 인정과 평화 체제가 형성되면서 평화공존의 구조가 마련되면, 동서독과 동서구 관계에서 그랬듯이, 비로소 진정한 "신뢰"가 형성되고, 실질적 화해협력의 기초가 마련될 것이다. 이러한 화해협력이야말로, 그간 "퍼주기"를 통하여 일시적으로 형성된 화해와 달리, 영구적일 가능성이 높다. 북한 역시 비로소 생성된 평화 공간 속에서, 개혁개방을 시도할 여지를 갖게 될 것이다. 다만, 평화공존이 관념과 관습으로 정착되어 진정한 화해와 협력으로 가려면 상당한 시간이 소요될 것이다. 제도적 해결에도 불구하고, 여전히 한 민족 두 국가라는 현실로부터 야기되는 북한의 심리적 불안은 클 것이기 때문이다. 월등히 우세한 남한으로부터의 통일 요구나 압박이 없다 하더라도, 북한 주민이 "우리는 하나다(Wir sind ein Volk)!"라고 외치는 순간 북한 국가는 다시, 동독과 동구에서 보여졌던 내부적 위험에 봉착하기 때문이다. 이후 통일 여부는, 거기에 이르는 기간에 일어날 남북한 내부 정치경제 변동과 당시 남북한 국민의 결정에 달려 있다.

넷째, 이러한 맥락에서 현 단계에서의 통일 논의는 금물(non-starter)이다. 통일 논의는 반드시 통일국가의 형태와 체제를 포함하게 되기 때문이다. 객관적으로 남북한이 통일된다면, 북한이 남한에 흡수되어, 자유 민주주의와 시장 경제로 통일되는 방법 이외의 경우를 상상하기 힘들다. 하지만 이러한 정책을 남한 정부가 공개적으로 천명하고 추진한다면, 이는 북한에 대한 흡수통일 위협을 구성할 수밖에 없다. 흡수통일은 평화통일, 합의통일로 얼마든지 가능하다. 현재로서는 통일을 아예 언급하지 않거나, 미래세대에 맡긴다거나, 아니면 그저 평화통일, 합의통일을 하겠다는 정도로 말하면 족하다. 통일은 말할수록 자기부정적 예언(self-defeating prophecy)이 된다. 통일 논의는 하지 않되, 예측치 못한 급변사태에 대비하는 비공개 플랜B를 마련하는 것이 현재로서는 최선의 "통일 준비"가 될 것이다.

논리적으로 이 같은 패러다임 전환이 근본적 문제해결책이라 하더라도, 이러한 전환은, 특히 한국 국민들에게 있어, 혁명적일 수 있다. 혁명적 전환이 성공하려면, 치밀한 국제적 협조가 필수이지만, 여기서는 무엇보다도 저항이 심할 가능성이 농후한 국내 정치적 합의 형성에 국한하여 얘기해 보고자 한다.

첫째, 지금까지의 논의들은 "비핵평화 화해통일" 기조의 대북정책으로 요약할 수 있는데, 가보지 않은 길이기 때문에, 정책은 더욱 이론적 일관성과 현실적 조응성을 갖추지 않으면 안 된다. 새로운 정책안은 최초 목표와 방법부터 최종 목표와 방법까지, 상하 선후 좌우로, 일관되게 연동된 포괄안이어야 한다. 또한 이러한 목표와 방법들은 남북한 및 관련국들이 협의하고, 타협하고 합의할 만한 조치여야 한다. 개념적으로 잘못된 정책의 경우, 자칫 이 민감한 신뢰 구축 과정을 역전시킬 수 있기 때문이다.

몇 가지 예를 탐구하자면, 시동 단계에서는 북한의 국가성 인정과 핵.미사일 개발 "동결"을 연동할 수 있을 것이다. 이는 북한에 정치적 신뢰를, 남한에 군사적 신뢰를 태동시키는데 좋은 주춧돌 역할을 할 것이다. 이러한 구조적 조치와 함께, 기능주의적 접근을 보완책으로 덧붙일 수 있을 것이다. 다음으로 북한의 핵포기와 평화체제 구축인데, 북한이 핵무기를 완전히 포기할 즈음이면, 평화협정, 남북한 및 북미 관계의 정상화, 군비 통제 및 축소, 동북아 평화 체제 구축 등이 이루어져야 할 것이다. 다만, 평화체제의 공고화가 상당한 신뢰와 시일을 요구하는 만큼, 한미동맹과 주한미군은 적절히 변형되기는 해야겠지만, 기본적으로 유지되어야 할 것이다. 이는 현재의 북한으로서는 수용하기 어려울지 모르겠지만, 비핵평화 화해통일 과정은 동태적인 것이며, 비핵화와 평화체제가 교환 구축될 즈음이 되면, 그간 형성된 신뢰로 인하여 북한이 주한미군을 보는 시각은 변화하여 있을 것이며, 북한을 설득하는 일은 가능할 것으로 보인다. 평화공존의 틀이 마련되면, 이후는 만개한 기능주의적 접근을 도입할 수 있을 것이다. 다만, 이후라도 남북한 관계는 한국 기업이 마음 놓고 중국에 진출할 수 있는 한중관계와 다르며, 거대한 영토의 중국이 경제적으로 앞섰던 타이완을 전혀 두려워하지 않았던 중국·타이완 관계와도 다르다는 고려가 정책 내용에 반영되어야 한다. 보다 우세한 한국의 존재는 북한으로 하여금 항상 흡수당할 불씨를 안고 있는 것과 같기 때문에, 완전한 개혁개방을 어렵게 만들 수 있기 때문이다.

둘째, 새로운 포괄적 평화정책안이 마련된다 하더라도, 이를 실천하는 것은 더욱 어려울지 모른다. 공동 안보에 입각한 평화정책에 대한 가장 큰 반발은 그간 우리의 일방적 안보 증진을 주장해 온 안보주의자들로부터 올 것이다. 이들은 냉전 기간 동안 훌륭한 역할을 수행했다. 하지만 이들은, 새로운 시대를 맞아 등장하는 새로운 패러다임을 이해하기도 어렵고, 용인하기는 더욱 어려워할 것이다. 소수라 하더라도 과거 기득권층의 저항은, 아직 나타나지 않고 불확실한 미래 다수 지지층보다 강할 수 있다. 중요한 정책 전환이 자주 실천 과정에서 좌초되는 한 이유다. 이러한 맥락에서 진보적 지도자가 이러한 정책을 선도하기는 어려울 것이다. 한국전쟁에서 총부리를 겨눈 지 20년 만에 중국을 전격 방문하여 미중 국교 수립 원칙을 관철시킨 닉슨 미대통령처럼, 그간 반공보수의 정체성을 확실히 확립한 박근혜 대통령은 이러한 패러다임 전환의 적임자였다. 하지만, 그는 정반대의 정책 방향을 선택했고, 그의 통일론은 통일 준비의 상대역인 북한에 의하여 완강히 거부되고 있다.

예상되는 저항 속에서 패러다임 전환은 평화와 통일의 편익과 비용에 대한 가감 없는 자유 논쟁으로부터 시작할 수도 있을 것이다. 값비싼 비용을 치르고도 점차 심화되고 확대되는 안보 딜레마를 유지할 것인가, 비용을 낮추고 공동안보라는 편익을 얻을 수 있는 평화공존을 선택할 것인가, 막대한 통일 비용을 지불하고도 흡수통일을 추구할 것인가, 값싸고 안정된 평화공존의 길을 장시간 가면서 통일 여부는 훗날 여건을 보아가며 결정할 것인가. 안보주의 대 평화주의 논쟁, 통일 편익 대 통일 비용의 논쟁이, 진정 표현과 언론의 자유 속에서 진행된다면, 평화주의 정책에로의 패러다임 전환에 대한 국민적 지지가 형성될 가능성은 크다. 국민적 자유 토론은 그간 보수, 진보 정권 교체시마다 반복돼 온, 북한이 적인가 형제인가의 혼란과 양가적 모호성, 그리고 그에 따른 남남갈등을 정제할 수 있는 기회도 될 것이다. 지금의 선택은 친북이냐 반북이냐가 아니라, 핵그늘인가 평화공존인가에 있다.

5. 결론에 대하여

안보주의에서, 여기서 토론한 바의 현실적 평화주의로 패러다임을 전환한다는 것은 엄청난 발상의 전환으로서 수용하기도 어렵고 실천하기는 더욱 어려울지 모른다. 하지만, 점증하는 북핵 위협과 이로 인한 미중 갈등의 확산 속에서, 해결가능성을 보여주는 어떤 이니셔티브도 없이, 북한의 변화나 붕괴를 마냥 기다릴 수는 없다. 거의 유일한 마지막 현실적 대안으로서, 비핵평화안은 시도될 가치가 있는 것이다. 위기에서 영웅이 탄생한다. 하지만 과연 패러다임 전환할 담대한 정치 리더십이 한국에 있을까? 왠지 예후는 불길하다.

9부

남남갈등을 넘어 평화와 통일을 향해:
지속가능한 대북정책

한 반 도 평 화 와 통 일

〈제1 회의〉

개회사 / 원혜영

축사 / 김무성

기조발제 / 백영철

〈제2회의〉

인사말 / 홍석현

축사 / 나경원

종합토론 /

권만학, 이영선, 박영호, 한용섭, 전봉근, 김영훈, 박명림, 김근식, 이정철, 김석진, 이호령, 원혜영, 심상정, 정대철, 이부영, 박주선, 유재중, 노웅래, 남경필, 오세훈

〈공동발표문〉

남남갈등을 넘어 평화와 통일을 향해: 지속가능한 대북정책의 모색

제1회의

개회식

개회사

안녕하십니까, 국회 남북관계 및 교류협력 발전 특별위원회 위원장 원혜영입니다.

여야가 함께하는 국회 남북관계발전특별위원회와 진보와 보수를 아우르는 전문가 싱크탱크인 '한반도포럼'이 공동으로 세미나를 개최하게 되어 매우 기쁘게 생각합니다. 특히 우리사회의 존경받는 원로분들과 권위 있는 전문가 여러분들께서 남남갈등을 넘어 지속가능한 대북정책을 논의하기 위해 열일 제쳐두고 참석해주신 데 대해 깊은 감사를 드립니다.

올해는 광복분단 70년을 맞는 해이자, 분단이후 처음으로 남북정상이 만나 6.15공동선언을 발표한지 15주년이 되는 뜻 깊은 해입니다. 올해를 민족 화해와 번영의 상징으로 만들어야 한다는 역사적 책임감을 무겁게 느낍니다.

그러나 안타깝게도 우리 앞에 놓인 현실은 그리 녹록치 않습니다. 동북아 질서는 요동치고 있고, 경색된 남북관계는 회복의 기미가 보이질 않습니다.

이대로 방치해선 안 됩니다. 남북관계 개선 없이 한반도를 둘러싼 주변 4강의 틈바구니에 능동적으로 대처할 수 없습니다. 남북 간 대화 없이 평화는 불가능합니다.

여야를 넘어, 진보와 보수, 좌우 진영을 넘어 민족의 장래를 놓고 머리를 맞대야 합니다. 낡은 이념대립을 걷어내고 남북 모두에게 이익이 되는 실용의 길을 택해야 합니다. 정권교체에도 불구하고 일관된 동방정책으로 통일의 결실을 맺은 독일처럼 지속가능한 대북정책으로 평화통일을 향해 나아가야 합니다.

다시 한 번 참석해주신 모든분들께 감사의 말씀을 드리며, 오늘 이 세미나가 대북정책의 최소 공감대를 확인하는 자리가 되길 바랍니다.

대단히 감사합니다!

2015년 6월 8일

국회 남북관계 및 교류협력 발전 특별위원회 위원장 원혜영

축사

지속 가능한 대북정책이라는 주제를 가지고 국회와 한반도포럼이 공동 학술회의를 개최하게 되어 기쁘게 생각합니다.

한반도포럼은 2011년 3월에 출범한 이래 활발한 학술활동을 펼치며 남북문제에 관한 대표적 싱크탱크의 하나로 자리 잡았습니다. 보수와 진보를 아우르는 학자들이 모여 남북문제에 대해 포괄적 접근을 하면서 국민적 합의가 가능한 대안을 제시한다는 점이 한반도포럼의 큰 미덕이라고 생각합니다.

국회 남북관계 및 교류협력 발전 특별위원회도 초당적 협력을 통해 남북관계의 진전에 이바지하고자 노력하고 있습니다. 오늘 이분법적 대립을 극복하고자 하는 양 기구가 모여 지속 가능한 대북정책을 논의하게 되니, 뭔가 창조적이고 건설적인 이야기가 나오지 않을까 기대됩니다.

모두가 잘 알고 있듯이 현재 남북관계는 꽉 막혀 있습니다. 그 동안 박근혜 정부는 국제공조의 틀 안에서 드레스덴 구상과 8·15 경축사 등을 통해 다양한 대북 제의를 해 왔습니다. 이러한 제의는 이산가족 상봉이나 구제역 방역 지원과 같은 인도적 차원에서부터 남북장관급회담과 같은 최고위 정치적 차원에 이르기까지 포괄적 내용을 담고 있습니다. 하지만 북한 당국은 이 모든 제의에 대해 소극적으로 대응하거나 전혀 반응하지 않은 채,

오히려 핵과 미사일 개발에 치중하고 있습니다.

한 마디로 현재의 남북관계는 출구가 보이지 않는 교착상태입니다. 아마도 이 고르디우스의 매듭을 단번에 끊어버리는 과감한 해법을 찾아야 할 때가 된 것이 아닌가 하는 생각도 듭니다.

이토록 어려운 남북관계를 그 동안 더욱 힘들게 한 것은 남북협력과 평화통일의 철학과 방법에 대한 우리 내부의 큰 이견이었습니다. 지금도 진보와 보수 사이에는 남북문제와 관련해 현격한 인식 격차를 보이고 있습니다.

다행스러운 것은 국회 남북특위와 한반도포럼처럼 이러한 인식의 격차를 줄이려는 노력도 진행되고 있으며, 이러한 노력 가운데 한반도포럼의 리포트 "남북관계 3.0: 한반도 평화협력 프로세스"와 같은 새롭고 현실적인 제안도 많이 나오고 있다는 사실입니다. 국회와 시민사회 차원에서 이러한 노력이 계속되면, 지속 가능한 대북정책의 현실적 기반이 더욱 강화되어, 정권이 교체되어도 일관된 대북정책이 전개될 수 있을 것입니다.

오늘 학술회의의 한 가지 취지는 국민 대다수가 대체로 합의할 수 있는 대북정책의 최소공감대를 찾아보자는 것입니다. 학자와 전문가 여러분께서 좋은 의견을 주시겠지만, 이러한 최소공감대를 찾기 위해 선행되어야 할 것이 역대 정부의 대북정책에 대한 객관적 평가입니다. 과거에 대한 최소공감대 없이 미래에 대한 최소공감대는 있을 수 없습니다. 역대 정부가 잘하고 잘못한 것을 냉정하게 따지며 과거를 공유하는 작업이 먼저 필요하다고 생각합니다.

제가 또 한 가지 느끼고 있는 것은 우리 국민들 다수가 상호성과 투명성이 전제되는 한 어떤 수준의 남북협력과 대북지원에도 동의할 준비가 되어 있는 것 같다는 점입니다. 상호성과 투명성은 사실 남북관계를 어렵게 하는 핵심적 쟁점의 하나이지만, 남남갈등을 푸는 데 있어서도 가장 중요한 쟁점이라 할 수 있습니다. 오늘 학술회의에서 이 점을 포함해 남북협력의 원칙에서 구체적 방법론에 이르기까지 국민 다수가 동의할 수 있는 가이드라인이 제시될 수 있기를 바랍니다.

오늘 행사를 마련해 주신 국회 남북특위, 한반도포럼, 중앙일보 여러분께 감사드리며, 참석하신 모든 분께 건강과 행운이 함께하기를 기원합니다. 감사합니다.

2015년 6월 8일

새누리당 대표최고위원 김무성 드림

축사

반갑습니다. 새정치민주연합 당대표 문재인입니다.

먼저, 국회 남북관계 및 교류협력발전 특별위원회와 한반도포럼이 공동 주최하고 중앙일보사가 주관하는 「남남갈등을 넘어 평화와 통일을 향해 : 지속가능한 대북정책」학술회의를 진심으로 축하합니다. 오늘 이 자리를 마련하게 위해 애쓰신 원혜영 위원장과 권만학 회장님, 그리고 중앙일보 관계자 여러분들께 감사의 말씀을 전합니다.

분단 70년, 한반도 정세는 새로운 변화와 도전에 직면하고 있습니다.

남북관계는 날로 경색되어 긴장상태가 이어지고 있고, 북한의 핵문제 또한 국제적 골칫거리가 된지 오래입니다. 특히 일본은 과거사에 대한 반성은커녕, 집단적 자위권 행사를 통한 군사대국화를 꾀하며 동북아의 평화를 위협하고 있습니다. 남북관계 개선과 동북아 평화를 위한 우리의 주도적인 노력이 매우 중요한 시점입니다.

한반도 평화를 위한 구체적인 노력과 실천이 필요합니다.

한반도 평화 통일은 거창한 구호나 추상적인 구상만으로는 실현될 수 없습니다. 지금은 단 한 가지라도 남북관계 개선을 위해 가시적으로 실천하는 것이 중요합니다. 2보 전진을 위한 1보 후퇴는 후퇴가 아닙니다. 남북관계 개선과 이산가족상봉 활성화, 남북경제협력 재개와 한반도 평화 통일을 위해서는 5.24조치 해제 등 우리의 선제적 노력이 절실합니다.

한반도 평화 통일은 머지않은 미래가 될 것입니다.

6.15 공동선언과 10.4 공동선언을 계승 발전하여, 통일 기반을 지금부터 적극 구축해나가야 합니다. 저와 새정치민주연합도 화해와 번영의 한반도 시대를 열어가기 위해 함께 노력하겠습니다. 오늘 학술회의에서도 지속가능한 대북정책을 위한 종합적인 토론이 이뤄지기를 기대합니다. 발제를 해주실 백영철 한반도포럼 이사장을 비롯해 함께하신 모든 분들, 고맙습니다.

2015. 6.

새정치민주연합 당대표 문재인

기조발제

백영철 한반도포럼 이사장, 건국대 명예교수

우선 한반도포럼을 대표하여 오늘 참석하신 내외 귀빈 여러분께 감사의 말씀을 드립니다.

올해 우리는 광복 70주년, 분단 70년을 맞이하고 있습니다. 한반도의 내외 환경은 새로운 변화와 도전에 직면하고 있습니다. 소위 G2시대를 맞이하여 미중 간에 군사적 긴장과 대립이 심화되고 있는 가운데 미일간의 동맹관계는 한층 강화되고 있으며, 중국과 러시아는 접근하고 있고 중일 간에는 역사와 영토 문제를 둘러싼 갈등 속에서 경제협력을 모색하고 있습니다.

남북관계는 경색국면이 지속되고 있는 가운데 북한의 핵위협은 증가하고 있으며 남북 간의 군비경쟁은 가속화되고 있습니다.

이러한 한반도 내외환경의 격랑을 헤쳐 나가기 위해서 우리는 능동적으로 대처해야 합니다. 무엇보다 내부적 통합의 기초 위에서 우리는 운명을 주도적으로 개척해나가야 합니다. 그러나 대북정책을 위시한 남남갈등은 오늘날 좌우, 보수와 진보로 나누어져 정치, 경제, 교육, 복지, 노동 등 우리 사회의 모든 영역에서 전면적으로 확산, 중첩되면서 건전한 국민통합과 바람직한 정책 선택을 가로막고 있습니다.

정권교체에 따른 단절적 대북정책은 남북관계와 한반도 평화에 불안정한 요인으로 작용하여 왔습니다. 오늘 세미나는 단절 경험을 극복하고 여·야 그리고 건강한 보수와 합리적 진보가 함께 공감할 수 있는 지속가능한 대북정책의 가이드라인을 제시하고자 개최되었습니다.

서독의 기민당과 사민당은 정권교체에도 불구하고 지속가능한 동방정책을 통해서 독일통일을 이루어낸 역사적 교훈을 참조할 필요가 있습니다.

일관성 있고 초당적인 지속가능한 대북정책이 마련될 때, 남북관계는 개선되고 한반도의 안정과 평화정착을 통하여 궁극적으로 통일의 기반을 마련할 수 있습니다.

이러한 취지하에 여야가 함께 참여하는 초당적인 『국회 남북관계특별위원회』와 보수와 진보를 아우르는 『한반도포럼』이 오늘의 세미나를 공동주최하게 되었습니다.

우리는 남남갈등을 넘어 국민통합을 가능하게 하는 다음과 같은 지속가능한 대북정책의 정책 방향을 생각해 볼 수 있을 것입니다.

첫째, 정권교체를 초월하여 기존의 남북 당국 간 합의의 정신은 존중되어야 합니다. 7.4공동성명, 남북기본합의서, 6.15공동선언, 10.4선언의 기본정신은 계승 발전되어야 합니다.

둘째, 당국 간 대화채널의 유지와 남북관계의 정상화 방안을 강구해야 할 것입니다. 남북한은 우선적으로 상대방을 공식 대화와 협상 대상으로 인정하고 즉각 무조건 대화에 나설 것을 촉구합니다.

셋째, 정치군사적 상황과 무관하게 북한 동포에 대한 인도적 지원은 상시적으로 이루어져야 합니다. 특히 영유아, 임산부, 노약자 등 취약계층에 대한 규모 있는 집중적인 지원을 당국에 촉구합니다. 북한 동포에 대한 인도적 지원은 통일에 대비한 민족 동질성 회복을 위해서도 불가결한 조치입니다.

한편 북한은 이산가족의 고령화를 고려하여 이산가족 상봉의 정례화를 통한 분단의 민족적 고통을 덜어주어야 합니다.

넷째, 북핵에 대비한 튼튼한 안보태세와 함께 남북관계 개선을 함께 추구해야 합니다. 정부는 6자회담을 통하여 북핵문제를 해결하기 위한 주도적인 노력을 부단히 경주해야 합니다.

다섯째, 남북 간의 상호비방 중지, 군사적 도발 중단 및 긴장 완화를 위한 당국 간 회담 개최를 촉구합니다. 궁극적으로 우리는 남북 간 평화공존체제 구축을 통한 통일 기반을 마련해야 할 것입니다.

우리에게 평화와 통일은 모두 소중한 가치입니다. 평화 없는 통일은 전쟁과 재앙을 초래할 수 있고, 통일 없는 평화는 분단을 고착화시킬 것입니다. 통일 지상주의는 자칫 한반도의 평화를 위태롭게 할 수 있습니다. 따라서 우리는 평화와 통일을 함께 추구해야 할 것입니다.

여섯째, 남북대화를 통한 5.24조치 해법 마련과 금강산관광 재개 등 각종 사회문화교류 활성화를 도모해야 할 것입니다.

일곱째, 초당적이고 지속적인 대북정책 실천을 위한 '정부-여-야 협의체'를 구성할 것을 제안합니다.

앞으로 국회는 초당적 대북정책의 실천과 함께 남북간 대화창구의 보완적 역할 등 현재의 경색된 남북관계의 개선에 중요한 역할을 수행할 수 있습니다.

이와 관련하여 현재의 한시적인 『국회의 남북관계특별위원회』를 상설화하여 그 역할을 활성화할 것을 제안합니다.

이 자리에는 남북관계의 최고급 이론 전문가인 학자들과 최고의 실천 전문가인 정치인들이 자리를 함께 하였습니다. 오늘의 토론회를 통하여 지속가능한 대북정책의 보다 바람직한 정책 방향과 대안이 제시되기를 기대합니다.

제2회의

종합토론

인사말

홍석현 중앙일보 · JTBC 회장(한반도포럼 고문)

존경하는 정의화 국회의장님, 원혜영 위원장님, 그리고 한반도포럼 백영철 이사장님.

학술회의에 각별한 관심을 갖고 참석해 주신 나경원 위원장님, 여야 의원님들과 국회 남북관계특위 위원님들께 감사드립니다.

또한 시정과 도정을 돌보느라 바쁘신 와중에도 통일 문제에 깊은 관심을 갖고 함께 자리해주신 박원순 서울시장님, 남경필 경기도지사님, 원희룡 제주지사님께 감사드립니다.

올해는 광복 70년, 분단 70년, 한일 수교 50년을 맞는 뜻 깊은 해입니다. 정부, 학계, 여러 시민단체들이 다채로운 행사를 열고 있습니다만 오늘 이 자리는 특히 뜻 깊다고 할 수 있습니다.

여야 의원과 시·도 지사, 국내 최고의 남북관계 전문가들이 한자리에 모여 지속가능한 대북정책을 논의하는 오늘 학술회의야말로 한반도 평화와 통일을 향한 진정한 큰 걸음을 내딛는 행사라고 생각됩니다.

한반도를 둘러싼 국제정세는 늘 불안정했습니다. 특히 지난 70년은 갈등과 긴장의 연속이었습니다. 2012년 남북한과 중국, 일본의 리더십이 교체된 이후 한반도는 그야말로 격랑 속으로 빠져들고 있습니다.

중국과 일본, 한국과 일본, 남과 북이 갈등을 빚으면서 상황은 더욱 복잡해지고 있습니다. 중국의 부상과 미국의 견제가 얽히면서 우리는 AIIB(아시아인프라투자은행), THAAD(고고도미사일방어체계), TPP(환태평양경제동반자협정) 등 그야말로 산넘어 산과 같은 어려운 선택을 계속 해야하는 처지에 놓여 있습니다.

미국과 일본은 신동맹 시대를 열어가고 있고, 중국과 러시아는 신밀월로 향해 가고 있습니다.중국과 일본은 과거사 갈등 속에서도 관계개선을 모색하는 국익챙기기에 나서고 있습니다.

이렇게 급변하는 세계 정세속에서 남북한 관계는 어떻습니까. 남과 북은 올해 초 정상회담 가능성을 열어놓고도 5개월이 넘도록 별다른 진전을 보지 못하고 있습니다. 또 남북한이 6·15 공동선언15주년 행사를 서울에서 공동 개최하기로 합의해놓고도 세부 사안에 대한 이견 때문에 무산됐다는 뉴스가 얼마 전에 보도됐습니다. 우리 민족의 운명이 걸린 문제를 남북이 대화와 인내로 풀어가지 못하고 있다는 것은 안타까운 일이 아닐 수 없습니다. '하늘은 스스로 돕는 자를 돕는다'는 말도 있습니다만 우리의 문제를 당사자인 우리가 주체적으로 해결하려 하지 않는데 주변국 어느 나라가 우리를 돕겠습니까.

대한민국은 100여년 전국력이 약해 주변 강대국들의 논리에 휘둘려 나라를 빼앗기고 결국 분단까지 되는 아픔을 맛보았습니다. 그러나 지금은 어느 정도 힘을 키웠고 일정 부분 발언권을 갖고 있습니다. 이제는 우리 스스로에 대한 자신감을 가지고 주변국을 설득해 나가야 한다고 봅니다.

오늘 이 자리가 그런 새로운 모색을 하는 자리라고 생각됩니다. 그동안 대북정책은 진보·보수로 정권이 바뀔 때마다 포용과 대결이 엇갈리는 냉탕 온탕을 반복하고 있습니다. 대북정책이 일관성을 잃고 표류함으로써 남남 갈등이 확산되고 이로 인한 혼선과 불신도 커지고 있습니다.이제 더 이상 이런 시행착오를 되풀이해선 안됩니다.

'남남갈등을 넘어 평화와 통일을 향해'라는 오늘 학술회의의 주제처럼 여야 정치인들과 전문가들이 지혜를 모아 지속가능한 대북정책을 만들고 실천하기 위한 현실적이고 생산적인 대안들이 나오기를 기대하면서 인사말을 대신하고자 합니다.

감사합니다.

축사

나경원 국회 외교통일위원장

광복 70주년, 종전 70주년을 맞이하는 올해 〈남남갈등을 넘어 평화와 통일을 향해〉 라는 의미 있는 주제로 학술회의가 열리게 된 것을 진심으로 축하합니다.

최근 한반도를 둘러싼 동북아 안보상황은 더욱 예측하기 힘들고 불안정한 상태로 변화하고 있습니다. 미국의 '아시아로의 회귀' 정책과 이를 계기로 급진전된 미일동맹, 여기에 종전 70주년을 계기로 국제사회에서 더 확고한 영향력을 가지려는 일본, AIIB창설 및 일대일로를 중심으로 공세적인 대외정책을 펼치고 있는 중국이 더해져 동북아는 한-중-일 3국간 미묘한 긴장과 대립의 상황이 지속되고 있습니다.

여기에 안보 위협이자 통일의 동반자라는 이중성을 지닌 북한의 특성상 우리는 통일을 향한 첫걸음을 떼는 것조차 쉽지 않은 실정입니다. 그간 박근혜 정부는 '한반도 신뢰프로세스'를 대북정책의 핵심으로 남북대화를 통해 현안문제를 해결해 나가는 한편, '드레스덴 구상' 및 3.1절 기념사 등 여러 계기를 통해 정치적 상황과 무관하게 인도적 지원과 사회문화 교류를 적극적으로 확대한다는 의지를 표명한 바 있습니다. 그러나 5.24조치 이후 경색된 남북관계는 최근 북한의 고위급 숙청이나 미사일 발사를 통한 군사긴장 유발 등 충동적이고 즉흥적인 행동으로 오히려 더욱 악화되고 있습니다.

남북교류의 물꼬를 텄던 금강산 관광이 7년째 중단되면서 이로 인한 경제적 손실이 2조원을 넘는 것으로 추산되고 있고, 남북관계 최후의 보루라 여겨지는 개성공단마저 중단과 가동이 반복되면서 남북경제협력은 형태와 규모 양면에서 불안정성이 증대되고 있습니다.

한반도 평화통일에 있어 가장 걸림돌이 되는 북핵문제 또한 해결이 쉽지 않아 보입니다. 북한은 공식적으로 핵 보유국임을 선포하고 핵-경제개발 병진정책을 추진하고 있는 반면, 문제 해결을 위해 설치된 6자 회담은 2008년 12월 이후 개최되지 못하고 있기 때문입니다. 특히 미국과 중국이 비핵화 원칙을 최우선에 두는 각각의 전략적 인내 정책을 견지함에 따라 북핵문제 해결의 추동력은 상실된 상황입니다.

이제는 남북관계 개선과 통일준비를 위한 정부의 노력이 실질적인 성과로 이어질 수 있도록 획기적인 변화가 필요합니다. 제2, 제3의 개성공단 등 활발한 남북 경제 협력의 재가동을 위한 새로운 조치를 마련해야 할 때입니다. 경제교류 확대는 실질적인 남북관계의 진전을 가져올 수 있기 때문입니다.

국회 역시 교류의 한 축으로서 더욱 적극적으로 역할해야 할 것입니다. 단순한 민간 차원의 교류를 넘어 남북간 실질적인 협력의 통로를 만들어야 한다는 점에서 남북국회회담 등도 진지하게 검토해볼 수 있을 것입니다.

무엇보다 중요한 것은 우리가 통일의 당위성에 대한, 또 어떤 형태로 통일을 이뤄낼 것인지에 대한 내부적인 가치를 공유해야 한다는 점입니다. 가치 통합 위에서 우리 스스로 한 목소리를 내야만 주변국은 물론, 전 세계 국가들을 한반도 통일의 동반자로서 함께 참여토록 설득할 수 있기 때문입니다. 그럼에도 불구하고 그간 대북정책을 둘러싼 보수와 진보 진영 간의 양극화 현상은 더욱 심화되어 왔으며, 동일 진영의 정권재창출 상황에서조차 대북정책은 계승되지 못하고 사실상 폐기되었습니다. 대북한 인식과 지원방식에 대한 문제, 북한 인권문제나 북한주민에 대한 접근방식의 차이, 북핵 문제 해결 방안까지 대부분의 쟁점에서 상호간 합의점을 찾지 못한 채 평행선을 달려온 것입니다.

오늘 학술회의는 한반도 평화와 통일을 위한 공동의 노력이 필요하다는 것에 공감하고, 각각의 쟁점들에 대해 조정하는 공론의 장을 만들고자 마련된 자리입니다. 이를 통해 여-야, 진보-보수를 떠나 초당적이고 일관성 있는 대북정책으로 안정적인 남북관계를 추구할 수 있음은 물론, 지속가능한 대북정책의 밑그림을 그릴 수 있을 것으로 기대됩니다. 여야가 함께 남북관계를 논의하는 [국회 남북관계 및 교류협력 발전 특별위원회]와, 진보와 보수를 폭넓게 아우르는 건강한 싱크탱크 [한반도포럼]이 공동으로 주최한 만큼 다양한 시각에서 실질적인 논의가 이루어지리라 생각합니다.

한반도 통일과 평화는 아시아, 나아가 세계 평화와 번영에 직결된다는 점에서 북한의 위협을 제거하고 평화공존과 통일의 길로 나아가기 위한 노력은 반드시 계속되어야 합니다. 아무쪼록 오늘 학술회의가 한반도 평화와 번영의 새로운 70년을 만들기 위한 우리의 역할을 심도있게 논의하는 자리가 되길 바라며, 이를 바탕으로 통일 대한민국이 아시아, 나아가 세계의 중심으로 도약하는 첫 걸음이 되기를 바랍니다.

◈

한반도포럼·국회남북특위 학술회의 토론문

권만학 한반도포럼 회장(경희대 교수)

◈

I. 지속가능한 대북정책과 남남갈등, 남북갈등 해소 필요성

1987년 민주화 이후 대한민국은 당연하게도 보수, 진보 정권 교체를 경험했으나, 대북정책은 특히 극단적으로 좌우를 오감으로써, 공간적으로는 남남갈등을 가져왔으며, 시계열적으로는 단절적 남북관계를 초래했습니다. 결과적으로 남북관계에 내재한 대한민국의 국가이익과 국민이익은 큰 손상을 입었습니다.

이렇게 대북정책이 남남갈등에 함몰된 이유는 지난 30년 한국의 정치가 온건한 보수, 진보가 아니라, 상대적으로 극단적인 보수/진보에 의해 좌우되었기 때문인데, 극단적 이념주의 세력은 대북정책을 국내정치에 활용하며, 국민 이익의 희생 위에서 파당적, 이념적 이익을 도모하였습니다.

하지만, 이유여하를 막론하고, 이제는 더 이상 남북갈등을 지속할 수 없는 따라서 남남갈등도 지속할 수 없는 엄중한 한반도 및 동북아 국제정세가 형성되고 있습니다. 북한은 핵무기 소형화, 경량화, 다종화, 그리고 운반체 다기화(이동식 미사일 발사대, SLBM 등)를 진행함으로써, 서서히 대한민국에 핵그늘을 드리우기 시작했습니다. 또한 동아시아 국제질서 수정과 유지를 둘러싼 중국의 팽창주의와 미국 재균형 정책의 충돌은 잠재적인 태풍으로 진화하고 있으며, 남북 갈등이라는 증발 수증기는 태풍에 에너지를 제공하며 진로를 한반도로 유인하고 있습니다. 사드의 한반도 배치 논란은 이러한 태풍의 전조로 읽히는데, "북한이 최대 위협"이라고 지적한 해리 해리스 미국 신임태평양사령관의 최근 발언과 "한반도 불안정이 중국 안보 위협"이라고 최초로 명시한 중국 "국방백서 2015"는 이를 확인해주는 일부 징후에 불과합니다.

이러한 엄중한 정세를 해소하는 길은, 특히 한국이 주도적으로 한반도의 긴장과 대결을 평화와 통일로 전환하는 것인데, 이를 위하여서는 지금 당장 남남갈등을 넘어 남북갈등을 해결할 수 있는 지속가능한 대북정책을 수립, 시행하지 않으면 안됩니다.

Ⅱ. 지속가능한 남북관계 구축을 위하여 확립되어야 할 기본 원칙들

해결할 수 있는 대북정책을 실천하여, 국제정치 태풍의 한반도 상륙을 축시적으로 회피해야 합니다. 한국에서 대다수인 온건 보수와 온건 진보가 동의하고, 남북이 협의 및 합의할 수 있는 "지속가능한 대북정책"은 최소한 다음 "4대 기본원칙"을 충족시켜야 합니다.

첫째, (상호 인정의 원칙) 대한민국과 조선민주주의인민공화국이 불신과 대결에서 벗어나기 위하여서는 우선적으로 서로 상대방을 공식 대화와 협상의 상대자로 인정하고 무조건 남북관계 발전을 위한 대화에 나서야 합니다. 북한에 반국가단체의 모자를 씌워놓고, "공포정치"로 묘사하면서, "대화에 나서라", "신뢰를 보이라", "국제사회의 책임 있는 일원이 되라", "우리의 손을 잡으라"고 하는 것은 "참 모순적인 정책"입니다. 북한 정권이 좋아서가 아니라, 선택은 북한을 "반국가단체"로 규정하고 필연적으로 수반되는 대결을 지속할 것인가, 아니면 불쾌하더라고 현실주의를 택하여 대결을 종식시킬 것인가에 놓여 있기 때문입니다.

둘째, (평화공존 원칙) 남북한의 현 목표를 통일보다 평화공존으로 설정해야 합니다. 통일은 반드시 어떤 체제로 통일인가의 문제를 수반하는데, 한국의 경우 자유민주주의와 시장경제를 포기할 수 없는 국민 정서상 현 단계에서의 어떠한 통일도 흡수통일이 되기 때문에, 이는 북한과의 체제 대결로 연결됩니다. 문제는 통일을 목표로 함으로써 남북 대결을 선택할 것인가, 통일을 뒤로 미루고 대결보다 평화공존을 선택할 것인가에 있습니다. 통일 논의 연기를 분단고착화로 비난하는 것은 결국 남북 긴장과 대결을 선택하는 것이나 다름없습니다.

셋째, (공동 안보의 원칙) 남북한이 평화공존으로 나아가기 위하여서는, 무한 군비경쟁을 유발하는 일방적 안보주의를 넘어, 서로의 안보가 증진되는 공동 안보 체제를, 특히 남한이 주도해야 합니다. 한국의 1년 국방비가 북한 전체 GDP를 상회하는 상황에서, 모든 면에서 우세한 남한이 일방적 안보 증진을 추진하는 한, 모든 면에서 열세인 북한으로서는 체제 위협을 느끼고 유일한 생존 전략인 핵개발에 의존할 수밖에 없습니다. 그 결과는 서로의 안보가 취약해지는 안보 딜레마와 군비경쟁입니다. 공동 안보의 선택은 열세한 북한이 아니라, 우세한 남한이 쥐고 있습니다. 우리의 선택은 상대방 위협에 대응한 결과로서 지속되는 값비싼 군비경쟁과 더욱 취약해지는 안보의 길을 갈 것인가, 아니면 서로 협력을 통하여 상호 위협을 감소시킴으로써 실질적 안보를 증진시킬 것인가에 놓여 있습니다.

넷째, (합의 존중의 원칙) 위의 조건들이 이행됨에 따라, 남북한은 여러 당면과제들에 대하여 합리적으로 협상, 합의하고, 일단 합의가 되면 철저히 존중, 이행함으로써 지속가능한 남북관계를 구축, 발전시켜야 합니다. 위와 같은 사활적 생존 문제가 해결되어야 비로소 남북 간 신뢰와 합의존중이 가능해집니다.

우리는 임진왜란 전야, 조선 말기, 그리고 한국전쟁 직전 등 다가오는 국제정치적 태풍을 예측하지 못하여 커다란 화를 당했습니다. 이제 다시 대륙세력과 해양세력의 대립이라는 국제정치 태풍이 다가오고 있는 이즈음, 어느 쪽을 선택할 것인가의 대증요법을 넘어, 태풍의 한반도 상륙 원인을 근본적으로 제거하는 원인요법을 시도해야 할 때입니다. 더 이상 한반도를 화약고로 만드는 남남갈등과 남북갈등을 지속할 여유가 우리에게는 없습니다.

한반도포럼 토론

이영선 코피온 총재(대한적십자사 부총재)

1. 최근 박근혜 대통령의 통일대박론은 지금까지 통일문제에 적극적이지 않던 보수계층에게 한반도 통일의 중요성을 일깨워줌으로써 우리 사회에서 통일에 대한 장애요인으로 작용한 남남갈등을 넘어서는 중요한 계기가 되었다. 뿐만 아니라 박근혜정부가 구성한 통일준비위원회가 친정부 인사들로만 구성되지 아니하고 진보적 성향의 인사들도 참여케 한 것은 긍정적인 방향으로 평가될 수 있다.

2. 야권에서도 최근 안보의 중요성을 강조하면서 통일정책에 있어 비교적 중도적 방안들을 제시하고 있는 점은 앞으로 우리의 통일문제의 논의에서 남남갈등을 뛰어넘어 합리적 방안을 마련하는 데 합의를 만들 수 있는 분위기를 조성해 주고 있다고 평가할 수 있겠다.

3. 최근의 긴박한 동북아 정세의 흐름과 남북관계의 격화되는 긴장은 더더욱 남한 내에서의 평화와 통일에 대한 합치된 생각과 정책 마련을

시급히 요청하고 있다. 이를 토대로 주변국가에 대한 효율적인 외교와 북한에 대한 남한의 진정어린 신뢰회복 노력이 전개되어야 동북아의 평화와 번영 그리고 통일도 기대할 수 있게 될 것이다. 그런 의미에서 오늘의 이 모임의 중요성이 부각될 수 있을 것이며 이러한 남남갈등의 해소를 위한 첫걸음은 진보와 보수가 모두 적극 지지할 수 있는 인도주의적 협력사업의 전개를 생각할 수 있을 것이다.

4. 특히 인도주의에 입각한 이산가족 재회문제는 이제 새로운 전기를 마련하여야 한다. 이산가족의 고령화로 몇 년 안에 이산가족 생존자수는 극감하게 될 것이다. 따라서 지금까지 제한된 인원의 일회성 만남을 주선하는 방식에서 탈피하여 새로운 교류의 형식을 만들어야 할 것이다. 우선 남쪽에 생존하는 모든 이산가족의 명단을 북측에 제시하여 생사확인부터 실시하며 이미 만들어진 금강산 면회소를 이용하여 수시로 상봉이 이루어지게 하여야 할 것이다. 또한 상봉이 일회적으로 끝나지 않게 하기 위해 상봉 후에 서신교환 영상전화, 또는 작은 선물 또는 송금도 가능케 하는 것이 필요할 것이다. 이러한 제안은 북측에 큰 경제적 부담을 줄 것이다. 이 사업은 어디까지나 남한의 이산가족의 아픔을 풀어 준다는 차원에서 그 비용을 적절한 방법으로 보상할 수도 있을 것이다.

◈

지속가능한 대북정책을 위한 제언

박영호 통일연구원 선임연구위원

◈

대북정책의 목표는 평화공존과 교류·협력 제도화를 통한 통일기반을 조성하는 것입니다. 신뢰는 남북한이 서로 자신의 이익이 어느 정도는 손해볼 수 있다는 것을 인정하고 그것을 수용하는 자세로 상대방에게 접근하고 행동할 때 쌓이기 시작합니다. 한반도문제의 구조적 이중성을 고려하여, 평화공존(평화체제구축)과 교류·협력정책을 적극적으로 병행·추진하는 것이 필요합니다. 이는 다음의 다섯 가지로 설명될 수 있습니다. ① 평화공존체제 달성과 북한 비핵화, ② 정치적 화해와 군사적 신뢰구축, ③ 교류·협력의 활성화와 제도화, ④ 북한 주민의 생활 여건 개선, ⑤ 북한체제의 자발적 변화 여건 조성, ⑥ 북한의 국제사회 진출 협력과 지원.

정부 5년의 임기 동안 남북관계의 본질을 근본적으로 바꾸기 어렵고, 북한의 '의미 있는 변화'를 견인하기도 어렵습니다. 그동안 우리는 이러한 근원문제를 등한시했습니다. 서독의 독일(통일)정책의 큰 교훈은 좌-우 정권의 교체와는 무관하게 동방정책의 기조가 일관성 있게 유지되었다는 점입니다. 대북정책은 전략적이며 지속성을 갖고 추진되어야 합니다. 다섯 가지 정책 추진의 원칙이 있습니다. ① 평화·안보와 교류·협력의 균형 추진, ② 상호 신뢰와 상응성에 기초한 거래(transactions), ③ 합의사항의 이행과 이행·실천의 투명성 확보, ④ 국민적 콘센서스에 토대한 정책 입안과 집행, ⑤ 남북관계와 국제협력의 조화.

향후 한국 정부가 취해야 할 대북정책의 방향을 몇 가지로 제시하고자 합니다.

첫째, 중장기적 차원에서의 북한체제의 연착륙 변화 정책을 추진하는 것입니다. 김정은과 지배집단이 북한체제의 안정적 변화에 관심을 기울이도록 하는데 초점을 두어야 할 것입니다.

둘째, 북한과의 교류, 협력 등 각종의 거래 행위를 가급적 확대하도록 전면적 접근 전략을 추진하는 것입니다. 북한체제의 속성을 일거에 전환시키겠다는 전략·전술은 봉쇄전략과 다르지 않습니다. 김정은이 '개혁의 지도자'로 변화할 수 있는 기회를 확대하는 것이 장기적으로 비용 효과적일 것이며, 거래 확대는 북한사회에 정보의 흐름을 열어주는 길입니다.

셋째, 남북관계 발전은 한국의 적극적이고 주도적인 이니셔티브를 취함으로써 기회를 마련할 수 있습니다. 북한의 올바른 행동이 전제가 되는 것이 아니라 북한이 올바른 행동의 틀로 들어올 수 있도록 자신감 있는 정책을 추진할 필요가 있습니다.

넷째, 북핵문제는 북한문제라는 포괄적인 틀 속에서 풀어나가야 합니다. 북핵문제 해결을 위한 다양한 노력을 지속하면서 북한문제를 풀어나가는 포괄적 전략을 추진하는 것입니다. 안보는 억제전략을 통해 대처하면서 북한이 변화로의 길로 들어서게 하는 관여와 선택적 강압/억지의 복합전략을 추진해야 합니다.

다섯째, 북핵문제의 해결은 '안보와 안보의 교환', 즉 북핵문제의 해결과 한반도 평화체제 구축의 교환 방식을 추진할 필요가 있습니다. 그렇게 되면 북핵문제의 해결 단계와 평화체제 구축의 단계가 상호 주고받기 방식으로 추진될 수 있으며, 북한의 국제사회로의 편입을 견인해 나갈 수 있습니다. 북한의 군사적 위협은 강건한 군사적 억제로 대처하면서 북한을 협상 틀 안에 들어오도록 해야 합니다.

여섯째, 남북관계를 지속가능한 상태로 발전시키기 위해 안보·군사 분야와 비안보·군사 분야 간에 신축적 상호주의를 적용해야 합니다. 경직된 상호주의는 남북관계의 전반을 가로 막을 수 있습니다. 전략적 차원의 원칙과 전술적 차원의 신축성/유연성이 상황 적응적으로 결합되면서 추진되어야 합니다.

일곱째, 대북정책의 지속성과 전략적 일관성이 유지될 수 있도록 국내적 차원에서 법적, 제도적 장치를 보완하고 정권 교체와 무관하게 존중되어야 합니다. 대북정책을 둘러싼 남남갈등은 최적의 방안을 강구하기 위한 합리적 논의보다는 이념과 지역, 정파적 이해와 혼재된 논쟁으로 전개되었습니다. 정치권에서 타협의 정치문화는 실종되었습니다. 남북관계발전기본법, 남북관계발전기본계획 등 법적, 제도적 기반을 갖춘 결과들은 지속성을 갖도록 존중되어야 합니다.

여덟째, 헌법 개정을 논의할 경우, 통일 준비의 차원에서 '통일헌법'을 마련해야 합니다. 동서독의 통일 방식에서 서독의 기본법은 매우 효율적인 방식을 제공하였습니다.

한반도에 안보와 평화를 건설하는 길

한용섭 국방대 교수

1. 해방 70주년, 분단 70년에 평화를 생각한다

북한의 정전협정 무실화로 한반도의 평화 위협

김정은 정권은 2013년 3월 정전협정 및 남북한 합의 파기를 선언했습니다. 또한 핵미사일 증강에 박차를 가하고, 이에 따라 한반도에 군사적 긴장이 고조되었습니다. 분단 이후 한반도의 긴장은 최고조에 달했고, 남북한 간의 불신 악화로 전쟁의 가능성이 높아지고 있습니다.

남북한 긴장 고조, 남북한 화해 협력의 길 멀어져

현재 한반도는 해방 70주년인 동시에 분단 70년을 맞이하고 있습니다. 그러나 북한의 핵미사일 무력 증강과 남북한 간의 긴장이 고조됨에 따라, 우리 정부의 3단계 통일 정책의 실현 가능성과 타당성이 의문시되는 상황이 도래했습니다. 호전적이고 예측불가능한 김정은 정권의 등장으로 김정일 시대보다 남북한 간 불신과 대화 단절 현상이 심각해졌습니다. 한반도의 긴장이 고조되는 상황에서, 동북아 국가들 간의 갈등과 경쟁 심화로 분단 이후 안보우려는 최고로 심화되었습니다.

증가하는 북한의 핵미사일 위협

김정은 정권은 경제·핵 병진노선을 채택하고, 핵무기 증강에 박차를 가하며, 핵무기 소형화, 경량화, 다종화 능력을 과시하고 있습니다. 현재 북한이 보유한 핵무기는 최소 14-20개로 추정되고, 2020년까지 50-100개까지 증가할 것으로 예상됩니다.

미사일 증강에도 박차를 가하고 있습니다. 현재 미사일의 개수는 900개로 추정되고, 2020년까지 대륙간탄도탄이 10개에 달할 것으로 예상됩니다.

또한 북한은 한국에 대한 핵재난, 미국에 대한 핵타격 등을 언급하는 등 지속적으로 핵무기를 사용하겠다고 협박해 왔습니다. 실례로 2014년 7월 27일 황병서는 “백악관과 펜타곤, 태평양 상의 미제 군사기지와 미국의 대도시들을 향해 핵탄두 로켓을 발사하게 될 것”이라며 미국을 협박했습니다.

실제로 북한은 핵미사일을 다룰 전략로켓군사령부를 2012년 창설하고, 2014년 전략사령부로 개칭했습니다. 핵미사일 위협이 현실화되고 전쟁 분위기, 무력충돌 상황이 조성된 것이라 할 수 있습니다.

북한은 핵보유를 바탕으로 대남 관계에서 한국의 안보를 인질로 삼고 전략적 상황 주도권 및 전술적 능동성을 획득하고자 시도했습니다. 한국의 대북 안보태세를 포기하게 하고, 외세 배격을 시도했으며, 북한의 연방제 통일 방식을 수용하도록 압박한 것입니다. 그러나 결과적으로 전략의 효과는 둔감, 북한의 국제적 고립은 심화되었으며, 핵보유는 오히려 국내적 통제강화에 활용되었습니다.

2. 북한의 핵위협 억제와 대화의 양면 전략의 필요성

북한 핵위협 억제는 조용히, 신속하게 진행되어야

북한의 핵미사일 능력 가속화에 대처하기 위해서는 미국의 핵우산을 비롯한 확장억제전략의 구체화 및 한미동맹 강화가 반드시 필요합니다. 북한의 핵미사일 능력을 무력화시키는 다양한 입체적 방안에 대한 고려가 필수입니다. 바로, 미사일 방어, 킬체인, 한국형 미사일방어체계 및 그 이외의 한국의 첨단 과학기술과 경제력을 결합한 억제 방안을 마련하는 것입니다. 군비경쟁에서 우위를 차지하기 위해 노력하는 것은 북한을 군비통제협상으로 유도하기 위해서도 필요한 전략입니다.

사드(THAAD)체계 한반도 배치문제는 북한의 핵미사일이 휴전선 상공을 넘기 전에 고고도, 중고도, 저고도, 해상 미사일 방어 등 중첩적 능동적 억제방안 차원에서 종합적으로 고려할 필요가 있습니다. 중국의 문제제기 및 국내에서 논란을 전개하기 이전에 한미 양국이 사드 문제를 신속하게 협의/처리했어야 합니다. 국내 논란으로 우리의 안보가 약화되는 상황 또한 방지해야 합니다.

북한을 핵협상으로 유도하기 위한 종합 전략의 필요성

20세기 전쟁과 일제 식민지와 세계 대전, 6.25전쟁에서 고통을 받아 온 한민족의 역사를 생각할 때, 북한의 전쟁준비 및 무력도발은 반역사적, 반민족적인 행위임을 북한에 부단히 상기시키고, 한국의 평화정책에 대한 국제적 신뢰와 지지 획득을 병행하는 것이 필요합니다.

북한에 대해 한반도 비핵화공동선언(92.2.19), 미북 제네바합의(1994.10.21), 6자회담 9.19 공동선언(2005.9.19.) 2.13 합의, 10.4 조치 등을 준수하도록 부단히 강조해야 합니다.

신뢰는 기존 합의 준수부터 시작하는 것임을 감안하여, 북한이 경제·핵병진 노선하에서도 김일성/김정일 시대의 비핵화를 계승해야 한다고 설득하면서 대화의 문을 열어 놓아야 합니다.

북한이 경제핵병진 정책을 지속할 경우에, 북한에 대한 국제적 제재 강화 및 우리의 통일대박, 북한인권문제 제기로 전방위 압박을 가하는 한편, 비핵화협상으로 나올 경우 안보 및 경제 인센티브 제공을 병행하여 제시해야 합니다. 그리고 대북 특사를 파견하고, 비핵화와 평화체제를 구축하기 위한 북한의 의지 확인 및 제안의 필요성 또한 증대되고 있습니다.

3. 북한의 비핵화와 한반도 평화체제 건설 방안

북한의 비핵화를 위한 협상 추진

북한이 비핵화를 약속할 시, 북한에 제공할 안보보장(미국의 불가침 보장)과 경제적 보상에 대한 한미중일러 5개국간 사전 합의 및 공동 보조가 필요합니다. 북한의 비핵화를 검증할 기구와 방안에 대한 5개국과 IAEA간 사전 합의 또한 필요할 것입니다.

중국, 러시아의 한국에 대한 PSA(적극적안보보장: 북한의 핵사용시 기존 핵보유국의 안보보장) 재확인은 북한을 압박하는 효과를 줄 수 있습니다. 이란의 대 P5+1협상을 참고하여, 6자회담 재개 시 회담 수준을 외무장관으로 격상하고 정기적 회의의 필요성이 강조되어야 합니다. 각국의 수도를 순회하는 회담개최도 고려해야 합니다.

한반도 긴장완화와 평화체제를 구축하기 위한 협상 추진

북핵협상이 시작되어 어느 정도 성과를 보이면, 한반도의 긴장완화를 위한 남북한 협상, 한반도 평화체제를 위한 4자회담이 병행되어야 할 필요가 있습니다. 남북한의 군사적 신뢰구축이 합의 및 실천되어야 합니다. 4자회담에서 정전협정과 군사정전위원회를 대체할 평화관리기구를 논의 및 합의해야 합니다. 또한 기존의 남북한 합의 중에서 남북한 신뢰구축 및 한반도 평화에 관한 합의 사항을 재확인하고 이에 대한 준수도 확인해야 합니다.

동북아 다자 안보협력 추진노력과 병행

미국의 아태 재균형 전략, 중국의 신형 대국관계 및 동중국해, 남중국해에서 핵심이익 추구를 위한 공세적 정책 추진, 일본의 보통국가화와 집단적 자위권 추구로 동북아에서 긴장이 고조되고 있습니다. 더불어 북한의 핵미사일 증강도 긴장을 조성하고 있습니다.

박근혜 정부의 동북아평화협력구상을 실현하기 위해 동평구 포럼이 출범하였습니다. 동북아의 안보 갈등과 경쟁 구도 속에서 한국의 연성이슈 중심의 협력추진에 한계는 있으나, 중견국가인 한국의 기능주의적 접근이 중장기적으로 평화협력의 촉진자 역할을 할 수 있습니다. 원자력안전, 에너지안보, 사이버안보, 재해재난 및 환경 분야의 동북아 전문가 그룹 네트워크를 구축할 수 있습니다. 또한 연성이슈 협력을 위한 동북아 민관 복합 네트워크를 구성할 수 있습니다. 동평구 노력의 일관성과 지속성을 유지하고, 중장기적으로 북한의 참여를 유도함으로써 한반도 평화체제 구축에 기여토록 하는 노력이 필요합니다.

미국, 중국, 일본, 러시아 등에 대해 동북아에서 아시안 패러독스를 극복하고 경성안보 이슈에 대한 다자간 안보협력을 추진하기 위해 각국 정부가 발상의 전환을 시도하고 정부 및 전문가 공동체를 구축 노력하도록 계속 촉구해야 합니다.

한반도포럼 대북정책 세미나 토론문

전봉근 국립외교원 교수

1. 북한 붕괴론의 망령

북한이 붕괴할 조짐이 있다는 정세분석이나, 붕괴시켜야 한다는 정책처방은 언제나 유혹적이다. 북핵, 이산가족, 군사도발, 인권탄압 등 모든 북한문제를 일거에 해결하고, 국가목표인 통일을 달성하는 기회가 될 것으로 기대하기 때문이다. 과연 북한의 붕괴 가능성은 얼마나 되며, 대북정책으로서 북한 붕괴론은 효과적인가.

북한 붕괴설은 어제오늘의 일이 아니다. 80년대 말 공산권 해체와 동구 공산국가의 붕괴 이후 북한 붕괴에 대한 기대감이 상승하기 시작해서, 1994년 7월 김일성 사망 시 붕괴설이 최고조에 달했다. 90년대 중반 대량 아사와 고난의 행군, 2000년대 초 개혁개방 실험, 2012년 말 김정일 사망 시에도 붕괴설이 재등장했다. 빈번한 붕괴설에도 불구하고, 정작 북한의 붕괴는 아직 일어나지 않았다. 탈냉전기의 일상화된 정치위기와 경제위기 속에서 북한은 위협외교와 공포정치로 생존을 도모하고 있다. 북한의 핵무장과 미중 간 경쟁은 북한의 생존에 유리한 환경을 조성한다는 분석도 있다. 최근 일시적인 식량 증산과 경제성장으로 당면한 식량난과 김정은의 정당성 위기에 숨통이 트였다.

그렇다고 현 북한체제가 장기적으로 지속될 것으로 보는 사람은 없다. 북한의 해체 또는 붕괴가 불가피하지만, 그 시기가 1년이 될지, 10년이 될지, 또는 그 이상이 될지 알 수 없다는 것이 보다 정확한 판단일 것이다. 사실 북한 붕괴는 그 발생 시기를 미리 알 수 없는 '사건'이지 의도된 정책의 결과가 아닐 것이다. 소련 해체와 독일통일과 같은 역사적 '사건'도 기획되지 않았고, 그 시기도 예상하지 못했던 것과 마찬가지다.

북한 붕괴는 언제 발생할지 모르는 비상사태이므로, 이에 대비하여 철저히 비상계획을 준비해야 한다. 그러나 북한붕괴론이 대북정책의 전면에 나설 수는 없다. 북한의 침략에 대비하여 군대를 유지하고 전쟁을 준비한다고 하여, 전쟁이 대북정책의 전면에 나서지 않는 것과 마찬가지다. 또한 박근혜 정부의 통일대박론도 북한 붕괴의 결과가 아니라, 남북관계 정상화와 발전을 위한 한반도 신뢰프로세스의 종착지라는 점도 주목해야 한다.

2. '전략적 인내' 전략의 한계

미 정부의 북핵 협상전략은 경제제재와 외교적 고립을 통해 북한의 태도 변화를 적극적으로 유도하고 압박하는 것이다. 사실 미 정부가 이런 명칭을 사용하는 것은 아니지만 이 전략은 '전략적 인내(strategic patience)'로 통용된다. 2008년부터 북한이 6자회담을 거부한 채 핵실험과 장거리로켓 발사시험을 실시하자, 미국과 국제사회는 강력한 비난과 제재조치로 대응하였다. 매우 타당한 조치였다.

그런데 북한과 미국의 대치국면이 장기화되면서 과연 현 북핵정책이 최선인지에 대한 의문이 제기된다. 강력한 제재를 취하는 이유는 이를 통해 북한의 핵개발을 지연하고 나아가 태도변화를 유도하기 위해서인데, 소기의 목표 달성에 실패한 셈이다. 어쩌면 대북압박의 효과를 거두기 위해서는 좀 더 긴 시간이 필요하다는 주장도 있다. 그런데 지난 5년을 돌이켜 보면 북한의 핵무장력이 강화되고 대남 위협은 증가하고, 북한의 변화조짐은 별로 보이지 않는다.

보다 심각한 질문은 이런 상황이 5년, 10년 지속되면 어떻게 될 것인가이다. 만약 기다리는 것이 북한의 굴복, 자발적 핵포기, 급변사태, 붕괴라면 발생할 가능성이 매우 낮다는 것이 중론이다. 또한 이 기간 동안 누가 시간을 버는가. 북한인가, 우리인가. 우리가 시간을 벌기 위해서는 최소한 북한의 핵 동결이 전제되어야 한다. 또는 전면적인 중국의 대북 경제제재가 있어야 한다. 현 북한과 중국의 태도를 볼 때 이런 상황이 발생한다고 기대하기 어렵다.

북핵국면이 정체되는 동안 북한의 핵능력은 증강되고, 동북아 정치는 격변기에 접어들었다. 북핵을 둘러싼 동북아 정세와 북한 비핵화전략에 대한 심각한 재평가와 새로운 전략 모색이 필요한 시점이다.

3. 북한과 '미니 일괄타결'이 필요하다

북핵문제가 발생한지 25년이 지나면서 그 국면이 크게 바뀌었다. 과거 북한에게 핵은 북미수교를 위해 포기할 수도 있는 협상카드였다면, 지금은 체제와 정권보장을 위한 핵심적인 전략자산이다. 과거 북한은 많은 제약 속에서 겨우 핵무기 1~2개 분량의 플루토늄만 추출하였지만, 지금은 매우 활성화된 핵물질과 핵무기 생산시설을 가동하면서 핵실험을 이미 3회 실시하고 핵보유국 행세를 자처하며 핵위협도 서슴지 않는다. 그 결과 북한 비핵화 전망에 대한 비관론이 팽배하고, 심지어 일각에서는 북한 핵무장을 기정사실화하는 현상마저 발생했다.

사반세기 전 우리는 북한의 핵개발 의지와 능력을 과소평가하고, 북한 붕괴와 비핵화 가능성은 과도하게 기대하였다. 오늘 우리는 훨씬 심각한 북핵 위협에 직면하면서, 비핵화 가능성을 지나치게 비관적으로 보는 경향이 있다. 북핵위기의 장기화로 인한 '북핵 피로증'이 만연하고, 다양한 비핵화 시도가 모두 무위로 돌아간 탓도 있다.

과연 북한 비핵화는 달성 불가능한 목표인가. 비핵화 비관론이 안팎으로 만연한 가운데, 최근 다행히 한국이 비핵화 노력의 고삐를 다시 죄고 북핵의 정체국면을 타개하기 위해 방안을 모색하고 나섰다. 북한과 '탐색적 대화'를 모색 중이다. 그렇다면 얽히고설킨 북핵 매듭을 어떻게 풀 것인가. 통일이 북핵을 포함한 많은 북한문제를 일거에 해결하는 궁극적인 해결책이지만 마냥 앉아 기다릴 수는 없지 않은가. 북한의 개혁개방과 변화도 북핵 해결의 첩경이지만 이도 비핵화만큼이나 기대하기 어렵다. 따라서 북핵문제의 포괄적이고 궁극적인 해결책을 마련하는 동안 상황의 악화를 방지하고, 비핵화의 진전에 필요한 최소한의 신뢰를 쌓기 위한 단기 조치가 필요하다.

대안으로 북한과 '미니 일괄타결'을 제안한다. 현재 남북, 한미 간 많은 현안들이 있다. 이 중에는 조기에 해결해야 하는 긴급 현안이 있고, 또한 상호 약간의 양보와 보상을 통해 해결 가능한 현안도 있다. 한미는 북한에게 비핵화 약속 재확인, 핵활동 동결, 장거리로켓트 발사 중단, 이산가족 상봉 재개, 억류 미국인 석방, DMZ 세계평화공원 동의, 군사도발 중단 등을 요구한다. 북한은 6자회담 무조건 재개, 유엔안보리제재 완화, 5.24 제재 완화, 금강산관광 재개 등을 요구한다.

이들 요구의 상당 부분은 전략적이고 탄력적인 상호주의 원칙을 적용한다면 단계적인 합의와 이행이 가능할 것으로 본다. 특히 미니 일괄타결을 위해 핵활동 동결을 규정한 2.29 미북 합의(2012)의 복구와 군사적 긴장완화 효과가 높은 DMZ 세계평화공원을 적극 추진한다. 이를 위해 필요한 경제적·외교적 유인책을 충분히 활용토록 한다. 이를 목표로 기존 남북 고위급대화, 미북대화를 적극 활용하고, 6자회담수석대표 비공식 회담도 새로이 가동토록 한다.

4. 통일준비의 핵심가치

통일을 위한 실질적 진전을 위해서는 통일준비의 핵심가치에 대한 합의가 필요하다. 이 통일의 핵심가치는 통일의 방법과 전략이며, 통일준비와 남북관계의 진전을 판단하는 잣대가 되며, 또한 대북사업을 선정하고 평가하는 기준이 될 것이다. 여기서는 통일의 핵심가치로서 화해와 평화와 통합을 제안한다. 그 취지는 아래와 같다.

첫째, 화해와 통합과 평화는 먼 훗날의 통일 비전을 달성하기 위한 실천전략이며 방법론이다. 사실 아무리 좋은 통일방안이 있고, 통일논의가 풍성하더라도 그 자체가 통일을 진전시키지는 못한다. 자칫 통일에 대한 높은 관심이 통일을 강조하는 데만 그친다면 통일대박론의 취지를 제대로 살리지 못하는 것이다. 따라서 통일에 대한 높은 관심을 실질적인 통일의 진전으로 만들기 위해서 통일의 실천전략으로서 화해와 통합과 평화에 주목해야 한다.

둘째, 왜 많은 남북관계의 가치 중에서 화해와 통합과 평화에 주목해야 하나. 화해 없는 통일, 통합 없는 통일, 평화 없는 통일을 상상해 보자. 우선 화해와 통합과 평화가 없는 통일은 발생할 가능성이 매우 낮다. 설사 발생하더라도, 화해와 통합과 평화가 없는 통일국가는 극심한 내부 분쟁과 갈등에 시달리며 국제경쟁의 낙오자가 될 것이다. 통일의 혜택보다 통일의 혼란과 비용이 훨씬 높기 때문이다. 따라서 통일의 진정한 가치와 혜택을 누리기 위해서는 통일에 앞서 화해와 통합과 평화가 진전되어야 한다.

셋째, 화해와 통합과 평화는 통일의 기반을 조성하는 통일의 필요조건이다. 사실 통일은 언제 발생할지 모르는 사건과 같다. 다만 준비를 많이 할 때 그 발생 가능성이 높고, 기회를 잡을 가능성도 높아진다. 독일의 사례를 본다면, 통일은 정부와 국민들이 예상치 못한 시기에 예상치 못한 방식으로 찾아왔다. 만약 동서독 간 화해와 평화와 통합이 없었다면 독일이 지연되었거나, 그 과정이 결코 순탄치 않았을 것이다.

넷째, 통일의 3개 핵심가치는 대북사업을 평가하는 추진하는 기준이 된다. 개성공단사업이 지속되는 것은 이로 인한 화해와 평화와 통합 효과를 기대하기 때문이다. 박근혜 정부가 강조하는 DMZ 세계평화공원사업, 각종 지원사업도 이런 효과를 기대된다.

◈

농업부문의 지속가능한 남북협력 방향

김영훈 한국농촌경제연구원 연구위원

◈

2000년대 들어 북한의 농업생산은 전반적으로 증가해 왔습니다. 그러나 여전히 식량작물의 생산성은 남한의 67%에 불과하고 식량 공급은 부족합니다. 최근 북한의 식량 공급량은 연간 530만 톤 수준으로 최소소요량을 충족하고 있지만 정상소요량에는 크게 미치지 못하고 있습니다(중국 국민의 소비수준에 300만 톤 이상 부족).

북한은 농업생산 증대를 위해 정책적 노력을 다양하게 기울이고 있습니다. 가장 주목할 만한 것은 2012년과 2014년의 「농업개혁 조치」입니다. 이는 1980년대 초 중국 농업부문의 생산책임제 개혁과 비견될 수 있습니다. 그러나 북한의 농업개혁 성공 여부는 불투명합니다. 과거 개혁 사례에서도 지속성과 일관성이 부족했으며, 농자재와 생산기반 등 자본의 뒷받침도 충분치 않기 때문입니다.

북한 농업의 '개혁 부진과 자본 부족' 문제를 해소하고 농업발전의 바람직한 경로를 모색하는 방안으로서 지속가능한 농업협력이 필요합니다. 그 중심에 '복합농촌단지' 협력사업이 있습니다. 이는 남북이 함께 북한 농업

발전의 가능성을 실험하고 키워가는 인큐베이터에 비유할 수 있습니다.

이 사업은 단계적으로 추진해야 합니다. 1단계는 시범 농촌지역에 생산기반, 생산요소, 농업기술을 지원해 북한 농촌의 능력을 향상시키고, 2단계는 시범 복합농촌단지를 기반으로 남북간 상업적 교류협력사업을 추진하며, 3단계는 시범사업의 성과를 다른 지역으로 확산하는 것입니다.

이 협력사업이 실행에 옮겨진다면 여러 효과를 기대할 수 있습니다. 북한은 선진기술과 자본 유입, 생산 증대와 수출로 농촌소득을 향상시킬 수 있습니다. 우리는 수입농산물을 북한산 신토불이 농산물로 대체해 소비자의 만족도를 증가시킬 수 있습니다. 남북 양측이 얻을 수 있는 거시적 효과는 더 중요합니다. 북한은 복합농촌단지를 통해 농업발전 모델을 미리 경험할 수 있습니다. 협력을 통해 북한 농업의 능력이 높아진다면 우리가 장기적으로 부담해야 할 경협비용과 통일비용도 크게 줄일 수 있을 것입니다.

이 협력사업은 전략적으로 접근해야 합니다. 협력 프로그램과 편익에 관한 정보를 미리 제공해 북한의 관심을 이끌어내고, 식량과 비료 등 대북 협상의 지렛대도 적극적으로 활용할 필요가 있습니다. 또 기대되는 성과를 국민에게 미리 홍보하고 지지를 얻는다면 성공 가능성은 더 높아질 것입니다.

국민합의 대북·통일정책

박명림 연세대 교수

남북관계는 오늘날 남한과 북한의 관계 차원을 넘어, 각각의 내부정치와 한반도 문제 전체에 삼투하고 있습니다. 즉 관계, 내부, 전체를 관통하는 문제로 상승한 것입니다. 6번의 민주정부를 경과하고 있음에도 남북관계는 대한민국 국가차원의 일관성과 지속성을 보여주지 못한 채 북한, 국제, 남한 내부 요인에 따라 심각한 변동을 보여주고 있습니다.

특히 남한 내부의 진보-보수 두 진영, 두 이념, 두 정부, 두 세력, 두 정당이 첨예한 대결양상을 보여주고 있습니다. 정부 교체에 따른 '정책 왕래'의 이동진폭 역시 하나의 극단에서 또 하나의 극단으로의 전이를 반복하고 있습니다.

현재의 조건에서 남북관계와 대북정책이야말로 보수남한과 진보남한, 두 남한을 형성하고 가르는 근저요소요 기축요인이 아닐 수 없습니다. 대북정책에서 진보-보수의 극단적 대결과 교착현상은 다시 내부로 삼투되어 국내문제에서조차 사사건건 이념대립을 강화, 촉진, 고착시키고 있습니다. '수구꼴통'과 '친북좌파'로 상호 낙인찍히면 내부의 교육, 복지, 외교, 경제정책의 어느 것도 공존, 수용, 중용이 어려운 실정입니다.

민주주의의 발전을 통한 내부의 공존과 타협이 대외정책으로 발전하는 일반적 보편과정에 역행하는 이러한 역(逆)환류고리와 악순환은 현금에 이르러 더욱 강화되고 있어 이제 거의 극점에 다다르지 않았나 싶습니다.

이념대결이 있는 사회에서 민족문제는 가장 휘발성이 높은 발연재입니다. 세계사는 민족문제로 인해 붕괴된 민주정부와 분열된 국민국가의 사례들을 자주 보여주었습니다. 그러나 바로 그러하기 때문에 사회통합과 국가발전을 위해서는 민족문제처럼 신중하고 균형적으로 접근되어야 하는 문제도 없습니다. 거기에서 성공한다면 다른 거의 모든 것을 성공할 지혜와 능력과 비전을 갖추고 있는 것과 마찬가지이기 때문입니다.

이제 우리는 균형적이고 통합적인, 그리하여 진보-보수 정부와 진영을 넘는 지속적이며 일관된 국민합의 남북관계 안목과 대북정책이 나와야할 시점에 이르렀습니다.

1. 남북관계의 근본 존재양태: '4중의 이중성'

우리 사회, 정부, 학계는 그동안 남북관계가 지닌 아래의 4중의 근본적 성격에 대해 기저적으로 고찰하지 않아왔습니다. 그러나 남북관계는 출발부터 두 요인이 4중으로 충돌하는 사실상의 접착 쌍생아(conjoined twins)였습니다.

가. 국가성과 분단성, 국제성과 민족성.

남한과 북한은 국제법과 국가이론에 비추어 둘 모두 국가의 근본요소에서 결여되지 않은 근대국가라고 할 수 있습니다. 즉 영토, 국민, 주권의 3요소를 모두 갖춘 근대국가로서 국가성(stateness/statehood)의 확보와 현현은 확고합니다. 국제법과 국제관계에서도, 둘 모두 유엔회원국으로서 독자국가로서 인정받고 있습니다. 주권의 양대구성 요소인 대내적 독점과 대외적 승인·인정에서 전혀 결여되어있지 않습니다.

그럼에도 불구하고 두 한국의 정부와 국민은 물론 국제사회 역시 이 둘을 전형적인 분단국가로서 인정하고 있습니다. 이때 분단성은, 1945년에서 48년 사이의 국제요인으로 발생한 것임에도 불구하고, 철저하게 거시 역사적인 단일민족(성)의 역사현실을 반영한 인식입니다. 상호 모순되는 현실이 아닐 수 없습니다. 분단성으로부터 바로 통일지향의 사유와 정책이 발원하고 있습니다. 그리고 역설적이게도 분단성에서 적대의식은 출발하며 함양되고 있습니다.

나. 독자성과 관계성

두 한국은 서로 독립국가로서, 정책선택과 결정의 가장 중요한 요인은 말할 필요도 없이 근대국가로서의 생존 독립 발전이 아닐 수 없습니다. 그것은 전적으로 독자적인 국가이익과 이해관계에 근거한 것입니다. 즉 남한의 핵심 선택과 결정, 북한의 핵심 선택과 결정은 극히 독자적인 국가행위가 아닐 수 없습니다. 남한 및 북한이 상대를 이해하기 위해서는, 그리하여 합리적인 남북관계와 통일정책을 수립하기 위해서는 이 상호 독자성에 눈을 뜨지 않으면 안 됩니다.

그럼에도 불구하고 남한과 북한의 많은 주요 선택과 결정은 서로 휴전선 너머의 분단된 절반을 절대적으로 의식한 경쟁과 대결의 산물들이었습니다. 이념, 체제, 안보, 국제관계, 정치, 경제, 사회, 문화, 예술, 국민운동, 윤리도덕… 영역에서 둘은 마치 서로를 마주보듯 대쌍관계 동학(interface dynamics)을 지속하였습니다.

다. 적대지향성과 통일지향성, 적대대상과 통일대상

현재의 대한민국과 조선민주주의인민공화국은 근본적으로 상호 적대의 토대 위에 등장하고 정초되고 강화된 국가들입니다. 즉 분단과정과 한국전쟁에서의 상대 제거를 위한 절멸투쟁은 두 한국의 근본관계를 설정하였습니다. 적대지향성이 더 근본적인 연유입니다.

그럼에도 불구하고 두 한국은 장구한 단일민족과 단일국가의 전통에 바탕하여 강한 통일 지향성을 갖고 있습니다. 역설적으로 분단으로 인한 고통의 크기가 전쟁으로까지 치달은 항구 평화의 절대적 요청 현실은 궁극적인 통일의 필요성을 더욱 키워주고 있습니다.

라. 전통성과 근대성: 통일 당위와 분단 본질의 충돌

먼저 통일지향성은 거의 모두 전통성에서 발원합니다. 종족, 민족, 문화, 역사, 언어, 생활 단위의 장구한, '역사적 국가'(historic state)로 불릴 정도로 초장기 단일성은 곧 통일 지향의 근거가 되고 있습니다. 전통시대 한국은 종족단위와 정치단위의 가장 긴 단일성의 한 사례였습니다.

그러나 국가, 국민, 제도, 헌법, 주권을 포함한 근대성은 전혀 다른 분단지향성을 내포하고 있습니다. 대한민국과 조선민주주의 인민공화국, 대한민국 국민과 조선민주주의인민공화국 국민은 단 한 번도 같은 근대국가를 구성한 적도, 단 한 번도 단일 근대국가의 국민인 적도 없습니다. 이는 매우 중요한 점입니다. 근대로의 진입 이래, 한국민족이 건설했던 근대국가인 대한민국 임시정부는 망명정부/망명국가로서 영토, 국민, 주권, 실질통치권에서 결여되어 있었습니다. 물론 정신과 역사를 계승하는 것은 다른 차원의 문제입니다. 그렇다고 해서 식민국가를 근대국가로 인정할 수는 전혀 없는 것입니다.

요컨대 전통성과 근대성은 남북관계에 관한 한 서로 정반대의 토대와 결과를 근거하는 동시에 생산하고 있으며, 상호 모순적입니다. 따라서 통일지향성을 내장한 전통성 -- 종족, 민족, 문화, 역사, 언어, 생활단위의 장구한 단일성/통일성 ---에 바탕해 분단지향성을 내포한 근대성 --- 국가, 국민, 제도, 헌법, 주권의 분리/대립 ---을 극복하는 것이 과제입니다. 여기에 한국 통일문제와 남북관계의 가장 어려운 문제가 존재합니다.

2. 남북관계의 진영논리와 대결구도: 현재의 인식상황 진단과 대안 모색

아래의 기본 도표를 보면 남북관계는 좁은 의미의 관계 차원을 넘어 한반도문제/한국문제의 거의 모든 의제를 포괄하고 있음을 알 수 있습니다. 과거 핀란드 외교관계, 오스트리아 통일문제, 베트남 통일문제, 양독관계(해소)문제가 핀란드문제, 오스트리아문제, 베트남문제와 독일문제의 핵심이었던 사례와 동일합니다.

동시에 도표가 보여주듯 남한에서 남북관계 인식과 대북·통일정책의 갈등은 남북분단에 버금갈 정도의 균열을 노정하고 있습니다. 민주화 이후 남북관계에 관한 진보남한과 보수남한의 거리는 너무 멀어져 국민통합을 위한 발본적인 인식전환이 필요한 시점입니다. 과거 냉전 및 권위주의 시대의 강제적 국민통합이 해체된 이후의 민주적 통합을 구축하지 못한 결과가 심각하게 나타나고 있는 실정입니다.

표 남북관계 · 대북정책과 국내 정치 및 이념지형

의제		진보		중도	보수	
		급진	온건	-	온건	급진
북한에 대한 기본 인식		대등/추종	협력/지원	경쟁/협력	경계/협력	적대/흡수
남북관계 단절요인		남한	북한과 남한	북한과 남한	북한	북한
평화체제	북핵 문제	대미 자구책/ 수용 가/ 간섭무용	대미협상요소이자 자구책. 지원과 위협요소해소를 통한 해결	대미협상요인. 협상을 통한 해결	북핵 불허. 제재와 협상 병행 해결	북핵 불허. 압박과 제재를 통한 해결
	평화 체제	북·미 평화협정/한미동맹 해체/ 주한미군즉각 철수	평화관리/ 남북-북미평협정 투 트랙/ 한미동맹 대등화/ 미군주둔 잠정허용	평화관리/ 남북-북미 평화협정/한미동맹 유지/주한미군 계속 주둔	남북평화협정/ 주변국 동의/ 한미동맹 강화/ 주한미군계속 주둔	남북평화협정/ 주변국 동의/ 한미동맹 강화/ 주한미군영구 주둔
	전작권 환수	기본인식: 주권문제, 자주성회복, 전작권 연기는 노예근성.	주권문제/ 자주성 회복/ 남북관계안정에 도움.	안보효율성 및 대북억지력/ 군사협력중요/	안보효율성 및 대북억지력/ 생존문제/	안보효율성 및 대북억지력. 통일준비/ 생존문제/
		환수시기: 즉각환수	신속 환수	점진환수	안보확보 이후 신중한 점진환수	자주적 안보태세확립이전 환수 불가
	NLL	미군의 일방적 경계선/ 북한 주장동의	협의대상 평화지대설치. 경제적 접근 병행	이중성격-협의대상. 안보를 고려 신중히 접근	영토선/ 협의불가	영토선/ 협의불가
	군사 충돌	대북수구정책의 산물	북의 책임/ 안보 공고화	북의 책임/ 안보 공고화	북의 호전성/ 강력히 대처	북의 호전성/ 강력히 응징
통일문제	통일 방안	분단타파 급진통일 대등통일	평화공존. 점진통일 통일회의	현상유지 점진통일 통일회의	현상유지 통일회의 흡수통일	분단타파 흡수통일
	통일 체제	1민족 1국가 2체제연방론	남북연합/ 연방	남북공존 자유민주주의 사장경제	남북공존 자유민주주의 시장경제	자유민주주의.시장경제 반공체제
	통일 외교	민족 자주 원칙	남북+국제(한미동맹+한중협력)	남북+국제(한미동맹+한중협력)	남북+국제(한미동맹+한중협력)	남북+국제 (한미동맹 중심)

남북경협		철저한 정경분리	원칙적 정경분리	유연한 정경분리	정경연계	정경일치
인도주의	인권	지도부/주민 분리 반대. 제기자체반대. 실효성 부인. 남북관계 악영향	당위성인정. 법률제정 반대. 북체제위협으로 오인될 가능성 우려	당위인정. 법률제정찬성. 특수성 고려해서 신중히 제기	지도부/주민 분리. 인권 문제 제기 및 인권법 제정 찬성	지도부/주민 분리. 인권법 제정 적극 촉구. 북한 주민과의 연대 추진
	탈북자	배척. 적대/조용한 외교	수용/조용한 외교	수용과 지원/조용한 외교	수용, 지원, 연대/공개외교	수용, 지원, 연대/공개외교/북한붕괴 압박수단
	인도적 지원	무조건적 지원	정경분리	유연한 상호주의	상호주의	철저한 상호주의

요컨대 위의 표가 보여주는 핵심 초점은 남북관계 및 대북·통일정책 자체가 아니라 그것을 산생하는 내부정치의 문제이며, 대북·통일 인식의 문제라는 점을 보여주는데 있습니다.

따라서 남북관계에 대한 객관적인 인식을 통해 내부정치(국민통합)–통일(통합과정)–통일 이후 통합(남북통합)의 3단계 평화와 3단계 통합을 이상적으로 설정하여 한반도에 적용하려는 철학적 이론적 실천적 모색이 필요합니다. 쟁점의 내부합의로부터 발원하는 평화와 통일의 선순환 비전을 안출해야하는 것입니다.

3. 남북관계의 주요 선택과 의제 사례

가. 북한 인식

전술했듯 북한은 기본적으로 안보·평화의 대상이자 협력·통일의 대상입니다. 이러한 이중성이 남북관계와 대북정책의 난점을 유발하는 근본 요인인 동시에 선택의 가능공간이기도 합니다. 문제는 이 이중성의 어느 하나만을 양자택일해서는 올바른 남북관계는 가능하지 않다는 점입니다. 즉 전쟁을 경험한 상대를 앞에 두고 안보를 소홀히 하는 평화·협력 정책은 불가능하며, 궁극적인 평화·통일을 추구할 대상과 현실적 공존 및 협력을 배제해서도 결코 안 됩니다.

북한은 또한 남한과 통일을 지향하는 분단국가·특수관계이자 동시에 동등한 유엔회원국가이기도 합니다. 전자는 남북 공히 내정간섭배제와 상호존중 및 통일상대의 전거이나, 후자는 인류보편 규범과 가치를 존중해야 할 국제행위자라는 점을 함의합니다.

나. 남북관계와 북한관리 및 대북정책선택의 사례 궤적

냉전시대로부터 남북관계를 돌아볼 때 현명한 북한 관리 방식은 정면대응·보복하지 않고 한발 떼어놓고 견인해 나가는 것입니다. 그리고 그러한 남한의 선택의 누적으로 북한은 나가떨어졌고 패배하였습니다. 이 점에서 이념주의, 도덕주의에 집중한 이승만과 현실주의, 실용주의로 남북문제의 중심 이동을 단행한 박정희 및 그 이후의 차이는 매우 컸습니다.

이승만 시대에 보수주의가 현실주의적 효과를 발휘한 것은 냉전 및 북한의 국력우위와 전쟁정책 때문이었습니다. 반면 탈냉전 이후의 보수정책은, 세계적 냉전해체와 대북 국력 역전에도 불구하고 선택된 정책이라 성공할 수 없었습니다.

군사정부들의 대북정책은 오늘에 돌아보아 상당히 주목할 만한 미시선택의 거시결과를 초래하였습니다. 즉 1·21사태, 랑군사태, 대한항공(KAL)기 피격 이후 남한은 분노가 극에 달했으나 즉각 대응·보복하지 않고 외려 관계개선을 선택합니다.

박정희 정부는 국가 최고 지도자가 습격을 당했음에도 불구하고 8·15평화통일선언, 남북접촉, 접식자회담, 6·23선언과 7·4남북공동선언으로 응수하였고, 전두환 정부는 북한 제안의 수해물자 제공의사 수용, 각종 남북 교류와 회담, 이산가족 상봉 및 접촉 증대로 대응하였습니다. 또 노태우 정부는 7·7선언, 북방정책, 남북기본합의서 체결, 한반도 비핵화 공동선언, 한소 한중 수교로 각각 북한을 강하게 접촉·견인·압박해갔습니다.

특히 박정희는 미국과의 비밀회담에서는 대미 긴장을 불사하면서 전시 작전권을 환수받아 즉각 보복하려는 강경한 의도를 드러내면서도, 북한에게는 선언과 제안과 비밀접촉을 통해 공동성명을 끌어내는 이중 국가책략을 보여주었습니다. 수해물자 제안에 대한 전두환의 예상 밖의 전격 수용에 북한은 당시 몹시 당황하였습니다. 노태우의 7·7선언은 대한항공 피격 1년도 안 된 시점이었습니다.

한미동맹과 한중수교 병행, (북한 후원국가와의) 한중·한러 수교와 남북관계 개선 병행, 남북관계 개선과 여야협력 병행이라는 3중3변관계(三重三邊關係)를, 미국-북한-내부의 어느 하나도 잃지 않으면서 동시에 모두 자기 쪽으로 당겨내어 이룩해낸 노태우 정부의 북방정책의 성취는 가장 크고 오랫동안 빛난다고 하지 않을 수 없습니다.

연속적인 군사공세와 대결기도에도 불구하고 남한의 온건대응으로 군사대결이 빗나가자 북한은 패배하였고, 남북관계는 대역전으로 귀결되었습니다.

다. 현재에의 시사와 바람직한 선택지

그렇다면 과연 5.24조치와 그의 지속을 초래한 금강산피격, 천안함 폭침, 연평도 포격을 포함한 이명박 정부하의 사태들이 위에서 예거한 박정희-전두환-노태우 시기의 시간들보다도 크고 막중했습니까? 더구나 오늘날은 국력이나 국제조건에서 남한이 북한을 압도하는 상황입니다. 이념주의 대북정책은 냉전시대 군사정부들의 대북정책보다도 하지하책이라는 점이 증명되는 것입니다.

'비핵·개방·3000' 정책의 실패를 목도하면서 우리는 서독과는 달랐던 남한과 북한 사이의 정치적·역사적 불일치를 확인하게 됩니다. 만약 김대중·노무현 정부의 정책이 국민적 합의를 통해, 보수정부 등장을 계기로 부분적 수정을 거쳐 이어졌다면 남북관계는 어떠했을까요? 사민당 정부의 동방정책의 원칙적 승계와 부분적 수정을 통해 냉전 해체의 순간이 도래했을 때 통일을 달성한 독일 기민당 '보수'세력의 지혜에 비춰 이명박 정부의 실패는 더욱 자기모순적 반실용적이었던 것입니다.

남북교역과 북중교역이 비교할 수 없이 벌어져 남한의 대북제재는 효과도 보지 못한 채 북한경제의 대중의존이 심각해진 오늘의 현실은 매우 안타까운 경로가 아닐 수 없습니다. 이것은 주목할 만한 두 개의 수치를 비교하는 것만으로도 증명됩니다. 즉 2007년 노무현 정부 종료 시점의 북한 총교역 액 47억 38백만 달러 중 북중교역은 19억 74백만 달러였고, 남북교역은 17억 97백만 달러였습니다. 비중은 북중교역은 41.7%, 남북교역은 37.9%였습니다. 그러나 이명박 정부를 지나면서 2013년 현재 이 수치는 크게 바뀌었습니다. 북한 총교역액 84억 93백만 달러 중 북중교역은 65억 46백만 달러로 증가한 반면, 남북교역은 외려 11억 48백만 달러로 줄어들었습니다. 그 결과 북중교역 비중은 77.1%를 차지한 반면 남북교역은 단지 13.5%로 떨어졌습니다. 북한경제는 중국 경제에 크게 종속된 것입니다. 이를 통해 중국은 남한과 북한 모두의 제일 교역 상대가 되었습니다.

*** 북한교역액과 북중교역, 남북교역 비중 추이(단위; 백만 달러.%)

연도	북한총교역액	남북 교역액	북중 교역액
2007	4,738	1,797(37.9%)	1,974(41.7%)
2013	8,493	1,148(13.5%)	6,546(77.1%)

보수정부이기 때문에 김대중·노무현의 정책을 계승하기 어렵다고 할 때, 박근혜 정부의 남북관계 정책운신의 공간은 김영삼·이명박 정부가 아니라 박정희·전두환·노태우 정부로부터 배우는 것입니다. 특히 이들의 미시 선택이 초래한 거시효과를 반드시 주목할 필요가 있습니다.

4. 잠정 대안: 실용의 정책선택, 국가이익의 구별, 남북관계 공준(公準)의 창출

가. 구체성, 실용성, 실익성의 남북관계를 향해

남북문제에 대해 우리는 구체성, 실익성, 실용성을 최고 준거로 삼아야 합니다. 이유는 이념성이나 진영성이 갖고 있는 문제와 폐해가 갈수록 심각하게 드러나기 때문입니다. 즉 현실문제를 객관적으로 직시하지 못하게 만들기 때문입니다.

"북한을 좋아하느냐 싫어하느냐", "북한이 옳으냐 그르냐", "김정은을 증오하느냐 아니냐"에 대한 도덕적, 이념적 또는 선험적 판단은, 최소한으로 말해 "정책판단"의, 그리고 최대한으로 말해 "가치판단"과 "개인이념"의 전제요인 또는 내면가치는 될 수 있어도 냉혹한 국가책략(statecraft)과 정책선택 자체를 직접적으로 규정하는 제일(第一)원인(*prima causa*) 또는 제일요인(*movens primum*)이요 제일 실질은 결코 될 수 없는 것입니다.

국가책략과 국가정책선택에서 이념이 현실을, 관념이 실질을 직접 규정해선 안 됩니다. 또 이념이 현실을 이긴 적도 결코 없습니다. 북한의 세습독재, 반핵, 인권, 민주주의, 공존, 평화 …등에 대해 "접근방법"은 약간 다를 수 있지만 그것을 향한 남한 보수와 진보의 "근본시각"이 정반대로 달라서는 안 됩니다.

앞선 보수정부, 또는 진보정부의 남북관계와 대북정책이 한계가 있었다고 해서 선임 정부의 모든 대북정책을 실패와 오류로 규정하고 정반대 이념차원에서 극단적인 대안을 찾은 것은 결국 국익적인 실용적인 해법을 찾지 못하게 할 뿐입니다.

실용적 차원에서 두 이념과 세력과 정부들의 접근을 원칙적으로 수용하면서도, 정책집행 및 국민동의 과정에서의 한계를 수정하여, ①남북교류 증진과 북한인권 개선을 함께 추구하고, ②남북관계 개선과 국제압박·국제협력을 병진하며, ③북핵문제와 인도적 지원을 병행할 수 있습니다. 서독과 대만이 성공하였고, 노태우 정부가 상당 정도로 달성하였던 정책을, 오늘날까지도 배우지 못하고 실패한다는 것은 역사의 낭비가 아닐 수 없습니다.

이때 가장 중요한 것은 남한 내부에서의 공존과 수렴을 통한 공준(公準)의 확보라고 할 수 있습니다. 특히 정책적 양극화를 넘기 위해서는 이념적 담론적 양극화를 넘는 것이 선제적이고 필수적입니다. 한국사회는 전자 못지않게 후자가 더 심각한 경우가 너무도 많기 때문입니다.

이때 말하는 공준은 단순히 중용이나 통합을 말하고 있는 것이 아니라, 최소 필수 요건으로서의 현실성과 실용성을 말하고 있는 것입니다. (남북간) 이념성과 (내부) 진영성의 압도로 인해 객관적 문제를 있는 그대로 보는 것이 아니라, 보수(정부)는 진보와, 진보(정부)는 보수와 완전히 다른 반대 정책을 펴야 된다는 국내 진영논리의 연장으로서 남북문제를 보기 때문인 것입니다. 즉 국내 파당적 이념성의 연장으로 국가책략을 접근하고 있는 것입니다. 국가공동체의 이익증진의 관점에서 볼 때 이러한 이념적 진영적 접근은 일종의 재앙이랄 수 있습니다.

정말로 대한민국과 한반도 문제를 보편적 가치의 측면에서 접근하면 지금과 같은 극단적인 이념적 낙인찍기와 내부적인 상호적대는 있을 수 없을 것입니다. 남남갈등이 남북갈등 못지않게 심각하고, 내부적 상호 증오로 인해 서로 간에 빙탄불상용(氷炭不相容) 지간처럼 인식하고 있는 상황은 결코 정상사회가 아닙니다.

나. 남북관계 개선에서 남한의 선도성이 필요한 이유

남한 우위 상태에서 남북관계의 현실과 미래를 판단하는 준거와 출발점은 아래의 네 가지라고 할 수 있습니다. ① 북한 자신의 역량과 의지 ② 북한의 조건과 지반 ③ 국제사회의 정책, 의지, 역량 ④ 남한의 정책, 의지, 역량. 남북관계가 악화될 때 북한문제와 관련하여 가장 영향력이 작아질 요소는 역설적으로 ④번인 남한의 정책, 의지, 역량 요소입니다.

북방정책을 추구하여 유엔동시가입, 각급회담, 남북기본합의서, 한반도 비핵화 공동선언을 이루어냈던 노태우 정부와, 화해협력정책 및 두 번의 정상회담, 개성공단, 금강산관광, 6자회담을 성공하였던 김대중·노무현 정부는 물론 정상회담합의·제네바합의체제 및 4자회담을 통한 최소한의 대화통로 및 북한관리 틀거리를 갖고 있었던 김영삼 정부보다도 이명박 정부 이후 대북영향력은 너무 허약하고 남북관계는 현저히 악화되었습니다. 즉 이 점은 보수정부-진보정부의 차이점이 아니라 명백히 대통령과 정부의 이념·철학과 능력 및 전략의 문제인 것입니다.

아래의 요인을 분석해보면 북핵문제 해결이나 6자회담 재개, 북한문제의 국제화나 개혁개방을 위해 남북관계 개선에 적극적으로 나설 필요가 있는 것은 남한이라고 할 수 있습니다. 폐쇄국가 북한으로서는 외려 지금과 같은 대외 고립이 핵무장에는 더 유리한 측면이 존재합니다.

첫째로 북한요인을 보면 부정적입니다. 김정은으로서는 내부 공고화에 집중해야 하는 측면과 함께, 무엇보다도 김정일의 최대 업적으로 선전되는 선군주의와 핵국가 건설을 지속하기 위해서라도 대외 대결정책을 고수할 필요가 있습니다.

둘째, 가장 중요한 요체는 남한 요인입니다. 문제는 대북 접촉 없이 과연 현재와 같은 관계 단절로 남한 안보에 가장 위협적인 북핵을 해결할 수 있느냐는 점입니다. 현재와 같은 남북대치의 지속으로는 북핵문제의 해결은 요원합니다.

그러나 남북관계 복원과 정상화는 절대적으로 필요합니다. 남한을 제외한 국가들에게는 북핵개발을 저지해야 할 절대적 필요성이 크지 않기 때문입니다. 게다가 더욱 중요한 점은, 남북관계 개선을 통해 국제사회와 대북 발언권을 가장 크게 키울 수 있는 것도 역시 남한이기 때문입니다. 노태우 정부, 김대중 정부의 두 사례는 이를 극적으로 보여줍니다.

셋째, 남북관계 개선을 추동할 국제요인은 현재로서는 부재합니다. 중국은 특히 남북 등거리 정책을 통해 안보-북한 중시, 경제-남한 중시의 이중 분리주의와 이중실용주의를 지속하고 있습니다. 중국 특유의 국익 최대화 정책으로서 우리로서는 날카로운 판독이 필요한 지점이 아닐 수 없습니다.

북한은 북중관계를 통해 정권안정과 식량지원을 포함한 필수 요소를 제공받고 있습니다. 특히 북중 경제관계의 긴밀한 접근이, 이명박 정부 이래 남북관계 악화와 맞물려 남북관계 개선을 차단하고 있습니다. 중국은 한반도 안정과 평화적 비핵화라는 원론을 반복할 뿐 어떤 적극적 조치도 취하지 않고 있습니다.

넷째는 미국 요인입니다. 일본 중시 및 중국 견제를 위해 오바마 정부는 북핵해결은 고사하고 남북관계 개선을 촉진할 필요성을 느끼지 못하고 있습니다. 여기에는 오바마 정부가 넘겨준 북한문제에 대한 한국 이니셔티브가 결정적으로 중요한 요인으로 작용하고 있습니다.

그러나, 보수정부 3회, 진보정부 2회를 겪은 연후인 현금 이후에는 진정으로 중용적이며 실용적인 대북정책을 실시할 수 있어야 할 것입니다. 김대중-노무현 정부의 성취와 한계, 노태우-김영삼-이명박 정부의 성취와 한계를 모두 경험한, 그럼으로써 동시에 극복도 가능한 지평에서 시작할 수 있기 때문입니다.

그런 점에서 현 박근혜 정부의 전향적 선택은 정말로 중요하다고 할 수 있습니다. 핀란드와 오스트리아의 내부 대통합 및 성공사례, 서독에서 23번의 연립정부 및 보수정부에 의한 온건 동독정책과 통일달성, 그리고 대만에서 보수정부에 의한 온건 양안정책과 대중접근을 고려할 때, 국내 보수세력의 지지기반이 탄탄한 박근혜 정부로서는 이념적 매도와 오해 없이 남북관계 개선을 추진할 수 있을 것이기 때문입니다.

다. 대한민국의 남북관계 공준 창출과 합의

우리는 외국으로부터 종종 한반도에 세 개의 한국이 있다고 듣곤 합니다. 북한이 있고 진보 남한, 보수 남한이 있다는 것입니다. 두 개의 남한(Two South Koreas)이라는 표현을 할 정도인 것입니다. 이제 두 번의 보수-진보 정부를 경과한 현금에는 반드시 극복할 때가 되었습니다. 내부 통합 없는 균형적 통합적 대북정책은 불가능하기 때문입니다.

공준의 합의, 창출, 추구, 실현을 위해 가장 중요한 것은 남한 사회가 남북관계와 대북문제에 관한한 1) "사활적 필수적" 이익과 원칙, 2) "중대한" 이익과 원칙, 3) "차요의" 이익과 원칙, 4) "부차적" 이익과 원칙을 구분한 뒤 진보-보수 간에 명확한 대차대조표를 만들어 합의 가능한 공준을 창출, 확대해 가는 것입니다. 아주 중요하고 필수적인 절차입니다.

하나의 공화국이자 분단국가로서 대한민국이 대북정책 및 남북관계에서 "필수", "중대", "차요", "부차"적 이익과 원칙을 구별한 뒤 민주적으로 합의를 도출해낸다면 현재와 같은 심각한 내부 쟁론과 갈등, 증오, 남북관계 실패는 반복되지 않을 것입니다.

그럴 때 첫째 남북관계의 기저공준으로서 최소한 평화공존, 화해협력, 반핵, 세습비판, 인도적 지원에는 합의해야 합니다.

둘째 그러한 공준에 바탕해 특정 "이념"과 "정부"를 넘는 "국가"와 "공화국" 차원의 일관성이 핵심입니다. 진보정부-보수정부를 넘는 대한민국의 남북관계 근본원칙의 확립과 일관성의 추구가 절실하다는 점입니다.

셋째는 앞서 말한 필수 중대 차요, 부차 이익에 대해 중요도가 높을수록 합의하고, 떨어질수록 갈등을 회피할 수 있는 지혜가 필요합니다. 사활적 국가이익에서는 차이를 가져서는 안 되며 실제로도 거의 없습니다. 좌우 양극단을 제외하면, 사실상 남북관계와 대북정책에서 현재처럼 극단적으로 충돌할 요소는 그리 많지 않습니다. 그럴 경우 한국사회는 큰 성취를 기록할 수 있을 것입니다.

남남갈등 해소와 지속가능한 대북정책

김근식 경남대 교수

1. 한반도 정세: 관계 경색과 긴장 고조

통일 대박론 구호와 통일 환경의 악화

통일 대박론에도 불구하고 남북관계의 경색과 한반도 내의 긴장고조가 지속되고 있습니다. 이는 화해 협력과 한반도 평화 없는 통일 담론의 비현실성과 위험성을 보여줍니다. 즉, 통일 대박론은 1층 없이 2층을 설계하는 통일 담론인 것입니다.

남북 구성원의 상호 적개심과 증오 심화

우선 남북 구성원의 상호 적개심과 증오가 심화되고 있습니다. '역적 패당'과 '종북 몰이'의 상호 악순환이 지속되는 것입니다. 특히 한국 내 '염북(厭北), 혐북(嫌北) 의식'이 확산되고 있고, 북한 내에서도 '반남(反南) 의식과 피모욕감'이 증대되고 있습니다.

한반도 긴장고조의 일상화와 군비 경쟁의 덫

또한 군사적 차원에서 북한의 핵미사일이 다종다양화됨에 따라 한국에서 사드 배치를 논하게 되었는데, 이는 거센 논란을 야기하고 있습니다. 지금 한반도는 강 대 강의 군사주의로 맞부딪치는 '안보 딜레마'와 군비경쟁의 함정에 빠져 있습니다.[1] "긴장과 대결의 서해바다"[2]는 '안보 딜레마'를 더욱 심화시킵니다. 이러한 상황에서 6자회담 무용론 같은 북핵문제의 평화적 해결에 대한 난망 분위기가 확산되고 있습니다.

2. 남남갈등과 평화통일의 길항관계

남남갈등의 심화

남남갈등의 심화 또한 심각한 문제입니다. 세월호 단식투쟁에 맞서 일베 폭식투쟁이 발생하고, 성조기 화형식과 김정은 화형식이 공존하는 시청 앞의 모습 등은 합리적 대화가 불가능한 좌우 갈등을 단적으로 드러냅니다.

---

1) 김근식, "군비 경쟁은 치킨게임, 페달을 멈춰야 한다," 프레시안 한반도 브리핑, 2015.4.1.

2) 북한 서남전선군사령부의 '예고 없는 조준 타격' 특별 경고. 연합뉴스, 2015.5.8.

남남갈등의 원인

이러한 남남갈등의 원인은 무엇입니까? 소수의 과잉 대표(over-representation) 문제(좌빨과 수꼴?)가 있습니다. 또한 정권에 대한 호오도(好惡度)가 반영되어 과잉 정치화(over-politicization)가 나타나기도 했습니다. 이중 잣대와 자의적 왜곡에 의한 팩트 왜곡도 문제입니다.

남남갈등과 평화통일의 길항성

남남갈등이 온존하는 한, 통일과정의 경로는 폭력적일 가능성이 높습니다. 상대방을 인정하지 않고 제압하고 타도하려는 조건에서는 평화로운 통일은 쉽지 않습니다. 독일 통일이 우리에게 시사하는 것은 바로 흡수통일의 위대함이 아니라 평화로운 통일의 위대함입니다. 이념 대결과 진영 논리가 횡행하는 한, 통일과정은 매우 폭력적일 것입니다.

3. 평화로운 통일을 위하여

남남갈등의 생산적 해소

네 가지 차원에서 남남갈등의 생산적 해소를 기대할 수 있습니다. 구조적 차원에서는 한반도를 둘러싼 객관적 정세구조의(material structure) 비가역적 변화가 일어나야 합니다. 사회적 차원에서는 소수의 과잉대표를 방지하고, '소란의 정치'(power of noise)를 해소해야 합니다. 정치적 차원에서는 과잉 정치화를 방지해야 합니다. 마지막으로 문화적 차원에서는 톨레랑스와 상호존중이 확산되어야 합니다.

남북적대의 점진적 해소

남남갈등의 해소와 더불어 남북적대의 점진적 해소 또한 필요합니다. 북한 주민의 마음을 얻지 못하면 급변사태가 도래한다 하더라도 평화로운 통일이 어렵습니다. 북한의 붕괴가 중요한 게 아니라 붕괴 이후가 더 중요합니다. 북한 구성원들이 자발적으로 대한민국을 선택하도록 해야 합니다.

남남갈등과 남북적대 해소를 위한 지속가능한 대북정책

남남갈등과 남북적대의 해소를 위해 중요한 것은 지속가능한 대북정책입니다. 즉, 정권교체와 상관없는 일관되고 지속가능한 대북정책이 필요합니다. 여야, 진보보수, 좌우가 합의하는 최소한의 공감대를 도출해야 합니다. 그리고 양 극단의 편향적 입장은 배제되어야 합니다. 지속가능한 대북정책의 일관된 추진은 남남갈등 해소로 가능합니다. 그렇게 된다면 남북적대 또한 해소되어 한반도 긴장완화와 평화증진 및 평화로운 흡수통일 또한 가능해질 것입니다.

한국 외교의 현재와 한미 정상회담의 과제

이정철 숭실대 교수

1. 현재 한국은 중견 국가의 자율성을 발휘하고 있는가?

현 정부의 외교 담론 '조정'이 환경 변화에 조응하지 못함에 따라 한국 정부의 자율성이 위축되는 분위기입니다. 현 정부의 정책 조합은 MB 정부의 2차 '세계화론(going global)'에 대한 조정(alignment)이라는 의도하에서 상대적으로 '지역'과 '대륙'을 강조하고 있습니다. 신 정책 조합의 근저에는 G20 의장국 이래 한국의 중견국가화라는 자율성 확장론이 전제되어 있습니다. 이같은 의도는 그러나 경제는 중국, 정치-안보는 미국이라는 이분법으로 인지되고 있습니다.

THAAD는 한미동맹 확장의 측면에서 논의할 문제를 대북 억지 차원에서 다루다보니 한국의 자율성은 더욱 축소되는 결과를 자초했습니다. THAAD는 미국의 재균형화가 갖고 있는 동맹국 안심시키기(reassurance)라는 지구적 전략과 이에 대한 중국의 전역 방위 형태의 공세 과정에서 발생하는 마찰의 결과입니다. 이 과정에 한국 정부가 취한 전략적 모호성은 북핵문제와 과잉 연결시키고 중국과는 과소 연결시키는 자가당착의 논리화에 무기력증을 보입니다.

북한 (핵)문제의 발화력이 확장성을 띰에 따라 신뢰 프로세스도 근본적으로 제약되고 남북관계에서의 한국의 자율성과 주도성은 축소되는 형국입니다. SLBM 건은 지난해부터 시작된 〈군사훈련 – 핵실험〉 교환론의 연장선에서 나오는 북미 대립 과정의 국면적 양상이고, 결과적으로 현 상황은 위기의 초입 국면입니다. 북한의 위기 조성 전략과 수정주의적 행태는 현 정국의 근저에 깔려 있는 기본 축이므로, 이에 대한 방치는 한국 주도성에 대한 낙관론보다는 비관론의 근거로 작동됩니다.

미국의 대북정책은 북미관계 변수라는 독자성이 약화되고 (대 중국) 재균형화의 틀 내에서의 정책 판단으로 선회 중에 있습니다. 쿠바나 이란과는 미국의 지정학적 인식이 판이할 수밖에 없는 또 다른 이유입니다.

북한 내정의 안정성이 도마에 오르고 대북 인권 접근법이 전면에 부각될수록, 한국 정부의 역할론은 축소된다고 보는 것이 더 정확합니다. 인권 접근법이 대북 우위를 보장한다는 것은 압박의 측면에서 보면 사실이지만, 한국의 정책적 자율성의 측면에서는 사실상 부정적 요인입니다. 남북관계의 다양성보다는 체제 우위만을 생각한 MB 정부 인사들이나 반길만한 상황인 것입니다.

기타 이슈에서도 한국의 정책 자율성이 축소되는 환경이 조성되고 있습니다. 미국이 취하고 있는 동아시아 재균형화 정책은 일본의 퇴행적 부상(정상국가화)을 용인함에 따라, 한국이 미국과의 마찰 없이 일본의 퇴행화를 견제하기가 어려운 국면이 조성되었습니다. 아베호 일본의 집요한 대내외 정책 이니셔티브를 '자살골' 정도로 치부해 온 한국 외교의 안일한 인식과 대응의 귀결인 것입니다. "Japan Passing vs. Korea Fatigue"의 대결 과정에서 우리 외교력은 한계를 노정했다고 말할 수 있습니다. 크리미아 사태에 따른 미-러 갈등은 유라시아 이니셔티브의 맹아마저 봉쇄하는 국면으로, 미일-중러라는 고전적 대립 구도의 부활 조짐에 대한 우려마저 자극하는 중입니다.

2. 정상회담? - '남북관계 돌파구 마련' vs '동맹관리/한일관계 정상화?'

북한의 예상되는 극단적 행동을 방치하는 것의 후과를 생각하면, 이번 방미를 통해 북한문제에 대한 평화적 해법 마련의 계기를 살릴 필요가 있습니다. 북한의 또 다른 극단적 행동이 있을 경우, 실기에 따른 한국의 정책 자율성 약화, 한반도 문제에 대한 소유권 약화의 가능성도 주목됩니다. 이를 계기로 중국과 북한을 압박할 수 있는 새로운 국면이 조성된다고 보는 시각도 있으나, 그 결과로 한국의 자율적 외교가 실종되고 미국과 중국만 쳐다보게 될 가능성에 대한 대책은 많지 않습니다. 신뢰프로세스는 한반도 문제의 국제화보다는 한반도 문제의 한국화에 작동 가능한 논리임을 명심해야 합니다.

한국 외교가 소유권을 주장할 수 있는 부분은 역시 남북문제로, 남북관계의 변환만이 한국의 수동적 입지를 전환시킬 영역이고 이에 실기해서는 안 됩니다. 남북관계가 한국의 국내 정치의 연장이라는 인식과 사실을 강조하고 그 골든타임을 강조하는 자신감도 필요합니다. 통일을 북핵 문제의 수단으로 치부하는 분위기를 쇄신할 필요도 있습니다.

북핵 문제에 대한 중국 위임론의 한계를 강조하고, 북한의 극단적 행동을 관리할 주체로 한국 역할론을 대통령이 직접 설득할 마지막 기회입니다. 중국 접근을 북한문제 해결용이라고 해명하는 것은 낡은 논리로, 북한

문제에 대한 중국 위임(outsourcing to China)관리론을 탈피할 때입니다. 한국의 중국 편향론(Orbit of China)에 대한 우려를 한국 정부가 잘 알고 있음을 간접적으로 인정하고 이에 대한 우려를 불식시키는 방안이 필요합니다.

이런 선수(先手)외교에 나서지 않을 경우, 미국의 훈수외교나 덕담외교의 한가한 희생양이 될 가능성이 농후합니다. 한미외교는 주고받는 식의 거래가 아니라, 동맹 논리 그리고 '한국 자율성 및 외교적 소유권' 논리를 분명히 하는 식의 이미지 창출이 중요합니다. AIIB, THAAD, 남북관계 모두 마찬가지입니다. 현 정국은 한국 정부가 미국까지 가서 한일관계의 회복에 대한 '훈수'나 듣고 한미동맹에 대한 '덕담'이나 듣고 올 만큼 한가한 상황은 아닙니다.

토론 요지: 대북지원 및 남북경협 추진방향

김석진 통일연구원 연구위원

정경연계와 정경분리를 절충하는 중도적 정책

북한주민을 대상으로 하는 대북지원(인도적 지원 및 개발협력)은 남북관계가 악화되어도 지속적이고 안정적으로 추진하려고 노력할 필요가 있습니다. 반면 북한당국이 대규모 외화 수입을 얻을 수 있는 경협 사업에 대한 정책은 정치군사적 남북관계를 고려하는 것이 불가피합니다.

대북지원 기본방향: 인도적 지원에서 개발협력으로 업그레이드

대북지원에 있어, 취약계층을 위한 맞춤형 인도적 지원은 지속적으로 추진되어야 합니다. 그러나 더욱 중요한 것은 민생 분야(농업, 환경, 보건의료 및 교육)에 대한 개발협력이 본격적으로 착수되어야 합니다. 특히 남북관계 경색국면에서는 UN 산하기구, 일부 선진국(유럽 등) 정부, 국제 NGO, 국내 민간단체 등과의 협력을 통한 간접적 지원을 추진하는 것이 좋을 수 있습니다. 전반적으로 국제개발협력의 일반적 규범을 적용하기 위해 노력하되 북한의 특수성을 고려하여 유연하게 대처해야 합니다.

남북경협 기본방향

당면 과제인 개성공단 사업은 민관협력 및 남북 공동위원회 체제를 유지하면서 발전적 정상화를 위해 노력해야 합니다. 두 가지 장기 과제 중 하나인 북한 인프라 개발, 경제특구 개발 등 대형 사업은 다자간 경협을 통해 추진해야 합니다. 다른 장기 과제는 남북경협의 제도적 환경을 구축하는 것으로, 경협과 관련된 협정 체결 및 남북경협공동위원회 등 추진조직의 설치를 고려해볼 수 있습니다.

토론 요지

이호령 국방연구원 연구위원

남북관계 발전 및 지속가능한 대북정책이 주는 함의 및 내용에 대해 보다 포괄적인 분석이 필요합니다. 이를 위해 다음의 네 가지 질문을 던져볼 수 있습니다. 관계발전은 경색국면과 교착상태가 없는 것인가? 교류와 협력이 지속되는 한 남북관계는 발전하고 있다고 평가할 수 있는가? 일방의 꾸준한 관계개선 노력이 양자의 관계발전을 진전시킬 수 있는가? 김씨 집안의 독재체제가 지속되는 한, 남북관계 발전을 기대할 수 있는가?

남북관계의 협상 바스킷의 아젠다를 '안보와 비안보' 교환에서 '안보 vs 안보', '경제 vs 경제', '사회문화 vs 사회문화', '체육 vs 체육' 등 기능적 등가를 고려한 협상 전략 및 전술 개발이 필요합니다.

6자회담을 통한 북핵문제의 근본적 해결이라는 외교적 노력과 더불어 북핵위협 및 물리적 위협과 공격에 대한 철저한 억지력과 대응능력을 갖추는 것이 더 중요하다고 봅니다.

한편, 북한 인권문제와 사이버 테러 등에 대한 국제사회의 공감대 증대와 확산은 북한의 변화를 국제차원에서 이끌어낼 수 있다고 봅니다. 국제사회의 압박과 북한의 대응과정 속에서 북한이 국제규범의 중요성을 인식하고 자구책을 마련하는 것이 중요합니다.

북한의 만연한 부패문제, 특히 지도부의 부패문제를 이슈화해나가는 것 또한 북한의 변화를 압박할 수 있는 요소가 될 수 있습니다.

진영을 넘어 남북관계 돌파구를 열자: 지속가능한 대북정책 제언

원혜영 국회 남북관계발전특위원장

마호메트의 비유, "산이 안 움직이면, 내가 간다."

변화하지 않는 북한만 탓하며 아무것도 하지 않는 것은 실천적 태도가 아닙니다.

독일 통일의 교훈

대동독 포용정책이었던 빌리 브란트의 동방정책은 같은 사민당의 헬무트 슈미트뿐만 아니라 기민당의 헬무트 콜 총리도 초당적으로 일관성 있게 추진하여 강한 통일국가를 만들어냅니다. 독일의 동방정책은 통일정책이 아니었습니다. 통일을 최종 목표로 한 '긴장완화 정책'입니다. 서독은 동독과 정치적 논쟁을 하면서도 인도적 지원을 끊은 적이 단 한 번도 없었습니다. 정권이 바뀌어도 일관된 대북정책과 끊임없는 인도적 지원이 필요합니다.

남북이 합의한 대북정책의 큰 줄기

7·4공동성명(1972): 통일은 자주적으로 해결하고, 평화적 방법으로 실현하며, 사상과 이념·제도의 차이를 초월하여 민족대단결을 도모하여야 합니다.

남북기본합의서(1992): 남과 북은 서로 상대방의 체제를 인정·존중하고, 내부문제에 간섭하지 않으며, 비방과 중상을 하지 않고, 파괴와 전복 행위를 하지 않습니다.

6·15남북공동선언(2000): 남과 북은 경제협력을 통하여 민족경제를 균형적으로 발전시키고, 제반 분야의 협력과 교류를 활성화하여 서로의 신뢰를 다져나가기로 하였습니다.

10·4정상선언(2007): 남과 북은 현 정전체제를 종식시키고 항구적 평화체제 구축을 해나가야 한다는 데 인식을 같이 하고, 흩어진 가족과 친척들의 상봉을 확대합니다.

남과 북이 합의한 부분에 있어서는 흔들림 없이 계승발전 해나가야 합니다. 남북 합의정신으로 대북전단 문제, 5·24조치, 이산가족 상봉 해결해야 합니다.

지속가능하며, 실용적인 남북관계 4가지 원칙

첫째, 쉬운 것을 먼저하고 어려운 것을 나중에 하는 선이후난(先易後難)입니다. 둘째, 민간이 먼저 나서고 관이 나중에 나서는 선민후관(先民後官)입니다. 셋째, 경제가 우선이고 정치가 다음인 선경후정(先經後政)입니다. 넷째, 먼저 주고 나중에 받는 선공후득(先供後得)입니다.

정경분리의 양안관계

지난해 2월, 65년만에 장관급 회담을 가진 중국과 대만은 정치·군사적 대립과 갈등 속에서도 경제분야를 포함한 비정치적인 교류협력을 지속·확대했습니다. 2014년 양안 간 무역규모 216조 원, 인적교류 941만 명, 중국 72개와 대만 13개 항구 연결, 8만개의 대만기업 중국진출 등이 있었습니다.

정경분리 법제화와 남북 국회회담

남북관계 "No Actions, Talk Only"(NATO) ↔ 양안관계 "No Talks, Many Actions"(NTMA).

정경분리 원칙을 법률에 명시하는 「남북관계 발전에 관한 법률」 개정안의 원만한 합의 통과와 개정안의 실효를 높이기 위해 국회가 북한과 '정경분리 원칙'을 공개적으로 확약하기 위한 남북 국회회담 추진을 제안합니다.

◈

'한반도 평화와 남북관계 발전을 위한 초당적 협력기구' 구성을 제안합니다

심상정 정의당 원내대표

◈

1. 불신과 갈등만 가득한 남북관계, 통일대박은커녕 평화도 위협받고 있습니다

한반도와 그 주변에 사는 사람들 모두가 안심하고 살아가기 위함과 분단의 비극을 영구화하지 않아야 하는 민족적 사명을 다하기 위해서 조속히 남북관계를 개선해야 합니다.

대통령과 정부의 '한반도 신뢰 프로세스', '통일대박' 운운에도 불구하고, 남북관계는 대화도 재개하지 못하고 불신과 갈등만 가득합니다. 이대로는 통일대박은커녕, 임기 내 남북관계 개선조차 힘들 것이라는 비관이 가득합니다. 통일은 분단의 역사를 치유하고 신뢰 회복과 공감대를 넓혀가는 과정의 결과물임에도 불구하고, '통일대박'만 외치다보니, 급작스런 흡수통일을 지향하는 것 아니냐는 내외의 불신을 자초했습니다.

박근혜 정부의 대북정책 실패는 북의 병진노선 고수나 대통령과 정부에 대한 험악한 언설 등에도 책임이 있지만, 상황을 주도적으로 이끌어가야 할 박근혜 정부의 언행 불일치, 준비 부족이 가장 큰 이유라고 생각합니다.

어떤 상황에서도 관계 개선을 일관되게 추진할 원칙도 문제를 실제로 풀어갈 인재풀과 구체적 프로그램 등 준비가 턱없이 부족했다고 판단됩니다. 더불어 남북정상회담 회의록 공개, 종북 몰이 등에서 보듯 남북관계와 통일 문제를 국내정치에 이용하는 데 관심이 더 컸다는 점도 지적해두고자 합니다.

2. 갈등이 커지는 한반도 주변 질서, 장기판의 '졸'로 전락하는 한국

지금 동아시아는 미국의 아시아 회귀 대 중국의 핵심이익 수호가 남중국해와 센카쿠열도(댜오위다오), 한반도 서해 등 곳곳에서 맞부딪히고 있습니다.

분단 70년, 분단을 종식시키고 통일로 나아가는 전기를 마련되기는커녕, 탈냉전 이후 추진했던 남북관계 개선 노력이 수포로 돌아가고 평화-통일 실현의 정책 자율성을 발휘할 수 있는 골든타임을 놓쳐버리는 것이 아닌가 하는 위기감이 고조되고 있습니다.

이 정부 들어 그나마 잘하는 것처럼 보이던 대중 관계는 사드 배치 등을 둘러싼 갈등에서 보듯 미-중 사이 딜레마가 가시화됨에 따라 한계를 보이고 있습니다. 한일관계는 '과거사-안보협력 분리 접근'을 고수했으나, 미국의 노골적인 일본 편들기에서 보듯 아베의 폭주를 견제하기는커녕, 이용당하고 있습니다. 미·일 대 중·러 간 대결이 가시화될수록 우리는 이 정부가 표방한 것처럼 '유라시아 이니셔티브'를 선도하고 발휘하기는커녕 장기판의 '졸'로 전락할 위기에 처해 있습니다.

3. 남북관계 개선으로 북핵 해결과 동아시아 평화의 촉매역할을 주도해야 합니다

남북관계, 주변국 관계, 안보 등이 모두 꽉 막힌 답답한 상황인데, 돌파구는 결국 남북관계 개선에서 찾을 수 있을 것입니다. 현재 미국 정부가 북미관계를 최악의 상황으로 몰고 가고 있고, 한·중 관계에 대해서도 견제구를 날리는 상황이기는 합니다. 하지만 한국 정부가 '남북관계를 지금보다 개선하고 안정적으로 관리해가겠다는 것과 그것을 위해 이런저런 구체적 정책을 펴겠다.'는 것에 대해서는 미국 정부도 간섭하거나 저지할 수 없는 것입니다.

9·19공동성명을 이끌어냈던 참여정부처럼 북핵 등 안보 문제를 해결하고 동아시아 평화를 달성하기 위한 실질적·구체적 해법을 내놓고 합의를 이끌어내는 촉매자로서의 역할을 다해야 할 것입니다. 미·중 사이에서 우리의 딜레마를 오히려 심화시킬 수 있는 사드 배치 등 MD 체제 편입과 한미일 3각 안보협력은 피해야 할 것입니다. 과거에 관련 당국 모두가 합의했던 포괄적 해법을 현 상황에 맞게 좀 더 가다듬어 남북관계 적극 개선-비핵화 6자회담-평화체제 4자회담 등을 병행하는 포괄적 해법을 실천해가야 할 것입니다. 이런 노력은 남북관계가 일정 수준 이상 진전되기 위해서도 필수적입니다.

4. 소결 : '남북관계 발전을 위한 초당적 협력기구' 구성을 제안합니다

대통령의 말대로 올해를 평화와 통일로 전환하는 해로 만들기 위해서는 6·15성명 15주년, 8·15광복 70주년 등의 계기를 놓치지 않아야 할 것입니다. 그러나 정부에만 맡겨 놓아서는 일이 제대로 추진될 수 없음이 자명합니다. 그것은 통일준비위원회가 남북관계 개선의 지렛대, 전 국민적이고 북한의 호응까지 이끌어낼 만한 통일의 원칙을 정립하고 남북관계 개선의 지렛대로서 역할을 하기보다는, '흡수통일 준비위'가 아니냐는 우리 사회 내부와 북한의 의혹을 사고 있기 때문입니다.

그래서 (가칭)'남북관계 발전을 위한 초당적 협력기구'를 구성할 것을 대통령과 여야 정치권, 우리 사회 원로와 전문가들에게 제안합니다. 평화를 정착시키고 통일을 준비하기 위한 길에 정부와 국회, 여와 야, 보수와 진보가 따로일 수 없습니다. 초당적 협력기구는 우선, 북한 당국과의 갈등관계에서 벗어나지 못하고 있는 박근혜 정부가 임기 내 일정한 개선을 이루어낼 수 있도록 편달하고 지원하는 역할을 하고, 정권이 교체되더라도 일관되게 남북관계 발전 정책을 추진할 수 있는 사회적 합의와 정책에 대한 합의를 형성해야 합니다. 한국의 동방정책, 남북 화해협력정책을 일관되게 추진할 '남북관계 발전을 위한 초당적 협력기구'를 통해 평화와 통일의 새 시대를 열어 갑시다.

지속가능한 대북정책

정대철 새정치민주연합 상임고문

I. 남북화해와 통일이 필요한 이유

첫째, 남북이 소모적인 군사, 정치적 대결 구조를 청산함으로써 국제경쟁력을 제고시키기 위해서 필요합니다.

둘째, 남북은 경제적으로 상호 보완관계에 있습니다. 북한의 값싸고 질 좋은 노동력과 남한의 자본, 기술 그리고 시장개척 능력이 결합할 때 남북은 상호 이득이 될 수 있습니다.

셋째, 민족의 활로인 북방(만주, 몽골, 연해주, 서아시아)진출을 위해서 남북화해나 통일이 필요합니다.

넷째, 전쟁방지 목적으로 필요합니다. 북한 정권이 독재, 범죄적 성격을 띠고 있는 것도 알고 있지만 유연하게 대처하여 전쟁을 방지하기 위해서 필요합니다.

다섯째, 인도적 견지에서 북한을 도와주기 위해서 남북화해가 필요합니다. 통일의 대상인 국민으로서, 피를 나눈 동포로서 더욱 그러합니다. 우리는 북한정권과 북한국민을 구별할 필요가 있습니다.

Ⅱ. 북한에 대한 대처방안 (온건론 vs 강경론)

온건론과 강경론이 있습니다. 강경론이란 독재, 범죄적 정권은 빨리 끝내게 해야 한다는 전제하에 계속 밀어 부치면 얼마 남지 않았다고 보고 대북정책을 시행합니다.(보수파, MB, 박근혜, 부시)

온건론이란 독재, 범죄적 정권임을 알고 있지만 전쟁방지 목적으로 유연하게 다루자는 입장입니다. 또한 인도적인 견지에서 도와주자는 입장도 가세합니다. (진보파, DJ, 노무현, 클린턴) 강경론과 온건론이 균형 있게 융합되는 대북정책이어야 합니다.

Ⅲ. 남북화해와 통일을 지향하는 우리의 태도

이제는 기정사실화된 방법론 (기능주의적 접근방법) 보다는 우리의 태도가 더 중요합니다. 태도는 "끈덕지게, 화내지 말고, 상대방의 자존심을 상하지 않게"해야 합니다. 즉 남한의 경제적 우월감이 경제난을 겪고 있는 북한사회를 조롱의 대상으로 삼지 말아야 하며, 북한의 자립적 우월감이 상대적으로 어려움을 겪고 있는 남한을 비난하는 것을 자제할 필요가있습니다.

통독전 서독의 태도를 교훈으로 삼아야 합니다. 서독은 묵묵히 꾸준하게 서독의 물건을 아주 값싸게 팔았으며 동독의 물건을 넉넉한 값으로 사주었습니다.

Ⅳ. 남북화해를 위한 실천방안

첫째, 국민의식 변화와 이에 대한 계도가 필요합니다. 북한에 대해 반공일변도 내지 독재나 범죄 집단으로만 매도하는 것을 지양하여야 합니다. 민족공동체의식을 함양할 필요가 있습니다. 부단한 화해와 협력 정신을 고취하고 북한이 통일대상체임을 인식하고 강조할 필요가 있습니다.

둘째, 남북교류, 협력을 강화하여야 합니다. 가능한 한 빨리 5·24 조치를 해제하여야 합니다. 1000만 이산가족의 명단 확인, 서신교류, 전화통화, 계속적 만남을 추진하여야 합니다. 만남의 장소는 판문점, 연변, 금강산, 개성, 남한의 여러 곳을 개방하여야 합니다. 경제, 학술, 문화, 체육 등 다방면으로 민간차원의 교류를 확산시켜야 합니다.

셋째, 남북화해의 환경조성을 위한 국제적 협력 분위기를 조성하여야 합니다. 비핵화를 위한 6자회담도 재개하도록 합니다. 동북아지역 긴장완화를 위해서 주변 4대강국(미·러·중·일) 특히 중국과 러시아를 활용해서 동북아 평화를 유지하도록 노력해야 합니다.

초당적 지속가능한 대북정책은 6월 한미정상회담부터 시작됩니다

이부영 새정치민주연합 상임고문

광복-분단 70주년에 이처럼 우리 사회 전체를 아우르는 자세로 초당적이고 지속가능한 대북정책 추진을 모색하시는 국회 남북관계 특별위원회와 한반도 포럼 측의 노력에 경의를 표합니다.

1. 우선 현안부터 말씀드리겠습니다. 우리의 대북정책도 전체 외교안보정책의 틀 안에 들어있습니다. 현재 진행되는 외교안보정책 틀의 변화는 한반도와 남북한의 존재양식을 근본적으로 뒤흔드는 규모입니다. 그러므로 기로에 선 현재의 외교안보정책이, 다시 말해서 기존의 탈냉전-남북교류협력정책이 지속될 것인가를 확인해야만 지속가능한 대북정책 논의가 가능할 겁니다. 미국-일본의 군사동맹의 강화와 한국에 대한 협력요청이 기존의 탈냉전-남북 교류협력정책을 지속하도록 할 것인가를 가늠해보지 않으면 안 될 겁니다.

오는 6월 14일에 있을 박근혜 대통령의 방미는 그래서 중요합니다. 박근혜 대통령은 한미 정상회담에 대해 어떤 방침을 가지고 임하시는지 떠나시기 전에 국민들에게 밝히시는 게 정도입니다. 이번 한미정상회담이 21세기 들어서 한국과 한반도의 운명을 결정하는데 중요한 계기가 되리라고 보기 때문에 그렇습니다. 이처럼 중요한 외교안보의 틀을 결정하는 정상회담을 앞두고 그에 관한 논의는 사라진 채 국회법 문제로 소모적인 논란을 벌이는 것은 본안을 버려둔 채 지엽말단에 매달리는 것으로 오해를 불러일으킬 소지가 있습니다.

2. 광복-분단 70주년을 맞아 현재 중단 상태인 남북관계를 지속가능한 것으로 바꾸려면 아래 현안을 풀어가야 하리라고 봅니다.

가. 지난 7년 동안 방치된 북핵 6자회담을 조속히 복원해야 합니다. 지난 7년 동안 북한의 핵무기 비축과 능력의 고도화는 한국 입장에서는 견디기 어려운 상태입니다. 오히려 북핵을 빌미로 미국과 일본의 군사동맹 강화, 일본의 군사대국화가 추진됨으로써 한국은 북핵과 일본 군사대국화에 갇히게 되었습니다. 북한이 핵을 절대로 포기하지 않으라는 고정관념에 사로잡히지 말고 한국이 미국 일본 중국 러시아를 움직여 북핵 폐기에 나서도록 다자외교를 벌여야 할 것입니다.

나. 6자회담 안에서 한국전쟁 교전당사국 4자회담을 열어 정전협정을 평화협정으로 바꾸는 노력을 기울여야 합니다. 전시작전 통제권을 찾아와서 북한에 대한 독자적 작전 능력을 갖는 것이 북한에게 압박이 될 것입니다.

다. 6자회담과 4자회담을 진행하는 한편, 미국과 일본의 북한과의 관계 정상화를 하도록 한국이 앞장서서 주선해야 합니다.

라. 한반도를 중심으로 긴장과 대결이 조성되더라도 남북대화와 교류협력을 지속시키면서 미국과 일본을 오히려 설득해야 할 것입니다. 미

국이 이란-쿠바와의 관계정상화를 성취한 것이 시금석이 될 것입니다.

마. 특히 5.24조치를 단계적으로 완화시켜 이산가족 상봉 사업을 벌이는 한편으로 금강산관광사업을 재개하고 개성공단사업의 확대를 추진해야 할 것입니다.

3. 이상의 여러 조치의 전제조건은 한반도의 군사긴장을 확대하지 않는 것입니다. 한국의 안보에 버팀목이 되어온 한미동맹을 확고하게 다져가되 더 이상의 군사동맹에는 가담하지 않는 원칙을 분명히 해야 합니다.

지난 1990년 전후의 탈냉전시대에 들어서 확인된 한국의 동아시아에서의 자유무역 지대로서의 위치가 흔들려서는 안 될 것입니다. 앞으로 남북이 함께 동아시아의 평화 자유무역지대로서의 전망을 가지고 교류협력을 만들어가야 할 겁니다.

특히 박근혜 대통령의 유라시아 이니시아티브의 핵심 공약인 철의 실크로드 TSR-TKR 연결사업과 시베리아 가스관 연결 사업은 미국과 일본, 유럽의 기업들의 참여 속에 추진되어야 할 것입니다.

4. 박근혜 대통령의 6월 중순 한미 정상회담에 앞서 위와 같은 입장을 밝히는 것이 국민들의 지지 속에 강단 있는 성과를 거두게 될 것입니다. 특히 국회를 열어서 여야가 초당적으로 지지하는 가운데 한미 정상회담에 대응하는 것이 옳지 않겠는 가 사료됩니다.

아베 일본수상처럼 환영을 받기 어렵다면, 냉대를 받더라도 국익과 경제를 지키는 결단을 보여야 할 것입니다. 박근혜 대통령이 일거수 일투족이 앞으로 20~30년의 나라의 내일을 결정할 겁니다.

◈

2015년 남북관계의 현주소와 지속가능한 대북정책을 위한 제언

박주선 새정치민주연합 의원

◈

Ⅰ. 남북관계의 현주소

DJ·노무현 정부 이후 남북관계가 악화되었습니다. 북핵 문제는 비핵 아닌 핵 확산금지 문제로 사실상 비핵조치는 포기하고 있는 양상이며, 군사적 긴장 관계가 고조되었습니다. 구호 무성, 기구 증설에도 남북관계는 진전이 없습니다. 남북관계는 진단과 처방 모두 잘못되었습니다.

Ⅱ. 지속 가능한 남북관계 발전을 위한 제언

1. 일반전략

일관성 있게 대화·교류·협력을 통한 평화·통일을 추구합니다. 여기에는 전쟁·흡수통일 포기 선언과 1992년 남북기본합의서, 6·15, 10·4선언을 이행할 것을 선언하는 것이 포함됩니다.

북핵과 기타 남북문제를 구분하여 접근합니다. 북의 비핵화를 전제로 한 일반 남북관계는 진전이 불가능합니다. 북핵을 제외한 일반 남북관계 진전(흡수통일 포기, 신뢰 구축, 북한의 체제위협 해소 등)을 통한 북의 비핵화를 실현합니다. 또한 6자회담을 신속히 재개합니다.

체면과 자존심보다는 남북관계 개선과 실리를 도모해야 합니다. 남북의 체면과 자존심 충돌은 관계를 악화시킵니다. 북에 대한 일방적 사과와 재발방지 강요는 실효성이 없습니다.

설마와 요행의 안보관을 시정합니다. 북한의 도발 시도는 무시하되 경계합니다. 남한은 국력에 있어 비교할 수 없이 우월합니다. 북한의 도발에 대해서는 남한이 피해를 본 이후에 북에 대해 응징하는 구조여야 합니다. 무엇보다 北의 도발 방지를 우선으로 하는 안보태세가 필요합니다.

북에 대한 불필요한 자극과 북의 반발요인을 제거합니다. 북에 대한 자극은 북의 반발과 도발을 유발합니다. 대북 전단 살포를 중지합니다. 남북교류협력법상의 불법 반출로 처벌 가능합니다. 북한인권법의 신중한 접근이 필요합니다.

국민합의, 북의 호응, 국제사회 동의 갖춘 대북정책을 추진합니다. 이것은 대북정책의 3대 요소이고 실효성 있는 정책입니다.

2. 구체적 조치

첫째, 5·24조치를 해제합니다. 5·24조치는 효과가 없으며, 남북관계의 족쇄로서 기능합니다. 북의 사과와 재발방지 약속 없이 해제 주장을 반복하는 것은 대북 실효성 없는 조치라는 견해가 있습니다. 그러나 남북교역량은 2009년 16억 7,900만 불에서 2010년 19억 1,200만 불, 2011년 17억

1,400만 불, 2012년 19억 7,100만 불, 2013년 12억 불(개성공단 폐쇄 영향), 2014년 23억 4,312만 불로 증대했습니다. 또한 이 기간동안 남측은 9조 4,000억 원의 경제적 피해를 보았고 북측은 2조 4,000억 원(현대경제연구원 발표) 경제적 피해를 보았습니다. 6·25남침, 아웅산 폭살과 KAL기 폭파에 대해 북의 사과가 없음에도 남북대화를 재개했던 사례를 상기할 필요가 있습니다.

둘째, 금강산 관광을 재개합니다. 북핵개발의 자금 전용 우려 문제는 일반 교역과의 형평성 차원에서 관광 금지 명분으로 미흡하며, 안보리 제재와 무관합니다. 동시에 남한의 투자자는 극심한 피해를 보고 있습니다.

셋째, 인도적 지원은 파격적으로 실시해야 합니다. 공적개발원조(ODA) 17억 5,000만 불(2013년기준)에 비해 미미한 금액입니다. 인도적 지원은 남북 긴장완화와 신뢰구축 수단입니다.

넷째, 이산가족 상봉을 추진해야 합니다. 이산가족 상봉문제를 남북문제 해결 최우선 순위에 두어야 합니다. 이산가족 상봉 문제는 인도적 문제로 이를 실현할 수 있는 획기적 방안을 강구해야 할 것입니다.

다섯째, 6자 회담을 조속히 재개하여야 합니다. 북한이 6자 회담을 회피하는 이유는 북핵 개발을 위한 시간 벌기로 볼 수 있습니다.

여섯째, 남북정상회담을 제의함과 동시에 한·중·일 정상회의에 북한을 초청할 필요가 있습니다.

일곱째, 6·15, 10·4 선언을 이행해야 합니다. 우리가 먼저 정상 간 합의사항을 이행할 것을 발표하며 그 구체적 실행방안에 대해 남북이 협의토록 합니다.

◈

한반도평화를 위한 4강외교 강화

유재중 남북관계 특위 새누리당 간사

◈

오늘 남북문제 해결을 위한 세미나를 국회 남북특위와 공동주최해 주신 한반도 포럼 백영철 이사장님과 행사를 주관해 주신 중앙일보 홍석현 회장님을 비롯한 관계자 여러분께 먼저 감사를 드립니다. 오늘 남북문제에 대해 높은 식견을 갖고 계신 여러 분들과 토론의 자리를 함께하게 되어 기쁘게 생각합니다.

그동안 북핵 등 한반도평화를 위한 여러 방안들이 논의되었습니다. 그중에 가장 중요한 것은 주변 4대 강국에 대한 외교라고 생각합니다. 한반도 평화는 남북 당사국뿐 아니라 미국, 중국, 일본, 러시아와의 긴밀한 협력 없이는 어렵다는 것을 다들 잘 알고 계실 겁니다. 하지만, 최근 미중관계는 일본의 군사력 확장과 남중국해를 둘러싼 분쟁으로 냉전이후 가장 심각한 갈등을 보이고 있어 한반도 평화구축에 먹구름이 지고 있습니다.

중국은 지난달 26일 발표한 국방백서에서 중국 안보의 위협 요인으로 미국의 아시아 재균형 전략을 맨 위에 올려놨고, 아태 지역에서의 (미일간) 군사동맹 강화, 일본의 군사대국화를 다음 순번으로 열거했습니다.'주적'을 미국과 일본으로 상정한 것이나 다를 바 없습니다.

이에 맞서 미국은 필리핀과 사상 최대 규모의 해상훈련을 한 데 이어, 오는 7월에는 호주와의 군사훈련에 일본까지 참여시키며 맞불을 놓고 있습니다. 아태 지역에 충돌의 기운이 감도는 것입니다. 전면전까지는 아니더라도 영유권을 둘러싼 국지적 무력충돌은 언제든지 일어날 수 있는 심각한 상황입니다.

우리나라는 미국과 군사동맹 관계를 맺고 있고, 중국과는 최대 경제교역 관계입니다. 여기에 북한과 중국은 당대당 특수 관계이고 북한과 한미는 적대적 대결관계입니다. 미중 갈등이 커지면 커질수록 한반도의 불안정도는 증폭될 수밖에 없는 상황입니다.

박근혜 대통령이 오는 6월 미국을 방문하는 데 이어 9월엔 중국으로부터 '항일전쟁승리 70년' 기념식 초청을 받았습니다. 김정은 북한 국방위 제1위원장도 역시 초청을 받아 경우에 따라서는 남북 정상이 조우하는 장면이 연출 될지도 모릅니다. 이 두 번의 외교무대가 북핵, 사드배치, 미중갈등 등 어려운 여건 속에서 한반도 평화의 중요한 전환점이 될 것입니다. 남중국해를 둘러싼 미중간의 갈등문제에 있어서는 우리나라의 역할이 제한적일 수 있지만, 한반도 사드배치는 북한이 유엔의 결의를 위반해 핵과 장거리 미사일 개발을 멈추지 않고 있기 때문에 지속적으로 언급되는 문제입니다.

반대 입장을 표명하고 있는 중국이 북한의 이러한 군사행동을 억제할 수 있도록 우리의 외교력을 발휘한다면, 사드배치와 관련된 필요이상의 갈등을 막을 수 있다고 봅니다. 앞서 말씀드린 것처럼 안보는 미국, 경제는 중국 사이에 놓여 있는 우리나라가 북한의 도발을 억제하고 한반도 평화를 구축하기 위해서는 양국의 우호증진을 위한 외교적 역할을 강화해야 할 것입니다.

또한, 한일관계에 대한 냉정한 판단을 해야 할 때라고 생각합니다. 중국

시진핑 주석은 지난 4월, 인도네시아 반둥회의에서 과거사로 갈등 중인 일본 아베총리와 정상회담을 가지고 관계개선을 시도했지만, 우리나라는 국회에서 아베총리 규탄 결의안이 채택될 정도로 감정에서 벗어나지 못하고 있습니다.

지금 세계는 자국의 이익을 중심으로 외교전쟁을 벌이고 있습니다. 지구상 유일한 분단국가인 대한민국이 통일로 나아가기 위해선 주변 4대강국과 긴밀한 협력 없이는 불가능할 것입니다. 우리 외교·안보정책이 과연 지금의 국제정세를 잘 반영하고 있는지를 관계자들이 면밀히 검토해 올 9월 남북정상회담 추진 등 한반도 평화를 위한 의미있는 성과를 거둘 수 있도록 당부 드립니다. 감사합니다.

◈

광복70주년을 계기로 새로운 남북관계 모색해야

노웅래 남북관계 특위 새정치민주연합 간사

◈

지난 5월 현대경제연구원이 남북관계 현안에 관한 전문가 설문조사 결과에 따르면 전문가들 10명 중 6명(62.3%)은 향후 남북경협 확대를 위해 정부가 최우선적으로 취해야 할 과제는 '5·24 조치 해제'라고 지적한 바 있습니다.

박근혜 정부는 한반도 신뢰프로세스, 동북아 평화협력 구상, 드레스덴 선언, 작은 통로론 등을 내놓으면서 북한의 호응을 기대하고 있지만, 이제까지 이러한 대북정책들이 효과를 발휘하고 있지 못한 현실입니다.

북한은 관계 개선을 위한 박근혜 정부 진정성의 가늠자로 5·24 조치 해제를 요구하고, 우리 정부는 천안함 사태에 대한 북측의 의미 있는 선 조치를 요구하는 논리적 평행선이 지속되고 있을 뿐입니다.

북한관련 전문가들은 '5·24조치'의 효과성에 대해서도 의문을 제기하고 있습니다. 실제 '5·24조치' 이후 북한의 군사적 행동은 끊임없이 지속되고 있으며, '5·24조치'가 오히려 남북관계를 경색시켰습니다. 5.24조치 이후 북한의 군사적 행동의 예는 아래와 같습니다.

2010년 11월 23일 북한 연평도에 포격실시

2012년 12월 22일 미사일 발사실험

2013년 2월 12일 북, 제3차 핵실험 실시

2013년 3월 14일 북한 휴전협정 백지화선언

2014년 3월 28일 동해안 단거리 미사일 발사

2014년 3월31일 북한 NLL선상에 포격실시

2014년 4월 3일 파주 삼척일대 북한 무인기 정찰 시도

2015년 2월 한미연합훈련당시 동해상 단거리미사일 발사 도발

2015년 5월 동해 미사일 발사로 긴장이 고조

2015년 5월 잠수함 발사식 탄도 미사일 발사 실험

더욱이 '5 · 24조치'가 북한의 경제적 제재에 효과를 보았다기보다는 남북교역이 급감하고, 북중무역이 증가하는 결과를 낳았고, 북한의 경제상황은 오히려 호전되고 있다는 평가이며, 오히려 '5 · 24조치'로 개성공단을 제외한 수많은 남북경협사업자가 도산하고, 지자체와 시민사회의 교류협력사업도 거의 차단되는 등 우리 경제에 악영향을 미치고 있습니다.

언제까지 5 · 24의 망령에 사로잡혀 남북관계를 손 놓고 있을 수는 없으며 5 · 24 조치에 대한 '우회'(detour) 전략이 필요할 때입니다. 북한의 사과라는 선 조치 없이 5 · 24 조치를 공식철회하기에 현실적 어려움이 있다면 5 · 24 조치는 명시적으로만 '선반 위에'(on the shelves) 올려놓고 방북과 교류와 지원과 협력사업을 각 사안별로 적극적으로 승인하는 방안들을 모색해 봐야 할 때입니다.

그런 의미에서 2015년은 8 · 15 광복 70주년을 맞는 역사적으로 중요하고, 의미 있는 해입니다. 따라서 8 · 15 광복 70주년을 계기로 남북관계 개선을 위한 모멘텀을 마련하는 것이 필요할 것으로 보입니다.

또한 북한의 개혁 개방 정책이 성과를 도출하여 관련 정책을 지속 확대 추진할 수 있도록 남북경협을 통한 분위기 조성이 필요하고, 더 나아가 2015년 북러 관계가 긍정적으로 전망되는 만큼, 북중러 다자간 협력확대 등 '유라시아 이니셔티브'의 실천력을 강화할 필요가 있을 것입니다.

◈

통합을 통한 통일

남경필 경기도지사

◈

2015년 남북관계는 긴장 국면이 지속되고 있다. 그동안 진보·보수 정권이 번갈아 집권하면서 대북정책의 기조가 변화하였고, 남북관계는 부침을 반복하고 있다. 이러한 상황을 타개하기 위한 '지속가능한 대북정책'이 사회적 이슈로 대두된 것은 어쩌면 당연한 결과이다. 대북정책의 기조 변화 이면에는 이른바 '남남갈등'이라는 우리 사회의 갈등구조가 있다. '남남갈등'이라는 용어가 처음 대두된 시기가 1997년경이니 대북정책을 둘러싼 논쟁이 남남갈등의 뿌리임은 분명해 보인다. 이처럼 대북정책을 둘러싼 사회적 갈등이 정치에 투영되면서, 정권의 대북정책은 있었으나 대한민국의 대북정책이 실종되고 말았다. 그렇다면 정권이 아닌 대한민국의 통일정책, 지속가능한 대북정책을 만들어내기 위해서는 남남갈등을 먼저 극복해야 할 것이다.

며칠 전 경기도를 방문한 슈뢰더 전 독일총리는 독일의 통일 경험에 대해 소중한 조언들을 해 주었다. 요약하면 세 가지 정도를 이야기할 수 있는데 접근을 통한 변화, 통일과정에서의 전환쇼크 대비, 그리고 정당을 초월한 협력 등이 그것이다.

이 가운데 남남갈등의 극복과 관련하여 관심이 가는 것은 '정당을 초월한 협력'이다. 왜냐하면 남남갈등을 넘어 지속가능한 대북정책이 만들어지기 위해서는 대북정책에 대한 초당적인 협력이 필수적이기 때문이다. 정권을 만드는 것은 정당이다. 따라서 정당 간 합의가 없다면 정권이 바뀔 때마다 대북정책이 변화하고, 이를 둘러싼 남남갈등은 반복해서 재생산될 수밖에 없다. 대북정책에 있어서 국회의 역할, 정당 간 합의가 지금보다 훨씬 강조될 필요가 있다. 물론 한국정치의 현실을 고려할 때, 이것은 결코 쉽지 않은 과제이다. 하지만 기본적 가치를 공유하는 정당들 간의 남남갈등마저도 극복하지 못한다면, 체제가 서로 다른 남북 사이의 갈등 극복은 요원한 일이 될 것이다.

최근 경기도에서는 연정(연합정치)이라는 새로운 정치적 실험이 진행 중이다. 이것은 기본적으로 승자독식의 정치구조에 따른 갈등의 정치를 극복하기 위한 것이지만, 연정의 정신이야말로 남남갈등을 넘어 지속가능한 대북정책을 만들어내는 기초가 될 수 있을 것이다. 즉, 합의의 정치구조와 문화를 만들어내는 것이 내적 통합의 시작이자 통일의 기초가 될 것이다.

통일과정에서의 전환쇼크는 국내의 통일비용 논의와 잇닿아 있는 주제이다. 사실 모두가 통일을 원하지만 다른 한편으로 통일을 두려워하는 것은 통일과정에서 발생할 수 있는 혼란이 매우 분명함에도 불구하고, 이에 대한 대비가 부족한 현실을 이해하기 때문이다. 예컨대 국민연금 소득대체율을 얼마로 할 것인지를 놓고 진행되는 논쟁을 보면, 복지제도의 완전한 재설계가 필요한 통일을 두려워하는 것은 어쩌면 당연한 일로 보인다.

통일비용과 관련해서 슈뢰더는 "비용은 감당할 수 있다. 극복할 수 있다. 중요한 것은 사람이다"는 단호한 입장을 보여주었다. 사실 준비가 되어있다면 통일은 두려운 것이 될 수가 없다. 우선 무엇이 준비되어 있고,

무엇이 부족한지에 대한 판단이 필요하다. 통일에 대한 수많은 논의들이 있지만, 우리의 대비태세에 대한 전체적인 청사진이 없는 것이 현실이다. 이것은 정쟁의 대상도 아니다. 대북인식과 대북정책을 둘러싼 논쟁 이전에 실질적인 통일준비에서부터 합의점들을 찾아갈 필요가 있다.

현황과 과제에 대한 합의가 이루어지면 전환쇼크를 감소시킬 수 있는 미래지향적 대비와 투자가 이루어져야 한다. 그것이 통일비용을 감소시키는 것이자, 통일 편익을 증대시키는 것이 될 것이다. 예컨대 통일은 그동안 섬나라 아닌 섬나라로 살아온 우리의 지리적 패러다임이 전면적으로 변화하는 것을 의미한다. 대륙 진출을 위한 전초기지를 어디에 건설할 것이며, 환황해권 및 환동해권 협력을 위한 거점들을 어떻게 구축할 것인지 살펴보고 미래를 내다보는 인프라 투자가 미리 이루어져야 할 것이다. 현 세대가 통일에 대한 대비를 소홀히한다면 이는 통일비용을 후대에 전가하는 것으로 또 다른 형태의 세대 간 남남갈등이 될 수 있다.

통일에 대한 주변국의 지지를 이끌어내기 위한 외교적 노력은 매우 중요하다. 더불어 통일에서 중요한 것은 결국 사람이다. 통일은 지리적·제도적 통합을 의미하기도 하지만, 최종적으로는 사람들 간의 통합을 통해 완성되는 것이다. 슈뢰더의 견해를 빌어 독일사례를 언급했지만, 한국이 독일과 다른 가장 큰 문제는 동족상잔의 아픈 역사이다. 결국 우리의 대북정책은 북한 주민의 마음을 얻는 것이 되어야하고, 통일은 북한 주민들이 스스로 남한과의 통합을 선택하는 과정을 거쳐야 평화적으로 완성될 수 있다. 접촉을 통한 변화라는 독일의 경험이 소중한 것도 이 때문이다.

현 시점에서 남북관계 변화의 계기를 어떻게 만들 것인가가 과제인데 남북교류는 중장기적 지속가능성도 중요하지만, 단기적으로는 실현가능성이 중요하다. 즉, 북측의 수용가능성과 필요에 대한 고민이 병행되어야 한다. 작년에 경기도 연천에서는 북한 유소년 축구단이 방문해서 축구시합을 가졌다. 미중 데땅뜨가 핑퐁외교로 시작되었다는 점을 상기하면 경기도가 추진하는 한국, 북한, 중국과의 유소년축구행사는 작은 행사이지만 큰 의미가 있는 행사라고 본다. 그동안 경기도는 말라리아 공동방역 사업을 비롯하여, 여러 약재에 내성을 보이는 이른바 다재내성 결핵환자 지원, 남북 모두의 관심 사안인 농촌현대화사업과 양묘장 사업, 그리고 개성 한옥마을 보존사업 등 다양한 남북교류를 추진하여 왔다. 특히 올해는 개성공단 남측근로자를 대상으로 하는 개성공단 부속의원에 도립의료원의 의사파견등 지원을 시작했고, 더 나아가 DMZ세계생태평화공원과 통일경제특구를 비롯한 남북경협사업 등 남북 모두에게 이익이 되는 사업과 인도지원을 비롯하여 상호 접촉면을 넓히는 다양한 사회문화 교류를 계획하고 있다.

또한 접경지역인 경기북부지역에 SOC등 인프라에 4년간 5천억원을 집중 투자해 통일미래의 디딤돌로 삼고자 한다.

남북교류는 일단 가능한 것에서 시작해서 상호이익이 되는 것으로 교류의 범위와 깊이를 확대·심화시켜야 한다. 지속가능한 남북교류를 위해서는 우선 우리 사회 내부에 합의의 정치문화가 만들어져야하고, 이에 기반한 일관된 대북 전략이 수립되어야 할 것이다. 요약하면 대북정책의 절반은 대남정책이고, 통일정책의 절반은 한국 사회의 선진화 과제와 연관이 되어 있다. 남남갈등을 넘어서는 협력의 정치문화가 만들어져야 지속가능한 대북정책이 만들어질 것이고, 우리 사회가 보다 포용적이고 선진화되어 북한 주민들의 마음을 얻을 수 있어야 통일이 완성될 수 있을 것이다.

대북통일정책의 3대 키워드: 튼튼한 안보, 일관적 정책, 인도주의

오세훈 전 서울시장

1. 튼튼한 안보를 토대로 한반도 비핵화와 평화체제를 구축해야 합니다

남북대화 및 국제공조를 통해 북핵을 완전히 폐기하여 한반도 비핵화를 달성해야 합니다. 핵을 머리에 이고 살 수는 없습니다. '한반도 비핵화 독트린'을 천명해야 합니다. 남북기본합의서 등 기존 남북한 간 합의를 이행해야 합니다. 1993년 1월 중단된 '남북핵통제공동위원회'를 재설치, 재가동해야 합니다. 북한이 우라늄 방식에 의한 4차 핵실험을 감행할 경우 전술핵 도입 등 한미 핵우산 강화 등 다양한 대응책을 마련해야 합니다. 북한의 핵보유국 공론화가 불가피합니다.

튼튼한 군사력을 바탕으로 강력한 대북 억지력을 행사하는 한편 북한의 군사적 도발에 대해서는 원점을 타격하는 등 적극 대응해야 합니다. 동시에 남북한 군사적 신뢰 구축을 위한 대화노력도 경주해야 합니다.

비핵화가 진전되고 국민적 합의와 국제사회가 동의할 경우 한반도 평화체제 구축에 적극 나서야 합니다.

2. 일관성 있는 대북통일정책을 추진해야 합니다

우리의 일관된 메시지를 평양에 지속적으로 전달해야 합니다. 5년 단임 임기하에서 30년 장기집권의 3대 세습정권을 상대하는 데 가장 중요한 방침은 일관성과 지속성입니다. 포퓰리즘에 의한 대북정책은 일시적인 성과는 낼 수 있을 것입니다. 그러나 북한을 자유민주주의 시장경제체제로 개혁 개방하는 데는 한계가 있습니다. 지속적이고 일관성 있는 정책추진을 위해서 정부와 국회차원의 범국가적 및 각계가 참여하는 범국민적 의견수렴을 제도화해야 합니다. 북한에게 '할 말하고 할 일하고, 줄 것은 주고 받을 것 받는' 대응전략을 추진해야 합니다.

북한이 핵 포기 등 좋은 행동(good behavior)을 한다면 남북공동발전을 위한 적극적인 대책을 추진해야 합니다. 핵 불능화 조치 이전과 이후로 구분하여 단계적 교류와 지원에 나서야 합니다. 북한판 마셜플랜인 '북한경제부흥계획'을 추진합니다. 중국이 추진하는 아시아투자개발은행(AIIB) 등을 활용하여 북한의 경제발전을 적극 지원할 수 있습니다.

일관성 있는 정책으로 북한을 안보적으로 경계, 이념가치적으로 변화, 민족적으로 공동체 형성 등 북한의 정상국가화에 주력해야 합니다.

소문자 u에 그치고 있는 한반도 경제권을 목포-부산-신의주-나선까지 확대하는 대문자 U자형으로 확대해야 합니다. 개성공단을 통일경제특구로 확대하고, 나선에 제2의 통일경제특구를 조성해야 합니다.

3. 국제사회와 평화, 통일 외교협력체제를 강화해야 합니다

미래 지향의 한미동맹을 중심으로 한중, 한러, 한일 관계를 재조정하여 국제사회의 한반도 통일지지 여건을 조성하는데 주력해야 합니다.

6자회담 틀 내에서 북핵폐기를 위한 국제공조를 강화해야 합니다. 중국이 한반도에 '하나의 한국정책(One Korea policy)'을 추진하도록 한중관계를 정치적 외교적 차원의 한중 전략적 협력동반자 관계로 격상시키는 등 정부외교와 1.5 트랙의 공공외교를 적극 추진해야 합니다.

4. 한민족 분단고통해소를 위하여 노력해야 합니다

인도적 문제해결에 적극 나서야 합니다. 북한 주민의 경제-사회-정치적 인권개선 문제는 인도주의와 동포애의 차원에서 탈정치성과 독립성을 유지해서 지속적으로 추진해야 합니다. 서울시장 시절 영유아 임산부 등 절실계층에 대한 긴급구호를 지원했습니다. 구호성 물자는 분배의 투명성은 확보되어야 하지만 유상차관이 아닌 무상지원으로 확대해야 합니다. 북한 인권법의 조기 제정과 민족동질성을 회복하기 위한 사회분야 교류협력도 추진합니다.

이산가족, 국군포로 및 납북자 등 분단아픔의 조기 해결을 위해 각종 대북지원과도 연계시키는 다양한 대책을 마련해야 합니다. 돈을 주고 자유를 사는 한국판 프라이카우프(Freikauf, 독일 3만 6000명) 검토가 필요합니다.

〈공동발표문〉

남남갈등을 넘어 평화와 통일을 향해 : 지속가능한 대북정책의 모색

국회 - 한반도포럼 공동발표문

남남갈등을 넘어 평화와 통일을 향해 : 지속가능한 대북정책의 모색

오늘 우리는 광복 70주년과 분단 70주년을 감동어린 축하와 무거운 자성의 두 마음으로 맞는다.

동북아는 불안정하고 한반도는 군사적 긴장이 지속되고 있다. 평화와 협력과 연대 대신 어느새 동북아는 갈등과 대결과 분열이 지배하고 있다.

남북은 여전히 분단되어 있고 평화와 통일의 전망은 아직도 멀리 있다. 동북아의 갈등과 한반도의 긴장 그리고 남북관계의 경색에 더하여 우린 내부적으로 남남갈등에 봉착해 있다.

한반도의 평화가 동북아의 평화를 증진시키고 갈등을 평화의 기운으로 전환시킬 수 있다. 한반도 평화와 통일은 남북관계 개선과 상호 신뢰형성에서 출발해야 한다. 그리고 남북관계 개선은 우리 내부의 남남갈등 해소로 증진될 수 있다.

오늘 우리는 동북아 협력을 위한 한반도 평화, 그리고 한반도 평화를 위한 남북관계 개선을 위해 우리 모두가 동의할 수 있는 지속가능한 대북정책을 모색하고자, 여야가 동참하는 국회 남북관계특위와 보수-진보가 함께하는 한반도포럼이 지혜를 모아 다음과 같이 합의한다.

1. 국민의 대표인 국회와 주요 정당들은 남남갈등을 넘어 국민통합이 가능하게 하고 정권교체를 넘는 지속가능한 대북정책을 합의 수립하고 국민 앞에 천명해야 한다.
2. 한반도에서 평화와 통일은 모두 소중한 가치다. 평화 없는 통일은 전쟁과 재앙을 초래할 수 있고 통일 없는 평화는 분단을 고착시킨다. 따라서 우리는 평화와 통일을 함께 추구한다.
3. 정권교체와 상관없이 기존 남북 당국간 합의의 정신은 존중되어야 한다. 7.4 공동성명과 남북기본합의서, 6.15 공동선언과 10.4 정상선언의 합의 기본정신은 계승발전되어야 한다.
4. 남북은 상대방을 공식 대화와 협상의 파트너로 인정하고 즉각 대화에 성실하게 호응해 나와야 한다. 조건 없는 당국간 대화 재개와 남북관계 정상화 방안을 강구할 것을 촉구한다.
5. 상호 비방과 군사적 도발 및 무력 충돌을 중지하고 군사적 긴장을 완화하기 위한 당국간 회담을 개최하고 한반도 평화구축을 위한 상호 노력을 경주할 것을 촉구한다.
6. 튼튼한 안보태세와 적극적인 남북관계 개선은 양자택일을 넘어 함께 병행되어야 한다. 정부와 정당들은 6자회담 재개를 포함해 북핵문제를 해결하기 위한 적극적이고 주도적인 역할을 한시도 중단해서는 안 된다.
7. 정치군사적 상황과 별도로 지속적인 대북 인도적 지원은 상시적으로 이뤄져야 한다. 특히 영유아와 취약계층에 대한 인도적 지원은 규모 있게 지속되어야 한다. 더 늦기 전에 이산가족상봉의 정례화로 분단으로 인한 민족적 고통을 덜어줘야 한다.
8. 남북대화를 통해 5.24 조치 해법을 마련하고 각종 경제협력과 사회문화교류가 활성화되기를 촉구한다.

9. 북한이 국제사회에 정상적으로 편입되고 국제규범을 준수하도록 지속적인 노력을 경주해야 한다.
10. 초당적이고 지속가능한 대북정책 추진을 위해 고위급 여야정 협의체 가동을 모색하고, 국회 남북관계 및 교류협력 발전 특별위원회의 역할 증대를 촉구한다.

2015년 6월 8일

국회 남북관계 및 교류협력 발전 특별위원회

한반도포럼

10부

한반도 긴장완화와 평화체제 건설

한 반 도 평 화 와 통 일

기조발제

한반도의 평화와 협력의 시대를 열자 / 백영철

〈1주제〉 한반도 평화와 공존

남북 평화공존과 한반도 평화 프로세스 / 권만학

남북한 군사적 긴장완화와 신뢰구축 / 홍규덕

한반도 평화협정과 한반도 평화체제 / 박명림

〈2주제〉 한반도 평화와 국제관계

한반도 평화문제: 북한과 미국 / 박영호

한반도 평화와 일본 / 박철희

한반도 평화와 중국 / 이희옥

러시아의 신(新)동방정책과 한반도 및 동북아 평화 / 신범식

〈3주제〉 종합토론

남북한 · 북한핵 · 평화체제 · 통일 / 송민순

기조발제

- 한반도의 평화와 협력의 시대를 열자 -

백영철 한반도포럼 이사장, 건국대

한국의 정전협정이 체결(1953.7.27)된 지 60년 이상 경과하였으나 휴전선과 해상경계선에는 무력도발과 긴장이 계속 이어지고 있습니다.

지난 8월 초 북한의 목함지뢰 사건으로 촉발된 일촉즉발의 전쟁 위기는 미국과 중국의 군사-외교적 압력을 배경으로 남북 당국자들의 밤샘 협상과 각고의 노력의 결과 8.25합의로 일단 위기를 극복하였습니다.

10월 10일 노동당 창건 기념일을 맞이해서 다행히 핵실험과 로켓발사는 없었으나 북한은 최대 규모 열병식에서 각종 신형·개량 무기를 과시하고 경제-국방(핵) 병진노선을 강조하는 가운데 대미전쟁 불사의지를 표명하였습니다.

오늘 한반도포럼과 평화 오딧세이가 공동 주최하는 세미나는 불안정한 정전상태를 극복하고 안정적이며 항구적인 평화상태로 전환할 수 있는 근본적 대책을 모색하고자 개최하였습니다.

지나간 역대 정부들의 대북정책을 비교해보면 남북관계에서 사회경제적 교류와 협력이 상호의존도를 높이면서 군사적 긴장을 완화하고 평화 분위기 조성과 평화 증진에 도움을 준다는 것을 알 수 있습니다.

김대중 대통령과 노무현 대통령 시대의 햇볕정책은 비록 북한의 비핵화 문제는 북미관계로 치부하여 소홀히 다루었으나 두 차례의 정상회담과 대규모 인도적 지원, 18차례의 이산가족 상봉, 금강산관광, 개성공단 운영 등 교류협력이 활성화되었습니다. 김대중 정부 시대에 발생한 두 차례의 연평해전은 남북 당국이 현지에서 발생한 우발적 사건으로 무마 수습했습니다.

이명박 정부는 '비핵 · 개방 · 3000'이라는 정책 구호를 통하여 사실상 대북 압박-단절 정책을 실시하여 남북관계는 경색되고 군사적 긴장은 고조되었습니다. 북한은 두 차례의 핵실험(2009.5.25, 2012.2.12)을 실시하고 빈번한 미사일 발사, 그리고 천안함 폭침과 연평도 포격 등 한국전쟁 이후 최대의 무력공격 사건이 발생하였습니다.

박근혜 정부의 향후 대북정책은 북한의 비핵화 추진과 더불어 교류협력의 활성화를 병행 추구하는 것이 올바른 정책방향일 것입니다.

한반도의 진정한 평화는 북한의 비핵화가 실현될 때 비로소 가능해질 것입니다. 지난 경험에 비추어보면 북한의 비핵화는 일방적 압박이나 대북제재(유엔안보리 결의 6회, 의장 성명 2회)만으로는 해결할 수 없음을 알 수 있습니다.

지난 7~8년 간 대북 압박정책과 미국의 소위 '전략적 인내'라는 사실상의 방치상태에서 북한의 핵능력은 오히려 제고되어 왔습니다. 북핵문제 해결은 시간이 갈수록 더 어려워지지만 결코 포기할 수 없는 과제입니다.

박근혜 정부는 북한이 핵 · 경제 병진노선을 포기하면 경제지원을 할 것을 취임한 이래 최근 유엔총회 기조연설에 이르기까지 반복해서 일관되게 주장해왔습니다.

대북 경제협력과 지원은 한반도 평화의 기반을 조성하는 데 필요한 조치이지만 경제지원만으로는 북한의 비핵화를 견인할 수 없습니다.

북한의 비핵화를 위해서는 쌍방 요구의 접점에서 그 해결책을 찾아야 합니다.

북한이 핵무장의 근본 명분으로 내세우는 소위 미국의 적대시 정책 등 북한의 체제안보 우려 해소방안이 마련될 때 비로소 북한의 비핵화를 견인할 수 있습니다.

한반도포럼(통일포럼)은 2003년 '평양 학술회의' 이래 한반도의 비핵·평화체제 수립을 위하여 다음과 같은 정책대안을 제시해 왔습니다. ① 평화협정 체결, ② 북·미관계 정상화, ③ 동북아 다자안보 협력기구 창설, 그리고 인도적 지원 및 경제·사회 교류와 협력입니다.

최근(9.4) 러셀 미국무부 차관보는 북한의 불가역적인 비핵화 조치와 연계하여 정전협정을 대체할 평화협정과 북미관계 정상화, 그리고 경제지원의 용의를 확인·표명한 바 있습니다.

한편 시진핑 주석은 미중 정상회담을 앞두고 시애틀에서 북한의 비핵화에 대한 대가로 평화협정과 관계정상화 카드를 제시하였습니다(9.23).

미중 정상회담은 북핵문제와 관련해서 한반도의 안정과 평화를 강조하면서 "완전하고 검증가능한 한반도의 비핵화를 평화적으로 해결한다"는 원칙을 확인하였습니다(9.25). 그동안 소극적 관심 속에 방치되어왔던 북핵문제가 양국 간의 중요 이슈로 떠오른 것 자체가 앞으로의 해결을 위한 긍정적 의미를 갖는다고 볼 수 있습니다.

평화협정

평화협정 체결은 전쟁과 정전협정의 주요 당사자인 남·북한, 미국, 중국 4개국이 주체가 되어야 합니다. 평화협정 체결의 선행조건으로는 남북간의 무력충돌이 종식되고, 군사적 긴장완화조치를 포함하는 신뢰구축이 이루어지면서 평화상태가 일정기간 지속되어야 합니다.

평화협정은 비핵화 과정과 더불어 진화하여 그 완성단계에서 체결되어야 할 것입니다.

1973년 베트남 평화협정 체결 후 미군이 철수하고 베트남 내전이 재발된 것을 우리는 유념해야 합니다. 남북 평화협정 체결 이후에도 미군은 한국전쟁의 재발을 억제하고 나아가 동북아 평화유지군으로 위상을 재정립하여 계속 주둔해야 할 것입니다.

한반도에서 미군의 계속주둔 가능성은 미국의 평화협정 체결에 대한 긍정적 동인으로 작용할 것입니다.

평화협정은 한반도의 평화정착에 그리고 북미관계를 적대적 관계로부터 평화적 관계로 전환하데 있어서 중요한 계기를 마련할 것입니다.

북미관계 정상화

북미관계 정상화는 북한의 입장에서 보면 체제안보 우려를 해소할 수 있는 가장 긴요한 조치입니다.

북한이 6자회담, 9·19공동성명에 복귀하고 2.13합의의 보완·이행에 들어가면 각종 제재 해제와 더불어 북미 연락사무소 설치 등 북미관계 개선이 이루어지고 비핵화 완성단계에서 북미국교 정상화가 이루어지는 것이 바람직한 방안일 것입니다.

요컨대 평화협정과 북미관계 정상화는 한반도 비핵평화에 새로운 전기를 마련하게 될 것입니다. 북한의 핵심적 요구를 들어주고 한반도의 비핵평화를 실현하는 것입니다.

북미관계 정상화는 그 인준 단계에서 북한의 인권이 개선되는 부수적 효과가 수반될 것으로 예상됩니다. 지금 한국이 북한에 대한 아무런 레버리지도 없는 상태에서 북한 인권 개선을 거론하면 남북 갈등만 증폭될 것입니다. 정책에는 우선순위의 결정과 타이밍이 매우 중요합니다.

다자안보 · 평화기구

북한 비핵화를 성공적으로 완성하는 단계에서 6자회담은 박근혜 대통령이 제시하는 동북아의 평화와 협력을 위한 다자안보기구로 격상하는 것이 바람직한 방안입니다.

최근 박근혜 대통령은 일련의 국제행사와 정상회담(美, 中, 獨 등)에서 북한의 도발 억제와 비핵화를 위한 평화통일의 필요성을 역설해오고 있습니다.

박근혜 대통령의 평화통일외교와 인권 개선, 개혁개방 요구에 대하여 북한은 흡수통일 기도라는 볼멘소리를 내고 있습니다.

한국의 평화통일 외교가 결실을 보려면 국제적 공조와 남북 간 대화와 협력 두 개의 축이 한쪽에 치우치지 말고 균형을 이루어 상호보완적으로 진행되어야 할 것입니다.

남북관계 개선방안

한국 정부는 지난 8월 25일 모처럼 도달한 남북 합의의 불씨를 잘 살려서 남북관계 개선과 협력을 도모해야 할 것입니다.

최근 북한 노동당 창건 70주년 기념행사에 참석한 류윈산 중국대표가 남북관계 개선과 화해협력을 강조하였고 이에 대하여 북한(김정은, 최용해)은 긍정적으로 화답한 것으로 보도되고 있습니다. 이는 향후 남북관계에 긍정적 영향을 미칠 것으로 보입니다.

남북관계 개선 로드맵

지금부터 남북관계 개선 로드맵에 대해서 말씀드리겠습니다.

한국정부는 우선 지난 8·25합의에 의거 다양한 분야의 민간교류 활성화를 추진해야 합니다. 최근 겨레말큰사전 공동편찬, 고대사 공동연구 및 발굴, 남북 노동자 축구대회 개최가 허용된 것은 좋은 시작입니다. 나아가 민간교류는 문화 학술 언론 등 다른 분야로까지 확대·발전되어야 할 것입니다.

둘째, 이산가족 상봉의 정례화와 대북 인도적 지원이 투명성이 보장되는 가운데 이루어져야 할 것입니다. 대규모 인도적 지원은 북한 주민의 고통을 덜어주고 민족동질성 회복과 평화통일의 기반을 구축하는 데 긴요한 조치입니다.

셋째, 남북 당국 간 합의에 의해 5.24조치의 해제와 금강산 관광 재개 및 사회경제적 교류협력의 활성화로 상호의존도를 높여서 평화와 통일의 토대를 구축해야 할 것입니다.

넷째, 남북 군사회담을 개최하여 남북 군사공동위원회를 설치하고 무력분쟁 방지 및 그 종식을 추구하는 군사적 긴장완화 조치와 신뢰구축을 실천해야 할 것입니다.

다섯째, 남북 정상회담을 개최하여 평화와 협력의 시대를 열어가야 합니다. 남북 정상회담을 개최하게 되면 사실상 사문화된 남북기본합의서를 복원, 업그레이드하여 소위 '남북기본조약'이나 '협정'을 체결할 것을 한반도포럼을 대표하여 저는 제안합니다.

남북기본조약은 유엔 동시 가입국가로서 남북한이 상대방의 실체를 인정하고 평화공존을 규율하는 규범으로 기존의 남북 간의 합의정신을 존중·계승·발전시켜야 합니다.

동서독 기본조약을 모델로 한 남북기본조약은 남북기본합의서에 비하여 분쟁의 평화적 해결을 보다 강조하고 남북 국회에서 비준되는 차별성을 갖습니다.

남북기본조약은 통일 시까지 유효한 잠정적 포괄협정입니다.(「한반도 평화협력프로세스」, 2012.8 참조)

국제관계

미국과 중국이 경제-안보적으로 협력하고 격돌하는 새로운 동북아의 격동하는 질서 속에서 한국은 한반도 평화와 협력의 시대를 열어가는 적극적이고 주도적인 역할을 수행하여 스스로의 운명을 개척해 나가야 합니다.

최근 북한을 방문한 류윈산 중국 상무위원이 김정은 제1위원장에게 '한반도의 비핵화를 위하여 6자회담 개최를 촉구한 것은 고무적입니다. 이런 움직임을 우리는 잘 활용해야 합니다.

한국은 6자회담 의장국인 중국과 협력하여 소위 북한의 진입장벽을 낮추고 6자회담의 조속한 개최를 추진해야 합니다.

미국은 최근 쿠바와의 관계를 정상화하고 이란과의 핵협상을 타결하였습니다. 이란 핵 문제타결은 미국의 적극적 관심 속에서 이란의 핵의 평화적 주권을 인정하면서 철저한 감시체계를 조화시킨 해결방식으로 북한의 비핵화에 새로운 가능성을 던져주고 있습니다.

한국은 오바마 대통령의 잔여 임기 중에 세계 비확산의 마지막 과제인 북한 비핵화에 무엇보다 적극적 관심을 갖고, 이를 북미관계의 개선과 연계하도록 권장 독려해야 할 것입니다.

한국은 미국과 중국뿐만 아니라 일본, 러시아 등 다른 관련 국가들과도 협력하여 북한의 비핵화와 연계한 평화협정 체결 및 북미관계 정상화, 동북아 다자안보협력을 통한 평화체제 건설에 적극 나서야 합니다.

북한 비핵화가 본격적으로 진행되면 한국은 한반도 종합개발계획을 북한과 협의·수립하여 남한의 자본과 기술, 북한의 자원과 노동력이 결합하는 남북경제공동체 형성에 나서야 할 것입니다.

지금까지 말씀드린 것처럼 한반도 평화체제 건설과 남북경제공동체가 형성되면 우리는 한반도 평화통일의 튼튼한 기초를 구축하게 되는 것입니다.

1주제

한반도 평화와 공존

남북 평화공존과 한반도 평화 프로세스

권만학 경희대

1. 들어가면서

목함 지뢰 폭발에 대한 보복으로, 남한이 "혹독한 대가를 치르게 하겠다"며 개시한 심리전과 연이은 포격전, 그리고 48시간 최후통첩과 함께 북한군이 전시 상태에 들어간 지난 8월 위기는 한반도에서 유지되고 있는 소극적 평화가 얼마나 취약한 것인가를 여실히 보여주었다. 비록 중국의 협조와 전략 무기를 동원하겠다는 미국 억지력에 힘입어 위기는 해소되었지만, 오늘 한반도의 현실은 박근혜 정부가 그 동안 설파해 온 통일 임박 단계인지, 평화 상태로 전환하는 것이 급선무인 단계인지 돌아볼 계기로 작동하고 있다. 박근혜 대통령도 위기 한 달 후 열린 "2015 서울 안보대화(SDD)" 개막식 연설을 통하여, "우리는 '전쟁이 아닌 평화, 분단이 아닌 통일'의 길로 함께 나아가야 한다"고 말함으로써, 현 상황에서 여전히 핵심적인 문제가 전쟁과 분단이라고 진단했으며, 이를 해결하기 위하여 평화와 통일을 이루어야 한다고 처방했다.

이론적으로 이러한 진단과 처방은 옳은 것이지만, 이 두 주제들은 분단 이래 우리 사회를 지배해 왔으며, 또한 보수 진보 정권들이 번갈아 이를 해결하려 했지만 모두 이론적 그리고 현실적 실패를 경험했다. 문제는 이러한 시행착오가 거듭되는 동안 오늘날 남북 관계는 한국전쟁 이래 최악의 상황에 빠져들었다는 것이다. 북한은 사상 초유로 핵무기를 보유 확대하고 있으며, 최근에도 4차 핵실험과 장거리 로켓/미사일 실험을 공언했다. 지난 15년 사이 군사적 교전은 수시로 발생했으며, 정치적 적대감 역시 최고 수위에 도달해 있다. 하지만 이러한 적대감 증대와 대조적으로, 북핵을 되돌리려는 성공적인 시도는 보이지 않으며, 남북 간 대화, 교류, 협력 등도 거의 중단 상태다. 더욱 안 좋은 것은 이러한 상황을 역전시킬 만한 어떠한 희망이나 시도가 보이지 않는다는 것이다.

이제 오늘날 대한민국이 직면한 위기의 위중함과 긴박성에 비추어, 우리는 그간의 전통적 처방의 실효성에 대하여, 새로운 검토를 시작하지 않으면 안 된다. 구 이론들은 구 현실에 기초해 있다. 세월이 흘러 현실이 그리고 그에 따라 매개 변수들이 바뀌어도 구 사고는 여전히 존속하려는 경향이 있다. 이제 실효성 있는 미래 전략을 창출하기 위하여, 평화와 통일이라는 두 대북정책 목표를 변화된 오늘의 현실에 비추어 새롭게 재검토하고, 새로운 패러다임을 창조할 필요가 있다.

본 논문은 남북 분단과 대결 이래 지속돼 온 통일과 평화라는 두 주제를 2015년 변화된 한국과 국제 정세에 비추어, 비판적으로 재검토함으로써, 대북정책의 한 "새로운 길"로서 평화공존과 이를 제도화한 남북 기본조약 체결을 제시하고자 한다. 본 논문은 이 문제를 분석함에 있어, 다음 사항에 유의하고자 한다.

첫째, 새로운 대북정책은 "가능한 최선"의 정책이 되어야 한다. 가능하지 않은 최선의 정책이나, 가능한 최하의 정책이 되어선 안 된다. 극단적

이념성을 띠고 추진되었던 과거 대북정책들은, 그 어느 것도 북핵 문제를 해결하거나 견고한 남북 관계 발전을 가져오는데 성공하지 못했다. 실효성 있는 대북정책을 정립하기 위해서는, 이념이 기득권화해버린 "성역들"에도 과감히 합리성의 잣대를 들이대야 한다.

둘째, 새로운 대북정책은 정권적 차원을 넘어 여야와 광범한 국민의 지지를 받는 대한민국의 정책이 되어야 한다. 과거 대북정책은 기본적으로 정권 내부에서 협애하게 작성됨으로써 정권의 이념적 정체성은 강화되었지만, 확장성을 결여함으로써 국민의 광범한 지지를 확보하는데 실패하였다. 극단적 이념에 기초한 정책들은 극단적 이념주의자들 사이의 남남갈등만 증폭시켰을 뿐 현실을 개선시키기보다 오히려 악화시켰다. 새로운 대북정책은 온건 보수와 진보가 타협하고 수용할 수 있는 교집합 내에서 추출해야 하며, 그러기 위하여서는 이념적 중도 근처에서 모색되어야 할 것이다.

2. 새로운 대북정책의 목표: 통일과 평화공존

오늘날 남북 관계의 핵심적 현실은 여전히 분단과 전쟁/대결이다. 또한 여전히 분단에 대한 정답은 통일이며, 대결에 대한 정답은 평화이다. 이제 이들 목표들의 편익과 비용은 무엇이며, 그리고 실현 가능성은 어떠한지 분석해 보기로 한다.

2.1 통일

통일이라는 목표는 평화에 비하여 목적성(teleological)과 미래성이 강하다. 평화가 항상 현재적인 당면 과제인 반면, 통일은 미래에 달성해야 할 목표라는 성격이 강하다. 통일은 분단 이래 당위가 된 것처럼 보인다. 하지만 분단 70년이 흐르면서, 분단 직후 "분단 전에로의 복귀 즉 통일이 정상"일 수밖에 없었던 국내외 상황은 많이 변하였다.

"통일"이 무엇을 의미하는가의 내용 중에서 제일 중요한 것은 역시 궁극적 통일 국가의 형태인데, 이에는 단방제, 연방제, 그리고 국가연합이 있다. 논리적으로 볼 때, 체제와 이념이 다른 남북한 통일의 궁극적 모습에서, 단방제는 남북이 어느 한 쪽의 체제와 제도로 통일되는 것이고, 양자가 일부 공존하려면 연방제나 국가연합 형태가 있다.

단방제가 될 경우, 남북 체제의 상호배타성을 고려할 때, 양 체제의 혼합 형태란 존재하기 어렵고, 한쪽 체제에로의 통일이 불가피하다. 연방제에서는 비록 지역 정부가 고유의 체제와 제도를 유지할 수 있다고 하더라도, 어차피 상위 정부인 연방정부가 단일 정부이며 이 연방 정부의 권한을 누가 갖느냐의 문제가 남아 있어 실제로는 단방제적 성격을 가지고 있다. 예멘 통일(1990)의 경우, 부분적으로 세 유형의 성격을 고루 가지고 있었으나, 결국은 중앙정부의 단방제적 성격으로 인하여 재분열, 내전에 접어든 후 결국은 북예멘에 의한 무력 통일로 귀결되고 말았다. 예멘은 남북 지역 경계에서 발견된 석유와 천연 가스 혜택의 배분, 이라크의 쿠웨이트 침공(1990)에 대한 외부 개입 찬반을 둘러싼 구 남, 북예멘 집권 세력들의 정책 갈등으로 결국 재분열되었던 것이다.

이렇게 보면, 현 체제와 제도에서 한 치의 양보도 하지 않고, 할 수도 없는 남북 정권의 현실을 감안할 때, 연방제는 선택되지도 않을 것이며, 선택되어도 성공 가능성이 없다. 국가연합 또한 단일 통일국가로 나아가는 과도 단계로서는 존재하기 어렵다. 여전히 다가올 통일국가의 궁극적 모습을 두고 불타협적으로 갈등할 수밖에 없기 때문이다. 만일 국가연합을 최종 단계로 규정한다면 공존 가능성은 커지겠지만, 이 경우 엄밀히 말하자면

1국가 성격의 통일국가라기보다, 평화공존과 협력을 이룬 2국가 공동체(commonwealth) 성격이 될 것이다. 이러한 토론이 보여주는 것은, 통일 한국의 궁극적 모습은 현실적으로 단방제일 수밖에 없다는 것이며, 세계사적 추세로 보아 단방제는 다시 북한이 남한 체제로 흡수되는 방식이 될 수밖에 없다는 것이다.

한국의 통일 방안은 명시적으로나 묵시적으로 단방제 통일을 지향했다. 이승만 대통령은 명시적으로 "북진통일을," 박정희 정부는 "반공"에 기초한 "후 통일" 정책을 천명했고, 전두환 정부는 명시적으로 "단일 통일 국가"를 추구했으며, 노태우 정부 이후 모든 정부들은 기본적으로 "국가 연합"을 거쳐 "하나의 통일 국가"로 나아가는 경로를 제시했다. 이 통일방안들은 명시적으로 단방제를 주장하지는 않았지만, 위에서 분석했듯이 현실적으로 가능한 "하나의 통일 국가"는 남한 체제와 제도 즉 "자유 민주주의와 시장 경제"에로의 단방제 통일이 될 수밖에 없다.

한편 북한은 최초 국가연합 방식의 통일(1960)로부터, 군통수권과 외교권을 보유한 대통령을 윤번제로 남북에서 담당하는 연방제 형태의 "고려민주연방공화국" 통일을 제안했다가, 독일 통일 직후 국가연합제적 성격이 강화된 "낮은 단계의 연방제"(1991, 2000)로 후퇴했다. 이후 수세에 몰린 북한이 더 이상 구체적 통일방안을 내놓지 않아서 불확실하긴 하지만, 북한의 정치경제적 현실과 세계사적 추세 및 바람직함 등으로 볼 때, 북한이 명분상 추구할 수 있는 극대치 "통일"은 국가 연합이며, 현실적으로는 어느 모로 보나 남한에 의한 단방제 통일이 될 한반도 통일 자체를 포기했을 가능성이 크다. 정리하자면, 어떠한 형태의 현실적인 통일도 현재로서는 남한에 의한 단방제 통일이며, 북한 정권은 통일을 추구하기보다 회피하는 것이 그들에게 이익이다.

통일국가의 궁극적 모습은 또한 과정에서 나타나는 통일 방식과 밀접한 연관이 있으며, 이는 다시 통일의 편익과 비용에 지대한 영향을 미친다.

한반도처럼 냉전 속에서 이념적으로 그리고 체제적으로 분단되었던 다섯 나라들 중 통일된 나라는 베트남, 독일, 예멘 세 나라이다. 이들 나라들은 각각 통일 방식의 세 전형을 이루는데, 베트남은 무력 통일을, 예멘은 합의 통일을 하였으며, 독일에서는 구 동독 정권이 와해되고 신 정권이 등장하여 흡수통일을 선택했다. 이 중 예멘은 통일 후 결국 내전이 일어나 무력을 통하여 시장 자본주의로 통일되었는데, 역설적으로 합의에 의한 혼합적 또는 연방제적 통일이 현실적으로 어렵다는 것을 보여주는 전형이 되었다.

한편 분단된 나라들 중, 중국은 안보 문제를 안정화시킨 가운데, 타이완과 교류 협력을 날로 증대함으로써 실질적 통합에 박차를 가하고 있다. 다섯 나라 중 한반도만이 여전히 냉전의 쓰디쓴 섬으로 남아 있다. 한반도 통일의 경우, 위 세 모델 이외에도 북한 내정에 급변사태가 생겨 유엔이나 강대국들이 개입하는 경우를 상정할 수 있지만, 이 경우 유엔 안보리 상임이사국 지위와 지역 강대국 위상을 동시에 가지고 있는 중국이 현재와 같은 대 한반도 정책 선호도를 가지고 있는 한, 남한 체제로의 단방제 흡수통일을 허용할 가능성은 매우 낮다. 동중국해와 남중국해에서의 영토 및 경제수역 주장을 수정주의적으로 주동작위하면서 미국과 갈등하고 있는 중국이, 대미 관계에서 여전히 전략적 자산으로 존재하는 북한을 포기함으로써 순망치한의 화를 자초하지 않을 것이기 때문이다.

세 유형 중 예멘의 경우 합의통일은 실패로 돌아가고 결국은 무력에 의한 흡수통일을 이루었다. 무력 통일은 과거 북한과 북베트남도 시도한 바 있는데, 전자는 실패했고 후자는 성공했다. 하지만, 오늘날 통일이 가져올 어떠한 편익도 전쟁의 참화와 비용을 정당화할 수 없으며, 무력 통일의 국제정치적 여건이 갖춰져 있지 못하다는 점에서, 무력 통일 방식은 실현성도 바람직함도 모두 낮다. 이렇게 보면 한국에 남는 선택은 평화통일이며, 박근혜 정부도 평화통일이 목표임을 반복적으로 강조하고 있다.

통일의 궁극적 모습과 통일 과정을 종합해 볼 때, 결국 한반도에서 현실적으로 가능한 평화통일은 결국 흡수통일에 의한 단방제 통일 즉 "1민족 1국가 1제도 1정부" 통일이며, 그 외 다른 가능성은 거의 없다. 흡수 통일의 경우, 현 북한 정권이 자발적으로 "귀순"하여 흡수통일되는 경우와, 급변사태로 인하여 개혁적인 신 정권이 등장, 흡수통일을 선택하는 두 경로가 형식논리상 가능하지만, 전자의 가능성이 거의 전무한 상태에서, 한반도 통일의 모델은 역시 후자와 같은 독일 통일이 될 것이다. 박근혜 대통령이 2014년 3월 독일 통일의 기폭제 역할을 한 드레스덴에서 "독일은 한반도 평화통일의 모델"임을 선언한 것은 정확한 분석에 기초한 것이다.

그렇다면 독일식 통일이 한반도에서 일어날 경우, 통일의 편익과 비용은 어떠하며, 국민적 지지를 획득할 가능성은 어떠한가? 통일의 편익은 주로 단방제 통일이라는 궁극적 모습에서 찾을 수 있으며, 비용은 통일 경로를 따라서 추정할 수 있다

우선 궁극적으로 단방제 통일이 되었을 때 현상(status quo)와 비교하여, 통일이 가져다주는 첫 번째 편익은 인도주의로서, 이산가족 아픔의 제거 및 재결합이다. 이산가족은 한국전쟁 종전 이후 "1천만 명"으로 추산되었으며, 이 정도 규모라면 엄청난 편익이며, 국민적 지지도 당연지사여서, "우리의 소원은 통일, 꿈에도 소원은 통일"일 정도로 당위였다. 하지만, 한국전쟁 종전으로 분단이 고착화된 지 62년의 세월이 흐른 지금, 이러한 이유로 통일을 지지할 이산가족 당사자는 3-4만 명으로 대폭 줄었다. 이들 또한 북한에 있는 이산가족을 상봉할 의향은 있지만, 과연 재결합하고 싶어 할 지 의문이다. 실제 남북 상봉을 경험한 상당수 사람들은, 월남 후 재혼에 의한 변화된 가족 관계, 경제적 격차로 인한 북한 가족 부양 등의 문

제를 각오하면서까지 재결합하는데 부정적이다. 결국 이산가족이 원하는 것이 재결합보다 상봉이라면, 상봉 문제는 대안적으로 남북 평화가 실현되면 획득될 수도 있다. 통일 추진이 오히려 남북 긴장을 격화시켜 이산가족 상봉 기회마저 증발시킬 수 있다면, 이산가족의 아픔을 더는 길로서 평화 공존은 강력한 대안이 될 수 있다.

두 번째 통일론은 국력신장론에 바탕하고 있다. 국력론은 기본적으로 국제정치적 "현실주의"에 바탕한 이론이다. 한국이 흡수통일을 이루면, 국토는 무려 2배, 인구는 50%가 증대한다. 분단 당시 세계는 현실주의 세계였다. 강대국들이 지정학적 이유로 인류 역사상 최대 희생자를 낸 2차 세계대전을 치른 직후이며, 남한도 북한 남침에 즈음하여 국력 신장의 현실적 필요성을 절감한 때였다. 통일로 인한 국토와 인구의 증가는 당연한 목표였다. 하지만 지난 60-70년 사이, 세계는 혁명적으로 변화했다. 국제정치는 국토와 인구 그리고 군사력이 중시되던 "현실주의" 냉전 세계로부터, "자유주의"가 지배하는 탈냉전세계로 전변했다. 세계 많은 지역은, 전쟁과 대결이 종식되고 안보 불안을 해소한 "자유주의" 지역이 되었다. 국토나 인구 규모와 관계없이, 질적으로 경제력을 키운 국가들이 안보 불안 없이 선진국 대열에 합류했다.

불행스럽게도, "아시아 패러독스"라고 표현되듯이, 동북아는 현실주의와 자유주의가 동시에 존재하는 몇 안 되는 지역으로 남아 있다. 하지만 여전히 경제적 상호의존은 21세기 동북아에서 현실주의적 전쟁이 발발할 가능성을 대폭 줄여준다. 설령 군사력의 효용이 여전히 남아 있다 하더라도, 통일을 통하여 한국이 자신의 지정학적 위상을 유의미하게 바꿀 수는 없다. 서독은 통일함으로써, 규모 면에서의 2류 국가를 벗어나 일거에 영국, 프랑스 등과 비슷한 영토와 인구를 확보함으로써 대국 반열에 합류했다. 하지만 동북아에서는 한국이 통일되더라도, 인구와 영토 면에서 동북아에 위치한 중국, 일본, 러시아 그리고 미국을 포함하여, 그 어느 한 나라도 추월할 수 없다. 만에 하나 동북아 국제정치가 힘의 정치로 전변하기라도 한다면, 한국의 운명은 "고래 사이의 새우"가 될 가능성이 크다. 대안적으로 동북아가 자유주의 지역으로 남아 있는 것이 한국의 지정학적 운명이며 국가 이익이다. 이러한 측면에서 한국은 동북아 정치의 평화와 번영을 위하여 앞장 서야 하는 운명을 가지고 있다.

국력론과 비슷하면서도 다른 뉘앙스를 가진 것이 규모의 경제론에 바탕한 통일론이다. 하지만 시장이 커야 번영을 구가할 수 있다는 이 통일 주장도 마찬가지로 세기적 변화를 겪었다. 제국 간 보호주의 갈등으로 인하여, 보다 큰 시장을 가져야 산다는 국민경제론이 팽배하던 2차대전 직후에 비하여 오늘날 세계는 훨씬 자유주의화되었다. 최근 환태평양경제동반자협정(Trans-Pacific Partnership, TPP) 타결이 한국에 충격을 준 데서도 보여지듯이, 오늘날 경제 영토는 자신의 국토에 국한되는 것이 아니라, 자유무역협정(FTA) 등을 통하여 급속히 세계로 확장되고 있다. 물론 FTA가 영토만큼의 편익을 부여하지는 못하겠지만 상당한 보완 역할을 하고 있으며, 나아가 FTA는 영토보다 유리한 편익도 준다. 기업과 우리 정부는 FTA로 편입된 지역에 거주하는 외국민에 대하여 경제 거래 이상의 부담을 지지 않는다. 하지만 상당한 규모의 인구가 딸린 북한 지역의 통합은 통일 되어 내국민이 된 이들에 대하여 교육, 복지 비용 등 엄청난 통일 비용을 요구한다. 분단 이후 남북 경제 격차가 컸던 그 만큼 한국 정부는 통일된 북한 지역 주민들에게 대한 부조 의무를 지게 되는 것이다. 아래에서 논의하듯이, 엄청난 통일 비용은 현실이다. 결국 오늘날 세계에서 경제 영토의 확장이라는 목표를 달성하는 데는, 북한 통일과 FTA 확대라는 대안이 경쟁하게 되며, 통일 비용을 감안하면 통일이 반드시 FTA보다 훨씬 낫다고 말하기가 쉽지 않다.

셋째, 통일지지론으로서, 대결 비용 해소론이 있다. 대결 비용은 정치, 경제, 군사 모든 면에서 상당한 규모로 발생하고 있다. 북한이 핵무장을 계속함에 따라 대결 비용은 점차 천문학적으로 커지고 있고, 대결 비용의 해소는 대북정책에서 점차 최우선 순위로 올라가고 있다. 하지만 대결 비용을 해소하기 위해서도 통일만이 유일한 해결책은 아니다. 대결을 해소하고 평화를 얻을 수 있다면, 통일이 아니더라도 대결 비용은 해소되는 것이다. 분단이 반드시 대결을 의미하는 것은 아니기 때문이다.

넷째, 통일을 하면 저임금의 새로운 프론티어가 열리면서 기업 성장의 모멘텀이 생길 것이라는 "기업대박론"이 있다. 세계 시장에서 경쟁해야 하는 기업들은 경쟁력 향상을 위하여 생산력을 증대시키거나 저임금의 기회를 포착해야 한다. 한국을 포함한 세계의 기업들은 1990년대 새로 열리기 시작한 중국 저임금 시장으로 생산기지를 이전했으며, 중국 임금이 상승함에 따라 다시 동남아 등지로 옮겨 갔다. 북한과 통일 된다면 한국 기업들은 우선적으로 북한 저임금의 혜택을 받을 것이다. 같은 언어와 문화를 보유한 북한 시장의 개방은 분명 한국 기업들에 대박을 안겨줄 것이지만, 한국과 FTA를 맺은 외국 기업들도 이러한 대박 대열이 일부 동참할 것은 명약관화하다.

한편 저임금에 의존한 "쉬운 경영"은 저주가 될 수도 있다. 서독 기업들은 독일 통일과 세계적 냉전 종식으로 새로 열린 동독, 동구 국가들로 생산기지를 이전함으로써 승승장구했다. 통일 이후 독일은 GDP에서 수출이 차지하는 비중이 33%(2000)에서 48%(2010)로 오를 정도로 수출 비중을 늘릴 수 있었으며 그 중에서 자동차 수출 비중은 통일 무렵 생산량의 절반 정도였던 것이 2000년 들어서는 4분의 3 이상으로 급증했다. 하지만 최근 폴크스바겐그룹의 배기가스조작 사건에서 보듯이 기본적으로 생산성 증대에 기반한 "어려운 경영"이 아니라 쉬운 길을 선택했던 만큼 적잖은 부작용도 수반하였다.

더욱 문제인 것은 남한 주민들에게 발생하는 엄청난 기회 비용이다. 서독 기업들이 투자선을 동독과 동구로 돌려 대박을 치는 동안, 서독 지역 성장은 통일 후 마이너스로 떨어졌고, 실업률은 5%(1991)에서 9.6%(1997)까지 치솟았으며, 노동자들의 실질 임금은 상당 기간 해마다 4.5%씩 줄어들었다. 이러한 상황을 비유하여 유럽 언론들은 통일 독일을 "유럽의 병자"라고 불렀다. 통일 독일이 경제력을 회복한 것은 일부 유럽연합 확대와 유로존 출범이 가져다 준 "대박" 때문이었다. 이 두 변화는 유럽연합과 유로존 내에서 상대적 우위를 점하고 있던 독일 기업들을 기사회생시켰다. 최근의 호전에도 불구하고, 여론조사들은, 2020년부터 점차적으로 퇴출시키기로 한 통일연대세를 부당하다고 느끼는 서독인들이 과반수가 넘는다고 보고하고 있다. 만일 통일 이전에 이 같은 세금을 물어야 한다는 사실을 미리 알았다면 서독인들은 과연 통일을 지지했을 것인지 의문이다.

이 같은 분석은 한반도에서 각종 통일 편익이 반 세기 이상 경과하면서 절대적 수준으로부터 현저하게 축소된 반면, 남한 정부와 국민에 부과되는 유무형 비용은 상당한 정도로 증대했으며, 또한 대결 해소와 같은 통일 편익은 평화라는 대안에 의해 얻어질 수 있음을 보여준다.

위의 분석은 통일 한국을 분단 상태와 정태적으로 비교한 편익과 비용이다. 이번에는 실현 가능성과 함께 각 단계에서 발생하는 편익과 비용을 시계열적으로 재구성해보자. 한반도 통일이 이루어진다면, 역시 독일 통일처럼 4단계로 전개될 것이다. 1단계에서는 동독 경우처럼 북한 정권이 붕괴되어 북한 주민들이 선택하는 신 정권이 수립돼야 하며, 2단계로 이 새로운 정권이 남한에의 귀속을 요구하고, 3단계로 한국 국민이 북한 흡수에 동의해야 하며, 4단계에서는 국제정치 당사자들이 이를 수용해야 한다.

1단계 북한 정권의 붕괴 가능성은 동독에 비해 현저히 낮다. 제3의 파도를 탄 민주화 연구들은 동독 및 동구 공산당 붕괴의 원인으로 지배 엘리트의 분열과 대안적 저항 세력의 존재를 꼽는다. 동독과 동구의 경우 공산당 지배를 소련 무력에 의존했었는데, 페레스트로이카를 추진하던 소련이 동독 민주화 운동 진압에 무력 동원을 거부함으로써, 소련과 동독 공산당이라는 지배 블록이 분열되었으며, 이는 다시 동독 정권 내부의 보혁간 연쇄 분열로 이어졌다. 하지만, 북한의 경우 동독과 달리 체제를 수호할 수 있는 충분한 무력을 자체 보유함으로써 지배 엘리트가 보혁으로 분열할 가능성은 거의 없다.

또한 북한에는 조직된 대안 세력이 없다. 설령 엘리트가 분열하더라도 조직된 시민 사회가 없으면 혁명은 성공할 수 없다. 동독과 동구의 경우, 기본적으로 기독교가 사회의 중추적 자율 조직으로 기능하고 있었으며, 나아가 '새 포럼', '민주 포럼' 등 일정 부분 독립적 시민 사회가 조직되어 있었다. 하지만, 북한에서는 어떠한 종교 조직이나 시민사회도 존재하지 않는다. 나아가 민주화 연구들은 민주화가 지역주의적 현상임에 주목한다. 주변 국가들이 민주화되면서 덩달아 민주화되는 경향을 보여주는데, 국내 정치적으로 북한과 가장 비슷했던 루마니아의 급격한 민주화가 이에 해당한다. 남한과는 휴전선으로 완전 차단된 북한에게 그나만 일부 열려 있는 중국이 가까운 시일 내에 민주화되어 북한 민주화를 견인할 가능성은 낮다. 독일 통일 이후, 김영삼 대통령을 포함한 일부에서 북한 정권의 붕괴를 고대하였지만, 20여 년이 지난 지금까지도 그러한 조짐은 보이지 않고 있다.

이러한 북한 정치 체제의 현실은, 설령 현재 북한에서 "급변사태"가 일어난다 하더라도 2단계에서 새로운 정권이 남한에 흡수 통일을 요구할 가능성을 낮게 만든다. 지배 엘리트의 분열이 일어난다 하더라도 신 엘리트는, 유신 체제 하 남한에서 12.12사태로 권력을 장악한 전두환 소장의 신군부처럼, 기본적으로 과거 지배 엘리트와 이익과 "범죄"를 공유한 집단이며, 따라서 궁정 쿠데타에 그칠 가능성이 크다. 북한이 "공포정치"를 극대화하고 이로 인하여 북한 고위층 탈북이 증대하고 있지만, 이러한 현상은 근본적으로 개혁적인 신 정권의 등장을 알리는 것이 아니라, 이익 분할을 둘러싼 갈등의 증대를 시사할 뿐이다. 구정권(ancien regime)과 과거 "범죄"를 공유한 이들에게서 개방개혁이나 남한에의 흡수통일 요구를 기대할 수는 없다.

만에 하나 2단계에서 북한 신정권이 남한에의 흡수 통일을 자청한다 해도, 문제는 3단계 한국 국민의 수용 여부이다. 북한은 개혁개방을 도입한 중국이나 베트남 등과 다르다. 통일 한국은 북한 주민을 한국 국민으로 만들고 대우하기 위하여 막대한 통일 비용을 지출하지 않으면 안 된다. 남북한은 동서독에 비하여, 인구 및 경제 발전 정도의 격차 등으로 인하여 거의 모든 영역에서 통일 비용이 더 과중할 것으로 보이지만, 단순 계산으로 독일 통일 비용 정도가 들 것으로 가정한다 하여도, 20여 년 이상 매년 1천억 유로가 소요된다. 이는 여러 형태로 조달될 수 있겠지만, 단순 계산하여 세금으로 충당할 경우 매년 30% 이상의 추가적 증세를 의미한다.[1] 여론조사들에 의하면 남북한 통일 지지는 여전히 80-90%에 이른다. 하지만 통일을 위하여 지금보다 5% 이상 세금을 더 낼 용의가 있다고 답하는 국민은 10% 밑으로 훌쩍 떨어진다.

여전히 통일 비용은 한국 국민들이 흡수통일을 수용하기 어렵게 만드는 주요 요인이 된다. 현재 한국에 거주하고 있는 3만 명의 탈북자들은 심각한 경제난과 차별 등을 겪고 있으며, 이들의 자살률은 다시 세계 최고 수준

---

1) 통일 비용을 정부 부채로 충당하는 방법도 있다. 독일 정부는 통일 비용의 일부를 국채 등으로 부담하여, 국가 부채율 40.40%(1991)는 통일 20년만에 81.00%(2012)로 치솟았다. 하지만 결국은 부채를 주로 세금으로 상환한다고 볼 경우, 오늘의 납세율로 단순 계산하는 것도 불합리하다고 말할 수는 없을 것이다.

인 대한민국 일반 국민 자살률의 3-5배에 이른다. 한국 국민은 과연 통일 한국에서 2,400만 명의 탈북자와 같은 북한 주민들을 자기 자신처럼 지원할 용의가 있을지 의심스럽다.

통일비용 중에는 또한 북한 주민들의 민주화 적응이 포함된다. 자유 민주주의 경험이 전혀 없는 북한 주민들에게 즉각 민주적 권리와 자유를 부여하면 자유 민주주의는 제대로 작동할 것인가? 또한 남한 제 정당 및 국민들은 이러한 조치를 취할 용의가 있는가? 서독 정당들과 정부는 철저하게 관용과 동등 대우 입장에서, 동독 주민들을 교육하고 그들에게 정치적 기회를 부여했다. 이러한 "교도 민주주의(guided democracy)"는 큰 성과를 거두어 통일 20년 만에 독일에서는 동독 출신 총리와 대통령이 배출됐다. 과연 통일 한국에서도 같은 일이 가능한 것일까?

이러한 정치경제적 통일 비용의 막대함에 비추어 한국 정부는, 진보 보수를 막론하고, 흡수 통일 시 북한을 특구로 관리하는 계획을 추진해 온 것으로 알려지고 있다.[2] 북한 지역을, 남한과 동등한 국내가 아니라, 외국의 개방 지역처럼 관리할 경우, 한국 기업들은 중국 특구에 진출하듯 저임금 대박은 터뜨리되 통일 비용은 상당 기간 미래로 미룰 수 있을 것이다. 문제는 이러한 경우는 통일이라기보다 북한을 식민지로 만드는 것이며, 통일을 기대한 북한 주민들이 이러한 상황을 묵묵부답 수용할 가능성도 낮다는 것이다. 만일 북한 주민들이, 중국과 러시아를 거치지 않고 대규모로 특구를 탈출하여 휴전선을 넘어 올 경우, 과연 제지하거나 발포할 수 있을 것인가? 특구 계획은 집행되기도 전에 무너져 내릴 수 있다.

4단계의 국제적 수용에서 중국 거부권에 대하여는 이미 위에서 살펴보

---

2) 이명박 정부에서 이러한 성격의 "비상계획 – 부흥"을 작성했다는 일부 보도가 나오기도 했었다.

았다. 정전협정 당사국인 중국은 통일에 대한 국제법적 발언권도 가지고 있고, 유엔 안보리 상임이사국으로서 자신의 의사를 관철할 또는 다른 국가들의 의사를 저지할 힘도 가지고 있다. 과연 중국이 주한미군이 존재하는 남한에로의 흡수통일을 지지할 것인가?

미국과 중국은 적어도 향후 20-30년 간 협력과 동시에 갈등적 관계를 피할 수 없다. 미국은 자체로서 동아시아에서 유지하고 있는 국가 이익에 더하여, 중국과 센카쿠/댜오위다오 열도 및 주변 동중국해 경제 수역을 두고 갈등이 증폭될 수밖에 없는 일본 동맹국으로서, 또한 남중국해와 해역 내 도서들에 대한 영토적 주권을 강화하고 있는 중국 수정주의에 대한 대응으로서, 중국과의 갈등을 피할 수 없다. 높은 수준의 상호의존 관계를 형성하고 있는 양국이 비록 강대국 전쟁에까지 이르지는 않겠지만, 중저강도 분쟁 개연성은 필연적이다. 과연 중국은 한반도에서 미군이 주둔하는 유일한 접경 국가의 등장을 용인할 것인가? 중국은 여러 이유로 북한이라는 전략적 완충국을 원할 것이며 또한 유지하려 할 것이다. 불통불난으로 요약되는 중국의 대한반도 정책은 상당 기간 유효하다. "한민족에 의한 평화통일 지지"라는 공식적 입장 속에는, 폭력에 의한 정권 타도나 외세 개입을 용납하지 않겠다는 의도도 포함된 것으로 보인다. 국내에서 민주 혁명을 배제하는 중국이 북한에서의 민주 혁명을 용인할 수는 없을 것이기 때문이다.

마지막으로 "결과로서 통일"을 수용하는 것이 아니라, 정부가 "정책으로서 통일"을 추구할 때 발생하는 대결 비용이다. 평화통일은 상대방을 흡수하는 것인 만큼, 현 북한의 국가, 체제, 그리고 정권의 붕괴를 전제하며, 이에 따라 북한 정권의 총체적 저항이 발생하리라는 것은 불문가지이다. 박근혜 정부의 "평화통일" 정책에 대하여, 북한이 실제로 강하게 반발하는 것은 당연하다. 국제정치에서 민족국가의 제1의적 역할은 국가 생존을 확보하는 것이다. 사실상의 국가이며, 160개 국가들로부터 국가로 인정된 북한으로서는 "독립 국가"로서 가능한 모든 방법을 동원하여 저항할 것이며, 이에는 핵무장도 포함된다. 냉전 종식 이래 부단히 생존 위협을 느껴온 북한이 극단적 생존 위협 속에서 극단적 수단인 핵무장에 의존하고 있는 것이다. 결국 북핵 문제가 해소된 통일 한국을 이루려는 통일 정책은 역설적으로 더욱 북한의 핵무장을 강화하는 결과를 낳고 있으며, 이는 통일 정책 비용을 핵폭탄급으로 증폭시키게 만든다.

이상의 논의를 종합하면, 1) 한반도에서의 통일은 평화통일을 포함하여 남한 체제와 제도에로의 흡수 통일이 될 수밖에 없으며, 2) 흡수 통일은 편익보다 훨씬 큰 비용을 수반할 것이고, 3) 그 경우 한반도에서, 독일 모델과 같은 "결과로서의 흡수 통일" 가능성은 낮아질 것이며, 4) 인위적으로 통일을 추구하고 압박하는 정책은 엄청난 대결 비용을 발생시킴으로써, "정책으로서의 통일"은 바람직하지 못할 뿐만 아니라 위험하기까지 하다고 요약된다.

2.2 북한 핵무장과 평화

오늘날 북핵 문제와 남북관계는 탈냉전화 된 세계 속에서 여전히 한반도를, 중동과 함께, 두 개의 화약고 중 하나로 만들고 있다. 오늘의 대한민국 안보는 과거에 비하여 오히려 악화됐다. 북한이 2013년 2월 실시한 3차 핵실험은 북핵 성격을 개발 단계에서 생산 및 배치 단계로 이행시키는 게임 체인저(game changer)로 등장했으며, 최근에는 4차 핵실험이 예고되는 등 북핵 위협은 이제 현실화되고 당면화되었다. 더욱 문제인 것은 가공할 북한 핵위협이 계속 가중되고 악화되어 왔음에도 불구하고, 오늘날 북핵을 저지하거나 해결할 어떤 노력이나 전망도 나오지 않고 있다는 것이다.

지난 20여 년, 진보 보수 정권들의 북핵 정책은 모두 실패했다. 북핵 문제에 대하여 가장 강경했던 W. 부시 미국 행정부의 정책도 작용했지만, 김대중, 노무현 정부의 대북정책은 퍼주기 논란까지 일으키며 화해협력 정책을 추진했으면서도, 북한의 1차 핵실험을 막지 못했으며, 이어 등장한 이명박 대통령의 보수 정부도 두 차례의 북한 핵실험을 막지 못했다. 이어 등장한 박근혜 정부 역시 내일의 통일을 역설할 뿐, 실효적인 오늘의 북핵 대책은 내놓지 못하고 있다.

남한 입장에서 북한이 제기하는 가장 큰 당면 위협은 안보 위협으로서 이는 물론 핵무기로 대표된다. 북한이 핵무기를 개발하게 된 것은 기본적으로 그들이 이야기 하는 바 미국과 한국의 "적대시" 정책에 일부 기인한다. 한국전쟁에서 적국으로 싸운 북한과 미국, 북한과 남한 사이에 이러한 적대성은 한 번도 완전 청산된 적이 없다. 세계적 냉전이 종식되었음에도 불구하고 북한에 대한 한국과 미국의 시각은, 강도의 차이는 있지만, 여전히 적대적이다. 미국은 한때 북한을 "악의 축"으로 규정했었으며, 여전히 주한미군의 존재 이유를 북한 남침 억제에서 찾고 있다. 한국 역시 북한을 국가로서 인정하지 않고 있다. 한국 헌법은 북한 영토를 대한민국 영토에 포함하고 있으며, 국가보안법은 북한 정권을 반국가단체로 규정하고 있다. 남북한은 현재 정전 상태 즉 잠시 멈춘 전쟁 상태에 놓여 있으며, 이를 평화 상태로 전환시키는 제도나 실질적 변화를 도입한 바 없다.

더구나 남한이 1974년 1인당 GDP에서 북한을 능가하고, 이후 경제와 정치 모두에서 기적과 함께 엄청난 물적, 인적 능력을 갖추게 됨으로써, 북한이 느끼는 체제에의 위협은 증폭될 수밖에 없다. 이러한 위기감은 독일 통일과 함께 더욱 강화되어, 급기야 김일성은 "누가 누구를 먹거나 누구에게 먹히우는 통일"을 지양하자고 강조했다. 김영삼 대통령도 한때 흡수통일 비전을 가졌었으며, 박근혜 정부도 이를 공유하고 있다. 항간에서 여전히 맹위를 떨치고 있는, 북한 핵무장이 적화통일을 위한 것이라는 주장은 더 이상 설득력이 없다. 떨고 있는 것은 북한이지 결코 대한민국일 수가 없다. 북한이 내부 정권 안보를 위해 핵무장을 하고 있다는 주장도 설득력이 없다. 수많은 핵무기를 가졌던 소련이나 남아프리카도 밑으로부터의 혁명을 막을 수는 없었기 때문이다. 이렇게 북한은 한국과 미국의 "적대시" 정책, 그리고 이들의 정치 경제적 우위 및 우세에 대응하는 생존 전략으로서, 비대칭적으로 "빈국의 무기"인 핵무기를 개발하고 있는 것이다.

북한은 현재 핵탄두와 투발수단 모두에서 실질적으로 남한을 공격할 수 있는 능력을 갖춘 것으로 평가된다. 북한은 2013년 3차 핵실험을 통하여, "소형화, 다종화"에 성공했다며, 핵무력과 경제건설 병진 정책을 계속하고 있다. 북한은 과거 추출한 플루토늄으로 현재 최소 7개의 핵폭탄을 제조했거나 할 수 있으며, 새로이 구축하고 있는 우라늄농축시설로 다수의 우라늄탄을 제조할 능력을 확보한 것으로 평가된다. 또한 북한은 이미 한국에 대한 최소 핵폭탄 투발 능력을 갖추었으며, 나아가 장거리 미사일 개발에도 성공하고 사거리를 늘리고 있다. 하지만 한국의 안보 위협은 장거리미사일보다, 인접한 남한까지 핵폭탄을 투발할 수 있는 북한의 단거리 미사일, 항공기, 잠수함 등에 놓여 있다. 북한 노동 미사일은 이미 핵무기 탑재가 가능한 것으로 평가되고 있으며, 북한은 사전 탐지가 어려운 항공기와 함정 개발에 박차를 가하고 있으며, 미사일 이동 발사, 잠수함 발사 능력 등을 시험하고 있는 것으로 알려지고 있다.

상황이 이에 이르자 박근혜 정부의 대응도 핵 비확산에서 핵 억지로 강조를 이동시켰다. 정부는 "북한이 핵을 버리는 결단을 한다면" 지원과 협력을 아끼지 않는다는 선 비핵화 전략을 추진했었다. 하지만 지원 규모는 이명박 정부가 공식화했던 "1인당 GDP 3천 달러" 수준에도 훨씬 못 미치는 것으로 보였으며, 역시 북한의 호응을 전혀 얻지 못했다. 결국 박근혜 정부는 흡수 통일의 다른 날개라고 할 수 있는 억지 전략을 꺼내 들었다.

핵무기는 핵무기가 아니면 억지(deter)하기가 어렵다. 가공할 위력의 핵무기와 맞설 만한 재래식 무기가 없기 때문이다. 결국 한국 정부는 한편으로는 미국 핵무기의 "확장 억지(extended deterrence)"에 의존하면서 다른 한편으로는 미사일 방어 등 자체 억지력 증강을 추진하기 시작했다.

한국이 핵무기를 결여하고 있는 상황에서 억지 전략을 선택할 경우 미국 확장 억지에의 의존은 불가피한데, 문제는 억지 공약의 신뢰성에 있다. 북한이 남한과의 분쟁에서 핵무기 사용을 위협할 경우, 과연 미국은 북한의 핵 반격을 감수하면서까지 핵무기로 한국을 방어할 것인가? 과거 드골 프랑스 정부는 이러한 확장 억지에 대한 불신으로 인하여, 독자적 핵무장의 길을 갔다. 하지만, 불가피한 상황이 도래하지 않는 한, 세계 정치경제에 깊숙이 의존하고 있는 한국에게 이러한 독자적 "핵 선택(nuclear option)"은 없다.

또한 북한의 핵무기에 대하여 한국의 재래식 무기를 동원한 억지 전략도 명확한 한계를 지닌다. 킬체인은 30분전까지 정확히 북한의 핵 발사 징후를 탐지하여 선제공격한다는 것인데, 선제 공격 자체도 논란적이지만, 경고시간 10분도 안 되는 산악 지형에서 이는 불가능에 가깝다. 사전 무력화에 실패하면 날아오는 미사일을 PAC-3 미사일 등으로 저고도 요격하겠다는 KAMD 역시 같은 이유로 매우 불완전하다. 결국 육군 특수전사령부는 2015년 9월 국회 국방위 국정감사에서, 북한의 전략적 핵심 표적을 직접 타격할 수 있는 특수 부대 6개 여단 편성을 추진하고 있다고 밝혔다. 과연 특수 부대가 북한의 모든 핵무기를 탐지, 파괴할 수 있을 것인가 매우 의심스럽지만, 더욱 문제인 것은 이러한 선제공격의 실패가 더욱 핵위기를 고조시킬 수 있다는 것이다. 북한 핵무기를 재래식 방식으로 억지한다는 것은 이론적으로 불가능하다.

한국 정부가 계속하여 억지 전략을 추진할 경우, 북한은 한국의 선제공격을 피하여 핵반격을 가할 수 있는 능력(second strike capability)을 향상시킬 것이며, 한국은 다시 선제 공격 능력(first strike capability)을 확보하기 위해 노력할 것이다. 하지만 이동식 발사대, 잠수함 발사 미사일, 저고도 항공기 등 탐지를 피할 수 있는 핵 투발 수단 개발은 상대적으로 쉽고 저렴한 반면, 이를 사전에 탐지하여 요격할 수 있는 방어 무기의 개발은 느리고 어렵고 비싸다. 그렇게 하고서도, 단 한 발의 핵무기라도 놓치지 않기란 거의 불가능에 가깝다. 핵무기에는 핵무기로 대응해야 하며, 핵무기에 비핵무기로 대응하고자 하는 한, 군사적으로나 심리적으로 북한의 핵공갈(nuclear blackmail)로부터 자유로울 수는 없다.

흡수통일과 핵 억지 전략을 선택하는 한, 결과는 무한대의 군비 경쟁이며, 북한의 값싼 공세적 핵무장에 대하여 우리는 값비싼 수세적 억지 수단을 개발해야 함으로써 엄청난 안보 비용이 발생할 수밖에 없다. 이미 한국은 북한 국방비의 10-34배를 사용하고 있으며, 한국 국방비는 북한 전체 GDP의 1.5배에 달한다. 문제는 이러한 천문학적 비용을 쓰고도, 안보 증진을 위한 노력이 결과적으로 안보를 약화키는 전형적인 안보 딜레마를 피할 수 없다는 것이다.

한계가 분명한 억지 전략에 대한 대안이 평화공존이다. 평화공존은 세 부분으로 구성된다. 첫째 평화조약으로 정전조약 대체, 둘째 향후 전쟁과 대결 재발 요인을 근본적으로 제거하기 위한 평화 구축 (peace-building), 그리고 셋째 이러한 평화의 전제 조건이며 이를 강화하기 위하여 필수적인 상호간 주권 국가 인정이다. 평화 조약과 평화 구축은 본 회의 다른 곳에서 상세히 논의될 것이므로, 여기서는 주로 상호 주권 국가 인정 즉 교차 승인을 법제화하는 남북 기본조약의 내용에 대하여 주로 토론하기로 한다.

북한이 핵개발로 치닫는 이유는 적대적인 환경에서 오는 생존 위협에 대처하기 위하여, 성능 대비 저렴한 대량살상무기를 개발할 수밖에 없는 상황에 있기 때문이다. 북한 핵무장을 억지하기 어렵다면, 이제 남은 대안은 적대성을 해소하여 평화공존을 확보하는 공동안보(common security)를 시도하는 것이다. 억지 전략이 안보 딜레마를 결과한다면, 나와 남의 안보를 동시에 보장하는 것을 목표로 하는 공동 안보와 평화공존 전략은 충분히 시도해 볼 만한 것이다. 외부적 위협이 없어도 북한 정권이 막무가내로 핵무장을 강화할 것이라는 주장은 억지이다.

결과로서의 독일 통일은 흡수 통일이지만, 과정으로서의 독일 통일은 평화공존과 협력이었다. 동서독 기본조약(1972) 2조는 상호간 주권과 영토를 존중하고, 4조는 국제 관계에서 일방이 타방을 대표할 수 없다고 명시함으로써 상호간 완전한 국가로 인정하였다. 동방정책은 이후 통일을 잊고, 우호적인 교류 협력 관계를 강화하는데 집중하였으며, 동독은 흡수 통일의 위협을 불식하고 1민족 2국가로서 이에 기꺼이 응하였다. 동서구 사이의 데탕트를 구현한 유럽안보협력회의(CSCE)의 헬싱키협약(1975) 역시 1-6조까지 주권과 영토 존중, 내정 불간섭, 무력 불사용, 분쟁의 평화적 해결 등 평화공존 내용을 담고 있다. 동독과 마찬가지로 동구 역시 서구로부터의 안보 위협을 극복하고, 서구와 교류협력을 증진할 수 있었다.

평화공존은 이들 국가들이 정상적인 역사적 궤적을 밟도록 만들었으며, 결과적으로 외부의 음모가 아닌 자발적 변화로서 10여 년 뒤 민주화와 시장 경제에로의 이행을 맞도록 만들었다. 만일 이들 나라들이 계속하여 안보 불안에 떨었다면, 이들 국가의 국민들은 그 만큼 더 독재 폭력에 떨었을 것이다. 이 같은 예는 또한 중국의 경우에서도 찾아진다. 중국은 미국과의 수교 합의로 외부적 안보 위협을 대폭 축소했을 때 비로소 현대화를 선택할 수 있는 가능성을 얻게 되었다. 어떤 국가든지, 적대적 환경에 둘러싸인 한 정상 국가의 길, 책임 있는 국제 사회 구성원의 길을 가기는 어렵다.

평화공존은 남과 북한 모두의 안보 불안을 없앰으로써 평화로운 교류협력 관계를 증진시킬 수 있는 여지를 창출하자는 것으로서, 남북한 서로에게 적대적인 환경을 제거하여 평화 상태를 창출하는 것으로서, 소극적 평화에서 나아가, 첫째 북한을 주권 국가로 인정하는 것이고, 둘째 그들의 영토와 국민을 존중한다는 것이며, 셋째 그들 국가 자체를 위협하는 정책을 추진하지 않는다는 것이고, 넷째 나아가 평화공존을 공고히 하기 위한 국제정치적 환경을 마련해줌을 의미한다. 이러한 것이 남북 기본조약의 핵심 내용이 되지 않으면, 평화협정이 체결되더라도 취약한 평화이고, 불안한 평화이며, 나아가 이러한 조약을 북한이 비핵과 교환할 가능성은 현저히 낮다.

첫째, 북한을 국가로 인정한다는 것은 북한 머리에 씌워져 있는 "반국가집단"의 모자를 벗겨주고 주권을 인정하는 것이다. 이러한 일은 매우 어려울지 모르지만, 사실상 국제 사회에서는 이미 기정사실화되어 있다. 현재 북한과 외교 관계를 맺고 있는 나라들은 우리보다 30개국이 적은 160개국이며, 북한은 유엔을 비롯하여 국가를 회원국 자격으로 규정한 많은 국제기구들에 가입되어 있다. 북한을 국가로 승인하고 있는 국가 중 하나가 바로 중국이며, 우리가 중국에게 대북정책에 대한 협조를 요청할 때 그들은 우리와 달리 북한을 주권 국가로 본다. 북한 정권을 반국가집단으로 규정한 국가보안법은 남한이 정치 경제 군사 등 모든 면에서 북한에게 열세일 때, 일부 국내정치적 목적도 달성하기 위하여, 제정된 것이다. 하지만 오늘날 경제력이 북한의 50배를 훌쩍 넘는 등, 핵 능력을 제외하고, 체제 모든 측면에서 월등하게 우세한 대한민국이 북한을 두려워하여 국가보안법을 유지해야 한다면, 실로 북한을 과대평가하는 주장이 아닐 수 없다.

둘째, 북한을 주권 국가로 인정하게 되면 국가로서의 영토와 국민도 인정해 주어야 한다. 북한 당국이 관할하고 있는 지역을 미수복 영토가 아니라 그들의 영토로 인정하고, 북한 주민을 북한이라는 주권 국가의 국민으로서 인정해주어야 하는 것이다. 영토와 국민 문제는 주권에 관한 사항으로서 매우 민감한 문제이기에 더욱 세심한 주의가 필요하다. 여기서 그간 논란이 된 북방한계선(NLL) 문제가 등장한다. 남북이 적대적으로 대결하는 한 NLL은 양보하기 어렵다. 하지만 대결을 청산하고 막대한 대결 비용을 축소하려는 평화공존 시각에 서면, NLL은 국제법과 상호 안보 우려를 불식하는 방식으로 타협을 시도할 수 있다. NLL을 협상으로 해결하자는 내용은 이미 노태우 정부가 합의한 기본합의서 10조에 들어 있다.

"사실"만 요약한다면, NLL은 남북 사이에 군사분계선이나 영토선으로 합의된 적이 없으며, 한국이 미군의 우세한 해군력에 의존하여 확보한 것을 지금까지 일방적으로 유지하고 있다는 것이다. NLL은 우리 영토인 연평도나 대청도에서 40km 이상 떨어져 있지만, 북한 본토에서는 10km도 채 떨어지지 않은 해역을 포함하고 있다. 이는 국제법적으로 합리화되기 어려운 것이 객관적 현실이다. 동시에 NLL을 양보하면, 북한 군함이 한국의 수도 서울에 안보 불안을 야기할 정도로 접근할 수 있다. 따라서 평화공존을 실현하려면, 이 문제는 국제법에 맞게 그리고 서로의 안보 우려를 해소하는 방향에서 타협해야 할 것이다.

한편, 영토 조항의 변경은 개헌 사항이기 때문에 어려운 설득과 절차를 거쳐야 하지만, 세계 어느 나라도 북한을 우리 영토로 인정하지 않고 있다는 현실을 인식하고, 주권 국가만이 회원이 될 수 있는 유엔 규정과도 위배됨을 주지하며, 나아가 새로운 세기를 여는 창이라고 한다면 설득이 불가능하지는 않을 것이다.

북한 주민을 외국인으로 간주하는 문제 역시 남북 관계에서 민감한 문제이다. 탈북자를 한국 국민으로 인정하는 한 북한으로서는 개방을 할 수가 없다. 동독과 같은 대량 탈북 사태가 일어날 것이 뻔한데 어떻게 개방개혁을 할 수가 있겠는가. 시간이 좀더 흘러 북한이 주권국가로서 공고해지면,

북한 인권 문제 역시 보편적 기준과 절차를 따라서 제기할 수 있을 것이다. 현재의 북한으로서는 북한 인권 및 자유의 문제 역시 국가 및 정권의 생존 문제로 간주할 수밖에 없다. 국가로서 인정받지 못한 북한에게 인권 문제를 제기함으로써 북한이 이를 안보 위협으로 규정하여 더욱 필사적으로 저항하고 또한 이에 대한 보복으로 한국에 대한 안보 위협을 증대시키는 경우와 비교하여, 과연 어느 쪽이 더 실질적으로 또한 더 안전하게 북한 주민의 인권을 증진시키는 길인가 합리적으로 비교해 볼 필요가 있다.

대한민국은, 실로 인권 문제를 중시한다면, 보편적인 인권 정책을 수립해야 한다. 인권 문제를 감시하는 프리덤 하우스의 연례 인권 보고서는 민주적 권리와 시민적 자유 평가에서 북한에 모두 7등급을 부여하는데, 여기에는 사우디아라비아나 우즈베키스탄 등 7-8개 국가가 동시에 포함되어 있다. 이 같은 상황에서 한국 정부가 오로지 북한만이 인권 문제를 가지고 있는 듯이 제기한다면, 물론 북한 인권 상황이 최악에 가깝지만, 북한으로서는 자신들에 대한 적대시 정책의 발현으로 볼 수밖에 없을 것이다.

셋째, 북한 국가 자체를 위협하는 정책을 추진하지 않는다는 것은 위에 언급한 주권 국가로서의 근본적 대우를 넘어, 정권이 바뀌더라도 이를 뒤집지 않을 것임을 의미한다. 이러한 측면에서 국가로서의 인정은 헌법과 조약 차원에서 적대성을 지탱시킨 대부분의 제도와 정책을 폐기함을 의미한다. 이는 내정불간섭, 긴장 완화, 군비 통제 및 축소 등을 포함한다. 나아가 평화 구축(peace-building)을 위하여 가능한 범위 내에서 호혜적인 교류와 협력 등 기능주의적 통합까지도 모색해 볼 수 있다. 북한 국가와 정권의 생존이 위협받는 상황에서, 자유로운 교류와 협력은 북한 안보를 위협하는 것이며, 이를 수용하기를 기대할 수는 없다. 다시 말하면 안보 위협을 극도로 느끼는 북한에게 개혁개방을 요구하고, 자유로운 교류협력을 요구한다는 것은 공염불에 다름 아니다.

마지막으로 평화공존을 위하여 국제정치적 환경을 마련한다는 것은 물론 최소한, 정전협정을 다자적 평화조약/협정으로 대체하는 것을 의미하며, 최대한으로서는 북한과 미국, 일본을 수교시키는 것이다. 평화협정에서 뜨거운 감자로 주한미군이 등장할 가능성이 있다. 김대중 대통령 등은 북한이 더 이상 주한미군 철수를 요구하지 않는다고 전했지만, 북한 공식 매체들은 여전히 철수를 요구하고 있다. 하지만 평화공존 협상의 초기 단계에서는 물론이고, 평화공존이 정착될 때까지 한국민이 안보 불안을 느끼는 한 주한미군을 철수시킬 수는 없다. 만에 하나, 철수 후 전쟁이라도 발생하면, 돌아올 수 없는 다리를 건너는 것이기 때문이다.

일단 평화공존 협상의 길로 들어서고, 서로에 대한 적대시 정책을 축소시키기 시작하면, 주한미군을 보는 시각도 달라지려니와, 주한미군의 역할도 유일한 대북 억지가 아니라 평화 유지 방향으로 전환시키는 것이 가능해질 것이다. 나아가 북한이 미국을 포함한 국가들과 평화협정을 맺더라도 여전히 미국의 적대시 정책을 우려할 가능성은 남는다. 따라서 북한이 미국, 일본과 수교하고 관계를 증진시킬 수 있는 평화체제가 구축된다면, 북한에게는 안보 우려를 축소시키는 편익이 돌아갈 것이고, 미국, 일본으로서는 북한이 자연스럽게 개혁개방을 선택할 수 있게 되고 또한 국제 사회의 책임 있는 구성원으로 변화하는 모습을 보게 될 수도 있을 것이다.

평화공존을 위한 이러한 요인들은 남한이 북한에게 일방적으로 제공하는 시혜로 보일 수도 있다. 하지만, 남한이 북한에 해주는 것을 그대로, 북한도 남한에 해주어야 하는 상호주의 원칙은 엄격하게 적용되어야 한다. 북한 역시 남한을 적화통일의 대상으로 간주하거나, 한국 정부를 적대시하는 일체의 제도나 정책을 동시에 폐기해야 한다. 상호성에 입각한 평화공존을 북한측이 제대로 실행할 경우, 상대적으로 우세한 한국의 입장에서 이를 촉진하고 고무하기 위하여 인센티브를 제공하는 것은 국민적 지지를 얻을 수 있을 것이다. 서독의 자유 구매(Freikauf)와 달리, 한국에서는 평화 구매(Friedekauf)가 더욱 선차적이기 때문이다. 진정한 평화공존은 일방적 시혜가 아닌, 호혜적 형태로 확보되어야 한다.

또한 이러한 제안은 새로운 것도 아니다. 남북간 평화공존 의도는 노태우 정부가 체결한 남북합의서에 이미 포함되어 있으며, 평화 체제 구축의 기본적인 원칙과 구도는 2005년의 6자회담 9.19합의에 들어 있다. 이 합의는 북핵 비확산과 평화 체제가 교환되는 형태로 타결되었으나, 실천 과정에서 비확산 분야에서의 진전은 크게 압박한 반면, 평화 체제 문제는 시동조차 걸지 못하는 비대칭 집행이 이루어짐으로써, 북한으로 하여금 비확산 합의를 깨도록 만드는 유인으로 작용했다. 북한 반핵화를 압박하거나 성취할 어떠한 대책도 전무한 오늘날, 잃어버린 기본합의서와 9.19합의 정신으로 돌아가, 안 간 길을 가본다는 것은 합리적이면서도 중요한 당면과제이다.

3. 평화 프로세스

위에서 제시한 평화공존 해법들은 원칙적 언명들이며, 이러한 해법이 좌초되거나 어느 일방에 의하여 오용되지 않게 하려면, 현실 맥락 속에서 현명하고 슬기롭게 연동되어지고 계기적으로 실천되어, 궁극적 목표를 향한 진전이 강화되어지게 하는 평화 프로세스가 필요하다.

노무현 대통령은 여기서 제시한 평화공존의 일단을 시도한 바 있다. 그러나 2007년 10월 4일 남북정상회담에서 합의된 선언문은 치명적 결함들을 내포하고 있었다. 첫째 제일 중요한 당면 과제였던 북핵 해결은 지지부진한 6자회담과 9.19선언으로 넘겨진 반면 20-40조 원으로 추산되는 북한 인프라 건설 협력은 즉각 개시될 수도 있도록 교환됨으로써, 선언문은 즉

각 "퍼주기"의 극치라는 비판에 휩싸였다. 둘째, 합의는 남북 내부 정비의 방향을 통일에 맞춤으로써 본 논문에서 제기한 문제들을 여전히 그대로 담지하고 있었다. 내부 정비의 방향은 상호성에 입각한 적대성의 제거에 명시적으로 맞추어졌어야 했다. 셋째, 더욱 중요한 것은 무준비성이다. 10.4 정상회담과 선언문은 사전에 여야 논의나 국민적 의견 수렴 과정이 전무했고, 이를 관철시킬 여당도 없었으며, 심지어 평화 체제 구축 당사자를 "3자 또는 4자"로 규정함으로써 평화 협상의 당사자를 자임해 온 중국의 반발을 초래했다. 그 결과, 준비 안 된 선언문은 노 대통령의 잔여 임기보다도 더 빨리 효력을 상실하고 말았다.

논리적으로 이 같은 패러다임 전환이 근본적 문제해결책이라 하더라도, 이러한 전환은, 특히 한국 국민들에게 있어, 혁명적일 수 있다. 혁명적 전환이 성공하려면, 치밀한 국제적 협조가 필수이지만, 여기서는 무엇보다도 저항이 심할 가능성이 농후한 국내 정치적 합의 형성에 국한하여 얘기해 보고자 한다.[3)]

첫째, 지금까지의 논의들은 "비핵평화 화해통일" 기조의 대북정책으로 요약할 수 있다. 즉 비핵과 평화를 연동하여, 북한이 비핵화하는 대신 평화조약과 남북 기본조약을 체결하고, 이후 화해를 추진하며, 나아가 결과로서의 통일이 이루어지면 회피하지 않는 것이다. 이러한 길은 가보지 않은 길이기 때문에, 정책은 더욱 이론적 일관성과 현실적 조응성을 갖추지 않으면 안 된다. 새로운 정책안은 최초 목표와 방법부터 최종 목표와 방법까지, 상하 선후 좌우로, 일관되게 연동된 포괄안이어야 한다. 또한 이러한 목표와 방법들은 남북한 및 관련국들이 협의하고, 타협하고 합의할 만한

3) 한반도포럼은 그간 지속적으로 이러한 프로세스를 구축하여 왔는데, 여기서는 이를 재론하기보다, 몇 가지 부가적인 측면에 집중하고자 한다. 예를 들면, 한반도포럼, 『한반도 포럼 리포트 2013: '남북기본조약 시대'를 열자』 (2012.7.23).

조치여야 한다. 개념적으로 현실성 있는 정책이라 하더라도, 세부적 부주의로 인하여 자칫 이 민감한 신뢰 구축 과정을 역전시킬 수 있기 때문이다.

좀더 구체적으로 탐구하자면, 시동 단계에서는 북한의 국가성 인정과 핵·미사일 개발 "동결"을 연동할 수 있을 것이다. 이는 북한에 정치적 신뢰를, 남한에 군사적 신뢰를 태동시키는데 좋은 주춧돌 역할을 할 것이다. 이러한 구조적 조치와 함께, 기능주의적 접근을 보완책으로 덧붙일 수 있을 것이다. 다음으로 북한의 핵포기와 평화체제 구축인데, 북한이 핵무기를 완전히 포기할 즈음이면, 평화협정, 남북한 및 북미 관계의 정상화, 군비 통제 및 축소, 동북아 평화 체제 구축 등이 이루어져야 할 것이다. 다만, 평화체제의 공고화가 상당한 신뢰와 시일을 요구하는 만큼, 한미동맹과 주한미군은 적절히 변형되어야겠지만, 기본적으로 유지되어야 할 것이다.

이는 현재의 북한으로서는 수용하기 어려울지 모르겠지만, 비핵평화 화해통일 과정은 동태적인 것이며, 비핵화와 평화체제가 교환 구축될 즈음이 되면, 그간 형성된 신뢰로 인하여 북한이 주한미군을 보는 시각은 변화하여 있을 것이며, 북한을 설득하는 일도 가능할 것으로 보인다. 평화공존의 틀이 마련되면, 이후는 만개한 기능주의적 접근을 도입할 수도 있을 것이다. 다만, 이후라도 남북한 관계는 한국 기업이 마음 놓고 중국에 진출할 수 있었던 한중관계와 다르며, 거대한 영토의 중국이 경제적으로 앞섰던 타이완을 전혀 두려워하지 않았던 중국-타이완 관계와도 다르다는 고려가 필수적이다. 보다 우세한 한국의 존재는 북한으로 하여금 항상 흡수당할 불씨를 안고 있기 때문에, 완전한 개혁개방을 어렵게 만들 수도 있기 때문이다.

둘째, 새로운 포괄적 평화정책안이 마련된다 하더라도, 이를 실천하는 것은 더욱 어려울지 모른다. 공동 안보에 입각한 평화정책에 대한 가장 큰 반발은 반공에 익숙한 국민들이다. 일부 국민은 새로운 시대를 맞아 등장하는 새로운 패러다임을 이해하기도 어렵고, 용인하기는 더욱 어려워할 것이다. 이들이 구세력의 저항으로 나타날 경우, 아직 나타나지 않고 불확실한 미래 다수 지지층보다 강할 수 있다. 중요한 정책 전환이 자주 실천 과정에서 좌초되는 한 이유다. 이러한 맥락에서 상당히 보수적이거나, 진보적 지도자가 이러한 정책을 선도하기는 어려울 것이다.

예상되는 저항 속에서 패러다임 전환은 평화와 통일의 편익과 비용에 대한 가감 없는 여야 간 그리고 국민적 자유 논쟁으로부터 시작할 수도 있을 것이다. 값비싼 비용을 치르고도 점차 심화되고 확대되는 안보 딜레마를 유지할 것인가, 비용을 낮추고 공동안보라는 편익을 얻을 수 있는 평화공존을 선택할 것인가, 막대한 통일 비용을 지불하고도 흡수통일을 추구할 것인가, 값싸고 안정된 평화공존의 길을 가면서 통일을 역사에 맡길 것인가. 이념적 반공 대 합리적 평화공존 논쟁, 통일 편익 대 통일 비용의 논쟁이, 진정 자유롭고 균형되며 지성적으로 진행된다면, 평화공존 패러다임은 국민에 의해 합리적으로 선택될 수 있을 것이다. 여야와 국민의 자유 토론은 그간 보수, 진보 정권 교체시마다 반복돼 온, 북한이 적인가 형제인가의 혼란과 양가적 모호성, 그리고 그에 따른 남남갈등을 정제할 수 있는 기회도 될 것이다. 지금의 선택은 친북이냐 반북이냐가 아니라, 핵그늘인가 평화공존인가에 있다.

이념적 안보주의에서, 여기서 토론한 바의 현실적 평화주의로 패러다임을 전환한다는 것은 엄청난 발상의 전환으로서 수용하기도 어렵지만 실천하기는 더욱 어려울지 모른다. 하지만, 점증하는 북핵 위협과 이로 인한 미중 갈등의 확산 속에서, 해결가능성을 보여주는 어떤 이니셔티브도 없이, 북한의 변화나 붕괴를 마냥 기다릴 수는 없다. 거의 유일한 마지막 현실적 대안으로서, 비핵-평화의 연동은 시도될 가치가 있는 것이다.

4. 결론에 대하여

박근혜 정부는 출범 초, 북한과 대화와 합의 실천을 통해 신뢰를 구축해 나가겠다는 한반도 신뢰프로세스를 대북정책으로 제시했다. 하지만 출범 1년을 맞으면서, 신뢰 프로세스는 통일과 억지로 대체되고, 북한의 불신을 가중시키는 불신 프로세스가 되었다.

본 논문에서는 통일(흡수통일)과 이의 대안으로서 평화공존이라는 두 대북정책 목표에 대하여 편익과 비용, 그리고 성공 가능성이라는 기준에 입각하여 합리적 분석을 시도해 보았다.

궁극적인 통일과 과정에서의 억지 전략은 성공 가능성도 낮고, 위험하며, 편익에 비하여 비용이 너무 크다. 반면 남북기본조약을 포함한 평화공존은, 불확실성을 가지고 있긴 하지만, 성공 가능성이 높고, 위험도는 낮으며, 편익은 비용에 비하여 큰 것으로 나타난다. 이러한 분석이 옳다면, 대한민국의 대북정책 목표는 통일이 아니라 평화공존이 되어야 할 것이다.

퍼트남(Robert Putnam)의 이론처럼, 성공적인 대외정책은 외국과의 협상과 국내정치적 지지 획득이라는 양면 게임의 성격을 띤다. 평화공존 목표는 남북 모두에게 안보와 평화를 가져다주는 것으로서, 당연히 남북한 모두의 지지를 획득할 수 있는 것이다. 북한은 줄기차게 적대시 정책의 폐기를 요구해 왔는데, 동시에 평화공존은 북한의 대남 적대시 정책의 폐기도 요구하고 있기 때문이다. 또한 평화공존 정책은 한반도 현상 유지 정책으로서, 미국과 중국 모두 반대할 이유가 없다. 미국이 대 중국 봉쇄를 위하여 한반도라는 화약고를 유지하려 한다는 음모론도 있지만, 미국과 중국의 경쟁과 갈등은 주로 동중국해와 남중국해라는 제한된 해역에서 전개될 가능성이 크다. 미국과 중국 모두에게, 한반도가 제3의 대결 전역으로 변화하는 것보다 평화 지역으로 전환되는 것이 대결 비용을 축소한다는 점에서 이득이다. 통일에의 주요 거부권자로 보여지는 중국의 경우도 한반도의 평화공존지역화는 자신들의 "불통불난" 정책과 일치한다.

평화공존 정책에로의 전환은 의외로 국내적 지지라는 축에서 더욱 정교한 기획을 요구할 지도 모른다. 아직도 습관적으로 통일 당위론이 지배하고, 현실적으로 평화공존에 대한 일부 극단적인 반대가 존재하는 상황에서, 평화공존을 설득하는 것은 지난해 보이기도 한다. 이러한 측면에서, 통일과 평화공존이라는 경쟁적 목표에 대한 여야 및 국민적 토론이 필요하다. 토론이 합리적이고 지성적으로 진행되는 한, 평화공존이라는 목표에 대한 컨센서스 형성은 시간문제일 수도 있다. 흡수통일과 억지 전략이라는 대안이 너무나 위험하고 자패적 예언(self-defeating prophecy)의 성격을 가지고 있기 때문이다.

지금까지 가 본 모든 길은 오늘의 위기를 예방하는데 실패했다. 이제 평화공존이라는 가보지 않은 길이 남아 있다. 불확실하지만 충분히 시도해 볼 만하다. 설령 이 길을 가다가 미처 보지 못한 위험이 닥치더라도 되돌아 나올 수 있는 퇴로는 열려 있다. 평화공존 정책은 퇴로가 막힌 불가역적 선택이 아니다. 이제는 북한 정권에 대한 호오가 대한민국의 안보와 평화의 길을 막아서는 안 될 것이다.

남북한 군사적 긴장완화와 신뢰구축

홍규덕 숙명여대

I. 서론

박근혜 정부는 출범이후 북한 핵을 비롯한 무력도발을 억제하면서 신뢰프로세스를 발동시켜 한반도의 평화통일 기반을 구축하고자 노력해왔다. 그러나 군사부문의 긴장완화는 기대만큼 성과를 거두지 못하고 있다. 북한은 노동당 창건 70주년을 앞두고 노동신문에 게재한 김정은 노동당 제1비서의 논문을 통해 "핵능력을 부단히 강화해야 한다"는 기존의 입장을 재확인하고 있다.[1] 지난 수년 간 북한은 우리정부의 비핵화 요구에 대해 수용을 거부하면서 수시로 미사일 발사실험을 지속해왔다. 한·미당국은 북한이 이미 16-22개 정도의 핵무기를 만들 수 있는 핵물질을 확보하고 있다고 평가하고 있으며, 핵의 소형화를 통해 중·장거리 미사일에 핵탄두를 탑재

1) 김명성, 조백건, "핵능력 강화해야," 「조선일보」, (2015.10.7) P. A3

할 수 있을 것으로 판단하고 있다.[2] 북한은 핵개발과 경제발전의 병진 전략을 공식적으로 선포한 2013년 4월 1일 이후 핵 억제력 확보 측면에서 미국 본토와 태평양 지역의 미군 기지들을 선제 타격할 수 있다는 점을 분명히 했다. 북한은 핵 억제 능력이 확보됐음을 입증하기 위해 주요 운반수단인 KN-08과 무수단급 탄도미사일의 성능개발에 전념해왔으며, 지난 5월에는 러시아에서 도입한 킬로급 잠수함을 모체로 탄도탄 사출시험 장면까지 공개했다. 북한이 예고해왔던 인공위성의 발사일정을 연기한 것은 일면 다행스럽다. 이는 국제사회와 박근혜 정부의 거듭된 경고와 부단한 공조노력 때문이지만 북한이 이를 완전히 포기한 것은 아니다. 북한당국은 10월 6일 통일신보를 통해 “눈 내리는 겨울철 등 악조건 속에서도 위성을 발사할 수 있는 기술력을 이미 확보했다”고 주장하면서 “이미 선포된 대로 당중앙이 결심하는 시간과 장소에서 인공지구위성을 발사할 수 있다“고 밝혔다.[3] 김정은이 노동당 창건 70주년 기념 열병식에서 핵 억제력에 대한 내용을 전혀 언급하지 않았지만 핵배낭 부대를 사열에 등장시켰고 이동식 대륙간 탄도탄인 KN-08의 탄두 부분이 원뿔형 젖병꼭지와 같이 뾰족한 다단계의 모습에서 굵고 뭉툭한 모습으로 바뀐 것을 보면 아직 확실하지는 않지만 재진입(reentry)을 위한 기술개선이 이루어진 것으로 보인다.[4] 이는 북한이 지속적으로 대륙간 탄도 미사일 능력을 향상시키고 있다는 점을 대내외에 과시하고자 하는 측면이 있는 동시에 북한의 심각한 안보불안에 따른 위기의식을 반영하는 것이기도 하다. 북한은 재래식 무기의 성능개량과

---

2) 김영원, “미 연구소 ‘북한, 핵무기 22개 분량 핵물질 확보 가능성’, ”「VOA」, (2015/10/09), http://www.voakorea.com/content/article/2996692.html, (2015-10-12)

3) 김명성, 조백건, op. cit.

4) 정용수, “굵고 뭉툭해진 KN-08 핵탄두 실으려 개량한 듯,” 「중앙일보」, (2015.10.12) p. 5.

함께 다양한 비대칭 전력을 확보하기 위해 상당한 노력을 경주하고 있다. 특히 열병식장에 최초로 공개한 300mm 방사포의 실전배치는 심각한 도전 요인이 아닐 수 없다. 기존의 170mm 자주포나 240mm 방사포보다 사거리가 확장된 새로운 방사포의 실전배치로 인해 수도권은 물론 평택과 계룡대 권역까지 타격이 가능해졌기 때문이다.[5] 이는 2018년으로 예정된 용산 미군기지가 평택으로 이전한다 해도 타격이 가능하다는 점을 시사하고 있으며 오산 및 수원 등 중부권 아군 공군부대의 활주로에 직접적인 피해를 줄 수 있다는 점에서 위협의 대상이 되고 있다. 북한은 이번 열병식에서 무인타격기들도 선보였다. 무인기에 의한 침투는 청와대나 아군의 주요 전략적 목표에 대한 근접 촬영은 물론 필요시 직접공격을 기습적으로 단행할 수 있음을 보여주고 있다.[6]

이러한 상황 하에서 한·미 군 당국은 북한의 핵개발 의지와 핵전력 증강을 막을 수 있는 실질적인 방법이 전무한 상황 하에서 보다 근본적인 문제해결을 시도하고 있다. 이미 언론에 보도된 것처럼 기존 작계 5027이 북한의 핵 선제 사용에 대한 대응전략 구사에 현실성을 결여하고 있다는 측면에서 새로운 작전계획 5015를 만들어 승인했다.[7]

이에 따라 북의 대량살상무기 (WMD) 제거를 실질적인 목표로 한·미연합사단의 창설 등 본격적인 대응체제를 구축하기 시작했고 북 지휘부를 선제 타격함으로써 아군과 우리 국민의 피해를 최소화한다는 합의 하에 소위

---

5) 유용원, 전현석, "3군 본부 계룡대까지 타격 가능한 신형 300mm 방사포 첫 공개," 「조선일보」, (2015.10.12) p. A4.

6) 김선영, "비대칭 전력의 무서움," 「세계일보」, (2014.4.14) p. 31.

7) 유용원, "미 증원군 온 뒤 반격대신 즉시 북 수뇌부 타격해 속전속결," 「조선일보」, (2015.10.7), p. A3.

참수작전이 공개적으로 거론되고 있다.[8)]

이와 같은 한반도에서의 새로운 임무를 위해 최근 미국의 랜드 연구소는 육군 병력의 추가 확보가 필요하다는 내용의 보고서를 발간했으며,[9)] 미 해병이 15%의 병력을 북태평양지역에 증원한다는 결정을 내린 것도 지역안보를 위협하는 위기가 고조되고 있기 때문이다.[10)] 우리 군도 북 핵 및 미사일 시설을 타격하기 위해 1개 여단규모의 특수부대를 만든다는 방침을 최근 육군관계자가 국정감사에서 밝힌 바 있고, 북한의 무인기를 전담할 새로운 부대도 설치했다는 내용도 밝혔다.[11)] 특히 북한의 핵 및 미사일을 선제 타격하기 위한 Kill-Chain과 KAMD의 구축은 상당한 국방비 증액을 불가피하게 만들고 있다.

이러한 상황 하에서 지난 8월 4일 발생한 북한의 목함지뢰 도발과 연이은 북한의 서부전선 아군지역에 대한 포격도발은 군사적 긴장이 순식간에 준(準) 전시상태로 치달을 수 있다는 가능성을 보여줬다. 본 논문은 이러한 남북 간의 군사적 긴장 상태를 완화하기 위한 특별한 방법은 없는 지 살펴보고 신뢰구축에 대한 깊은 거부감을 갖고 있는 북한을 설득할 수 있는 현실적인 대안을 찾고자 한다.

---

8) 김광수, "북핵 급변사태 등 망라한 최신버전.. 북 수뇌부 타격핵심,"「한국일보」, (2015.10.5), p. A5.

9) 김현기, "북한 붕괴시 핵무기 신속 제거를 위한 육군 병력 확대 필요,"「중앙일보」, (2015.10.1), p. 12.

10) 김선한, "북한 핵위협 대처해 미 해병대 병력 15% 태평양에 전진 배치,"「연합뉴스」, (2015/09/24), http://yonhapnews.co.kr/dev/9601000000.html (2015-10-12)

11) 정성택, " 북핵-미사일시설 타격 특수부대 만든다,"「동아일보」, (2015.9.24) p. A1.; 정성택 "북 무인기 전담부대도 신설,"「동아일보」, (2015.9.24) p. A1.

Ⅱ. 재래식 군비통제 부재의 위험성

그동안 북한의 핵문제가 심각해지면서 모든 협상과 대응전략은 핵문제 해결에 초점을 맞춰왔다. 특히 6자 회담이후 한반도의 정전체제를 평화체제로 전환하는 문제와 한반도의 재래식 군사문제는 핵문제 해결 이후로 미루어지게 되었다. 한편 북한은 핵보유를 기정사실화 하면서 핵문제를 해결하고자 한다면 북·미 평화협정을 핵 회담과 병행해야 한다는 입장을 유지해왔다. 지난 10월 7일에도 북한 외무성은 대변인 성명을 통해 "항구적인 평화를 위해 정전체제의 평화체제로의 전환이 필요하며 이를 위한 북·미간 협의가 필요하다"는 점을 강조한 바 있다.[12]

따라서 재래식 무기체계와 관련한 남북 군비통제의 병행이 과연 가능한지, 또한 박근혜 정부가 핵문제 이외에 비대칭 전력에 의한 새로운 위협을 축소하기 위해 보다 구체적인 입장을 고려할 필요가 있는지 검토가 필요하다.

박대통령은 지난 7월 2일 17기 민주평통 출범식에서 북한에게 핵을 포기할 것을 강력하게 요구한 이래 광복 70주년 경축사, 유엔총회 기조연설, 국군의 날 기념사까지 일관되게 비핵화를 요구하면서 만약 북한이 이를 수용한다면 국제사회와 더불어 북한에 대한 경제지원을 아끼지 않겠다는 입장을 발표한 바 있다.[13] 일종의 '그랜드 바게인'을 제안하고 있는 것이다. 이러한 입장은 비단 박근혜 정부에 들어와서 시작된 것은 아니다. 전임 행정부에서도 비핵화의 조건으로 전향적인 대북지원책을 제안했지만 결과는 실망스러웠다. 전임 이대통령이 혁신적인 대북제안을 발표할 즈음 금강산

---

12) 「중앙일보」, (2015.10.7) p. 7.

13) 이지운, "박대통령 남북, 대화 통해 최선의 길 찾자," 「서울신문」, (2015.7.2) p. 6.

관광객 박왕자씨에 대한 총격사건이 발생하고 그 이후 김정일이 갑자기 사망하는 과정에서 남북관계의 진전은 전혀 기대하기 어렵게 됐다. 2010년 3월 천암함 피폭으로부터 시작, 같은 해 11월 연평도 포격도발 사건으로 이어지면서 남북 간 신뢰는 더욱 회복되기 어려운 최악의 긴장국면으로 치달았다. 박대통령의 취임이후에도 사정은 크게 바뀌지 않았다. 취임 초 비판을 자제하고 관망하던 북한은 박대통령이 통일을 준비하기 위한 차원에서 인도적 지원과 협력을 강조한 드레스덴 선언을 발표하자 강력하게 비판했고, 무인공격기를 침투시키는 등 긴장의 수위를 한 층 높이면서 핵 보유국가로서 정당한 권리를 실천하고 핵 억제력을 강화하기 위한 방편으로 선제타격 능력을 확보하는 데 모든 역량을 집중해오고 있다.[14] 따라서 북한 당국이 핵을 포기하리라는 기대는 현실적으로 불가능하다. 다만 북한의 핵전력 공고화 노력은 2가지 측면에서 위험성을 더하고 있다. 첫째, 핵전력을 확보하고 타격운반수단을 강화하면서 자신감에 근거한 도발 가능성이 커진다는 점이다. 폴 브래큰(Paul Bracken) 교수는 지난 45년 이후 미국이나 러시아가 핵을 실전에 사용하지 않은 것과 달리 북한과 같은 신흥 핵보유국들은 핵을 사용할 가능성이 매우 높으며, 이러한 가능성을 조기에 차단하기 위해서는 국지도발이 확전되지 않도록 위기관리를 철저히 해야 하며, 기존 핵전략을 전면 재검토할 것을 요구하고 있다.[15] 둘째, 북한이 핵 억제 수단 확보에 들어가는 엄청난 비용으로 인해 상대적으로 국방예산 배분에 압박을 받게 되면서 저비용·고효율의 새로운 비대칭수단의 개발에 집중하고 있다. 북한의 비대칭 전력에 대한 모색은 오히려 큰 효과를 보고 있다. 우

14) 박병진, "북 무인공격기, 남 전역사정권," 「세계일보」, (2014.4.7) p. 3.

15) Paul Bracken *The Second Nuclear Age: Strategy, Danger, and the New Power Politics* (New York: Times Book, 2012).

리의 입장에서 핵무기 사용에 대비한 대응전력 개발 뿐 아니라, 각종종 국지도발에 따른 재래식 전력도 확보해야 하기 때문에 부담이 점차 커지고 있다. 북한은 국제사회로부터의 고립과 경제적 어려움, 국제사회의 각종 제재로 인해 값비싼 무기들을 확보할 수 없지만 매우 창의적인 무기체계들을 활용, 성동격서식 공격가능성을 보여주고 있다. 그들이 침투에 활용한 무인기(드론)나 우리의 서해안을 지속적으로 위협하는 공기 부양정 등은 개발 단가가 1,000만원에서 2,000만원 수준의 조악한 형태의 무기 체계이지만 아군의 전략목표들을 심각하게 위협하고 있다. 우리는 북한에 비해 월등한 무기체계를 가지고 있지만 작심하고 침투하는 적을 조기에 식별하고, 이를 차단하는 것은 결코 쉬운 일이 아니다. 기상천외한 방법으로 도발해 올 경우를 대비하기 위해서 저공 목표물들을 감지할 수 있는 새로운 레이더 시스템의 도입이 벌써부터 논의되고 있으며, 해안 공격에 대비하기 위해 수백억의 막대한 예산을 투입 새로운 미사일 체계를 획득했다. 새로운 도발 유형에 따라 소요에 맞는 신규예산을 반영하게 되면 그만큼 기존 무기체계의 도입과 확보가 어려워지고 전략증강 계획에 차질을 빚는 악순환이 반복될 수밖에 없다.

북한은 이미 국내 금융기관과 언론기관 등 국가 기간망 마비를 염두에 두고 여러 차례 사이버 공격을 시도한 바 있고, 지난 해 7월에는 서울 지하철 메트로에 대한 해킹시도를 한 것으로 최근 확인됐다.[16] 이러한 추세는 한·미연합 군사역량을 무력화하기 위한 시도로 소위 "제 4세대 전쟁"의 효과를 극대화하기 위한 방편으로 간주할 수 있다.

정부의 입장에서 북한 핵의 상대적인 중요성에도 불구하고 이러한 새로

16) 최종석, "서울 메트로, 해킹 13일 뒤 늑장신고 감염된 컴퓨터 58대 한 달이상 사용," 「조선일보」, (2015.10.6), p. A16.

운 위협에 대한 대응책을 심각하게 고려하지 않을 수 없다. 북한은 휴전 이후 꾸준히 정전협정을 위반해왔으며 이러한 추세가 지속될 가능성이 여전히 크다. 지난 8월 초 DMZ 선상의 목함지뢰 부설사례에서 볼 수 있듯이, 북한은 2014년까지 1,968회의 침투 및 1,072회의 국지도발 등 모두 3,040회 이상 위반해왔다. 이와 더불어 해상침투는 1,001회, 지상에서의 포격은 94회, 해상에서의 포격 및 소규모 해전은 40여회에 달하고 있다.[17] 특히 대통령이 강조하고 계신 DMZ내 평화공원을 만드는 계획은 남북 간 현실을 고려할 때 결코 희망적이지 않다. 북한의 DMZ 인근에서의 도발은 여전히 계속되고 있으며 2014년 10월 10일 민간단체 전단 살포에 대한 보복차원에서 북한이 연천지역에 고사포 발사를 했던 경우나 지난 8월 20일 서부전선 DMZ 인근에서 아군 지역으로 야포 공격을 감행한 것은 매우 위험한 행동이며 중부전선 민간인들에게 직접 피해가 갈 수 있다는 점에서 대책이 필요하다. 북한의 정전 위반문제는 어제 오늘의 일이 아니지만 김정은 집권이후 통계를 살펴보면 매우 심각하다. 국지도발의 경우 12년에 21회, 13년에 29회, 14년에 45회로 증가 일로의 추세를 보이고 있기 때문이다.[18]

따라서 북한의 핵능력 확보를 저지하기 위한 대응전략 뿐 아니라, 군사적 긴장을 완화하기 위한 제도적 장치를 만드는 별도의 노력을 병행할 필요가 있다. 폴 브래큰 교수가 지적한 것처럼 국지도발로 부터 핵사용으로 이어지는 절차를 조기에 차단하기 위한 매우 정교한 제도적 장치가 마련되어야 한다. 비록 과거에 실패를 거듭해왔지만 재래식 군비통제의 기능을 살리기 위한 창의적인 대안이 검토되어야 한다. 재래식 군비통제의 필요성은 인구학적 특성과도 연관이 있다. 우리 사회는 현재 병역자원의 부족을

17) 합동참모본부, 『북한 대남 침투 및 국지도발 사례집』,(서울: 합참 정보본부 2015), p.5

18) 국방부 국방 정책실 내부자료

피하기 어려운 상황에 처해있다. 이는 사회적으로도 이미 입증이 되고 있다. 2018년부터 대학입학 모집정원이 학령인구를 연 8 만 명이나 상회하는 역전현상이 본격적으로 발생하게 된다. 따라서 군도 예외가 아니며 2022년까지는 육군의 경우 11만 4천명을 감축해야 한다. 물론 군 병력 감축을 남북 군사협상의 우선 대상으로 삼기에는 적절치 않을 수 있다. 그러나 군비경쟁을 최대한 억제하면서 동시에 신뢰를 구축할 수 있는 기회를 모색하는 것은 누구도 부인하기 힘든 중요한 우선순위가 되어야 한다.

북한이 핵개발을 공표한 이후, 지난 10년간 남북 간의 군비경쟁과 안보불안이 매우 심각하게 증가했다는 점은 SIPRI나 IISS의 연감 뿐 아니라, 우리의 국방백서를 통해서도 이미 확인할 수 있다. 남한의 군사비는 지난 10년간 (2001-2009년) 약 121% 증가했고, 이러한 추세는 박근혜 정부 출범 이후 더욱 가파르게 상승하고 있다. 북한 역시 어려운 경제 상황 속에서도 같은 기간 81%가 증가했고, 김정은 집권이후 더욱 확대되는 추세에 있다.[19] 따라서 통일이라는 관점에서 북한의 과도한 병력과 군비를 어떻게 관리할 지 종합적인 설계가 필요하다.

Ⅲ. 신뢰구축의 실패를 통해 얻은 교훈

2009년 이명박 대통령이 광복절 경축사에서 북한에게 비핵화와 연계한 재래식 군축문제를 제기했다는 점은 오늘날의 관점에서 볼 때 매우 특별한

---

19) 김인기, “동아시아 국방비 경쟁 어디까지?②,” 「SBS」 (2015/06/05) http://news.sbs.co.kr/news/endPage.do?news_id=N1003010569, (2015-10-12)

기회였지만 북한은 이러한 기회를 살릴 준비가 되어 있지 않았다.[20] 남북한이 재래식 군비통제 영역에 새로운 전기를 맞이할 가능성을 부여했지만 어떠한 결과도 얻지 못한 채 긴장 국면은 오늘 날까지 지속되어 왔다. 당시 핵과 미사일은 미·북간의 중심현안이었지만 사실상 한반도에서 군사적 긴장완화와 진정한 의미의 위협감소를 실현하기 위해서는 재래식 군비통제 영역도 활발하게 논의를 전개할 필요가 있다는 것이 당시 청와대 참모진의 진단이었고 이를 이대통령이 승인함으로써 "신 평화구상"이 발표 되었다.

당시 북한은 이러한 이명박 정부의 새로운 제안에 대해 적극적인 의지를 표명하지 않았다. 북한이 핵보유국 지위 확보에 더 우선순위를 두고 있기 때문에 오히려 재래식 군축문제를 다룸으로써 자신들의 초점을 희석시킬 수 있다는 생각을 했기 때문이다. 특히 광복절 직후 서울을 방문한 김양건과 원동연도 이 문제에 대해서는 일체 언급하지 않았고, 단지 "비핵개방 3000"을 통한 북한지원에 대한 우리정부의 의지가 어느 정도인지를 탐문하는데 목표를 두었으며 결국 우리 정부의 새로운 제안을 신뢰하지 않았다고 볼 수 있다.

초기 단계이지만 기초적인 신뢰구축조치가 이루어진 유일한 사례는 2009년 9월 25일과 26일 개최된 김대중 정부 하에서의 남북 국방장관 회담이었다. 남과 북이 분단이후 최초로 국방장관 회담을 했다는 점에서 큰 기대를 모았고, 정치적 회담의 결과에 따라 군사적 신뢰구축 조치로 이어지는 중요한 발판을 마련했다고 볼 수 있다.

당시 국방장관 회담에서 남과 북은 경의선 철도복원 및 도로개설에 따른 기술지원 문제를 협의하기 위한 군사실무회담의 제도화에 합의했지만 결

---

20) 전용기, "李대통령, 제64주년 광복절 경축사,"「파이낸셜뉴스」(2009/08/15) http://www.fnnews.com/news/200908151028059544?t=y, (2015-10-12)

과는 기대만큼 성공적이지 못했다.

2000년 11월 29일 1차 회담을 개최한 이래 2001년 2월까지 총 5차례 군사실무회담을 개최했고, 특히 2001년 2월 8일 열린 5차 회의에서는 남북 지뢰제거 방법, 철도와 도로건설 작업방법, 작업 중 우발적 충돌방지를 위한 비무장지대 공동관리구역의 공동규칙안에 합의함으로써 남북한 신뢰구축의 중요한 선례를 확보했다고 볼 수 있다.

북한이 군사분계선과 비무장지대를 개방하여 남북관할 지역을 설치하는 문제를 정전협정에 기초하여 처리하기로 합의했던 점은 북측의 기존입장과 배치되는 것으로 매우 중요한 변화였다. 특히 1991년 3월 군사정전위 수석대표로 한국장성이 임명된 이후 정전협정의 무효화를 위해 끊임없이 노력했던 북한의 기존 입장과 태도를 감안할 때, 경의선 복원을 위해 정전협정에 설정한 관할권을 인정했던 것은 매우 전향적인 태도로 받아 들여졌다.

그럼에도 불구하고 경의선 복원사업은 제대로 진척되지 못했다. 북한은 회담에서의 약속에도 불구하고, 장비와 인력을 철수시켰다. 또한 북한은 약속 불이행에 대한 뚜렷한 해명도 하지 않았다. 따라서 북한의 이행조치를 담보할 수 있는 확실한 보장을 얻어내는 것은 항상 어려운 도전과제이며, 늘 우리 측으로 하여금 실망을 하게 만들었다. 무엇보다도 가장 중요한 교훈은 경의선 복원공사가 군사적으로 한국의 수도권 보호와 매우 긴밀하게 연계되어 있음에도 불구하고, 남북한 군사 당국자들 간에 안전조치에 대한 충분한 합의가 사전에 이루어지지 않은 채 서둘러 공사를 진행했다는 점이다.

둘째, 경의선 복원공사가 포괄적인 군비통제의 맥락에서 이루어지지 않고 단순히 철로를 연결하는 토목공사 자체에만 국한되었다는 점이 문제였다. 우리 정부는 경의선을 복구하기 위해 서울로 오는 주공격선의 개방에 대한 위험을 감수하면서도 신속하게 후속조치를 추진했다. 정부는 지뢰제거를 위해 병력을 배치하고, 독일로부터 신형장비를 도입하는 등 막대한 비용을 지불했지만 북한은 군사위협의 해소 대책에 관해서는 전혀 언급이 없었다. 우리 정부는 복원공사를 효율적으로 진행하기 위해 남북 간의 군사직통전화설치, 국방장관 회담의 정례화문제, 대규모 부대이동의 통보 등 군사적 신뢰구축 조치들에 합의할 것을 요구했으나 북한 측은 아예 논의 자체를 거부했던 점을 잊어서는 안 될 것이다. 특히 남북관계 개선의 정치적 효과를 지나치게 의식함으로써 경의선 복원으로 인해 발생 가능한 수도권 방위의 취약점에 대한 검토가 충분히 이루어지지 못한 채 북한과의 협상을 서둘렀던 점은 반면교사로 삼아야 한다. 따라서 향후 국방장관 회의의 정례화가 논의되고 신뢰구축조치에 대한 합의가 이루어질 경우, 모니터링과 검증에 관한 확실한 기능 부여와 위반 시 이를 시정할 수 있는 수단을 확보하는 노력이 반드시 포함되어야 한다.

Ⅳ. 문서로만 남은 기본합의서와 5대 불가침 이행조치

1992년 2월 채택된 남북기본합의서와 9월의 기본합의서의 부속합의서에 명시된 무력사용금지와 우발적 충돌방지, 그리고 5대 불가침 이행보장조치 즉 1) 대규모 부대이동과 군사연습의 통보 및 통제문제, 2) DMZ의 평화적 이용, 3) 군 인사교류 및 정보교환, 4) 대량살상무기와 공격능력의 제거를 비롯한 단계적 군축조치, 5) 검증 등은 당시 상황으로서는 획기적인 내용의 합의였지만 상호이행을 위한 구체적인 논의에 들어가지 못한 채, 핵문제에 걸려 더 이상 진전을 보지 못했다.

재래식 군비통제가 중단되게 된 배경에는 첫째, 북한의 핵 문제가 한·미

양국의 제일 중요한 현안이 되면서 당시 정부는 핵문제의 진전 없이는 재래식 군비통제나 정치·경제적 관계를 진전시키지 않겠다는 입장을 밝혔기 때문이다. 한·미양국은 북한의 핵문제 해결을 위해 미국의 Nunn-Warner 법안에 의한 주한미군 2단계 철수 방안을 연계시켰고, 1933년 팀스피리트 훈련의 재개를 조건부로 내세웠다. 당시 북한은 이러한 연계정책에 강력하게 반발하면서 남북회담은 결렬되고 말았다.

둘째, 북한이 1993년 초 한·미양국의 팀스피리트 훈련의 재개 발표에 강력 반발하면서 국제원자력기구(IAEA)에 의한 핵사찰까지 거부하고 급기야 핵비확산금지(NPT) 조약을 탈퇴하겠다는 선언을 하면서 모든 남북대화 채널이 단절되게 되었다.

북한은 일방적으로 기본합의서와 부속합의서의 조항들을 위배하면서 남한에 대한 비방 선전을 재개했고 한국의 영해에 간첩선과 잠수정을 남파하는 등 적대행위를 계속했다. 이로써 남북 간 상호 군사위협의 제거를 목표로 했던 재래식 군비통제는 완전히 중단되었고 그 후 남북관계는 단절되었으며, 미국의 클린턴 행정부는 재임기간 내내 북한의 핵 동결과 미사일의 개발 및 수출금지에 중점을 두고 북한과의 접촉을 시도했고 당연히 재래식 군비통제에 관한 문제는 현안에서 멀어져 갔다.

다만 1996년 4월 미·북 핵협상 이후, 북한의 한국배제 전략을 극복하고 한반도 평화체제를 가져오기 위해 한·미 양국은 북한과 중국도 참여하는 4자회담을 제안했으며, 1999년 8월까지 6차례의 회의를 진행한 바 있다. 비록 뚜렷한 진전을 보지 못했지만 한반도 문제가 결코 남북 간만의 이해에 따라 결정될 수 없다는 점에서 4자회담의 전략적 가치에 대한 기대가 높았다. 당시 김대중 정부는 평화체제분과위원회와 긴장완화분과위를 가동하여 남북 간 군사적 대결구도를 완화하고 군사적 신뢰구축 조치의 이행을 성사시킬 수 있는 기재로 활용하고자 노력했지만 군사직통전화 설치, 훈련의 상호사전통보 등 신뢰구축을 위한 기본적인 요구들이 본격적으로 논의되지 못한 채 중단되었다. 반면 북한은 주한미군 철수와 병력삭감 문제를 논의할 것을 요구했고, 미·북 평화체제의 체결을 위한 수단으로 4자회담을 활용하고자 했다는 점을 잊어서는 안 될 것이다.

북한은 줄곧 주한미군의 철수와 정치적 선전차원에서 병력을 10만 명 선으로 감축해야 한다는 비현실적인 안을 제시했다. 북한은 군비감축 자체를 목표로 인식하며 신뢰구축과 정보자료의 교환 등 기초적인 군사 활동의 투명성이나 공개성 증대에는 전혀 관심을 보이지 않았다. 반면 우리 정부의 입장에서는 무기체계나 병력의 감축과 같은 구조적 군비통제(structural arms control)는 초기의 군사적 신뢰구축과 그 다음 단계인 군비증강 제한조치(operational arms control)의 시행이후에나 가능한 보다 장기적인 목표로 평가했다. 결국 김대중 정부 시절 기대했던 긴장완화와 신뢰구축에 대한 제도화는 후속정부에서도 결코 이루어지지 않았고 김정일 국방위원장의 강력한 의지가 수반되지 않는 한 기본합의서 정신으로의 회귀는 기대하기 어렵다는 것을 확인하게 됐다.

특히 2009년 이명박 대통령의 8.15 경축사에 담겨있던 "신 평화구상" 제안에 대해 북한은 냉담하게 반응했다. 박왕자씨 피살사건에 대한 사과를 인정하지 않던 경직된 분위기가 그대로 유지되고 김정일의 갑작스런 사망 등으로 인해 경색된 남북관계를 풀 수 있는 기회를 찾기 어려웠다. 한편 천안함 피격과 연평도 포격 도발 등 남북관계는 더욱 악화일로를 걷게 된 상황에서 집권을 하게 된 김정은은 통수권 강화차원에서 군 지도부에 대한 연이은 숙청과 지휘부의 교체를 수시로 단행했고, 공포정치를 펼치면서 군사적 신뢰구축을 위한 협상의 여지는 찾아보기 힘들게 됐다.

V. 남북한 군비통제와 관련 예상되는 쟁점

1) 군비 통제 협상의 주체

남북한 군비통제는 표면적으로는 남과 북이 당사자가 되는 쌍무적 군비통제처럼 보이지만 본질적으로 남북한 및 미국 등 3국이 중층적으로 연계된 다자적 성격을 띠고 있다. 이러한 구조적 특성 때문에 결국 미국의 참여가 없이 군비통제의 실질적 진전을 보기 어려울 것이다. 또한 미국과의 조율과정에서 한·미 양국 간에 역할분담이 매우 구체적으로 잘 이루어져야 하지만 미·북 관계가 정상화 되기 전 북한에 대한 신뢰가 전혀 없는 상태에서 감축이나 무기제한, 부대 이동 등에 합의하기가 어려울 것이다.

2) 군비통제 접근방법

통제방식에 있어서 남북한 간의 비대칭성은 대칭적 상호주의에 입각한 전통적 접근방식의 군비통제를 어렵게 한다. 결국 북한과의 군비통제의 문제는 한·미 간 협력적 분업형태로 진행될 수밖에 없다. 따라서 비대칭적 상호주의에 입각하여 진행될 수밖에 없는 특징을 이해해야 한다.

북한은 실질적인 군축을 강조하는 동시적·포괄적 방식을 선호하는 반면 한국의 단계적·점진적 접근방식을 적극 반대한다. 따라서 북한은 한국의 "선 신뢰구축, 후 군축"의 방법보다 "선 군축, 후 신뢰구축"의 방식을 선호할 것으로 보인다.

그러나 한국에서도 다양한 의견이 존재한다. 신뢰구축 조치부터 시작하여 장기간에 걸쳐 단계적으로 군축에 이르는 방식보다는 처음부터 핵심적인 군사위협들을 제기하고, 이를 해결해 나가는 포괄적 군비통제 방식을 적용해야 한다는 의견들이 있다.

한용섭 교수는 남북 간의 평화, 관계정상화, 궁극적 통일이라는 정치적 정책목표와 전쟁억지, 군비경쟁 완화, 위기 방지, 장기적인 차원의 지역적 안정제고 등 5개의 목표를 설정하고 이러한 목표들을 달성할 수 있는 다양한 신뢰구축 제한조치 및 군축방안 등을 제시한 후 가능한 것부터 문제를 해결해 나가는 포괄적 군비통제 방안을 제시하고 있다.[21] 또한 박용규 박사는 단선적이고 기능적인 군비통제 정책을 벗어나 분야별, 또는 이슈별로 대화와 협상의 장을 달리하는 동시다발적인 접근 전략이 바람직하다는 견해를 피력한 바 있다.[22] 그 외에도 군비통제 논의는 다양한 쟁점과 견해를 가지고 있다. 1992년 기본합의서로 하루바삐 복귀해야 한다는 주장이 있는 반면, 남북 양측이 새로운 군비통제 회담을 통해 합의서를 만들고 실제적 효과가 큰 조치들을 중심으로 차근차근 이행하면서, 검증제도를 반드시 갖춰 나가야 한다는 주장도 있다. 또한 명시적인 합의도출이 어려울 경우, 한국은 정치, 경제, 군사 모든 면을 상호주의에 엄격하게 연계시키기보다는 북한이나 남한이 각기 선제적으로 노동당 규약을 개정하거나, 기존 법령을 개정하는 방식을 통해 약간의 시차를 두고 각자 필요한 조치들을 이행해나가야 한다는 주장이 있다. 그러나 보다 엄격한 상호주의를 요구해야 하며, 북한의 실질적 변화가 없는 한, 북한을 경제적으로 지원하지 말아야 한다는 강경론도 여전히 활발하다.

---

21) 한용섭, 『한반도 평화와 군비통제』(서울: 박영사, 2004)

22) 박용규, 『한반도 군비통제의 재조명: 문제점과 개선방향』(서울: 통일연구원, 2006)

3) 감축대상의 우선순위

우리 정부는 북한의 전략무기 감축을 우선적으로 고려하고 있지만 북한은 병력감축 우선론을 주장하고 있다. 우리 정부의 전문가들은 "상호동수보유원칙"을 적용하여 군사력을 과다 보유한 측이 적게 보유한 측의 수준으로 먼저 감축하여, 상호동등 수준을 달성한 후, 동수 균형 감축 방식으로 군축을 추진할 것을 주장하고 있는 반면, 북한은 병력을 중심으로 단계적으로 감축하여, 남북한 각기 10만 병력을 동수 보유하여, 이에 상응하는 무기를 감축하자는 입장이다.

따라서 무기와 병력감축을 같은 틀 내에서 다루는 방법이 필요하다. 우선 남북한이 모두 동의하고 있는 동수보유의 원칙에 의거해 대상무기와 병력에 대한 동일상한선을 설정하는 방법을 고려해 볼 필요가 있다. 동일상한선의 수준을 적게 보유한 측을 기준으로 협상을 통해 결정하며, 대상의 유형에 따라 상한선을 달리하도록 검토 할 수 있다는 것이 우리 측 전문가들의 견해이다. 합의된 상한선에 이를 때까지 감축방식은 남북 간의 기존 보유수를 인정하여 단계별 감축 방식을 적용하자는 주장도 있다.

그 외에도 등가의 정확한 교환이 실질적으로 어렵다고 판단할 경우, 북한이 군사적 신뢰구축 조치의 이행과 군축을 철저하게 진행시키는 조건 하에 한국이나 미국이 정치 또는 경제적 수단으로 북한의 특정군사력의 감축에 대해 보상하는 방식이 바람직하다는 견해도 있다.

4) 감축대상의 불균형

첫째, 북한의 핵과 대량살상무기가 현실적으로 심각한 위협의 대상이 되고 있는 상황 하에서 우리 정부는 대칭적 통제전력이 절대적으로 부족한 상황이다. 특히 핵무기와 대량살상무기와 재래식 무기 간의 차이에 대한 비중을 어떻게 조정할 지에 대해 먼저 검토해야 할 필요가 있다. 둘째, 재래식 무기에 있어서도 남북 간에 무기체계의 성격과 성능, 보유량의 차이가 심각하다. 따라서 재래식 무기의 성능차이를 반영한 무기의 보유량을 평가하는 표준화 작업이 시급할 것이다. 셋째, 이미 지적했듯이, 병력의 비율의 차이와 무기의 보유수준 간의 불균형을 어떻게 조화시키느냐가 중요한 관건이 될 것이다. 남북 간의 병력비율이나 장비의 보유량 면에서 현격한 차이를 가지고 있지만, 성능과 현대적 장비, 그리고 훈련의 질과 양에서는 한국이 절대적 우위에 있다. 따라서 통제대상을 정확하게 계산하고 적용하는 데에도 많은 어려움이 따를 것이다.

또한 북한은 대부분의 전력이 기습공격이 용이하도록 평양–원산 이남의 전방 휴전선에 가까이 전진배치가 되어 있다는 점에서 「공세기동주축전력」(offensive spear-head force)을 감축하거나 후방으로 이동시키는 방안에 대해서도 진지하게 논의할 필요가 있다.

넷째, 주한미군의 전력을 처음부터 협상의제에 포함시켜 고려할 것인지에 관한 정책협의가 필요할 것이다. 주한미군을 처음부터 고려의 대상으로 삼아야 북한이 쉽게 협상에 임할 것이라는 주장이 있는 반면, 주한미군은 한·미 상호방위조약 차원에서 주둔하고 있기 때문에 3자 회담의 대상으로 삼는 것은 바람직하지 않다는 신중론도 있다.

5) 검증절차

문제는 군비통제의 실행과정에서 반드시 엄격한 검증(verification)이 뒤따라야 하며, 이를 뒷받침할 제도적 장치와 정치적 의지를 확인하는 것이 중요하다. 그러나 군비통제과정을 감시할 검증체제의 확보는 막대한 재정적 소요를 초래할 수 있다. 그러나 북한이 인정할 검증 체제를 확보한다는 것은 결코 쉽지 않을 것이다. 강제 사찰이나 검증이 내정간섭으로 오해될 경우, 선군정치에 의존하고 있는 북한의 입장에서 이를 수용하기 어려운 정치적 부담으로 느낄 가능성이 크기 때문이다.

VI. 통일을 대비한 주요 고려 사항

재래식 군비통제는 통일 환경 조성의 수단이 되어야 하며, 보다 장기적이고 종합적인 대책의 한 부분으로 간주하여야 한다. 사실 남북 상호간에 가진 불신과 의혹이 매우 크기 때문에 이를 줄이기 위해서는 한국과 미국은 북한이 지적하는 위협에 관해 최소한의 안전보장을 제공해 줘야 할 것이다. 북한 역시 남한과 미국이 제기하는 불안요소들을 의제로 수용해야 할 것이다. 즉 상대방의 입장에서(role reversal) 문제를 바라보는 시각으로 접근해야 하며, 통일 이후의 국제정세를 고려하여 안보적인 측면 뿐 아니라 경제, 환경, 개발과 연계하여 재래식 군비통제를 논의해야 할 것이다.

1) 전략적 차원의 고려

한민족 전체의 안정과 번영을 위한 장기적 차원에서 군비통제를 고려해야 한다. 현재 남북한 모두 군비경쟁에 따른 경제적 부담이 매우 크기 때문에 통일이후 경제발전에 필요한 재원을 확보한다는 것은 매우 큰 부담이 아닐 수 없다. 따라서 신뢰구축과 군비통제가 하루빨리 체계적으로 추진되어야 한다는 주장이 설득력을 얻고 있다.

그러나 통일 이후 또는 통일로 가는 과정에서 주변국의 위협으로부터 자신을 방어할 수 있는 거부적 수준의 군사력(denial capacity)을 확보하는 것은 반드시 필요하다. 따라서 통일한국의 안전을 확보하고 주권을 수호할 수 있는 역량을 고려하여 미래 군사력 수준을 판단해야 할 필요가 있다.

한반도에 핵 및 대량살상무기나 장거리 로켓이 없는 경우를 대비하여 주변 국가들로부터 안전보장을 확보하는 방안이 강구되어야 할 것이며, 보유 군사력의 현대화 가능성도 꾸준히 검토해야 할 것이다. 또한 미래의 전쟁에 대비할 수 있는 역량은 하루아침에 이루어지지 않는다는 점을 고려하여 새로운 통일한국의 위상과 지역 안정의 필요에 부합하는 적정 전력을 검토해야 한다. 한반도 군축에 관해 적정한 규모의 합의를 이룰 수 있다면 주변국들의 우려를 줄일 수 있는 장점이 되겠지만 동북아 군축과 연계하지 못한다는 차원에서 통일이후 발생할 수 있는 지역적 차원의 위협에 대처할 수 있는 최소한의 거부적 방어력을 확보하지 못할 개연성도 함께 고민해야 한다. 즉 통일 이후 주변국들을 포함하는 동북아 전체 차원에서 적정 군사력을 염두에 둬야 할 것이며 국제사회의 안정을 위해 기여할 수 있는 분야에 대한 장기적인 검토도 필요하다.

2) 경제적 차원의 고려

현재 통일이 된다면 남북한은 도합 172만의 거대한 군사력을 갖게 될 것이며, 세계 1위 수준의 대군을 갖게 된다. 따라서 군비통제와 병력감축은 통일이후 무력충돌 가능성을 예방하고 주변국들에 대한 부담을 감소시킨다는 차원에서도 매우 필요하다. 그러나 어느 정도의 감축이 바람직한 가에 대해서는 쉽게 답하기 어려울 것이다. 무엇보다도 남북한 간의 군비통제가 본격적으로 시행될 경우, 엄청난 재정소요가 발생할 것인데 이를 위한 재정확보가 큰 관건이 될 것이다.[23] 군의 민수전환(conversion) 비용은 이미 냉전종식 이후 소련 및 동구권에서 경험한 바 있다. 대부분의 서방국가들도 경험했듯이 군 기지 해체나 무기 체계의 급격한 폐기는 자금 부족으로 인해 많은 어려움을 겪는 어려운 과제이다. 또한 전방배치부대의 후방 이동이나 배치제한지역의 설치 등에 따라 막대한 군비통제 시행비용을 어떻게 조달할 것인지도 지금부터 함께 고민해야 한다.

3) 국제군비통제와의 연계

한반도 군비통제와 국제군비통제를 연계하여 이를 적극적으로 활용하는 방안을 강구할 필요가 있다. 특히 북한의 대량살상무기와 관련하여 남북간의 협상이 진전을 보기 힘든 상황에서 국제군비통제 체제의 규범과 국제사회의 여론과 관심을 활용하는 것이 보다 유리할 것이다. 따라서 점차 통제기능이 강화되고 있는 다양한 국제 레짐과 국제기구가 정한 규약들에 북한이 순응할 수 있도록 다양한 채널을 통해 설득하고 필요시 압력을 행사해야 한다. 특히 국제 비정부 단체들과도 협력이 가능해야 한다. 군사적 신뢰구축을 확대해 나아가기 위해서는 남북 당사자 뿐 아니라, 6자 회담 회원국, 아세안지역포럼(ARF) 회원국이나 북한이 참가하는 1.5 track의 협의체인 아태안보협력이사회(CSCAP)와 같은 조직을 적극 활용하고 북측 인사들과 소통의 폭을 확대할 필요가 있다. 특히 반복되는 지뢰 사고를 해결하

23) 미 하원의 보고서에 따르면 미군의 경우 1개 기지를 폐쇄하는 데 드는 비용이 평균 2천6백만 달러가 소요되며 전 세계 2천여 개의 미군 기지를 폐쇄하는 비용으로 770억 달러가 소요된다는 계산을 한 바 있다. 따라서 경제 위기상황 하에서 기지 폐쇄에 드는 비용을 조달한다는 것은 매우 어렵다. 홍규덕 "탈냉전과 동아시아 군비확장: 전환과 무기거래의 상관관계를 중심으로" 「평화연구」제 2호 (1992), p. 155.

기 위해 국제사회가 인정한 비인도적인 무기 체계에 관해서는 강력히 이를 폐기하도록 국제여론을 동원하고 북한을 설득함으로써 신뢰를 쌓아 나갈 수 있는 계기를 만들어 줄 필요가 있다.

4) 달성 가능한 목표의 설정

100년이 넘는 군축 역사상 완전한 군축에 성공한 사례는 찾아보기 힘들다. 따라서 분야별 목표를 정해야 하며 달성 가능한 목표를 설정하는 것이 필요하다. 특히 한반도의 경우 기습공격능력을 방지하기 위한 대책을 마련하는데 총력을 기울여야 한다. 공세기동 주축부대에 대한 정보교환은 물론이고 이들에 대한 감시뿐 만이 아니라, 후방으로의 이동배치도 가능해야 한다. 이스라엘-이집트 간에 성공적으로 이루어졌던 시나이협정의 사례처럼, 휴전선 내 일정 범위 안에 특정무기의 배치를 제한하는 「배치제한지대」(LDZ: Limited Deployment Zone 또는 Limited Force Zone)를 설치하는 방안을 적극 고려해볼 필요가 있다. 또한 이와 관련하여 장기적인 차원에서 군사력의 균형을 이룰 수 있도록 기습공격에 쓰일 수 있는 공세전력의 우선 감축이 이루어지도록 한·미간에 북한과 긴밀한 협조가 필요할 것이다.

5) 국방개혁에 따른 병력감축과 군비통제와의 연계

우리 군은 국방개혁 계획에 따라 2022년까지 약 11만 4천의 병력을 추가로 삭감해야 한다. 이는 인구학적 특성에 따른 불가피한 조치이지만 북한의 병력이 그대로 잔존하는 상황 하에서 일방적으로 진행하는 것이 바람직 한 것인가에 대해 고민해 볼 필요가 있다. 미국은 한반도 유사시 대규모 병력을 투입하기가 현실적으로 어려울 것이다. 그러나 미국은 북한지역의 안정화에 상당한 병력이 필요하다고 판단하고 있고 이를 조달하는 데 우리 측이 더 많은 기여를 해야 한다고 생각하고 있다. 한반도에 급변사태가 발생할 경우 병력이 적어도 46만 이상이 소요될 수 있다는 미국 외교협회의 연구에 이어[24], 최근 랜드 연구소 역시 이러한 이유로 미국 육군의 지상군 병력을 확대해야 한다고 주장하고 있다. 이러한 상황 하에서 일방적인 감축보다는 북한의 상응하는 병력감축 내지는 휴전선으로부터 공격무기 철수나 비인도적 무기들을 제거하는 방안들을 연계하는 방안도 고려해 볼 필요가 있다.

Ⅶ. 결론: 신뢰구축을 위한 제언

북한의 비핵화에 대한 강력한 압박과는 별도로 남북 간 신뢰구축을 위한 좀 더 현실적인 대안모색이 필요하다. 그동안 역대 정부에서도 많은 관심을 가져왔지만 신뢰구축을 위한 제도적 접근에 대한 실패의 교훈과 기억은 새로운 대안 제시를 매우 어렵게 만든다. 이는 북한의 경우 더욱 심각하다. 군 지휘부나 핵심 참모들이 정책적 판단을 건의할 수 있는 자유로운 분위기가 전혀 형성되어 있지 않다보니 상상력을 동원한 창의적인 정책 추진이 어렵고, 정책의 실패에 대한 두려움 때문에 최고 지도자의 지침에 의존할 수밖에 없다.

따라서 북한의 지도자가 거부하기 힘든 국제적 관심과 신뢰를 회복할 수 있는 상징적 조치들이 필요하다. 지난 8월 비무장지대에서 발생한 지뢰 폭

24) 이하원, "북 붕괴하면 치안병력 최대 46만 명 필요," 「조선일보」 (2009.1.29). p. A1.

발 사태는 자칫 남과 북 간의 전면전으로 확대될 위험성을 보여줬다는 점에서 보다 근본적인 위기관리가 필요하며 이는 중국을 포함한 주변국들로부터도 지지를 획득하는데 어려움이 없을 것이다. 최근 중국의 시진핑 주석은 제 70차 유엔총회 기조연설에서 국제사회에 대한 중국의 기여와 관련 8,000명의 PKO 파견과 11억 달러의 평화유지 기금을 조성하겠다는 제안을 했다. 이와 함께 불안정 지역에서 10개의 지뢰제거 작업을 지원하겠다는 뜻을 밝히기도 했다. 따라서 위기 촉발 가능성이 매우 큰 DMZ를 중심으로 지뢰제거 작업을 시도한다면 안전한 국제사회를 만드는데 기여하고자 하는 국제사회의 추세에 동참하는 효과를 볼 수 있어 북한으로서도 거부하기 힘들 것이다. 지뢰제거는 안보 현안이지만 현재 박근혜정부가 강조하고 있는 동북아 평화협력구상과도 궤를 같이할 수 있는 연성이슈라는 점에서 추진이 가능하다. 정부는 핵안전, 에너지보호, 마약, 환경, 사이버스페이스, 재난구호 등 7개 분야를 대상으로 추진 중에 있지만 만약 지뢰제거가 대상이 된다면 안보영역으로 협력을 확대할 수 있다. 특히 DMZ를 위기로부터 차단하고 평화지역으로 관리한다는 명분 때문에 국제사회의 관심을 얻기 좋을 것이다. 지뢰제거는 현재 파키스탄, 앙골라, 콩고 공화국, 캄보디아 등에서 활발하게 진행되는 글로벌 아젠다로 자리 잡고 있고 비인도적 무기를 폐기하기 위한 국제적 규범이 형성된 사안이기 때문에 다양한 국내외 비정부 단체들과 협력이 가능할 것이다.[25] 과거 김대중 정부 당시 독일제 지뢰제거기를 구입, 북한과 함께 작업을 했던 경험을 되살려 휴전선 일대의 지뢰제거를 남과 북의 군사당국이 성실하게 공동으로 임무

---

25) 김승재, 후방지뢰제거 및 피해자 돕기를 18년째 지속해 온 평화나눔회의 조재국 이사장 인터뷰 참조 이미 피해자 지원 특별법이 국내에서도 제정되어 있음. “북의 대인지뢰도 발은 야만의 극치”「조선일보」(2015.8.25), p. A23.

를 추진할 수 있다면 이는 신뢰구축에 크게 도움이 될 것이다.

비록 작은 부분이지만 북한이 성실하게 지속적으로 사업에 임한다면 남북 간의 군사적 긴장관계를 해소하고 통일시대를 준비한다는 차원에서 반드시 도움이 될 것이다. 또한 북한이 가장 절실한 이미지 개선에도 큰 도움이 될 것이다. 한반도에서의 소모적 군비경쟁을 종식한다는 것은 사실상 북한이 핵을 포기하지 않는 한 기대하기 어렵다. 또한 북한 사회의 근저를 이루고 있는 병영국가의 특성을 하루아침에 바꾸기는 더욱 가능성이 적다. 북한의 과도한 군수경제와 선군사상에 입각한 전 인민의 전투조직화 성향은 북한 정치의 핵심이며 수령체제를 연명하는 기조이기 때문이다. 따라서 군사 위주의 북한 체제를 어떻게 민수 전환(conversion)할 수 있을 지, 전환에 들어가는 비용은 어떻게 충당할 것인지에 대한 보다 종합적이고 장기적인 계획을 만들어 나가야 하지만 지금 당장은 국제사회로부터 관심을 촉발할 수 있는 상징적 조치가 더 시급하다. 북한이 인도적 차원에서 국제규범에 순응하는 모습을 보여준다면 문제 해결에 도움이 될 것이다. 따라서 과거 실패사례의 교훈을 바탕으로 가장 가능한 일부터 접근하는 실용적 노력이 요구된다. 지난 8월 4일의 위기를 계기로 남과 북이 비인도적인 무기체계인 대인지뢰를 제거하는 작업을 통해 DMZ를 보다 안전하게 관리할 수 있도록 북한과의 진솔한 대화가 필요하다.

한반도 평화협정과 한반도 평화체제[1]

박명림 연세대

1) 본 한반도 평화협정(초안) 발표문은 수정을 거쳐 '특별기고3'으로 게재하였습니다.

2주제

한반도 평화와 국제관계

한반도 평화문제:
북한과 미국

박영호 강원대

I. 서론

2015년 10월 3일 독일은 통일 25주년을 기념하였다. 그러나 한반도는 분단 70년을 군사적 긴장 고조의 상황에서 보냈다. 북한의 비무장지대 지뢰 도발로 촉발된 남북 간 긴장은 북한의 준전시상태 선포와 이에 대한 한미의 강력한 대응으로 일촉즉발의 상황까지 치달았다. 남북 고위급 접촉의 결과 '8.25 합의'로 긴장 국면이 대화 국면으로 전환되었으나 군사적 긴장은 언제든지 다시 재발될 수 있다.

한반도는 세계에서 가장 군사적 밀집도가 높은 지역이다. 한반도의 평화란 불안정한 평화로 1953년 7월 27일 체결된 정전협정에 의해 규율된다. 형식적 의미에서 정전협정은 완전한 평화 상태를 보장하지 못한다. 서해 북방한계선 인근에서의 남북 해군 간 충돌, 천안함 침몰, 연평도 포격, 비무장지대에서의 포격 교환 같은 국지전의 재발이 언제든지 가능하다.

남한이나 북한 모두 상대방의 군사적 도발이나 위협을 항시 우려하고 있다. 북한의 경우는 특히 미국의 위협을 우려하며 대북 '적대시 정책'의 철폐를 주장하고 있다. 남북 간 군사적 신뢰는 물론 미북 간 군사적 신뢰가 결여된 상태에서 한반도는 군사적 충돌의 가능성이 있는 화약고로 간주된다.

그동안 한미동맹은 북한의 군사적 위협으로부터 한국의 안보를 보장하고 한반도 평화를 유지하는 튼튼한 토대가 되었다. 북한의 핵보유 등을 이유로 한국군으로의 전시작전통제권 이양은 또 다시 연기되었다. 북한은 핵무기의 소형화, 다종화, 경량화를 통해 미국 본토를 타격할 수 있는 핵탑재 탄도미사일의 개발을 추구하고 있다. 2015년 10월 10일 당창건 70주년 행사 연설에서 김정은은 "미제가 원하는 어떠한 형태의 전쟁에도 다 상대해줄 수 있(다)"며 열병식에서 대륙간탄도미사일을 선보였다.

그 사이 중국의 경제력을 배경으로 한 군사력 증강과 공세적 외교전략, 이를 견제하려는 미국의 재균형전략, 그리고 미국의 이러한 전략에 힘입은 일본의 집단적 자위권 행사 체제 구축 등 동북아의 안보지형도 격변하고 있다.

한반도 평화문제는 현 정전상태를 공고한 평화상태로 전환하고, 남북 간 및 국제적 차원에서 적대적 관계를 초래했던 제반 긴장요인들을 완화·해결함으로써 항구적 평화정착을 실현하는 문제다. 좁게 말하면 평화체제 구축문제로 볼 수 있다. 해결해야 할 핵심 사안으로는 평화협정 체결, 남북 간 군사적 긴장완화와 신뢰구축, 북핵문제의 해결과 북미 및 북일 관계 정상화 등이다. 이 글에서는 한반도 평화문제와 관련 북미관계 차원에서 미국의 역할에 초점을 맞춰 논의하고자 한다.

Ⅱ. 한반도 평화문제에 대한 북한과 미국의 입장

1. 북한

6.25전쟁 이후 한반도 평화문제와 관련 북한의 주장은 '제국주의' 미국에 대한 적대적 인식을 토대로 하고 있다. 미국이 북한에 의한 한반도 통일을 방해했으며 북한을 지속적으로 위협하고 있다는 것이다. '미 제국주의'와의 투쟁은 북한의 대미관계의 근저를 이루고 있다. 따라서 정전협정 체결 이후 북한은 주한미군 철수를 일관되게 주장하고 있다. 1974년 3월 북미 평화협정 체결 제안 이전까지 주한미군 철수를 전제로 한 남북 평화협정 체결을 제안하기도 했으나, 한반도의 안보문제는 북한과 미국 사이에 해결되어야 한다는 입장을 견지해오고 있다.

냉전 시기 북한의 대미 접근 시도는 효과를 발휘하지 못했다. 동서 냉전체제 종식 즈음에 미국과 낮은 수준의 외교 접촉을 시작했으며 1990년대 초 핵문제를 매개로 고위급 접촉 및 대화 관계를 형성하였다. 이후 현재에 이르기까지 북핵문제는 북한의 대미관계의 핵심 연결고리이면서 동시에 관계 개선을 막는 핵심 장애물로 작용하고 있다.

한반도 평화체제 구축과 관련 북한은 남북기본합의서의 체결에도 불구하고 남북 간 군사적 신뢰구축이나 평화체제 논의를 사실상 거부하고 있다. 1974년 3월 북미 평화협정 체결을 제의한 이후로 40년 이상을 일관되게 주장해오고 있다. 1990년대 후반기에 열린 4자회담에 한국이 참여했으나 북한의 주된 협상 대상은 미국이었다.

사회주의진영 몰락 이후 북한은 대미 적대의식을 유지하면서도 대미관계 개선을 체제안전 보장, 외교적 고립 탈피, 체제정통성 확보 등을 도모할 수 있다는 탈출구로 선택하였다. 또한 북한은 핵무기개발 프로그램을 본격적으로 시작하였다. 북핵문제는 미국의 대북 접근을 유도하였다. 북한은 미국과 핵협상을 진행하는 과정에서 1994년 4월 '새로운 평화보장체계' 수립을 제안하고, 1996년 2월에는 군사적 충돌 방지를 명분으로 북·미 잠정 협정 체결을 제의하기도 하였다.

미국은 제네바합의에서 핵문제 해결에 상응하여 관계 정상화, 소극적 안전보장 제공 등을 약속했다. 그러나 미국은 핵개발 차단이 우선이었으며 북한의 핵개발은 비밀리에 지속되었다. 6.25전쟁 시 사망한 미군 유해 발굴·송환, 미사일 회담, 인도적 지원 등으로 대북 접근이 지속되고, 2000년 10월 조명록 국방위원회 제1부위원장의 워싱턴 방문과 북미 코뮤니케 발표, 올브라이트 국무장관의 평양 방문 및 김정일 면담이 이루어졌으나 관계 개선은 더 진전되지 못했다.

북한의 대미 관계는 부시 대통령 시기에 후퇴하였다. 북한을 '악의 축'의 일원으로 규정한 미국에 대해 북한은 대북 '압살정책'을 강화하고 있다고 반발하면서, 남북관계를 정체시키고 미국의 대북 강경정책 때문이라고 핑계를 댔다. 북한은 부시 정부가 제시한 협상의제(제네바합의 이행 개선, 미사일의 검증 가능한 규제 및 금수, 재래식 군비태세 등)를 전제조건이라면서 미국이 북한의 제도를 인정하지 않고 실질적 관계 개선 의도가 없다고 비난하였다. 그러나 북한은 강경하게 반발하면서도 대화채널을 유지하려는 입장을 보여주었다.

2002년 10월 북한의 고농축우라늄(HEU) 핵프로그램 의혹이 대두되면서 미국은 대북 압박정책을 강화하고 이에 북한 또한 강경하게 맞대응하여 양자관계는 악화되었다. KEDO의 대북 중유공급 중단, 북한의 핵동결 해제와 NPT 탈퇴, 5MW 원자로 재가동 등이 이어지면서 제네바합의는 완전히 깨졌다.

2003년 8월 6자회담이 새로운 협상틀로 출범하였다. 북한은 6자회담에 참여하면서도 핵개발을 중단하지 않았다. 북한은 6자회담 과정에서 정전 상태가 유지되는 상태에서는 핵 포기가 불가능하며, 북미 평화협정 체결을 통해 평화체제가 구축되어야 미국의 대북 적대정책이 포기된 것으로 인정할 수 있다는 입장을 표명했다. 2005년 7월 22일 북한은 외무성 담화를 통해 평화체제로 전환되면 미국의 적대시 정책과 핵 위협이 없어지게 되며 자연히 비핵화 실현으로 이어지게 된다고 주장했다. 2개월 후 '9.19 공동성명'에서 북한의 기본 입장은, 북미 평화협정 체결로 평화체제가 수립되면 북·미 적대관계가 청산되고 북핵문제의 완전한 해결이 가능해진다는 것이다. 비핵화와 평화체제 구축을 연계한 것으로 북한의 이러한 입장은 지금까지 견지되고 있다.

'9.19공동성명'은 북한의 검증 가능한 비핵화, 북·미 및 북·일 관계 개선, 대북 경제협력 증진 및 에너지 지원, 별도 포럼에서 한반도 평화체제 협상 추진, 동북아 다자안보협력 증진 등이 담겼다. 그러나 북한은 다음날 외교부 대변인담화를 통해 경수로를 먼저 제공하지 않는 한 핵 폐기를 할 수 없다는 입장을 발표했다. 마침내 북한은 2006년 10월 3일 외무성 성명을 통해 핵실험 계획을 발표하고, 10월 9일 제1차 핵실험을 단행했다. 미국은 신속하게 유엔안보리를 통한 대북 결의 채택을 주도하여 10월 15일 대북결의 1718호가 만장일치로 채택됐다.

이후 '2.13 합의', '10.3합의' 등이 도출되었으나 북한의 핵개발을 막지는 못했다. 북한은 오바마 정부가 출범 직전인 2009년 1월 13일 외무성 대변인 담화를 통해 미국의 대북 '적대시정책' 포기와 핵위협 청산을 핵무기 포기의 선결 조건으로 제시하였다. 특히 북한은 9.19공동성명에 동의한 이유를 '비핵화를 통한 관계개선'이 아니라 '관계정상화를 통한 비핵화'의 원칙적 입장에서 출발한 것이라고 주장했다. 4월 14일에는 외무성 성명을 통해 플루토늄 추가 확보 등 핵시설 불능화 원상 복구 및 우라늄 농축 검토를 공식적으로 선언하고, 비핵화 합의를 파기하였다. 또한 6자회담 참가 거부 및 6자회담 합의 파기를 선언하였다. 북한의 공세는 2009년 5월 25일 제2차 핵실험의 단행으로 이어졌으며 6월 13일 외무성 성명을 통해 핵을 포기할 수 없다는 입장을 천명하였다. 핵무기 개발과 함께 장거리미사일 개발에도 박차를 가했다. 돌이켜보면 김정일 시대 말기에 핵무기 개발을 공식화하였고, 결국 핵과 미사일은 김정일의 유산이자 업적으로 남게 되었다.

김정일 시대를 출범하면서 북한은 "미국이 우리에 대한 적대시정책을 버리고 (조미기본)합의문을 성실히 이행할 때 조미 사이의 비정상적인 적대관계는 해소되고 신뢰가 조성될 것이며 그것은 조선반도의 핵문제를 근원적으로 해결하고 이 지대의 비핵화를 실현하는 데로 이어지게 될 것이다"라고 주장했다.[1] 이러한 북한의 입장은 김정은 시대에 그대로 이어졌다. 여기에 정전협정 체결 이후 지속적으로 주장하는 주한미군 철수가 한반도 평화보장을 위한 필요조건으로 강조되었다.[2]

북한은 오바마 정부 출범 2기에 맞춰 다시 공세를 펼쳤다. 2012년 12월 12일에 장거리로켓 은하 3호를 발사한 데 이어 2013년 2월 12일에는 3차 핵실험을 단행하였다. '핵 없는 세계'를 비전으로 내세운 오바마 대통령의 정책에 대한 강력한 도전이었다. 북한의 장거리로켓 발사와 핵실험에 대해 유엔안보리는 각각 결의 2087호와 2094호로 제재를 가했다. 북한의 대응은 소위 '맞받아치는 공격'의 양태로 나왔다. 북한은 2013년 3월 5일 정전협정의 백지화를 선언했다. 이어 4월 4일 북한군 총참모부는 대변인 담화

---

1) "당보(로동신문) · 군보(조선인민군) · 청년보(로동청년) 공동사설," 『로동신문』, 1995년 1월 1일.

2) "당보(로동신문) · 군보(조선인민군) · 청년보(청년전위) 공동사설," 『로동신문』, 2012년 1월 1일

를 통해 미국의 적대시 정책과 핵위협을 소형화·경량화·다종화된 핵타격 수단으로 대응할 것이라고 주장했다. 김정은 시대의 발전전략으로 '경제건설·핵건설 병진노선'을 채택했으며, 헌법 전문에 '핵보유국'을 규정한 데 이어 '자위적 핵보유국의 지위를 더욱 공고히 할 데 대하여' 법령을 제정·발표했다.

김정은 시대에 핵과 관련한 북한의 입장은 한마디로 '미국의 적대시 정책이 지속되는 상황에서 자위적 억제력인 핵을 포기할 생각은 없다'는 것이다. '조선반도 비핵화'를 위해서는 북·미 간 평화협정 체결 등 적대관계가 먼저 종식되어야 한다는 입장을 계속해서 주장하고 있다. 장거리로켓 발사는 "평화적 우주개발을 목적으로 한 주권국가의 자주적 권리"라고 강조하고 핵실험은 "미국의 적대시 정책과 핵위협에 대한 자위적 조치"라고 주장한다. 정전협정은 평화협정으로 대체되어야 하며, 이를 위해서는 북한과 한국군의 전시작전통제권을 가지고 있는 미국이 논의해야 한다는 것이다.[3] 또한 주한미군 철수 주장이 대폭 강화되었으며, 유엔 무대를 통해서 유엔군사령부의 해체와 대북 제재의 중단을 요구하고 있다. 김정은 시대의 북한에서 자위적 핵억제력의 강화는 '우리식 사회주의 제도'를 지키고 '경제강국'과 '문명국'을 건설하는 보루다.[4]

2. 미국

미국은 클린턴 정부 시기 1994년 10월의 제네바합의 및 2000월 10월

3) "유엔총회 제70차 회의 일반연설에서 한 조선민주주의인민공화국 리수용 외무상의 연설문," 2015년 10월 1일.

4) 김정은, "위대한 김일성, 김정일동지 당의 위업은 필승불패이다 – 조선로동당 창건 70돐에 즈음하여," 『로동신문』, 2015년 10월 4일.

미·북 공동코뮤니케를 통해 북핵 폐기를 통한 한반도 비핵화 완성과 미북 정치·경제관계 개선을 통한 관계 정상화를 병행 추진하였다. 1990년대 후반 한국과 공동으로 제안한 4자회담을 통해 정전체제의 평화체제로의 전환 문제를 다루는 입장이었다.

이러한 미국의 입장은 크게 변하지 않았지만 부시 정부에서는 테러 지원 및 WMD 개발을 추진하는 '불량국가'로 규정함으로써 적대국의 위협에 대한 강력한 대처가 더욱 중요하게 부각되었다. WMD 및 미사일의 확산 방지가 더욱 확고한 정책우선순위가 되었으며, 북한을 '악의 축' 국가에 포함시킨 것은 이러한 정책을 반영한 것이었다. 따라서 부시 정부 1기에서 미국은 비(반)확산 및 테러와의 전쟁 차원에서 북핵 문제를 다루었으며 미북 양자 협상 불가, '선 북핵 폐기, 후 관계 개선' 입장을 유지했다. 그러나 2기 정부에 들어서 외교와 압박을 병행하는 포괄적 접근을 추진하기 시작했다. 특히 이라크문제가 예상한 것처럼 잘 진전되지 않고 이란문제 또한 발목을 잡음에 따라서 2006년 하반기부터 대북정책을 전환하였고, 적극적인 협상을 추진하였다. 부시 정부는 북핵문제의 해결을 위해서는 평화체제 문제, 체제변화 문제 등도 다루는 포괄적 접근을 추진하기 시작하였다.

2005년 7월 12일 한·미 외교장관 회담에서 라이스 국무장관은 북한이 핵을 포기할 경우 평화체제 등 광범위한 이슈를 다룰 수 있다고 언급하였고, 2006년 4월 미·중 정상회담에서 부시 대통령이 후진타오 중국 국가주석에게 북한에 대해 평화협정을 제안하는 문제를 타진한 것으로 전해졌다. 이후 2006년 9월 15일 한·미 정상회담에서 북핵 해결을 위한 '공동의 포괄적 접근'에 합의하였다. 동년 11월 18일 하노이 APEC 정상회담에서 부시 대통령은 한반도 비핵화를 전제로 달기는 했으나 북한과 한국전 '종전선언'(an official end to the Korean War)의 가능성을 언급하였다.

이후 부시 정부는 북한과 베를린 양자회동을 진행하여 BDA 문제 해결

방안을 제시하고 2007년 1월 베이징 북·미 양자회동을 거쳐 2.13 합의에서 9.19 공동성명 속에 포함된 '관련 당사국간 별도 포럼을 통한 한반도 평화체제 협의'를 재확인하였다. 부시 정부는 임기 종료 전에 북핵 문제를 해결하려는 목표를 세우고, 이를 위해 한반도 평화체제 문제도 동시에 추진하고자 하는 입장을 보여주었다. 즉 대북 강압 우선 정책과 북핵 문제 해결 우선 정책의 실패를 인식, 비핵화, 관계정상화, 평화체제 구축 등 여러 현안을 동시 병행적으로 다루는 외교적 방식을 선택·추진하였다. 부시 정부는 2.13합의에 이어 2007년 10월 10.3합의를 도출하여 북한 핵 불능화 작업이 진전되는 것처럼 보였으나 북한은 테러지원국 지정 해제를 얻어낸 반면, 검증 관련 문제로 지연 전술을 사용하여 핵 불능화의 이행이 중단되었다 부시 대통령 임기 종료 직전인 2008년 12월 12일 대북 중유지원을 중단하였다.

미국은 북핵 문제의 해결을 우선하되, 클린턴 정부 시기 페리보고서의 대북 포괄적 접근 및 부시 정부의 대북 포괄적 접근에서 보듯이 한반도 평화체제 문제도 동시에 추진하려고 했다. 이러한 미국의 입장은 핵문제, 평화체제 구축문제, 남북관계 개선 등을 포괄적으로 추진하려는 한국의 입장과 상응하는 측면이 있었다. 그러나 한반도 평화문제에 대한 미국의 기본 입장은 북핵 문제의 해결에 도움을 주어야 한다는 것이었다.

오바마 대통령은 '핵 없는 세계'를 비전으로 내세우고 '적국과도 대화'한다는 의지를 표명, 대화와 압력 병행 추진전략에 토대를 둔 대북 '관여' 정책을 제시했다. 클린턴 국무장관은 2009년 2월 13일 아시아소사이어티 연설에서 "북한이 완전하고 검증 가능한 방식으로 핵무기프로그램을 폐기할 준비가 되어 있다면 미국은 관계 정상화, 평화협정 체결, 에너지·경제지원에 나설 용의가 있다"는 입장을 표명했다.

그러나 2009년 4월 '핵태세검토보고서'에서 NPT를 준수하는 비핵국가에 대해 핵공격 또는 핵공격위협 불사용을 공약하면서도 북한과 이란을 안보보장의 대상이 아닌 국가(outlier)로 규정하였다. 북한은 오바마 1기 정부 출범 직후인 2009년 4월 장거리미사일을 발사하고, 이어 5월에 2차 핵실험을 단행함으로써 오바마 정부의 적극적 대화 추진을 제약하였다. 오바마 정부는 '비핵화 없는 미·북관계 정상화 불가능' 입장을 강조하면서 북한을 압박하고 동시에 대화도 모색하는 '전략적 인내'(strategic patience) 정책을 내세웠다. 그러나 '전략적 인내' 정책은 북한 문제를 등한시하는 무(無)정책이라는 비판을 받게 되었다.

오바마 정부의 입장은 북한이 "국제규범을 준수할 경우 정치·경제적 이익을 얻을 것이고, 그렇지 않을 경우 고립 심화 등 결과에 대한 책임을 떠안아야 한다"는 것으로 요약할 수 있다. 오바마 대통령도 북한이 미얀마의 길을 따를 것을 촉구하고, "핵실험 같은 도발행위는 고립을 더 심화시킬 것이며, 국제사회의 의무 이행 시 안보와 번영을 가져올 것"이라는 입장을 여러 차례 밝힌 바 있다.[5] 글린 데이비스 북한정책특별대표는 북한의 도발행위에 대한 제재 강화를 강조하면서, "대화를 위한 대화를 하지 않을 것이며, 북한의 핵프로그램을 해결하기 위한 진정한 협상을 원한다"면서 미국의 기본 입장을 6가지로 제시하였다.[6] 첫째, 비핵화 달성을 위한 약속과 의무를 준수할 준비가 되어있는가 보여야하며, 둘째, 북한을 핵보유국으로 받아들이지 않을 것이고, 셋째, 북한이 나쁜 행동을 하지 않는 것에 대해 보상하지 않을 것이며, 넷째, 북한의 단순 대화 복귀에 보상하지 않고, 다섯째, 남북관계와 인권의 지속적 개선 없이는 미·북관계는 근본적으로 개

5) Barack Obama, "State of the Union Address" February 12, 2013.

6) Glyn Davies, "U.S. Policy Toward North Korea" Testimony before Senate Foreign Relations Committee, March 7, 2013.

선되지 않을 것이며, 여섯째, 북한의 이웃국가들에 대한 도발을 관용하지 않을 것 등이다. 또한 오바마 정부 출범 이후에도 6자회담이 재개되지 않고 있으나 6자회담을 통한 북핵문제 해결이라는 원칙적 입장은 계속 유지하고 있다.

이러한 입장에서 미국은 북한과의 대화 창구를 열어놓고는 있으나 비핵화를 향한 북한의 진정성 있는 행동/조치를 촉구하면서 다양한 수단을 동원하여 북한에 대한 압박을 계속 강화해오고 있다. 2014년 이후 취한 압박 행동의 예를 들어보면, 북한 최고지도부의 ICC 회부 권고 등을 담은 유엔 북한인권결의안 채택과 유엔 안보리의 북한 인권문제 의제 채택, 의회에서의 북한 정치범수용소 실태조사를 위한 '정보수권법안' 가결, 대북제재 대통령 행정명령 발동 등이다. 그러면서 1기 정부에서 클린턴 국무장관이 밝혔던 관계정상화, 정전협정의 평화협정으로의 대체, 에너지·경제지원 등을 다룰 수 있음을 반복적으로 표명하고 있다. 그러나 북한이 비핵화를 향한 되돌릴 수 없는 조치를 취하고 의무와 약속을 준수해야 하는 것이 먼저다.[7]

Ⅲ. 접근법과 쟁점

1. 접근법: 핵문제 우선 해결 vs 병행 전략

오바마 정부가 '전략적 인내'를 내세우며 핵문제에 대한 북한의 행동 변

7) Daniel R. Russel and Daniel Kritenbrink, "Preview of the State Visit of People's Republic of China President Xi Jinping," Washington, DC, September 22, 2015.

화를 요구하는 사이 북한은 두 차례의 핵실험을 추가로 실시하고 이제는 핵보유국으로서 미국의 적대시 정책에 대한 핵 억제력의 강화를 내세우고 있다. 사실 오바마 정부로서는 북한의 행동을 곱게 볼 이유가 없다. 북한의 2차 핵실험은 오바마 대통령이 '핵 없는 세계'의 비전을 내세웠을 때, 또 3차 핵실험은 오바마 대통령이 의회에서 연두교서를 발표하는 시기에 맞춰 단행되었다.

북한의 이러한 행동이 특정한 의도를 가지고 있었든지 여부와는 무관하게 북한은 핵무기 개발을 체제보장, 정권 안보와 유일지배 독재 권력의 정통성 확보 수단으로 선택했다. 탄도미사일 개발은 핵무기개발과 함께 하는 것이다. 북한의 일관된 주장처럼 미국의 적대시 정책에 대응하여 핵 억제력을 갖추고 계속 강화해나간다면, 북한이 미국의 정책 변화가 없다고 판단하는 한 그러한 전략적 선택을 포기하기 어렵다. 북핵문제가 대두된 이후 지금까지 제대로 해결되지 않고 있는 이유는 북한지도부가 핵과 미사일을 생존의 전략으로 다루고 있는 데 반하여 미국은 비확산 국제체제(regime) 차원의 기술적 문제로 다루고 있기 때문이다. 북한은 약소국이다. 그렇지만 체제 내구력을 보여주고 있다. 미국의 입장에서 북핵의 수준은 아직 미국 본토에 대한 직접적인 위협을 주지 못한다. 강압정책을 통해 체제 내구력의 소진을 가져오고 핵을 포기하도록 하는 전략이 한반도의 지정학적 구조에서 현실 적합성을 갖지 않는다면, 북한의 생존문제 차원에서 과감하게 접근해볼 필요가 있다.

그동안 북한은 국제사회와의 약속과 합의를 위반하고 불신을 자초해왔다. 그러나 북한의 입장에서 체제생존과 정권안보와 독재권력 정통성의 문제라면 그러한 점을 감안하여 접근해야 한다. 미국의 대북 적대시 정책은 북한의 권력엘리트들에게는 현실의 문제다. 외교에서 도덕과 이상을 내세우지만 미국은 독재국가와도 협상하고 외교관계를 맺어왔다. 미국은 독재

국가와 권위주의 정권에 대한 관여정책의 경험이 풍부하다. 여기에서 관여정책은 단순한 '포용'을 의미하는 것이 아니라 유인과 압박의 병행전략을 의미한다. 미얀마와 이란과 쿠바에 대한 외교정책이 결국 성공적인 결과를 가져왔듯이 북한에 대해서도 과감한 접근이 필요하다.

북한의 요구는 미국과의 관계정상화이며 체제의 안전을 확보하는 것이다. 북한에 대한 불신 때문에 북한이 먼저 행동 변화를 보일 것을 계속 요구한다면 북핵문제는 더욱 해결이 어려워지게 될 가능성이 높다. 핵문제와 관계정상화, 평화체제 문제를 동시 병행적으로 다루는 접근에 너무 인색할 필요는 없다.

2. 쟁점

북한의 변하지 않는 주장은 주한미군 철수와 미국의 대북 적대정책 철폐다. 미군북핵문제와 평화체제 구축문제, 관계정상화 문제를 동시 병행적으로 해결하기 위한 접근을 추진하는 경우, 주한미군 문제, 유엔사령부 해체 문제, 전시작전통제권 전환 문제 등 한미동맹과 관련된 사안들이 쟁점 현안으로 부각될 가능성이 있다. 과거의 경험을 준거로 하면 이러한 문제들과 관련 북한은 언제든지 이를 문제로 제기하고 협상의 수단으로 활용할 가능성이 있다.

주한미군 문제와 관련 북한은 오래전부터 평화협정 체결과 병행하여 주한미군 철수를 요구해왔다. 주한미군 문제는 한미 상호방위조약에 따른 것이므로 북한과의 협상 의제로 수용되지는 않을 것이다. 그러나 정전협정이 평화협정으로 대체될 수 있는 상황이 도래한다면 주둔 규모 등과 관련 재검토의 대상이 될 수는 있을 것이다.

유엔사령부는 북한의 무력공격을 격퇴하고 국제평화와 안전을 회복하는 기능을 갖고 있다. 정전협정이 평화협정으로 대체되는 경우 그 법적효과로써 당연히 해체되는 것은 아니라는 견해도 있으나, 평화협정이 체결되면 유엔사는 그 설치목적에 비추어볼 때 정치적으로 그 존속이 어려워질 것이다.

전시작전통제권 전환 문제는 북한이 한국을 평화협정 체결의 당사자 지위를 인정할 수 없는 이유의 하나로 주장하고 있으며, 유엔사령부 해체 시 한국군의 전시작전통제권 환수문제가 대두할 가능성이 존재한다.

그러나 이러한 문제들은 단기간 내에 해결될 수 있는 사안들이 아니다. 북핵문제와 평화협정 체결, 미북 관계 정상화 문제를 동시 병행적으로 접근하는 경우에도 문제 해결의 과정은 상당한 시간을 요구한다. 남북관계에서도 변화가 있어야 하며, 북한의 대외관계에서도 상당한 변화가 발생해야 한다. 북한 내부의 변화도 발생할 것이 기대된다. 다시 말해 남북관계, 미북 관계, 북한과 여타 주변국 관계 등 전반적인 한반도 안보상황의 발전적 변화가 동시에 유발되어야 한다.

Ⅳ. 결론: 하나의 제안

2차 세계대전 이후 냉전체제의 해체를 거쳐 오늘날의 상호의존의 지구화 시대에 이르기까지 미국은 국제질서의 주도적인 역할자로서 활약해왔다. 특히 한미 동맹을 통해 한국의 국가발전에 상당한 기여를 했음을 부인할 수 없다. 한미 동맹은 본질적으로 군사동맹이다. 그러나 한미 동맹은 한반도 차원을 넘어 국제적 차원의 평화와 공동 번영에 기여하는 전략동맹으로의 발전을 지향하고 있다. 단순히 군사동맹으로만 머물지 않는 동맹의 성격이 바뀌고 있는 것이다.

이제 한반도에서도 한미 동맹은 북한의 군사적 위협을 억제하는 차원을 넘어 북한을 국제사회의 틀 속으로 견인하는 포괄적 협력의 기제로서 역할을 할 필요가 있다. 군사안보 차원에서는 북한의 군사적 위협을 억제하는 기능을 계속 수행해야 하지만, 한반도에 공고한 평화를 구축하는 차원에서는 한미의 상호 신뢰를 바탕으로 미국이 적극적으로 북한을 국제사회로 견인하는 역할을 수행하도록 용인하는 것이다. 한미 공조는 한미가 항상 함께 행동해야 함을 의미하지 않는다. 북한이 미국과의 관계를 체제생존의 첩경으로 인식하고 있다는 점을 인정한다면 미국을 통한 북한의 변화 견인 정책을 과감하게 시도해보는 것이다. 북한의 핵과 미사일에 대한 집착은 미국의 '적대정책'의 변화를 북한이 인식하게 될 때 변화의 여지가 생기게 되는 것이다. 동시에 한국은 남북관계 차원에서도 관계 개선과 발전, 북한의 변화를 견인해나가는 정책을 수행해나가면 된다.

북미관계 차원에서 미국의 역할은 북핵문제를 포함해서 한반도에 공고한 평화 상태를 만드는 과정에서 한국의 역할만큼 중요하다. 앞서 살펴본 바와 같이 미국은 강대국이면서도 북한에 대한 접근에서 실패했다. 핵문제를 해결하기 위한 기술적 접근은 북한체제의 내구성을 제대로 파악하지 못했으며 북한의 본질적 요구를 간과하였다. 미국의 외교정책의 원칙과 관련된 법률 등 제반 조건들이 북한에 대한 과감한 접근을 제약하기는 하지만, 그렇다고 하여 넘지 못할 한계는 아니다. 그동안 핵 협상과정에서 산출되었던 합의문에 담긴 내용들을 북핵 문제 중심으로 접근하는 입장을 계속 고수한다면 북한의 현 체제가 지속되는 한 북핵문제는 해결의 돌파구를 찾기 어려울 것이다. 북한의 입장에서 미국의 정책이 본질적으로 변하지 않는다면 핵에 대한 양보를 할 이유가 없다. 쿠바에 대한 미국의 장기 제재가 미국이 원하는 방식으로 쿠바를 변화시키지는 못했다. 오히려 쿠바와의 관계 개선이 쿠바의 정책 변화를 유발하는 환경을 조성한다.

미국은 지금까지와는 다른 방식으로 북한에 접근할 필요가 있다. 관계정상화, 평화협정 등 북한의 체제안보와 관련된 사안들을 북한의 우선 행동변화에 따른 북핵문제의 진전에 맞추는 접근이 아니라, 관계정상화와 평화체제의 구축 과정을 동시에 추진해 나가는 것이다. 그 과정에서 한국과 관련국들이 사안에 따라서 관여하게 될 것이다. 한반도문제의 1차적 당사자는 남한과 북한이다. 공고한 평화를 정착시키는 문제에서도 마찬가지다. 그러나 정전협정 체결 이후 오늘에 이르기까지 북한의 전략과 기본 인식을 제대로 파악한다면 현실적으로 북한의 인식과 행동 변화를 견인하는 가장 큰 역할은 미국으로부터 나올 수 있다.

한반도 평화와 일본

박철희 서울대

1. 한반도 평화와 관련된 일본의 삼중적 역할

일본은 한반도 평화와 관련하여 삼중의 중요한 역할을 수행할 수 있다.

첫째, 일본은 한국의 안보를 위해 불가결의 안전판이자 교두보이다. 최근 한국의 국방력 향상과 한미동맹의 강화로 인해 대북 억지력에 자신감을 가지면서, 한국에서는 일본이 한국 안보에 긴요하지 않다는 인식이 존재한다. 하지만, 한국의 안보를 위해서는 한미일의 연계가 중요하며, 특히 일본의 기지 제공과 후방지원의 역할은 아주 중요하다. 일본에 주둔하는 7개의 유엔사 기지는 한반도 유사시 결정적으로 중요한 역할을 수행하며, 일본의 후방지원도 한반도 작전 수행을 위해 필수불가결한 부분이다. 대북 억지력 향상을 통해 평화를 확보하는 데 있어 일본의 역할은 여전히 중요하다.

둘째, 중국이 북한에 대해 가장 큰 레버리지를 가지고 있는 것은 말할 나위도 없지만, 한반도의 평화적인 통일을 이루기 위해 또 다른 인접국가인 일본의 협력과 동의는 중요하다. 일본이 가지고 있는 통일 한국에 대한 의

구심을 완화시키지 않고는 통일과정 내지 통일 이후 주변국인 일본의 협조를 얻기 어렵다. 일본은 2002년 북일 간에 만들어진 평양선언의 틀 안에서 북일 국교정상화 교섭을 지속할 것이며, 핵, 미사일, 납치라는 3대 관심사를 관철하려고 노력하고 있어 한국의 관심사이기도 한 안보 위협의 사전 제거를 위해 공동 노력할 수 있어 한반도의 평화적인 통일에 긍정적으로 기여할 수 있다.

셋째, 일본은 나아가 남북한의 통합 이후 한민족 통합의 미래를 볼 수 있는 시험대이기도 하다. 일본 내에는 친북단체인 조총련과 한국계인 민단이 현재도 공존하고 있으며, 민단 우위 속에 경쟁과 대결이 지금도 계속되고 있다. 민단과 조총련의 통합의 미래는 바로 한반도 통일의 연장선에 놓여 있어 민족 화합을 위한 사전 실험은 물론, 민족 화합을 위한 측면 지원의 역할을 일본 내 동포들이 수행할 수 있다.

2. 일본의 한반도에 대한 전략적 이해

일본은 한반도에 대한 관심을 늘 가져왔다. 하지만, 일본은 한반도 평화와 관련하여 자신들만의 독특한 논리를 가져온 것도 사실이다. 일본이 한반도와 관련하여 가진 주된 관심사와 전략적 이해는 다양하다.

우선, 일본은 일본이 관여하지 않는 상태에서의 한반도 문제의 급진전을 가장 우려한다. 일본의 관여 부재는 결국 일본의 영향력의 부재를 의미하기 때문이다. 그런 의미에서 오래전 오코노기 교수는 일본이 자리를 잡지 못한 북미 간 제네바협정 타결, 일본이 참여하지 않는 4자회담, 그리고 일본과 사전 상의가 없었던 남북정상회담을 일본의 '3대 악몽'이라고 부른 적이 있다.

또한, 일본은 일정한 사회경제적 영향력 및 외교적 레버리지를 가진 한국과는 달리, 북한에 대한 레버리지가 상대적으로 적은 것에 대한 우려를 가지고 있으며, 북한이 일본에 대한 관심을 잃고 일방적으로 중국에 기대든가 중국의 일방적 종속국가로 전락하는 것을 회피하고자 한다. 냉전시대에는 사회당과 조총련을 통해 영향력의 끈을 유지하였고, 1990년 이후에는 북일 국교정상화 교섭을 통해, 2000년대 이후에는 납치문제의 정치외교문제화를 통해 북한과의 대화의 채널 및 영향력의 사슬을 유지하고자 하였다.

나아가, 일본은 남북한 관계의 진전을 통해 한반도가 평화적으로 통일될 경우 통일된 한국에서 친중 반일 정권이 탄생할 가능성에 촉각을 곤두세운다. 통합된 한반도가 중국과 가까워지는 것을 경계해 온 것은 일본의 오랜 한반도 정책의 요체였다. 따라서 한반도에서 통일 정권이 등장할 경우 일본과의 우호관계를 어떻게 유지할 것인가도 일본의 중요한 관심사가 아닐 수 없다.

따라서, 한반도 평화를 위해 일본이 가진 전략적 관심을 긍정적 자원 및 자산으로 유도해 내는 것은 중요하며, 일본이 가진 우려를 적절하게 덜어내는 노력이 경주되어야 마땅하다.

3. 일본의 정책 행동 반경의 한계

일본이 한반도에 관한 포괄적 이해를 가지고 있음에도 불구하고, 일본 내 정치적, 이념적 상황에서 유래하는 정책 행동 반경의 한계가 존재한다.

그 대표적인 예는 납치일변도 외교이다. 납치를 중시하는 외교 노선은 아베 내각에 들어 오히려 더욱 강화되고 있다. 아베 총리 자신이 납치문제에 커다란 관심을 가지고 있으며, 납치문제의 해결을 북일 관계 정상화를 위한 사실상의 전제조건으로 삼고 있다. 그러나, 일본의 납치 일변도 외교는 크게 두 가지 문제를 제기하게 된다. 하나는 북한이 2002년에 이어 다시 납치사실을 인정하고 사과할 공산은 극히 낮다. 이는 결국 북한을 거짓말을 일삼는 사기국가, 나아가 인권적 패륜국가로 만들어 국제사회의 고립을 더욱 심화시킬 우려가 있기 때문이다. 따라서 아베 일본 수상이 바라는 방식의 납치문제 해결은 요원하거나 불가능할 것이다. 오직 가능한 방법이 있다면 북일 관계 정상화 과정의 포괄적 합의의 일부로 실현하는 방식일 것이다. 다른 하나의 문제는 일본이 납치문제에 지나치게 집중함으로써 핵과 미사일 등 실질적인 안보 위협에 대한 국제공조에 있어 일본이 부차적인 역할만을 수행할 수 있다는 점이다. 일본이 핵과 미사일 개발을 늘 문제를 삼고 있기는 하지만 이는 대북 강경조치를 위한 정책수단으로 삼음으로써 대북 유화정책을 동원하고자 할 경우, 일본은 납치문제로 인해 정책적 유연성을 확보하지 못하는 한계에서 자유롭지 않다. 따라서 일본은 북한에 대한 제재와 압박의 선봉에 서기는 쉽지만, 납치문제에 속박되어 다른 국가들과 함께 보조를 맞춰 정책수단을 조율하는 데는 한계가 있다.

그렇다고 일본이 국제사회와의 협력으로부터 완전히 일탈하고 있는 것은 아니다. 일본과 북한과 2002년 9.17. 평양선언을 공고히 해놓은 상태여서 다른 장애물들이 제거될 경우, 기존에 제도화된 틀을 활용하여 북한과의 관계 개선에 나설 수 있는 준비를 하고 있다고 보아도 무방하다.

4. 한반도 평화위한 일본의 이중적 역할 유도

일본이 가지고 있는 역량과 자산, 그리고 정치외교적 현실을 감안할 때,

한국은 한반도 평화를 위해 일본으로부터 이중적 역할을 유도해 내는 것이 중요하다.

하나는, 한반도에서의 대북 억지력 확보를 통한 군사적 평화를 지속하기 위해 대북 억지력 강화를 위한 연계를 지속적으로 강화해 나갈 필요가 있다. 이는 소극적 평화를 달성하기 위한 필요최소한의 조치이다.

다른 한편으로, 한반도에서 대북 관여와 변화 유도를 통한 적극적 평화를 달성하고자 한다면 역시 북한에 대한 생산적이고 지속가능한 관여를 위해 일본의 협력과 공조 체제를 확보하는 것 또한 중요하다. 이를 위해 일본의 적극적 역할을 유도하기 위한 설득과 합의 도출이 중요하다.

일본은 궁극적으로 민주주의와 시장경제 체제를 가진 한국이 주도하는 한반도 통일에 반대할 이유도 명분도 없다. 하지만, 통일 준비, 통일 과정, 그리고 통일 이후에 대비한 일본과의 전략적 대화는 사전에 충분히 가져야 한다.

◈

한반도 평화와 중국

이희옥 성균관대

◈

I. 중국의 한반도 정책의 변수들

1. 차이나 리스크

중국외교가 중국의 국내정치와 연동되고 있는가를 관찰할 필요가 있다. 중국이 '뉴 노멀(New Normal)'을 달성할 것인가에 대한 서로 다른 평가가 있다. 비록 중국내부에서는 신중한 낙관론이 우세하지만 해외 투자은행(Investment Bank)을 중심으로 한 비관론도 고개를 들고 있다. 이러한 차이나 리스크는 중국의 지속가능한 발전뿐만 아니라 중국 대외전략에도 영향을 미치고 있다.

차이나 리스크에는 정치사회적으로는 계승정치의 불확실성(제6세대 지도부의 등장과 1인 우위 체제의 시진핑 체제의 성격, 체제에 대한 신념의 위기, 인구노령화 사회에 따른 각종 정년연장, 연금개혁 등과 같은 사회적 위기 등)과 경제적 불확실성(국가-시장의 근본 모순, 성장잠재력의 약화, 지속가능한 성장의 한계 등)이 맞물려 있다.

전반적으로 중국외교가 국내정치와 연계되어 여전히 보수적으로 접근할 것이라는 견해가 있는 반면 외교정책의 독자화 현상이 강화될 것이라는 견해가 있다. 뿐만 아니라 중국외교가 다양한 스펙트럼을 보이고 있으나 전반적으로 '중국적인 것'과 '국제사회에 대한 책임', '아시아를 중심으로 하는 주변의 강화' 흐름이 동시에 결합되어 나타나고 있다. 다만 중국의 부상에 부응하는 국제적 지위를 요구하는 흐름은 뚜렷해지고 있다. 이런 점에서 중국도 일종의 정체성의 정치(politics of identity)를 추구한다고 볼 수 있다.

2. 중국의 국력과 미중관계

중국의 발전추세를 보면 2020년 중반 명목 GDP가 미국을 능가한다는 평가가 지배적이고 포괄적인 의미의 종합국력(comprehensive power)은 2020년경 미국의 절반에 이르면서 사실상 양극체제가 등장할 것이라는 중국 내 주장도 있다(칭화대 옌쉐퉁 교수 등). 그러나 중국은 군사력, 경제력의 질 등 하드파워는 물론이고 거버넌스 시스템, 과학기술과 연구개발, 교육의 질과 노동력, 중위인구(middle age)의 자질에 비춰보면 미국의 기준권력(default power)에 미치지 못하고 있다. 일종의 중국의 국력에는 이미지와 실체가 섞여 있고 중국도 이를 인정하고 있다.[1)]

---

1) 왕양(汪洋) 중국부총리도 미중통상무역합동위원회에서 "중국은 세계질서에서 미국에 도전할 의지도 능력도 없다. 중국의 주도적 위치를 존중한다"고 밝힌바 있다. Global Times (2014.12.18); "When more than 95 percent of our potential customers live outside our borders, we can't let countries like China write the rules of the global economy" https://www.whitehouse.gov/the-press-office/2015/10/05/statement-president-trans-pacific-partnership

따라서 중국은 자국의 핵심이익에 영향을 미치는 않는 국제문제에 대한 개입을 자제해왔고 미국과의 협력을 선호해 왔다. 이것은 무엇보다 자유로운 시장경제과 국제규범을 축으로 하는 자유주의 국제질서(liberal international order)가 주는 인센티브가 컸기 때문이었다.[2] 2001년 세계무역기구(WTO) 가입은 이를 상징적으로 보여주었고 중국이 주도해 설립한 아시아 인프라 투자은행(AIIB) 등도 자유주의 체제가 주도하는 금융질서를 대체하기보다는 브레튼우즈 체제를 근본적으로 개혁할 수 없다는 한계 속에서 일종의 보완재의 성격을 지닌다.

미중관계는 이런 점에서 '갈등 속의 협력관계'라기 보다는 '협력 속의 갈등관계'라고 볼 수 있으며, 일종의 국가이익이 충돌하는 쟁점(flash points)에서 갈등이 크게 부각되면서 미중관계의 갈등이 증폭되는 부분이 있다.

3. 새로운 규범력의 창출

중국외교가 '어디까지 행동할 것인가'와 '어떻게 행동하는 것이 바람직한가'를 둘러싼 논의가 있지만, 여전히 중국이 글로벌 수준에서는 국제사회가 수용할 수 있는 범위 내에서 그리고 중국의 국가이익에 직접 관련된 영역에 이른바 '유소작위(有所作爲)'가 나타나고 있다. 즉 기존 질서에 도전하기보다는 일종의 적응(accommodation)을 선택하고 있다. 실제로 야심, 매력적 이념, 정치적 호소력, 지정학적 요소 때문에 중국이 20세기 미국이 지녔던 리더십을 따라가는 것은 현재로서는 한계가 있다.

그러나 '두 개의 100년'을 준비하면서 역사와의 대화를 시도하고 있는 시

---

2) 사실 현재의 국제질서는 2차대전 이후 미국이 만든 질서라기 보다는 오랜 시간에 걸쳐 형성된 자유주의 베스트팔렌질서(liberal Westphalian Order)이다.(J. Ikenberry)

진핑 체제로서는 중국적 가치에 기반한 '중국정신(中國氣派)'을 강조하고 있다. '천하세계'를 재해석하거나 서구와는 완전히 다른 중국의 규범을 창출하면서 '중국의 꿈'을 이루어야 한다는 흐름이 빨라지고 있다.[3] 중국은 자유주의 국제질서 속에서의 헤게모니와 권위에 대한 투쟁이라는 측면과 개방성과 규범에 기초한 자유주의 국제질서는 성격이 다르다고 보고 있다.

중국의 신형대국 외교구상도 비단 '대국과의 외교'라는 측면 이외에도 '대국으로서의 외교'라는 이중적인 의미를 지닌다. 중국은 중국의 부상을 '있는 그대로' 수용하고 여기에 부합하는 외교정책을 요구하고, 미중 양국이 상호 핵심이익을 존중해야 한다는 것이다. 즉 중국은 '국제관계의 민주화'를 주장하고 다극질서를 선호하는 흐름이 나타나고 있으며 미국 예외주의를 그대로 수용할 의사는 없다는 것을 강조했다. 2015년 시진핑 주석의 미국 방문시 양국은 서로의 역할을 존중해야 한다(日月不同光)는 것을 강조한 것도 이러한 맥락이었다. 중국 스스로 규범력(normative power)을 강화하고자 하는 이념적 지형을 재구성하고 있다.

4. 힘의 원천: 주변지역 정책의 강화

미국의 동아시아 재균형에 대응하는 중국외교는 한마디로 '반균형'이다. 특히 국경 등 접경지역을 중심으로 기존의 우호관계를 강화하고 있고 미국과 지정학적 이해가 겹치는 지역에 대한 정책투사가 강화되고 있다.(한중관

---

3) 자오팅양의 〈천하체계(天下體系)〉의 제국은 제국주의 그 자체가 아니라, 서구형식이 문제였고 그 해결방법은 보편적 평등이나 정의가 아니라, 중국식 관용에 있다는 것이다. 류밍푸의 '〈중국의 꿈(中國夢)〉'의 경우도 평등한 미국식 민주주의 보다 더 좋은 위계적인 중국식 민주, 복지국가 보다 더 공정한 분배의 기적, 경쟁적 다당제 보다 효과적인 일당국가의 깨끗한 거버넌스를 만들고자 하는 것이다.

계의 발전, 북한의 지정학적 가치의 재발견, 대만 문제 등, 親誠惠容, 일대일로 이니셔티브) 다른 한편 6자회담이나 상해협력기구 등 중국이 주도할 수 있는 다자협력체제 구축에도 적극성을 발휘하고 있다. 즉 미국의 동맹만들기(alliance making)와 동맹깨기(alliance breaking)가 충돌했는데, 미국과 동맹국들과 주변의 중립국이 미국을 중심으로 뭉치지 않게 막았고, 중국의 핵심이익을 과소평가하는 움직임에는 비용을 지불하게 했다.

중국의 주변지역에 나타날 질서에 대해서는 다음과 같은 시나리오를 상정할 수 있다. (1) 미국질서가 우위에 있는 가운데 복합적인 협력과 조용한 경쟁이 나타나는 현상유지 (2) 역내 미국의 역할이 쇠퇴하면서 경쟁의 양상(ripe for rivalry)이 나타나는 세력균형체제 (3) 미국의 역할이 유지되면서도 다원적인 형태의 지역질서의 등장 (4) 중국 영향력이 확대되는 중화중심적 질서 등이다. 현재로서는 일종의 약화된 균형(eroding balance) 속에서 현상유지 재연(status quo redux) 가능성이 높지만 적어도 당분간 동아시아에서 중국 주도 질서가 등장하기는 어렵다.

미국도 아시아 재균형 정책도 군사적 맥락의 '견제의 재균형' 보다는 '관여의 재균형'으로 볼 수 있다. 특히 미국은 중국, 한국, 일본을 합친 GDP가 약16-17조달러 규모의 시장에 대한 접근이 불가피하다는 점에서 경제적 재균형의 성격도 있다.

Ⅱ. 중국의 대한반도 정책의 지속과 변화

1. 한반도를 둘러싼 미중간 매력공세(러브콜?)

미국은 한반도를 일종의 전략적 생명권(lebensraum)이자 린치핀(linch pin)

으로 간주했고, 중국도 한국을 운명공동체의 일원이라고 밝혔다. 중국의 대한반도 정책은 한중관계나 북중관계를 넘어 지역과 미중관계라는 좀 더 큰 틀에서 접근하고 있다. 다시 말해 양자관계 보다는 전체 한반도를 정책 단위로 삼고 있다. 왜냐하면 중국은 남북한 모두에게 우호적인 국가가 되는 것이 향후 동아시아 질서를 설계하는 데 유리하기 때문이다. 따라서 중국의 대한반도 정책의 정상화는 대북한 일변도 정책이 사라진 것이지만, 그 자리를 한중관계가 채우고 있는 것도 아니다. 이와는 달리 북핵문제와 북한문제를 분리하는 등 새로운 북중관계의 위상을 정립하려는 과도기적 국면이 나타나고 있다.

2. 중국의 한반도 정책: 진화중

중국의 한반도 정책은 과거 한반도 평화와 안정, 한반도 비핵화, 대화와 협상을 통한 해결원칙이었다. 그러나 2013년 북한이 제3차 핵실험 이후 한반도 비핵화를 한반도의 평화와 안정, 대화와 협상을 통한 해결이라는 원칙 앞에 두었다. 그러나 이러한 수사(rhetoric)의 변화가 중국의 대한반도 정책의 질적 변화, 즉 "현상유지-α"를 설명하기는 충분하지 않다. 비록 중국이 한반도 비핵화를 우선 언급했지만 이것은 의지와 결의를 다시 확인하고 미국에 대해서도 비핵화에 대한 공동인식을 가지고 있다는 외교적 메시지로 볼 수 있다.

중장기적인 관점에서 보면 중국의 대북한 정책은 북한의 '변화'에 있으나 한중 간에는 중국의 '변화'에 대한 목표와 방법 그리고 최종상황(end state)에 대한 인식차이가 있다. 중국은 북한의 동태적인 안정(dynamic stability)을 통한 개혁개방과 체제안정의 선순환구조에 관심을 가지고 있으나, 한국은 국제협력을 통한 북한의 변화를 강제해 내고자 하는 흐름이 남아 있다.

중국의 한반도정책은 일종의 '진화' 과정을 겪고 있고 한중관계도 이 틀에서 조정되고 있다. 한중관계는 2008년 '전략적 협력동반자 관계'를 구축했고 박근혜 정부가 출범한 이후 한국은 일종의 '모범국가'가 되었다. 특히 한중FTA 타결, AIIB 참여, 전승절 참여, 6차례에 걸친 정상회담, 지도부 간의 소통과 신뢰 등을 통해 전략관계를 내실화했다. 그럼에도 불구하고 한반도 안보구조에 대한 근본적인 변화가 없이 진행되고 있다는 점에서 한미동맹, 북한문제, 지역안보, 일본문제 등에 인식의 차이, 기대의 차이, 역할의 차이는 있다.

Ⅲ. 중국의 대한반도 정책의 쟁점

1. 한미동맹

한중 간에는 엄밀한 의미의 양자관계의 갈등은 크지 않다. 대체적으로 다른 요소들이 개입하면서 작동하고 있다. 우선 한미동맹에 대한 인식 변화가 나타나고 있다. 중국의 한미동맹에 대한 태도는 남북관계가 개선되거나 한중관계가 양호할 경우 쟁점이 되지 않지만, 반대의 경우는 쟁점으로 부상한다. 사실 미국과 일본은 한국이 점차 '작은 중국(small China)'이나 친중국화되고 있다는 인식이 있음에도 불구하고 중국은 한국외교가 미국에 경사되어 있다고 보고 있다. 현재 한중관계 발전으로 인해 한미일 지역동맹이나 지역미사일방어체제, 사드배치 논란, 한미군사훈련에 대한 중국의 문제제기가 잠복해 있으나 한미동맹에 연계된 문제에 대해 좀 더 분명한 정책을 주문할 가능성이 있다.

2. 북중관계

북한의 행동과 북핵문제에 대한 동정적 여론은 크게 약화되었고, 한중관계의 중요성이나 한중협력을 논의할 수 있는 전략공간이 상대적으로 넓어졌다. 중국의 전략적 사고가 변화하면서 정책결정과정에 참여하는 집단이 늘고 있으며 그 영향력도 강화되고 있다. 장기적으로는 중국내에서 북한체제의 내구성 문제가 지속적으로 제기될 가능성이 있고, 중국도 이를 대비하고 새로운 상황에 대한 협력의 틀을 찾고자 할 것이다.

북핵 문제에 대해 중국의 태도가 강경해지고 있는 것과는 달리 중국의 대 북한 경제교역 및 경협도 지속되고 있다. 양국협력이 수출·입, 교역만이 아닌 훈춘-나진·선봉 도로건설과 같은 인프라 건설과 황금평/위화도 경제특구 개발 등으로 확대되었다. 제3차 핵실험 이후 북·중 관계가 전반적으로 경색되었다는 평가를 받고 있지만 양국의 교역액도 증가했다. 이는 중국이 정치적으로 영향력 행사에 한계가 있는 북한에 대해 지경학적으로 접근하면서 종국적으로 북한을 안정적으로 관리하겠다는 전통적 한반도정책의 기조를 유지하고 있음을 의미한다.

한편 북한의 대중국정책의 변화도 관찰할 필요가 있다. 북한의 대중국불신이 심화되고 있고 중국이 미국과 한국 사이에서 어부지리를 취하고 있다는 인식이 여전히 남아 있다. 특히 북한은 김정은 체제 출범 이후 대외적으로 중국영향을 탈피하고 대내적으로 독립적이고 강경한 지도자상 구축을 시도해 왔다. 이런 점에서 북한의 외교적 행동은 다분히 중국을 '결박'하려는 요소가 작동해 왔다.

중국은 역사문제, 지정학적 가치 등의 맥락에서 대북한 정책에 대한 중국식 해법을 추구하고 있고, 핵실험과정에서 북한에 대한 정보와 국제협력과정에서 외교부가 가지고 있었던 북중관계에 대한 업무를 일부 당으로 이동하는 등 전략조정도 나타나고 있다.

중국의 대북한정책이나 북중관계는 좀 더 넓은 시야에서 움직이고 있다. 북한이 움직일 수 있는 공간이 줄어든 상태에서 중국이 선제적으로 행동하기보다는 중국판 '전략적 인내정책'이 나타나고 있으며, 북한을 적극적으로 견인해 한반도의 선순환구조를 만드는 것으로 볼 수 있다. 김정은 제1비서의 "제국주의와 미국에 대한 격렬한 비난" 연설이 이루어지고 있는 장면에 류윈산 대표단장이 서 있는 상황을 예의 주목할 필요가 있다. 이런 점에서 중국의 대북정책의 신호를 우리식으로 읽어서는 곤란하다.

3. 한반도 통일문제

2008년 한중 양국은 '전략적 협력동반자관계'를 구축했으나, 그 내실을 채우지 못했다는 평가가 있었다(그 핵심은 천안함, 연평도 사건에서 유래되었지만, 북한붕괴론 프로그램을 포함한 대북정책의 기조와도 유관함). 그러나 박근혜 정부 출범 이후 정책적 신뢰기반 속에서 한반도 통일문제까지 논의의 장을 확장했다. 특히 2015년 전승절 참석을 계기로 "양국 정상 간에 한반도 통일문제에 대한 심도 있는 논의가 있었다"는 발표가 있었다. 이에 대한 양국의 공식발표내용과 언론보도 내용은 차이가 있었으나 한반도 통일문제에 대한 일정한 논의가 있었다고 볼 수 있다.

한반도 통일에 대한 중국의 태도에는 지속과 변화의 요소가 동시에 있다. 지속의 측면은 역사인식, 지정학적 가치(변경안정) 등의 요인으로 인해 여전히 북핵문제와 분리하면서 신중하게 접근하는 것이다. 반면 자유주의적 시야를 가진 학자, 관료 그룹은 북한의 변화를 적극적으로 추동해 나갈 필요가 있다는 견해를 가지고 있으나 이들의 논의가 집단지성으로 확대되고 있는 단계는 아니다. 다만 한반도 통일이 중국의 국가이익에 도움이 된다는 점에서 이를 적극적으로 지지하는 견해도 있다. 이는 중국정부가 한반도 통일을 명시적으로 지지한다고 밝혔다는 점에서 정치적 부담이 없으며, 특히 동북지역의 조선족 학자들 사이에서 비교적 넓게 나타나고 있다.

중국은 한반도 평화통일에 대해서는 원론적이고 공식적으로 지지(stated supporting)해 왔다. 그 핵심은 자주적, 평화적 통일[4]이며 이를 위한 방법론은 대화, 신뢰, 협상이다. 이런 점에서 중국은 남북관계 개선을 시도하는 역대 한국정부와의 협력에는 적극적이었다. 그러나 중국이 선제적으로 이 문제에 접근할 가능성은 크지 않고 한국정부의 '통일론'에 대해서도 여전히 관망적인 자세를 지니고 있다.

중국이 보는 가장 이상적인 한반도 통일과정은 북중 간 우호관계를 유지하는 가운데, 북한경제가 발전하여 급격한 붕괴의 위험성이 줄어들고, 남북이 점진적으로 통합해 나가는 것이다. 이 경우 한반도에서 미군의 주둔 필요성을 감소시켜 미국의 개입을 최소화함으로써 안보에 대한 위협 요소도 제거할 수 있다고 인식한다. 따라서 중국은 자국의 경험을 바탕으로 북한이 개혁·개방의 길로 나아가도록 지속적으로 설득하는 동시에 한편으로 북한의 붕괴를 초래할 수 있는 서방의 과도한 대북제재에 대해서는 부정적인 자세를 견지할 것이다.

다만 중국은 한반도통일은 현실적으로 한국 주도의 통일이 나타날 것이라는 점을 염두에 두고 있다. 이런 점에서 좀 더 장기적, 안정적, 단계적, 점진적이며 중국의 국가이익을 해치지 않는 조건 속에서의 합의에 기초한 한반도 통일을 선호할 것으로 보인다. 결국 관건은 남북한의 통일과정이

4) 중국의 평화통일은 일관된 것이지만, 중국의 선호와 역할에 비추어 볼 때 한반도 평화통일은 역설적으로 한중이 합의하고 있다는 점에서 매우 가능성이 낮다. 이런 점에서 한국이 통일문제를 적극적으로 제기하고 주도하는 것이 실제 한반도 평화통일에 어떻게 기능할 것인지에 대한 평가가 필요하다.

본격화되면 중국도 여기에 편승할 것으로 보인다.

4. 북핵문제

북핵문제는 엄밀한 의미에서 핵확산이 진행되지 않는 한 미국 외교정책의 최우선순위는 아니다. 이런 점에서 한반도 현상에 근본적인 변화가 없는 한 미국의 이러한 전략적 인내정책은 지속될 가능성이 있다. 중국도 미국이 먼저 움직이지 않는 한 이 문제를 독자적으로 처리하지는 않을 것이다. 문제는 북한도 중국과 한국을 우회해 미국과의 직접 담판으로 문제를 해결하기 어렵고 부상한 중국변수를 고려해야 한다는 것을 현실적으로 인식하기 시작했다는 점이다.

현재 북한이 제4차 핵실험을 하지 않은 상황에서 주변국들의 북핵 감시의 피로가 나타나고 있으며, 이 과정에서 북한은 핵무기 소형화, 경량화 등 핵능력을 제고하고 있다. 이런 점에서 북한이 북핵 포기를 전제로 한 대화 테이블로 걸어 나올 가능성은 크지 않다. 오히려 핵능력에 비례한 새로운 대미협상판을 찾고자 할 것이다. 이것은 현재의 북핵 교착국면이 지속될 경우 핵을 보유한 북한을 상대로 하는 새로운 상황이 전개될 수 있다는 것을 의미한다.

Ⅳ. 한반도평화와 중국의 역할, 그리고 한중협력

1. 북중관계 개선 국면 활용

중국은 북한에 대한 지나친 압박전략이 중국의 국가이익에 도움이 되지 않는다고 보고 있다. 향후 대북 유화조치가 병행될 가능성이 있고, 그동안 강조해왔던 한반도 비핵화와 김정은 비서의 방중문제가 연동되어 온 상황에 절충점을 찾고자 할 것이다. 이런 점에서 한중, 북중, 남북관계 발전이 선순환되는 것이 한반도 통일에 대한 한국의 이니셔티브를 가질 수 있다는 인식이 필요하다.

"역사상 가장 좋은"이라는 한중관계도 일종의 진화과정에 있는 유동적 상황이다. 북중간 전략적 차등화가 인식을 넘어 제도의 수준으로 나타나기는 어렵다. 사실 한반도 비핵화에 대한 차이가 명확한 상태에서 북중관계에 아무런 변화가 없다는 것이 이상하고 상대적으로 한중관계가 발전할 수 있는 공간이 확대되는 것도 자연스러웠다. 따라서 한중관계 발전에 대한 외교적 수사를 필요 이상으로 강조할 경우 향후 조정국면에서 대중국 불신을 자초하면서 우리 외교의 부담으로 작용하는 것을 경계할 필요가 있다.

2. 미중관계의 고착화 이전 한반도 통일에 대한 새로운 돌파구 마련

현재 우리에게 주어진 시간은 향후 10년이다. 미중관계도 이 과정에서 균형이 약화되는(eroding balance) 과정에서 전략적 경쟁과 협력을 통해 세계적, 지역적 수준에서 양국관계의 위상이 정립될 가능성이 크다. 미중관계가 유동적인 상황에서 한국이 한반도 평화에 대해 적극적으로 돌파구를 찾지 못할 경우 국제변수에 의해 한반도 문제가 종속화될 가능성이 있다.

한미동맹에 과도하게 의존하면서 중국을 견인 또는 견제하려고 할 경우 미중 간 세력경쟁을 한반도 통일과정에 끌어들이는 의도하지 않은 결과를 초래할 가능성이 있다. 한국이 미국의 동맹국으로서 미중 간 이익충돌이 발생할 경우 미국의 편에 설 것이라는 이분법적 인식을 현실적으로 줄여나가는 노력이 필요하다.

3. 한중협력에 대한 새로운 상상력

한국과 중국의 전략의 시간표에 비춰 볼 때 역사적 유산(legacy)을 만들고자 하는 조급성이 있다. 이는 결과적으로 한반도 문제에서 중국역할론의 공간을 줄일 수 있는 요소이다. 한중협력의 대원칙도 북한의 압박을 통한 변화에 있는 것이 아니라, 접촉을 통한 변화 속에서 한중협력이 고도화될 수 있다. 한반도 거대한 게임(Great Game)을 누가 주도하고 어떻게 전개되는가를 둘러싼 해석을 놓고 많은 '착시 현상'이 나타나거나 여기에 참여하는 행위자들의 이해공모(collusion of interests)에 따라 굴절될 것이다.

4. 북한편입의 한중협력

자유로운 시장경제와 국제규범을 중시하는 자유주의 국제질서는 여전히 작동하고 있다. 전쟁 대신 시장과 제도를 통해 얻을 수 있는 이익체제가 고착되었기 때문이다. 동아시아에서도 상호불신에도 불구하고 경제협력을 통해 지역안정의 모멘텀을 확대할 필요가 있다. 그리고 이 질서 밖에 있는 북한을 편입하기 위한 새로운 한중협력을 만들어 낼 필요가 있다. 다가올 미래를 기획하고 "오늘 우리가 무엇을 준비할 것인가"를 논의하는 것은 중요한 일이다. 그러나 우리가 그리는 미래는 철저하게 '현실'에서 그 길을 설계하고 그 방법을 찾아야 할 것이다. 이때만이 실천적 과제를 논의하게 될 것이고 미래를 만들어 갈 수 있을 것이다.

V. 後記: 북한열병식의 정치학

1. 고위급 방북과 김정은 제1비서 면담

중국대표단은 류윈산(劉云山: 당 정치국 상무위원, 서기처 서기, 중앙당교장), 왕자루이(王家瑞: 전국정협 부주석 겸 중련부장), 장예수이(張業遂:외교부 상무부부장), 숭타오(宋濤: 외사판공실 부주임), 인팡룽(殷方龍: 해방군 정치국 부주임), 류훙차이(劉洪才: 당 대외연락부 부부장), 리진쥔(李進軍: 주북한대사) 등이었다. 김정은 비서와의 회동에서는 김기남, 김양건 등이 참여했고, 류윈산은 최용해 비서와 별도로 회동했다.

류윈산은 2007년 10월말 북한을 방문해 김정일 위원장을 접견하는 등 북한과 깊은 관련을 맺은 최고위급 인물이다. 실제로 정치국원, 서기처 서기, 중앙선전부장 재직시 여러 차례 조선노동당 대표단과 회견했고, 피바다 가극단의 〈꽃파는 처녀〉 중국순회공연시 관람하고 북한 문화성부상, 가극단단장 최창일 등과도 면담했다. 상무위원 선출 이후에는 김정은 서기의 특사인 최용해와 회견했으며, 2014년 12월17일 주중 북한대사관으로 김정일 사망 3주기에 참석하기도 했다.

10년 전 중국의 북한열병식 행사 참석과 비교하면 몇 가지 형식의 차이가 있다. 우선 발표주체는 당 대외연락부였고 초청주체도 조선노동당 중앙위원회였으며 자연스럽게 중국대표단도 중국공산당 대표단이다. 10년 전에는 중국외교부가 발표했고 중국정부 대표단이 공식방문을 했으며 대표단장도 정치국원 겸 국무원 부총리였던 우이(吳儀)였다. 대표단 단장의 지위는 정치국 상무위원, 서기처 서기로 격이 높아졌으며, 18기 출범 이후 상무위원으로는 최초의 북한방문이다. 18대 폐막 직후인 2012년 11월말 정치국원 겸 전국인대 상무위 부위원장 리젠궈(李建國)가 방북을 계기로 김정은 비서와 회견했고 2013년 7월25-28일, 정치국원 겸 국가부주석 리위안차오(李源潮)가 정전 60주년 기념식 참석차 방문해 김정은 제1서기를 면담한 바 있다.

2. 북중간 전략적 소통의 계기 마련

"전통적 우의를 강조하고 중북관계를 고도로 중시한다. 전략적 각도와 장기적 각도에서 중북관계의 발전을 대하고 파악하는 것을 견지하고 양국관계를 잘 유지하고 공고화하며 발전시키는 것을 견지한다. 새로운 정세 속에서 우리는 중북관계를 대국(大局)과 양국관계의 대계(大計)에서 출발해 북한과 긴밀하게 소통하고 협력을 심화하며 중북관계의 장기적이고 건강하고 안정적인 관계를 추동한다. … 북한과 함께 전통을 계승하고 미래를 향하며 선린우호와 협력의 강화(继承传统､面向未来､睦邻友好､加强合作)의 정신에 기초해 양국 고위급 교류, 양국의 각층, 각 지역의 교류를 증진하여 양국 경제무역의 실무적 협력을 촉진하여 중조관계의 새로운 미래를 개척하고자 한다. … 한반도의 평화와 안정은 각 측의 이익에 부합하며 지역과 세계안정에 유리하며 관련 각 측의 공동노력이 필요하다. 중국은 한반도의 평화와 안정, 한반도의 비핵화목표, 대화와 협상을 통해 문제를 해결한다는 것을 견지하는 데 필요한 역할을 한다(应有作用). 우리는 북한과 공동노력으로 조기에 6자회담이 재개되기를 바란다."

3. 강조점의 차이

김정은 제1서기는 중국 고위급 인사의 방북과 관련하여 다음과 같이 평가한 바 있다. "류윈산을 단장으로 한 대표단의 파견은 중조 사이의 깊은 우의를 충분히 체현하고 조선노동당과 인민을 크게 고무시킨 것으로 이에 대해 감사한다. 이러한 방문은 중조우의를 전승하고 양자관계 발전에 중요한 역할을 할 것이다. 중국의 발전을 세심하게 주목하며 중국의 동지들에게 거대한 발전의 성과를 거둔 것에 대해 자신의 일처럼 기뻐한다. 또한 시진핑 총서기의 중공중앙 주변에 인민이 단결하여 중화민족의 위대한 부흥을 조기에 실현하기를 축원한다. … 김일성 주석과 김정일 총서기가 우리에게 남겨준 외교적 유산은 북중우호이며 이러한 보귀한 자산을 전승하고 더욱 발양시키는 것이 당과 정부의 흔들리지 않는 입장이다. 북한은 중국과 함께 고위급 교류를 지속적으로 유지하고 각 영역의 교류와 실무협력을 강화한다. 이러한 공동의 노력을 통해 중조관계의 아름다운 미래를 열 수 있다고 믿는다. … 북한이 경제를 발전시키고 민생을 개선하는 데 노력하고 있고, 평화롭고 안정적인 외부환경이 필요하다. 조선은 지속적으로 남북관계를 개선시켜 한반도 안정을 유지하는 데 노력하고자 하며 유관 각측의 공동노력을 희망한다." (중국측 설명자료)

북중관계는 단순한 이웃관계가 아니라 피로 만든(鮮血凝成) 우호전통의 전략관계이다. 김일성주석과 김정일 총서기가 우리에게 남겨준 최대의 대외공작의 업적과 유산은 북중우의이다. … 전통은 역사서와 교과서에 머물러 있는 것이 아니라, 실천을 통해 계승되고 더욱 발양되어야 한다. 대를 이어 전통적인 북중우의를 공고화하고 발전시키는 것은 조선노동당과 인민의 의지이다. (조선중앙통신 해설자료)

북한은 6자회담과 핵문제를 언급하지 않은 반면, 중국은 6자회담 조기복귀와 한반도 비핵화를 예의 강조했다. 중국은 북한이 중국의 길과 성취를 크게 고취한 것을 강조항 반면 북한은 혈맹(鮮血凝成)을 강조하는 한편 우의의 실천을 강조했다.

러시아의 신(新)동방정책과 한반도 및 동북아 평화

신범식 서울대

1. 문제제기

동북아의 평화가 그 어떤 시기보다 절실해지는 요즈음이다. 급변하는 세력관계의 예측불가능한 특성들을 노정하고 있는 동북아에서 평화란 세력균형에 근거한 안정화와 그 제도화라는 큰 틀에서 우선적으로 이해될 수 있을 것이다. 하지만 최근의 국제 및 동북아 정세는 동북아의 평화가 얼마나 위태로운 구조 속에 놓여 있는지를 잘 보여주고 있다. 미-중 간 지구적 및 지역적 영향력확대 및 유지를 향한 경쟁이 동북아 정세의 기본축을 형성하고 있는 가운데 여전히 핵무기 개발을 통한 안보 딜레마에서 벗어나지 못하고 있는 북한의 위태로운 게임과 일본의 재무장화 시도와 우경화 지향은 동북아 정세를 한층 복잡하게 만들고 있다. 하지만 우크라이나 사태로 국제적인 제재를 받고 있는 러시아가 동북아에서 추구하는 정책의 방향과 목표는 다양한 변수들로 인하여 반응적인 성격이 강한 것으로 보인다.

따라서 이 글에서는 국제정세 및 안보환경의 변화를 배경으로 동북아의 세력균형화 및 제도화에 대하여 러시아가 기여할 수 있는 바가 무엇인가 그리고 이같은 동북아 평화를 위하여 한-러 관계 및 한국의 대러시아 외교가 어떤 정책적 지향을 추구할 것인가에 대해 답해 보고자 한다. 이를 위하여 우선 국제정세 및 동북아 국제정세의 최근 변화를 개괄함으로써 한반도 안보환경의 여건을 살펴보고, 다음으로 이글의 주요 탐구 대상인 러시아의 외교안보 및 동북아 정책의 특징을 살펴 볼 것이다. 이를 바탕으로 동북아 및 한반도 평화를 위하여 러시아가 감당할 수 있는 건설적 역할의 가능성을 검토하고, 이같은 러시아의 지역질서 구축을 위한 건설적 역할을 유도하기 위하여 한국 외교는 무엇을 하여야 하는지를 제시함으로써 결론을 대신하고자 한다.

2. 국제 및 동북아 정세의 변동과 러시아

최근 국제정세의 변화를 한 마디로 요약하자면 미국의 우위 유지를 위한 노력이 지속되는 가운데 중국과 러시아의 지구적 세력 다극화를 위한 도전이 거세지면서 다양한 이슈 영역에서 협력과 경쟁이 비균질적으로 나타나고 있다고 볼 수 있을 것이다. 이같은 국제적 환경변화는 한국외교의 전략적 딜레마를 다양한 측면에서 제기하고 있다.

요동치는 국제정세의 변동을 이야기하는데 러시아의 전격적인 크림반도 병합과 그 이후 동남부 지역에서 계속된 내전상황을 포괄하는 우크라이나 사태를 언급하지 않을 수 없다.

우크라이나 사태와 관련하여 미국의 대응에 대해서는 이론이 분분하다. 러시아의 군사행동에 대한 미국의 대응이 적절했는가와 같은 질문보다 더 중요한 질문은 이전과 비교하여 미국 정책의 달라진 부분이 있는가를 보아야 한다. 미국은 클린턴 행정부 이래 나토의 확장을 통해 러시아에 대한 압박으로 그 세력 축소를 꾸준히 실행해 왔으나 2008년 조지아 전쟁, 2013년 시리아 사태, 2014년 크림합병 및 우크라이나 동남부 내전 등에서 러시아가 보인 행동에 대해 제한적인 대응밖에 하지 못했다. 그 원인으로는 미국이 군사적으로는 국제적 개입을 줄여가고 미국 내부 문제 해결에 집중하는 것을 기조로 하는 오바마 정권의 특성 때문이라는 설명도 있다. 재정, 무역, 의료보험 개혁과 복지, 공공부문 개혁 등과 관련하여 기존에 산적한 국내 문제가 미국 외교정책의 발목을 잡으면서 대외적 "무(無)전략"의 면모로까지 비쳐지게 되었다. 우크라이나 사태로 인해 러시아와 서방과의 관계가 무너지게 되었고 이것은 전(全)지구적 이슈들에도 영향을 미치게 되었다. 서방과 러시아의 협력의 상징이었던 G8에서 러시아는 축출되었고, 군축레짐이나 핵확산방지 체제 그리고 기후변화 대응체제서의 협력이 와해될 우려도 제기되고 있다. 또한 유엔 및 국제통화기금(IMF) 개혁이나 유럽안보협력기구(OSCE)에서 러시아의 영향력을 제한함으로써 글로벌 거버넌스 관리에서도 난맥이 예상되고 있다.

하지만 유럽의 경우 조금 다른 양상이 드러났다. 유럽은 경제위기 이후 회복 탄력을 찾지 못하는 가운데 러시아에 대하여 미국보다 더 복잡한 관계적 특성을 표출하였다. 특히 러시아에 대한 제재를 진행하는 과정에서 서유럽 국가들이 지닌 러시아와의 깊은 상호의존성이 드러났다. 제재로 인하여 러시아가 타격을 받고 있는 것이 사실이지만, 서유럽 국가들이 받는 타격도 만만치 않다. 특히 러시아에 대한 에너지 의존도를 개선하는 과제는 단기간에 높은 비용을 요구하며, 독일의 원전 포기 정책도 재고해야하는 상황에 처하게 되었다. 이처럼 유럽은 글로벌 경제위기 이후 경제회복 잠재력과 탄력이 줄고 있는 상황이다. 물론 러시아의 안보위협에 민감한 중부유럽 국가들의 대러 강경책 주문의 목소리는 높았지만 서부유럽 국가들은 이에 동의할 수 없었다. 군사제재에 대한 요구도 있었지만, 미국도 이를 들어줄 여력은 없었다. 이 와중에 영국이 EU 탈퇴를 2018년 국민투표에 부치기로 하였고, 우크라이나 사태 이후 유럽의 재정적 문제와 시리아 난민문제로 인한 분열상이 노정되는 가운데 독일의 리더십이 유럽의 조율된 대러시아 정책을 지탱하는 중요한 기반이 되고 있다.

이같은 국제정세의 변화를 촉발한 장본인인 러시아는 우크라이나 사태를 통해 푸틴식 강대국 외교를 추구하는 대외전략의 전환을 확증했다. 2014년 3월 18에 발표한 신(新)푸틴독트린을 통해 러시아는 서구의 질서에 순응하지만은 않을 것이며 자기주도적 질서를 구소련지역 전역에 수립할 것을 천명하였다.[1)]

사실 러시아는 2000년대 고유가 시기를 통해 축적된 국부를 바탕으로 군사력을 강화하고 이를 대외적으로 투사하려는 노력을 기울여 왔다. 쿠바, 베트남, 베네수엘라 등지에서 해군기지를 다시 운용하게 되었고, 미사일방어체계의 중유럽 배치에 반발하여 칼리닌그라드에 전술핵을 장착할 수 있는 미사일을 배치하기도 하였다. 푸틴 3기 들어 전략폭격기의 해외 순찰활동도 재개되었으며, 사전에 예고되지 않은 전군 동원태세를 점검하기도하였다. 특히 핵잠수함 및 전략핵 전력을 다시 강화하기 시작하였고, 태평양함대의 핵전력을 재가동함으로써 아태지역에서의 러시아 군사력의 존재를 재확인하였다.

또한 러시아는 대외적 연대 네트워크를 강화하는 정책을 펴왔다. 지구적 수준에서 브릭스(BRICS)의 협력을 강화하기 위하여 2014년 7월 브라질에서 열린 브릭스 정상회담에서 IMF, IBRD를 대체하는 새로운 금융기구 창

---

1) Vladimir Ryzkov, "The New Putin Doctrine," *Moscow Times* (2014/4/3).

설을 협의하기도 했으며, 유라시아 수준에서는 9월 타지키스탄 정상회담을 통해 인도, 이란, 몽골, 파키스탄 등을 상하이협력기구의 새 회원국으로 맞이하였다. 특히 중앙유라시아 지역에서는 유라시아경제연합(EEU) 창설에 합의하여 2015년 출범시켰다. 이를 통해 러시아는 유라시아에서 단일 에너지시장 및 루블존을 강화해 나가고 정책을 펴 나가게 될 것이다.

하지만 러시아의 반미적 지향이 강화되었다고 해서 서방 전반과의 관계를 포기한 것은 아니다. 푸틴 대통령은 2014년 10월 G20 정상회담이나 ASEM 정상회담 등에 적극적으로 참가하고 유럽이 주도하는 우크라이나 사태해결을 위한 회담을 비롯하여 유럽과의 관계 회복을 위한 노력을 지속하고 있다. 더구나 최근에는 시리아 사태와 관련하여 ISIS에 대한 집중적인 공습을 통하여 서방, 특히 미국과의 관계 복구를 위한 기반을 마련하고 저유가 시기의 난관을 돌파하기 위한 노력도 기울이고 있다.

러시아의 이같은 변화된 정책과 그에 대한 미국과 서방의 견제 사이에서 가장 큰 반사이익을 누리게 된 것은 아마 중국일 것이다. 중국은 국제적 제재에 압박당하고 있는 러시아를 포용하여 2014년 3월 러시아의 크림병합을 규탄하는 안보리 결의에 기권표를 던졌고, 중-러관계의 밀착화를 대미견제의 자산으로 활용하려 하고 있으며, 브릭스 국가들과의 연대를 통한 미국 주도의 단극적 세계 운용을 반대하고 새로운 다극적 질서의 수립을 요구하는 목소리를 높이고 있다. 특히 2014년 5월 20-21일 중-러 가스협상의 타결을 통해 향후 30년간 38입방미터의 천연가스를 러시아로부터 수입하는 계약을 체결하였고, 2015년 알타이 가스관을 통한 러시아천연가스의 구매계약을 상당부분 진전시킴으로써 1조 3천억 달러의 가스를 수입하기로 하였다.[2] 이는 러시아가 서방 제재에 대한 돌파구를 마련하고 가스 수출 시장의 다변화를 추진하는데 결정적인 도움이 될 것으로 예측되고 있다.

이같은 국제정세의 변동은 동북아에서의 세력관계에도 심대한 영향을 미치고 있다. 우선, 중국과 러시아의 전략적 협력이 강화되면서 동북아에서도 중국과 러시아의 협력 수준이 고양될 것으로 보이며 이는 궁극적으로 러시아의 동북아 전략이 지니는 유연성을 상당부분 제약하게 될 것으로 보인다. 러시아와 중국은 동북아에서 여러 측면에서 경쟁성을 가지고 있는 것이 사실이다. 그리고 이같은 러시아의 지전략적 위상으로 인하여 2000년대 이후 러시아가 미-중 관계 중심의 동북아 세력구도에서 새로운 균형적 요인으로 작동할 가능성도 높아지고 있었다. 하지만 우크라이나 사태 이후 유럽에서 러시아의 운신의 폭이 줄어들면서 동북아에서도 러시아가 유연한 균형자 역할을 감당할 수 있는 역할은 현저히 감소하였다. 동북아에서 중국에 대한 의존성을 강화하고 있는 러시아로서는 이 지역에서 독자적인 목소리를 낼 수 있었던 가능성을 제약받게 된 것이다.

결국 러-중 장기가스공급 계약 체결과 양국 간 전략적 동반자관계의 강화는 지구적 수준에서는 미국의 대러 압박이 지역적 수준에서 어떤 결과를 가져오는지를 보여주는 극명한 사례가 되었다. 미국이 러시아의 이해를 계속하여 압박하게 될 경우 러시아의 선택지는 중국과의 협력으로 좁아질 수밖에 없는 구조가 고착화되는 것이다. 우크라이나 사태는 1960-70년대 미국, 중국, 소련 간에 형성되었던 '전략적 삼각관계'의 역전된 역내 세력구

---

2) "Газовый договор России с Китаем: эксперты рассказали подробности," (2014/05/21), http://finance.bigmir.net/news/economics/48584-Gazovyj-dogovor-Rossii-s-Kitaem—eksperty-rasskazali-podrobnosti (검색일: 2014.11.21.); "China, Russia to sign a host of cooperation deals during Xi's visit to Moscow," TASS (2015/05/04), http://tass.ru/en/world/792927.

도의 조성이라는 연관된 결과를 가져왔다.

이같은 중-러 관계의 밀착은 미국과 일본 관계에도 영향을 끼친 것으로 볼 수 있다. 미국은 아시아에서의 재(再)균형화 추진을 위한 자산으로서 러시아의 가능성을 현재로서는 거의 고려하고 있지 않는 것으로 보인다. 따라서 미국에게는 전통적 우방인 일본의 존재가 더욱 중요해지는 상황이 되었고, 일본도 중국과 러시아의 밀착이 가져오는 위협의 가능성에 미국과 함께 대응하여야 할 필요성이 높아지게 된 것이다. 일본은 미국, EU와 함께 비자발급 완화 협의 중단, 푸틴 대통령 측근 인사들에 대한 비자 발급 제한, 금융제재 등의 대러시아 제재에 공동보조를 취하고 있으며, 러-일 간 투자 협정, 우주 분야 협력, 위험한 군사행동 방지 협정 등과 관련된 협의를 중단하였다. 역내 중국의 영향력 확대를 우려해 오던 일본은 중국과 러시아 간 협력관계가 긴밀해지는 것에 대응하는 차원에서도 미국과의 제반 협력 관계를 강화하는 방향으로 정책노선을 수정할 수밖에 없었다. 이런 상황에서 한-일 간에 역사문제와 관련된 불화는 미국으로 하여금 한국에 대하여 대일관계를 개선하도록 압박하려는 경향을 높이는 요인으로 작용할 수 있을 것이다.

이와 더불어 동북아에서 주목하여야 할 중요한 변화 중의 하나는 러-북 관계가 강화되고 있는 상항이다. 자세히 후술하겠지만 최근 러-북 간에는 경제, 정치, 군사안보 등 모든 측면에서 협력 긴밀화가 시도되고 있다. 일견 북한은 중국 영향력 상쇄 카드로서의 러시아의 대북 영향력 강화를 용인하고, 러시아는 미국 등 서방의 제재에 대응하는 수단으로 북한 카드를 활용하고 있다는 분석도 가능할 듯하다. 김정은 정권에게 신냉전 회귀 경향의 국제정세 변화, 남-북한 및 북-미 관계의 교착 그리고 북-중관계의 소강상태 등과 같은 대외적 조건 하에서 러시아와의 전략적 협력을 강화하는 것은 유용한 대안이 될 수 있기 때문이다.

이같은 국제 환경의 변화는 한-러 관계의 가능성에 대한 심대한 구조적 제약으로 작동할 가능성이 매우 높다. 우리 정부는 러시아의 크림 공화국 합병이 국제법을 위반한 것이라는 입장을 견지하지만,[3] 동시에 대러 제재에 참여하는 것이 한국이 처한 지정학적 환경, 한-러 전략적 협력 동반자 관계의 내실화 필요성, 통일외교 강화의 시급성 등을 고려해 신중히 접근할 수밖에 없다. 왜냐하면 나진항 개발을 둘러싼 러시아와의 협력은 경직되고 있는 한반도 관계의 경색 국면을 풀어갈 수 있는 좋은 계기가 될 수 있으며, 이를 기반으로 강화될 수 있는 남-북-러 삼각협력은 한반도 안정화의 긍정적 기반을 마련할 수 있기에 이같은 가능성의 고리들을 경솔히 포기하기란 쉬운 일이 아니다. 또한 "유라시아 이니셔티브"의 추진을 위한 러시아의 협조도 필요하며 러시아와의 에너지 협력도 중장기적으로 중요하기 때문이다.

하지만 우크라이나 사태 이후 미국의 대러 제재 동참 및 대일 관계개선 그리고 고고도미사일방어체계(THAAD) 가입 등에 대한 요구의 수위가 높아질 것이며, 푸틴 대통령도 한국의 고고도미사일방어체계 가입 가능성에 대해 강력히 비판하고 있는 상황은 한국이 대러 관계를 풀어가기가 매우 어려워지고 있음을 보여준다. 이같은 상황은 동북아 구도 내에서 한국의 중견국 외교의 장과 그 입지를 현저히 축소시키는 방향으로 전개될 가능성이 높다. 우크라이나 사태를 둘러싼 미국과 러시아의 갈등이 한-미 동맹과 한-러 전략협력의 상충성을 확대하는 상황을 피하는 것이 중요하다.

결국 우크라이나 사태 이후 미러 관계가 악화되고 탈냉전 이후 미국 주도 하에 유지되어 온 국제정치의 기본틀이 도전받고 있는 이 시점에 러시아는 한국에게 가능성이면서 도전이며 또한 근심거리를 제공하고 있는 것

---

3) 2014년 3월 19일 대한민국 외교부 성명 참조.

이 분명하다. 하지만 러시아는 여전히 동북아의 중요한 행위자로 남을 것이며, 한반도에 대한 영향력을 행사하려는 노력을 포기하지 않을 것이다. 이런 러시아를 탈냉전 초기 1990년대와 같이 과도한 기대나 신중치 못한 무시 등과 같은 방식으로 대응할 수는 없을 것이다. 우크라이나 사태 이후 급변하는 국제정세 속에서 한국의 대러시아 외교는 지구적, 지역적 및 한반도 수준에서 다층적인 도전거리를 제공하고 있으며, 각 이슈 영역별, 국가별 경쟁 및 대립으로 발생하는 복합달레마는 한국의 북방경제 협력 및 유라시아 이니셔티브의 추진하는 과정에서 대단히 복합적이며 균형적인 정책추진의 기술(art)을 요청하고 있다.

3. 러시아의 동북아 정책과 새로운 역할의 모색

러시아는 소련이 붕괴한 이후 1990년대 동북아에서 급속한 지위 하락과 영향력 상실을 경험하였고, 푸틴 대통령의 복귀 이후 이를 회복하기 위한 노력을 기울여 일정한 정도의 지역정치 내 위상을 회복 및 강화해 오고 있다. 이러한 러시아의 노력은 크게 세 측면에서 이루어졌는데, 첫째는 소련이 중소분쟁으로 상실한 중국과의 전략적 협력의 관계를 러시아가 2000년대 들어와 회복하게 된 측면, 둘째는, 1990년대 상실한 북한과의 협력의 고리를 2000년대 들어와 회복하게 된 측면, 그리고 남한 및 일본과의 관계 개선 및 전략적 협력을 모색하는 측면에서 이루어졌음을 알 수 있었다.

사실 푸틴 대통령은 러시아의 아태지역으로의 진입을 위한 적극적인 정책을 2기 임기로부터 추진해 왔다. 이를 위하여 2012년 아태경제협력체(APEC) 정상회담을 블라디보스토크로 유치하여 러시아가 태평양으로 낸 이 관문도시의 개발과 이를 통한 동북아 및 아태국가들과의 교류 강화를 시도하였다. 메드베데프 대통령 시기에는 러시아를 "유라시아 국가"라 부르기보다 "유로-태평양 국가"로 규정하면서 러시아 국가발전의 미래 동력을 이 지역에서 찾으려는 노력을 심화하였다. 이같은 정체성의 재규정은 러시아의 국가이익을 다층적으로 재구성하는 작업과 관련된다. 지구 수준에서 지정학적 및 지경학적 압력의 수위가 증대되고 있는 세계 정치의 새로운 중심 아태지역에서의 러시아의 위상을 강화하고, 지역 수준에서는 지리적으로 귀속되어 있지만 인식적으로는 소외되면서 심대한 영향력의 축소를 경험했던 동북아에서의 전략적 행위자로서의 위상을 재(再)확보하고, 국내정치 수준에서는 낙후된 러시아의 동시베리아와 극동 지역의 개발을 통해 동북아 지역과의 안정적 연계성을 강화함으로써 안보적 및 경제적 안정과 발전을 꾀하려는 다층적 목표를 지닌 정책으로 신(新)동방정책이 추진되었다. 이 정책을 통하여 러시아는 동북아와 한반도에서 중국에 대한 과도한 편승을 보완하고 새로운 영향력의 통로를 확보하는 것은 물론 동아시아를 넘어 아태지역으로 진출해 가는 국내적 및 근린 지역의 교두보를 확보하는 전략적인 이익까지도 챙길 수 있는 것이다.

세계경제위기 이후 중국의 급속한 부상과 그에 따른 미-중 경쟁이 가시적으로 진행되면서 러시아가 동북아시아에서의 전략적 행위자로서의 위상을 회복할 수 있는 가능성이 보이는 듯했다. 점차 양극화되어 가고 있는 이 지역정치의 재구조화 과정에서 러시아가 중간자로서 영향을 미칠 수 있는 가능성이 주목받게 되었던 것이다. 그것은 크게 러시아가 중국과의 전략적 협력을 강화하여 대미 균형화의 기능을 강화하는 기능 이외에도 미국과 전략적으로 협력하거나 일본이나 한국과 같은 역내 국가들과의 협력을 통하여 중국의 과도한 영향력을 견제하는 기능을 모두 감당할 수 있다는 점에서 타당해 보인다.

이런 러시아의 역할과 새로운 지역정치 재구도화의 가능성이 우크라이나 사태 이후 악화되어 가는 미-러 관계에 의해 대단히 제한되는 방향으로 흘러가고 있다. 이러한 추세가 지속된다면 결국 러시아는 중국과의 전략적 협력을 더욱 강화해 나가면서 중국의 주니어 파트너로서 미국에 대항하는 구도의 정책적 틀을 지속해갈 수밖에 없을 것이다. 결국 러시아가 지닌 동북아 지역정치에서의 구조적 제약은 미국과의 동아시아 수준에서의 전략적 협력을 회복하지 못하고 있다는 점에서 분명한 한계를 지니고 있음에 틀림없다.

다만 이 지점에서 우리는 한국의 창의적 외교를 위한 틈새에 대해서도 생각해 보아야 한다. 미-러 관계의 제약이라는 한계를 러시아가 타계해 나갈 수 있는 또 다른 가능성은 없을까? 또 다른 가능성이 있다면 그것은 러시아가 한국이나 일본 등과 같은 역내 국가들과의 협력 강화를 통하여 중국에 대한 과도한 의존을 줄이고 동아시아 지역 내 중간자적 기반을 확대함으로써 동아시아 지역의 안정화에 기여하게 되는 것과 관련된 것이다. 물론 이 경우에도 미국과의 관계 정상화 조건이 필수적인 과제이다. 이런 관점에서 볼 때 러시아의 적극적인 신(新)동방정책은 동북아 역내 국가들과의 관계 강화, 중국과의 협력 기재 확대 및 중국에 대한 과도한 의존 제한, 그리고 나아가 미국과의 관계 개선의 기재를 마련하려는 등 다양한 용도로 활용될 수 있는 러시아의 중층적인 아태정책의 일환으로 이해될 수 있다. 따라서 이를 어떻게 활용할 수 있을지를 한국의 대러시아 정책 차원에서 고민해 보는 일은 중요하다.

전술한 바와 같이, 강대국 정치의 구조적 제약에 주목하는 거시적 틀로부터 일정 정도 벗어나 미시적 관점을 통해 관찰해 보는 것은 유용한 시도가 될 수 있다. 비록 미-중 간 경쟁이 심화되고 중-일 갈등이 불거지며 전반적인 동북아 세력망 구도에서 구조적 공백과 경쟁구도가 확대되어 가고 있는 것은 사실이지만, 역내 국가들은 전반적으로 변동의 불안정성을 관리하고 역내 안정과 평화를 추구하는 정책적 요청을 공유하고 있는 것도 사실이다. 한국과 일본은 물론이고 중국도 미국 주도 체제 하에서 괄목할 만한 경제성장을 이루었고, 이를 지속하고 싶은 희망이 있다. 러시아도 예외는 아니다. 한국은 이같은 역내 국가들의 안정에 대한 희망과 욕구를 잘 활용할 필요가 있다. 무엇보다 미-일-중-러 주요국들의 역내 안정과 평화에 대한 기본 인식과 필요성이 지속되도록 분위기를 만들어가는 것이 중요하다.

나아가 현재와 같이 양자관계를 중심으로 하는 접근법이 한계를 드러내고 있는 상황에서는 조정국면에 들어가 있는 한-미-일, 한-중-일 3각구도 이외에도 남-북-러 삼각협력 구도는 물론 한-러-중, 한-러-일, 한-미-중-러 등과 같은 다양한 형태의 3각 내지 4각 대화 등의 소다자 협력틀을 동시에 활성화하는 접근법을 활용할 필요가 있다. 이러한 대화와 협의를 바탕으로 동아시아 내 소지역, 중지역, 대지역 차원의 다양한 지역협력 네트워크를 중층적으로 강화하는 정책 방향을 지향할 필요가 있다.

특히 이러한 소다자주의 접근법은 단기적으로 정체되어 있는 양자관계를 풀어가는 우회로의 역할도 하지만 장기적으로 동북아 다자 안보 및 경제협력 체제를 구축하는데 중요한 기반이 될 수 있다. 동북아 다자 협력체제 질서의 기본축은 미-중 관계에 의해 결정되겠지만, 경쟁적 양자관계의 구도보다 보완적이고 안정적인 전략적 3각협력의 다층적 구조가 다자체제 구축에 더 유리할 것이다. 따라서 양자협력을 강화하는 외교 이외에 한-중-러 및 한-러-미 및 한-일-러 및 한-미-일 등의 다양한 3각 협력을 강화하여 다자협력을 추동하는 새로운 동력을 창출하는 일은 미국과의 미래지향적 동맹을 구축하고 중국과 전략적 협력을 추구하는 일 못지않은 중요한 과제가 될 수 있다. 거시적 대응을 위해서 한국은 다양한 소다자협력을 활성화해 나갈 장기적 고민을 외교의 아젠다 속에 끌어들여 와야 한다.

4. 북-러 관계 강화와 소다자주의 협력

북-러 관계는 1990년대 초 소련이 남한과 수교한 이후 북한과의 동맹관계가 자연스럽게 정리된 이래 거의 10여년 이상 소강상태에 있었다. 하지만 푸틴 대통령은 러시아가 북한과의 관계 회복을 통해 한반도에서의 영향력을 회복하는 것이 러시아의 동북아 내에서의 입지를 강화하는데 필수적 조건이라는 점을 간파하고 양국관계 개선을 위한 노력을 꾸준히 기울였다. 이러한 노력은 2011년 김정일-메드베데프 정상회담을 계기로 양국관계가 새로운 단계로 나아가는 결실로 이어진다.

이 양자회담을 계기로 양국은 110억 달러로 추산되는 북한의 대러 채무를 90%는 탕감하고 나머지는 러시아가 북한에 재투자하는 방식으로 처리하였으며, 이는 양국 간 경제협력이 본격적으로 이루어질 수 있는 기반을 마련하는 전기가 되었다. 이후 양국 경제관계는 빠르게 강화되고 있다. 이후 양국은 무역은 비록 절대량에서는 1억 달러 전후로 아직 미미하지만 근년 빠르게 증가하는 추세를 유지하고 있다.

특히 2014년 양국 관계의 발전은 특기할 만하다. 러시아 부총리가 북한을 방문하고 북한 외상이 10일 간의 긴 일정으로 러시아를 방문하였으며, 최룡해가 김정은 특사로 러시아를 방문하는 등 양국 간 특별한 밀착 관계 형성이 시도되었다. 특히 러 극동개발부 장관이 두 차례 북한을 방문하여 극동 지역을 통한 러-북 간 협력 강화 방안을 모색하였다.

양국 교역액을 10억 달러 수준으로 끌어올리기 위한 다양한 분야에서의 협력을 발굴하고, 이를 위하여 북한은 러시아 사업가들에게 복수비자를 발급하고 북한 내에서 인터넷 및 핸드폰 사용을 허용하며 양국 간 루블화 결제 등의 혜택을 제공하는 방안을 논의한 것으로 알려지고 있다. 러시아도 대북 투자를 늘리면서 점진적으로 전략적 의미를 지니는 북한 내 철도 개보수, 금광 및 희귀지원에 대한 개발, 러 항공기 공장 투자 등과 같은 전략적 의미를 지니는 분야로의 협력까지 모색하고 있다. 이에 북한은 항구 사용권과 영공 통과권을 러시아 측에 제공한 것으로 알려지고 있으며, 철도(TSR-TKR) 연결, 가스관 건설 및 북한 산업시설 현대화 등 여러 분야에 걸쳐 협력을 모색하고 있다. 이 양국 간 협력이 남한과 연결되어 남-북-러 3각 협력으로 연결될 경우 북한은 철도연결로 연간 1억 5천만 달러, 가스관 통과로 1억 달러 이상 수입을 올릴 수 있으며 기타 경제특구개발 등의 전망도 밝아질 수 있을 것이다.

특히 양국이 추진하고 있는 '승리(Pobeda) 프로젝트'는 양국 관계가 이전과는 다른 단계에 진입하는 것을 목표로 하고 있음을 시사하고 있으며 러시아의 동방정책의 밀도를 가늠해 볼 수 있는 근거가 되고 있다. 북-러 경협위원회에서 논의하고 추진하기로 한 이 경협 패키지의 개요는 이렇다. 러시아가 북한의 철도를 보수하고 희귀자원 광산을 개발하는 역할을 수행하면 북한은 이에 희귀 광물로 대금을 지급하는 일차적 협력의 구도가 진행된다. 하지만 특이점은 여기서 끝나지 않고 이 돈으로 러시아는 북한의 산업시설을 현대화하는 사업에 재투자하면 북한은 이 현대화 사업의 파트너로 러시아 기업을 참여시키는 이차적 사업구도까지 합의된 것으로 알려진다. 이같은 협력 구도를 통하여 러시아는 자국 기업의 국제적 경쟁력을 높이고, 북한은 자국 내 산업 시설의 현대화를 진행시키는 윈-윈 협력을 추구하려는 것이다. 이 승리프로젝트의 실현을 위해 양국은 제동~동평양~남포 구간의 철도 개보수 사업을 위한 실무 조치를 시작하였다. 또한 러시아는 나진항 협력구도를 연장한다는 차원에서 청진 지역의 공업단지를 개보수하는 기업과 남포지구 및 가능하다면 개성공단 등에 대한 투자 등을 검토하고 있는 것으로 알려지고 있다.

이같은 양국 협력을 일시적 현상으로 보는 시각도 존재한다. 즉 최근 우크라이나 사태 이후 러시아가 몰리는 상황과 더불어 이런 러시아의 필요에 더하여 북–중 관계가 소원해진데 따른 북한의 필요가 서로 맞아 떨어지면서 양국관계가 급물살을 타고 있다는 분석이 지배적이다.[4] 물론 2014년 들어 북–러 간 특기할 관계의 진전을 이룬 것은 사실이다. 최근 극동개발부 장관으로 임명된 갈루쉬카 장관의 적극적 활동도 이런 변화에 일조한 측면이 있다. 하지만 우리가 간과해서는 안 되는 것이 이 같은 양국 관계의 발전은 베드베데프 대통령과 푸틴 대통령에 이르는 동안 추진된 러시아의 신(新)동방정책과 그 적극성에 대한 북한의 조심스런 화답이 만들어 내고 있는 결실이며, 따라서 이러한 협력의 추세는 중기적 지속성의 성격을 띠고 있다는 점이다. 북–러 간 접근을 이렇게 해석할 경우 양국의 접근을 러시아에 대한 서방의 제재가 촉발한 경제적 어려움으로 인해 러–북 협력 모티브가 곧 약화될 것이라는 예측은 너무 섣부른 예단으로 보인다. 도리어 러–북 간 협력의 강화는 러시아가 그동안 지속적으로 한반도에서 추구해온 중기적 노력의 연속선상에서 파악하는 것이 타당해 보인다. 물론 러시아 재정상황 악화는 분명 극복해야할 도전이지만, 상황이 호전됨에 따라서 양국 간 협력은 진전될 분명한 이유가 있어 보인다.

사실 북한과 러시아는 미국이라는 비우호 세력을 상대해야 하며, 국제정치적 고립을 탈피해야 하는 동일한 모티브를 공유하며, 미국의 제재를 받고 있다는 공통점이 있다. 양국은 분명한 전략적 이익을 공유하고 있는 것이다. 양국은 이같이 공유하는 전략적 이익을 실현하기 위하여 군사적 방법에 의존하기보다 경제적 방법에 따른 노선을 추구하고 있는 것이다. 물

4) "Why Russia is Bolstering Ties with North Korea," *The Guardian* (June 4, 2014).

론 메드베데프-김정일 시기 양국 간 군사훈련이 있었던 것은 사실이지만 그것은 북한의 강력한 요구에 러시아가 북한을 다소 안심시키고 동북아 안보적 균형에 대한 러시아의 의사를 표시하는 선에서만 이루어진 것으로 보아야 할 것이다. 이는 타국을 적대국으로 상정하는 수준에까지 이르지는 않았으며, 그 이후 양국 간 군사훈련은 더 이상 진행되지 않은 점을 주목해야 한다. 특히 러시아의 경제력이 동북아에서 벌어지는 군비경쟁에 직접 대응할 정도로 여유 있는 것은 아니기 때문에 더욱 그렇다. 그러나 분명한 것은 러시아는 북한과의 관계 개선을 통해서 역내 전략적 행위자로서의 위상을 강화하려는 분명한 의도를 표현했다는 것이다.

하지만 이런 양국 간 협력에도 한계는 있어 보인다. 북한이 경제특구 중심의 개방정책을 펴는 것 자체가 커다란 한계이다. 개방에 따른 체제 불안에 대한 우려를 북한이 완전히 떨쳐 버리기는 어렵다. 또한 북한의 핵과 미사일 문제가 풀리지 않으면 양국 간 협력과 발전에 제약이 작동한다는 근본적 한계에는 변함이 없어 보인다. 특히 러시아, 미국, 영국, 우크라이나가 공동으로 서명하여 우크라이나의 주권과 영토를 보존하고 핵보유국의 핵 공격으로부터의 보호를 규정한 '부다페스트 양해각서'의 효과에 의문이 제기되는 상황에서 북한은 핵무기 보유만이 안보를 확보할 수 있다는 생각을 더욱 굳히게 되었을 것으로 보인다. 러시아도 문서를 통한 핵 포기 보장을 북에 제안하기가 어려워졌으며 한반도 비핵화가 상당히 긴 시간을 요하게 될 것으로 판단하고 있는 것으로 보인다.

이같은 북-러 관계의 한계를 넘어서기 위하여 러시아는 소다자주의적 접근에 대하여 깊은 관심을 가지고 있다. 북한과 연관된 소다자협력의 대상으로는 중국과 남한 그리고 일본을 들 수 있겠으나 러시아는 중국과의 협력에 다소의 부담을 가지고 있는 것이 분명하다. 도리어 러시아는 북-러 협력의 모멘텀을 남한과 협력으로 연계시키려는 강한 의지를 가지고 있다.

우리는 이런 러시아의 입장을 잘 활용할 필요가 있다. 우리 입장에서는 북-러 관계의 긴밀화 모멘텀을 남-북-러 3각협력을 발전시키는 계기로 승화시키는 대러 외교의 추진이 필요하다. 이를 위해서 현재 추진 중인 나진-하산 프로젝트를 구체화하고 가속화하기 위한 노력을 기울여야 한다. 러시아가 이 프로젝트에 주목하고 있는 이유 중의 하나는 한국의 3각협력 의지에 대한 시험대로 이 프로젝트를 보고 있다는 점이다. 지난 남-북-러 가스관 협력의 사실상의 무산을 돌이켜보건대 우리 정부는 특별히 이에 유의할 필요가 있다.

남-북-러 3각협력과 관련하여 가장 주목을 받고 있는 프로젝트는 나진항 개발과 관련된 협력으로, 이는 러시아가 나진항 3번 부두의 사용권을 북한으로부터 얻어 이를 현대화하고 하산-나진 구간의 철도를 개보수하는 작업을 마친 뒤 러시아와 북한이 만든 합작기업 '라손 콘트란스'의 러시아 지분 절반을 한국철도공사, 포스코, 현대상선으로 구성된 한국측 컨소시움이 인수하는 방식으로 추진되고 있는 사업이다.[5] 경제적 타당성에 대한 검토도 끝나고 러시아의 석탄을 나진항으로 옮겨 배로 한국으로 가져오는 시험운항도 2014, 2015년 두 차례 성공적으로 이루어 졌으며, 2015년 본 계약의 체결을 남겨두고 있다. 하지만 삼각협력을 위한 본 계약을 앞두고 있는 상황에서 우크라이나 사태에 따른 서방의 제재와 세계 저유가 기조로 인해 러시아 경제상황이 악화되면서 다소 진행 속도가 조절되고 있는 것이 아니냐는 우려가 나오고 있다. 한국으로서는 이같은 상황에 대해 조심스러운 접근을 취할 수밖에 없다. 하지만 중기적으로 추진되어 온 러시아의 북에 대한 접근과 그를 통한 전략적 행위자로서의 역할 모색은 지속될 것이

5) 신범식, 박상연, "러시아와 중국의 나진항 3호부두 사용권 협상전략 비교," 『중소연구』, 39-2 (2015) 참조.

분명하다. 러시아 입장에서 나진 프로젝트는 일종의 한반도 진출의 파일럿 프로젝트로서의 성격을 지니며, 이를 바탕으로 구체적인 대북 영향력의 확대를 꾀하고자 하는데, 본 계약이 성사되고 사업이 추진될 경우 러시아는 확신을 가지고 대북 사업에 한국이 참여하는 구도와 협력 모델을 적극적으로 만들어 갈 수 있을 것으로 보인다.

한국의 경우 이 사업을 본격적으로 추진하기 위해서는 천안함 사태 이후 취해진 5.24조치를 포함하여 대북 제재를 조정하고 대북 관계를 협력을 향한 전향적 구도로 만들어가야 하는데 현재 동북아 정세는 그다지 좋아 보이지 않는다. 특히 이 사업에 참여하는 기업들에게 주는 정부의 신호가 불명확하면 기업들도 적극적으로 나서기 힘들 것이 분명하다. 사업을 추진하며 유의해야 할 점은 러시아측 사업 주체인 철도공사는 러시아 정부의 통제를 받고 있으며 북한도 사실상 사기업이 존재하지 않는 상황에서 양자가 정부의 강력한 의지로 진행된 사업이기에 사실상 북-러 간 사업의 기초적 계약은 정부 간 계약에 가깝다는 점이다. 실질적인 사적 기업이 없는 북한으로서는 정부 수준에서 사업을 진행하여야 하고, 러시아로서도 이같은 북한의 사업 상대에 조응하는 주체로 러시아철도공사(RZD)의 참여는 자연스러운 일이다. 우리 사기업들이 참여하는 컨소시움을 대변하여 철도공사가 이 일을 잘 추진할 사업주체로서의 역량을 발휘할 수 있을 것인가에 대한 의문은 남아 있다. 중국의 경우도 북한과의 사업의 주체가 지방정부나 사기업인 경우가 많은데, 이 경우 북한과의 협상 및 사업 추진과정에서 현장에 진출한 사기업들이 북한 당국과 협상을 하면서 무리한 요구를 받거나 양측 협상의 급이 맞지 않아서 생기는 잡음으로 난항에 빠지는 경우가 자주 발생하는 것으로 알려지고 있다. 중국 기업의 무산 철광개발 사업은 좌초위기설까지 나올 정도이다. 따라서 사업 주체의 비대칭성으로부터 나타나는 문제를 극복할 수 있는 협력과 역할분담의 구도를 만들고, 분쟁을 조정하고 위험을 분산할 수 있는 체제를 정부가 나서서 만들어 주는 것이 향후 남-북-러 삼각협력을 비롯한 대북 경제협력에서 중요한 관건이 될 것으로 보인다.

결국 이와 같이 북-러 협력의 모멘텀을 남-북-러 삼각협력으로 연계시키려는 러시아의 의도는 한국의 입장에서는 한반도 안정화와 나아가 동북아 협력 촉진을 위해 활용할 수 있는 매우 긍정적인 자산으로 인식되어야 할 것이다. 그러나 미-중 경쟁의 구도와 그 속에서 일본이 미국과의 동맹을 배경으로 중국과의 대립의 각을 예리하게 세워나가고 있는 상황에서 한국의 운신의 폭도 좁아지고 있는 것도 사실이다. 더구나 우크라이나 사태 이후 러시아의 동북아에서의 입지 제약과 중국에 대한 의존 심화는 북-중-러 대 한-미-일의 냉전적 대립구도를 재연시킬 것이라는 우려를 높이고 있다.

이같은 구도는 한국은 물론 지역 국가들의 미래지향적 관계에 전혀 도움이 되지 않을 뿐더러 한국과 같은 중견국에게는 매우 불리한 조건을 창출할 가능성이 높다. 따라서 우리는 이같은 경직적이며 경쟁적인 구도가 동북아에 출현하여 정착되지 않도록 적극적인 지역 외교를 펴나갈 필요가 있다. 지구적 수준에서는 경쟁하고 있는 강대국들이 지역적 수준에서는 현실적인 국가이익을 위하여 협력하는 사례는 얼마든지 찾아 볼 수 있다. 따라서 우리는 현재의 동북아 및 한반도 상황을 대립구도 속에서만 파악하기보다 국가 안보의 본질적 속성을 훼손하지 않는 범위에서 창의적인 러시아 활용 외교를 추진해 볼 필요가 있다. 이런 견지에서 남-북-러 3각협력은 북한의 변화를 유도하고 동북아의 안정화에도 크게 기여할 수 있는 프로젝트임에 분명하다.

특히 우크라이나 사태 이후 중국과의 관계가 한층 더 긴밀해지는 상황에서 러시아가 남-북-러 삼각협력 이외에 북-중-러 삼각협력에 대해서도 적극적인 추진 의사를 보이고 있는 것은 전혀 이상한 일이 아니다. 물론 이것이 한국에 직접적인 피해를 가져오지는 않겠지만, 적어도 북한을 포함하는 소다자 지역협력에서 한국이 배제되어서는 안 되며 도리어 적극적으로 개입할 필요가 있다.

최근 들어 나진항 개발 과정에서 북한의 태도에 피로를 느끼고 있는 중국 기업들과 동북지방 정부들은 러시아 극동 항만에 대한 투자와 개발에 관심을 기울이고 있다. 사실 중국에게 동북 지방의 발전을 위하여 물류 인프라의 구축은 필수불가결한 조건이다. 중국 동북지방도 성(省)에 따라서 상황이 다르다. 랴오닝 성은 해안을 따라 "5점 1선"(five points one line) 개발 계획이 진행되어 이미 대련을 위시로 한 연해지역의 발달이 상당한 정도에 이르고 있다. 여기서 대련항은 물류의 중심 항구 역할을 하고 있다. 그리고 헤이룽장 성은 내륙의 위치로 인하여 철도 및 도로를 통한 러시아와 대륙으로의 물류가 중요하다. 하지만 지린 성의 경우에는 대련항을 이용하기도 어렵고 북쪽의 내륙 물류 경유지로서의 이점도 없다. 따라서 지린 성은 개변출해(改邊出海) 즉 "국경을 열어서 바다로 나가자!"라는 표어 아래 러시아나 북한의 가까운 항만을 출해통로로 이용하기 위한 노력을 기울이고 있다. 따라서 북한의 나진항 개발과 러시아 극동의 항만 특히 자루비노 항의 개발에 대한 관심이 지대하며, 이들을 개발하기 위한 지방정부의 관심이 매우 높다. 지린성 정부는 중앙 정부의 도움을 받아 출해통로를 위한 경제적 전진기지의 역할을 하는 훈춘시를 투자개발하고 이로부터 북한의 나진에 이르는 50킬로 도로를 2011년 포장하였으며, 신두만강대교의 건설과 철도 연결도 추진하고 있다. 또한 최근에는 나진에서의 부진을 계기로 중국 지린성 정부는 또 다른 출해 통로로 러시아의 자루비노 항을 개발하기 위해서도 노력하고 있다. 지린성 정부와 러시아 숨마(Summa) 그룹간 합의를 바탕으로 중국측 기업인 중국상회(China Merchant Group)가 이 사업의 파트너로 참여하게 되었다. 숨마그룹과 중국상회는 30-35억 달러

투자 규모에 최대 연간 물동량 1억 톤 처리가 가능한 항구를 개발하기로 합의하고, 2015년 2월 설계에 착수했다. 이러한 움직임은 나진항 개발에 부정적 영향을 미치고 한국이 조심스레 타진하고 있는 남-북-러 삼각협력에 도전요소로 작용할 가능성도 있다. 더구나 한국 정부가 주저하는 사이에 북방의 소다자주의 협력이 한국을 배제한 채 북-중-러 사이의 협력으로만 진행되거나 이러한 움직임이 동북아에서 북방 대 남방의 대립구도를 강화하는 악순환으로 발전하는 것을 방지하기 위해서라도 한국은 북방 소다자협력을 예의주시하면서 이로부터 배제되지 않으려는 노력을 기울일 필요가 있다.

이와 관련하여 한국 정부가 최근 추진하고 있는 광역두만강계획(GTI)의 국제기구화 및 소다자주의에 기반한 동북아 지역협력을 향한 노력은 매우 중요하고 적절한 노력으로 평가될 수 있다. 한국 정부는 북방경제협력에 대한 중장기적인 개입전략을 수립하고 안보와 경제의 관점에서 공히 균형 잡힌 전략을 수립하고 이러한 틀 속에서 러시아 및 러시아와 북한 및 중국 사이의 협력의 동학을 활용할 필요가 있다.

5. 동북아 안보증진을 위한 한-러 전략 협력[6)]

동북아시아는 오늘날 세계에서 가장 역동적으로 발전하고 있는 지정학적 공간이다. 세계 경제와 정치의 중심은 점차적으로 동북아 지역으로 이

---

6) 본절의 내용은 필자가 참여한 한, 러 민간 전문가 공동작업의 결과의 결론을 재수록한 것이다. 전문은 다음 참조. http://russiancouncil.ru/common/upload/WP-NortheastAsia-Russia-25-eng.pdf

동해 오고 있으며, 인류가 나아갈 궤도와 미래상의 상당 부분이 이 지역에 의해 결정될 것으로 보인다. 급격한 경제 성장을 통해 동북아는 세계의 생산·분배·소비 중심지로 변화하였으며, 금과 외환의 주요 보유자이자 세계적인 투자자로 부상하였다. 가장 미래지향적인 과학 및 기술 프로젝트 역시 이 지역에서 진행되고 있다. 또한 서구 민주주의 형태의 거버넌스와 지역 정치문화가 혼합된 기반 위에서 다양한 정치 및 사회 질서에 대한 근대화 모델들이 개발, 실험되고 있다.

그러나 동북아시아에서는 상당한 충돌의 가능성이 누적되고 있다. 역내 세력권에 대한 정치적 경쟁과 갈등이 증가하고 있으며, 금융 부문에서도 명백한 긴장관계가 존재한다. 군비증강 추세 역시 뚜렷하다. 동북아 지역에는 세계 군사력 보유 순위의 10위권 국가 중 다섯 개국(중국, 미국, 북한, 러시아, 일본, 한국)이 위치하고 있고, 그 중 세 개 국가(미국, 러시아, 중국)는 이미 핵무기를 보유하고 있으며, 북한은 핵무기를 개발 중에 있는 상태이다.

한반도에서의 긴장상태, 영토 분쟁, 양안관계 등을 포함한 전통적인 위협요인들은 에너지 안보 문제에 의해 증폭될 수도 있다. 또한 테러리즘, 초국적 범죄, 자연·환경재해 및 인재, 마약 밀매 등의 새로운 위협요인들은 역내 사회적 안정에 부정적인 영향을 미칠 것으로 보인다.

상호의존적이면서 동시에 경쟁적인 미국과 중국 간의 관계는 동북아 정세에 중대한 영향을 미치고 있다. 워싱턴은 점차 부각되고 있는 중국의 부상을 도전으로 인식하며, "아시아로의 회귀"(Return to Asia Pacific) 전략으로 분류될 수 있는 일련의 정책수단들을 마련하고자 한다. 시계열과 내용적인 측면 모두에서 차이점을 내포하고 있는 베이징과 워싱턴의 미래 전망은 여전히 불명확하다. 만약 미-중 관계의 대립적 양상이 계속해서 만연하게 된다면, 동북아 지역 내 다른 국가들은 중국과의 경제적 파트너십 확대와 미국과의 정치·군사적 협력의 발전 사이에서의 선택을 강요받게 될 가능성이 높아지고 있다.

점증하고 있는 동북아시아 내 안보위협과 도전과제들은 한국과 러시아의 국가이익에도 영향을 미친다. 지리적 위치로 인해 양국은 공동으로 직면한 많은 문제들을 함께 풀어나갈 수밖에 없는 상황이다. 러시아는 그의 참여가 없이는 국제적으로 중요한 문제가 해결될 수 없을 정도로 세계 각 축장에서 강력한 국가로 다시금 등장하고 있다. 지난 수 십 년 동안, 한국은 산업 및 상업 부문에서 세계적으로 영향력 있는 국가로 변모해 왔으며, 이를 기반으로 대외정책 분야에서 독자적인 목소리를 낼 수 있는 행위자로 거듭나기 위해 노력하고 있다.

최근 수 년간의 고위급 회담들을 진행하면서 한국과 러시아의 지도자들은 인류가 직면하고 있는 도전들은 지구적이며 따라서 이에 대한 유일하고 효과적인 대응은 국제사회가 공동으로 노력을 실천하는 것이라는 공동의 의견을 반복적으로 피력해 왔다.

역사적으로 한국과 러시아는 서로 다른 전통적 동맹국들과 관계를 형성해 왔고, 서로 다른 형태의 국제적인 대화를 진행해 왔다. 그러나 이러한 사실은 양국이 그 양자관계를 "전략적 동반자관계"(strategic partnership)라는 새로운 차원으로 고양하는 것을 방해해서는 안 된다. 이같은 동반자관계는 국가들 간의 차이에도 불구하고 평등과 이해관계에 대한 상호존중에 기반을 두면서 더 민주적이고 정의로우며 그래서 한층 더 안전한 세계 질서를 모든 국가들이 함께 만들어 나가는 다극적 지구 공동체의 한 부분으로 간주될 수 있을 것이다.

한-러 동반자관계는 무엇보다 동북아시아에서 균형 잡힌 다자안보 체제의 형성을 촉진할 수 있다는 점에서 가치가 크다. 그러한 안보 체제를 수립하는 것은 매우 긴급한 과제이다. 현존하고 있는 동북아시아의 안보 아키텍처는 냉전시기 미-소 갈등이란 맥락 속에서 만들어졌다. 이는 현재 아시아-태평양 지역에서 나타나는 세력분배 상태와 일치하지 않을 뿐만 아니라 지구적 및 지역적 수준의 위협 요인들을 다루는 과제에도 적합하지 않다.

동북아시아 안보 체제는 중국, 일본, 북한, 한국, 몽골, 러시아와 같이 지리적으로 관련 있는 모든 국가들은 물론이고 지리적으로는 지역의 일부가 아니지만 핵심적인 안보 이익을 지닌 미국도 포함해야 한다.

러시아는 중국과 마찬가지로 비록 미국 중심적 체제의 일부로서는 아니라 할지라도, 아시아에서의 미국의 존재와 그와 협력하는 데 대한 객관적인 이해관계를 가진다. 워싱턴의 아시아로 "회귀"하는 정책은 주제에 대해 실질적 논의를 착수하기에 적절한 시기를 조성하였다.

동북아시아의 포괄적 안보 체제를 구성함에 있어서 핵심적인 원칙은 대결적인 냉전식 사고방식을 폐기해야 한다는 것이다. 봉쇄(containment)는 개입(engagement)과 무력 불사용 내지 무력 사용에 대한 위협의 제거, 그리고 평등과 개방성으로 대체되어야 한다. 전략적 관점에서 보았을 때에, 역내 모든 행위자들의 이해관계와 의도가 명백히 밝혀지고 이를 다른 행위자들이 이해하게 될 때 동북아시아는 최대한의 안정성과 역동성을 누릴 수 있다. 취약함과 불만을 기반으로 해서는 믿을 만하고 호혜적인 힘의 균형이 달성될 수 없다.

이를 위하여 한국과 러시아는 동북아 안보협력에 대하여 다음과 같이 전향적으로 고민해 볼 필요가 있다. 동북아시아 안보에 대한 도전과제들은 다양한 측면을 지니고 있다. 동북아시아 국가들은 포괄적인 지역 안보 아키텍처를 형성하기 위해서 다음의 두 가지 서로 연관된 분야에서 반드시 공동의 노력을 기울여야 한다. 하나는 한반도 분단 상황을 해결하는 것이고, 다른 하나는 동북아시아 내 공동의 안보 체제를 창설하는 것이다.

한반도 문제는 동북아시아 내에서 군사적으로 가장 위험한 잠재적 위협

요인이 된다는 점에서 시급한 관심을 요한다. 한반도 핵 문제가 다루어져야 할 뿐만 아니라 60년 간 지속되어 온 두 개의 한국 사이의 갈등과 대립을 종식시키기 위한 남북관계의 정상화 경로들도 탐색될 필요가 있다. 이를 위해서는 다음 두 가지의 도전과제가 동시에 다루어져야 한다. 첫째는 북한 핵 무기 프로그램을 동결시키고 비가역적으로 해체시키며, 북한을 국제원자력기구의 보호조치 하에서 핵비확산조약(NPT) 체제로 복귀시키도록 하는 방안을 모색하고, 둘째는 한반도 내 정치적 긴장을 완화하고 한국과 북한 그리고 역내 다른 국가들 사이의 관계를 정상화 및 발전시키는 방안을 모색하는 것이다.

한반도 핵 문제는 지난 2003년부터 2008년까지 남북한과 중국, 미국, 러시아, 일본이 참석한 가운데 개최된 6자회담의 재개를 통해 다루어져야 한다. 2005년 9월 19일에 발표된 6개 당사국의 공동성명은 한반도 비핵화와 역내 상황 전반을 개선시키는데 필요한 건설적 기초를 포함하고 있다.

"한반도 문제"가 40년간의 침묵을 깨고 다시 유엔에 안건으로 상정된다면 한반도에 평화가 정착할 기회의 창이 열릴 수도 있다. 한반도 문제를 해결할 평화 회의는 유엔총회와 유엔안보리 5개 상임이사국, 당사국인 남북한, 두 개의 한국과 동시에 관계를 맺고 있는 국가들이 동시에 참여하는 가운데 개최되는 방안에 대하여 검토해 볼 필요가 있다.

그리고 남북한은 1953년 한국전쟁 휴전협정을 대체하는 평화 협정 또는 다른 형태의 문건 – 헌장 혹은 선언 –에 합의하는 방안을 이와 관련된 구체적인 실천방안으로 논의할 필요가 있다. 이와 함께 유엔안보리 5개 상임이사국은 양국 간의 협약한 사안이 제대로 이행되는지를 보장하는 역할을 수행할 수 있을 것이다.

그리고 양국은 지역 국가들과 함께 한반도 문제를 해결함과 동시에 동북아시아는 지역 전체를 포괄하는 지역 안보 아키텍처를 창출해내려는 노력을 기울여야 한다. "한반도 문제"와 더불어 지역 안보체제를 만드는 데 있어 핵심적인 장애물은 상호 신뢰 부족이다.

신뢰가 바탕이 된 관계를 형성하기 위해서 동북아시아 국가들은 공동의 이익을 위한 의제에 관한 대화를 발전시킬 수 있다. 이를 위해 고려해 볼 수 있는 바람직한 방안으로는 에너지안보, 원자력 안전, 교통물류 안보, 식량안보, 사이버안보 등과 같이 연성적 협력과 안보 증진의 측면을 동시에 다루는 총체적인 지역 동반자관계 또는 공동체 창설이 될 수 있다.

위와 같은 분야에서의 동반자관계를 통해 더 포괄적인 역내 평화, 발전, 안보와 같은 문제를 논의할 수 있도록 점진적인 변화를 이끌어갈 수 있을 것이며, 궁극적으로는 동북아시아의 포괄적인 안보 체제를 건설할 수 있을 것이다. 그리고 한, 러 양국은 동북아시아 내의 협력에 기반하여, 한국과 러시아는 최근 몇 년 간 역동적인 경제적 및 지정학적 변화를 겪고 있는 유라시아 대륙에서 협동할 수 있는 다양한 방법을 찾고 협력할 수 있는 기반을 공고히 다질 수 있을 것이다.

6. 정책적 제안

한국과 러시아는 대한제국 시기를 제외하고도 1990년 9월 수교한 뒤 25년의 시간을 함께해왔다. 여러 가지 우여곡절을 거치면서 양국 관계를 "전략적 (협력) 동반자관계"로 발전시키기 위한 공동의 노력을 기울이는데 대한 합의에는 도달하였지만, 그 협력 수준이 전략적 협력의 수준에 도달할 것으로 보기는 어렵다. '전략적'이라는 용어는 다층적이며 포괄적 의미를 함축하고 있다. 그 협력의 주체와 범위는 양자 수준, 지역 수준, 글로벌 수준을 포함하며 외교·안보로부터 경제·실질협력에 이르는 범위를 상정하는 포괄적 정책 개념으로 이해할 수 있다. 따라서 전략적 협력에서는 관련국들과 전략적 협의를 할 수 있는 소통 구조 및 채널의 구축이 중대한 과제로 떠오를 수밖에 없다. 또한 '전략 협력'이 '전략적 소통, 조율된 공유이익, 전략적 프로젝트의 실천' 등이 이뤄지는 것을 전제로 한다는 점에서, 그것은 양자관계에서 비전과 전략을 공유하고 상호 공동이해를 극대화해 나간다는 의미도 담고 있다. 따라서 한-러 전략적 협력이 실질화되기 위해서는 다음과 같은 대러 외교의 기본방향의 설정이 필요하다.

첫째, 양국 간 관계의 저변을 다지는 전략협력 기반조성 외교의 추진이 필요하다. 이를 위해서 한-러 간 올바른 국가이미지, 이해도 제고 및 신뢰구축을 증진하여야 한다. 러시아는 한국이 안보를 미국에 의존하고 있으며, 경제적 대외의존도가 높아 국제경제 위기에 매우 취약한 국가로 인식하고 있다. 반면, 한국사회에서는 사회주의 경제의 몰락과 구소련 체제의 붕괴 이후 러시아에 대한 우월감 내지 러시아 경시 분위기가 팽배하기도 했다. 이것은 모두 양국에 대한 이해가 부족했다는 것을 반영하는 것이다. 또한 공공외교 부문에서 전략 협력을 실현하여야 한다. 이는 양국의 이미지를 제고하고 함께 파트너로서의 협력을 학습하며 시너지 효과를 내는 이중적 효과를 거둘 수 있는 분야이다. 이런 견지에서 현존하는 각종 대화채널들을 점검하여 그 효과성을 제고하는 방향으로 전략적 소통의 채널을 개편·운영하고, 한-러 정부 간 회의체는 그 기능을 확대하고 정례성을 확보하는 방향으로 진행되어야 한다.

둘째, 한반도 통일기반 조성 및 통일과정 촉진을 위한 전략 협력의 방향을 공동으로 견지하는 협력이 필요하다. 특히 한반도 통일과정에의 우호적 국제환경 조성과 러시아의 긍정적 역할을 제고해야 한다. 러시아는 동북아 세력균형 조정 및 재편에 참여하고 있고, 중장기적으로 대중, 대일 견제의 지렛대로 한반도의 전략적 중요성을 인식하고 있다. 따라서 러시아와의 전략적 대화 및 소통을 견인할 수 있는 필요성이 분명하다. 미래 통일한국이 상호 발전 비전을 공유하고 공동이해의 극대화를 도모할 수 있는 파트너가 될 것임을 설득하고 러시아의 통일에 대한 건설적인 역할을 유도하는 것이 필요하다. 나아가 협력적인 한반도 공영 네트워크를 구축해야 한다. 이는 한-러 간 실질 협력을 강화하는 데서 출발할 수 있을 것이다. 역내 안정과 평화로부터 공동 번영을 추구하는 비전을 공유하는 지역 협력 네트워크를 창출해야 한다. 양국이 전방위적 전략 협력을 강화하여 양국 간 공유이익의 극대화를 도모하고, 이 성과를 주변국들과 공유하고 더 확대하는 다자 네트워크의 창출까지 염두에 두는 전략 협력이 필요하다. 또한 남-북-중-러 국제경협을 통해 역내 국경지역을 벨트화하고 공동발전을 도모해야 한다. 한-러 간 호혜적 경제관계 구축에서 더 나가 '동북아 경제협력체'를 지향함으로써 궁극적으로 역내 국가 간 상호의존을 심화시키고 지역 전체의 공동 발전을 가져오는 계기를 마련해야 한다. 이런 틀 하에서 러시아가 추진하고 있는 국가발전프로젝트, 즉 극동시베리아 개발 및 경제현대화 정책에 적극 호응하고 이에 대한 참여를 확대하여야 한다.

셋째, 동북아 나아가 유라시아 대륙의 지역 질서의 안정과 공영을 위한 기반을 구축하는 데 양국이 전략적 협력의 노력을 기울일 필요가 있다. '동북아 세력전이'와 지역 질서 재편 과정에 조응하는 역내 안정적 안보환경을 창출하여야 한다. 현재 동북아 지역은 세력균형과 세력전이 양상이 두드러지면서 역내 안보질서가 재편되는 과정에 놓여 있다. 러시아는 미국 주도의 단극체제에서 벗어나 다극화된 국제체제를 지향하며 세계전략을 구사하는 가운데 서방과 각을 세우고 있으며, '현대화'를 통한 국가 재건의 필요도 높아지고 있다. 한국은 러시아의 이러한 전략적 입장을 고려하며 향후 전개될 역내 질서 재편에 적응해야 한다. 나아가 역내 강대국 협조에 기반한 다자안보체제 형성을 위한 노력을 포기하지 말아야 한다. 하지만 이를 일거에 구축하기 어려운 현실을 감안하여 에너지, 물류, 농업 및 환경, 사이버 안보 등의 분야에서의 협력이 안보적 협력으로 전이되는 지역 협력체제의 구축을 위한 전략적 정책 공조에 러시아와 함께 힘써야 한다. 양국 협력의 범위는 동북아를 넘어 유라시아 대륙의 전략적 협력의 접점과 공유 이익 그리고 실천 프로젝트 발굴로 나가야 할 것이다.

현실은 어떤가? 박근혜 정부가 추진하고 있는 대외정책 중 러시아와 깊이 관련 있는 부문을 살펴보면 다음과 같다. 박근혜정부의 대외정책 골간은 한반도 신뢰프로세스, 동북아 평화협력 구상, 유라시아 이니셔티브, 중견국 외교로 이루어져 있다. 이는 2014년 8월 국가안보실에서 발표한 '국가안보전략'과 연계되어 있다.[7] 최근 한국 정부가 추진해 나가고자 하는 대륙외교, 특히 '유라시아 이니셔티브'와 러시아의 '아시아 중시외교' 내지 '신동방정책' 사이의 접점을 발견하기 위한 전략적 소통과 프로젝트의 발굴은 양국 간 전략협력의 중요한 분야로 부상하고 있다. 특히 한국의 동북아 평화협력구상과 유라시아 이니셔티브의 간극을 메우는 고리로서 대러시아 외교가 가지는 중요성은 명확하게 드러난다. 이런 견지에서 러시아의 신동방정책은 재평가되고 이에 대한 협력의 강도와 전략이 새롭게 설정되어야 한다. 이는 일방적 작업이기보다는 러시아와의 상호적 작업의 결과로 도출되어야 할 것이다.

사실 러시아는 체제 전환 이후 자유민주주의 체제와 시장경제를 지향하는 가치적 동질 국가로서 동북아 평화와 발전을 위한 중재자와 조력자의 위상을 가지고 있다. 안보적인 측면에서는 북핵문제 해결에 있어서도 긍정적인 역할을 기대할 수 있으며, 한반도 평화통일을 지원하는 우호 세력이

7) 이 문건은 다음 청와대 홈페이지(http://www.president.go.kr)를 참조.

될 수 있다. 또한 중국의 부상에 따른 점증하는 미·중 경쟁 구도 속에서 한국과의 협력을 통해 역내 균형과 안정을 달성하는 데 기여할 수 있다. 경제적으로 러시아는 한국에게 있어 향후 극동시베리아 개발 과정에서 한국의 자본, 기술, 경영 능력을 펼칠 수 있는 기회의 땅이자 도전을 창출하는 개척지이다. 나아가 지역적으로 기존 '대륙세력 대 해양세력' 사이의 경쟁적 구도를 넘어 역내 국가들의 공유이익에 대한 합의를 전제로 하는 지역협력 모델을 모색하는 과정에서 지역 질서에 대한 관점과 이익을 공유하는 협력 파트너가 될 수 있다. 그리고 이러한 발전적 모티브들을 하나의 대륙, 창조의 대륙, 창조의 대륙으로서의 유라시아를 건설하는 동력으로 연결시킬 중요한 파트너가 될 수 있다.

이같은 배경을 기반으로, 첫째, 한국은 러시아의 전략적 지향을 잘 활용할 필요가 있다. 전반적으로 동북아 역내 국가들이 변동의 불안정성을 관리하면서 역내 안정과 평화를 추구하는 정책적 배경을 공유하고 있으며, 러시아도 예외는 아니다. 무엇보다 미-일-중-러 주요국들의 역내 안정과 평화에 대한 기본 인식과 필요성이 지속되도록 분위기를 만들어가는 것이 중요하다. 이를 위해서 한-미-일, 한-중-일 3각구도 외에도 남-북-러 삼각협력 구도는 물론 한-중-러, 한-미-러, 한-러-일, 한-미-중-러 등과 같이 러시아를 포괄하는 다양한 형태의 대화와 협력의 틀을 동시에 활성화해야 한다. 더불어 동북아시아 소지역, 동북아 지역, 동아시아 광역 및 유라시아 지역 차원의 협력 네트워크를 강화해 가야 할 것이다.

둘째, 동북아와 유라시아에서의 한-러 공동 진출의 프로젝트들을 강구해 볼 필요가 있다. 바로 이런 점에서 유라시아 이니셔티브와 남-북-러 삼각협력은 유라시아에서의 양국 간 전략협력의 첫 발로 이해될 수 있다. 이 삼각협력 구도는 1990년부터 논의를 시작하여 1991년 한소 협력 MOU 그리고 김대중 정부, 노무현 정부, 박근혜 정부에 이르는 긴 논의의 여정 끝에 도달하게 된 협력의 결실이 될 것이다. 동북아 국제정치 구도 속에서 나진·하산 공동투자 사업을 포함한 보다 거시적인 동북아 지역협력 구도가 필요하다. 이는 중국의 한반도 영향력 확대를 균형화하고 한반도를 둘러싼 거시적 세력균형을 이룩하는데 도움이 되는 방향으로 추진되어야 한다. 중국의 동북아 및 한반도에 대한 영향력이 과도하게 확대되거나, 러시아의 남진과 중국의 동진이 한반도에서 충돌하는 상황을 피하면서 동시에 과도한 영향력의 쏠림을 막는 것이 필요하다.

셋째, 이런 삼각협력의 모티브가 한반도 내부로는 하산~나진에서 시작되어 청진, 원산, 금강산으로 연결해 내려오면서 환동해 항만네트워크와 철도의 복합물류 체제를 구축하는 방향으로 확산되어야 한다. 물론 이는 한반도 종단 철도를 완성하는 과제를 푸는 데서부터 시작될 수 있다. 하지만 이런 모티브는 중국 동북지방과 러시아 극동지방 그리고 일본 등을 아우르는 지역의 협력기재와 같이 연결되어야 한다.

넷째, 이같은 동아시아의 변화와 협력의 강화가 유라시아에서의 다양한 협력기재와 독립적이면서 동시에 상보적인 형태로 발전되어야 한다. 이러한 방향에서 유라시아 이니셔티브와 신동방정책의 접점을 찾고, 분류하고, 범위와 단계를 나누어 종합적 실천을 강구해야 할 것이다.

이런 의미에서 유라시아 이니셔티브가 한국외교사에서 지니는 의의는 자못 크다. 한국 외교사에서 최초로 "유라시아"라는 용어가 언급되어 중요한 외교적 지향의 목표로 등장하였다는 사실 자체가 매우 의미심장하다 할 수 있다. 1980년대 북방정책이 시도되고, 그 결과 1990년대 한-소, 한-중 수교가 이루어졌으며, 이러한 시도는 이후 햇볕정책과 대북 정책의 중요한 기반이 되었다. 그리고 이후 한국은 러시와 및 중국과 전략적 협력 동반자 관계를 수립하게 되었고, 이러한 외교적 전통은 유라시아 이니셔티브에 의하여 그 맥을 잇게 되었다. 이는 한국 외교가 오랜 기간 동안 막혀있던 북방을 외교의 대상으로 인식한 이후 긴 여정의 오랜 논의가 드디어 외교적 비전으로 정립되고, 이를 실현하여 가시적 성과를 결실할 노력을 기울이기 시작했다는 것을 의미한다. 이제 한-러 전략협력을 통한 러시아의 동방을 향한 비전과 한국의 대륙을 향한 비전이 함께 조우하며 거대하고도 창조적인 변화를 시도해 나가야 할 것이다.

한반도를 둘러싼 동북아 정세와 지구질서의 변화는 우리의 관찰과 대응을 더욱 복잡하게 만들어갈 것을 요청하고 있다. 분명한 것은 세력균형의 관점에서 평화와 공동번영의 협력이 가능한 지역정치 질서의 창출을 위해서는 어느 특정한 세력이 지배하는 패권체제가 빠른 시일 내에 동북아에서 성립되기는 어려워 보인다. 이런 시기 창조적 도전을 요청받는 중견국 한국은 미국이나 중국이 지향하는 질서의 동학에 대해서 예의 주의하여야 하지만, 이들이 상호 경쟁하는 가운데서 생기는 창조적 행위의 공간에서 러시아 및 일본 등과 협력하는 것에 대해서도 주의를 게을리 해서는 안 될 것이다. 이런 중견국 외교의 관점에서 한국과 러시아가 가진 전략적 이익의 공유점을 수시로 점검하고 이를 실현하려는 협력은 다른 강대국에 대한 외교 못지않게 중요하며, 이런 창조적 외교가 한반도와 동북아의 안정과 평화를 이끄는 데 기여할 수 있는 측면이 분명 존재한다.

남북한·북한핵·평화체제·통일

송민순 북한대학원대학

1. 남북한 관계 – 중단의 반복

○불신의 극복과정은 상호실체 인정에서 시작

- 정권과 체제유지에 집착하는 북한을 일단 가치 중립적으로 파악 필요

○북한에 대한 변화의 강요보다는 변화에 무감각해지도록 하는 경로 선택

- 외부와 격리된 상태에서 변화한 폐쇄국가 사례 전무

○5년 단임 정권이 추진하는 기획 사업성 정책들의 한계

- 지속성 없는 이벤트들의 반복으로 대북정책의 신뢰 결여

2. 한반도 문제의 암적 존재 – 북한 핵

○60년에 걸친 핵 욕구와 배경

• 제네바 합의 붕괴와 6자 회담 좌초 후 가속화, 선로위의 기차

○남북관계와 진전의 고비마다 넘을 수 없는 장벽

• 남북기본합의서, 6.15 공동선언, 10.4 선언, 그리고 미래의 합의

○한반도 문제와 북핵 해결은 불가분의 관계

• "통일이 북핵 해결" – 수단 없는 목표의 허구, 해법 아닌 좌절감의 표출

3. 평화체제 문제해결의 우산

○남·북 관계 정상화와 북·미 관계 정상화의 결합

• 남과 북이 한반도의 평화를 유지할 주 당사자

• 북한과 미국은 관계 정상화 (한·중 수교 의정서 사례)

○형식상 휴전협정을 대체하는 협정체결(명칭은 탄력적)

• 휴전협정 서명 관련국이라는 배경에서 남·북·미·중 4자간 문서 채택

• 평화체제 수립 개시 선언 – 협정협상과 정치 군사적 신뢰 구축 병행

○한·미 동맹과 주한 미군의 존재 양식과 운용방식 논의

• 주한 미군은 동북아 지역 안정자 역할로 전환

• 동북아 다자 안보 협력 체제 수립과 조화

4. 통일의 길 - 도달해야 할 목표보다는 평화 공존의 귀결

○한국 내부적 통합과 남북간의 이질 요소 극복

- 변화를 통한 접근과 접근을 통한 변화(독일의 사례)

○미국과 중국이 한반도 미래에 대한 비젼을 공유할 수 있는 환경 조성

- "抗倭援朝", "抗美援朝" 전쟁의 지정학적 역사적 함의
- 한·미 동맹의 질적 변화가 미국의 세계전략에 미치는 영향

○ 9.19 공동성명 채택의 배경

- 통일에 대한 미·중의 접근 가능성 희박, 평화체제와 다자안보대화 구축
- 바탕에는 핵 없이 평화 공존하면서 통일은 미래의 과제로 넘기는 공감

11부

북핵문제와 한반도 평화

여는 글

백영철

기조 발제

북핵 위협과 비핵·평화 / 권만학

〈1주제〉 북핵문제와 국제정치

북핵문제와 국제정치: 북한의 정책과 입장-북한 핵보유 요인분석을 중심으로 / 고유환

An American Perspective / Robert Carlin

How to dismantle North Korea of its nuclear and missile programs? / Zhu Feng

〈2주제〉 북핵문제와 남북관계

북핵 동향 분석과 비핵화 전략의 재검토 / 전봉근

국제사회의 대북제재: 실효성과 한계 / 장형수

여는 글

백영철 한반도포럼 이사장

안녕하십니까? 반갑습니다.

한반도포럼은 올해 창립 5주년을 맞이하게 되었습니다. 지난 5년간 한반도포럼은 평화와 통일이라는 대주제 하에 북한의 정치경제, 남북관계와 대북정책, 북핵문제와 6자회담, 독일통일, 한반도 안보 그리고 한반도 비핵-평화체제 구축방안 등 20여 차례 걸친 학술회의와 30여 차례의 워크샵을 개최하여 왔습니다.

지난 2012년 대통령선거에는 홍석현회장의 제의와 한반도포럼 운영위원들의 요청이 아우러져 바람직한 남북관계와 새로운 정책방향을 제시하였고 이에 대통령 선거 3대 캠프에서는 이를 공약으로 대폭 수용한 바 있습니다. 현실이 이렇게 암울한 것은 우리의 제안이 현실정책에 제대로 반영되지 못했기 때문이라고 생각합니다.

지난 5년간 커다란 학술적 업적이 가능했던 것은 회원들의 열성적 참여와 헌신적 노력, 그리고 희생 위에서 이루어졌습니다. 특히, 홍석현 회장의 전폭적 지원과 배려에 감사와 경의를 표합니다. 오늘 한반도포럼과 평화오디세이가 공동개최하는 국제학술회의가 가능했던 것은 실무적으로 지원해준 이하경 논설주간과 이정민 제작국장의 커다란 도움이 있었기 때문입니다. 깊은 감사의 뜻을 전합니다.

오늘 학술회의 개최의 취지와 배경 그리고 저의 소견을 말씀드리겠습니다.

북핵문제는 한반도의 평화와 안정을 위협하는 우리의 심각한 우려사항입니다. 북한은 지난 1월 6일 제4차 핵실험을 실시하였습니다. 이에 박근혜 정부는 비무장지대 확성기 재개(1.8), 나진-하산 프로젝트에 대한 금융지원 중단(1.14), 주한미군 사드(THAAD)배치 공동발표(2.7), 개성공단 전면중단(2.10), 최대 병력규모(32만)와 최고의 전략무기가 총동원된 한미연합훈련은 평양상륙작전과 김정은 참수계획을 포함하였습니다. 이에 북한은 장거리 로켓발사(2.7), 청와대 선제 타격 위협(2.24), 신형방사포 발사(3.3), 선제적 핵타격 위협(3.7), 단거리 탄도미사일 발사(3.10)을 실시하였고 핵탄두 소형화 모형공개(3.10), 로켓 대기권 재진입 모의시험 실시(3.15)로 미국을 위협하면서 한반도 긴장은 유례없이 고조되고 있습니다. 이와 같이 남북한은 전쟁구도에 돌입하고 있습니다.

뿐만 아니라 전례를 찾아볼 수 없는 고강도 유엔안보리 제재 결의안 2270호는 북한 대량살상무기를 억제하기 위하여 민생분야를 제외한 무역, 금융, 무기거래, 우주협력 등 전방위 분야에 고강도 제재를 부가했습니다. 이외에도 한미일 3국은 독자적 대북제재를 발동하였습니다.

중국은 북한에 대한 새로운 제재의 필요성에 공감하고 이를 충분히 이행할 의사를 표명하였습니다. 그러나 중국은 안보리 제재결의가 북핵문제의 근본적 해결책이 될 수 없다고 하면서 6자회담 의장 자격으로 비핵화 협상과 평화협정의 병행논의 방안을 제시하였습니다.

미국은 유엔제재에 중국을 동참시키는 협상과정을 거치면서 주한미군 사드배치 입장 후퇴와 더불어 종전의 "선 비핵화 후 평화체제"의 입장을 바꿔 캐리 국무장관은 히로시마에서 4월 11일 "북한이 비핵화 협상에 응하면 평화협정과 불가침 조약 논의가 가능하다"는 입장을 표명하였습니다. 뿐만 아니라 캐리장관은 미국의 궁극적 목표와 제재를 넘어서서 한반도의 비핵화와 평화제체 구축임을 명시한 바 있습니다.(2월 23일 왕이 부장과 워싱턴 회담)

이와 같이 미국과 중국 간에는 북한의 비핵화와 평화협정 논의에 관한 의견을 교환하면서 제재와 협상의 투트랙의 운영계획을 열어놓고 있습니다.

그러나 한국정부는 제재 일변도의 강경대책에 올인하면서 대화와 협상 카드는 보이지 않습니다. 오로지 대북제재와 압박만으로 북한의 비핵화를 견인하기는 어렵습니다. 중국의 북한에 대한 순망치한이라는 전략적 고려로 인하여 대북제재는 제한적일 수밖에 없기 때문입니다. 한국정부는 제재 국면 이후를 대비하여 비핵화-평화체제의 대책과 비전을 제시해야 합니다. 북한 핵문제의 현상태를 방치하면 도발과 제재의 악순환 속에서 북한의 핵능력은 고도화될 가능성이 커 보입니다. 북한이 설령 5차, 6차 핵실험을 하여도 결국은 협상으로 해결해야 합니다.

6자회담 결렬의 근본 원인으로 북한의 비핵화 조치(IAEA복귀, 폐연료봉 봉인, 냉각탑 폭파 등) 진전에 상응하는 평화보장 안전조치가 미흡하였다는 권만학 교수의 지적에 우리는 유념할 필요가 있습니다.

6자회담의 2.13합의는 한반도의 비핵화와 연관하여 『북미관계 정상화』, 『동북아 평화안보체제』 등 5개의 워킹그룹을 설치하기로 하였으나 『북미관계 정상화』는 테러지원국 해제와 대적성국 교역법의 선언적 종료 외에는 실질적 진전이 없었습니다. 그리고 『동북아 평화안보체제』의 구축은 사실상 비핵화 완성단계 이후로 미뤄져 「선 비핵화 후 평화체제」 구도로 짜여있음을 알 수 있습니다. 요컨대 peace regime은 『북미관계 정상화』, 『동북아 평화안보체제』과 같은 실질적 진전은 이루어지지 않았고 『평화협정』은 논의조차 되지 않았습니다.

한반도포럼(한국통일포럼)은 지난 15년간 북한 비핵화와 연계한 평화체제 건설의 3가지 구성요소를 제시해오고 있습니다. 바로 ①평화협정, ②북미관계 개선 및 정상화, ③동북아 평화안보기구입니다.

한국정부는 북한의 비핵화 단계와 연계한 평화체제의 세부적 로드맵을 제시해야 할 것입니다. 북한의 비핵화 단계는 첫째 초기 동결 폐쇄단계, 둘째 핵프로그램 신고와 핵시설 불능화 단계, 셋째 핵시설 폐기와 완성화 단계로 나누어 볼 수 있습니다.

– 평화협정

우선 평화협정과 관련해 살펴보면 북한은 1954년 제네바 정치회의 이후 현재까지 휴전협정을 대체할 평화협정을 요구하고 있습니다. 한반도포럼(한국통일포럼)은 2003년 3월 평양학술회의에서 최초로 비핵화와 연계한 평화협정을 제안한 바 있습니다. 이에 북한은 2005년 7월 23일 이와 유사한 제안을 외무성 명의로 발표하였습니다. 저는 작년 10월 15일 북한 비핵화와 연계한 남북미중 4자 평화협정을 제안한 바 있습니다. 김정일, 김용순 등 북한의 당국자들은 평화협정 체결 이후에도 주한미군의 허용의사를 밝힌 것으로 알려져 있습니다. 주한미군은 동북아 평화유지군으로 격상 유지되고 한반도의 일정기간 평화상태가 유지되는 선결조건으로 평화협정이 이루어진다면 핵-미사일 발사 동결과 한반도의 비핵화 평화체제 건설에 긍정적으로 기여할 것입니다.

– 북미관계 정상화

두 번째 북미관계 정상화는 북한의 입장에서 보면 매우 절실한 문제입니다. 북한은 핵문제의 근원이 미국의 대북 적대시정책에서 비롯된다고 주장하면서 미국의 위협에 대한 자주권과 생존권 보호차원에서 핵무기 보유 정당성을 찾고 있습니다.

미국은 종전의 전략적 인내라는 사실상 방치상태에서 벗어나 보다 적극적이고 능동적인 역할을 수행하면 비핵화 실현에 큰 역할을 할 수 있습니다. 북한의 비핵화 수준과 단계에 맞춰 ①불가침 조약 등 안전담보조치를 제공하고 ②북한에 부과되어 있는 각종 규제(10여개의 법 및 행정명령)를 완화·제거하고 ③무역사무소 설치 등 교류 활성화로 북미관계를 개선하고 ④북미수교의 로드맵을 제시하면 6자회담 성공에 크게 기여할 것입니다.

미국은 2.13조치에 의거 북미관계 개선을 위해 부시대통령이 북한을 테러지원국 지정해제 및 대적성국교역법 적용 종료를 선언하였습니다.(2008년 6월 28일) 그러나 미국은 무기, 금융, 인권, 원조 불법행위 등 다양한 분야에 걸친 강력한 제재를 부과하고 있습니다. 최근에 미국의회는 세컨더리 보이콧을 포함한 초당적 대북제재안을 통과시켰습니다.(2016년 2월 10일)

– 동북아 평화안보기구 설립

북한의 비핵화가 성공적으로 진전되면 6자회담 당사국들은 북한에 대한 사회경제적 교류를 활성화하고 인도적 지원의 강화, 개성공단 및 금강산 관광 재개 등 남북협력을 도모하면서 궁극적으로는 비핵화의 완성단계에서 6자회담을 동북아의 다자안보 평화기구로 격상시키는 것이 우리의 바람직한 정책방향입니다.

한국은 미국, 중국과 함께 3각 공조를 통해 한반도평화체제의 비전과 로드맵으로 북한을 6자회담에 복귀시키고 이와 연계하여 한반도 비핵화를 견인하고 실천해 나가야 합니다. 한국정부는 중국이나 북한에 대하여 협상

제의를 거부만 할 것이 아니라 오히려 우리가 이를 수용하여 적극적이고 능동적으로 대처하고 이끌어 나가야 합니다.

현재의 한반도에 핵도발과 규제, 군사적 긴장 고조의 전쟁모드가 가능한 빠른 시일 안에 대화와 협력의 평화모드로 전환되기를 기대합니다.

끝으로 오늘 학술회의에 참석하신 국내외 전문가 여러분들에게 깊은 감사의 뜻을 전하면서 지혜와 좋은 정책대안을 제시하여 주시길 기대합니다.

기조발제

북핵 위협과 비핵·평화

권만학 한반도포럼 회장

한반도가 위기 속으로 추락하고 있다. 위기, 문자 그대로 한반도는 분단 이래 최대의 위험과 마지막 기회를 향하여 치닫고 있지만, 일반인의 위기 인식은 시대착오적 불감증에 가까울 정도로 "조용한 봄"(silent spring)을 보내고 있다.

1. 북핵 위협과 선비핵화 정책의 필연적 실패

오늘날 한반도는 한국전쟁 이래 최초로 핵전쟁 위험에 직면해 있다. 금년 들어 박근혜 대통령과 한국 정부는 "북한 (정권) 변화", "참수작전" 그리고 "북한 핵시설 선제공격" 등을 언급했으며, 북한은 "선제적 핵타격전", "최후통첩" 그리고 동영상에 의한 "청와대 방사포 공격" 등을 위협했다. 언술 상으로 그리고 선전 상으로, 남북한 전쟁은 이미 시작된 것이다. 이러한 양측의 전쟁 의지에, 북한의 핵능력 및 미국의 핵 확장억지 능력을 더하면, 쌍방 핵전쟁의 의지와 능력은 완성되는 것이다.

2016년 벽두부터 실시된 북한의 4차 핵실험 및 "장거리 미사일" 실험은 이제 이전과는 전혀 다른 "게임 체인저"가 되었다. 많은 정보기관들은 이제 북한이 한국을 타격할 수 있는 최소한 몇 기의 핵무기를 실전배치했거나 배치가 매우 임박한 것으로 평가하고 있으며, 미국까지 핵탄두를 운반할 수 있는 장거리 미사일 개발에도 바짝 다가갔다고 보고 있다. 나아가 북한의 핵능력은 지속적인 핵물질 제조, 핵실험, 미사일 개발 등을 통하여 시간이 흐를수록 증대하고 있다. 선비핵화와 제재에 기반한 지금까지의 북핵 대응 이론과 정책은 완전히 실패했다.

북한 핵무기가 한국 안보에 대한 "용납될 수 없는 위협"임은 재론의 여지가 없다. 대량살상무기 중 가장 공포스러운 핵무기는 실제 사용되었을 경우 종말론적 무기가 되기도 하지만, 보유 자체만으로도 핵공갈 능력을 가져다준다. 향후 휴전선 또는 서해 NLL에서 군사 충돌이 일어나거나 다른 남북한 분쟁이 발생했을 때, 그리고 북한이 한국 내 인구 밀집 지역에 대한 핵공격을 위협할 경우, 우리는 반격할 수 있을 것인가? 과연 우리는 북한의 핵그늘에서 자유로울 수 있을 것인가? 박 대통령은 국회 연설에서 북핵 위협에 대하여 "우리는 두려움과 공포에 시달리게 될 것"이라며 "경악"을 표시했다.

북한 비핵화에 실패하면서 박근혜 정부의 대응은 우선 북핵을 전제로 한 한국형미사일방어체계(KAMD)와 킬체인을 결합한 '맞춤형 억제전략'으로 나타났다. 하지만 최근 한반도 배치 논란이 되고 있는 사드(THAAD)를 포함하여 모든 미사일 방어와 킬 체인의 선제공격 개념은 몇 가지 치명적 약점을 갖고 있다. 100% 명중률을 확보하기도 어렵지만, 요격이나 선제공격이 성공하려면 100% 사전 탐지가 필수적인데, 이동식 발사대(TEL 및 SLBM)로 진화하고 핵시설을 분산시키고 있는 북핵의 경우 이는 불가능에 가깝다. 더구나 더미 탄두(dummy warheads) 등 탐지를 교란시키는 방법들은 탐지 장비에 비해 훨씬 싸고 빨리 개발될 수 있다. 나아가 100% 탐지되더라도 종심이 짧아 경고 시간이 불과 5분 남짓한 남북한 거리를 생각할 때 요격은 더욱 어렵다. 가장 치명적인 문제는 핵미사일은 한 발만 놓쳐도 상상하기 어려운 피해를 가져온다는 점이다.

이러한 비핵적 대응의 불완전성으로 인하여, 핵에는 핵으로 대응할 수밖에 없다는 것이 국제정치학의 정설이다. 하지만, 최근 북핵 실험과 장거리 로켓 발사 이후 집중 제기됐던 독자적 핵무장론이나 미군 전술핵무기 재배치 등은 단적으로 현실성이 없다. 또한 미국 핵 확장억지의 경우, 한국민을 위하여 미국 정부가 핵무기를 사용할 수 있을지도 문제지만, 한국민 또한 현실적으로 이를 선택할 수 있을지 의문이다. 만일 남북 갈등이 에스컬레이트되어 북한이 작은 인구 지역에 핵무기를 투발하고, 미국이 핵공격을 감행할 경우에는 서울을 포함한 대도시 인구 밀집 지역들에 대하여 핵공격을 불사하겠다고 위협한다면, 과연 우리 국민들은 미국에 대북 핵 공격을 요청할 수 있을 것인가?

북핵 문제를 풀기 위해서는 지금까지의 정책 내용과 실패 원인을 찾는 것이 순서일 것이다. 지금까지 미국과 한국의 정책은 방법으로서 "선 비핵화" 그리고 수단으로서 "제재"였다. 북한과 미국은 "9.19합의"(2005)에서 "비핵화"와 "한반도의 항구적 평화체제"를 교환하기로 합의했으며, 양자 사이의 불신으로 인하여 그것도 "행동 대 행동" 원칙으로 실천해 나가자고 약속했다. 하지만 이러한 합의를 실천해나가는 과정에서 미국은 북한에 엄격한 비핵화를 요구했지만, 평화체제 논의는 걸음마조차 떼지 못했다.[1)]

이후 북미 간 "2.29합의"(2012)와 같은 에피소드도 있었으나, 기본적으로

1) 9.19합의를 구체화한 "2.13합의"(2007)는 1단계 "초기 조치"로서 북한이 핵프로그램 신고서를 제출하고, 신고가 완료되면 다음 단계에서 "한반도의 항구적 평화체제에 관한 협상"을 시작하도록 규정했었다. 하지만 미국은 북한의 신고가 불완전하다고 평가했고 북한이 이에 반발하면서 6자회담은 비운의 종말을 맞았다.

제재를 통하여 김정은 정권의 선비핵화 결단을 기다려온 오바마의 "전략적 인내"와 이에 저항하는 김정은의 핵우선 정책이 평행선을 그리면서, 핵 실험 - 제재 - 고도화된 핵 실험 - 고강도 제재의 상승적 악순환이 반복된 결과 오늘날 북핵 위협은 완성점을 향해 치닫게 되었다. 또한 비핵화 결단 후 기본적으로 미국의 후원에 의해 붕괴와 처형을 맞은 이라크 후세인 모델과 리비아 카다피 모델도 북한 김정은으로 하여금 핵 고수를 굳히는데 이바지했을 것이다.

이렇게 실패한 선비핵화 정책은 본질적으로 실패가 불가피한 요인들을 내포하고 있었다. 첫째, 북한의 선비핵화는 불가능에 가깝다는 것이다. 북한이 핵무장을 선택한 이유가 "생존"을 위한 것이라면, 그들이 "평화체제"를 얻기 전 비핵화를 수용할 가능성이 있겠는가? 다시 말하면 북한의 핵무장은 과거 이란이나 이라크가 지역 패권을 장악하기 위하여 핵 개발을 "선택"한 것과 달리, 생존을 위한 "필수"의 성격을 가지고 있다는 것이다. 북한에게 있어 유일한 협상 카드인 핵무장은 평화와 궁극적으로 교환되어져야 하는 것이지, 평화를 얻기도 전에 던져버릴 수 있는 카드는 아닌 것이다.

둘째, 미국이 선비핵화를 관철시키기 위하여 동원한 "제재"라는 강압 수단의 실효화(實效化) 키가 중국 손에 쥐어져 있다는 것이다. 북한은 핵개발 의혹을 받았던 이란, 이라크, 리비아 등 다른 국가들과 달리, 미국이 좌지우지하기 어려운 중국을 후견국으로 가지고 있다. 중국과 북한은 순망치한의 관계이며, 북한의 생존은 중국의 핵심적 안보 이익을 구성한다. 북한 핵무장이 아직 미완의 단계일 때, 중국의 대한반도 정책의 제1목표는 북한의 생존 즉 "불통불란"이었다. 이러한 맥락에서 북한 생존을 위협하는 대북제재에 중국이 소극적 태도를 취하는 것은 당연하며 중국이 적극 협력하지 않는 한 대북제재의 효과성은 의문시될 수밖에 없다. 이렇게 북한의 뒷문이 중국 쪽으로 열려 있는 한 제재를 통한 비핵화 달성은 불가능에 가깝다.

2. 본질적 해법으로서의 비핵·평화

북핵무장이 완성점을 향하여 치달아가고, 이에 대한 군사적 대응이 불완전하며, 기존 선비핵화 정책이 비효과적이라면, 협상에 의한 다른 비핵화 가능성은 없는가? 이 위기의 9부 능선에서 과연 우리는 비핵화 협상의 모든 가능성들을 소진했는가? 북핵 "게임 체인저"에 대한 "해법 체인저"는 없는 것인가?

최근 북한의 4차 핵실험과 장거리 로켓 발사 성공은 북핵 문제의 기존 파라미터들을 바꾸고 있다. 한국에 대한 북핵 위협은 이미 완성된 것으로 보이며, 이제는 미국과 중국의 안보에도 용납하기 어려운 위협을 구성하는 지점에 이르렀다.

북한은 장거리 핵미사일 완성을 위하여, 대기권 재진입과 핵탄두 경량화 기술 개발만을 남겨두고 있다. 만일 북한이 장거리 핵미사일 개발에 성공할 경우, 이는 말할 필요도 없이 미국의 "레드 라인"을 넘는 것이다. 미국 본토를 타격할 수 있는 장거리 핵미사일은 미국에 대한 직접적 안보 위협을 구성할 뿐만 아니라 미국의 세계 핵전략 자체를 뒤흔들게 될 것이다. 나아가 이란 핵문제를 해결함으로써 공언한 "핵 없는 세계"에 한 걸음 더 다가선 오바마 행정부에게 지구 최후의 핵문제인 북핵은 "불용" 수준을 넘어 반드시 해결해야 할 숙제가 되고 있었다.

북핵은 이제 중국에게도 심각한 직간접 위협을 구성하기에 이르렀다. 북핵미사일은 이미 베이징을 사정권에 넣고 있을지도 모르며, 더구나 북핵이 미국의 한국 내 사드(THAAD) 배치를 초래함으로써 중국에 견딜 수 없는 위협을 유발하고 있음을 최근 중국의 반발이 극명하게 보여주고 있다. 중국은 미국의 항공모함이든 레이더든, 중국 안보에 가장 민감한 한반도 서쪽으로 진출하는 것을 용인할 수 없다고 지속적으로 천명해 왔다. 나아가 북핵이 기정사실화될 경우 한국과 일본의 연쇄 핵무장 가능성도 견딜 수 없는 위협이다. 결국 시진핑 정권의 대한반도 정책에서는 기존의 "불통불난"에 "비핵"이 명확히 추가될 수밖에 없다.

위험이 정점으로 치달으면, 이를 해결하기 위해 기존의 기대 수준을 낮추고 더욱 타협적 자세를 취함으로써 위험을 기회로 전환시킬 수 있는 여지가 생길 수 있다. "불용" 수준에 이른 북핵은 마침내 미중 양국에게 북핵 해결의 시급성이라는 공동 이해를 생성시키고 있다.

이제 미국은 더 이상 평화체제를 거부하면서 효력을 상실한 일방주의적 선비핵화를 추진할 시간이 없다. 시진핑 정권 출범 이래 김정은 정권에 비핵화를 촉구해온 중국 역시 북핵이 대중 위협으로 전이될 수밖에 없는 오늘날 더 이상 북핵 고도화를 보호할 수 있는 여지가 없다. 동중국해와 남중국해에서 미국과의 갈등이 증폭될 수밖에 없는 상황에서 약세인 중국이 미국과의 갈등을 동북아로까지 연장시킬 여유는 더더욱 없다.

북핵 문제에 대한 비군사적 해결책이 성공하려면, 이는 북한과 미국 서로의 핵심적 요구를 포함해야 하고 이들 요구를 상대방이 들어줄 수 있는 여유와 능력을 가진 것이어야 하며, 또한 중국이 지지할 수 있어야 한다. 이러한 교집합은 다음의 두 요건을 포함해야 하며 또한 포함할 수 있는 여지도 있다.

첫째는 북한의 비핵화(9.19합의 1조)에 조응하여 "항구적 평화체제"(9.19합의 4조)를 제공하는 것이다. 북한의 핵무장이 외부의 "적대시 정책"으로부터 벗어나 자체 (국가, 체제 그리고 정권의) "생존"을 위한 것이라면, 평화가 주어지지 않는 한 북한이 비핵화를 포기할 가능성은 전무할 것이다. 모든 국가의 제1의적 과제는 "생존"(self-preservation)이다. 한편 미국의 입장에서 이데올로기적 이유로 북한 국가 자체를 부정하지 않는 한, 평화체제를 제공하는 것은 거의 비용조차 들지 않는다.

둘째, 평화체제는 적어도 북한이 가지고 있는 유일한 비핵화 카드가 효력을 상실하게 되는 시점까지는 수립되어야 한다는 것이다. 선비핵화 정책처럼 대미 불신이 심대한 북한에게 핵을 먼저 포기하라는 것은 투항하라는 요구나 다름 없다. 신뢰할 수 없는 북한에게 "CVID"(complete, verifiable and irreversible dismantlement; 완전하고 검증가능하며 불가역적인 비핵화)를 요구하듯이, 같은 논리로 신뢰할 수 없는 미국으로부터 북한은 "CVIP"(complete, verifiable and irreversible peace; 완전하고 검증가능하며 불가역적인 평화)를 요구할 수밖에 없을 것이다. 북핵 비핵화에 대한 미중 공조가 실현된다면 북한은 비밀리에 더욱 핵 고도화를 추진하는 것이 어려울 뿐만 아니라, 비밀리에 계속 고도화한다 해도 양국은 기존 핵을 역전시킬 힘을 가지고 있다. 따라서 미국에게는 비핵화에 대한 엄격한 검증을 다소 미루면서 북한에게 평화가 실제로 오고 있다는 신뢰를 줄 수 있는 여유와 능력이 있다. 이러한 분석이 맞다면, 비핵화와 평화체제는 선후가 아니라 병행적으로 추진되어야 하며 또한 미중에게는 그럴 수 있는 여유와 능력이 있다.

이러한 두 원칙은 구체적인 조치들이 단계적으로 연계된 포괄적 합의 속에서 구현되어야 하며, 각 단계 조치들이 "행동 대 행동" 원칙(9.19합의 5조)에 의거 실천돼 나간다면, 비핵화(9.19합의 1조)도 해결이 불가능한 것은 아닐 것이다.[2] 비록 이러한 대안이 합리적 교집합이라 하더라도, 북미 사이의 불신 수위를 감안할 때 상대적 이득을 얻기 위한 기만과 허세가 나타날 가능성을 배제할 수 없다. 하지만 이 대안은 본질적으로 타협의 가능성을 배태하고 있으며, 또한 그러한 가능성으로 인하여 9.19합의에 포함되었던 것들이다. 자발적으로 동의한 9.19합의는 여전히 정답으로 남아 있으

2) 이러한 포괄적 해결방안의 하나로 한반도포럼, 『남북관계 3.0: 한반도 평화협력프로세스』(2012.9.21) 참조.

며, 9.19합의가 좌초한 것은 그 내용이 문제여서가 아니라 바로 실천과정에서 나타난 일방주의적 선비핵화 때문이었다.

3. 위험이 기회로?

중국과 미국의 새로운 접근법이 유엔 대북제재 결의 2270호(2016.3.2) 통과를 전후하여 모습을 드러내면서 북핵 정세의 급변을 예고하고 있다. 미국과 중국은 제재를 논의하는 과정에서 획기적인 타협안에 합의했다. 미국은 중국으로부터 "유엔 사상 가장 강력한 비군사적 제재"라는 대북 제재 2270호에 대한 지지를 얻어냈으며, 중국은 미국으로부터 비핵화-평화협정의 병렬적 추진을 끌어낸 것이다.

미중 협력으로 보이는 "신북핵 해결과정"은 왕이 중국 외교부장이 지난 2월 대북 제재의 필요성을 인정하면서도, 한반도 비핵화와 북-미 평화협정을 동시에 추진하자고 공식 제안함으로써 시작되었다. 지금까지 "북한 우려 사항 해소"를 요구했던 중국이 이를 평화협정으로 구체화하여 공식 제안한 것이다. 며칠 후 왕이 부장과 회담을 마친 존 케리 미 국무장관은 9.19합의를 존중한다고 밝혔다. 지난 해 12월 비핵화를 제외한 평화협정 협상을 미국에 제의했다가 거부당한 북한은, 비핵화 협상이 포함된 왕이 부장의 제안이 나온 뒤인 4월 3일 국방위원회를 통하여, "협상만이 근본적 해결책"이라며 비핵화 협상 가능성을 비쳤으며, 다음날 대니얼 러셀 동아태차관보는 미국은 6자회담을 재개할 용의가 있으며, 이를 위한 3대 조건(핵 활동 동결, 과거 핵 활동 신고, IAEA 사찰단 복귀)을 제시했다. 나아가 히로시마 G-7 외무장관 회담에 참석한 케리 장관은 북한이 "비핵화 협상에 참여할 경우" 미국은 "경제 지원은 물론 평화조약 및 불가침협정을 협상할 준비가 되어 있으며" 북한은 "궁극적으로 미국과의 평화협정을 얻을 수 있을 것"이라고 말했다.[3] 이에 대해 미 국무부는 비핵화와 평화협정 협상을 "병행추진"(parallel process)할 수 있다고 확인했다.

이러한 전개를 종합하면, 1) 미국과 중국 사이에는 북핵 해결을 위한 정책 공조가 이루어지고 있는 것으로 보이며, 2) 이러한 내용들이 북한에도 협상 참여를 검토하도록 만들게 하고 있으며, 3) 협상의 출발점은 2005년 9.19합의를 지향하고 있는 것으로 보인다. 즉 마카오 BDA에 동결된 2,300만 달러 자산을 찾기 위해 북한이 불리한 위치에서 동의한 선비핵화 내용의 2.13합의보다 비핵화와 평화체제를 병렬적으로 포함하고 있는 9.19합의부터 다시 시작하자는 안이 새로운 대안으로 등장하고 있는 것으로 보인다.

4. 북핵 협상 재개 전망

9.19합의는 북한이 자발적으로 합의한 안으로서 여기서부터 시작한다면 북한도 응할 가능성이 큰 것으로 보인다. 이번 유엔 제재 2270호는 북한을 비핵화 협상에 나서게 만들 정도로 강력하면서도 북한 체제를 붕괴시킬 정도에는 못 미치는 황금의 중용(golden mean)이자 황금의 수단(golden means)으로 평가된다.[4] 앞에서는 9.19합의가 북한을 협상으로 유인하고 있으며

---

3) 이러한 정책 대안은 또한 케리 장관의 개인 신념이기도 하다. 그는 2004년 민주당 대선 후보로서, 북핵 문제 해결을 위한 북미 직접 협상, 한반도 감군 및 정전 협정의 대체 문제를 포함한 광범위한 의제 논의를 공약한 바 있다.

4) 미중 정부는 여기서도 이번 제재의 목적이 북한 정권 붕괴가 아니라 북한을 비핵화 협상으로 나오도록 하기 위한 것이라고 이구동성으로 말함으로써 미중 공조가 작동하고 있음을 보여주고 있다.

뒤에서는 제재가 북한을 협상으로 몰아대고 있다. 정권 붕괴를 수반했던 이전 비핵화 모델과 달리 이제는 정권을 그대로 유지한 채 비핵화와 평화를 얻은 이란 모델도 북한에게는 희망적으로 작용할 것이다.

비록 오바마 행정부의 임기가 9개월밖에 남지 않았지만, 회담이 성사되면 협상은 의외로 급진전될 가능성도 있다. 협상을 9.19합의로부터 시작할 경우 본질적 원칙은 이미 합의된 상태이며, 또한 북한을 악의 한 축으로 봄으로써 이데올로기적 이유에서 타협을 기피했던 부시 행정부와 달리 오바마 행정부는 현실적으로 그리고 북한의 안보 우려를 해소해주는 방향에서 북핵 문제를 타결하려는 의도를 가지고 있기 때문이다. 또한 지난 7년을 이라크와 아프가니스탄 병력 철수, 이란 비핵화, 쿠바와의 수교 등 주요 외교안보 과제를 성공적으로 마무리한 오바마 행정부로서는 이제 최후의 핵 문제인 북핵 문제에 관심을 돌릴 여유도 가지고 있다.

북한 역시 북미 정상화에 가장 가까이 접근했었던 2000년 가을 북미 협상에서, 클린턴 행정부 협상 담당자들이 전하듯이, "너무 조금씩 그리고 너무 늦게 양보"함으로써 부시 대통령 당선과 함께 골대 앞에서 골을 놓친 뼈아픈 경험으로부터 교훈을 얻었을 가능성이 있다. 문제는 북한이, 미중의 북핵 불용 압박 앞에서, 얼마나 빨리 비핵화를 피할 수 없다고 인식하느냐에 달려 있을 것이다.

핵무기 보유 현실화 단계에 성큼 다가선 북한이 이를 포기할 가능성이 낮다는 전망도 가능할 것이다. 문제는 이러한 북핵 고도화가 그간 중국의 묵인 아래 따라서 미국의 압박의 효과가 매우 제한적일 수밖에 없는 상황에서 이루어졌다는 점이다. 중국이 북핵 불용 정책을 본격 추진하고 미국과 공조를 확대할 경우 북한이 핵보유를 기정사실화하기는 쉽지 않을 것이다. 북한이 협상에 나서지 않고, 중국이 합리적이라고 제안한 비핵-평화 병행 추진을 거부할 경우, 중국은 자신들이 보유하고 있는 비군사적 수단을 총동원할 수도 있을 것이다. 더구나 김정은 정권이 시진핑 정권의 비핵화 요구를 계속 무시하고 나아가 중국 채널인 장성택을 처형하기에 이르면서, 중국으로서는 김정은 "정권"의 생존과 북한이라는 친중 "국가"의 생존을 분리하여 생각할 수밖에 없는 압박을 받게 될 것이다. 만일 북한에 원유 100%를 공급하고 북한 대외무역의 압도적 부분을 차지하고 있는 중국이 미국과 공조하여 북한의 "변화"를 추진한다면 과연 북한은 견딜 수 있을까? 2003년 다자협상을 거부하던 북한은, 중국이 기술적 이유로 대북 원유 파이프라인을 3일 간 폐쇄하자 "3자회담"을 받아들이지 않을 수 없었다.

5. 한국에의 함의

위험의 정점으로 치닫던 북핵 문제가 해결을 향하여 급변하고 있는 정황들이 보이고 있다. 만일 북핵 문제가 9.19합의 복원과 비핵·평화 병행 패키지에서 해결 방안을 찾는다면, 이는 당연히 한국에게도 엄청난 변화를 압박하게 될 것이다. 이러한 변화는 이명박 정부가 선도하고 박근혜 정부가 계승한 선비핵화 정책뿐만 아니라, 기존 남북관계를 뒤흔드는 근본적 변화를 요구할 것이다.

평화체제는 평화협정을 넘어 북한이라는 국가의 인정과 북한과 미일 간 관계정상화를 포함할 것이다. 이는 한국에게도 북한 국가 인정, 북한과의 평화공존, 흡수 통일의 포기 등을 요구할 것이다. 과연 한국은 선비핵화라는 "냉전적 애국심"과 통일이라는 "민족적 사명"을 포기하고 "비핵·평화 패키지"를 지지할 수 있을 것인가? 또한 이러한 변화는 한국에 다가오는 또 다른 위기가 될 것인가?

분단 이래 최대의 패러다임 전환이 한국 국민과 정부를 시험하고 있다.

1주제

북핵문제와 국제정치

북핵문제와 국제정치:
북한의 정책과 입장
-북한 핵보유 요인분석을 중심으로-

고유환 동국대

1. 머리말

1990년대 초 북한의 '핵개발 문제'가 본격적으로 제기된 이후 북핵문제는 한반도 문제를 이해하는 관문과 같은 것으로 됐다. 북핵문제는 관련 국가들의 정책에 영향을 주면서 한반도와 동북아 정세에 영향을 주는 핵심변수로 자리 잡고 있다. 그동안 한국과 미국, 중국 등 관련 국가들이 북핵해결을 위해 온갖 노력을 기울였음에도 불구하고 북한의 핵능력은 향상되고 있다. 한국의 역대 정부 모두 북핵해결에 정책의 최우선 순위를 두었음에도 불구하고 이를 해결하지 못했다. 북한이 생존전략차원에서 핵개발을 추진하기 때문이다.

북한은 핵개발의 동기를 북-미 적대관계에서 찾고 있다. 북-미 적대관계 해소와 평화체제 구축 등 체제유지에 대한 자신감이 전제되지 않으면 북한은 핵을 포기하지 않을 것이라고 공언하고 있다. 미국 등 서방세계가 북핵

폐기 모델로 제시했던 '리비아모델'과 '우크라이나모델'의 유효성이 사라지고, 북한이 경제건설과 핵무력건설의 병진노선을 고수함으로써 북핵해결은 더욱 어려워졌다.[1] 북한은 '인도와 파키스탄 모델'을 염두에 두고 핵실험과 장거리 로켓발사를 지속하면서 사실상의 핵보유국으로 인정받으려 한다.

연초 북한의 핵실험과 장거리 로켓발사로 촉발된 한반도 위기정세가 '끝장게임(end game)'의 양상을 보이고 있다. 박근혜 대통령이 김정은 정권을 '인민을 착취하는 폭정'[2]으로 규정하고 북한 지도부 제거를 겨냥한 '참수작전'을 실시하는 등 대북압박 수위를 높이자, 김정은 정권은 핵무기 고도화와 핵미사일 실전배치를 위한 실험을 지속하면서 청와대와 백악관을 겨냥한 핵선제공격 위협을 가하고 있다.

최근 북한은 대륙간탄도탄미사일(ICBM) 개발을 위한 대기권 재진입 기술을 축적하는 실험과 고체연료 연소실험을 연이어 공개하고 핵·미사일 능력을 과시했다. 북한은 수소탄 시험에 이어 핵미사일의 실전배치가 멀지 않았다는 점을 공언하면서 인도와 파키스탄처럼 핵보유국으로 대우받길 바라는 것 같다.

북한 핵무기를 북-미 적대관계의 산물로 규정한다. 그러나 북한 핵무기

---

1) 고유환, "북핵문제와 한반도 평화," 북한연구학회기획 · 박순성 편저, 『통일논쟁』 (파주: 한울아카데미, 2015), pp. 219-220.

2) 박근혜 대통령은 2016년 3.1절 기념사에서 "핵으로 정권의 생존을 유지하기 위해 북한 주민들을 착취하고 핵개발에만 모든 것을 집중하는 것이 북한의 정권을 유지시킬 수 없고 무의미하다는 것을 분명히 깨닫도록 해야 합니다"라고 주장했다. 2016년 3월 3일 서울 코엑스에서 열린 국가조찬기도회에서 "정부는 북한정권이 무모한 핵개발을 포기하고, 북녘 동포들의 자유와 인권을 억압하는 폭정을 중지하도록 전 세계와 협력해 나갈 것"이라고 하면서 북한정권을 '폭정'으로 규정했다. 『조선일보』, 2016년 3월 4일. 북한을 폭정으로 규정한 것은 미국 조지 W 부시 2기 행정부이다. 당시 부시 행정부가 북한을 '폭정의 전초기지'로 지칭하면서 '자유의 확산'을 표방하자 북한은 핵보유선언(2005년 5월 10일)하고 6자회담 불참을 선언했다.

는 수령체제 유지와 계승, 분단체제에서의 체제경쟁과 통일, 북-미 적대관계와 자본주의 세계체제의 압력 등과 관련된 복합적인 역사-구조적 산물로 볼 수 있다.

이 글에서는 북한의 핵 개발 동기와 의도를 파악해야 해법도 찾을 수 있다는 문제인식을 가지고 북한 핵보유 요인을 수령체제, 분단체제, 세계체제 등과 관련하여 남북한과 미국, 중국을 중심으로 살펴보고자 한다.

2. 북한 내부 요인: 수령체제 보위를 위한 '만능의 보검'

최근 북한은 그들이 개발하고 있는 핵무기를 '주체탄', '통일탄'[3]의 범주에 넣고 '주체의 핵보검'[4]이 질적·양적으로 고도화 되고 있다고 주장하고 있다. 북한이 핵 개발에 집착하는 것은 핵무기를 항일무장투쟁의 역사적

---

3) 북한은 2016년 3월 6일 외무성 대변인담화를 통해서 "우리는 임의의 시각, 임의의 장소에서 미국땅덩어리를 마음대로 두들겨팰수 있는 최첨단공격수단들을 가지고있으며 강위력한 주체탄, 통일탄을 쏠수 있는 로동당시대 주체무기들을 부단히 개발완성하여 실전배비하고 있다"고 밝히면서 '주체탄', '통일탄'이란 용어를 사용했다. 『로동신문』, 2016년 3월 7일. 주체탄, 통일탄이란 용어를 처음 사용한 것은 김정은 제1비서가 신형대구경방사포시험 사격을 지도하면서 "원쑤들을 전률시킬 또 하나의 강위력한 주체탄, 통일탄을 쏠수 있는 위엄높은 로동당시대의 주체무기가 연구개발완성된것은 나라의 존엄과 자주권을 굳건히 지켜주시려 주체적인 국방력강화발전에 헌신과 로고를 바쳐오신 우리 수령님,우리 장군님의 불멸의 업적과 당의 국방과학기술중시정책이 낳은 자랑찬 결실인 동시에 우리의 자립적인 국방공업의 위력이 얼마나 무진막강한가를 웅변으로 보여준다"고 말하면서부터다. 『로동신문』, 2016년 3월 4일.

4) 북한이 탄도로켓 대기권재진입관련 모의실험을 하면서 "김일성민족, 김정일조선의 천만년미래를 굳건히 담보할 주체의 핵보검이 나날이 날카롭게 버리여지고있는 격동적인 시기에 국방력강화사업에서는 커다란 의의를 가지는 또 하나의 자랑찬 첨단성과가 이룩되였다"고 주장하며 '주체의 핵보검'이란 용어를 사용하였다. 『로동신문』, 2016년 3월 15일. (날자 확인) 김정은은 핵무기연구부문의 과학자, 기술자들에게 핵무기병기화사업을 지도하면서 '핵보검'이란 용어를 사용하였다.『로동신문』, 2016년 3월 9일.

경험에 근거한 '유격대국가'(군사국가)를 유지 · 보위하는 '만능의 보검'[5]이라고 생각하기 때문일 것이다. 항일무장투쟁에 근거한 군사국가인 북한은 김일성 시대 경제 · 군사병진노선- 김정일시대 선군정치- 김정은시대 경제 · 핵병진노선으로 이어지는 사실상의 군사우선주의를 내세우고 '만능의 보검'이라는 핵무기 개발에 주력해 왔다.

북한이 표면적으로는 민족의 자주권과 생존권을 지키기 위해 핵무기를 개발한다고 하지만, 보다 근원적인 동기는 김일성-김정일-김정은으로 이어지는 수령체제(유일체제)를 유지하고 계승하기 위한 물리적 강제력 확보를 위해 핵무기를 보유하려는 것으로 볼 수 있을 것이다.

김일성시대 6 · 25전쟁(한국전쟁) 과정에서 미국으로부터 핵공격위협을 받은 이후 북한은 꾸준히 핵무기 개발을 추진해왔다. 하지만 김일성시대에는 북 · 미 적대관계 해소와 '한반도 비핵화' 실현을 위해 핵개발을 포기할 수 있다는 입장을 견지해온 것으로 알려진다. 북한이 1985년 핵확산금지조약(NPT)에 가입하고, 1992년 2월 남북한 사이에 한반도 비핵화공동선언을 발효시킨 것도 김일성의 한반도 비핵화 의지가 반영된 것인지도 모른다.

김일성과 달리 김정일은 후계체제의 안정적 구축과 체제유지를 위해 핵무기보유에 강한 의지를 가진 것으로 볼 수 있다. 중국 우다웨이 한반도사무 특별대표의 증언에 의하면 "1993년 중국 대표단이 평양을 방문했을 당시 북한 최고지도자(김일성)는 '핵개발에 동의하지 않는다. 핵 개발로 북한이 얻을 것은 없다'고 말했다"는 것이다. 우다웨이의 주장에 의하면 김일성이 "'나는 핵 개발을 하지 않을 것이지만 젊은 세대는 핵 개발을 원한다'고 했다. 후임자(김정일)는 비핵화 기조를 크게 부인하지 않으면서도 비밀리

5) 강원남, "불패의 당, 위대한 령도: 만능의 보검, 주체적인 병진로선으로 영광떨친 백승의 역사," 『로동신문』, 2016년 4월 18일.

꾸준히 핵 개발을 했다"[6]는 것이다.

1974년 2월 김정일이 당내에서 김일성의 후계자로 지명된 이래 북한은 '김일성-김정일 공동정권'으로 볼 수 있기 때문에 두 지도자 사이에 핵 개발에 대한 의견차가 있다는 주장을 액면 그대로 받아들이기는 어렵지만 김정일시대에 들어오면서 북한의 핵 개발 동기가 더 강화된 것은 사실이다. 김정일은 한반도 비핵화가 김일성 주석의 유훈이라고 하면서 북·미 적대관계가 해소되면 핵 개발을 포기할 수 있다는 가능성을 시사하며 북–미(양자), 북–미–중(3자), 남–북–미–중–러–일(6자) 협상을 진행했다.

김정일은 사회주의권 붕괴를 목격하면서 핵과 미사일개발을 생존전략 차원[7]에서 추진하면서 북–미 적대관계 해소, 한반도 냉전구조 해체 등을 위해서는 핵문제를 협상수단(negotiation leverage or bargaining chip)으로 사용할 수 있다는 자세를 보였다. 김정일시대 북한은 미국과 관계를 정상화하고 평화협정을 맺는 등 체제유지에 확신이 서면 핵을 포기할 수 있다는 자세를 보였다. 북한이 생존전략 차원에서 핵을 개발해 왔기 때문에 미국 등 관련 국가들이 북한의 생존을 보장할 경우 핵을 포기할 수도 있다는 것이 김정일시대 초기의 생각이었던 같다. 김정일시대 초기 북한은 비밀리 핵을 가질 수 있으면 가지고 핵 개발이 탄로 나면 협상카드로 활용하는 전략을 구사했다.

1990년대까지 북한의 핵 개발전략이 핵보유와 핵협상의 2중 목적을 가졌다면 2000년대에 들어서면 북한은 핵보유 쪽으로 방향을 정한 것 같다.

---

6) 『조선일보』, 2016년 3월 4일.

7) 사회주의권 붕괴 이후 북한의 생존전략은 ① 우리식 사회주의론을 통한 북한 주민들의 '신심'의 동요 차단, ② 핵무기와 미사일 등 대량살상무기(WMD) 개발을 통한 체제유지, ③ 나진-선봉 자유경제무역지대 설치 등을 통한 자본주의세계경제로의 조심스런 편입 등으로 요약할 수 있을 것이다.

2000년 남북정상회담에 이은 북미 공동코뮈니케 발표 등으로 비핵화 협상의 실마리를 찾는 듯 했지만 미국의 정권교체에 따른 대북 강경정책과 반테러전쟁으로 진전을 보지 못했다. 북한이 2000년대 들어 본격적으로 '핵억제력 강화노선'을 채택한 배경은 2002년 10월 미국이 제기한 북한의 고농축우라늄(HEU) 핵개발 의혹제기와 제네바합의 파기, 9·11테러 이후 미국의 반테러전쟁, 이라크 후세인 정권 몰락, 리비아 카다피 정권의 축출 등에서 찾을 수 있다.

김정일시대 핵억제력 강화를 공개적으로 선언한 것은 2003년 1월 10일 핵무기확산금지조약(NPT) 탈퇴와 국제원자력기구(IAEA)와의 담보협정의 구속으로부터 완전히 벗어난다고 선포하면서부터다. 2003년 9월 3일 최고인민회의 제11기 1차회의에서 북한은 미국의 '고립압살정책'에 맞서 외무성이 취한 핵억제력 강화에 관한 조치들을 승인하고 관련 대책들을 취하기로 결정했다. 2005년 2월 10일 외무성 성명을 통해서 '자위를 위해 핵무기를 만들었다'고 공표했다. 2005년 제4차 6자회담에서 9·19공동성명을 발표하고 북-미 적대관계 청산과 신뢰구축으로 핵문제를 해결하기로 원칙적 합의를 이뤘다. 그러나 곧이어 이뤄진 미국의 방코델타아시아(BDA) 금융제재를 문제 삼으며 2006년 10월 9일 제1차 지하핵실험을 실시했다. 그리고 3년 후 미국 오바마 행정부의 '전략적 인내'정책과 이명박 정부의 '급변사태'론에 맞서 2009년 5월 25일 제2차 지하핵실험을 실시했다.

김정일의 갑작스런 사망으로 통치기반이 취약한 상태에서 집권한 김정은 정권은 2012년 4월 13일 최고인민회의 제12기 제5차회의에서 사회주의헌법을 수정보충하면서 '핵보유국'을 명시했다. 북한은 조선로동당 중앙위원회 2013년 3월 전원회의에서 '경제건설과 핵무력건설의 병진노선'을 채택하고 2차례 핵실험(2013년 2월 12일 3차 핵실험, 2016년 1월 9일 4차 핵실험)을 실시하면서 핵능력 고도화에 박차를 가했다. 김정은 시대 북한은 병진노선이 경제에 방점을 두고 있다고 하면서 핵억제력을 갖춰놓고 "경제건설을 위한 평화적 환경을 마련"하겠다고 주장했다.

김정은 제1비서는 핵무기병기화사업을 지도하면서 "당당한 핵보유국이 된 오늘날 우리에게는 강위력한 핵전쟁억제력에 기초하여 경제건설과 인민생활향상을 위한 투쟁에서 돌파구를 열어갈 수 있는 확고한 담보가 마련되었다"[8]고 밝혔다. 북한은 스스로 병진노선 3년을 평가하면서 김정은 제1비서가 "2013년 3월 전원회의에서 국방비를 늘이지 않고도 적은 비용으로 나라의 방위력을 더욱 강화하면서 경제건설과 인민생활향상에 큰 힘을 돌리는데서 나서는 과업과 방도를 밝혀주고 그 실현을 위한 투쟁을 현명하게 령도하였다"[9]고 주장했다.

북한이 핵무기를 '주체의 핵보검'이라고 부르는 데는 김일성-김정일의 혁명사상인 주체사상에 입각하여 핵무기 개발을 추진해왔다는 점을 확인하는 것이다. 주체사상의 지도적 원칙 중에 '국방에서의 자위'가 있다. 북한은 동맹국이나 외세에 의존하지 않고 자주권을 담보하기 위한 수단으로 핵무기 개발을 추진해왔다. 북한은 또한 1962년 '경제건설과 국방건설의 병진노선'과 '4대 군사노선'을 표방하고 꾸준히 군사력을 강화해 왔다. 2012년 헌법에 핵보유국임을 명시하고, 2013년 3차 핵실험 이후 경제건설과 핵무력건설의 병진노선을 당의 기본노선으로 채택했다. 김일성시대부터 북한이 경제와 군사(핵) 병진노선을 표방하는 것은 북-미 적대관계, 남북분단체제 등으로부터 오는 위협으로부터 정권과 체제를 보위하면서 경제건설을 추진하겠다는 것으로 볼 수 있다.

---

8) 『로동신문』, 2016년 3월 9일.

9) 조국통일연구원 상보, "병진의 포성으로 행성을 뒤흔든 위대한 3년," 『로동신문』, 2016년 3월 31일.

지난 1월 6일 수소탄 실험 이후 북한은 핵개발 의도를 "안보문제를 풀고 경제건설에 주력"하겠다는 것이라고 밝혔다. 즉, 미국의 고립압살정책에 맞서 핵억제력을 갖춰놓고 경제건설에 전념하겠다는 것이다. 북한은 "2016년의 소수탄시험은 1950년에 시작된 전쟁의 계속이다"라고 주장하면서 미국이 북한의 핵무력 증강 우려를 불식시키는 방법은 전쟁종결 이외에 없다고 주장했다.[10]

북한 핵보유 요인은 북·미 적대관계, 사회주의권 붕괴, 반테러전쟁과 독재정권의 몰락이라는 대외변수와 함께 3대 세습으로 이어진 수령체제의 유지와 관련이 깊다는 것을 알 수 있다. 박근혜 대통령이 통일이 돼야 북핵문제도 해결될 수 있다고 주장한 배경에도 북한체제의 속성상 핵무기개발은 불가피하다는 인식이 깔려있기 때문일 것이다.

3. 미국요인: 북·미 적대관계의 산물

전통적으로 북한은 핵개발의 동기를 북-미 적대관계에서 찾아왔다. 북한은 한국전쟁을 종결하지 못하고 정전협정이 유지되고 있기 때문에 북·미관계를 교전관계로 규정한다. 초강대국 미국과 맞서 싸우기 위해서는 핵무기 개발이 긴요하다는 인식 속에서 북한은 한국전쟁 이후 꾸준히 핵 개발에 매진해 왔다.

냉전시대 북한은 미국과 직접 대화할 수 있는 통로를 갖지 못했다. 1988년부터 참사관급 북·미 접촉이 시작됐지만 본격적으로 북-미 직접협상이 시작된 것은 북한의 핵개발 의혹이 불거지면서부터이다. 사회주의권 붕괴

10) 『조선신보』, 2016년 1월 27일.

이후 북한은 미국이 관심 갖는 핵과 미사일 등 대량살상무기(WMD) 개발 카드를 재기하고 북·미 적대관계 해소 등 관계정상화를 위해 노력했다. 그러나 미국은 북한의 핵개발 움직임과 핵실험, 장거리미사일(로켓) 발사에도 불구하고 금지선(red line)을 설정하지 않고 때론 북한 위협을 강조하고, 때론 위협을 평가절하하면서 '선의의 무시정책(benign neglect)'과 '전략적 인내(strategic patience)'[11]로 일관해 왔다.

북핵해결이 어려운 것은 한국전쟁 동안에 형성된 북-미 적대관계를 해소하지 못하고 미국의 세계전략과 북한의 생존전략이 충돌하기 때문이다. 미국은 핵무기 비확산차원에서 '핵이 없는 세상'을 꿈꾸며 북한의 핵개발을 저지하려고 한다. 이에 맞서 북한은 정전협정을 평화협정으로 대체하고 미국의 대북한 적대시정책을 철회해야 김일성 주석의 '한반도 비핵화 유훈'에 따라 핵을 포기 할 수 있다는 주장을 펴고 있다. 핵폐기 수순과 관련해서도 미국은 '완전하고 검증가능하며 되돌릴 수 없는 선핵폐기(CVID)'를 주장하는 반면 북한은 '미국이 대북적대시정책을 폐기하고 한반도에 공고한 평화보장체계가 구축돼야 핵을 폐기할 수 있다'는 입장을 견지하고 있다. 미국은 불량국가인 북한이 협상장에 들어오기 전에 먼저 흉기인 핵을 버리고 들어오라는 '입구론적 해법'을 주장하는 반면, 북한은 미국이 대북 적대시정책을 철회하고 평화협정을 체결하면 출구에서 핵을 버릴 수 있다는 '출구론적 해법'을 견지하고 있다.[12] 미국의 세계전략과 북한의 생존전략의 충돌, 미국의 입구론과 북한의 출구론의 충돌을 피할 수 있는 접점을 찾은 것

11) 미국 오바마 행정부에서 대북정책의 기본 방향을 '전략적 인내(strategic patience)'라고 처음 부르기 시작한 것은 2009년 늦가을 미국과 북한 사이 대화가 재개되리라는 기대가 높아지던 시기였다.

12) 고유환, 앞의 책, p.220.

이 2003년에 시작한 6자회담이다. 2005년 9·19 공동성명에서 행동 대 행동원칙(동시행동원칙)에 합의했다.

핵무기보유를 추진했던 대부분의 나라들은 핵실험을 추진하기까지는 비밀리에 핵 프로그램을 추진했다. 그러나 북한은 핵무기 개발과정에서 의혹이 제기되면 관련 시설과 프로그램을 공개하고 협상이냐, 아니면 핵개발 방치냐의 양자택일을 강요했다. 북한은 영변 핵시설에서 추출한 플루토늄을 공개하고, 고농축우라늄을 생산할 수 있는 원심분리기 시설을 공개하기도 했다. 최근에도 대륙간탄도미사일(ICBM) 개발과 관련 실험 내용을 공개했다.

북한이 핵 프로그램을 공개하면 외부 세계는 위협용 또는 협상용으로 평가절하하면서 심각하게 받아들이지 않았다. 한·미가 금지선을 분명히 하지 않고 제재와 압력에 주력하면서 기다리는 전략과 전략적 인내로 일관하는 동안 북한은 핵실험과 로켓발사를 감행하면서 핵능력을 고도화시켜왔다. 과학자 우대정책을 펴면서 국력을 총동원하여 핵무기개발을 추진하는 북한의 핵능력은 빠른 속도로 고도화되고 있다.

북한은 "세계최대의 핵보유국인 미국의 항시적인 핵위협과 전쟁도발책동을 물리치고 민족의 자주권과 생존권을 지키는 유일한 방도는 핵무력강화에 의한 힘의 균형을 이룩하는 것뿐이라는 결단 밑에 억척같이 다져온 무진막강한 핵억제력이 있다"[13]고 주장하면서 핵개발의 동기를 미국의 핵위협에서 찾고 있다. 북한은 미국이 그들을 '악의 축'으로 규정하고 핵선제공격대상으로 지정한 것을 지적하면서 4차 핵실험 이후부터는 미국을 공격할 수 있는 최첨단공격수단들을 개발·완성하여 실전배치하고 있다고 주장했다.

---

13) 2016년 3월 6일 북한 외무성 대변인담화, 『로동신문』, 2016년 3월 7일.

북한은 지난 4월 16일 조선중앙통신을 통해서 발표한 논평에서 "우리가 보유한 핵무기의 타격 능력이 크고 강할수록 침략과 전쟁을 억제하는 힘도 그만큼 커지게 된다"며 "우리의 자위적 핵억제력 강화의 정당성은 그 무엇으로써도 훼손할 수 없다"고 주장했다. 이어 "우리의 핵보유는 무슨 위협이 아니라 미국이 몰아오는 핵 참화로부터 나라와 민족을 지키기 위한 불가피한 선택"이라고 강조했다. 논평은 그러면서 "세계 최대의 열점 지역인 조선반도에서 평화를 보장할 수 있는 가장 정당하고 현실적인 방도는 우리의 핵억제력 강화"라고 주장했다.[14)]

최근 북한의 입장을 대변하는 조선신보는 "대결노선에서 벗어나지 못한 미국이 평화담판의 기회를 버리고 교전상대에게 핵타격력강화를 위한 시간을 제공해 주고 있다"고 주장하면서 "핵무력을 질량적으로 더욱 강화하여 힘의 균형을 이룩하는 것이 나라와 민족의 자주권, 생존권을 지키기 위한 유일한 방도라는 신념이 최고령도자의 활동을 통해 확인되고 세계를 향해 발신되고 있다"고 주장했다.[15)]

김정은시대 북한이 경제와 핵 병진노선 채택 이후인 2013년 6월 국방위원회 중대담화를 통해서 북-미고위급회담을 제안하면서 "조선반도의 비핵화는 우리 수령님과 우리 장군님의 유훈이며 우리 당과 국가와 천만군민이 반드시 실현해야 할 정책적 과제"라고 주장했다. 하지만 북한은 미국이 평화담판을 거부함에 따라 북한이 핵무기병기화사업을 가속화하여 핵무력을 질량적으로 더욱 강화하여 미국과 힘의 균형을 이루고 핵선제타격을 할 수

---

14) 『조선중앙통신』, 2016년 4월 16일.

15) 김지영, "도발자들의 최후발악/사상최대의 미남군사훈련(하)," 『조선신보』, 2016년 3월 15일.

있는 단계에 이르고 있다고 주장했다.[16]

4차 핵실험 이후 북한 김정은 정권은 김일성의 한반도비핵화 유훈 관철을 포기하고 "세계의 비핵화를 떠난 조선반도의 비핵화란 있을 수 없다"는 것을 명백히 하고, "미국을 비롯한 핵대국들이 핵군축협상을 통해 세계적인 핵위협을 완전히 근절하고 백악관이 조미관계개선에 나서지 않는 한 조선반도의 비핵화란 하늘땅이 뒤집힌대도 상상할 수 없다"[17]고 주장했다. 지난 4월 12일 북한 외무성은 "우리 핵문제는 이미 대화탁을 떠난지 오래"라고 하면서 "이미 천명한바와 같이 우리의 병진로선은 세계 비핵화가 실현될 때까지 단 하루도 멈춤이 없이 계속 힘차게 전진할 것"이라고 주장했다. 북한은 "대화와 군사적 위협, 대화와 제재는 양립될 수 없다"고 하면서 지금은 6자회담 재개나 비핵화와 평화협정체결의 병행추진을 논할 시기가 아님을 분명히 했다.[18] 4월 4일 국방위원회 대변인담화에서 "협상마련이 근본해결책"[19]이라고 했지만 제재아래서는 어떤 협상도 하지 않겠다는 것이 북한의 입장이다.

최근 미 시사주간지 '뉴스위크'는 "북한 관리가 2월 베를린에서 미국 관리를 만나 종전선언, 한·미 군사훈련 중단, 1년간 북한 핵실험 중단 등을

---

16) 김지영, "도발자들의 최후발악/사상최대의 미남군사훈련(하),"『조선신보』, 2016년 3월 15일.

17) 조선중앙통신사 논평, "핵범죄자들의 주제넘은 비핵화타령,"『조선중앙통신』, 2016년 4월 4일.

18) 조선외무성 대변인, "주위에 나돌고 있는 당치않은 대화타령을 비난,"『조선신보』, 2016년 4월 13일.

19) 북한은 2016년 4월 3일 국방위원회 대변인 담화에서 "험악하게 번져지는 현 사태를 두고 일방적인 ≪제재≫보다 안정유지가 급선무이고 무모한 군사적압박보다 협상마련이 근본해결책이며 부질없는 ≪제도전복≫보다 무조건인정과 협조가 출로라는 여론이 크게 조성되여 미국과 그 추종세력들을 막다른 궁지에 몰아넣고있는것은 우연한 것이 아니다"고 주장했다.『로동신문』, 2016년 4월 4일.

제안했으나 미국 정부가 핵폐기를 요구해 협상이 무산됐다"고 보도했다.[20] 현재까지 사실여부는 확인되지 않았지만 '종전선언'을 제안한 부분에 관심을 가져야 할 것이다. 조선신보에 의하면 북한은 "비핵화를 목적으로 하는 6자회담은 앞으로 열리지 않을 것이며 평화협정체결을 의제로 다룰 때만 회담참가를 고려해 볼 것"이라고 주장했다. 북한은 "조선반도에서의 전쟁종결이 선행되여야 비핵화과정도 시작될 수 있다는 것이 조선의 드놀지 않는 입장"이라고 주장하면서, "앞으로 협상국면이 열릴지 어떨지는 전쟁연습의 중단, 평화협정의 체결과 같은 조미교전관계의 핵심사안에 대한 미국의 태도여하에 달렸다"[21]고 하면서 미국의 입장변화를 촉구했다.

하지만 미국은 제재를 강화하면서 '선핵포기'를 압박하는 기존입장을 고수하고 있다. 대니얼 러셀 미국 국무부 동아태 담당 차관보는 지난 4월 4일 "북한이 모든 핵활동을 동결하고, 과거에 했던 핵활동을 명확하게 신고하고, 국제원자력기구(IAEA) 사찰단을 복귀시켜야 6자회담을 재개할 수 있다"며 '6자회담 재개 3대 조건'을 제시했다.[22] 이러한 조건은 그동안 북한이 요구해온 조건과 크게 다르지 않다. 2·29합의 때도 미국은 식량을 지원하는 대신 핵실험과 장거리 탄도미사일 발사 유예, 우라늄 농축활동 중단, IAEA 사찰단 복귀 등을 북한에 요구했다. 존 케리 미국 국무장관은 지난 4월 11일 북한의 핵·미사일 위협에 대해서는 유엔 안보리 대북제재 결의안을 넘어서는 강력한 추가 제재방침을 시사했다. 그러나 북한이 핵을 포기하고 비핵화에 나설 경우 평화협정과 경제적 지원, 한반도 통일 등 모든

20) 『조선일보』, 2016년 4월 5일.

21) 『조선신보』, 2016년 4월 9일.

22) 『조선일보』, 2016년 4월 6일.

사안에 대해 논의가 가능하다는 입장을 보였다.[23] 4차 핵실험 이후 북한은 자신들의 핵능력을 과장하면서 비핵화협상을 평화협정 체결 후에나 고려할 수 있다는 입장을 밝히고 있다. 뉴욕 유엔주재 북한대표부에 주재하는 한 외교관은 평화협정에 대해 "북한에 가해지는 위협이 다 사라진 뒤 평양의 결심에 달린 문제"라고 말했다. 그는 "지난 2005년 6자회담에서 나온 9·19 공동성명은 더 이상 유효하지 않다는 것이 북한 당국의 입장"이라며 "비핵화 목표를 담은 이 공동성명은 이미 '지나간 합의'"라고 전했다. 이어서 "북한의 요구는 평화협정 체결과 한미연합군사훈련의 중지에 관한 것"이라며 "이에 대한 의제에 대해 토론할 의사가 있다면 성김 미 국무부 대북정책 특별대표를 평양에 초청할 수 있다"고 전했다.[24] 이와 같이 북한은 비핵화를 목적으로 한 6자회담과 '탐색적 대화'에 관심이 없고 평화협정 체결과 한미연합군사훈련 중지를 의제로 다룰 때에만 회담 참가를 고려해 볼 것이라는 입장을 밝혔다.

리수용 북한 외무상은 러시아 타스통신사 편집국장이 제기한 질문에 대답하는 형식을 빌려 북한 핵억제력 강화의 기본요인에 대해 밝혔다. 그는 미국의 대북적대시정책과 핵위협이 북한의 핵억제력 강화를 산생시킨 근원이라고 주장했다. 리수용 외무상은 "미국이야말로 우리를 핵보유에로 추동하고 떠밀어준 장본인이며 지난 수십년간 매일과 같이 감행되고 있는 미국의 핵위협공갈은 우리를 핵보유국으로 만든 기본요인이였다"고 주장하면서 "앞으로 우리 핵무력의 발전속도는 미국의 행동여하와 우리를 보는 시각의 변화에 따라 좌우될 것"이라고 밝혔다. 그는 "우리는 미국의 핵전쟁광기에 대처하여 우리 군대의 군사적 대응방식을 선제공격적인 방식으

23) 『연합뉴스』, 2016년 4월 17일.

24) 『뉴스1』, 2016년 4월 1일.

로 모두 전환하였으며 단호한 핵선제공격의지를 밝였다."[25]며, 4차 핵실험 이후 북한은 핵선제공격권을 행사할 정도로 핵무력이 발전하고 있음을 과시하고 있다.

북한은 미국의 반테러전쟁을 지켜보면서 핵보유 의지를 다진 것으로 볼 수 있다. 북한의 조선국제정치문제연구소는 2016년 4월 17일 '논고장'을 통해서 "만약 우리가 자위적 핵 보유의 길을 버리고 굴종했더라면 이라크와 리비아, 아프가니스탄을 비롯한 세계 이르는 곳마다에 흐르는 피와 눈물, 재난과 불행의 비극이 그대로 재현됐을 것"[26]이라고 주장했다. 북한은 미국이 북핵해법 모델로 언급했던 우크라이나모델, 리비아모델의 문제점을 지켜보면서 인도와 파키스탄모델을 따라 핵보유의 길로 나아가기로 결심했을지도 모른다.

북한은 유엔 안보리가 결의 2270호를 발표하자 이에 반발하면서 "우리의 핵억제력강화는 미국의 적대시정책이 계속되는 한 항구적으로 진행되어야 할 정정당당한 자위권 행사"라고 주장하면서 "조선반도비핵화가 영영 날아가버린 책임은 대조선적대시정책의 포기를 끝까지 거부한 미국이 전적으로 지게 될 것"[27]이라고 주장했다.

4. 중국요인: 대국주의 반대와 자주노선

전통적으로 북한은 '주체 · 자주'노선에 따라 중국과 소련을 '대국주의' 국

25) 리수용 북한외무상, 타스통신사 편집국장이 제기한 질문에 대답, "핵무력발전속도는 미국의 행동여하에 따라 좌우될것," 『조선신보』, 2016년 3월 30일.

26) 『연합뉴스』, 2016년 4월 17일.

27) 2016년 3월 3일 북한 외무성 대변인담화, 『로동신문』, 2016년 3월 5일.

가로 간주하고 그들에 의존하지 않고 자주적 입장을 견지해왔다. 한국이 한미동맹을 통해 안전보장을 유지하는 것처럼 북한도 북·중동맹을 강화하면 안전을 담보 받을 수 있을 것이다. 그러나 북한은 수천년 동안 이어오던 중국과의 주종관계를 끊고 역사상 최초로 자주성이 실현된 나라를 세웠기 때문에 더 이상 중국에 의존할 수 없다는 입장을 견지하고 있다. 북한은 중국과 1961년[28]에 맺은 '조중우호·협조 및 상호원조에 관한 조약'이 있었음에도 불구하고 중국에 의존하지 않고 독자적인 핵개발을 추진해왔다. 한국이 한미동맹을 맺은 미국의 핵우산에 의존하지만, 북한은 중국의 핵우산에 의존하지 않고 독자적인 핵억제력 강화노선을 추진하고 있다. 북한의 대량살상무기(WMD) 개발은 중국의 안보와 직결되는 문제다. 북한이 WMD를 개발하면 미국과 일본이 '북한위협론'을 내세우고 대중국전략으로 활용할 수 있다.

중·소분쟁 이후 북한이 자주노선을 걸으면서 북·중관계는 긴밀하지 못했다. 특히 1960년대 북한이 자주노선을 걸으면서 중국과 소련에 대해서도 제국주의 못지않은 대국주의라며 경계심을 늦추지 않았다. 최근 우리 외교부가 공개한 1980년 외부문서에 의하면 김일성은 "소련은 믿을 수 없고 중국은 믿지 않는다"고 했다.[29] 북·중관계가 결정적으로 나빠진 것은 1992년 한·수교 무렵이다. 당시 김일성 주석은 중국에게 북·미 관계정상화가 이뤄질 때까지 한·중수교를 미루길 희망했지만 중국은 이를 거절하

28) '조중우호 · 협조 및 상호원조에 관한 조약'을 맺고 외부로부터 침략을 받을 경우 자동개입을 약속받았음 '조중우호 · 협조 및 상호원조에 관한 조약', 제2조 중화인민공화국과 조선민주주의인민공화국 양국은 모든 조치를 공동으로 맡으면서 체결국에 대한 특정 국가의 침략을 방지한다. 체결국 가운데 한 쪽이 몇몇 동맹국의 침략을 받을 경우 전쟁 상태로 바뀌는 즉시 군사적 원조를 제공해야 한다.

29) 당시 캄보디아의 노로돔 시아누크는 리처드 홀브룩 미 국무부 동아태 차관보와 만나 김일성 주석이 이같이 말했다고 전했다.『연합뉴스』, 2016년 4월 17일.

고 한국과 수교를 단행했다. 1990년 한·소수교에 이어 한·중수교가 이뤄지자 북한은 사회주의 형제국인 중국에 강한 배신감을 가지게 됐다. 김정은 국방위원장이 중국을 경계하는 발언을 자주했던 것으로 알려지고 북한 주민들도 중국을 믿을 수 없는 나라라고 불신한다. 최근에도 중국이 유엔안전보장이사회 대북제재에 적극 동참하자 북한 로동당이 이를 '적대 행동'으로 규정하고 당원들에게 중국에 대한 투쟁을 지시한 것으로 알려졌다.[30)]

북한은 지난 4월 3일 국방위원회 대변인담화를 통해서 4차 핵실험과 광명성 4호 로켓발사에 대한 유엔 안보리 제재에 주도적으로 나선 중국을 강하게 비판했다. 북한은 "강권과 전횡, 지배와 패권으로 이 행성에서 독판쳐온 미국의 강도적 요구에 무작정 추종하고 〈유엔결의〉로 포장된 대조선적대시책동에 동조해나선 것으로 귀중한 과거유산과 전통을 송두리채 말아먹은 대가는 그 무엇으로도 보상하지 못한다"[31)]며 중국을 비난했다.[32)] 조선신보는 북한이 그들을 둘러싼 정세흐름이 극도로 불공정하고 날로 타락해가는 세계정치의 축도로 보고 있다며, 미국과 추종세력들이 그들을 '악

---

30) 일본 지지(時事) 통신에 따르면 일본 간사이대 이영화 교수가 북한 노동당 중앙본부가 지방조직에 배포한 '방침지시문'을 입수했다고 알려졌다. 이 문서에서 유엔 안보리의 대북제재에 동조하고 있는 중국의 움직임을 '적대시 책동'으로 간주해 맹반발하고, 이에 대항하기 위한 투쟁을 당원들에게 지시했다는 것이다.『문화일보』, 2016년 3월 28일.

31) 『로동신문』, 2016년 4월 4일.

32) 북한의 입장을 대변하는 조선신보는 이 구절이 유엔안보리결의채택에 앞서 미국과 외교장관회담을 열고 호상입장을 조률한 중국을 념두에 둔 것으로 볼수 있다"고 밝혔다. 이밖에도 북한의 국제정치문제연구소 론평원이 4월 1일 조선중앙통신을 통해 발표한 글에서 "피로써 이루어놓은 공동의 전취물인 귀중한 우의관계도 서슴없이 줴버리고 이 나라, 저 나라와 밀실야합하여 만들어낸 그 무슨 결과물로 정의와 진리를 짓눌러보려는 참담한 현실앞에서 우리는 세계정치의 허상과 진실을 다시금 명백히 꿰뚫어보게 된다"고 주장한 부분이 산과 강이 잇닿은 린방의 대국(중국)을 념두에 두고 썼다고 주장했다. 김지영, "미국의 대조선적대시정책에 동조한 린방에 대한 랭정한 평가,"『조선신보』, 2016년 4월 9일.

의 근원'으로 묘사하고 경제제재와 군사적 압박으로 자주권과 생존권을 유린하고 있다고 주장했다. 북한은 이런 정세흐름에서 "체면과 명분을 중시한다는 일부 대국마저 미국의 강박과 요구에 굴복하고 있으며 지어는 미국의 주구인 남조선의 허세와 기만에 맞장단을 쳐주는 사태들이 벌어지고 있다"[33]고 하면서 중국을 강하게 비난했다.

중국은 유엔안보리의 대북제재 결의가 나오기 전인 2월 17일 북한의 입장을 반영한 '비핵화와 평화협정의 병행추진'을 제안했다.[34] 이른바 '왕이(王毅) 이니셔티브'에 대해 한국과 미국은 현실성이 없다고 보고 '북한의 선비핵화, 후 대화 원칙'을 고수했다. 북한은 유엔의 제재결의에 반발하면서 중국의 제안을 수용하지 않고 '선 평화협정, 후 비핵화' 입장을 견지했다.

북한은 그들의 WMD 개발에 대응하기 위해 한미가 추진하고 있는 고고도미사일방어체계(사드·THAAD) 구축이 중국의 안보를 위협하고 신냉전으로 돌아갈 수도 있다는 중국의 우려에도 불구하고 핵미사일개발과 관련한 실험을 지속하며 '제멋대로' 핵보유의 길을 가고 있다. 북한은 중국을 비난하면서도 중국이 걸었던 '양탄일성(兩彈一星)'의 길을 따라 핵보유와 경제발전을 동시에 추구하고자 한다.[35]

---

33) 『조선신보』, 2016년 4월 9일.

34) 2016년 2월 17일 왕이 중국(王毅) 외교부장은 베이징에서 줄리 비숍 호주 외무장관과 양자회담 뒤 개최된 기자회견에서 "중국은 한반도 비핵화 실현과 정전협정을 평화협정으로 전환하는 것을 병행 추진하는 협상 방식을 제안한다"고 밝혔다.『문화일보』, 2016년 2월 19일. 2016년 3월 12일 중국 외교부가 홈페이지에 공개한 자료에 따르면, 왕이 중국 외교부장은 전날 모스크바에서 열린 중러 외교장관 공동 기자회견에서 '비핵화-평화협정 병행 추진'은 "합리적이며 객관적이고 공정하며 6자가 합의를 이룰 수 있는 최대 공약수"라고 말했다. 『연합뉴스』, 2016년 3월 12일.

35) 북한의 입장을 대변하는 조선신보는 "중국이 오늘과 같은 지위를 차지할 수 있는 것은 《兩彈一星》 다시 말하여 원자탄과 수소탄 그리고 인공위성을 자력으로 개발소유하는데 성공했기 때문이다. 그러고 보면 조선도 명실공히 강성국가의 튼튼한 기틀을 마련한 셈이다"라고 주장했다. 『조선신보』, 2016년 1월 15일.

중국은 북핵불용의 원칙을 견지하면서 유엔차원의 대북제재에 동참하여 왔다. 그럼에도 불구하고 4차 핵실험 이후 미국과 한국은 '중국책임론'을 제기하고 중국이 제재에 적극적으로 동참하지 않아 북한이 핵과 미사일 능력을 고도화 하고 있다며 불만을 내놓고 있다. 중국은 북한주민들의 생활과 관련된 부분까지 고통을 주는 제재에는 동참할 수 없다는 입장을 견지하고 있다. 한국과 미국은 북·중 무역의 확대가 국제사회의 제재와 압박효과를 떨어트린다고 보고 중국의 보다 적극적인 제재동참을 요구하고 있다. 하지만 중국은 한·미의 북한 정권교체와 체제붕괴까지 염두에 둔 대북제재엔 동의할 수 없다는 입장인 것 같다. 북핵문제 해결이라면 동의할 수 있지만 북핵문제 해결과정에서 정권교체와 체제붕괴까지 포함하는 '북한문제' 해결을 추구한다면 받아들일 수 없다는 것으로 보인다.

중국의 북핵 해법 3원칙은 한반도 비핵화, 한반도 평화와 안정, 대화를 통한 문제해결이다. 최근 사드 배치문제가 불거지자 중국은 북핵 해법의 네 번째 원칙으로 중국의 정당한 국가안보 이익이 반드시 보장돼야 한다는 내용을 추가하였다. 중국은 변경무역 확대 등으로 북한의 시장화가 촉진되는 등 북한의 의미 있는 변화에 기여하는 측면도 있는데, 이런 점은 무시당하고 북한 핵과 미사일 능력고도화를 방치하고 있다는 한·미의 책임전가에 당혹해 하는 것 같다.

5. 남한요인: 분단체제와 체제경쟁

북한은 핵개발을 추진하면서 미국을 겨냥한 것이지 남한을 겨냥한 것이 아니라고 주장했다. 한때 북한은 그들이 핵을 가졌기 때문에 미국이 한반도에서 전쟁을 일으키지 못했다고 하면서 전쟁의 화마를 피할 수 있게 했으니 식량 등 대북지원을 해야 한다는 주장을 한 적도 있다고 한다. 지금도 북한은 "민족의 자주권과 생존권을 지키는 유일한 방도는 핵무력강화에 의한 힘의 균형을 이룩하는 것"[36]이라고 주장한다. 그들이 핵을 가졌기 때문에 민족의 자주권과 생존권이 보장되고 있다는 논리를 펴면서 우리 민족 전체를 위한 핵무기 개발임을 강조한다.

북한은 한미연합군사연습에 맞서 실전배치된 "소형화, 정밀화, 다종화된 핵탄의 보복세례", "반미최후대결전, 조국통일성전"[37] 등을 언급하면서 기존의 군사적 대응방식을 선제공격방식으로 전환하여 남한은 물론 일본과 태평양지역, 미국본토까지 핵무기를 사용할 수 있다는 점을 시사했다.

지난 3월 10일 조평통 대변인 담화문에서 '통일탄 폭음'이란 용어를 사용한데서 알 수 있듯이 북한의 핵개발은 남북관계 측면에서도 그 요인을 찾을 수 있다. 북한은 한미동맹체제에서 실시하는 연합군사연습, 남북국력격차, 재래식 무기 격차, 급변사태와 흡수통일 등을 극복할 수 있는 가장 효율적인 수단이 핵무기라고 생각할 것이다.

박근혜 대통령은 올해 3·1절 기념사에서 "핵으로 정권의 생존을 유지하기 위해 북한 주민들을 착취하고 핵개발에만 모든 것을 집중하는 것이 북한의 정권을 유지시킬 수 없고 무의미하다는 것을 분명히 깨닫도록 해야 한다"고 밝혔다. 유엔 안보리 결의 2270호 채택 직후인 3월 3일 박근혜 대통령은 "북한 정권의 폭정을 중지하도록" 하겠다며 한층 더 강한 압박을 강조했다. 이는 박근혜 대통령이 북한 정권을 인민을 착취하는 폭정으로 규정하고 북한이 핵개발을 고집하면 정권유지가 어렵다는 점을 강조함으로써 김정은 정권이 핵을 포기하고 폭정을 중단하지 않는 한 남북관계는

36) 2016년 3월 6일 북한 외무성 대변인담화, 『로동신문』, 2016년 3월 7일.

37) 2016년 3월 7일 조국평화통일위원회 대변인성명, 『로동신문』, 2016년 3월 8일.

없다는 강한 의지를 표명한 것으로 보인다.

박근혜 대통령은 북한 핵개발의 동기를 북-미 적대관계에서 찾지 않고, 3대 세습정권의 체제유지에서 찾음으로써 정권 교체와 체제 붕괴를 겨냥한 제재와 압박을 본격화하겠다는 것으로 보인다. 박근혜 정부는 연초 북한의 연이은 전략적 도발이 금지선을 넘은 것으로 인식하고 북한의 핵과 미사일 능력의 고도화를 막기 위한 극약처방으로 개성공단 전면중단과 사드 배치 카드를 들고 나온 것이다.

6. 맺음말

북한이 핵개발의 동기를 북·미 적대관계에서 찾지만, 북핵문제는 수령체제, 분단체제, 세계체제 등 복합적 요인이 결합된 역사-구조적 산물이다. 그래서 북핵해법도 단순하지 않고 해결도 쉽지 않다. 항일유격대 전통에서 산생된 군사국가의 특성상 핵무기 보유는 북한정책의 최우선 순위를 차지한다. 북한 역대 지도자들은 경제·군사(핵) 병진노선에 따라 수령체제를 보위하는 '만능의 보검'인 핵개발에 주력해 왔다.

북한 핵능력의 고도화를 막지 못한 데는 미국이 북핵문제를 '통제 가능한 위협'으로 인식하고 북한위협론을 대중국전략으로 활용했다는 점은 부인하기 어려울 것이다. 미국이 금지선을 분명히 하지 않고 '완전하고 검증가능하며 되돌릴 수 없는 선핵폐기론(CVID)'을 펴면서 전략적 인내로 일관하는 동안 북한 핵능력은 고도화됐다.

북한은 4차 핵실험을 통해서 '수소탄시험에 완전 성공했다'고 주장하고 미국이 '통제불가능한 위협'으로 인식하길 기대하는 것 같다. 북한은 3차 핵실험 이후 준전시상태를 선포하고 대남 전쟁불사 위협을 가하면서 사실상의 핵보유국의 지위를 인정받기 위한 노이즈마케팅을 한 것처럼, 4차 핵실험 이후 소형화·정밀화·다종화된 핵능력을 과시하면서 핵선제타격을 공언하고 있다.

북한이 4차 핵실험에서 플루토늄과 고농축우라늄을 원료로 한 원자탄을 넘어 '수소탄 시험에 완전성공'했다고 주장함으로써 원자탄과 수소탄 핵무기의 기정사실화를 노린다. 북한이 핵 선제공격을 공언하는 등 연일 쏟아내는 각급단위의 성명과 전쟁불사 위협은 핵보유를 기정사실화하기 위한 일종의 노이즈마케팅이다. '짖는 개는 물지 않는다'는 말이 있다. 북한이 핵능력을 과장하는 것은 당장 있을지 모를 선제공격을 막아내는 억제력으로 사용하고 제재국면을 협상국면으로 전환시키기 위한 위기조성전술로 볼 수 있다.[38)]

북한은 4차 핵실험 이전만 하더라도 방어차원의 핵억제력 확보를 강조했다. 4차 핵실험 이후 한미군사연습이 방어형에서 공격형으로 바뀌고 참수작전까지 나오자 북한은 핵선제타격권이 그들에게도 있다고 하면서 미국과 '힘의 균형이 이뤄지고 있다'는 주장까지 하고 있다. 북한은 세계비핵화와 핵군축이 이뤄지지 않는 한 비핵화는 없다고 하면서 '선 평화협정 체결, 후 비핵화 논의' 입장을 밝혔다.

북핵해결이 지연되면서 리비아모델, 우크라이나모델 등 서방이 제안한 북핵해결모델의 유효성이 상실됐다. 북한은 인도와 파키스탄모델에 따라 사실상 핵보유국으로 인정받길 희망하며 북한은 '양탄일성(兩彈一星)'으로 강대국이 된 중국을 모델로 하여 핵보유와 경제발전을 동시에 이루려 한다.

4차 핵실험 이후 한국을 비롯한 미국과 중국은 북한이 금지선을 넘은 것

38) 고유환, "북한의 핵 노이즈마케팅," 『내일신문』, 2016년 3월 30일.

으로 간주하고 역사상 가장 강력한 유엔 안보리 제재를 시행하고 있다. 북한은 제재와 압박에 맞서 '자강력 제일주의'를 내세우고 자력자강으로 위기를 해쳐나가려 한다. 김정은 정권은 수십년 장기집권을 내다보고, 먼저 핵억제력을 갖춰놓고 경제발전과 인민생활향상을 추진하겠다는 입장을 고수하고 있다. 김정은 정권은 비핵화를 위한 6자회담 재개에는 응할 수 없다고 하면서 한미군사연습 중단과 평화협정 문제를 의제로 하는 회담이면 참가할 수 있다는 입장을 보이고 있다.

지금까지 그래왔던 것처럼 제재와 압박으로 북한의 선비핵화를 실현하기는 쉽지 않을 것이다. 한미가 선핵폐기론에서 '선 고도화방지 후 폐기'로 정책을 수정하지 않으면 북핵 능력은 더욱 고도화될 것이다. 북핵 고도화의 한 요인은 북한을 '악의 축', '폭정의 전초기지'로 규정하고 급변사태를 기다리면 전략적 인내로 일관한 무시정책에서 찾을 수 있다. 북한의 핵개발 의도를 무시하고 CVID 방식의 선핵폐기론만으로는 북핵문제를 해결할 수 없다.

북한 핵능력의 고도화를 막지 못한 데는 미국 등 관련국들이 '통제 가능한 위협'으로 인식하고 해결을 서두르지 않았기 때문이다. 북한은 미국의 전략적 인내에 맞서 4차 핵실험을 기습적으로 감행하고 수소탄 시험에 성공했다고 발표함으로써 미국으로 하여금 '통제 불가능한 위협'으로 인식하도록 만들어 협상이냐 핵무기 고도화 방치냐의 양자택일을 요구하는 것으로 볼 수 있다.

지난 시기의 경험에 의하면 한반도 냉전구조 해체, 즉 북·미 적대관계 해소와 평화협정 체결 가능성이 보일 때 북한은 협상에 나오고 핵개발 동결 합의에도 적극성을 보였다. 북한은 지난해 추가 핵실험 여부를 결정하기 앞서 미국에게 한미군사연습 중단, 평화협정 체결 등과 관련한 협상을 제의한 바 있다. 미국이 이를 거부하자 기습적으로 수소탄 실험과 장거리

로켓발사를 감행했다.

지금은 북한의 잘못된 행동에 채찍을 가해야 하지만 북핵 고도화를 막고 한반도에 평화를 정착시키기 위한 해법을 만드는 노력도 함께해야 할 것이다. 미·중 양국은 대북제재 그 자체가 목적이 아니라 북핵해결의 수단이란 공통의 인식을 가지고 있다. 미·중은 북핵해결과정에서 사드배치문제로 신냉전으로 돌아가는 것을 원치 않으며, 미·중사이에는 북핵불용의 원칙을 공유하고 복합적 사호의존성이 높아져 어느 측도 신냉전으로 돌아갈 정책결정을 하기란 쉽지 않을 것이다. 사드배치문제가 부각되면 북핵문제는 다시 뒷전으로 밀릴 것이다. 북핵 고도화를 막기 위해서는 북한의 요구사항인 평화협정문제와 외부세계의 우려사항인 비핵화를 동시행동원칙에서 교환하는 북핵해법으로 다시 돌아가는 문제를 진지하게 검토해봐야 할 것이다.

◈

An American Perspective

Robert Carlin CISAC, Standford University

◈

My task is to present the American perspective of US thinking on North Korea. I think you should be clear that what you are going to hear is an American perspective, and not one that is widely shared. You might, therefore, find it somewhat more interesting, and I hope maybe even more useful, than the normal talking points.

Washington's approach toward North Korea has been on a roller coaster over the past quarter century. Given the lack of serious (as opposed to sensationalist) attention to the North for much of that time, this hair-raising ride is not surprising. The result has been a series of bad decisions, especially over the past 16 years. Bad decisions, of course, lead to bad consequences, and it is exactly those consequences that bedevil us today.

The single period of what I would term a serious, sensible, pragmatic, and overall effective policy (1988-2000) is today largely remembered – if it is remembered at all – as foolish, almost naïve. The lessons have been forgotten, and the policies from those years have been consigned to storerooms full of cobwebs and goblins. The experience gained from dealing with North Korea especially over the eight years from 1993-2000 has now largely vanished into a thicket of misapprehension and myth. Considerable attention – and much badly misplaced criticism – has been focused on the US-DPRK Agreed Framework of October 21, 1994, but the important negotiating experience gained is broader—and the lessons far more significant—than simply the 1993-1994 talks which culminated in that document.

You'll note that what I've singled out as the productive years span both US political parties. The policy during this period was by no means perfect, progress did not come in a straight line, and there were moments of near failure. But the results were positive, certainly more positive than what we've seen since 2001. Perhaps most important, those results would have provided a basis for continued progress, if that path had been sustained.

The unproductive years (2001-2016) have also spanned US administrations from both political parties. This period, unfortunately, is more typical, as it reflects shortcomings in the US approach that are, in some respect, broadly American. In simplest terms, Americans don't cope well with regimes like the one in North Korea. Seoul has its own problems dealing with North Korea, of course, as does Tokyo. Not surprisingly, countries that went through periods of confrontation with the

US and harsh internal conditions during the Cold War have a degree of understanding and insights into North Korea that are worth considering.

The Heart of the Problem

A central question when reviewing Washington's approach toward the DPRK has to be, what does the US want beyond the complete elimination of the North Korean nuclear weapons program? The answer to that is important because it is the foundation on which all other policies toward the North are based – implicitly or explicitly, consciously or not. Obviously, the United States is a large country with a swarm of opinions and perspectives. As the North Korean problem is complex, the responses are complicated. Nevertheless, at the risk of oversimplification, I think the impression the US gives (and let me fill in important exceptions in a moment) is that it wants the North to be compliant and contrite. We want it to be docile as it is led to its doom. In another context, I have described the feelings of exhaustion and frustration dealing with Pyongyang produce as giving rise to a wish that we could shut our eyes and the North would go away.

But of course the North Koreans won't do that. They never have accepted such a fate, and we can be sure they never will.

For the past 16 years, through two US administrations, there has largely been a single US approach, something similar to what I just described above. Whereas the policy of the Clinton administration, certainly in its final years, was based on former Secretary of Defense Perry's recommendation that Washington deal with the DPRK as it is, not as one could wish it to be, that approach was discarded in the Bush administration, and never revived during President Obama's two terms. The unspoken core of the recent policy was to change the North, if not actually bring it down. That approach has failed; there is no other way to describe it. The proof, as always, is in the pudding.

- During the past 16 years, the North's arsenal has grown from zero to at least 10, probably 15, and very possibly 20 nuclear weapons. By the end of this year, the number could well be 25.
- The North Koreans are likely now able to put nuclear warheads on short and medium-range missiles.
- The North almost certainly is producing enough fissile material for an additional nuclear weapon every 6-8 weeks – though we can't be sure until we see its facilities, and we won't be able to do that as long as we don't talk to Pyongyang.

Since the beginning of this year, the North has regularly and systematically put under our noses evidence of its progress in the nuclear and missile fields. And with each step they take, a process executed almost as if according to a carefully planned script, the North Koreans are transforming how the US sees the threat to its security – which, of course, is exactly Pyongyang's goal.

The Threat

In any review of an American view of the North Korean issue, it is worth examining the threat as seen from the US, and then how and why Washington has stumbled in meeting this threat in such a way that the situation has reached the dangerous point where we are today.

For a long time, the threat might have been described as two-pronged, something that seemed more potential than real. Today it has expanded to three prongs, and is very real indeed.With the growth of the North's arsenal, probable progress in miniaturization, and advances in missile technology, an American assessment might include:

- An expanding, if still very limited, threat to the US "homeland" as well as an increasingly dangerous threat to allies, specifically the ROK and Japan. North Korean capability to deliver nuclear warheads even 1000 km could soon bdgin to undermine the US ability to defend the ROK and even Japan, potentially disrupting plans for moving troops and supplies onto the peninsula in a time of conflict.
- A continuing threat to Nonproliferation Treaty and to the so-far largely successful effort to stop the spread of nuclear weapons. This danger is not confined to northeast Asia, but also includes other volatile regions. That may not seem so important in Seoul, but it is vastly important to Washington.
- An expanding threat of the export of the North's fissile material or "leakage" of that material along with the technology to other states or

non-state actors. This has been a US nightmare for many years, intensified after the 9/11 attacks in New York 15 years ago.

All three of these dangers have become worse, more serious, and more difficult to deal with in the past 16 years. Why worse? Because the North has considerably more fissile material and thus more options to use, deploy, or transfer it. In English there is a phrase, "The more the merrier." Not in this case.

Into the Swamp.

From 2004-2008 the US had frequent contact with the DPRK, mostly in the venue of Six Party talks but occasionally on a bilateral basis as well. Access to official documents from the archives of the various parties will be needed to reach a final judgment, but for now, my view (not widely shared, I would emphasize) is that the frequency of the contact in those years should not be taken to mean that they were either serious or productive. That is not criticism of the negotiators themselves but of the policies they were given to implement.

Since 2008, there has been little face-to-face contact between US and DPRK officials, and certainly nothing on a sustained basis. In fact, in Washington the North Korea issue has been put into the back of the closet. With a few exceptions, it has been taken out only with each of the North's nuclear tests since the Obama administration took office (2009,

2013, 2016), when there have been spasms of activity at the United Nations Security Council resulting in increasingly tough sanctions, but with little result.

The Forgotten Years

If there are lessons from the earlier years -- that is, before 2001 -- what were they, and equally important, are they still applicable? The overall situation in northeast Asia is very different from what it was then, and the details of any negotiations will have to be different as well. But the following lessons still hold true (I'd note I offered these at a Senate Foreign Relations Committee hearing in 2011 before then-Senator John Kerry) :

- It is possible to advance US national security interests through negotiations with Pyongyang. We discovered we had considerable leverage with the North Koreans if we did more than merely paint pictures for them of a sweet and fanciful future.
- In talks with the North it is possible to break down complex, seemingly insurmountable problems into component parts and then focus on the parts in a logical order, so that successfully dealing with the first (usually the easiest) boosts the chances of dealing with subsequent, more difficult items.
- Contrary to the common wisdom, if an agreement is well constructed and implemented on our side, the North Koreans will abide by the

core of it as long as we do. It should not be a surprise to discover, however, that they are likely to game the process, exploiting ambiguities and hedging their bets. Neither should it be a surprise that the implementation period is every bit as difficult as the negotiations themselves.

These are not theoretical classroom lessons or the fruit of idle speculation. They come from real experience dealing with the North over many years. Why have they been lost in the fog? That I don't know for sure. What I do know is that these days any attempt to discuss these lessons is like talking to a wall.

It was clear that in those years that the North Koreans wanted to talk. Their reason, we discovered only slowly, was that they had decided that improved relations with the US were necessary to provide protection for the DPRK against potential threats from Beijing and Moscow. Underlying the North's specific calculations for all the talks we had with them was a basic, strategic decision by Kim Il Sung in the early 1990s to press for engagement with the United States, and even accept a continuing U.S. military presence on the Peninsula, as a hedge against what the North Koreans considered their untrustworthy, big-power neighbors.

We developed a better notionwhat the North wanted as we listened and observed their reactions over hundreds and hundreds of hours of formal and informal contacts. Tempers flared now and then –days were long, and conference rooms could become hot and humid by late afternoon, but the two sides learned each other's negotiating playbook well enough so that less and less time was spent posturing and more of it could be devoted to substantive negotiations.

Abruptly in January 2001 when the Bush administration took office, the US stopped talking and, even more important, stopped listening to Pyongyang. As a result, we squandered numerous opportunities to deal with not only the nuclear issue but also, more broadly, the core problem of peace and security in Northeast Asia. What is worse, in the bargain we tossed overboard all that we had previously gained, notably a freeze of the North's fissile material production at Yongbyon, degradation of their nuclear infrastructure, and increased interaction with them across multiple fronts.

The result? The situation we face today is more difficult, our leverage is smaller, and our room for maneuver is more curtailed than ever. Compounding the damage, the lesson the North Koreans think they have learned (reinforced by events in Libya and Iraq) is that they cannot afford to put their national security – indeed, their very existence – at risk by reaching compromises with the US that leave them vulnerable and prisoner to the vagaries of Washington politics. It will not be easy to get them to discard that judgment.

Some in Washington and Seoul seem to think that the situation today, with UN Security Council resolution 2270 and unilateral sanctions against the North adopted by numerous countries, is a heaven-sent opportunity. They believe that if they only press far enough, squeeze hard enough, and wait long enough they can get what they want: a halt to the North's nuclear program, elimination of its nuclear arsenal, and ultimately even, an end to the North Korean regime.

Time will tell if they are right, but after all these years of hearing how weak the North is and vulnerable to our pressure, I remain skeptical. My view is that if there was a chance 16 years ago to stop the North from building a nuclear arsenal —and I believe that in late 2000 we had a good chance of doing that—the game has now changed, and not in our favor. The more extreme view that the North Korean regime can be pushed to collapse is, in large part, a function of the trap that Americans (and not only Americans) set for themselves by seeing these issues in binary terms -- on or off, black or white, good or bad. This tendency has only been made worse by the sometimes breathless treatment of the sad accounts by North Korean defectors, accounts repeated with little scrutiny by Western media. Our difficulties are furthercompounded by the fact that public discourse about the North in the US has for too longbeen crippled and largely irrelevant. If you imagine a map of the public discussion (and even within the government itself) in the US about the DPRK, it would resemble the satellite photo often displayed of the North Korean half of the peninsula at night -- mostly dark with few pinpoints of light.

This tendency to self-deception shows up in many ways. For one, there is a general impression in the US that North Koreans live in a bleak landscape similar to the moon, and that all but a privileged few are hollow-eyed and slack-jawed. Recently, that picture has been altered slightly to take account of a still small but apparently growing moneyed class. Analysis contradicting the unrelentingly stark portrayal, even purely as a matter of fact, becomes suspect. It is difficult to write about

North Korea without first spending considerable space proclaiming one's distaste for the North, as if analyzing the DPRK in terms not wrapped in value judgments is somehow an act of betrayal.

Isolation—A Two-way Street

It is widely and confidently stated that North Koreans inhabit the most isolated country on earth. How to measure such a thing I have no idea, but assuming it approaches the truth, then it must also be true that we are isolated from them. Isolation, after all, is a two-way street. In some ways, we in the US are more isolated from the North Koreans than they are from the rest of the world. Though the numbers are small in comparison to what are now world standards, DPRK delegations are constantly traveling abroad. DPRK officials tune in outside radio and television; they read outside books and newspapers detailing our politics and society. Looking through the other end of the telescope, Americans have much less to rely on. And even in South Korea, it can be difficult to find information on the North without running into National Police warnings about violating the National Security Law.

Six Party Talks

The Six Party talks are often portrayed as the solution to the problem. I was never enamored of the Six Party talks. These were conceived in an effort to avoid bilateral contact with the North – something the Bush administration considered dangerous because North Korean diplomats were seen as wily, in contrast to our own who were considered inept. The much-cited September 2005 joint statement emerging from the Six Party talks seemed to me at the time, and all the more so now, a smoke cloud. It was an agreement based on nothing, rooted in nothing, and destined to blow away in the first puff of wind. We will have to wait and go through the archives in Pyongyang to know if that is right or not. The problem, I think, is not how to get back to Six Party talks but how to move beyond them – not necessarily beyond all multi-lateral efforts – without abandoning the key principles that emerged from those negotiations.

It was not a surprise that the Bush administration's approach to North Korea was such a muddle. It has been puzzling that the Obama administration continued in the same direction. Exactly how much progress might have been made in the first two or three years of the President's first term is impossible to say, but even after the North's missile and nuclear tests in early 2009, I suspect there were opportunities worth exploring when on considers Kim Jong Il's concern to establish a stable external environment while he put in place the foundations for a political succession. After anemic efforts to engage the North – especially running afoul the tendencies of the Lee Myung-bak administration – the Obama administration retreated into a state similar to what Chinese philosophers called wu wei, doing nothing but finding a comfortable philosophical excuse for inaction.

Reaction to Kim Jong Un

The advent of Kim Jong Un in December 2011, of course, complicated the situation for Washington. It is never easy adjusting to the rhythms of a new leader, especially one who was a complete mystery to the outside. Nevertheless, here again I suspect we missed opportunities to probe.In many ways, the reaction to Kim Jong Un in Washington was, as it had been to Kim Jong Il 17 years before, ill considered. There was widespread expectation that the younger Kim would not last, that he was not in charge. Then as he persevered the explanation was that he survived because he was "cruel" and "erratic." The result is that senior US officials have several times publicly criticized (the North would say "railed against") Kim Jong Un, something that serves no purpose that I can see other than to narrow the space in which US policy can be crafted.

With the passage of time, the Obama administration has succumbed to a natural American tendency to view the world －especially the North Korean issue － in moral terms. Pyongyang is deemed morally deficient, outside the pale of the civilized world.The UN Commission ofInquiry on the human rights situation in the DPRK has not helped, despite what some seem to think, but rather backed us into a corner. The report and the commentary it has inspired havescored easy rhetorical points, but these have done nothing so far to help the North Korean people, and regrettably, probably never will. Meanwhile, at a steady, steady rate, the North's production of fissile material continues, as does its technical prowess in the nuclear and missile fields.

After the Talks.

It may seem too early to mention the problems that will arise after an agreement (fervently desired but totally elusive in recent years) has been reached with the North. There would seem to be miles to go before even getting to the table. Yet thinking about implementation, at least conceptually, should begin early, and it is worth touching on here.

The most difficult, and in some ways least successful part of the negotiating process with the North has always been the follow-up. At some point, negotiators on both sides have to hand over implementation of agreements to parts of their bureaucracies or official institutions less familiar with, and in some cases less well disposed towards, the process and goals of the talks.

At that juncture, a new dynamic emerges. For one thing, performance in implementing established agreements becomes important to support progress in other, as yet unfinished negotiations. Mechanisms not already established have to evolve for dealing with complaints from both sides. Prior planning and preparations on implementation are crucial not only for carrying out existing agreements but also for reaching new ones.

Performance related issues, moreover, define the battleground in each capital. Some want to treat every failure, delay, or stutter step as fatal, a matter of principle and contractual rupture, with no sense of perspective or context. Judging from past experience, the North will use problems in implementation to highlight the two sides' mutual and in some cases linked obligations, or as a way to test Washington's commitment to full compliance.

During the Agreed Framework period, Washington gradually -but never fully-came to an important realization: failure by the North Koreans to fully implement a particular set of obligations was not necessarily a sign of irresponsible behavior but was often a function of Pyongyang's perception of and response to U.S. performance. To the North, which inevitably views itself as weak and disadvantaged, implementation was seen not simply as an obligation but as leverage to insure better U.S. compliance.

Obsession with "Cheating"

The long, involved, and largely successful eight-year effort to engage the North from 1993-2000 is now stuffed under the heading of "failure." In part, it has become victim of a U.S. fixation on the notion that the North "cheated" on the Agreed Framework. Portraying the problem not merely as a consequence of North Korean acts but also as a US obsession with the concept of cheating is hardly the common view. It may seem to be an effort let the North off the hook. That's not it at all. Rather, it's an effort to put a by-now completely accepted version of history under a spotlight and see how it holds up. Many might consider this to behold business, but since the issue always lurks on the edges of any discussion of how to deal with the North, I think it's worth taking up here.

The Agreed Framework was designed as a political document that set down on paper mutually reinforcing and reciprocal obligations by the two sides, some tied to specific timetables and others set out as eventual goals. The understanding by both parties was that no side was legally compelled to follow through on any or all of its obligations, but if it reneged or only carried out partial steps, the other would be equally free to stop or cut back its own performance. In addition, the North Koreans were warned that although some things were left vague in the document, they should clearly understand that certain types of activity on their part would cause "political" problems in Washington that could sink the deal.

For the United States, verification was a key ingredient for making the framework work, and Washington therefore decided to include nothing would be included (such as a ban on uranium enrichment) that could not be verified by either what are called "national technical means" or direct observation by the IAEA.As it happens, there was no persuasive evidence in 1994 at the time the Framework was signed that the North had an enrichment program.

The argument is sometimes made that the reference in the Agreed Framework to the North-South Joint Declaration on Denuclearization (January 1992) was implicitly a reference to the North's pledge not to "possess uranium enrichment facilities" and thus an obligation the North was reaffirming. Such an indirect reference would, at best, have been a weak reed on which to rest so crucial an obligation. In any case, the negotiating record does not support even that interpretation. The two sides did not focus on references to the inter-Korean agreements until virtually the end of the negotiations when the final draft was nearly complete. The North Koreans strongly objected to bringing North–South agreements into the Agreed Framework. Mention of inter-Korean issues was obviously a difficult subject for the DPRK Foreign Ministry to deal with for internal reasons. Numerous attempts were made to find the language that would satisfy both Seoul and Pyongyang. No one really intended that the reference to the North–South agreements would constitute one of the core DPRK obligations under the Agreed Framework, or imagined that it was a good way to cover uranium enrichment if that was considered a major part of the problem.

To be clear, it was not smart – in fact, it was a bad political decision – for the DPRK to develop an enrichment program after the Agreed Framework had frozen the main production facilities at Yongbyon. It was a major miscalculation, not least because, as happens frequently, the North Koreans could not correctly imagine the political consequences of such a course if discovered. Once the evidence emerged in the late 1990s, there was little doubt that if the DPRK continued such development, it would destroy what little support there was in the Congress for the Agreed Framework, and so discussions began in Washington about how to confront the North Koreans diplomatically at the proper time and in the proper way to get them to stop.

As a first step, in June 2000, at a round of talks with the North Koreans held in Rome, the U.S. delegation obliquely raised the possibility of the need for additional Kumchang-ri-like inspections. (The Kumchang-ri "visit" had taken place in May 1999, the result of US concerns that an underground site discovered in North Pyongan province might be used to house clandestine fissile material production facilities. US experts visited the site, performed a thorough inspection, and concluded it had never been used and was not suitable for a reactor or other nuclear activities.) Subsequently, the October 12, 2000 U.S.-DPRK Joint Communiqué explicitly endorsed "the desirability of greater transparency in carrying out [the] respective obligations under the Agreed Framework." In this regard, it continued, the two sides "noted the value of the access which removed U.S. concerns about the underground site at Kumchang-ri."

That language had no purpose other than to look ahead to negotiations on inspections that would address additional U.S. concerns about the North's nuclear program, specifically enrichment activity—a point that Pyongyang could not have missed. I'd argue that together the visits of Vice Marshal Jo Myong-rok (to Washington) and Secretary of State Madeleine Albright (to Pyongyang) in October 2000 transformed the atmosphere sufficiently to provide a basis for dealing with the uranium enrichment issue through further negotiations, though I have no doubt these would have been difficult.

What happened? The new US administration did nothing to engage the North Koreans, the Agreed Framework went into cardiac arrest, and the enrichment problem was left to fester until it burst back onto the scene in 2002. It was immediately labeled as evidence that the North had "cheated," and thus the Agreed Framework was worthless.

It is true, of course, that many issues were still on the table on January 20, 2001, when the new US administration took office. Yet, there was a strong feeling among those of us who had worked on the issue that the elements were definitely in place for positive developments. Pyongyang had already made clear, in an important article published in the party newspaper Rodong Sinmun just before the U.S. presidential elections, that it would continue to abide by both the Agreed Framework and the October 2000 Joint Communiqué, no matter who would become the next U.S. president. The incoming administration was handed the best possible situation, and it was made fully aware of the extraordinary opportunity for continued progress. It was not interesting.

What now?

Unless the situation changes radically over the next seven months, the next US administration will not be handed the best possible situation – far from it. Yet, to return to an earlier point, diplomacy has proven it can work with North Korea if it works to discover those places where interests overlap. To the extent that the US continuously signals to the North Koreans that it doesn't see a place for them in its vision of the future of the region, we undermine the basis for realistic discussion of the circumstances in which we might coexist. Do overlapping interests that could support such coexistence exist? Maybe not, but it is hard to imagine getting at an answer to the question if we don't actually sit down together and explore the actual diplomatic and security terrain. Insisting that the North Koreans must first demonstrate a strategic decision to accept our outcome even before the talks start is a sure way of getting nowhere fast.

The final question we have to ask is: are we trapped in a box marked "too little, too late". The current round of US-ROK exercises is about to end, but the summer exercises loom. That means there is only a small window to make enough progress before the normal exercise cycle of threat-counter threat resumes. Kim Jong Un has been dancing on the edge of the precipice since the North's fourth nuclear test in January. He must realize that the drop is steeper than it has ever been before. We have to hope so. The view from Pyongyang, however, is often quite different from what we imagine. Issues are framed differently, and the options are ordered in ways that often do not make sense to us.

In the best case, Kim may calculate that once the joint exercises are over, if there are no more events that throw the situation into a new downward spiral, the way is open for him to move to declare a "bloodless and warless" victory, similar to what happened last summer after the confrontation over the DMZ mine incident. In the words of a political essay appearing in Rodong Sinmun last month, "In August 2015 again, was it not the same invincible faith that turned the harsh waves of war into nothing and achieved a bloodless and warless great victory?"

And why might he want to be able to claim such a victory in time for the upcoming party Congress? Here is a working hypothesis to test over the next several weeks. One can never be sure of the exact timing of a specific North Korean proposal, nor the vehicle in which it will be presented, but I'd argue we should watch for signs of the following:

- Kim declares Byungjin a success (i.e., achievement of a sufficiently strong nuclear deterrent to allow the regime to concentrate on the economy) and announces new economic policies or at least a new underlying philosophical basis for new policies. A trade off between the economy and the nuclear build up was, in fact, part of the original Byungjin concept as explained in Kim's March 31, 2013 plenum speech.
- Pyongyang makes a major proposal on replacing the armistice, linking progress on a peace agreement to movement on the nuclear front. This would be put under the umbrella of the need for a "peaceful environment," something Kim has several times said was required for economic growth.

None of this makes sense if there is a serious miscalculation over the next month by either side. Nevertheless, in the right circumstances, these steps do not seem altogether farfetched, and there are some signs that ideas along these lines have been percolating through the regime. On March 15th, the same day as reports in central DPRK media of Kim Jong Un guiding a test of a missile warhead, the pro-North Korean paper in Japan, Choson Sinbo, carried an article citing an idea advanced by the

Chinese foreign minister for holding "denuclearization negotiations and the discussion of a peace agreement at the same time." This was the first time the North had acknowledged the Chinese idea. Pyongyang subsequently – in mid-April – noted the idea at the foreign ministry level, though made clear the time was not ripe to consider it.

Equally, if not more important, the March Choson Sinbo article singled out Kim Jong Un's remarks from a few days earlier that, "the real 'enemy' that North Korea's nuclear force has to deal with is nuclear war itself." It implied that this quotation should be read in the context of a June 2013 National Defense Commission (NDC) statement—which the article went out of its way to note was released only a few months after the declaration of the Byungjin line. The NDC statement had proposed high-level talks with the US, asserting that, "The denuclearization of the Korean Peninsula is the behest of our leader and our general, and it is the policy task that our party, state and millions of soldiers and people must accomplish without fail."

One Step Beyond

Tactically, Pyongyang might suppose that at the point it makes a new proposal for talks, Beijingwill declare that this was exactly the purpose of the UN sanctions – to get back to negotiations. Indeed, PRC media accounts of Chinese leader Xi Jinping's meetings in Washington with President Obama and Park Geun-hye at the Nuclear Security Summit a few weeks ago might have been read approvingly by the North. Rather than simply indicate full Chinese support for sanctions, Xi implied that Beijing will insist that "fully and strictly" carrying out relevant UN resolutions includes efforts to achieve denuclearization of the Korean peninsula through dialogue.

Pyongyang's careful public treatment of recent remarks by US officials about the possibility of negotiations suggests that the North is preserving room for maneuver. Silence from the North is sometimes—though not always—golden. An optimist might hope that the situation is tiptoeing into a pre-dialogue mode, as Beijing, Pyongyang, and even Washington appear to be positioning themselves for what must inevitably come soon – a resumption of negotiations – if the situation is not to deteriorate.

At the moment, things are balanced on a thin edge. The chances for miscalculation are high. A perception in Pyongyang that Washington and Seoul were serious in loudly advertising and conducting recent military exercises for "decapitation" will further complicate already complicated decision-making in Pyongyang. Increased pressure is unlikely to convince the North Korean leadership of anything other than that its enemies intend to bring it down.

What remains an open question at this point is whetherWashington and Seoulwill be able to respond to any window of opportunity that might open up over the next few months, or if their decisions prolong the problem and, comforting themselves with platitudes, they end up watching with slowly growing horror as the situation on the Peninsula grows ever more dangerous over the next 16 years.

How to dismantle North Korea of its nuclear and missile programs?

Zhu Feng Nanjing University

Kim Jong Un Administration's fourth nuclear test in January of 2016 and a long-range missile launch in the following month have significantly and entirely broken the delicate balance in the Korea Peninsula. This balance, formulated since its last nuclear adventurism in March of 2013, alluded to a combination of limited sanctions, conditional engagement, and uncompromised call on denuclearization. Now, the essential approach to N. Korea, notably unifying China, the United States, Korea and other players in line, is a package of unprecedented sanctions, robust military deterrence, well-coordinated international unity and more seriously conditioned diplomatic contact. Despite N. Korea's desperate resistance to identical response from the international community, there is little possibility that Pyongyang could survive its nuclear ambition in the way continuously cheating, hiding and even bickering.

It's broadly believed among N. Korea watchers that the most reclusive country might have 10 to 20 nuclear weapons, and Pyongyang has mastered warhead miniaturization, but very nascent and essential if its nuclear weapons could be effectively delivered long distance. The Pentagon has clearly denied that N. Korea has ability of hitting North American continent with its long-range nuclear missile. Recent explosion of its mobile missile test unveils that Pyongyang is still far away from controllable and deliverable nuclear missile technology. In addition, N. Korea has not yet had successful re-entry technology and therefore may not be able to shot its nuclear device on a long-range missile.

Nevertheless, Pyongyang could advance its nuclear and missile technology over time if there are no determined constraint and blockade to its longtime secretive smuggling of outside materials it desires. Without those outside materials, there is no way Pyongyang can independently supply its nuclear and missile programs. The passage of UN Security Council Resolution 2270 is a big signal that it is high time to cut off its access to the international market for whatever it needs, and furthermore, the resolution is aiming at draining the flowing of cash and other financial supports available to N. Korea to continue its nuclear adventurism. Obviously, full implementation of UNSC Resolution 2270 will not only purposely slow its process, but also exhaust most of the resources which N. Korea could struggle to keep its nuclear and missile programs refreshingly alive.

In addition, the international community should simultaneously show its resolve to roll back any provocation contemplated by Pyongyang. N.

Korea has been awkwardly but intentionally provoking South Korea in an attempt to blackmail some gains it wants. But after the quickly announced closure of Kaeseung Industrial complex, the Park Gen-hye Government has displayed her greatly admirable courage and braveness to counter the North's nuclear intimidation. Kaeseung Industrial complex, albeit the last window of inter-Korea connection, had been since 2004 feeding Pyongyang with a big amount of cash it longs for.

Implementation of UNSC Resolution 2270 has got N. Korea pinched. Pyongyang responded by insistently launching short range missiles, testing long-range rocket engines, showcasing its nuclear device, and even preparing itself for one more nuclear test. No matter how mad Kim Jong Un is, his provocation and confrontation would not turn back the clock.

For the moment, strengthening effective implementation of new sanctions vis-à-vis N. Korea through international unity should top agenda of all regional countries. UNSC Resolution 2270 is the harshest sanctions ever imposed on N. Korea. It calls for close scrutiny of cargo shipped to and from N. Korea, prohibition of all weapons trade, additional restrictions on N. Korean imports of luxury goods, and expulsion of N. Korean diplomats suspected of illicit activities. New sanctions, along with unilaterally proclaimed sanctions against N. Korea, by the United States, Korea, and Japan, will certainly force Pyongyang to risk its extending domestic crack as long as it wants to unchangeably hold nuclear and missile program. Of course, N. Korea is not Iran. UNSC Resolution 2230 posed sanctions will not bring about expected consequences rapidly as the US-led sanctions did for Iran. As long as effective sanctions against N. Korea could proceed in the way well-collaborated and well-coordinated, however, nothing would remain unchanged with regard to Kim Jong Un regime and its system. At least, Pyongyang's process of nuclear and missile development, even if not completely stopped, will be greatly stalled.

Pleasingly, Beijing's N. Korea policy has evidently changed. China has been more conceivable in committing to its efforts – in coordination with the United States, Korea and other partners, to achieve North Korea's denuclearization; to set the stage for North Korea to open up and integrate into the world community, and particularly for inter-Korea integration and ultimately for the peaceful reunification of the Korea Peninsula.

In the past Pyongyang was simply a buffer state for Beijing and a way to keep the American military presence in check. China's assistance was like a lifeline to keep the reclusive country from domestic implosion. And since the inauguration of the Six Parties Talks in 2003, Beijing used cash assistance to influence Pyongyang and seduce it back to the negotiating table when necessary. In last two years of Kim Jong il's reign, the North Korean leader visited China three times to ask China for economic assistance.

Previously, China showed its support for North Korea by refusing to raise international sanctions on North Korea. Sure, it would show its disappointment when North Korea tested nuclear bombs and rockets, but Beijing wanted that buffer state and was afraid that sanctions might destroy North Korea. In the past, China would never have considered excluding Pyongyang from nuclear talks or even suggesting a three- or five-party without North Korea present.

But times have changed. Kim Jong-un has not visited Beijing once since taking over from his father in April 2012. The relationship between the two countries is clearly frayed. By supporting United Nations Security Council sanctions on North Korea earlier this month, Beijing seems to be expediting North Korea's bankruptcy and signaling political abandonment of its traditional ally.

This change in policy indicates that Beijing wants Kim Jong-un to stop its nuclear testing and curtail its nuclear ambitions. Of course, China is not necessarily prepared for the consequences -- a flood of refugees, inappropriate handling of fissile material and even military riots -- of a collapsed North Korea, and the country needs to think about this as it moves forward with talks in Washington this week.

If Beijing's stance has been oscillating between keeping North Korea as a buffer state and unloading it as a "strategic burden," it now clearly sees North Korea as a burden. But China must now implement the unprecedented sanctions against North Korea seriously and responsibly. How successful those sanctions are with international coordination and collaboration will determine North Korea's fate.

A couple of policy suggestions may deserve weigh-in here.

First, Beijing, Seoul and Washington need to carry out their trilateral mechanism to review effectiveness of their implementation of UNSC Resolution of 2270, and collectively guard against any loopholes in the undertaking of sanctions. Washington and Seoul should stop endless suspicions about the seriousness of China's intentions, and bring in mechanism to overhaul the sanction effect. Meanwhile, China is supposed to raise transparency in the regard of its implementation.

2nd, China, the United State and Korea should be highly aware of adversary implications of any defense moves vis-à-vis N. Korea. Neither side should do anything to complicate strategic calculations and geopolitical competition just like deployment of THAAD. Likewise, enhancement of the trilateral cooperation among Beijing, Washington and Seoul in dealing with Kim Jong Un regime eventually requires shared strategic version in three places of the unified Peninsular.

3rd, leaving diplomacy open as long as Pyongyang would accept international monitoring of their nuclear facilities and reconfirmed return to the Joint Declaration on September 19, 2016. Likewise, any forms of bilateral talks should not be excluded if Pyongyang signals the terms all parties could come to with.

4th, Beijing, Seoul and Washington need to talk on emergency plan at their discretion corresponding to mounting uncertainties out of domestic N. Korea. This is quite necessary for three parties to reduce mistrust and boost their policy coordination. For that part, shared responsibilities to assure "concerted moves" responding to N. Korea's uncertainty is definitely desired.

2주제

북핵문제와 남북관계

◈

북핵 동향 분석과 비핵화 전략의 재검토

전봉근 국립외교원

◈

1. 북핵문제의 긴급성과 심각성

지난 20여 년간 북핵위기가 장기화되면서, 국내에서 ▲북핵 위기 피로증 만성화, ▲비핵화 가능성 비관론, ▲북핵 대응에 대한 무력감, ▲자체 핵무장론 등이 확산되는 경향이 있어, 이를 경계해야 할 것이다. 우리 정치·경제·사회·군사·외교 전 분야가 이미 높은 '분단 디스카운트'를 지불하고 있는데, 북핵문제가 장기화되면서 앞으로 '북핵 디스카운트'까지 추가로 지불하게 될 것으로 보인다.

특히 북한의 잠재적 핵능력이 핵전력으로 현실화되는 현시점에서, 아래와 같은 현재와 미래의 북핵 피해를 염두에 두고, 북한 비핵화를 위한 최우선적이며, 집중적이며, 장기적인 노력이 요구된다.

첫째, 북한이 핵무장으로 남북 간 군사력 균형에서 우위를 점하게 되면, 빈번한 군사 위협과 충돌로 우리를 강압하며 양보를 강요하거나, 또는 남남갈등과 미·북 평화협정을 노리며 의도적으로 한반도 불안정을 조장할 것이다.

둘째, 우리 대북정책 전반이 북핵의 인질이 되어, 관계개선, 경협, 인도지원, 이산가족상봉, 군사적 긴장완화 등 많은 현안이 정체되는 결과를 초래하며, 또한 북핵은 통일로 가는 길에 최대 장애물이 될 것이다.

셋째, 북한의 핵무장과 핵위협은 한국의 국가리스크를 악화시켜 경제통상의 거래비용을 증가시키고, 특히 경제경쟁이 심화되는 환경에서 한국의 경쟁력을 하락시킬 것이다.

넷째, 북핵에 대응한 한국의 재래식 군사력 증강은 국가재정에 부담이 되고 재정배분을 왜곡시키며, 또한 국내에서 핵무장론이 부각되면 이는 미국 및 국제사회와 갈등을 초래하고 국가신용도과 비확산신뢰성을 하락시킬 것이다.

다섯째, 우리 외교역량과 외교자본이 북핵문제에 집중되는 왜곡이 발생하고, 그 결과 경제적 생존과 번영을 위해 필요한 통상외교, 자원외교, 에너지외교, 국제안보외교, 영사외교 등에 대한 투입이 제한되며, 또한 북핵문제로 인해 주변국의 한반도 개입을 증대시키는 부정적인 결과를 초래할 것이다.

2. 북핵정책 환경의 평가

가. 북핵 동향의 추세

지난 25년간 북핵문제를 다루는 과정에서 아래와 같은 법칙성 추세가 나타나고 있는바, 우리 비핵화 전략은 이 추세에 유의하고, 극복하는 방향으로 추진되어야 할 것이다.

첫째, 북핵협상은 북한의 도발, 핵위기, 핵협상과 핵합의, 핵합의 붕괴

등이 악순환되는 법칙이 있다. 이러한 북핵협상의 악순환 주기에 대한 정확한 분석과 방지책이 없다면, 새로운 핵합의가 타결되더라도 붕괴될 가능성이 높고, 이런 악순환은 양측 간 상호불신을 더욱 악화시키고 갈등을 증폭시킬 것이다. 북핵협상이 주기적으로 악순환되는 배경으로 ▲북한의 기만적 핵협상 전략, ▲양측 간 극단적 요구와 불신으로 '공동합의가능영역(Zone of Possible Agreement)'이 부재, ▲아측의 정권교체에 따른 대북 정책 노선 변동, ▲아측의 능동적 비핵화 전략 부재, ▲내부입장 조정 문제 등이 있다.

둘째, 북핵능력 배증의 법칙에 따라, 북한은 외부의 저지를 받지 않은 채(또는 저지를 극복하고) 핵물질 생산능력을 확장하고 핵무기화 기술을 발전시켜, 약 10년 주기로 핵능력(핵물질 재고)이 배로 증가하는 경향을 보인다. '2014 국방백서(2015.1)'는 북한의 핵능력에 대해 ▲플루토늄 40kg 보유, ▲고농축우라늄 프로그램 진행, ▲핵무기 소형화 능력 상당 수준 도달, ▲미국 본토를 위협할 수 있는 장거리미사일 능력 보유 등으로 추정하고, 또한 북한이 2014년 전략로케트사령부를 전략군으로 확대개편하는 등 비대칭 전력을 계속 증강하고 있다고 평가하였다. 북한의 핵물질 보유량과 무기화 능력에 대해서는 아직 국내외 전문가들의 평가가 분분한 상태이며, 해외 전문가들은 북한이 많게는 10~20개 핵무기를 보유하고, 매년 핵무기 수 개 분량의 핵물질을 생산하는 것으로 평가하고 있다. 북한이 흑연감속로와 재처리시설을 재가동하고, 우라늄농축시설을 증축함에 따라 무기용 핵물질 생산능력도 계속 증대할 것으로 보인다.

셋째, 핵위기 인식 체감의 법칙에 따라, 북한의 핵도발 직후 위기의식이 급증하지만, 북핵위기가 만성화되면서 위기의식이 점차 감소하여 일상화되는 경향을 보이고 있다.

넷째, 비핵화 비용 증가의 법칙에 따라, 북한의 핵능력이 증가하는 데 따라 비핵화를 위한 정치·외교·경제적 요구도 증가하여, 비핵화 비용이 증가하는 경향이 나타나고 있다.

나. 과거 북핵정책의 비판적 평가

첫째, 그동안 북한의 핵개발 의지와 능력, 북한 정권과 체제 내구성을 과소평가하는 과오를 범하였다. 미국 정부는 1994년 제네바합의 체결 당시 북한의 붕괴가 임박했다고 판단하였다. 그 결과 '시간벌기' 차원에서 북한 비핵화와 핵합의 이행에 소홀히 대처하였다. 이후에도 북한의 붕괴가 임박했다는 판단을 기초로 제재와 압박을 하며 기다리는 '전략적 인내' 전략을 추진하였는데, 오히려 이는 북한의 핵무장 동기 강화와 시간벌기에 이용되었다.

둘째, 북한은 매우 높은 핵무장 동기를 갖고 있어 통상적인 비핵화 해법이 작동하지 않는다. 그럼에도 우리는 비핵화 모델로 파키스탄, 인도, 이스라엘 등 어려운 사례를 참조하지 않고, 우크라이나, 남아공, 리비아, 아르헨티나, 브라질, 리비아 등 쉬운 비핵화 사례를 주로 참조하였다. 후자 국가군은 안보환경 개선, 민주정부 등장, 개방경제·수출경제로 효과적 경제제재, 비자발적 핵무장 등으로 북한에 비해 핵무장 동기가 현저히 낮은 사례이다.

셋째, 남북 간, 미·북 간 뿌리 깊은 적대감과 불신이 핵협상 붕괴의 근저에 있어, 통상적인 협상과 합의, 그리고 합의 이행이 사실상 불가능함에도 불구하고 통상적인 비확산 대증요법에만 의존하였다.

넷째, 대북정책의 잦은 변경(포용정책, 정권교체론, 전략적 인내 전략, 방치전략, 대화전략 등)이 핵합의 이행에 장애를 초래하였다. 극단적인 상호불신 속에서 우리의 잦은 대북정책 변동은 북한에게 핵합의 이행을 지체하거나 거부하는 명분을 주었으며, 북한은 항상 남한과 미국의 정책이 변경될 것이라는 전제하에 (기만적으로) 핵합의를 이행하는 척하면서도 핵심 조항의 이행을 거부하는 이중적인 헤징 전략을 사용하는 경향이 있었다.

다. 중국의 부상과 미·중 경쟁구도의 부정적 효과

중국은 종래 한반도문제에 소극적인 자세를 보여왔다. 그러나 '중국의 부상' 이후 동아시아 지역에서 미·중 경쟁이 본격화되자 강대국정치를 표방하면서, 점차 한미동맹 또는 한·미·일 안보협력을 견제하고 한반도에 대한 영향력 확대를 모색하고 있다. 소위 '북중관계 긴밀화' 기간 동안 중국은 2010~11년 사이 이례적으로 3차례나 북·중 정상회담을 갖고 경제지원을 확대하였다. 또한 김정일 사망 이후 2011년 12월 말 김정은이 인민군 최고사령관으로 추대되자 신속히 후진타오 주석 명의 축전을 보내 김정은 체제를 안정화시키는 데 기여하였다.

전통적으로 우리는 북한 비핵화에 대한 유인책과 압박책으로 남한의 경제지원, 미국의 관계개선을 활용하였으나, 강대국으로 부상한 중국이 경제지원과 안전보장의 대체재를 제공할 수 있게 됨에 따라 한국과 미국의 대북 레버리지(협상자산)가 약화되는 결과가 초래되었다.

중국의 대북정책은 2013년 2월, 3차 북핵실험으로 인해 새로운 변곡점을 맞이하였는바, 시진핑 정부는 국제사회에서 '책임대국'의 역할을 추구함에 따라 북핵문제에 대해 비판적인 입장으로 선회하고 있다. 최근 4차 북핵실험의 경우에도, 중국은 북한을 크게 비판하면서도 여전히 북한의 안정을 중시하는 이중정책을 견지하고 있다. 중국의 대북 이중정책은 한미동맹에 대한 완충지대로서 북한의 지정학적 가치와 미·중 경쟁에 대비한 북한의 전략적 가치를 인식하기 때문으로 평가되는바, 향후 동아시아에서 미·중 간 안보경쟁이 고조되면 북한의 전략적 가치도 증가하게 될 것이다.

라. 새로운 북핵문제의 등장

첫째, 북한 핵시설의 안전문제가 대두되고 있다. 특히 북한의 기술수준과 경수로체제의 복잡성을 감안할 때 경수로 가동 시 원자력 안전사고가 발생할 가능성이 높으며, 이때 방사능오염이 확산될 가능성이 높아 주의깊게 관찰해야 할 필요가 있다.

둘째, 북한의 해외 핵확산 가능성이 높다. 따라서 핵물질·기술·장비가 해외로 유출되는 것을 방지하기 위해 북한의 국내 '핵안보' 체제가 구비되어야 하며, 동시에 북한을 대상으로 한 핵안보 체제도 필요하다. 북한 내 핵안보체제의 미비로 핵물질이 도난당하거나, 북한당국 또는 개인이 핵물질을 불법유출할 가능성 역시 대단히 높아 이에 대한 대비가 요구된다.

셋째, 북한의 핵무기 사용 독트린과 핵전략, 그리고 지휘통제권에 대한 문제가 있다. 북한이 사실상 핵무기를 획득하였지만 이에 대한 사용 독트린, 핵전략, 지휘통제권이 자의적이며, 최소한의 책임성과 체계성마저 결여되거나 미발달되어 있을 가능성이 높아 매우 위험한 실정이다.

중소 국가의 핵전략을 연구한 비핀 나랑(Vipin Narang) MIT 교수는 중소 핵국의 핵전략을 ▲촉매(catalytic: 후원 강대국의 개입 기대), ▲확증보복(assured retaliation: 핵보복력 구비), ▲비대칭 확전(asymmetric escalation: 재래식 공격에도 핵으로 대응) 등 3개 유형으로 분류하였다. 나랑 교수에 따르면, 북한은 한국과 미국의 압도적인 재래식 군사력 우위에 직면한 상황에서 중국이 자신을 보호해 주지 않는다고 생각할 경우("abandoned"), 핵전력을 '비대칭 확전'으로 사용할 동기가 높은데, 이는 가장 위험한 경우이다. 또한 나랑 교수는 북한은 중국이 자신을 보호하는 후원자 역할을 한다고 생각할 경우, 북핵을 '촉매용'으로 사용할 것이라고 보고, 이것이 상대적으로 안정된 시나리오가 될 것으로 평가하고, 따라서 북핵이 '비대칭 확전용'이 아니라, '촉매용'으로 남아 있도록 하기 위해서는 중국이 북한의 후원국 역할을 지속해야 할 것이라고 분석하였다.

3. 정부의 북핵정책 원칙과 지침

가. '코리안 포뮬라'와 '탐색적 대화' 모색

2014~2015년 내내 북한의 4차 핵실험 위협이 반복되고 또한 핵실험 징후가 발견되는 상황에서, 정부는 핵실험을 저지하고 비핵화 프로세스를 재가동하기 위한 다양한 정책구상을 모색하고 추진하였다. 정부는 "의미 있는 6자회담" 프로세스를 본격적으로 가동하기 위한 사전 작업의 일환으로 '코리안 포뮬라(Korean Formula)'를 제시하였다. 정부는 '코리안 포뮬라'에 대해 2015년 상반기 동안 북한을 제외한 5자와 충분한 협의를 갖고 공감대가 구축되자, 마침내 한·미 공동으로 북한에게 조건 없는 '탐색적 대화'를 제안하였으나, 4차 북핵실험으로 동 과정이 중단되었다.

나. '북한에 대한 공동성명'을 통한 한·미 공조체제 재확인

2015년 들어 북한의 핵실험 위협이 반복되고 실행 가능성이 고조되는 가운데, 한·미 정부는 정상회담(2015.10.16.)에서 양국의 북핵정책 공조를 재확인하는 '북한에 관한 공동성명'을 채택하였다.

아래 요지의 동 공동성명은 한·미 정부에서 북핵정책 기본지침이 되며, 핵실험 이후에도 상당기간 이 지침이 유효할 것으로 주목할 필요가 있다. ▶북핵 문제를 최고의 시급성과 확고한 의지를 갖고 다루고, ▶완전하고 검증 가능하며 비가역적인 비핵화의 평화적 달성을 확인하고, ▶북한의 핵·탄도미사일 개발을 "안전보장이사회 결의의 상시적 위반"으로 규정하고 핵·탄도미사일 실험을 강행하면 안보리의 추가 조치로 대가를 치르게 한다.

다. 4차 북핵실험 이후 정부의 대응방향과 지침

외교부는 2016년 업무보고(1.22)에서 대주제로 '북핵 대응과 평화통일외교'를 제시한 데 이어, 4대 추진과제의 첫 번째로 '북핵·북한문제에 대한 '총체적 접근'을 제시하여 북핵문제를 최우선 정책과제로 부각시켰다.

박근혜 대통령은 동 업무보고(1.22)에서 대북정책과 비핵화정책의 추진을 위한 지침으로서 원칙 중시, 실효적 제재, 창의적 접근, 북한문제 해결 등을 아래와 같이 제시하였다. 첫째, "예측 불가능하고 즉흥적인 북한 정권을 상대하는 데 가장 효과적인 대응 방법은 원칙과 일관성을 유지"하는 것이다. 둘째, 북한이 변화할 수밖에 없는 환경을 만드는 것이 중요하므로, 이를 위해 안보리에서 강력하고 실효적인 대북제재가 도출되고, 양자와 다자차원에서도 필요한 추가 조치들이 취해질 수 있도록 한다. 셋째, "6자회담만이 아니라 북한을 제외한 5자회담을 시도하는 등 다양하고 창의적인 접근 방법을 찾아 정책의 실효성을 제고"해야 한다. 넷째, "통일환경을 조성해서 북핵을 궁극적으로 해결하는 것이 훨씬 중요한 과제라는 사실을 잊지 말아야" 하며, 북핵문제는 결국 북한문제를 해결하는 차원에서 접근하는 것이 필요하고, 근본적 해결방안은 통일이라는 점에서 통일 노력을 꾸준히 진행해야 한다.

4. 새로운 비핵화 전략 모색

가. 남북 고위당국자 핵회담 및 6자 수석회담을 통한 '미니 일괄타결' 모색

제재와 압박은 궁극적으로 북핵문제의 평화적 해결을 위한 수단이다. 따라서 제재와 압박의 다음 단계로서 북한의 비핵화를 전제로 한 협상전략이 필요하다. 북핵문제의 포괄적이고 궁극적인 해결을 목표로 하되, 상황의 악화를 방지하고 비핵화의 진전에 필요한 최소한의 신뢰를 쌓기 위한 단기 조치가 필요한바, 이를 위한 '미니 일괄타결' 방안의 검토를 제기한다.

현재 남·북, 미·북 간 다수 현안이 있는바, 상호 요구사항의 일부에 대해서는 전략적이고 탄력적인 상호주의 원칙을 적용한다면 단계적인 합의와 이행이 가능할 것이다. 특히 미니 일괄타결을 위해 핵활동 동결을 규정한 2.29 북·미 합의(2012년)의 복구가 필요하다. 이를 위해 필요한 경제적·외교적 유인책을 활용해야 할 것이다. 대화채널로서 '남북 고위당국자 접촉', 미·북 대화를 적극 활용하고, 5자회담과 6자 수석대표 회담을 새로이 가동되어야 할 것이다.

나. '한반도형' 비핵화 모델 및 복합 로드맵 개발

6자회담이 개최되더라도 비핵화 해법 또는 모델에 대한 충분한 합의가 없다면 명목상 합의가 만들어지더라도 곧 붕괴되는 상황이 반복될 것이다. 지난 20년간 아르헨티나-브라질식, 우크라이나식, 리비아식 등 다양한 비핵화 해법과 모델을 북한에 적용하였으나 모두 실패하고 말았다. 그 배경에는 다른 나라에 적용된 비핵화 모델을 단순 모방하거나, 또는 쉬운 비핵화 사례를 참조했다는 점을 들 수 있다.

최근에는 이란 비핵화 모델이 주목을 받으면서 강력한 제재에만 관심이 집중되고 있다. 그러나 이란 비핵화 협상의 성공 배경에는 이란의 개방형·수출의존형 경제체재, 선거제와 온건파 정권 등장, 유럽의 대화 원칙과 중재역, 미-이란 최고위층 직접대화 채널 구축, 미국의 중동 우선시 정책 등 다양한 변수가 작용하였다는 점에 주목하여야 한다.

따라서, 창의적인 '한반도형' 비핵화 해법을 개발해야 할 것이다. 새로운 '한반도형' 비핵화 해법은 9.19 6자공동성명을 기본으로 하되, 안보-경제 교환의 우크라이나식, 중재와 정치적 빅딜의 리비아 모델, 안보환경의 변화와 정권변화가 전제된 남아공 모델, 제재와 고위 정치대화와 중재를 통한 이란 모델 등의 복합 모델이 될 것이다. 새로운 비핵화 해법은 한반도적 특성을 감안하여, ▲남북관계 개선, ▲한반도 평화정착(평화체제 구축), ▲동북아 안보협력, ▲북·미 관계 개선, ▲대북 경제에너지 지원 등을 포함하는 복합적 로드맵이 요구되어진다. 이것이 바로 9.19 6자 공동성명의 기본 구상이다. 박근혜 정부의 대북정책 구상도 매우 복합적인데, 북핵정책, 한반도 신뢰프로세스, 동북아 평화협력구상은 한반도와 동북아의 평화와 번영을 위한 궁극적인 목표와 방법론을 공유하고 있어, 그 선순환체제를 구축하여 비핵화 추진효과를 극대화해야 할 것이다.

한반도포럼이 2013년 발간한 『남북관계 3.0: 한반도 평화협력 프로세스』도 복합적이고 단계적인 비핵화 전략의 병행 추진방안을 제시하고 있는바, 동 보고서는 비핵화 복합로드맵을 개발하는 기반이 될 것이다. 동 보고서의 북한의 비핵화와 한반도 평화체제 구축에 관한 구상을 크게 나누어 정리하면 비핵화 구상, 남북교류협력 구상, 한반도 평화 구상, 동북아 평화 구상이 핵심을 이루고 있다. 그 내용을 간략하게 정리하면 아래와 같다.

① 비핵화: 핵활동 동결과 감시, 9.19 공동성명 재확인, IAEA 사찰단 복귀 → 핵시설 검증과 불능화(부분 폐기) → 북핵 폐기

② 남북 교류협력: 인도지원, 교류협력, 경제에너지지원 → 북한종합개발계획 및 교류협력 심화 → 한반도 경제권

③ 한반도 평화: 한반도평화협정 논의→ 남북기본협정 체결, 상주대표부 설치 → 한반도평화협정 체결

④ 동북아 평화: 북·미, 북·일 수교협상 개시, 연락사무소 개설, 제재 완화 → 제재 해제 → 양자관계 정상화, 동북아 6자 정상회담 → 북·미와 북·일 수교, 동북아 안보협력체 가동

정부 차원에서 창의적이며, 실현가능한 비핵화 로드맵을 개발하기 위해, 우선 북한을 제외한 5개국의 전문가들을 중심으로 공동연구를 시작하여야 할 것이다.

다. '남남갈등' 해소 및 북핵정책 지속성 제고

4차 북핵실험 이후 북한에 대한 대응을 놓고서 해묵은 '남남갈등'이 재현되고 있는바, 이는 북한과 국제사회에 대한 우리의 대응능력을 크게 훼손하는 결과를 초래할 것이므로 이를 해소하기 위한 집중적인 노력이 필요하다. 대북정책의 2개 대표 노선인 강경 대 온건, 또는 봉쇄론 대 협상론은 각각 상이한 대북정책관과 국제정치철학에 뿌리를 두고 있어 사실 그 차이점의 해소가 매우 어려운 실정이다. 그러나 상이점에도 불구하고, 모두 한반도 통일과 번영의 비전을 공유하고 있고, 효과적인 북핵 대응을 위해 국론과 국력의 결집이 필수적이라는 점을 절감하여, 양 노선 간 대북접근의 공통점을 확대하고 차이점을 해소하기 위한 노력을 확대해야 할 것이다. 이를 위해서는 정부뿐만 아니라, 정치권, 언론, 전문가그룹의 선도적인 역할이 요구된다.

한반도포럼은 국회 남북관계 및 교류협력 발전특위와 공동주최한 학술회의(2015.6.8.)에서 정권교체에 따른 대북정책 변화와 남남갈등을 극복하기 위해 '지속가능한 대북정책'을 강조하고, 이를 위한 국회와 정당의 역할을 중시하고, '여·야·정 협의체 가동'을 제안한 바 있다. 동 제안에 다시 주목할 것을 제기한다.

라. 북한 붕괴론의 경계와 평화적 해결 원칙 재확인

북핵 해결의 어려움을 감안할 때 북한 붕괴 또는 통일만이 유일한 해결책이라는 주장이 부각되는데, 이 주장은 아래와 같은 문제점이 있다.

첫째, 이 주장들은 급변사태와 붕괴유도의 실현성을 과대평가하고, 이 옵션의 실현성과 위험성을 과소평가하고 있다. 비록 북한체제가 불안정하지만 급변사태의 발생 여부와 발생 시기는 누구도 알 수 없으며, 지금까지 체제 내구성을 감안할 때 상당기간 지속할 것이라는 판단이 보다 객관적 평가이다. 북한은 '저항성(resistance)'이 매우 높은 국가로서 매우 위험한 정권이며, 각종 불법적인 대량살상무기를 다량 보유하고 있다는 점과 이를 사용할 동기와 의지와 능력이 있다는 점에 주의해야 한다.

둘째, 북한은 설득에 따라 자발적으로 핵을 포기할 국가가 결코 아니다. 오로지 제재와 압박이 실제로 자신의 체제와 정권을 위협할 수준이 될 때, 비로소 진지한 대화에 임하고 비핵화 조치를 실행할 것이라는 점에 주의하여야 한다. 따라서 대화전략이 효과를 발휘하기 위해서는 강력한 제재와 압박조치를 상당 기간 지속해야 할 것이다.

◈

국제사회의 대북제재:
실효성과 한계

장형수 한양대

◈

요약

국제사회의 대북제재는 북한의 핵·탄도미사일 개발을 저지하는 공식적인 목적과 함께 북한의 잘못된 행동에 대한 '응징'과 북한의 변화를 추구하는 비공식적인 목적도 있다. 그동안 국제사회의 강력한 대북제재가 북한의 핵·탄도미사일 개발을 막지 못하였던 이유를 분석해볼 때, 우리는 먼저 북한의 핵·탄도미사일 개발의 대외의존성이 생각보다 낮을 가능성을 검토해 보아야 한다. 북한 정권은 핵과 미사일 개발에 정책의 최우선순위를 두고 기술, 자재, 부품의 자체생산을 최대화시켜 제재로 인한 해외 차단 가능성을 최소화하였을 개연성이 있다. 북한 정권은 2000년대 이후 외화수급 측면에서도 정권의 생존을 위협받을 만큼의 어려움을 겪지 않았다. 향후 제재로 인해서 북한 정권의 외화수급이 심각한 타격을 받는다면, 강력한 독재정권은 주민의 생활을 희생하더라도 핵·탄도미사일 개발에 외화를 우선 지출할 것이다.

제재의 실효성을 제재의 목적을 달성하는 정도로 판단한다는 개념을 도입하여, 이 글에서는 유엔 안보리 결의 2270호와 미국 행정명령 13722호로 대표되는 2016년판 국제사회의 대북제재가 제재의 실효성을 확보할 수 있을지를 검토했다. 결의 2270호 중 북한의 무연탄, 철광석 등에 대한 광물수출 금지조치가 이번 제재조치의 실효성을 좌우하는 핵심 조항이다. 중국이 안보리결의에서 금지된 활동을 위한 수익 창출과 무관하며 오로지 민생 목적임이 결정된 북한의 무연탄, 철광석 수출을 얼마나 수용할 것인가가 관건이다. 중국 당국은 예외를 인정받으려면 기업 대표나 책임자의 직인이 찍힌 서약서를 제출해 중국 해관(세관)의 심사를 받도록 하였다. 이 조치의 실제 적용이 어떻게 될지는 아직 판단하기는 이르다. 미국은 행정명령 13722호를 통해 대량살상무기 개발과 관련이 없어도 북한 정권에 이익이 되는 행위에 대해 '포괄적' 제재를 부과할 수 있도록 하였고, 또한 미국 재무부가 미국 국무부와 협의하면 제3국 개인과 기관도 제재할 수 있는 '세컨더리 보이콧' 조항도 도입하였다. 만약 이를 실제로 중국 기관에 적용한다면 중국 정부는 강력히 반발할 것이다. 향후 추이가 관심거리이다.

2016년판 대북제재도 그 실효성을 확보하기 쉽지 않을 것이다. 대북제재의 실효성을 확보하기 위해서는 유엔 제재의 수준이 일상적인 무역 거래까지 포함하는 전면적인 경제 '봉쇄'에 버금가는 수준까지 강화되어야하나, 이에 대해서 중국이 명시적으로 반대하고 있다. 중국은 현재 북한 정권의 붕괴를 원하지 않는다. 현재 중국 지도부가 북한의 존재에서 얻을 수 있는 군사·안보적 이익을 높게 평가하는 이상 대북제재의 실효성을 우리가 생각하는 수준 또는 미국이 생각하는 수준 이상으로 높이는 것은 쉽지 않을 것이다. 우리 정부가 중국을 설득하여 이러한 원칙과 국익 계산의 “셈법”을 바꾸려는 것은 현실적이지 못하다. 북한이 자발적으로 핵을 포기하고 나올 리는 만무하다. 대북제재의 실효성을 높이기 위해서는 중국과 미국의 갈등이 아니라 협력이 필요하다. 미·중간 협력은 결국 미국과 중국의 입장을 일정부분 반영하는 것이 전제다. 이는 결국 향후 일정 시간이 지난 후에는 어떤 형태로든 북한과의 대화를 재개하는 단계가 시작됨을 의미한다. 우리 정부는 지금은 대북제재에 집중하고 강도(強度) 높은 제재를 지속시켜서 최대한 북한의 “셈법” 변화를 유도하여야할 때라는 공식적인 입장 표명과는 별도로 내부적으로는 향후 상황이 이러한 단계에 진입하는 경우에도 우리의 국익을 지킬 수 있는 구체적인 방안들을 담은 로드맵을 완벽하고도 면밀하게 검토해야할 것이다.

I. 들어가며

2016년 1월 6일 북한은 제4차 지하핵실험을 전격적으로 감행하였다. 미국과 중국이 새로운 대북제재의 강도와 범위에 대해 한 달 동안이나 이견을 내보이는 사이 북한은 장거리탄도로켓 발사로 추가 도발을 한다. 박근혜 정부는 2010년 5·24조치 이후 그동안 남과 북 사이에 유일한 매개체로 남아있었던 개성공단 가동을 2월 10일 전면 중단시키고, 바로 다음 날 북한은 개성공단을 폐쇄한다. 2월 13일 미국 의회도 최초로 북한만을 특정한 '대북제재강화법'[1)]을 전례 없이 신속하게 통과시켰다. 드디어 3월 2일 국제

1) 'North Korea Sanctions and Policy Enhancement Act of 2016'

사회는 유엔 안전보장이사회(이하 '안보리')에서 핵실험 57일 만에 새로운 대북제재 결의 2270호[2]를 만장일치로 통과시킨다.[3] 유엔 차원의 다자간 대북제재 조치가 마무리되자, 3월 16일 오바마 미국 대통령은 미국 의회가 통과시킨 '대북제재강화법'에 근거하여 대북제재 관련 새로운 행정명령 13722호[4]를 발표하였다.[5] 행정명령 13722호에는 미국 재무부가 북한이 아닌 제3국의 기관을 제재할 수 있는 '세컨더리 보이콧' 조항 을 포함하고 있어서 관심을 끌고 있다.

이번 대북제재 국면은 2006년 북한의 최초 핵실험으로 인한 유엔의 대북제재 이후 진행되었던 과거 상황들과는 사뭇 다른 분위기가 느껴진다. 윤병세 외교부장관은 직업외교관으로서는 잘 사용하지 않는 직접적인 표현("끝장 제재")까지 사용하면서 이번 유엔 안보리 결의가 "마지막"이라는 비장한 각오를 보여주었다.

유엔 안보리 결의 2270호와 미국 행정명령 13722호로 대표되는 국제사회의 대북제재는 "당연히" 북한에 대한 제재 "효과"가 있을 것이다. 어떤 행동을 취하였는데 그 효과가 전혀 없을 개연성은 매우 낮기 때문이다. 하지만 제재가 의도한 "목적"을 달성하는데 얼마나 "실효적"인가로 그 판단

---

2) United Nations Security Council, "Resolution 2270 (2016)," New York: United Nations, 2016. 외교부, 「안전보장이사회 결의 2270호(2016) 비공식 번역」 (서울: 외교부, 2016).

3) 2016년 초 2달간 한반도와 주변국 상황에 대해서는 장형수, 「북한의 핵 · 탄도미사일 개발과 대북제재」, 『수은북한경제』 (서울: 한국수출입은행, 2016년 봄호, 2016).

4) 'Executive Order - Blocking Property of the Government of North Korea and the Workers' Party of Korea, and Prohibiting Certain Transactions with Respect to North Korea' https://www.whitehouse.gov/the-press-office/2016/03/16/executive-order-blocking-property-government-north-korea-and-workers 〈검색일: 2016년 3월 19일〉

5) 북한만을 특정한 미국 대통령 행정명령은 2008년 6월의 13466호, 2010년 8월의 13551호, 2011년 4월의 13570호, 2015년 1월의 13687호 등 4개가 더 있다.

기준을 잡는다면 이번 제재가 과연 얼마나 실효성을 가져올 수 있을 것인지, 즉 그것들이 북한의 핵·탄도미사일 개발을 포기 내지는 저지시킬 수 있을 것인지에 대해서는 약간의 분석이 필요하다. 아직 이들 대북제재 조치들이 각국에서 행정적으로 실행된 지 한 달 정도밖에 지나지 않아서 그 실효성에 대한 분석이 쉽지 않다. 그럼에도 불구하고 이전 대북제재의 실효성에 대한 분석 결과들이 존재하며, 결국 이번 대북제재 조치들도 이전 조치들에 대한 추가조치이므로 이전 조치와 비교함으로써 이번 제재의 실효성에 대한 전반적인 그림은 그려볼 수 있을 것이다. 이 글에서는 유엔 안보리 결의 2270호와 미국 행정명령 13722호로 대표되는 국제사회의 대북제재의 실효성을 가능한 한 구체적으로 검토해본다.

Ⅱ. 대북제재의 목적과 제재수단의 실효성

1. 대북제재의 목적에 대한 논의

가. 공식적 목적: 북한의 핵·탄도미사일 개발 저지

제재의 실효성을 판단하기 위해서는 우선 제재의 목적이 무엇인지 알아야한다. 제재의 목적이 무엇인지 공식적으로 발표하는 경우도 있다. 그런데 발표된 것이 실제 목적과 다를 수도 있음을 감안해야 한다. 어떤 경우에는 제재의 목적이 단순히 제재대상국에 대한 '응징'일 수도 있다.[6] 북한에

6) 장형수, 「대북경제제재: 현황과 전망」, 『KDI북한경제리뷰』, 2013년 3월호 (서울: 한국개발연구원), p.37.

대한 제재조치를 담고 있는 유엔 안보리 결의는 1718호(2006년)[7], 1784호(2009년)[8], 2087호(2013년)[9], 2094호(2013년)[10], 그리고 2270호(2016년) 등 5개이다. 유엔 안보리 결의 전문(前文)들에는 대북제재의 목적을 살펴볼 수 있는 구절들이 다수 들어있다. 유엔 차원의 대북제재의 목적은 가장 최근의 결의인 2270호의 전문의 내용에 따르면, "북한의 핵, 화학, 생물무기 등 대량살상무기와 그 운반수단의 확산"을 막는데 있다. 북한의 핵탄도미사일 개발을 막기 위한 수단으로서는 북한의 "핵무기 및 탄도미사일 개발 목적으로 전용되는 수익을 창출"해온 북한의 무기판매를 금지시켜야하며, 북한의 "금융·기술·산업 자원을 핵무기 및 탄도미사일 프로그램 개발 목적으로 전용"되는 것을 방지해야한다. 또한 안보리 결의 2270호 전문에서는 제재조치가 "북한 주민들에게 부정적인 인도적 영향을 의도"하지 않는다는 것을 명시적으로 밝히고 있다. 이처럼 유엔 안보리 차원의 다자간 제재는 공식적으로는 북한의 대량살상무기와 탄도미사일 개발을 막는 것이 그 목적이라고 할 수 있다.

---

7) United Nations Security Council, "Resolution 1718 (2006)," New York: United Nations, 2006. 외교통상부, 「안보리 결의 1718호 비공식 번역」(서울: 외교통상부, 2006).

8) United Nations Security Council, "Resolution 1874 (2009)," New York: United Nations, 2009. 외교통상부, 「안보리 결의 1874호 비공식 번역」(서울: 외교통상부, 2009).

9) United Nations Security Council, "Resolution 2087 (2013)," New York: United Nations, 2013. 외교통상부, 「안전보장이사회 결의 2087호(2013) 비공식 번역」(서울: 외교통상부, 2013).

10) United Nations Security Council, "Resolution 2094 (2013)," New York: United Nations, 2013. 외교통상부, 「안전보장이사회 결의 2094호(2013) 비공식 번역」(서울: 외교통상부, 2013).

나. 비공식적 목적: 북한의 도발에 대한 '응징'과 북한의 변화 추구

그런데 우리 외교부가 보도자료에서 주장한 것처럼[11](결의에서 직접적으로 언급하고 있지는 않지만) 안보리 결의 2270호가 "북한의 잘못된 행동을 엄벌하고 셈법을 완전히 바꿔놓겠다는 단호한 의지"가 반영된 것이라면 유엔 차원의 대북제재도 비공식적으로는 북한의 행동에 대한 '응징'도 포함하고 있다고 볼 수 있다.[12] 이처럼 "북한 정권을 아프게 하여 북한의 변화를 이끄는" 방식의 대북제재조치는 2010년 천안함 피격사건에 대한 '응징'으로 당시 이명박 정부가 취했던 5·24조치가 가장 대표적이다. 2008년 금강산관광객 피살사건으로 인해 당시 이명박 정부가 취했던 금강산관광 중단조치도 마찬가지다. 이 두 조치는 모두 사건을 일으킨 북한 정권의 사과를 제재 해제의 전제조건으로 삼고 있다. 하지만 북한 정권이 공식적으로 사과할 개연성이 매우 낮기 때문에 실질적으로는 '응징'이 두 제재조치의 실제적인 목적이 되어버렸다. 그런데 5·24조치와 금강산관광 중단조치는 북한 핵개발에 대한 제재조치가 아니었다. 이번에 박근혜 정부에서 취한 개성공단 가동 전면 중단 조치가 북한의 핵개발에 대해서 우리 정부가 처음으로 시행한 독자적인 대북제재조치이다. 이 조치는 개성공단을 통하여 북한 정권으로 유입되는 자금이 북한의 핵·탄도미사일 개발에 사용되고 있다는 인식 하에 북한의 자금줄을 차단하는 것을 목적으로 하고 있다.

---

11) 외교부, 「유엔 안보리 대북한 제재 결의 2270호 채택 - 70년 유엔 역사상 비군사적 조치로는 가장 강력하고 실효적인 제재 결의」, 보도자료 16-131호, 2016년 3월 3일.

12) 그동안 북한이 유엔 안보리 제재 결의를 정면으로 배격하고 주기적으로 핵실험과 탄도미사일 기술을 활용한 장거리 로켓을 발사하여 유엔 안보리의 '권위'를 무시한 북한의 지속적인 도발행위에 대한 주요 강대국들의 "불쾌함"이나 "황당함"도 대북제재에 영향을 미쳤을 개연성도 배제할 수 없다.

2. 이전 유엔 안보리 결의들의 실효성 평가

유엔 안보리 결의가 의도하는 대북제재의 목적이 북한의 핵·탄도미사일 개발 저지라면 '지금까지' 실행된 국제사회의 대북제재는 그 목적 달성에 명백히 성공하지 못하였다. 그런데 만약 북한의 행동에 대한 '응징'이 대북제재의 숨은 주목적이라면 '지금까지' 실행된 국제사회의 대북제재만으로도 이미 '응징'에 성공하였다. 다양한 제재조치로 인하여 당연히 북한은 일정부문 '불편' 내지 '고통'을 체감하였을 것이다. 만약 대북제재의 목적이 북한의 "셈법" 변화라면 이 목적도 아직 성공하지 못하였다고 말하는 것이 이성적인 판단일 것이다. 북한의 현재 "셈법"은 자신들이 이미 핵보유국이며 미국 등 NPT체제의 주요국들이 이를 인정해야 한다는 것이다. 북한은 이에 기초하여 대북제재가 해제/완화되지 않는 한 협상은 있을 수 없으며, 특히 북한의 비핵화라는 주제만을 논의하는 6자회담 재개에는 참여하지 않는다고 일방적으로 선언하였다. 북한은 협상 테이블에서는 미국과의 수교와 평화협정 논의, 그리고 북한과 미국 두 핵보유국 간 핵군축 논의도 함께 해야 한다는 주장을 펴고 있다.

III. 지금까지 국제사회의 대북제재가 북한의 핵·탄도미사일 개발을 막지 못한 이유는 무엇인가?

1. 대북제재의 목적과 제재수단의 실효성

제재의 실효성은 일반적으로 제재의 목적이 제재의 다양한 제재수단으로 인하여 얼마나 달성되었는가로 판단할 수 있다. 앞에서 살펴본 것처럼 대북제재의 목적은 공식적으로는 북한의 핵·탄도미사일 개발 저지이지만, 비공식적으로 북한의 도발에 대한 '응징'과 북한의 변화 추구도 포함된다고 가정하자.

그동안 국제사회의 다자간 및 양자간 대북제재 조치에도 불구하고 북한은 4번에 걸친 핵실험과 5번에 걸친 탄도미사일 기술을 활용한 장거리로켓 발사시험을 감행하였다. 이는 그동안 국제사회의 대북제재가 북한의 핵·탄도미사일 개발을 저지한다는 목적을 달성하는데 효과적이지 못하였다는 것을 한마디로 입증하고 있다. 비록 그동안의 대북제재가 공식적인 목적을 달성하지 못하였다 하더라도 북한의 행동에 대한 '응징'이라는 비공식적인 제재 목적은 어느 정도 달성하였다고 볼 수 있다. 북한은 유엔안보리 결의 조항과 양자간 대북제재 등 수 백가지의 제재조치로 인하여 적지 않은 '불편'과 '고통'을 겪었을 것이다. 그러나 그동안의 대북제재가 "북한의 변화나 셈법을 바꾸는"데도 성공하지 못하였다는 평가가 많다. 북한은 대북제재와 한반도 비핵화에 관한 그들의 기존 주장에서 한발자국도 물러서지 않고 버티고 있으며, 오히려 더욱 도발적인 언어와 행동을 표출하고 있기 때문이다.

제재의 목적을 달성하기 위한 제재수단은 유엔 안보리 결의의 주요 조항들에 잘 나타나 있다. 이번 안보리 결의 2270호의 강도와 범위에는 미치지 못하겠지만 이전의 유엔 안보리 차원의 대북제재조치들도 발표 당시에는 항상 "가장 강력한" 것으로 평가되었다. 한편 그동안 유엔 안보리 차원의 제재 외에도 각국에서 독자적인 대북제재조치를 취하였다. 미국과 일본은 북한과의 거의 모든 정치·경제관계를 단절하는 실질적인 '경제 봉쇄 조치'를 취하였다. 한국은 개성공단의 현상 유지를 제외하고는 북한과의 경제협력을 금지하는 조치를 시행하고 있었다. EU, 호주 등 서방권도 북한에 대한 독자적인 강력한 제재조치를 시행하고 있었다.

그렇다면 지금까지 국제사회의 대북제재조치가 북한의 핵·탄도미사일 개발 저지라는 공식적인 제재 목적을 달성하지 못한 이유는 무엇인가? 첫째, 그동안 실행된 대북제재의 수단이 대북제재의 목적을 달성하기에 미흡하였다는 분석이 가능하다. 둘째, 대북제재의 강도가 대북제재의 목적을 달성하기에 부족하였다는 분석과 함께 대북제재가 "충실히" 이행되지 않아서라는 분석도 가능하다. 셋째, 그런데 이러한 분석 이전에 우리는 과연 북한 정권이 핵·탄도미사일 개발과 관련한 기술, 자재, 부품 등을 얼마나 해외에 의존하고 있는가에 대한 질문을 먼저 던지고자 한다.

2. 북한의 핵 · 탄도미사일 개발의 대외의존성에 대한 검토 필요

가. 북한의 핵·탄도미사일 기술, 자재, 부품의 자체조달 여부와 그 비율

북한의 핵 등 대량살상무기와 탄도미사일 개발에 필요한 기술, 자재, 부품 등을 북한 정권이 해외에서 조달하지 못하도록 차단하는 것이 국제사회의 대북제재의 목적이다. 그런데 만에 하나 북한 정권이 이러한 것들을 해외에 의존하지 않고 국내에서 대부분 자체적으로 조달할 수 있었다면, 지금까지의 대북제재 수단만으로 북한의 핵·탄도미사일 개발을 저지하는 것은 처음부터 매우 어려운 영역이었을 수도 있다.[13)]

이와 관련하여 지난 2012년 12월 북한이 발사한 '은하3호'의 잔해를 인양한 우리 군 당국의 조사결과 발표 내용은 충격적이었다. 로켓 1단 추진체 엔진계통의 핵심 부품의 대다수는 북한이 자체 제작한 것이며, 북한이 유럽과 중국 등 5개국에서 수입한 것으로 알려진 10개 품목은 모두 보조장치들이며 이마저도 일반 소비자가 쉽게 구입할 수 있는 것들이었다. 우

---

13) 이러한 개연성을 검토하기 위해서는 핵과 탄도미사일 제작에 관한 기술자, 핵과 탄도미사일 제작에 관한 북한 내부 사정에 밝은 전문가 등의 지식과 통찰력이 필요하다. 아마도 북한 밖에서 이런 정보를 파악할 수 있는 사람은 드물 것이다.

리 군 당국은 북한이 외부세계의 도움 없이 사거리 1만km 이상의 대륙간 탄도미사일(ICBM)을 자체 개발할 수 있는 기술력과 부품 조달 능력을 갖춘 것으로 평가하였다.[14] 또한 북한은 장거리로켓 연료를 자체 생산하는 것으로 알려져 있다.

북한의 핵개발 기술, 자재, 부품 등에 대해서는 공식적으로 확인된 정보는 거의 없다. 북한 정권은 핵을 개발하는데 필요한 과학자와 기술자를 양성하는데 정책의 최우선 순위를 두고 있으며, 핵무기에 필요한 플루토늄은 영변 시험용원자로에서 연료봉 재처리를 통해 생산하고 고농축 우라늄은 자체 제작한 원심분리기에서 생산하는 것으로 알려져 있다. 북한은 다량의 고품질 우라늄을 자국 광산에서 채굴할 수 있는 것으로 알려져 있다. 그리고 북한은 수천 기의 고농축우라늄 원심분리기를 만들 수 있는 핵심 자재를 2003년 이전에 해외에서 조달한 적이 있다. 그런데, 검증이 필요한 첩보이기는 하지만, 2003년 이후에는 북한이 해외에서 원심분리기의 주요 부품을 수입하지 않았으며 2009년 이후에는 원심분리기 핵심부품 6종을 자체적으로 생산하고 있는 것으로 분석한 미국 핵전문가들의 주장이 있었다.[15] 이 주장에 대해서 북한이 핵심부품 6종 전부를 자체생산하지는 못한다는 반론도 제기되고 있다.[16] 어쨌든 북한 정권의 핵무기 및 탄도미사일 기술, 자재, 부품의 자체조달 여부와 그 정도를 검토하는 것이 국제사회의 대북제재가 북한의 핵·탄도미사일 개발을 얼마나 효과적으로 차단하고 있는지를 제대로 판단하는데 필수적일 것이다.

---

14) 연합뉴스, 北, 장거리로켓 핵심부품 자체제작..외국산 일부수입, 2013년 1월 21일자, 김귀근 기자 보도.

15) 연합뉴스, 美 핵전문가 "北, 원심분리기 핵심부품 이미 자체생산", 2013년 9월 24일자, 노효동 특파원 보도.

16) 연합뉴스, 美 ISIS "北 원심분리기 핵심부품 생산능력에 의문", 2013년 10월 19일자.

이제 북한 정권이 핵·탄도미사일을 개발하기 위해서는 일정 부분 외부로부터의 자재, 부품, 기술 도입에 의존해야한다고 가정하자. 국제사회는 제재를 통하여 북한으로 들어가는 선박, 항공기, 트럭 등 이동수단에 대한 검색을 강화하여 위험물질이 북한 내로 반입되지 못하게 해야 한다. 그런데 지금까지 핵·탄도미사일 개발에 사용될 수 있는 자재, 부품 등을 검색에 의해서 압류한 경우는 그리 많지 않았다. 이러한 사실을 설명해줄 수 있는 세 가지 개연성이 존재한다. 첫째, 국제사회의 제재가 (눈에 보이지는 않지만) 엄청난 효과를 발휘하여 위험물질이 북한 내로 거의 이동하지 못하였거나, 둘째로 검색 체계가 미흡하여 이들 물질의 북한으로의 이동을 색출하지 못하였을 개연성이 있다. 마지막으로 이들 물질을 북한이 대부분 자체생산하고 있거나 이미 충분한 양을 국내외에서 확보하여 상당량을 이미 북한 내부에 축적하고 있을 개연성이다. 첫 번째와 세 번째 개연성이 사실인 경우는 검색 체계의 강화가 북한의 핵개발을 막을 수 없게 된다. 두 번째 개연성이 가장 가능성이 높을 것이다. 이 경우 검색 체계에 대한 대북제재의 강화가 제재의 실효성을 높일 수 있게 된다.

나. 북한의 핵무기 및 탄도미사일 개발에 필요한 "충분한" 외화 획득 여부

다음 이슈는 북한의 핵과 탄도미사일 개발에 외화가 얼마나 필요한가이다. 이는 앞의 이슈와도 관련된다. 북한 정권이 가용한 외화가 충분하다면 비록 주요부품이 국내에서 수입대체 가능하더라도 품질 좋은 외국부품을 수입하는 선택을 할 수도 있다. 물론 이 경우 육·해·공 운송 관련 대북제재망이 촘촘하다면 해외 조달 시 물품을 몰수당하는 모험을 피하고 차라리 국내조달을 선택할 수도 있다. 또한 외화가 부족한 경우에는 북한 정권은 어쩔 수 없이 주요 자재, 부품의 자체조달을 위해 국내자원을 총동원할 것이다.

그렇다면 북한 정권은 그동안 핵·탄도미사일 개발을 위한 외화를 충분히 확보하였었는가? 장형수(2009)의 2000년대 북한의 외화수급 추정 연구[17]에 의하면, 2000~2008년의 9년간 북한의 외화수급은 약 19억 달러 이상의 누적 '흑자'를 보이고 있었다. 계속하여 장형수(2013)에 의하면 2009년과 2010년에는 북한의 외화수급이 적자로 돌아섰으나, 2011년과 2012년에는 대규모 흑자로 반전되어 2009~2012년 4년간에도 외화수급 누적 흑자는 6억 달러가 넘었다.[18] 과연 북한 정권이 이렇게 축적된 외화 중 얼마나 통제·활용하고 있는지는 확인할 수 없지만, 연구결과를 종합하면, 북한은 '최소한' 정권이 위태로울 정도의 외화부족에는 시달리고 있지 않다는 점을 알 수 있다. 이러한 추정 결과는 북한 정권이 지금까지 한반도 북부에 존재하고 있다는 부인할 수 없는 사실을 반증하고 있다. 만약 북한 정권을 지탱하는 가장 핵심적인 요소인 외화수급이 부족하였다면 북한 정권은 국제사회의 강력한 대북제재 하에서 정권 자체의 생존을 걱정하거나 이미 붕괴되었어야 했을 것이다.[19] 최소한 2000년 대 이후 북한 정권이 핵·탄도미사일 개발은 물론이고 정권의 생존에 필요한 외화수급을 확보하는데 큰 어려움을 겪지 않았다는 가설은 사실일 가능성이 높다.[20]

---

17) 장형수, 「북한의 2000년대 외화수급 추정」, 『비교경제연구』, 2009년 11월, 1-48.

18) 장형수, 「북한의 외화수급 추정과 분석: 1991~2012년」, 『통일정책연구』, 2013년 12월, 165-190.

19) "일반 국가의 경우 무역규모가 증가하면 외화보유액도 이에 비례해서 증가해야한다. 북한의 무역규모도 1997년부터는 증가추세로 반전된다. 북한의 외화보유액이 이때부터 증가하기 시작한 것도 우연의 일치가 아닐 것이다."장형수, 「북한의 외화수급 추정과 분석: 1991~2012년」, p.185.

20) 외화수급을 추정하는 것은 매우 힘든 과정이다. 일반적으로 북한이 벌어들이는 외화를 항목별로 추정하여 합하는 것은 북한의 외화 지출을 감안하지 않아서 실제로 북한의 외화수급과 상관관계가 낮을 수도 있다. 자세한 내용은 장형수, 「북한의 2000년대 외화수급 추정」 참조.

본 연구에서는 장형수(2013)의 추정 방식을 적용하여 최근 2013~2015년 3년간 북한의 외화수급을 주요한 외화수급 항목들만 적용하여 "매우 개괄적으로" 추정해보았다.[21] 북한은 2013년에는 2011년 이후 외화수급 흑자 4억 달러 이상을 이어갔지만, 2014년에는 약 1억 달러 이상의 적자를 기록한 것으로 추정된다. 2014년에 외화수급이 적자로 돌아선 것은 북한의 주요 수출품인 무연탄과 철광석의 국제가격이 급락한 것이 주요한 원인이었다. 그러나 외화수급 측면에서 더욱 중요한 것은 2014년 수출 정체에도 불구하고 북한의 수입이 계속 증가한 것이 주목된다. 만약 2014년 당시 북한의 외화보유고가 바닥이라면 이러한 현상이 나타나기는 힘들 것이다. 2015년에는 북한의 주요 수출품인 무연탄과 철광석의 국제가격이 더욱 하락하여 북한의 전체 수출액은 2011~2012년 수준으로 감소하였다. 이에 대응하여 북한은 2014년과 달리 2015년에는 수입도 대폭 감소시킨다. 비록 2015년 북한은 외화수급에서 전체적으로 약 1~2억 달러 정도의 흑자를 본 것으로 추정되지만, 그동안 2011~2013년간 광물수출 급증으로 인한 대규모 흑자 기조에서 확연히 다른 추세로 변화한 것은 사실이다. 또한 북한의 수입이 급감함으로써 북한의 외화수급이 그동안의 광물수출 단가 상승으로 인한 "행운의" 호조세에서 "그럭저럭" 일상을 유지해나가는 정도로 악화한 것으로 추정된다. 이처럼 2013년 2월 북한의 제3차 핵실험 후 통과된 안보리 대북제재가 그 자체로서는 북한 정권의 외화수급에 심각한 악영향은 미친 것으로 보기는 어렵다.

---

21) 아마도 추정 오차가 연간 ±1억 달러 정도는 될 것이다. 그러나 큰 그림을 바꿀 정도의 오차는 아닐 것이다.

3. 대북제재의 목적을 달성하기 위한 제재수단이 충분하였나?: 북한 정권의 대응방식과 제재수단의 실효성 간 관계

이제 만약 대북제재로 인하여 북한의 외화수급에 문제가 생겼다고 가정해보자. 이 경우 북한 정권은 핵·탄도미사일 개발을 위해서 가용한 외부자원은 물론 내부자원도 이 부분에 최우선적으로 투입·사용할 것이다. 북한 주민의 생활향상을 위한 외화사용에 대한 정책적 고려는 우선순위가 이보다 훨씬 낮을 것이다. 북한 정권이 국내의 외화를 통제·관리할 수 있다면, 만약 대북제재가 효과적으로 북한에 유입되는 외화를 차단할 수 있다 하더라도 북한 정권은 이미 확보한 외화를 최우선순위 분야(핵·탄도미사일 개발)에 배분할 것이다. 북한 주민의 생활에 필요한 필수재화를 해외에서 수입하는 것은 최우선순위가 충족된 뒤일 것이다.

제재를 받는 국가가 독재국가이면 민주국가인 경우보다 제재의 효과가 작아진다는 것은 잘 알려져 있는 사실이다.[22] 민주국가에서는 제재로 인해 일반주민의 생활이 어려워지면 내부에서 제재를 초래한 현 정권에 대한 반발이 민주적 정권교체를 가져올 수 있다. 최근 선거에 의해 정권이 교체된 후 핵개발을 (잠정적으로) 포기한 이란의 사례가 대표적이다. 미국의 경제봉쇄와 국제사회의 경제제재를 50년 넘게 견디고 있는 쿠바 독재정권이 반대 경우의 대표적 사례이다.

북한과 같은 매우 강력한 일인 독재체제 하에서 조직적으로 감시받고 있는 일반 주민들이 제재를 통한 생활수준의 악화를 겪더라도 "강력한" 전체주의 정권의 철권에 반발하기는 거의 불가능하다. 북한 정권의 외화 자금

---

22) Gary Hufbauer, Jeffrey J. Schott, Kimberly Ann Elliott, and Barbara Oegg, Economic Sanctions Reconsidered, 3rd edition, Washington, D.C.: Peterson Institute for International Economics, 2007, pp.160~178.

줄을 어느 정도 효과적으로 차단한다고 하더라도 실제로 북한이 핵·탄도미사일 개발을 못할 정도로 완벽하게 외화 유입을 차단하는 것은 상당히 다른 차원의 문제일 수 있다는 것이다. 그래서 앞에서 논의한 세 가지 측면에서 볼 때, 지금까지의 제재수단만으로 북한의 핵·탄도미사일 개발을 저지하기에는 일정한 한계가 존재한다고 판단할 수밖에 없다. 다음 절들에서 안보리결의 2270호 이전에 나왔던 유엔차원의 대북제재의 실효성을 큰 그림에서 간략하게 평가한다. 이어서 이번 안보리결의 2270호와 미국 행정명령 13722호가 이전 제재들과 어떤 차이점이 있는지, 그리고 실효성 측면에서는 어떤 차이점이 있는지를 논의한다.

Ⅳ. 유엔 안보리 결의 2270호의 실효성과 한계

1. 북한 행·발 화물 관련 육상·해운·항공제재

안보리결의 2270호 제18항에서 유엔 회원국은 항구, 공항, 자유무역지대 등 자국 영토에서 북한으로 오가는 모든 화물에 대한 검색을 의무로 규정하고 있다. 이는 2013년 안보리결의 2094호 제16항에서 "해당 화물이 … 금지된 품목을 포함하고 있다고 믿을 만한 합리적 근거를 제공하는 신뢰할 만한 정보를 갖고 있을 경우"에만 검색하도록 의무화한 것에 비해서 상당히 강화된 조치이다. 만약 모든 유엔회원국이 전수조사를 통해 엄격하게 검색을 실행한다면 이론적으로 금지물품의 북한행을 막을 수 있다. 북한 행·발 화물에 대한 검색을 강화한다는 그 자체만으로도 북한 행·발 금지물품의 이동을 상당부분 억제할 수 있을 것이다. 이는 지금까지 나온 조치 중 가장 강력한 제재 조치이다.

그런데 이 경우에도 과연 대부분의 국가가 실제로 얼마나 엄격한 검색을 시행할 것인가가 문제이다. 결의 2270호에는 북한 행·발 화물의 검색을 시행하는 것이 의무조항이지 얼마나 엄격한 검색을 해야 하는지에 대해 구체적으로 규정되어 있지 않기 때문이다. 그래서 한·미·일과 외교적으로 가까운 국가는 이에 협조할 것이고, 나머지 국가들은 구태여 자국의 인원과 행정력이 들어가는 북한 행·발 화물검색에는 흉내만 낼 가능성이 높다. 역시 북한 화물이 가장 많이 경유하는 중국, 러시아의 협조가 관건이다.

한편 결의 2270호에는 공해상에서의 검색에 관한 조항은 없으나 '대량살상무기 확산방지구상(PSI: Proliferation Security Initiative)'을 통한 검색은 가능하다. PSI에 참여하는 국가는 대량살상무기 및 운반수단(탄도미사일)을 실은 것으로 의심되는 선박을 '공해상'에서도 검색·차단 활동을 할 수 있다. 그런데 PSI는 국제법적으로 구속력이 있는 안보리 결의와는 달리 참여국이 재량을 갖고 자발적으로 행동하는 차이가 있다. 또한 PSI는 대량살상무기 및 운반수단(탄도미사일)을 실은 것으로 의심되는 선박만 검색할 수 있다. 또한 안보리 결의에 포함된 무기는 PSI 검색 대상에서 제외된다.

2. 북한의 소형무기 포함 전면적인 무기거래 금지

이전 안보리결의들에서 이미 소형무기를 제외한 모든 무기를 거래 금지시켰으나, 이번 결의 2270호 제6항에서는 소형무기도 거래금지에 포함시켰다. 북한은 재래식 무기, 미사일 등의 무기수출을 통해 한때는 연간 수억 달러의 외화를 벌어들였던 적이 있었다. 그러나 2002년 제2차 북핵위기가 시작되고 PSI 검색이 강화되면서 북한의 무기수출은 점점 감소하기 시작하였다. 특히 2006년 북한의 제1차 핵실험 이후 대북제재가 강화되면서 가장 먼저 타격을 받은 것이 무기수출 부문이었다. 2006년 이후 북한 무기수

출은 3~5천만 달러로 급감한 것으로 추정된다.[23]

현재 북한의 소형무기가 연간 얼마나 수출되고 있는지 정확한 액수는 알기 어렵지만 (북한의 우회·위장 수출 가능성을 감안하면) 이번 결의 2270호로 인해 북한의 외화수입은 추가적으로 약 1~2천만 달러 정도 타격을 받을 것으로 추정된다.

3. 북한의 국제금융망 접근 차단

이번 결의 2270호에서는 이전 안보리결의들에서 권고·촉구사항이었던 것을 대거 의무조항으로 강화하여 이 조치가 엄격히 실행된다면 실질적으로 거의 대부분의 북한 관련 공식적인 금융거래는 금지될 수 있다.[24]

이는 매우 강력한 제재조치임에 틀림없다. 그런데 이번 조치로 북한이 받을 추가적인 타격은 크지 않을 전망이다. 그 이유는 아이러니컬하게도 기존의 금융제재가 북한에 이미 상당한 타격을 입혔기 때문이다. 아직도 대북금융제재를 논의할 때 2005년 방코델타아시아은행(BDA)에 대한 미국 국내법에 기초한 "우려" 표명만으로 실질적인 대북 금융제재 효과를 극대화할 수 있었던 사례가 자주 거론된다.[25]

그런데 그때부터 이미 10년 이상의 세월이 흘렀다. 북한은 전혀 예상치 못하였던 BDA 사태 이후 국제사회의 금융제재를 우회·회피하기 위한 다

23) 장형수, 「북한의 2000년대 외화수급 추정」, p.34; S. Haggard and M. Noland, "North Korea's External Economic Relations," Working Paper 07-7, Peterson Institute for International Economics, 2007.

24) 장형수, 「북한의 핵 · 탄도미사일 개발과 대북제재」 참조.

25) 자세한 내용은 장형수, 「UN 안보리 결의 1874호가 북한경제에 미치는 영향과 전망」, 『정책연구』, 2010년 봄호, 63~90, 2010. 참조.

양한 대응방식을 찾아나갔다.[26]

이러한 북한 당국의 대응조치는 북한에 시간·행정 비용 측면에서 타격을 주었을 것이 확실하다. 그러나 북한은 금융제재로 인하여 비용은 더 지불하였지만 이 때문에 북한의 무역 거래가 크게 위축된 것은 아니라는 측면에서 볼 때 대북 금융제재의 실효성이 크게 작용하였다고 보기는 어려울 것이다.

4. 중국의 북한 무연탄, 철광석 수입에 대한 예외 적용 여부가 이번 제재조치의 실효성 평가의 핵심 사항

북한은 2010년 5·24조치에 대응하여 중국에 대한 무연탄과 철광석의 수출액을 획기적으로 증가시킴으로써 남한으로부터의 외화유입 손실분을 충분히 만회하였다. 물론 북한 수출광물의 국제가격 급등으로 인해 자연히 수출액이 증가된 측면도 있었지만, 북한의 무연탄 수출 '물량' 증가는 모든 사람들의 상상을 초월하는 수준의 급등이었다. 〈표 1〉에서 보듯이 2009년 약 300만 톤이던 북한의 대중국 무연탄 수출물량은 2년 후 2011년에는 1,100만 톤 이상으로 급증한다. 2011년 이래 북한의 대중국 석탄수출액 증가액은 최소 7억 달러 이상에서 최대 10억 달러에 달해서 2010년 5·24조치로 인한 남한으로부터의 외화수입 감소치(연간 3~4억 달러)보다 훨씬 더 크다는 특징을 보이고 있다. 북한의 대중 철광석 수출도 이와 비슷한 패턴을 보이고 있다.

---

26) 북한의 다양한 금융제재 회피수단에 대해서는 이종운, 「북 · 중 접경지역 중국업체의 대북 거래관행 분석」, 『KIEP 오늘의 세계경제』 (서울: 대외경제정책연구원, 2009)와 장형수, 「UN 안보리 결의 1874호가 북한경제에 미치는 영향과 전망」 참조.

표 1 북한의 대중국 석탄수출 추이(수출액, 물량, 수출단가)

년도	수출액	증가율	수출물량	증가율	수출단가	증가율
	천 달러	%	톤	%	달러	%
2015.10	901,360	-	16,463,471	-	54.7	-
2015.8	756,474	-0.7	13,350,257	33.0	56.7	-22.8
2014	1,132,184	-17.6	15,432,350	-6.4	73.4	-11.9
2013	1,373,711	15.5	16,494,470	39.7	83.3	-17.4
2012	1,189,794	5.6	11,807,067	6.9	100.8	-1.2
2011	1,126,850	191.8	11,047,553	140.0	102.0	21.6
2010	386,188	85.1	4,603,432	54.9	83.9	19.5
2009	208,633	3.7	2,972,187	17.2	70.2	-11.5
2008	201,258	23.8	2,536,585	-32.2	79.3	82.5
2007	162,609	68.5	3,740,927	50.8	43.5	11.7
2006	96,533	-10.8	2,480,746	-11.5	38.9	0.8
2005	108,272	120.6	2,804,226	78.5	38.6	23.6

자료: 한국무역협회(www.kita.net).

이번 결의 2270호에서 가장 주목을 받은 조항들은 유엔 회원국이 북한과의 금, 티타늄광, 바나듐광 및 희토류의 거래를 전면 금지(제30항)한 것과 북한과의 석탄, 철, 철광석 거래를 몇 가지 예외를 제외하고는 원칙적으로 금지(제29항)한 것이다. 다만 안보리결의에서 금지된 활동을 위한 수익 창출과 무관하며 오로지 민생 목적임이 결정된 석탄, 철, 철광석 거래는 제재의 적용 예외로 하였다(제29항). 최근 북한의 대중 수출에서 무연탄과 철광석이 차지하는 비중이 약 50% 내외이므로, 만약 중국이 무연탄과 철광석 수입을 전면 금지하는 경우 북한은 엄청난 타격을 받을 것이다. 향후 중국 당국이 결의 2270호 제29항에 대한 예외를 어떻게 적용하느냐가 이번 제재조치의 실효성을 좌우할 수 있는 핵심 중의 핵심이다.

중국 상무부는 유엔안보리 결의 2270호 채택 1달 만인 2016년 4월 5일

결의 이행을 위한 구체적 조치로 북한으로부터 수출입을 금지하는 품목 25종을 발표하고 곧바로 시행에 들어갔다. 발표 내용은 유엔안보리 결의 2270호에 규정된 내용과 동일한데, 그 중 중국 상무부는 유엔안보리 결의 중 북한의 석탄, 철, 철광석의 대중 수입에 대한 예외조항을 어떤 경우에 적용할 것인지에 대한 형식 요건을 구체화하였다. 즉, 석탄, 철, 철광석은 민생목적일 경우, 그리고 핵·탄도미사일 실험과 무관하거나 기존 대북 제재 결의안에 저촉되지 않을 때에는 수입을 예외로 허용하는데, 예외를 인정받으려면 기업 대표나 책임자의 직인이 찍힌 서약서를 제출해 중국 해관(세관)의 심사를 받도록 하였다.[27)]

아직 구체적인 적용사례가 나오지 않았지만 언론에 보도된 형식 요건 자체는 까다로운 것은 아닌 것 같다. 결국 중국 당국이 북한 무연탄, 철광석 수입을 사안별로, 시기별로, 지역별로 적용을 달리 하면서 북한과 미국에 대한 중국의 레버리지로 남겨둘 것으로 보인다.

북한 정권의 입장에서 최악의 경우겠지만, 만약 중국이 북한의 무연탄, 철광석 등 광산물 수입을 전면적으로 금지한다면 북한은 2015년 기준으로 약 11억 달러의 외화수입을 상실하게 된다. 이를 '단기간에' 다른 물품의 수출 증가나 현재 1.5 ~ 2.5억 달러 정도의 외화를 벌어주는 것으로 파악되고 있는 해외근로자의 파견 급증으로 만회하기는 힘들 것이다.[28)]

물론 북한 정권은 다른 외화수입원을 찾는 동안 비상시에 대비하여 축적한 외화를 일부 풀어서 긴급한 수입 필요를 충족할 것이다. 그러나 이러한 과정이 지체되거나 여의치 않게 된다면 결국 수입을 줄여나갈 수밖에 없을

---

27) 연합뉴스, 中 중앙정부, 대북제재 공식화…석탄·항공유 등 금지품목 발표(종합2보), 2016년 4월 5일자.

28) 김석진, 「북한 외화벌이 추세 전망」, KINU 통일나침반 15-04, 서울: 통일연구원, 2015년 10월.

것이다. 이러한 과정에서 북한 광산물 수출 금지에 관한 대북제재 조치가 북한 경제에 얼마나 악영향을 끼칠 것인가에 대한 분석이 향후 핫이슈이다.

5. 기타 새로 도입된 의무적인 제재 조항들

이 외에도 결의 2270호에 새로 도입된 의무 제재 조항 중 중요한 것은 다음과 같다. 결의 2270호 제13항에서는 제재 회피나 위반 시 북한 외교관이나 정부대표 등도 추방하도록 명시하고 있다. 이 조치로 인해 북한 관료의 불법적인 외화 소지, 밀수 등이 어느 정도 타격을 받을 것으로 보인다. 결의 제17항은 북한의 핵 활동과 핵무기 운반체계에 기여할 수 있는 교육·훈련을 금지하고 있다. 결의 2270호 제27항과 제28항은 결의에서 또는 대북제재위원회가 명시적으로 지정한 금지 물품이 아니더라도 "핵·탄도미사일 및 기타 대량살상무기의 개발에 기여할 수 있다고 수출 당국이 판단하는 경우," 그 물품을 압류·처분할 것을 명시한 캣치올(catch-all) 수출 통제를 의무화하고 있다. 이 조치는 수출 당국의 판단이 중요한 제재수단이 된다. 제31항은 인도적 필요 또는 민간항공기의 귀국 목적 시 급유를 제외한 대북 항공유 판매를 금지하고 있다. 이 조치는 북한의 국내 항공유 수급에 상당한 악영향을 미칠 가능성이 있다.

V. 미국 행정명령 13722호의 실효성과 한계

1. 미국 행정명령 13722호의 '포괄적' 제재 조항

미국은 우리나라와 달리 행정부가 법안을 직접 만들 수 없기 때문에 미국 의회는 주요한 내용 위주로 입법안을 작성하고 상당한 부분은 대통령의 재량권에 맡기고 있다. 행정명령 13722호에는 유엔 안보리 결의 2270호보다 훨씬 강력한 조항들인 북한에 대한 '포괄적인' 제재의 요소를 많이 포함하고 있다. 즉, 북한의 핵·탄도미사일 개발과 관련된 경제활동이 아닌 일상적인 경제활동이더라도 제재할 수 있도록 하였다. 우선 미국 재무부가 국무부와의 협의 하에 북한의 특정 부문(subsection)에 관련된 경제행위와 연관된 개인과 기관을 제재할 수 있도록 하였다. 행정명령에서는 북한의 운송, 광산, 에너지와 금융서비스 분야가 그 대상 부문으로 구체적으로 적시되었다(제2조 a항의 i). 또한 북한의 핵·탄도미사일 개발은 물론이고 북한 정부와 노동당에 기여할 수 있는 금속, 흑연, 석탄, 소프트웨어 등의 거래(제2조 a항의 ii)와 북한 해외파견근로자 송출(제2조 a항의 iv)도 제재할 수 있도록 하였다.

이 행정명령의 대상이 되는 객체는 모든 미국시민, 미국 영주권자, 미국법에 의해 설립된 기관(entity)과 미국에 주재하고 있는 외국인과 외국 기관 등을 포함하고 있다(제9조). 예를 들면, 그동안 미국 여권을 가지고 북한을 왕래하던 한국계는 이제 북한에 신규 투자를 하지 못하게 되었다(제3조 a항의 ii). 미국 연방정부의 공식적인 업무(official business of the Federal Government)와 유엔 관련 업무는 행정명령의 예외 조항으로 지정(제8조)하여 향후 미국 행정부의 탄력적 운용 여지를 남겨두었다.

2. '세컨더리 보이콧' 조항 적용에 대한 중국과 러시아의 대응?

이번 행정명령은 전반적인 '세컨더리 보이콧' 조항으로 간주할 수 있는 조항을 보유하고 있다. 구체적으로 행정명령 13722호의 제2조 (a)항에서는 미국 재무부가 미국 국무부와 협의 하에 제3국 개인과 기관(entity)[29]도 제재 대상으로 지정할 수 있도록 하였다. 이 행정명령을 중국이나 러시아의 기업이나 은행에 실제로 적용하는 경우 이러한 미국 정부의 조치로 인하여 피해를 입게 되는 중국이나 러시아의 반발 강도는 상당히 높을 것으로 예상된다.[30]

최종적으로 미국은 중국과 러시아의 입장을 반영하는 선에서 '세컨더리 보이콧' 조항의 적용 강도를 조정할 것이다. 이는 앞으로의 대북제재 국면에서 지켜봐야할 흥미로운 관전 포인트 중 하나이다. 어쨌든 미국은 북한과 중국에 대한 또 하나의 레버리지를 확보한 셈이 되었다.[31]

VI. 마치며: 한반도 주변의 현실과 향후 과제

1. 북한 경제 '봉쇄'에 버금가는 '포괄적' 대북제재조치에 중국이 동의해야 대북제재의 실효성 확보 가능

앞에서 자세히 살펴본 것처럼, 단순히 "강력한" 대북제재로 북한으로 유입되는 외화를 어느 정도 줄이는 것만으로는 "강력한" 독재국가인 북한의 핵개발을 실효적으로 막기에는 부족하다. 그렇다면 대북제재의 목적 달성

---

29) 기관(entity)의 범주는 partnership, association, trust, joint venture, corporation, group, subgroup, or other organization으로서 상당히 범위가 넓다(미국 대통령 행정명령 13722호 제9조 b항).

30) 이종규, 「북한의 대외무역: 2015년 평가 및 2016년 전망」, 『KDI북한경제리뷰』, (세종: 한국개발연구원, 2016년 1월호, p.10.

31) 장형수, 「북한의 핵 · 탄도미사일 개발과 대북제재」 참조.

을 위해 대북제재는 어느 정도까지 강화하는 것이 필요한가? 이에 대한 분석을 위해서는 국제사회의 제재가 제재의 실효성을 가져온 것으로 간주되는 이란 사례를 북한의 상황과 비교함으로써 향후 대북제재의 실효성에 대한 몇 가지 시사점을 찾을 수 있을 것이다.

이란 사례 논의를 시작하기 전에 먼저 최소한 세 가지 점에서 북한과 이란은 크게 다르다는 점을 지적하고 싶다. 첫째, 이란은 선거에 의해서 정권이 바뀔 수 있는 국가인 반면, 북한은 왕조를 능가하는 극심한 독재체제이다. 둘째, 이란은 아직 핵을 개발하지 못하였지만 북한은 이미 네 차례의 핵실험을 통해 실질적으로 핵을 개발한 것으로 간주되고 있다. 셋째는 북한에 대한 경제 봉쇄에 대해 중국과 러시아는 반대하고 있지만 이란은 경제봉쇄에 반대해 줄 안보리 상임이사국을 확보하지 못하고 있었다는 점이다.

첫째와 둘째 차이점이 주는 시사점은 북한 정권이 이란보다 제재에 더 오래 버틸 수 있는 요인을 가지고 있다는 것이다. 이는 북한 정권이 극단적인 독재체제를 유지하고 있어서 제재로 인한 일반 주민의 고통을 쉽게 무시할 수 있기 때문이다. 또한 이란이 핵을 개발하기 전이었던 것에 비해 북한 정권은 이미 보유한 핵을 포기하는 대가를 비싸게 부를 것이다. 한마디로 요약하면, 대북제재의 실효성을 확보하기 위해서는 대북제재 조치는 이란에 대한 국제사회의 제재 조치보다 더 강력한 조치가 필요하다는 것이다. 이란에 대한 제재는 '세컨더리 보이콧' 요소와 '포괄적' 제재의 요소를 모두 가지고 있는 매우 강력한 제재였다. 이보다 더 강한 제재는 경제 '봉쇄' 수준이다. 이는 북한 정권의 생존에 큰 영향을 미치는 수준이 될 것이다. 또한 북한 주민의 일상생활에도 큰 영향을 미치게 될 것이다. 통상 이러한 유형의 제재를 유엔안보리 결의에 의해 채택하는 경우는 흔치 않다.

그런데 셋째 차이점이 주는 시사점은 이란의 지정학적 위치보다 북한의 지정학적 위치가 북한 정권의 생존에 유리한 환경이라는 것이다. 중국, 러시아 등 한반도 주변 강대국은 한반도의 평화와 안정이 깨지는 것을 바라지 않는다. 그 대가가 상상할 수 없을 정도로 클 가능성이 있기 때문이다. 아마도 미국, 일본의 속내도 큰 그림에서는 그럴 것이다.

2. 한반도 주변의 현실

우리나라의 상당수 일반인들이나 일부 언론·방송에서는 현재의 대북제재가 북한의 일상적인 경제활동에 큰 지장을 초래할 것이라고 생각하는 경향이 있다. 그래서 김정은 정권이 들어서고 얼마 지나지 않은 2013년 2월 북한의 제3차 핵실험에 대해 국제사회가 "강력한" 대북제재를 하는데도 불구하고 평양의 경제상황이 김정일 시대 때보다 오히려 나아진 것 같은 모습을 보이는데 대해 일반인들은 매우 의아해하였다. 이러한 현상에 대한 반응으로 대부분은 중국이 대북제재를 충실히 이행하지 않기 때문이라고 비난의 화살을 돌리곤 한다. 그러나 대북제재 관련 사실관계(fact-finding)는 일반인이 생각하는 것과는 차이가 있다. 한·미·일의 양자간 대북제재는 이미 북한경제 전반에 대한 '포괄적 제재'를 넘어섰다. 북한과의 거의 모든 경제관계를 금지한 것을 넘어서 인적교류와 인도적 지원도 당국의 승인을 받게 되어 있다. 그러나 유엔 안보리결의 2270호의 대북제재조치들은 이전 결의들보다는 상당히 많이 강화되었지만 아직 경제 '봉쇄'를 의미하는 경제 전반에 걸친 '포괄적' 제재에는 많이 미치지 못하고 있다.[32)]

한·미·일은 이번 안보리결의 2270호에 북한 경제 전반에 대한 포괄적 대북제재를 추진하였으나, 중국의 강력한 반대로 인해 무연탄, 철광석 등 북한의 주요 광산물 수출품목에 대하여 핵·탄도미사일 개발 자금 조달과

32) 자세한 논의는 장형수, 「북한의 핵 · 탄도미사일 개발과 대북제재」 참조.

관련한 경우에는 제재가 가능하도록 근거 조항을 마련하는데 그쳤다. 중국이 한반도 북부에 중국에 적대적인 세력이 들어서는 것을 용인하지 않을 것이라는 것은 누구나 예상할 수 있다. 중국 시진핑 주석이 김정은을 "괘씸"하게 생각한다는 언론보도가 있었다. 그러나 양국 지도자 간 개인적인 친소관계로 인하여 시진핑 주석이 중국의 국익에 어긋나는 정책 결정을 내릴 수도 있을 것이라는 일각의 기대는 매우 순진한 발상이다. 또한 이는 중국의 최고 지도자의 능력을 폄하하는 것이기도 하다.

거부권을 가진 유엔안보리 상임이사국인 중국의 일관된 입장은 유엔안보리 결의에 의한 대북제재는 북한의 핵·탄도미사일개발을 저지하기 위한 목적으로 시행되어야 하며, 북한 경제에 대한 전반적인 '봉쇄'를 추구하는 '포괄적' 대북제재조치에는 반대한다는 것이다. 중국은 유엔 결의가 북한에 대한 전면적인 경제 '봉쇄'로 확대되어 북한 경제가 붕괴되고 이로 인해 김정은 정권에 대한 북한 주민의 원성이 고조되어 김정은 정권이 무너질 정도로까지 한반도 북부 상황이 악화되는 것을 원하지 않는다는 것이다. 유엔안보리 상임이사국으로서 자신들에게 불리한 결정에 대한 거부권을 가지고 있는 중국이 이러한 상황이 예상되는 대북제재 결의에 지금은 물론 향후에도 찬성하기 쉽지 않을 것이라는 것은 누구나 예상할 수 있다.

러시아가 유엔 안보리결의 2270호에서 자국과 관련된 조항을 거부권을 가진 안보리 상임이사국의 권한으로 수정·삭제시킨 것은 잘 알려져 있다. 그 외에도 자국의 국익을 지키기 위한 '큰 소리 없는' 움직임들은 많다. 미국 행정부는 '대북제재강화법' 하에서도 미국 대통령의 재량으로 북한 지역에서 한국전쟁에서 실종·전쟁포로가 된 미군과 유해 발굴 등과 관련한 복구 활동을 할 수 있도록 만들었다.[33] 이 경우 북한 정권에 큰 액수는 아니

33) 장형수, 「북한의 핵 · 탄도미사일 개발과 대북제재」 참조.

지만 상당한 외화가 유입될 수 있다.[34]

일본의 경우도 마찬가지이다. 가토 가쓰노부 납치문제담당상은 북한 정권이 자국민을 납치한 의혹을 풀기 위한 재조사를 시행할 북·일간 '스톡홀름 합의'를 최근의 대북제재 상황 하에서도 계속 유지하고 싶다는 의사를 피력하였다.[35]

3. 향후 과제

우리 주변에는 미국, 중국, 러시아, 일본 등 우리와는 국익 계산이 다른 강대국들이 있다. 우리의 국익은 우리와 가장 가까운 우방인 미국과도 반드시 일치하지 않는다. 북한 핵문제는 이미 '국제문제'가 되었다. 북한 핵문제가 한반도의 범위를 벗어나 국제문제가 되었다는 것은 우리만이 아닌 다른 국가들의 생각도 이 문제의 해결방식에 영향을 미친다는 것이다. 중국의 대한반도 정책의 3원칙은 ①한반도 비핵화, ②한반도의 평화와 안정, 그리고 ③대화와 협상을 통한 해결이다. 중국의 대한반도 정책의 3원칙은 중국의 국익을 잘 표현하고 있다. 중국은 북한과의 경제협력보다 우리와의 경제협력에서 비교할 수 없을 정도의 경제적 이익을 얻을 수 있다. 그러나 현재 중국 지도부가 북한의 존재에서 얻을 수 있는 군사·안보적 이익을 우리와의 경제적 이익보다 더욱 높게 평가하는 이상 대북제재의 실효성을 우리가 생각하는 수준 또는 미국이 생각하는 수준 이상으로 높이는 것은 쉽

---

34) 미국은 1996~2005년 동안 북한 지역에서 미군 유해 225구를 발굴하고 2,800만 달러를 북한 정권에 지급하였다. 장형수, 「북한의 2000년대 외화수급 추정」, 『비교경제연구』, 제16권 제2호, 서울: 박영사, 2013. p.170.

35) 연합뉴스, 日, '납치 재조사 중지 북한에 항의... "일방적 합의 파기," 2016년 2월 13일자. 장형수, 「북한의 핵 · 탄도미사일 개발과 대북제재」에서 재인용.

지 않을 것이다. 일반적으로 군사·안보적 차원의 국익은 경제적 차원의 국익보다 높게 평가된다. 우리 정부가 '외교적 노력'으로 중국 지도부를 설득하여 중국의 이러한 원칙과 국익 계산의 "셈법"을 바꾸려는 것은 현실적이지 못하다. 현실성이 없는 정책은 더 이상 정책이 아니다. 물론 한반도 주변 상황이 바뀔 정도로 시간이 충분히 지나면 각국의 국익 계산의 "셈법"도 바뀐다. 그러나 그 시간이 짧은 기간일 가능성은 낮다.

대북제재를 통하여 "북한의 변화" 또는 "북한의 셈법을 바꿔놓는" 것이 구체적으로 무엇을 의미하는가에 대해서는 각국마다 생각이 다를 수 있을 것이다. 이에 대한 한·미의 입장은 공식적으로 큰 차이가 없다. 한국의 입장은 지금은 협상을 논의할 때가 아니며 대북제재를 강력하게 이행해나가 국제적인 압박을 지속함으로써 북한의 변화를 추구해야 한다는 것이다. 여기서 정확히 변화의 의미에 대해서는 모호성(ambiguity)을 견지하고 있다. 그런데 미국은 한국보다 조금 더 협상 가능성을 열어두고 있다. 미국의 입장은 강력한 대북제재를 통하여 북한을 압박하여 북한이 "진정한 비핵화 협상"으로 나오도록 유도하는 것이라는 해석이 가능하다. 논란의 여지가 있는 "진정한 비핵화 협상"이란 표현은 북한의 핵 동결과 과거 핵 활동의 명확한 신고, 국제원자력기구(IAEA) 사찰단 복귀 등 북한이 최소한 2005년 6자회담의 '9·19 공동성명'과 2012년 북한과 미국 간 '2·29 합의문' 수준의 비핵화 의지를 보이는 것이라고 볼 수 있다. 이에 반해서 중국은 한반도의 비핵화에는 강경한 입장을 보이지만, 비핵화를 달성하기 위해서는 현실적으로 협상만이 해결책이며 또한 6자회담에서 6·25전쟁 직후 체결된 종전협정을 평화협정으로 전환하는 논의를 한반도 비핵화 협상과 병행해서 추진하자는 입장이다.

현실적으로 지금은 대북제재에 집중하고 강도(强度) 높은 제재를 지속시켜서 최대한 북한의 "셈법" 변화를 유도하여야할 때라는 우리 정부의 공식 입장은 설득력이 있다. 유엔안보리 결의 2270호가 북한 경제에 가져올 영향을 분석하는 것은 향후 과제의 하나이다. 다만 우리 내부적으로는 대북제재가 우리가 바라는 만큼의 북한의 변화를 가져오지 못할 경우에 대비하여 내부적으로 다양한 시나리오에 대한 주도면밀한 검토를 해야 할 것이다.[36]

북한이 자발적으로 핵을 포기하고 나올 리는 만무하다. 앞에서 살펴본 것처럼 대북제재의 실효성을 높이기 위해서는 중국과 미국의 갈등이 아니라 협력이 필요하다. 미·중간 협력은 결국 미국과 중국의 입장을 일정부분 반영하는 것이 전제다. 이는 결국 향후 일정 시간이 지난 후에는 어떤 형태로든 북한과의 대화를 재개하는 단계가 시작됨을 의미한다. 우리 정부는 공식적인 입장 표명과는 별도로 내부적으로는 향후 상황이 이러한 단계에 진입하는 경우에도 우리의 국익을 지킬 수 있는 구체적인 방안들을 담은 로드맵을 완벽하고도 면밀하게 검토해야할 것이다.

---

36) 성채기, 「국제적 대북제재 현황과 군사 · 경제적 영향분석 및 전망」, 『국방정책연구』, 제25권 제4호, 2009년 겨울 (통권 제86호), pp. 9-51.

〈참고문헌〉

김석진. 「북한 외화벌이 추세 전망」. KINU 통일나침반 15-04. 서울: 통일연구원, 2015년 10월.

성채기. 「국제적 대북제재 현황과 군사·경제적 영향분석 및 전망」. 『국방정책연구』, 제25권 제4호, 2009년 겨울(통권 제86호), 9~51.

외교부. 「안전보장이사회 결의 2270호(2016) 비공식 번역」. 서울: 외교부, 2016.

외교부. 「유엔 안보리 대북한 제재 결의 2270호 채택-70년 유엔 역사상 비군사적 조치로는 가장 강력하고 실효적인 제재 결의」. 보도자료 16-131호, 2016년 3월 3일.

외교통상부. 「안보리 결의 1718호 비공식 번역」, 서울: 외교통상부. 2006.

외교통상부. 「안보리 결의 1874호 비공식 번역」, 서울: 외교통상부. 2009.

외교통상부. 「안전보장이사회 결의 2087호(2013) 비공식 번역」. 서울: 외교통상부, 2013.

외교통상부. 「안전보장이사회 결의 2094호(2013) 비공식 번역」. 서울: 외교통상부, 2013.

이종규. 「북한의 대외무역: 2015년 평가 및 2016년 전망」. 『KDI북한경제리뷰』. 세종: 한국개발연구원, 2016년 1월호, 3-12, 2016.

이종운. 「북·중 접경지역 중국업체의 대북 거래관행 분석」. 『KIEP 오늘의 세계경제』. 2009년 8월 10일자, 서울: 대외경제정책연구원, 2009.

장형수. 「북한의 핵·탄도미사일 개발과 대북제재」. 『수은북한경제』. 서울: 한국수출입은행, 2016년 봄호, 2016.

장형수. 「북한의 외화수급 추정과 분석: 1991~2012년」, 『통일정책연구』, 제22권 제2호, 2013년 12월, 165-190, 2013.

장형수. 「대북경제제재: 현황과 전망」. 『KDI북한경제리뷰』. 서울: 한국개발연구원, 2013년 3월호, 27-54, 2013.
장형수. 「UN 안보리 결의 1874호가 북한경제에 미치는 영향과 전망」. 『정책연구』. 2010년 봄호, 통권 164호, 63~90, 2010.
장형수. 「북한의 2000년대 외화수급 추정」, 『비교경제연구』, 제16권 제2호, 2009년 11월, 1-48, 서울: 박영사, 2009.

Haggard, Stephen and Marcus Noland, "North Korea's External Economic Relations," Working Paper 07-7, Peterson Institute for International Economics, 2007.
Hufbauer, Gary Clyde, Jeffrey J. Schott, Kimberly Ann Elliott, and Barbara Oegg, Economic Sanctions Reconsidered, 3rd edition, Washington, D.C.: Peterson Institute for International Economics, 2007.
National Committee on North Korea. "Summary of the North Korea Sanctions and Policy Enhancement Act of 2016," February 18, 2016. 〈http://www.ncnk.org/resources/publications/HR757_Summary_Final.pdf〉 (검색일: 2016.2.22)
United Nations Security Council. "Resolution 1718 (2006)." New York: United Nations, 2006.
United Nations Security Council. "Report of the Panel of Experts Established Pursuant to Resolution 1874 (2009)." S/2015/131, 23 February 2015.
United Nations Security Council. "Resolution 1874 (2009)." New York: United Nations, 2009.

United Nations Security Council. "Resolution 2087 (2013)." New York: United Nations, 2013a.

United Nations Security Council. "Resolution 2094 (2013)." New York: United Nations, 2013b.

United Nations Security Council. "Resolution 2270 (2016)." New York: United Nations, 2016.

US Congress. 'North Korea Sanctions and Policy Enhancement Act of 2016'〈https://www.govtrack.us/congress/bills/114/hr757/text〉 (검색일: 2016.2.22)

연합뉴스, 中 중앙정부, 대북제재 공식화…석탄·항공유 등 금지품목 발표(종합2보), 2016년 4월 5일자.

연합뉴스, 日, '납치 재조사 중지 북한에 항의... "일방적 합의 파기," 2016년 2월 13일자.

연합뉴스, 北, 장거리로켓 핵심부품 자체제작..외국산 일부수입, 2013년 1월 21일자, 김귀근 기자 보도.

연합뉴스, 美 핵전문가 "北, 원심분리기 핵심부품 이미 자체생산," 2013년 9월 24일자, 노효동 특파원 보도.

연합뉴스, 美 ISIS "北 원심분리기 핵심부품 생산능력에 의문," 2013년 10월 19일자.

특별기고

한 반 도 평 화 와 통 일

특별기고1

북한 핵무장 이후 대북 억제를 위한 핵 옵션 논쟁 동향과 평가

전봉근 국립외교원

1. 문제제기

1990년대 초부터 시작하여 북핵문제가 발생한 지 30년이 지났다. 그동안 한국과 미국 정부는 북한 비핵화를 위해 외교역량을 집중적으로 투입했다. 그 결과, 남북 한반도 비핵화 공동선언(1991), 북미 제네바 기본합의(1994), 6자 공동성명(2005)과 후속 6자합의(2007), 남북 판문점선언(2018), 북미 싱가포르 공동성명(2018) 등 비핵화 합의를 만드는 성과도 있었다. 하지만 한미 정부가 주도하고 국제사회도 동참한 비핵화 외교는 결국 실패했다. 북한은 2003년 핵보유를 주장하기 시작했고, 2006년에 핵실험을 실시하고 2013년에 '핵보유국법'을 공포했지만, 핵무장 여부는 확인되지 않았다. 마침내 2017년 북한이 수소폭탄 실험과 대륙간탄도미사일(ICBM) 시험발사에 성공하면서, 명실상부한 9번째 핵무장국(nuclear-armed state)이 되었다.[1] 김정은 국무위원장도 2017년 11월 '화성-15호형' ICBM 시험발사 성공을 계기로 "국가 핵무력 완성"을 선언했다.

2018년에는 일련의 남북 정상회담과 북미 정상회담이 개최되면서, 북한 핵위협은 잠시 정치적 관심에서 멀어졌다. 그런데 2022년 5월 출범한 윤석열 정부는 대북정책의 중심을 문재인 전 정부의 한반도 평화체제 구축에서 북한 핵위협에 대비한 억제력 구축으로 크게 선회했다. 그 배경에는 북한의 핵역량 증강, 남북대화와 북미 핵협상의 전면 중단, 2022년 2월 우크라이나 전쟁에서 러시아의 핵사용 위협, 2022년 5월 북한의 대남 핵 선제공격 위협 등이 있다. 북한의 대남 핵위협은 어제오늘의 일은 아니지만, 핵 선제공격 위협, 전쟁 수행용 전술핵무기 개발, 첨단미사일 개발 등은 북핵에 대한 높은 경각심을 불러일으키기에 충분했다.

탈냉전 들어 북핵문제가 불거진 이후, 한국 정부는 정책적 성향을 불문하고 대체로 5개 축으로 구성된 대북정책을 추진했다. 남북대화와 협력, 비핵화를 위한 북핵협상, 한반도 평화체제 구축, 경제제재 국제레짐 유지, 군사적 억제력 구축 등이다. 이 5개 축은 개별적인 목표와 작동원리가 차별화되고, 주된 행위자도 다르다. 하지만 '비핵·평화·공영의 한반도'라는 총체적인 대북정책 목표를 달성하려면 이 5개의 영역이 서로 조화롭게 보완적으로 운영되고 성과를 내지 않으면 안 된다. 예를 들면, 문재인 진보정부가 아무리 남북대화와 협력, 북핵협상, 한반도 평화체제에 집중한다고 해도, 경제제재와 억제력 구축을 무시할 수 없고, 그렇게 해서도 안 된다.

---

1) 본고는 외국 핵전문가들의 관행에 따라, 핵보유의 합법성 여부와 무관하게 핵무기를 보유한 나라를 '핵무장국(nuclear-armed state)'으로 부른다. 이 용어는 NPT가 인정한 '핵보유국' 또는 '핵무기국(nuclear-weapon state: NWS)'과 구분된다. NPT는 1967년 이전에 핵무기를 보유한 5개국 이외 핵보유를 인정하지 않는다. 따라서 NPT의 기준을 따르면, 북한은 핵무장에도 불구하고 '핵보유국'이 아니며, 앞으로도 될 수 없다.

실제로 문재인 진보정부 5년 동안에 매년 국방비가 6% 이상 증액되어, 역대 최고를 기록한 것을 보면 표면상 대화 중심의 대북정책과 병행하여 국방력도 계속 증강되었다는 점을 알 수 있다. 윤석열 보수정부도 최근 북핵 동향과 국제정세를 반영하여 대북 억제력 구축에 더욱 집중하면서도, 기회만 닿으면 남북대화와 북핵협상도 적극 추진할 것으로 예상된다.

흔히 우리 대북정책은 통일, 안보, 평화 등 3개의 목표 및 가치를 추구한다고 한다. 여기서 통일은 먼 미래의 일인데 비해, 안보와 평화는 당면한 오늘의 문제이다. 여기서 평화와 안보는 동전의 양면과 같다. 남북 분단과 치열한 군사적 대치의 현실을 감안할 때, 남이든 북이든 '안보 없는 평화'를 수용하기 어렵다. 또한 '평화 없는 안보'도 안정적으로 유지되기 어렵다. '평화 없는 안보'는 군비경쟁과 군사적 대치를 더욱 악화시킬 뿐이고, 결국 전쟁과 상호 파멸을 초래할 가능성이 높기 때문이다. 여기서 남북대화와 북핵협상은 평화를 위한 것이고, 억제력 구축은 안보를 위한 대표적인 조치이다.

상기의 문제의식을 배경으로 본고는 대북정책의 한 축이자 주요 가치인 대북 억제력 구축 방안에 대해 토론하고자 한다. 그동안 한미동맹은 미국의 핵우산을 포함한 확장억제를 중심으로 한 대북 억제체제를 성공적으로 운용해왔다. 그런데 최근 북한이 전쟁에서 사용가능한 전술핵무기와 침투성이 높은 첨단 미사일을 개발하자, 국내에서 미국 핵우산에 대한 신뢰성 문제를 제기하면서 자체 핵무장 요구가 크게 재부상했다. 다른 한편, 자체 핵무장이 현실적으로 어렵다는 사실을 감안하여, 적지 않은 정치인과 전문가들이 핵 잠재력 확보, 전술핵무기 재반입, 나토식 역내 핵공유, 역외 핵공유 등 핵 옵션 대안을 도입할 것을 요구하고 있다. 따라서 본고는 대북 억제력 중에서도 국내외에서 논쟁이 많이 되는 각종 핵 옵션을 중심으로 그 효용성과 실현성을 분석하고자 한다. 결론적으로, 본고는 한국이 직접

핵무기를 생산·보유·반입·공유하는 방안은 실현성과 효용성이 낮다고 판단하고, 상당 기간 현행의 미국 핵우산을 포함한 확장억제를 계속 활용하는 것이 필요하다고 주장한다. 다만 미래의 불확실성과 최악의 시나리오에 대비하기 위해 핵문제 연구그룹을 구성하여, 핵무장의 정치안보적 조건, 핵무장의 기술적·재정적 수요 등에 대한 문헌적인 정책연구를 추진할 것을 제안한다.

2. 북한의 핵무장 현실화

가. 김정은의 병진노선과 핵보유국법

동서고금을 막론하고 국가의 최고 목표는 주권과 영토를 보존하는 국가안전이며, 이를 가능케 하는 가장 보편적인 국가전략이 바로 부국과 강병이다. 북한도 국가로서 국가안전이 최고 국가이익이자 목표이다. 탈냉전기 들어 실존적 국가위기와 체제위기를 맞았던 김정일과 김정은은 각각 선군정치와 병진노선을 제시하고, 국가와 체제 생존을 도모했다. 김정일과 김정은은 국가안전뿐만 아니라 체제안전과 정권안전을 보장하기 위한 최고 수단으로서 핵무장을 선택하고, 김일성 시대부터 시작된 핵개발을 본격화했다.

김정일 정권 하에서 단 두 차례의 핵실험(2006.10, 2009.5)이 있었다. 김정은은 3차(2013.3), 4차(2016.1), 5차(2016.9), 6차(2017.9) 핵실험을 연이어 실시하며, 핵개발을 가속화했다. 2017년 9월 6차 핵실험에서는 소위 '수소폭탄'을 실험하고, 이어서 ICBM급 미사일 화성 14호와 15호 시험발사에 성공함으로써 핵무장 노력은 최고조에 달했다. 북한은 2012년 개정 사회주의헌법 서문에서 "(김정일은) 우리 조국을 불패의 정치사상 강국, 핵보유국, 무적의 군사강국으로 전변시켰으며, 강성국가 건설의 휘황한 대통로를 열어놓았다"고 기술하여, 스스로를 '핵보유국'으로 규정했다.

김정은은 2013년 3월 31일 노동당중앙위원회 전원회의에서 "경제건설과 핵무력건설을 병진시킬 데 대한 새로운 전략노선(이하 '병진노선')"을 발표했다. 병진노선에 대해, 김정은은 "핵무력을 중추로 하는 나라의 방위력을 철벽으로 다지면서 경제건설에 더욱 박차를 가하여 번영하는 사회주의강국을 하루빨리 건설하기 위한 가장 정당하고 혁명적인 노선"이라고 규정했다. 김정은은 2016년 5월 7차 당대회에서 동 병진노선을 재확인했다. 김정은은 병진노선을 통해 주민에게 '핵보유국'으로서 자긍심을 고취하고, 내부 정치세력에 대해 자신의 세력우위를 보장하는 정치적 용도로 활용했다. 북한은 병진노선의 타당성을 설명하면서, 핵무장하게 되면 재래식 군비에 대한 투입을 절감할 수 있게 되어, 그 여력을 경제건설과 인민생활 향상에 집중할 수 있다는 경제적 이유도 들고 있다. 또한 북한은 2013년 4월 1일 최고인민회의에서 "자위적 핵보유국의 지위를 더욱 공고히 할 데 대하여" 법(이하 "핵보유국법")을 채택하여 핵보유를 법제화하였다.

김정은 정권에서 핵무기는 단순히 군사력의 일부가 아니라, 김정은 정권과 북한을 상징하는 정체성으로 부각되었다. 심지어 김정은은 2016년 5월 7차 당대회 중앙위원회 사업총화 보고에서 아래와 같이 핵무장을 기정사실화하고, 자신의 핵무기가 한반도뿐만 아니라 동북아와 세계의 평화를 지키는 데 기여하고 있다고 주장했다. "당의 령도 밑에 우리 공화국은 불패의 정치군사강국의 위력으로 동북아시아와 세계의 평화와 안전을 수호하는데 커다란 공헌을 하였습니다. 미국의 끊임없는 새 전쟁도발책동으로 하여 항시적으로 핵전쟁위험이 떠도는 세계최대의 열점지역인 우리나라에서 전쟁을 방지하고 평화를 수호하는 것은 세계의 평화와 안전을 보장하는데서 초미의 문제로 나서게 되였습니다. 우리 당은 아시아태평양지역에 조성된 정세를 과학적으로 분석한데 기초하여 핵억제력을 중추로 하는 자위적 군사력을 마련하고 미국의 전쟁도발 책동을 걸음마다 짓부숴 버림으로써 조선반도와 세계의 평화와 안전을 믿음직하게 수호하였습니다."

마침내 김정은은 2018년 1월 신년사에서 "국가 핵무력 완성의 역사적 대업"을 이미 이루었으며, 그 결과 "강력하고 믿음직한 전쟁 억제력"을 보유하게 되었다고 선언했다.[2] 동 신년사는 이어서 "그 위력과 신뢰성이 확고히 담보된 핵탄두들과 탄도로켓들을 대량생산해 실전배치하는 사업에 박차"를 가할 것을 촉구했다. 북한이 1차 핵실험(2006)을 실시한 지 이미 10년이 지났고 김정일과 김정은의 주도로 핵과 미사일능력의 증강에 국력을 집중하고 있다는 점을 감안할 때 그 시점에는 이미 소수의 핵무기를 실험적으로 실전 배치했을 가능성이 높다. 그리고 핵무기의 대량생산과 실전배치는 2018년부터 착착 진행되었을 가능성이 크다.

나. 북한 핵역량 평가

북핵문제 전문가들은 대체로 북한이 현재 약 50개 내외의 핵무기 또는 이에 상당하는 무기용 핵분열물질을 보유하고 있다고 추정한다.[3] 그리고 매년 추가로 핵무기 5~7개를 만들 수 있는 핵분열물질을 생산하는 것으로 추정한다. 이런 추세를 따르면 북한은 2030년까지 100기 이상의 핵무기를

---

2) 참고로, 핵전략에서 '핵억제력'이란 상대의 제1차 핵공격(first-strike)이 있더라도 이를 흡수한 다음 '제2차 타격(second-strike)'으로 보복할 수 있는 능력을 보유함으로써 상대의 1차 공격 시도를 미연에 저지하려는 능력이다. 따라서 2018년 신년사에서 언급했듯이 앞으로 "(핵무기를) 대량생산하고 실전배치"해야 한다면, 아직 핵무기가 충분히 배치되지 않았고, 따라서 명실상부한 '핵억제력'이 아직 구축되지 않았다고 볼 수도 있다.

3) Hans M. Kristensen, Matt Korda, "Nuclear Notebook: How many nuclear weapons does North Korea have in 2021?" July 21, 2021, https://thebulletin.org/premium/2021-07/nuclear-notebook-how-many-nuclear-weapons-does-north-korea-have-in-2021/

보유하게 된다. 구체적으로, 저명한 핵비확산 연구그룹인 '핵분열물질 국제패널(International Panel on Fissile Materials)'은 북한이 핵탄두를 최대 60개 제조할 수 있는 핵분열물질을 보유한 것으로 추정했다.[4] 지그프리드 해커 스탠포드대 교수는 북한이 2017년 말까지 30개 핵탄두를 만들 수 있는 핵분열물질을 보유했고, 매년 6개 분량의 핵물질을 추가로 생산할 수 있다고 평가했다. 한 언론 보도에 따르면, 미 국방정보국(DIA)은 북한이 2019년까지 65개 핵탄두를 만들 수 있는 무기용 핵물질을 확보했고, 매년 최대 12개 분량의 무기용 핵물질을 생산할 수 있다고 분석했다.

2021년 현재 핵무기 초강대국인 미국과 러시아는 핵무기를 5,000~6,000기 보유하고 있다. 하지만 중소 핵무장국은 현저히 적은 수의 핵무기를 보유하고 있는데, 중국은 350, 프랑스는 290, 영국은 225, 파키스탄은 165, 인도는 160, 이스라엘은 90기를 보유한 것으로 추정된다. 중소 핵무장국들의 핵보유 동향을 감안할 때, 북한도 필요충분한 핵억제보복력 구축을 위해 최소한 100~200기 수준의 핵무기 보유를 목표로 핵무기를 계속 생산할 것으로 전망된다. 국제원자력기구(IAEA)가 2021년 8월 27일 발표한 『북한 안전조치 적용(Application of Safeguards in the Democratic People's Republic of Korea)』 보고서는 북한이 가능한 한 최대로 핵시설을 가동하여 무기용 핵물질을 생산하고, 핵무장력을 증강시키고 있다고 평가했다.[5]

지금도 북한은 매우 강력한 경제제재를 받고 있지만, 위 IAEA 보고서가

4) International Panel on Fissile Materials, "Countries: North Korea" https://fissilematerials.org/countries/north_korea.html

5) 전봉근, "IAEA 북핵 보고서 평가와 대응방안" 국립외교원 외교안보연구소 IFANS FOCUS, 2021.9.7., https://www.ifans.go.kr/knda/ifans/kor/pblct/PblctView.do?csrfPreventionSalt=null&pblctDtaSn=13839&menuCl=P07&clCode=P07&koreanEngSe=KOR&pclCode=&chcodeId=&searchCondition=searchAll&searchKeyword=%EC%A0%84%EB%B4%89%EA%B7%BC&pageIndex=1

보여주듯이 실제로 별 정치외교적 제약 없이 역량껏 핵탄두와 미사일의 연구개발과 생산에 매진하며 핵역량을 증대시키고 있다. 김정은은 2019년 2월 소위 '하노이 노딜' 사태를 변곡점으로 다시 자발적으로 외교와 경제를 고립시키며, 핵무장을 가속화했다. 그 결과, 2020년 10월 10일 노동당 창건 75주년 기념 열병식과 2021년 1월 14일 8차 당 대회 기념 야간 열병식에서 온갖 신형 전략, 전술 핵무기를 전시하고, 이를 국내외에 과시했다. 당시 전시되었던 ICBM, 잠수함발사탄도미사일(SLBM), 소형 전술핵무기 등은 머지않아 연구개발을 완성하고 실전배치 되고, 핵탄두의 소형화와 다탄두화, 그리고 미사일 액체연료의 고체연료 대체도 촉진될 것으로 예상된다. 김정은은 2021년 1월 제8차 노동당 대회 보고에서 "핵보유국 지위 공고화", "국가 핵무력 건설은 사회주의국가 건설 행정에서 반드시 선차적 점령해야 할 전략적이며 지배적 고지", "핵 선제 및 보복타격 능력 고도화" 등을 발표하여 '핵보유국' 역량과 지위를 추구한다는 의지를 명확히 다시 밝혔다. 현재와 같은 북한의 핵미사일 역량 증강 추세가 지속되면, 2030년까지 한국과 일본뿐만 아니라, 한국·일본·서태평양 주둔 미군에 대해 충분한 선제적 핵타격력과 핵보복억지력을 구축할 것으로 전망된다.

3. 북한의 핵위협 증가와 핵전쟁 위험성

가. 북한의 이중적 핵교리: '일차 불사용'과 '핵 선제공격'

일반적으로 북한의 핵교리는 '핵 일차 불사용'과 '핵보복억제'로 알려져 있다. 그런데 이런 핵교리는 북한이 대외적으로 핵보유를 정당화하기 위한 명분용에 불과하며, 막상 북한이 적국으로 간주하는 한국과 미국에 대해서는 계속하여 '핵 선제공격' 원칙을 주장했다는 점을 기억해야 한다. 북한은

2013년 4월 공포한 일명 '핵보유국법'에서 핵무기의 사용지침, 즉 핵전략을 처음으로 공개했다.

핵무기의 용도를 명시한 2조에 따르면, "핵무장력은 (세계의 비핵화가 실현될 때까지) 우리 공화국에 대한 침략과 공격을 억제·격퇴하고, 침략의 본거지들에 대한 섬멸적인 보복타격을 가하는 데 복무"한다. 이 조항만을 본다면, 북한 핵무기의 일차적 용도는 상대의 공격을 방지하기 위한 억제용이다. 그리고 핵무기의 이차적 용도는 상대방에 대한 억제가 실패했을 때 반격하고, 보복하는 것이다. 여기서 상대의 도발이나 공격은 재래식과 핵공격을 모두 포함하는 것으로 해석된다, 따라서 상대의 핵공격은 물론이고, 비핵공격에 대해서도 핵무기를 사용하여 격퇴하고 보복한다고 해석된다. 이때 핵무기의 '일차 사용'이 가능하다. 사실 '일차 사용' 원칙은 미국, 러시아, 프랑스, 영국 등도 채택한 핵무장국의 일반적인 핵교리이다. 하지만 중국과 인도의 경우, 상대방의 핵무기 공격에 한해서만 핵무기로 대응한다는 매우 방어적이고 수세적인 '일차 불사용(no first use)' 원칙을 천명하고 있다.

북한은 2016년 5월 7차 당대회 결정서에서 "책임 있는 핵보유국으로서 침략적인 적대세력이 핵으로 우리의 자주권을 침해하지 않는 한 이미 천명한대로 먼저 핵무기를 사용하지 않을 것"이라고 재천명하였다. 북한이 이렇게 '일차 불사용' 원칙을 반복하여 주장하는 배경에는 자신의 핵무장을 자위용으로 정당화하고, 국제사회의 제재압박을 완화시키려는 의도가 있다고 본다.

'비핵국(non-nuclear weapon state)'에 대한 핵전략을 규정한 5조에서 북한은 "적대적인 핵보유국과 야합하여 우리 공화국을 반대하는 침략이나 공격행위에 가담하지 않는 한 비핵국가들에 대하여 핵무기를 사용하거나 핵무기로 위협하지 않는다."고 명시하고 있다. 다시 말해, 북한은 비핵국이 핵국과 연대하여 북한을 침략하거나 공격할 경우에 한 해 핵사용 또는 사용위협을 한다는 입장이다. 그렇다면 한국은 북한의 핵사용과 사용위협 대상에서 제외되는가? 그렇지 않다.

왜냐하면 북한이 보기에 한국은 핵보유국인 미국과 야합했으며, 또한 한미 연합훈련을 통해 북한에게 이미 핵위협을 가했기 때문이다. 사실 북한은 2013년부터 한국에 대해서는 '핵 선제공격'을 위협했다. 북한은 3차 핵실험(2013.2.12.) 이후 북한에 대한 남한과 국제사회의 제재와 압박이 강화되고 군사적 긴장이 고조되자, 2013년 3월 27일 인민군최고사령부 명의 성명을 통해 '1호 전투근무태세'를 발표하여 "(대남) 군사적 행동은 우리의 자주권 수호를 위한 강력한 핵 선제 타격"을 포함한다고 주장했다. 평소 북한이 핵교리 원칙으로 '일차 불사용' 원칙을 주창했는데, 한국에 대해서 처음으로 '핵 선제공격'을 위협했다.

북한은 2016년에도 한국에 대한 핵 선제공격 위협을 반복했다. 당시 북한의 4차 핵실험과 탄도미사일 기술을 이용한 로켓 발사 등 도발에 대응하여, 한국과 미국은 대규모 한미 연합훈련을 통해 북한을 압박하고 군사적 대비태세를 강화하였다. 유엔안보리는 결의 2270호를 통해 북한에 대해 강력한 경제제재를 압박하였다. 북한 국방위원회는 2016년 3월 7일 성명에서 "적들이 강행하는 합동군사연습이 우리 공화국의 자주권에 대한 가장 노골적인 핵전쟁 도발로 간주된 이상 그에 따른 우리의 군사적 대응조치도 보다 선제적이고 보다 공격적인 핵타격전으로 될 것이다"고 발표했다. 이 성명은 한미 연합훈련을 "핵전쟁 도발"로 간주한다는 전제에서 자신의 핵 선제사용을 정당화 했다. 여기서 주목할 부분은 북한이 한미 연합훈련을 핵침략 책동으로 일방적으로 단정하고, 이를 명분으로 선제 핵공격을 가하겠다고 공언한 점이다. 이는 북한이 자신의 군사적 필요에 따라 핵 선제공격 가능성을 열어놓고, 그 명분을 만든 것으로 해석된다.

동 국방위원회 성명은 핵태세에 대해서도 의미 있는 주장을 했다. 동 성명은 "존엄 높은 최고수뇌부가 비준한 남조선해방과 미국 본토를 타격하기 위한 우리식의 군사작전계획"이 있고, "남조선 작전지대안의 주요 타격대상들을 사정권 안에 둔 공격 수단들이 실전 배치되고 아시아태평양지역 미제침략군기지들과 미국본토를 과녁으로 삼은 강력한 핵타격수단들이 항시적인 발사 대기상태"에 있다고 주장했다. 이 표현에 따르면, 북한은 김정은의 정치군사적 결정에 따라 언제라도 핵미사일을 발사할 수 있다.

2018년 일련의 남북 및 북미정상회담이 개최되면서 북한의 핵공격 주장은 자취를 감추었다가, 2022년 5월 대북 억제력 구축을 중시하는 윤석열 정부가 출범하자 핵위협이 재등장했다. 김정은은 2022년 4월 25일 열린 조선인민혁명군 창건 90주년 열병식 연설에서 "핵무력의 기본 사명이 전쟁 억제"에 있지만, "어떤 세력이든 우리 국가의 근본 이익을 침탈하려 든다면 우리 핵 무력은 의외의 자기의 둘째가는 사명을 결단코 결행하지 않을 수 없을 것"이라고 주장했다. 여기서 "둘째가는 사명"이란 핵무기를 선제적으로 사용하거나, 개별 전쟁에도 핵무기를 투입한다는 의미로 해석된다.

나. 한반도 군사 충돌과 핵전쟁 위험성

냉전기에 남북 간 군사적 대치가 극심했고, 탈냉전기에 북핵위기와 전쟁위기가 주기적으로 반복되었다. 하지만 실제 한반도에서 전쟁이 발발할 것으로 보는 사람들은 많지 않았다. 그런데 최근 2개의 사건, 2017년 한반도 전쟁위기와 2022년 2월 우크라이나 전쟁은 이런 한반도 정세에 대한 인식을 완전히 바꾸었다. 한반도 전쟁을 단순히 미래와 상상의 문제가 아니라, 내일이라도 발생할 수 있는 현실로 인식하게 된 것이다.

2017년 김정은 정권과 트럼프 행정부 간 오간 소위 '말의 전쟁'은 종래 양국 간 빈번했던 상호 비난전과는 차원이 달랐다. 북한은 트럼프 대통령을 "늙다리 미치광이"라고 비난하고, 미국에게 "사상 최고의 초강경 대응조치"와 핵 선제공격을 위협했다. 미국은 대북 선제적 공격의 "코피 작전" 검토, 트럼프 대통령의 북한 "완전파괴"와 "화염과 분노" 발언으로 대응했다. 국내 언론도 "김정은 참수작전", "대북 스텔스 선제타격" 등을 보도하여, 한반도 전쟁위기에 기름을 부었다.

이렇게 군사적 긴장이 극도로 높은 상황에서는 어떤 사소한 군사적 충돌도 전면전으로 확전될 위험이 높다. 예를 들면, 공해상 한미 연합훈련에 대해 북한이 총격이나 미사일을 발사하는 경우, 북한이 괌 인근해역에 미사일을 포위 발사하고 미군이 이를 요격하는 경우, 미군이 북한의 미사일 발사 징후 시 미사일 발사기지를 선제공격하는 경우, 북한이 공언한 태평양 수소탄 실험과 ICBM 실거리 시험발사에 대해 미국이 요격 또는 선제공격하는 경우 등이 있다. 북한의 핵무장이 현실화된 이상 전쟁위기 국면에서 북한의 미사일 시험발사와 실제 공격을 구분하기 어렵고, 더욱이 위기 시 소통채널마저 없기 때문에 확전 위험성이 크다.

사실 미국이든 북한이든 전쟁을 개시하면 치명적인 정치·경제적 비용을 치르게 될 반면, 전쟁 목표를 달성할 가능성은 낮다. 따라서 실제 계획된 전면전이 발발할 가능성은 낮다고 보는 것이 타당하다. 하지만 고도의 위협적 언동과 군사적 긴장상태에서 사고와 오산에 의한 우발적 전쟁이 발생할 가능성과 이때 확전될 가능성은 매우 높다고 하겠다.

대다수 안보전문가들은 2017년 한반도정세를 6.25 전쟁 이후 최대의 전쟁위기로 평가했다. 심지어 2017년 10월 존 브레넌 전 미 CIA 국장은 북미 충돌 가능성을 20% 이상이라고 주장했다.[6] 2018년 들어 북한의 급작

---

6) Wall Street Journal, "Ex-CIA Chief Sees at Least 'One in Five' Chance of War with North Korea" October 19, 2017. https://www.wsj.com/articles/ex-cia-chief-sees-at-least-one-in-five-chance-of-war-with-north-korea-1508422624

스런 태도 변화와 남북 및 북미정상회담의 개최로 한반도의 긴장이 일시적으로 크게 완화되었지만, 언제라도 2017년의 전쟁위기가 반복될 가능성이 있다. 김정은이 2022년 7월 27일 열린 '전승절(정전협정 체결일) 69주년 기념사'에서 한국군의 대북 선제타격 전략에 대해 "그러한 위험한 시도는 강력한 힘에 의해 응징될 것이며, 윤석열 정권과 그의 군대는 전멸될 것"이라고 협박했다. 최근 북한의 핵개발 도발 동향과 공세적인 대남 태도를 본다면, 앞으로 더욱 강도 높은 북핵위기와 전쟁위기가 발생할 가능성이 크다. 그런데 이때 북한의 핵무기 사용위협과 한미동맹의 강력한 확장억제가 충돌하여 '핵전쟁위기'가 발생할 가능성이 우려된다.

북한은 전통적으로 자신을 한미동맹에 비해 군사적 약자로 보아 미군의 본격적인 증원 이전에 전쟁 목표를 달성하는 선제공격, 기습공격을 중시하는 군사전략을 채택했다. 이런 공세적인 군사전략의 전통은 북한의 핵전략에도 이어졌다. 북한은 핵개발을 추진하면서 미국에 대한 핵 억제보복력을 구비하지 못한 상태에서 자신의 핵역량이 미국의 선제공격에 의해 완전히 무력화될 것을 우려하여 매우 공격적인 전략을 추진했다.[7] 한국군도 이런 북한의 불시적, 선제적 핵무기 사용 가능성에 대해 핵미사일 발사 징후를 탐지하여 발사 이전에 선제공격으로 무력화시키는 '전략표적 타격'의 소위 '킬체인' 군사전략을 채택할 수밖에 없다. 이런 북한의 비대칭확전 및 핵 선제공격 교리와 이에 대한 한국의 선제적 핵미사일 무력화 전략이 첨예하게 대치하는 상황에서는 남북 간 어떤 군사적 충돌도 핵전쟁을 촉발하는 발화점이 될 가능성이 높다.

---

7) 비핀 나랭(Vipin Narang) 미 MIT 교수는 중소 핵무장국의 핵전략 유형을 촉매형, 확증보복형, 비대칭확전형 등 3개로 분류했는데, 이 중에서 비대칭확전형이 가장 공격적인 핵전략이다.

4. 대북 억제력을 위한 한국의 핵 옵션 평가

가. 북핵에 대한 억제력으로서 미국 핵우산과 확장억제

한국의 북핵에 대한 군사적 대비책은 크게 한국군 자체의 방위력과 한미동맹에 따른 미국의 핵우산을 포함하는 확장억제 등 2개 축으로 구성된다. 우선 한국군을 중심으로 '한국형 3축 체제'를 구축하여, 대북 선제적 공격력, 미사일 방어체제, 대량 보복응징력을 강화하는 것이다. 이를 위해 대북 정찰감시역량 강화, 복합적 다층 미사일방어 체계 구축, 고위력·초정밀 미사일 증강으로 표적처리 역량 강화, 스텔스 전투기와 특수전 부대의 침투 역량 강화 등을 추진하고 있다. 또한 북한 핵미사일에 대응하기 위한 전략사령부를 2024년까지 설치할 계획이다. 이런 억제력 강화 방안은 2021년 9월 발표된 '2022-26 국방중기계획'에 따라 충실히 실행되고 있다.

다음 한미동맹을 통한 대북 억제력을 구축한다. 2022년 5월 서울 한미정상회담과 7월 한미 국방장관회담을 계기로 미국은 한미동맹 차원에서 다음과 같은 대북 억제력 제공을 재확인했다. 첫째, 한미 정부는 한미상호방위조약에 따른 한국 방어와 한미 연합방위태세에 대한 상호 방위공약을 재확인했다. 둘째, 미국 정부는 한국에게 핵·재래식·미사일 방어능력을 포함하여 가용한 모든 범주의 군사 역량을 사용하는 확장억제를 제공하는 공약을 확인했다. 이를 위한 한미 양국은 고위급 확장억제전략협의체(EDSCG)를 가동하기로 합의했다. 또한 양국은 연합방위태세를 제고하여, 억제력을 보다 강화할 것을 약속했다. 셋째, 미국은 필요시 미군의 전략자산을 시의적절하고 조율된 방식으로 전개하고, 억제력 강화를 위한 추가적 조치를 식별해 나가기로 공약했다.

그렇다면 한국의 강력한 자체 군사력, 그리고 미국의 확장억제 공약과 이에 부합하는 군사적 대비 태세로 과연 북한의 재래식 및 핵 공격을 억제하고, 격퇴할 수 있을까? 사실 냉전기 내내 미국이 한국에게 강력한 방위공약과 핵우산 제공을 반복하여 약속했지만, 북한의 공격을 충분히 억제할 수 있을지에 대한 의문은 반복적으로 제기되었다. 따라서 오늘 북한이 핵무장을 완성하고, 더욱이 미중 경쟁과 우크라이나 전쟁으로 인해 국제질서가 혼돈에 빠지고 핵위협이 난무하는 상황에서 과연 한미의 대북 억제력이 충분한가에 대한 의문이 재차 제기되는 것은 당연하다.

핵국으로부터 직접적인 핵위협을 받는 비핵국에게는 대체로 두 개의 안전보장 옵션이 있다. 첫째, 스스로 핵무장하거나, 둘째, 핵무장국과 동맹을 맺어 핵우산의 보호를 받는 방법이 있다. 그런데 첫째 옵션은 1970년대부터 가동된 핵확산금지조약(NPT)체제 하에서 사실상 불가능하다. 엄청난 외교적 고립과 경제제재의 정치경제적 비용을 치러야 하기 때문이다. 이런 비용을 감수하면서까지 핵무장을 추진한 국가로는 현재 북한이 유일하다. 인도, 파키스탄, 이스라엘 3개국이 NPT 체제 밖에서 핵무장을 했지만 이들은 당초 NPT에 가입하지 않았기 때문에 일부 상징적인 국제제재만 받고 있다. 북한은 NPT 회원국으로서 불법 핵활동이 탄로 나자, NPT를 탈퇴했기 때문에 최고 수준의 경제제재를 받고 있다. 따라서 자체 핵개발은 한국과 같은 통상국가, 모범적인 중견국가가 선택할 수 있는 옵션은 아니다. 따라서 한국은 둘째 옵션을 선택했고, 핵보유국인 미국과 동맹을 체결하여 핵우산의 보호를 받고 있다. 냉전기에 미국의 핵우산이 주로 북한의 우월한 재래식 공격을 억제하는 데 이용되었지만, 북한 핵무장 이후에는 주로 핵공격을 억제하는 데로 핵우산이 확장되었다.

국제사회에서 핵확산 역사를 보면 '핵확산의 연쇄반응'이 작동하고 있다. 이는 핵무장국과 적대관계에 있는 국가가 핵무기에 대응하기 위해 핵개발에 나선다는 주장이다. '절대무기'로 알려진 핵무기는 어떤 재래식 무기와도 파괴력과 살상력에 있어 비교될 수 없을 정도로 막강하다. 비핵국은 핵무장국에 비해 군사력이 절대적으로 열등하기 때문에 항상 군사적 침공과 외교적 강압을 당할 처지에 있다. 심지어 우크라이나 사태에서 보듯이, 군사적 침공을 당해도 핵공격이 두려워 제대로 반격하고 보복할 수도 없는 처지이다. 따라서 핵무장국의 핵위협에 직면한 비핵국은 결국 스스로 핵무장을 선택하거나, 핵국의 핵우산을 찾는다. 북한은 전자를, 한국은 후자를 선택했다.

최근 북한이 핵무장을 완성하고 공공연히 한국에 핵위협을 가하자, 국내에서 핵우산의 역할과 효과를 둘러싼 논쟁이 재연되었다. "미국이 과연 서울을 지키기 위해 로스엔젤레스(또는 뉴욕)를 희생할 것인가?"라는 질문을 둘러싼 논쟁이다.[8] 1960년대 미국은 유럽 동맹국에게 핵우산을 제공하며, 핵개발을 포기할 것을 요구했다. 하지만 1961년 드골 프랑스 대통령은 "미국이 파리를 위해 뉴욕을 희생할 것인가?"라는 핵우산에 대한 근본적인 의문을 제기하고, 결국 독자 핵무장을 선택했다. 그렇다면 한국에게는 미국의 핵우산 이외에 어떤 핵 옵션이 가능한가? 위에서 토론했듯이 한국이 자체 핵무장을 선택하기가 지극히 어렵다면, 자체 핵무장을 않고서도 사실상 핵보유와 핵억제의 효과를 내는 방법은 무엇일까?

나. 북핵에 대한 대안적 핵 옵션 평가

2022년 새로운 한반도와 국제정세는 국내에서 북핵에 대한 억제력 태세에 대한 논쟁을 다시 촉발했다. 북한이 종래 핵무기의 보복억제 용도를 강조했지만, 2022년 상반기에 국내에서 북핵에 대한 '선제공격' 방안이 부각

---

8) 김민석, ""서울 지키려 뉴욕 희생할 수 있나?" 한반도판 드골의 의심" 중앙일보 칼럼, 2022.6.16.

되자, 북한은 강하게 반발하면서 직접적인 대남 핵위협에 나섰다. 2022년 4월 5일 김여정 노동당 중앙위 부부장이 담화에서 당시 서욱 국방부장관의 대북 선제공격 관련 발언에 대해 "남조선이 우리와 군사적 대결을 선택하는 상황이 온다면 부득이 우리의 핵 전투 무력은 자기의 임무를 수행해야 하게 될 것"이라고 주장했다. 이 발언을 두고, 국내 일부 언론은 북한이 처음으로 남한에 핵무기 사용을 위협했다고 평가했다.[9] 2022년 4월 25일 조선인민혁명군 창건 90주년 열병식에서 김정은은 "우리 핵 무력은 의외의 자기의 둘째가는 사명을 결단코 결행하지 않을 수 없을 것"이라고 발언하여, 대남 핵사용 위협을 재확인했다. 특히 이 발언은 핵무기를 전쟁 억제를 위한 정치무기가 아니라, 선제적으로, 또는 전쟁 중에 사용하는 일반적인 무기로 간주한다는 의미로 해석되었다.

2022년 중반기에 북한의 전술핵무기 개발설과 이를 위한 7차 핵실험설이 확산되면서, 북핵에 대한 경각심은 더욱 고조되었다. 북한이 핵무기를 필요하면 언제라도 사용할 수 있는 무기로 간주하여 핵무기 사용의 문턱을 낮춘다면, 한국도 이에 대한 대응책을 강구해야만 했다. 자체 핵무장 추진, 잠재적 핵역량(nuclear latency)을 위한 핵주권 회복, 전술핵무기 재반입, 핵공유 등이 그런 대응책으로 제시되었다. 그런데 자체 핵무장 주장은 이미 많이 토론되었고, 미 정부가 강력하게 반대하는 데다 한국의 보수, 진보 정부를 막론하고 반대하고 있어 실현성이 거의 없다.[10] 그럼에도 불구하고, 북한의 핵위협이 증대함에 따라 국민의 핵무장 지지도는 계속 증가하고 있다. 아산정책연구원 여론조사(2022.5)에 따르면 2022년에 핵무장 지

9) 조선일보, "김여정 "南, 군사대결 선택하면 핵무력 사용" 위협… 南 향한 핵 사용 첫 언급" 2022.4.5.

10) VOA Korea, "도마 위 오른 '한국 핵무장론'…워싱턴 부정적 기류 압도적" 2020.12.4., https://www.voakorea.com/a/korea_korea-politics_korea-nuclear-armed/6049826.html

지가 70%에 달하여, 지난 10년 내 최고를 기록했다.[11]

한편, 전술핵무기 재반입과 핵공유 옵션은 근래 안보전문가와 정치권이 지속적으로 제기하고 있어, 아래에서는 이 2개 옵션을 중심으로 그 실현성과 안보적 효과를 토론하고자 한다.

우선 '전술핵무기의 재반입'은 북핵에 대한 군사적 억제방안으로 1990년대부터 일관되게 반복적으로 거론되었고, 외교안보전문가와 국민의 수용성과 지지도도 대체로 높은 편이다.[12] 상기 아산정책연구원 여론조사에 따르면, 전술핵에 대해 국민의 59%는 지지하고, 38%는 반대했다. 이렇게 지지가 높은 것은 북한의 핵위협이 고조되는 상황에서 "핵에는 핵으로만 대응이 가능하다"는 주장을 다수 국민이 받아들인 탓으로 보인다. 사실 전술핵무기의 재반입은 한국에 대한 미국의 핵우산과 안보공약을 가시적으로 보여주는 긍정적인 효과가 있다.

하지만 미국 정부와 외교안보 전문가들은 거의 예외 없이 전술핵무기 재반입의 안보적 효과와 실현성에 대해 매우 부정적이다.[13] 윤석열 당시 국민의힘 대통령후보는 2021년 9월 대선 안보공약에서 "한미 확장억제가 더 이상 국민의 생명과 재산을 보호할 수 없다고 판단되면 미국에 전술핵 배치나 핵공유를 요구하겠다"고 발표했었다. 그런데 윤석열 후보의 입장이 전술핵 배치와 핵공유를 주장하는 것으로 언론에 크게 보도되자, 추후 입

---

11) 아산정책연구원, "한국인의 한미관계 인식" 아산리포트, 2022.5.31.

12) 최강, "美 전술핵, 한반도 배치 필요하다" 조선일보 조선칼럼, 2021.8.2.; 전성훈, "핵에는 핵으로, 전술핵 재배치하자" 주간동아, 2019.6.28., https://post.naver.com/viewer/postView.nhn?volumeNo=21759349

13) KBS 뉴스, "미국에서 바라본 '전술핵 재배치'…실현 가능성 '제로(0%)'", 2017.9.21 https://news.kbs.co.kr/news/view.do?ncd=3551162; BBS뉴스코리아, "전술핵: 한국에도 배치 가능할까?…주미대사 '미국이 안 된다는 입장'" 2021.10.14., https://www.bbc.com/korean/news-58800911;

장을 변경하여 안보공약에서 동 조항을 삭제했다.[14] 이런 입장 변경은 미 정부의 반대와 실현 불가능성을 감안한 결과로 보인다. 그렇다면 왜 한국민과 정치인들의 요구에도 불구하고, 미 정부와 전문가들은 전술핵무기의 재반입을 반대할까?

첫째, 미국의 냉전 초기 핵억제정책이 전술핵무기의 사용을 포함하는 유연반응전략에서 냉전 후기에 들어 전략핵무기를 사용하는 대량보복전략으로 전환된 점을 들 수 있다. 냉전기에 미국과 소련은 서로 핵역량의 우위를 차지하기 위한 핵경쟁에 나섰고, 그 결과 60~70년대에는 각각 최대 3~4만기의 핵무기를 보유했었다. 하지만 냉전기 말에 핵군축이 시작되어, 현재 미소는 각각 5~6천기 내외 핵무기를 보유하고 있다. 탈냉전기 들어 미국이 전략핵무기를 이용한 대량보복억제 전략에 더욱 집중하면서 불필요한 전술핵무기를 대거 감축했고, 그 결과 현재 약 200기만 보유하고 있다. 그중에서 현재 약 100기를 유럽 5개국(이탈리아, 독일, 터키, 벨기에, 네덜란드), 6기를 미군기지에 배치 중이다.[15] 미국은 주한 미군기지에 1959년부터 전술핵무기를 배치했고, 1991년에 완전히 철수했다.

미국이 냉전기에 유럽에 최대 7,000개의 전술핵무기를 배치했다가 대거 철수 및 해체하고, 현재는 100기만 남겨둔 이유는 무엇일까? 냉전기에 소련과 바르샤바조약기구는 나토 유럽국에 비해 양적으로 월등한 재래식 군사력을 보유하고 있었다. 만약 소련이 나토 유럽국에 대한 우월한 재래식 역량을 동원하여 국지적이고 제한적인 침공을 시도한다면, 미국은 이를 저

---

14) 연합뉴스, "[팩트체크] 윤석열은 전술핵 배치 · 핵공유 주장한 적 없다?" 2022.2.26

15) Center for Arms Control and Non-Proliferation, "Fact Sheet: U.S. Nuclear Weapons in Europe" August 18, 2021. https://armscontrolcenter.org/fact-sheet-u-s-nuclear-weapons-in-europe/

지하기 위해 핵무기를 사용해야만 했다. 하지만 미국이 공산권의 국지적인 재래식 공격에 대해 전면적인 핵전쟁을 무릅쓰고 전략핵무기로 대응할 가능성은 매우 낮았다. 소련이 이런 핵억제의 빈틈을 남용할 것을 우려하며, 미국도 전쟁에서 실제 사용가능한 전술핵무기를 대거 유럽에 투입했다. 냉전기 한국에 전술핵무기를 도입한 것도 이와 같은 전략적 고려 때문이었다.

그런데 탈냉전기 들어 소련이 해체되고, 공산권 경제체제가 붕괴하면서, 러시아, 북한 등 공산국가의 재래식 군사력이 급격히 위축되었다. 반면에 미국의 재래식 군사력은 경제력과 과학기술력의 발전에 힘입어 더욱 강력해졌다. 그 결과, 미국은 종래 전술핵무기로만 억제하고 격퇴할 수 있었던 공산권의 대형 재래식 침공을 막강한 재래식 군사력으로 충분히 억제하고 격퇴할 수 있다고 판단하게 되었다. 또한 탈냉전기 들어 '핵무기 없는 세상'을 요구하는 국제사회와 시민사회의 요구가 증대하면서, 미국도 핵군축을 추진하고 안보정책에서 핵무기의 역할을 축소시키지 않으면 안 되었다. 1945년 이후 핵무기 불사용의 관행이 누적되면서 점차 '핵금기(nuclear taboo)' 원칙이 확산된 것도 이런 핵무기의 역할을 축소하는 배경이 되었다.

한편, 소련과 러시아는 전술핵무기를 전쟁터에서 사용하는 무기로 간주했기 때문에 대량 생산했고, 실제 군사전술에서 전술핵무기의 역할을 부여했다. 하지만 미국은 아무리 작은 폭발력의 전술핵무기라도 일단 사용되어 '핵금기'가 깨어진다면, 즉각적으로 전략핵무기를 교환하는 핵전쟁으로 확전이 불가피할 것으로 보았다. 따라서 전술핵의 증강 또는 재반입을 반대하는 입장이다. 대신 막강한 재래식무기는 '핵금기'의 제약 없이 언제든지 사용가능하므로 적의 군사적 공격에 대한 억제효과가 더욱 크다고 본다. 이런 미국의 핵전략과 핵사용에 대한 시각을 감안할 때, 전술핵무기를 재반입하는 것은 앞으로도 한미 정부 간에는 논의되기도, 실현되기도 어려운 옵션이다.

그 외에 국내의 사정도 전술핵 재반입에 녹록지 않다. 사실 미국이 1990년에 한국의 전술핵을 철수하기로 한 배경에는 핵무기의 안전과 방호문제도 있었다. 당시 국내에서는 주한미군과 핵무기를 반대하는 강한 반미, 반핵 정서가 있었고, 일부 과격분자에 의해 핵무기가 훼손 또는 탈취당할 가능성도 배제할 수 없었다. 최근 고고도 미사일방어체계(THAAD) 도입, 원자력발전소 부지 및 사용후핵연료 처분 부지를 둘러싼 반핵 및 환경단체의 반대, 전술핵 배치에 대한 지역주민의 강한 반대 예상 등을 감안하면, 설사 한미 정부가 전술핵 재반입에 동의했다고 하더라도 국내에 배치할 부지를 찾기가 어려울 것으로 보인다.

미국은 왜 유럽에는 전술핵무기를 배치하면서, 한국에 전술핵 배치를 반대할까? 유럽 전선에서 나토 유럽국은 핵무기와 재래식 무기를 대거 보유한 군사적 초강대국인 러시아를 상대해야 한다. 러시아는 약 2,000기 전술핵무기를 보유한 것으로 추정되는데, 이는 미국이 보유한 전술핵무기의 10배, 미국이 유럽에 배치한 전술핵무기의 20배에 해당된다. 만약 러시아가 유럽 나토국에게 전면적이고 대량의 재래식 공격, 또는 전술핵무기 공격을 가할 경우, 유럽국은 속수무책으로 밀릴 가능성이 크다. 그렇다고 미국이 세계 멸망을 초래할 전면적인 핵전쟁을 무릅쓰고 전략핵무기를 사용하기도 어렵다. 이때 유럽에 전진 배치된 미국 전술핵무기의 사용 위협은 가용한 군사적 대응책이다. 러시아가 압도적인 재래식 무기 또는 전술핵무기로 유럽 나토국을 공격할 때, 미국은 전술핵무기 사용 위협으로 이를 효과적으로 억제할 수 있다. 만약 억제에 실패하더라도 전술핵을 사용한다면, 전면적인 핵전쟁을 피하면서도 적을 격퇴시킬 수 있다.

북한은 핵무장에 성공했다고 하더라도 아직 러시아와 같은 핵 강대국, 재래식 강대국으로 보기 어렵다. 북한의 재래식 역량은 한미동맹뿐만 아니라 한국군에 비해서도 열악하다. 따라서 북한의 재래식 공격은 한국 또는 한미동맹의 재래식 역량으로도 충분히 억제와 격퇴가 가능하다. 북한이 한국 또는 미국에게 전면적인 핵공격을 모색한다면, 이는 미국의 압도적인 핵역량을 포함한 확장억제 역량으로 대응할 수 있을 것이다. 북한이 핵사용을 위협하면서 서해 도서와 휴전선 인근에서 제한적인 군사공격을 가하거나 점령을 시도한다면 어떻게 대응해야 할까? 한국과 한미동맹은 북한의 핵사용 위협에 대해서는 핵우산을 통한 보복응징을 위협하면서 맞대응할 수 있다. 동시에 북한의 재래식 공격 가능성에 대해서는 우월한 재래식 군사력을 동원하여 북한의 공격을 억제하거나, 격퇴할 수 있을 것이다. 상기 다양한 시나리오를 감안할 때, 미국의 입장에서는 러시아를 상대해야 하는 유럽 전선과 북한을 상대해야 하는 한반도 전선을 같이 대응해야 할 필요성을 느끼지 못할 것이다.

국내에서 북핵에 대응할 한국의 핵옵션으로 계속 제기되었던 자체 핵무장 또는 전술핵 재반입이 미 정부의 반대와 한국 정부의 거부로 난관에 부닥치자, 최근 대안으로 '나토식 핵공유' 방안이 급부상했다.[16] 그렇다면 '핵공유'의 안보적 필요성과 현실적 실현성을 어떻게 평가할 것인가? 과연 미국은 한국과 '핵공유'를 추진할 가능성과 의사가 있으며, 이때 대북 억제가 더욱 강화될 것인가?

국내에서 '핵공유'를 제안하는 배경에는 무엇보다 '전술핵 재배치'를 지지하는 이유와 마찬가지로 "핵은 핵으로만 억제 가능하다"라는 명제가 있다. 그리고 동맹국에 대한 미국의 '핵우산'과 '확장억제' 제공 공약만으로 과연 핵우산이 실제 제공될 수 있을 것인가에 대한 근본적인 불신이 해소

16) KBS 뉴스, "'핵공유 협정' 체결로 강력한 핵우산 보장" 2017.10.10., https://news.kbs.co.kr/news/view.do?ncd=3557045; 박휘락 『북핵 외통수 - 비핵화에서 핵균형으로』 (도서출판 북코리아, 2021)

되지 않기 때문에 '핵공유'를 통해 핵우산 제공을 더욱 확실히 하자는 입장이다.

유럽에서 '전술핵무기 배치'와 '나토식 핵공유'가 실현된 데에는 역사적 배경과 현실적 필요성, 그리고 이를 위한 제도가 뒷받침되었다. 우선 유럽에서 '핵공유'가 수립된 배경에는 미국의 핵우산 제공을 더욱 확실히 하려는 의도 못지않게 미국의 일방적인 핵무기 사용 결정을 저지하려는 의도도 있었다. 또한 유럽에서의 전술핵 배치와 핵공유는 냉전 초기의 유산으로서 1970년 NPT가 발효하기 이전부터 있었다. NPT 협상 당시에 나토 비핵국에 대한 핵무기 배치가 NPT와 상충한다는 주장도 있었지만, 해당국에 핵무기가 기배치 되었기 때문에 현실을 수용할 수밖에 없었다. 더욱이 전술핵 배치를 통해 유럽국의 추가 핵개발을 방지할 수 있다는 주장도 설득력이 있었다. 미국이 유럽국과 핵공유를 위해서는 미 상원이 '핵협력 프로그램'을 비준해야 하는 절차가 있는데, 한국의 경우 미 상원의 비준 가능성이 매우 낮다는 평가가 있다.[17]

나토식 핵공유를 통한 핵무기 사용은 미군이 전적으로 소유하고 관리하는 전술핵 중력탄(gravity bomb)을 현지 유럽국의 전투기에 탑재하여 적 상공에서 투하하는 방식이다. 엄격히 말하면 '핵공유'는 핵무기를 공유하는 것이 아니다. 미국과 나토 유럽국이 핵사용에 대해서 공동으로 기획하지만, 최종적으로 미국 대통령만이 핵무기 사용 결정을 내리며, 이때 유럽국은 핵탄두의 운반수단을 제공하는 역할을 담당한다.

상기 방식을 한국에 적용하려면 다수 장애요인이 예상된다. 우선 나토식 핵공유를 위해서는 한국에 전술핵무기를 사전에 배치해야 한다. 전술핵무

17) 문정인, "'핵 공유'는 없다" 한겨레신문 문정인 칼럼, 2021.3.21. https://www.hani.co.kr/arti/opinion/column/987621.htm

기의 한국 배치는 위에서 토론했듯이 불가능하지는 않지만 현 상황에서는 현실성이 매우 낮다. 또한 국제사회에서 오늘과 같이 핵비확산과 핵군축 요구가 높은 상황에서 미국이 사실상 핵확산에 상응하는 전술핵 재반입과 핵공유 조치를 취하는 것이 가능할지 의문이다. 핵비확산을 국제안보의 핵심 가치로 강조하는 미국 민주당 정부가 한국에 전술핵 반입 또는 핵공유를 허용할 가능성은 더욱 낮다.

나토식의 전투기를 이용한 전술핵 중력탄 사용 개념도 한반도에서는 적용하기 어렵다. 전통적인 핵공유에 따른 핵사용은 소련(또는 러시아)의 재래식 대량 공격에 대응하기 위해 전술핵을 전투기에서 투하하는 방식이었다. 그런데 북한의 경우, 대남 공격 시 열악한 재래식 역량을 사용할 가능성이 거의 없고, 핵미사일을 사용할 가능성이 크다. 이에 대비한 한미의 대북 억제 또는 격퇴 조치도 즉각적인 대응이 가능한 핵미사일이 되어야 할 것이다. 나토의 경우, 전투기 탑재용 핵공유는 있지만, 핵미사일 공유체제는 없다. 만약 한국에서 핵미사일을 공유해야 한다면, 새로운 핵공유 체제를 만들어야 하는데 미국이 이에 동의할 가능성이 낮다.

마지막으로 중국의 반발도 전술핵 재반입, 핵공유를 어렵게 하는 장애요인이다. 유럽의 경우, 러시아는 적국이므로 러시아의 어떤 반발도 무시하면 된다. 하지만 한국의 경우, 미중 전략경쟁 국면에서 중국은 사드 사태에서 보았듯이 주한미군의 추가적 전력 증강을 절대로 허용하지 않으려고 한다. 중국이 한국의 적국이거나, 한중 간 교역수준이 매우 낮다면 중국의 반발을 무시하면 되지만, 한국은 정치·경제·통상적으로 그럴 입장에 있지 않다.

전술핵무기의 역내 보관을 전제로 한 '나토식 핵공유'를 한국에 적용할 때 현실적으로 많은 장애요인이 있다는 점을 감안하여, 전술핵을 미국 영토인 괌에 보관하는 한미 핵공유 방안도 제기되었다.[18] 위에서 토론했듯이 핵미사일 기반의 북한 핵공격을 억제 또는 격퇴하려면, 한미도 미사일 기반 역량을 활용하는 것이 불가피하다. 변형된 나토식 핵공유에 따라, 평소 한국의 F-35에 핵무기를 탑재하는 시스템을 구축했다가, 유사시 괌에서 한국으로 이송된 핵무기를 탑재한다는 방식은 북한의 핵미사일에 대응하기에는 너무 느리다. 오히려 한반도 인근 해역, 서태평양, 괌, 미 본토 등에 배치된 미국의 핵미사일을 직접 활용할 수 있다면 보다 즉각적인 대응이 가능하여, 더욱 효과적인 억제력을 발휘할 수 있을 것이다. 그것이 바로 미 정부가 한국에게 약속한 핵우산이고 확장억제이다.

5. 결론 및 정책 제안

2022년 들어 한반도와 세계정세가 크게 악화되면서, 한국은 북한의 핵위협을 재평가하고 이에 대한 억제력을 더욱 강화하지 않으면 안 되게 되었다. 우크라이나 전쟁에서 러시아가 핵위협 절제의 관행을 깨고 핵사용 위협을 공공연히 반복했고, 북한도 한국에 대해 핵 선제공격 위협을 재개했다. 2022년에 한국민의 '자체 핵무장' 지지도가 근래 최고 수준으로 70%를 기록했다는 것은 안보정세의 악화와 이로 인한 한국민의 안보 불안감을 반영한 것으로 보인다.

현재 한국사회에서 논쟁 중인 북핵에 대한 핵 대응 옵션은 현행의 미국

---

18) 조선일보, "괌에 전술핵 배치, 유사시 F-35로 한반도 옮겨놓고 사용할 가능성" 2019.7.31. https://www.chosun.com/site/data/html_dir/2019/07/31/2019073100120.html?utm_source=naver&utm_medium=original&utm_campaign=news

핵우산을 포함한 확장억제 이외에도 자체 핵무장, 핵 잠재력 확보, 전술핵무기 재반입, 나토식 핵공유 등 총 5개가 있다. 아래에서 각 옵션의 실현성과 효용성을 요약한다.

첫째, 국민의 70%에 가까운 높은 지지를 받고 있고 북한이 핵실험과 핵위협을 할 때마다 정치적으로 부각되는 자체 핵무장 옵션이 있다. 결론적으로 말하면, 한국의 핵무장은 국제법상 불법이며, 현실적으로 불가능하고, 현 한미동맹체제에서 불필요하다. 국내의 핵무장 주장은 실현되기 어려운 혜택을 과장하는 반면, 이에 따른 비용과 희생을 외면하거나 과소평가하여 여론을 호도하는 경향이 있다. 1970년 NPT가 출범하기 전에는 핵무기가 국력과 국위의 상징이었지만, 오늘 국제사회에서는 불법과 폭력과 파괴의 상징으로 비난받는다.[19] 한국은 최고 수준의 통상국가이자 자원빈곤국가로서 다른 어떤 나라보다 개방되었고 경제제재에는 취약하다. 현실적으로 핵개발 시도 자체가 불가능하다. 극단적으로 말하면, 한국이 핵무장을 하려면 북한이나 이란처럼 살 각오를 하고, 국제교역을 포기해야 한다. 한국은 식량·석유·가스·핵연료·원자재 수입 없이, 반도체·TV·자동차·선박 수출 없이 1년은 고사하고, 하루도 견디기 어려울 것이다. 과거 수차례 한국의 핵무장 시도는 한미 갈등을 초래하고, 한미동맹에 치유되기 어려운 신뢰의 손상을 입혔다. 한미동맹과 핵우산은 한국의 비핵화를 전제로 유지되기 때문이었다. 미 정부는 핵비확산 정책과 법령에 따라 온갖 수단을 동원하여 한국의 핵개발을 저지하고, 중국과 일본도 한국 핵무장을 강하게 저지할 것이다.

둘째, 일부 전문가들은 즉각적인 핵무장의 현실적인 어려움을 감안하여,

---

19) United Nations Office of Disarmament, 『Securing our Common Future: An Agenda for Disarmament』, 2018.

무기용 핵물질을 확보하기 위해 우선 농축재처리 역량을 보유하여 '핵 잠재력'을 확보하자고 주장한다. '핵주권' 주장이 이 옵션에 해당된다. 일견 신중하고 합리적으로 보이지만, 이 주장도 현 상황에서는 위험하고 현실성이 낮다. 우리가 핵잠재력을 갖기 위해 한미 원자력협력협정에 따른 한미 협상을 추진하면, 미 정부는 한국의 요구를 일거에 거부하고, 국제사회도 한국을 비난할 것이다. 만약 미국의 동의 없이 일방적으로 농축재처리를 추진하면, 한국은 북한과 같은 수준의 제재압박은 아니더라도, 최소한 이란 수준의 제재압박을 받게 될 것이다. 이때 원자력의 평화적 이용을 위한 우리의 정당한 농축재처리에 대한 권리와 요구마저 거부될 것이다. 평화적 원자력 활동의 일부로서 한국의 농축재처리는 그 가능성이 조금이라도 열려있지만, 만약 '핵 잠재력'을 위한 농축재처리를 모색한다면 철저히 봉쇄당할 가능성이 크다. 이때 그 후과로 한국이 필요한 원자력의 과학기술적 연구, 국내 원전 가동을 위한 핵연료 수입, 원전 수출마저 제재를 받아 불가능하게 될 가능성이 크다. 이런 부작용과 비용을 감안할 때, 과연 '핵 잠재력' 확보를 추진할 가치가 있는지 의문시 된다.

셋째, 국내 외교안보 전문가와 정치인이 크게 선호하는 '전술핵무기 재반입' 옵션이 있다. 2022년 4월 김정은이 핵무기의 "둘째가는 사명"을 발언함에 따라, 전쟁 수행용 핵무기 사용 가능성에 대비하여 이를 억제 또는 격퇴하기 위한 '전술핵무기 재반입'과 '나토식 핵공유' 필요성이 국내에서 더욱 부각되었다. '자체 핵무장'과 '전술핵 재반입'에 대한 국민적 지지가 높은 것을 보면 "핵에는 핵으로만 대응이 가능하다"는 주장이 큰 설득력을 가진 것으로 보인다. 사실 전술핵무기의 재반입은 미국의 핵우산을 가시적으로 보여주는 긍정적인 효과가 있다.

하지만, 미국 정부와 전문가들은 예외 없이 전술핵무기 재반입의 안보적 효과와 그 실현성에 대해 매우 부정적이다. 유럽 전선에서 미국이 일찍이 전술핵을 대거 배치했고, 지금도 약 100기를 배치하는 배경에는 양적으로 월등한 소련(러시아)의 재래식 군사력이 있었다. 따라서 미국은 유럽국의 핵우산에 대한 불신을 불식시키는 동시에 실제 우월한 소련의 재래식 공격력에 대응하기 위해 전술핵무기를 대거 투입했었다. 과거 한국에 전술핵무기를 배치한 것도 북한과 공산권의 우월한 재래식 전력을 이용한 공격 가능성 때문이었다. 그런데 탈냉전기 들어 소련이 해체되고, 공산권 경제체제가 붕괴하면서, 러시아, 북한 등 공산국가의 재래식 군사력이 급격히 위축되고, 미국의 재래식 군사력은 더욱 강력해졌다, 그 결과, 미국은 종래 전술핵무기로만 억제할 수 있었던 공산권의 대형 재래식 침공을 막강한 재래식 군사력으로 충분히 억제하고, 격퇴할 수 있다고 판단하게 되었다.

또한 미국은 전술핵무기라도 일단 사용되어 '핵금기'가 깨어진다면, 즉각적으로 전략핵무기를 교환하는 핵전쟁으로 확전이 불가피할 것으로 보아, 전술핵의 증강 또는 재반입을 반대한다. 대신 막강한 재래식 무기는 '핵금기'의 제약 없이 사용가능하므로 적의 군사적 공격에 대한 억제효과도 더욱 크다고 본다. 이런 미국의 핵전략과 핵사용에 대한 시각을 감안할 때, 전술핵무기를 재반입하는 것은 앞으로도 논의되기도, 실현되기도 어려운 옵션이다. 국내에 전술핵을 저장할 부지를 찾는 것이 거의 불가능하고, 미중 경쟁 상황에서 중국의 강한 반발도 전술핵 도입에 부정적 요인이다.

넷째, 최근 부각된 '나토식 핵공유' 옵션이 있는데, 이것도 쉽지 않다. 국내에서 북한 핵위협에 대응하기 위한 한국의 핵 옵션으로서 자체 핵무장 또는 전술핵 재반입의 실현이 매우 어려워 보이자, 새로이 '나토식 핵공유' 방안이 급부상했다. 유럽에서 '전술핵무기 배치'와 '나토식 핵공유'가 실현된 데에는 역사적 배경이 있다. 유럽의 핵공유는 미국의 핵우산 제공을 더욱 확실히 하려는 의도 못지않게 미국의 일방적인 핵무기 사용 결정을 저지하고자 하는 의도도 있었다. 또한 유럽에서의 전술핵 배치와 핵공유는 냉전 초기의 유산으로서 1970년 NPT가 발효하기 이전부터 있었다. NPT 협상 당시에 나토 비핵국에 대한 핵무기 배치가 NPT와 상충한다는 주장도 있었지만, 유럽에 이미 핵무기가 기배치 되었고, 이를 통해 유럽국의 추가 핵개발을 방지할 수 있다는 기대 때문에 용인되었다. 미국이 유럽국과 핵 공유를 위해서는 미 상원이 '핵협력 프로그램'을 비준해야 하는 절차가 있는데, 한국의 경우 그런 절차를 통과할 가능성이 낮다.

나토식 핵공유를 한국에 적용하려면, 국내에 전술핵무기를 사전에 배치해야 한다. 전술핵무기의 한국 배치는 위에서 토론했듯이 불가능하지는 않지만 현 상황에서는 실현성이 매우 낮다. 이런 현실을 감안하여, 대북용 전술핵을 미국영토인 괌에 보관하는 한미 핵공유 방안도 제기되었다. 그런데 변형된 나토식 핵공유에 따라, 평소 한국의 F-35에 핵무기를 탑재하는 시스템을 구축했다가, 유사시 괌에서 한국으로 이송된 핵무기를 탑재한다는 방식은 북한의 핵미사일에 대응하기에는 너무 느리다. 오히려 한반도 인근 해역, 서태평양, 괌, 미 본토 등에 배치된 핵미사일을 직접 활용한다면 즉각적인 대응이 가능하여, 더욱 효과적인 억제력을 발휘할 수 있을 것이다.

다섯째, 현행과 같이 미국이 한미동맹에 따라 한국에게 핵우산을 포함하는 '확장억제'를 제공하는 방안이 있다. 미국은 한미동맹협정에 따라 한국이 침공을 받을 때 절차에 따른 군사지원의 의무를 지고 있다. 또한 미국은 수시로 한국에게 안보 공약을 정치적으로 재확인했다. 실제 한미 정부는 수시로 고위급 한미 군사회담, 한미 연합군사훈련, 한미 고위급 확장억제 전략협의체(EDSCG) 등을 개최하고, 미국은 수시로 각종 전략자산을 한반도와 인근에 파견하거나, 배치하고 있다. 오바마 행정부에 이어, 바이든 행정부도 핵무기를 결코 먼저 사용하지 않는 '일차 불사용' 원칙을 채택하려

다가, 동맹국들의 반대로 포기했다.[20] 미국은 본토와 동맹국을 보호하기 위해 종래와 같이 필요시 핵무기를 먼저 사용할 수도 있는 '일차 사용' 원칙을 견지하고 있다.

이때 미국의 핵우산 제공 약속을 믿을 수 있는가 하는 문제가 남아 있다. 어쩌면 한국이 실제 핵무기를 자체적으로 보유하기 전까지는 그런 의구심이 해소되지 않을 것이다. 그런데 미국도 핵우산을 제공해야 하는 이유가 있다. 만약 미국 핵우산에 대한 신뢰가 없다면 미국 동맹국들은 생존을 위해 어떤 희생을 치러서라도 핵개발에 나설 가능성이 높다. 일부 국가는 미국과 동맹을 포기하고, 유라시아 대륙국가에 편승할 수도 있다. 이런 상황은 미국의 국익과 배치된다. 실제 미국은 동맹국을 어떤 비용이 들더라도 보호해 왔다. 이런 상황을 감안한다면, 현재로서는 한미동맹과 미국의 핵우산이 가장 현실적이고 합리적인 대북 억제력 구축방안이다. 최근 북한의 핵역량이 증강되었다고 하더라도 다른 대안을 찾기 어렵다. 미국이 나토 동맹국을 소련(러시아)과 같은 핵무기 초강대국의 핵위협으로부터 보호할 수 있었다면, 한국을 북한과 같은 소규모 핵무장국으로부터 보호하지 못할 이유가 없다.

최근 북한이 전술핵무기를 개발함에 따라, 국내에서도 북한이 핵무기를 전쟁 억제용이 아니라 전쟁 수행용으로 사용할 가능성에 대한 우려가 급증했다. 미국이 전략핵무기 중심의 대량 응징보복 전략을 운영함에 따라, 북

---

20) 전봉근, "바이든 행정부의 핵무기 '일차 불사용' 논쟁 동향과 한국안보에 대한 함의" 국립외교원 외교안보연구소 IFANS 포커스, 2021.11.9. 미국 핵전략에서 등장하는 '일차 불사용' 또는 '일차 사용' 논쟁은 북한이 주장하는 '핵 선제공격(nuclear preemptive strike)'과 다른 개념이다. 미국의 경우, 전쟁이 발발한 상황에서 상대방이 핵무기를 사용하지 않아도 미국이 핵무기를 일차적으로 사용하느냐, 마느냐의 문제이다. 북한식 '핵 선제공격'이란 전쟁이 발발하지 않아도 공격의 징후가 있는 경우에 핵을 선제적으로 사용하는 개념이다.

한이 미국의 응징 위협을 허풍으로 간주하고 전술핵 사용을 감행할 가능성이 있다고 보았기 때문이다. 2018년 제임스 매티스 국방장관도 적국의 전술핵무기 사용 가능성에 대해 "나는 전술핵무기라는 것이 있다고 생각지 않는다. 어떤 주어진 상황에서 사용된 어떤 핵무기도 전략적인 게임 체인저이다"라고 언급했다. 여기서 미 정부의 입장은 일단 적국이 핵무기를 사용하면 그 종류에 관계없이 필요한 핵대응을 한다는 것으로 해석된다.

미국의 핵우산이 지금까지 잘 작동했다고, 한국이 자체 국방력 구축을 게을리해서는 안 된다. 사실 한국은 북핵 때문에 군사력을 계속 증강했고, 매우 강력한 국방력과 방위산업역량을 갖추었다. 북한의 핵무장 이후에는 북핵에 대비하여 선제적 공격(킬체인), 미사일 방어체제, 대량 보복응징력 등 소위 '한국형 3축 체제'를 지속적으로 강화하고 있다.

추가적으로, 한국이 상상할 수 있는 최악의 경우에 대비한 대안도 검토해야 한다. 최악의 경우, 북한의 핵위협이 더욱 증가하는 가운데, 일부 미국 안보전문가가 주장하듯이 미군이 한반도에서 철수하거나, 한미동맹을 약화시킨다면 어떻게 할 것인가? 국내에서 핵무장 주장은 많지만, 막상 핵무기 전문가도, 핵무장에 대한 깊은 연구도 거의 없다. 지금까지 핵무장 지지자도 반대자도 단편적인 지식만으로 각자 자기주장을 해왔다. 한반도와 주변 안보정세가 계속 악화되는 상황에서 국가 위기관리의 일환으로 한국이 과연 어떤 안보 상황에서, 어떤 방법으로, 어떤 비용을 지불하고 핵무장을 할 것인지에 대한 정책연구가 필요하다. 이 정책연구는 결국 핵무장 가능성(또는 불가능성)에 대한 자의적이고 단편적인 판단에서 벗어나 보다 종합적이고 정확한 정책 판단을 할 수 있는 근거를 제공할 것이다.

마지막으로, 북한 비핵화 외교와 남북·북미 군사회담의 중요성을 강조하고자 한다. 현재 미국의 확장억제와 한국의 '3축 체제' 역량을 감안할 때, 북한의 핵사용과 핵사용 위협을 억제할 수 있다. 북한이 자살 핵공격과 같이 완전히 비이성적인 행동을 감행하지 않는 한 상당 기간 대북 억제력에 기반한 한반도의 전략적 안정성은 유지될 것으로 예상된다. 북한의 계획된 대남·대미 핵공격은 억제된다고 하더라도, 고도의 군사적 대치국면에서 오산·사고로 핵 사건이 발생하거나, 사소한 군사적 충돌이 핵사용으로 확전될 가능성은 여전히 열려 있다. 따라서 대북 억제력 구축과 병행하여, 북핵문제를 궁극적으로 해결하기 위한 비핵화 협상을 조속히 재개해야 한다.[21] 또한 동시에 과도기적으로 핵사용 위험에 대비한 관리 조치로서 조속히 남북, 북미 또는 남북미 군사회담을 개최하여 군사적 긴장완화 및 핵 리스크(nuclear risk) 감소 조치를 적극 모색하고 추진해야 한다.[22]

---

21) 본고는 북핵문제에 대한 한국의 군사적 대응조치, 그 중에서도 핵 옵션에 집중했다. 북한 비핵화외교, 북핵협상 등에 대해서는 필자의 『비핵화의 정치(명인문화사, 2020)』 참조.

22) 남북 군사회담, 한반도 군사적 긴장완화와 신뢰구축 조치 등에 대해서는 한용섭 『한반도 평화와 군비통제(박영사, 2015)』 참조. '핵 리스크' 감소는 핵무장국의 의도적, 오산, 사고에 의한 핵 사용 위험성을 줄이기 위한 조치이며, 핵군축의 한 방안이다. 관련 조치를 북한에 적용한다면, 한반도의 핵전쟁 위험성을 크게 감소시킬 수 있을 것이다. 핵리스크 감소에 대한 국제사회의 논의 동향과 구체적인 조치에 대해서는 필자의 "NPT 50주년 계기 핵군축 논쟁 동향과 과제(국립외교원 외교안보연구소 주요국제문제분석, 2020.9)", "제10차 NPT 평가회의를 둘러싼 국제사회의 논쟁과 한국의 대책(국립외교원 외교안보연구소 주요국제문제분석, 2020.1)" 참조.

특별기고2

대북·통일정책의 성찰과 남북관계 정상화를 위한 정책 방향

박영호 통일연구원

1. 문제 인식

1972년 7.4 남북공동성명 발표 이후 반세기가 지났다. 남북기본합의서와 한반도 비핵화 공동선언이 발효된 지도 30년이 지났다. 그동안 대한민국(남한, 한국)과 조선민주주의인민공화국(북한, 조선) 사이에 많은 일이 있었다. 남한과 북한은 적십자회담을 시작으로 지금까지 총 667회의 회담을 했다. 총리를 수석대표로 하는 고위급회담, 다섯 차례의 정상회담, 장관급회담과 각종 실무회담을 망라한다. 그 결과 258건의 합의서를 채택했다. 한국 노태우 정부의 7.7선언에 따라 1989년 시작된 남·북한 간 인적, 물적 교류는 한때 남한이 북한의 제2 교역 대상이 되고 금강산관광과 개성공단 가동으로 이어지기도 했다. 그러나 다른 한편 군사적 갈등과 충돌이 계속됐다. 1990년대 이후만 해도 서해 북방한계선(NLL) 인근에서의 남북 해군 간 교전, 북한 해군의 어뢰 공격으로 인한 남한 해군 천안함 침몰, 연평도 포격전 등 무력 충돌이 이어졌다. 한반도의 비무장지대는 여전히 세계에서 군사적 밀집도가 가장 높은 지역의 하나다.

남한과 북한은 7.4 남북공동성명에서 통일의 3대 원칙에 합의했다. 남북기본합의서에서는 화해와 불가침 및 교류·협력 분야에 걸쳐 매우 포괄적인 합의를 이뤘으며, 한반도 비핵화 공동선언에서 한반도를 비핵화하기로 했다. 이 두 합의서가 제대로 이행·실천되었더라면 오늘의 한반도에는 남북 공동시장 같은 하나의 경제공동체와 남·북한 주민이 자유롭게 왕래·이동하는 하나의 사회문화공동체가 형성되어 있을지도 모른다. 더 나아가 하나의 국가로 통일되었거나 그렇지 않았더라도 민족공동체 통일방안이 상정한 '남북연합'이나 상당한 수준의 정치 제도적 통합이 진척되어 있을 수도 있다.

그러나 오늘의 남북관계 현실은 여전히 50년 전이나 30년 전 남북관계의 본질로부터 크게 벗어나지 못하고 있다. 한반도 비핵화 공동선언의 약속과는 달리 북한은 핵보유국이 됐다. 2022년 현재 북한은 핵탄두 20개 등 45~55개의 핵폭탄 제조에 충분한 핵 물질을 보유하고 있다.[1] 2018년 9월 백두산 천지 앞에서 손을 맞잡고 올린 남·북한 정상의 모습은 거대한 한편의 쇼로 끝났다. 같은 달 "당국 간 긴밀한 협의와 교류·협력의 원만한 보장"을 임무로 개소된 남북공동연락사무소를 북한은 2020년 6월 9일 대남사업을 대적 사업으로 전환하겠다고 선언한 후 폭파했다.[2]

2022년 4월 25일 김정은은 군사 목적 외에 '어떤 세력이든' 북한의 근본이익을 침해할 경우 핵을 사용할 것이라고 선언했다. 2021년 1월 강력한

---

1) *SIPRI Yearbook 2021: Armaments, Disarmament and International Security* (Summary) (Oxford: Oxford UniversityPress, 2022), p. 14.

2) 김정은 정권은 2022년 6월, 당 중앙위 제8기 제5차 전원회의에서 '강 대 강, 정면승부의 투쟁원칙'을 선언하면서 대적 투쟁을 재차 강조하였다. 『조선중앙통신』, 2022.6.11.

국방력(핵)으로 통일을 앞당기겠다고 당규약을 개정한 후, 이제는 전체주의 독재자 임의의 결정으로 남한을 핵으로 선제 타격할 수 있다고 위협하는 것이다. 북한은 "진정한 방위력은 곧 강력한 공격능력"이며 "핵전쟁억제력을 더욱 가속적으로 완비"해나간다면서[3] 핵·미사일 능력 고도화를 위한 탄도미사일 시험 발사도 공격적으로 진행해오고 있다. 김정은 정권의 핵 보유에 관한 입장은 더욱더 강력하고 분명해졌다. "핵은 국력의 상징이자 군사력의 기본"이며[4] "우리의 국체"[5]라는 것이다. 북한이 과연 비핵화로 전환할 수 있을 것인가에 대한 의문이 더욱 커질 것이다. 이러한 상황에서 2019년 2월 하순 하노이 미·북 정상회담 결렬 이후 남북관계는 사실상 단절된 상태다. 김정은 정권은 한국이 "핵보유국의 턱밑에서 살아야 하는 숙명"[6]을 가진 "우리의 불변의 주적"[7]이라며 대적 의식을 강화하고 있다.

눈을 돌려 독일을 보자. 제2차 세계대전 이후 같은 분단국으로 출발한 독일은 두 개의 독일 국가(서독과 동독) 출범 40년 만인 1989년 11월 분단의 장벽을 무너뜨렸다. 그리고 1년 후 1990년 10월 3일 통일을 달성했다. 분단 이후 냉전 체제 아래서 두 독일 국가 간에는 크고 작은 갈등에도 불구하고 인적, 물적 교류가 단절되지 않았다. 1970년 두 차례의 정상회담을 거쳐 1972년 12월 기본조약을 맺어 관계를 정상화했다. 이후 보건협정, 우

---

3) 김정은 발언, 『노동신문』, 2022.3.28.

4) 김정은, "조선인민혁명군 창건 90돐 경축 열병식에서 하신 김정은 동지의 연설," 『조선중앙통신』, 2022.4.25.

5) 김여정, "김여정 조선노동당 중앙위원회 부부장 담화," 『조선중앙통신』, 2022.8.18.

6) 김정은, "조국해방전쟁참전자들은 우리 공화국의 가장 영웅적인 세대이다," 『노동신문』, 2022.7.28.

7) 김여정, "방역대전에서의 고귀한 성과에 기초하여 우리 혁명의 정치사상 진지를 굳게 다지기 위한 선전선동 공세를 더욱 진공적으로 벌여나가겠다," 『노동신문』, 2022.8.11.

편·통신협정, 문화협정, 과학기술협정 등을 통해 관계를 활성화해 나갔으며 이에 따라 정치 관계도 발전했다. 이 과정에서 동독 사회 내에서 자유화와 민주화에 대한 주민의 욕구는 싹을 피었다. 동유럽 사회주의국가의 체제 전환 과정에서 동독 주민은 민주화를 이루고 독일연방(서독)으로의 통합을 선택했다.

남·북한은 서·동독 간 기본조약을 벤치마킹한 남북기본합의서를 채택하고 1992년 2월 발효시켰다. 서·동독 기본조약[8]에서 두 독일은 민족문제, 즉 통일문제에 대한 각각의 견해 차이를 편견 없이 수용하면서 상호 국가적 실체를 인정했다. 주권 평등, 독립, 자주와 영토 존중, 자결권, 인권보호 등 유엔헌장의 목적과 원칙을 따르며, 두 국가 각방의 주권적 관할권이 자신의 영토에 한정된다고 합의했다. 서독이 별도의 서한에서 자유로운 자결권을 통한 통일 달성 의지를 밝히고 후에 동독을 국제법적으로 승인한 것은 아니라고 강조했지만, 사실상 두 독일 국가 간의 관계 정상화였다.

이에 반해 남북기본합의서에서 남·북한은 상대방의 체제를 인정·존중하기로 합의했으나 국가적 실체를 인정하지 않았다. 평화적 통일을 염원한다면서 서로의 통일에 관한 생각이 다름을 표출하지 않았다. 유엔회원국이었으나 유엔헌장의 목적과 원칙을 반영하지 않았다. 남한과 북한 모두 현실적인 영토의 주권적 관할권을 인정하지 않았다. 결국, 남한과 북한 간의 기본합의서는 통일이라는 명분을 앞세워 남북관계의 개선을 말했으나 이행·실천의 문제에서 근원적 문제점을 안고 있었다. 따라서 그에 기반한 한국의 대북·통일정책은 조선의 변하지 않는 한반도 사회주의화(공산화) 정책과[9] 맞물리면서 그 많은 회담과 합의서에도 불구하고 긴장 완화와 평화

8) The Basic Treaty (Grundlagenvertrag), December 21, 1972.

9) 북한은 2021년 1월 제8차 당 대회에서 개정한 새 당규약 서문에 통일과 관련 "남조선에

의 보장은커녕 정치군사적 대결상태를 크게 벗어나지 못하고 있다. 남북관계의 본질은 왜 변하지 않았는가? 대북정책은 무엇이 문제였나? 남북관계를 정상화하기 위해 무엇을 어떻게 해야 하나?

2. 남북기본합의서 채택 이후 대북·통일정책 성찰

사회주의진영이 급격히 변화하는 국제 환경에서 한국 노태우 정부는 북방정책과 함께 적극적인 대북 접근정책을 펼쳤다. 북한 김일성 정권은 '우리식 사회주의'라는 체제 수호 이데올로기로 대응하면서 방어적 차원에서 남북대화에 호응했다. 북한은 그동안의 태도를 바꾸어 1991년 9월 남한과 동시에 유엔에 가입했다. 이로써 남한과 북한은 국제법적으로 별도의 독립·주권국가가 됐다. 그러나 1992년 2월 발효한 남북기본합의서에서는 쌍방의 관계를 "나라와 나라 사이의 관계가 아닌 잠정적 특수관계"라고 인정했다. 각각 유엔회원국으로서 서로의 '국가성'에 대한 존중보다는 20년 전의 7.4 남북공동성명에서처럼 '하나의 민족'이라는 정서적 인식의 토대 위에 있었다.

화해, 불가침 및 교류협력 분야를 망라한 남북기본합의서는 형식적으로나마 상호 관계의 양식을 대립으로부터 협력으로 변화시켜 나가겠다는 약

서 미제의 침략무력을 철거시키고 남조선에 대한 미국의 정치군사적 지배를 종국적으로 청산하며 온갖 외세의 간섭을 철저히 배격하고 강력한 국방력으로 근원적인 군사적 위협들을 제압하여 조선반도의 안전과 평화적 환경을 수호하며 민족자주의 기치, 민족대단결의 기치를 높이 들고 조국의 평화통일을 앞당기고 민족의 공동번영을 이룩하기 위하여 투쟁한다."고 규정했다. "강력한 국방력으로 근원적인 군사적 위협들을 제압"한다는 문구는 핵능력 보유의 자신감을 함의한다.

속을 담고 있었다. 이에 따라 경제, 사회, 문화 분야에서의 교류와 협력이 가능해졌다. 하지만 북한은 남북기본합의서를 '민족대단결'을 활용한 통일전선 책략의 수단으로 보았다. 김일성은 "개인과 단체의 물질적, 정신적 재부를 민족대단결 도모에 이용하는 것을 장려"한다는[10] 명분으로 남한과 재외동포로부터의 물질적 자원 동원에 활용했다.

남북기본합의서는 잉크가 마르기 전에 북한에 의해 일방적으로 무시되었다. 특히 2000년 6월 첫 남북 정상회담에서 6.15 공동선언이 발표된 이후 남북기본합의서는 유명무실해지고 동 선언이 마치 남북관계의 전범(典範)인 것처럼 간주되었다. 그들의 '수령'이 서명했기 때문에 북한의 적극적 의도가 있었으나 남한 정부도 묵시적으로 수용했기 때문이다. 물론 역대 한국 정부는 기존의 남북 합의를 존중한다는 차원에서 남북기본합의서를 거론하였다. 그러나 보수 정부가 남북기본합의서의 존재를 존중한 데 반해 진보 정부는 그렇지 않았다. 노무현 정부에서 남북 정상회담으로 10.4 선언이 발표되면서 6.15 공동선언과 10.4 선언이 마치 남북관계의 기준처럼 되었다.

6.15 공동선언 1항에 '우리민족끼리' 용어가 들어가면서 북한은 이를 대남 통일전선 사업에 적극적으로 활용하였다. 북한은 이를 외세배격과 자주 내지는 민족공조의 논리로 포장하고 이른바 '우리민족끼리의 이념'에 따라서 미국과 대결할 것을 강조하였다.[11] 10.4 선언은 서문에 '우리민족끼리'를 담고 1항에서 "6.15 공동선언을 고수하고 적극 구현"하기로 합의했다. 문재인 정부는 "6.15 공동선언과 10.4 선언으로 돌아가(야)"한다면서 두 선언에서 "남북문제의 주인이 우리 민족임을 천명"했기 때문이라고 주장했

10) 김일성, "조국통일을 위한 전민족대단결 10대 강령," 1993.4.6.

11) 김갑식 외, 『북한지식사전』 (서울: 통일부 국립교육원, 2021), pp. 563-564.

다.[12] 두 선언에 담긴 '우리민족끼리'의 '민족'은 전통적 의미의 민족과 '사회주의 민족(김일성-김정일 민족)'의 민족이라는 이중적 의미를 함의한다. 북한은 '우리민족끼리'를 반외세 선동, 남남갈등 조장, 대북 지원 유인 등의 수단, 남북대화·협상과 교류협력 과정을 북한의 의도대로 만들려고 하는 도구, 북핵 문제로 인한 미국과 국제사회의 대북 압박 완화 수단 등으로 활용해왔다.

노태우 정부의 7.7선언 이후 시작된 남북 간 교류·협력은 꾸준히 증가하는 추세를 보였다.[13] 김정일 정권 초기 북한 경제가 심각한 어려움에 봉착하면서 남한의 인도적 지원이 시작되었고 상당 기간 대규모의 식량과 비료가 지원됐다. 경제협력 사업으로 금강산관광이 이루어지고 개성공단이 가동됐다. 그러나 이러한 인도적 지원과 경제·사회문화 분야에서의 교류·협력 사업이 '민족공동의 이익과 번영'으로 이어지지 않았다. 화해, 긴장 완화와 평화 보장으로의 파급효과는 기대하기 어려웠다. 북한의 대남 접근은 정권·체제 방어를 위한 전술적 대응이었으며, 동유럽국가 같은 체제 전환의 길이 아니었다. 또한, 북한은 사용후핵연료 재처리, 우라늄 정련 및 변환 등 핵무기 개발을 위한 과정에 진입해 있었다. 북한은 국제원자력기구(IAEA)와의 핵 안전조치협정 체결을 주한미군의 핵무기 철수와 연계하였다. 회고해 보면, 남북기본합의서는 체제의 방어와 함께 남한으로부터의 경제적 자원을 동원하기 위한 수단이었다. 남북기본합의서와 함께 발효한

12) 통일부, 『문재인의 한반도정책: 평화와 번영의 한반도』 (서울: 통일부 국립교육원, 2017.11), p. 10.

13) 남북교역 (일반교역+위탁가공 교역) 규모는 1998년 2.2억 달러에서 천암함 피격사건(2010.3), 연평도 포격전(2010.11) 등 군사적 충돌에도 불구하고 2010년 19.1억 달러, 2015년 27.1억 달러로 증가했다. 이중 개성공단 관련 교역액이 99.6%를 차지했다. 북한의 4차 핵실험(2016.1.6.) 이후 UN의 제재 강화로 남북교역은 급격히 위축되었다. 통계는 통계청 e-나라지표 (출처: 통일부 내부행정자료)에서 인용.

한반도 비핵화 공동선언은 북한의 핵 개발을 위한 위장이었다.

윤석열 정부 이전까지 이른바 보수 정부가 세 차례, 진보 정부가 역시 세 차례 집권했다. 정부의 순서에 따라 내세웠던 대북정책의 목표를 살펴보면,[14] 김영삼 정부는 남북기본합의서 이행·실천(남북연합 실현), 김대중 정부는 평화·화해·협력 실현을 통한 남북관계 개선, 노무현 정부는 평화 증진과 공동 번영 등을 각각 제시했다. 이명박 정부는 상생과 공영의 남북관계 발전, 박근혜 정부는 남북관계 발전, 한반도 평화정착, 통일기반 구축을 내세웠다. 문재인 정부는 북핵 문제 해결과 항구적 평화정착, 지속 가능한 남북관계 발전, 한반도 신경제공동체 구현을 제시했다. 두 차례의 정상회담 선언을 만들었으나 문재인 정부의 목표는 어느 하나도 제대로 진척되지 않았다. 특히 한반도 신경제공동체 구현 같은 목표는 건들지도 못했다. 그 이전의 정부들도 크게 다를 바 없었다. 남북 간 몇 차례의 회담을 하고 인적·물적 교류가 있었다고 자랑할 일이 아니었다. 그런데 역대 한국 정부는 모두 임기 말 대북정책의 성과를 평가하면서 자화자찬하고 목표 달성을 하지 못한 것을 북한의 탓으로 돌렸다.

사실 진보 정부든 보수 정부든 내세운 대북정책의 목표와 정책 과제는 크게 다르지 않았다. 정책 목표의 수사학은 다르지만, 한반도(북한) 비핵화, 화해·협력, 신뢰 구축, 평화체제 구축, 남북 경협, 인도적 지원, 통일기반 조성 등 정책 과제에서 대부분 유사하였다. 다만 보수 정부는 북한의 변화 견인이나 필요성을 중요시한 데 반해 진보 정부는 그렇지 않았다. 윤석열 정부는 남북관계 정상화와 통일준비를 국정과제로 제시하고 남북 공동 이익 실현, 북한 비핵화 견인, 북한의 변화 유도와 통일국가의 청사진

14) 박영호, “평화–안보의 균형과 대북정책,” 박영호 외, 『한반도 뫼비우스의 띠 풀기: 북한 비핵화와 평화 구축』 (서울: 한반도 평화만들기, 2021), p. 36 〈표 1〉 참조.

제시를 과제의 목표로 제시했다. 그리고 8.15를 계기로 북한을 비핵화로 견인하기 위한 '담대한 구상'을 제안했다. 남북 간 경제·정치·군사 분야를 협의·진전시키면서 동시에 북한 비핵화도 합의·이행해 나가자는 것이다. 김정은 정권은 김여정의 입을 통해 '허망한 꿈'이라며 3일 만에 거부했다. 남한에 대한 대적 투쟁을 강화하고 있는 상황에서 예상한 일이었다. 김여정은 핵을 북한의 국체라면서 남·북한이 "서로 의식하지 말며 살았으면 하는 것이 간절한 소원"이라고도 말했다. 북한의 속내를 적나라하게 보여주는 발언들이다.

지난 30여 년 동안 적대적 남북관계를 개선하려는 한국 정부의 다양한 노력은 부분적 또는 외형적 결실을 보기도 했다. 그러나 인도적 지원과 경제·사회문화 교류·협력이 점차 정치·군사적 분야로 파급효과를 가져와 전반적 남북관계 개선을 가져올 것이라는 기능주의적 접근법은 소기의 목적을 거두지 못했다. 북한의 계산되고 통제된 대남 접근과 자의적인 교류·협력 행태, 때때로 발생한 군사적 충돌, 핵·미사일 개발 등이 남북대화와 남북관계를 단속적이며 불안정하게 만들었다. 북한의 일방적인 행태는 다반사로 발생했다.

남북대화는 정치적 목적이나 북한 의도에 따라서 열리거나 중단하기를 반복했다. 인적 교류와 물적 교류·협력은 북한의 일방주의적 행태를 수용하는 양태로 굳어졌다. 금강산 관광이 남북 주민 간 상호 이해의 증진에 기여하지 못했으며, 개성공단 가동이 남북 경제의 상호 의존성을 증대하지 못했다. 차관 형식의 대북 식량·비료 지원은 북한의 농업 개혁을 유발하지도, 통상적인 상거래 행위를 구축하지도 못했다. 어려운 북한 동포에 대한 인도적 지원을 중단하라는 것이 아니다. 남북 간 인적 교류나 경제교류·협력은 상호 이해를 증진하고 경제적 상호 의존성을 증대함으로써 공동의 이익과 번영을 도모하려는 것이다. 또 상호 신뢰 구축과 긴장 완화로 화해·

협력의 관계를 쌓는 데 목적이 있다. 그러나 한국 정부도 남북대화 중단에 조바심내고 북한과의 접촉 또는 북한의 일방적인 거래 방식으로라도 이뤄지는 남북 간 교류 등을 남북관계 개선으로 생각하는 매너리즘이 생겼다.

특히 보수-진보 정부를 교차하면서 대북정책은 일관성은커녕 전략적 지속성도 찾을 수 없었다. 역대 정부마다 지난 정부의 정책을 존중하고, 계승할 부분은 더 발전시켜 나가겠다고 했으나 실천하지 않았다. 정부 간 정책 단절은 정책 입안·추진 과정에서 국민합의가 아니라 국내 갈등을 오히려 증폭시켰다. 또한, 이념적 토대에 입각한 대북 인식이 정세 평가나 정책 선택을 지배하면서 국제사회와의 협력에서는 물론 상대방 북한으로부터도 '신뢰'를 얻지 못했다.

북한은 체제 수호 이데올로기인 '우리식 사회주의'에 이로운 방향에서 남북대화와 거래/상호작용에 임했다. 북한 '친화적인' 상호작용은 수용했으나 체제를 위협한다고 보는 상호작용은 배척했다. 한국 정부는 북한 변화를 지향한 정책을 추진하려 하기도 했다. 그러나 북한을 상대하는 일이 쉽지 않았으며 때때로 국내정치적 요인의 작용으로 정책의 지속성이나 일관성을 유지하기도 어려웠다. 5년의 임기 안에 남북관계에서 외형적으로라도 '성과'를 내기 위한 한국 정부의 정책은 북한의 일방주의식 행동을 수용하는 결과를 낳았다. 따라서 인적·물적 교류의 양적 증대가 대결상태 해소, 화해, 신뢰조성 등으로 이어지지 않았고 남북관계의 본질을 바꾸지 못했다. 북한의 변화에 관한 판단은 보수 또는 진보 정부의 성격에 따라 달랐다. 북한의 핵 개발이 지속하는 반면 남북대화나 남북관계는 북한의 의도나 행위에 따라서 중단과 재개를 반복했다. 이러한 양태가 남북관계의 비정상적인 상태다. 지금의 남북관계는 남북기본합의서가 지향한 긴장 완화, 신뢰 조성, 평화 보장, 민족공동의 이익과 번영 등을 위한 공동 노력과 합의사항의 성실한 이행과는 거리가 멀다.

한편, 김영삼 정부 이래 역대 한국 정부는 북한 비핵화 (한반도 비핵화)를 대북정책의 목표로 내세웠다. 그러나 북핵 협상은 미국에 의존해야 했으며 남북관계는 사실상 독자적인 추동력을 발휘하지 못했다. '선 비핵화 후 남북관계(경제협력)', '선 남북관계 후 비핵화', 또는 '비핵화와 남북관계 병행'의 어느 정책도 북한의 핵무기 개발을 중단시키지 못했다. 경제지원·협력이 북한의 비핵화를 견인할 수 있다는 인식과 정책은 유일지배 독재 권력의 유지와 정권·체제 안보의 '믿을 수 있는' 수단으로써 핵무기를 개발하려는 북한지도부의 의지를 냉정하게 판단하지 못했다. 미국의 핵무기 철수를 NPT 가입의 목표로 했던 북한은 목표 달성 후 NPT 잔류 여부를 한미연합훈련 중단 등의 협상 수단으로 활용했다. 결국, 북한은 NPT 탈퇴 후 핵무기보유 선언(2005.2.10), 1차 핵실험(2006.10.9)으로 핵개발 프로그램을 이어나갔다. 그 결과는 핵무력 완성의 선언과 사실상의 핵 국가라는 현실이다. '핵보유국' 북한이라는 현실은 그동안한국 정부의 대북정책에 대한 근본적인 성찰을 요구한다.

3. 남북관계의 패러다임 변화 필요성[15)]

이상에서 살펴본 바와 같이 역대 한국 정부의 대북정책은 그 목표 달성에 성공하지 못했다. 많은 합의서는 사문화되었다. 그 이유는 남북관계를 호혜적이며 상호주의적인 정상적 관계로 만들지 못했기 때문이다. 남북관계의 정상화는 중단된 남북대화가 단지 재개되거나 북한의 선호에 따라 거

15) 이 절은 필자의 중앙일보 칼럼 "박영호의 한반도평화워치" (2022.1.19.)의 내용을 보완한 것이다.

래가 이루어지는 것을 의미하지 않는다. 남한과 북한이 어떤 사안에 합의하면 그 합의를 제대로 이행·실천하고, 그런 관행을 쌓아나감으로써 양자 간 거래 양식이 상호주의적이고 쌍방 지향적으로 정착하는 것을 말한다. 그래야 진정한 화해도 신뢰 조성도 정치군사적 대결상태의 해소도 가능해질 수 있다. 비정상적인 남북관계 양태는 북한의 일방주의적 행태도 원인이었으나 남북이 대화하고 일방적인 방식이라도 교류·협력이 이루어지면 남북관계의 개선으로 본 한국 정부의 정책에도 책임이 있다.

지난 30년 이상 남북관계에 압도적 영향을 미쳐온 북핵 문제, 즉 북한 비핵화는 남북관계 개선·발전과 정상화를 위해 해결해야 할 가장 중요한 과제다. NPT 체제 아래서 국제사회의 인정을 받을 수 없으나 북한은 핵보유국이다. 북한의 관점에서 핵무기는 전략적으로 매우 유용하다. 첫째, 국내정치 차원에서, 정권·체제·국가 유지의 보루이며 국가 위상을 자랑하는 수단이다. 둘째, 남북관계 차원에서, 엄청난 국력 격차와 재래식 군비 경쟁에서의 불균형을 일거에 만회할 수 있는 수단이다. 셋째, 대남정책 차원에서, 북한이 의도하는 남북관계를 강제할 수 있는 무기다. 넷째, 통일정책 차원에서, 북한체제 유지를 위한 사실상 '두 개의 조선' 정책의 도구다. 다섯째, 국제관계 차원에서, 미국에 대응하고 중국의 후원을 받으면서도 독자성을 유지할 수 있는 방편이다. 이러한 효용성을 갖는 핵무기를 김정은 정권으로선 포기하기 어렵다.

향후 남북관계를 개선·발전시키기 위한 대북정책은 이러한 현실을 정책과 전략의 마련에 반영해야 한다. 북한의 핵 개발 전략에 대한 오판이나 북한 변화에 대한 비현실적 판단은 더는 용납되어서는 안 된다. 김정은 정권은 핵무기가 없어도 체제·국가·정권이 존속할 수 있다는 확신이 서거나 핵무기가 오히려 그에 부담된다고 판단하지 않는 한, 자발적인 핵 폐기의 과정으로 이행하지 않을 것이다. 핵무기가 처음 개발된 이후 핵무기를 개발하거나 보유한 국가에서 독재자가 선한 의도를 갖고 자발적으로 핵무기를 포기한 사례는 없다. 북한 비핵화를 위한 제재·압박과 외교 협상을 꾸준히 추진하되 남북관계의 본질을 바꿈으로써 김정은 정권이 자발적으로 핵무기를 포기하는 전략적 결단을 끌어내야 한다.

현실적으로 남한과 북한의 체제와 이념의 차이와 총체적인 국력 격차를 보면, 기존의 남북관계와 대북정책 접근 방식의 변화가 필요하다. 남북대화를 처음 시작할 무렵 남한과 북한의 경제력은 큰 차이가 없었다. 통일원(현 통일부) 자료에 따르면, 1971년 1인당 국민소득(GDP)은 남한 285달러, 북한 308달러였다. 1974년에 남한이 535달러로 북한의 461달러를 앞서기 시작했다.[16] 이후 남한과 북한 간 경제력 격차는 계속 벌어졌다. 2020년 북한의 명목 국내총생산(GDP)은 34.7조원으로 남한(1,933.2조원)의 1.8%에 불과하며, 명목 국민총소득(GNI)도 35.0조 원으로 남한(1,948.0조 원)의 1.8% 수준이다. 2020년 북한의 1인당 GNI는 137.9만 원으로 남한(3,762.1만 원)의 3.7%에 불과하다.[17] 남한은 경제협력개발기구(OECD) 개발원조위원회(DAC) 회원국으로서 선진국이다. 반면 북한은 세계 최빈곤국 중의 하나로 2022년 현재 전체 인구의 55%가 극빈층으로 분류된다.[18]

경제적 측면만이 아니라 자유, 민주주의, 인권 등 인간적 삶의 영역에서 남한과 북한의 차이는 극명하게 드러난다. 스웨덴 민주주의연구소 조사에

16) 1960~1973년까지 1인당 GDP에서 북한이 남한을 앞선 것으로 평가됐다. 통일원, 『分斷 45年 南北韓 經濟의 綜合的 比較硏究』 (서울: 통일원, 1990), p. 51. 그러나 1969년에 명목 국민총소득(GNI) 기준으로 남한이 221달러로 북한의 194달러를 앞섰다는 통계도 있다. 통계청, 『통계로 본 대한민국 50년의 경제사회상 변화』 (1998), 조태형 · 김민정, "북한의 장기 경제성장률 추정: 1956~1989년," BOK 경제연구, 제2020-17호 (한국은행, 2020.7), p. 40 재인용.

17) 통계청, "2021 북한의 주요통계지표." (2021.12.23.), p. 2.

18) *The World Poverty Clock*, 〈https://worldpoverty.io/map〉 (검색일: 2022.8.15.)

따르면, 2021년 민주주의 지수에서 남한은 세계 179개국 중 17위로 자유민주주의를 누리지만 북한은 178위로 폐쇄적 독재체제다.[19] 국제 인권단체 프리덤하우스의 세계자유보고서에 따르면, 2021년 북한은 조사 대상 210개국 가운데 자유가 없는 '최악 중의 최악 국가' 5개국 중 하나다. 북한은 1972년 이후 50년 연속해서 최악 중의 최악 국가이며, 왕조적인 전체주의 독재체제가 이끄는 1당 국가로 평가되었다.[20] 영국 경제정보연구소(EIU)의 민주주의 지수 조사에서도 북한은 2021년 조사 대상 167개국 중 165위로 최악의 권위주의 체제로 평가되었다.[21] 동 조사에서 남한은 '완전한 민주주의' 국가로 평가되었다. 이러한 차이를 좁히고 변화시키기 위해서는 북한 체제의 변화가 필수적이다.

남북대화가 시작된 이래 갈등과 대립의 남북관계가 바뀌지 않는 근본 원인은 남한과 북한이 사실상 국가 행위자이면서도 상호 관계를 국가 간 관계로 보지 않는 데 있다. 남한과 북한은 남북기본합의서에서 쌍방 간 관계를 "나라와 나라 사이의 관계가 아닌 통일을 지향하는 과정에서 잠정적으로 형성되는 특수관계"라고 합의했다. 그 이유는 남한과 북한 두 국가가 자기식의 통일을 전제하고 국내정치적 목적이 있었기 때문이다. 이념과 체제의 성격이 극명하게 다른 남한과 북한이 각기 자국의 입장에서 통일을 바라보며 이를 토대로 남북관계를 구상하고 정책을 펴는 한, 대결상태를

19) *Democracy Report 2022: Autocratization Changing Nature?* (Gothenburg, Sweden: V-Dem Institute, 2022), pp. 46-47.

20) *Freedom in the World 2022: The Global Expansion of Authoritarian Rule* (Washington, DC: Freedom House, 2022). 〈https://freedomhouse.org/country/north-korea/freedom-world/2022〉 (검색일: 2022.8.15.)

21) *Democracy Index 2021: the China challenge* (London: Economic Intelligence Unit, January 2022). 〈https://www.eiu.com/n/campaigns/democracy-index-2021/〉 (검색일: 2022.7.15.)

근본적으로 바꿀 수 없다. 남한의 헌법이나 북한의 헌법과 노동당 규약 모두 서로를 국가로 인정하지 않는다. 그러나 두 국가는 국제사회에서 각기 별도의 독립·주권국가다. 남한은 191개국과, 북한은 160개국과 수교 관계에 있다. 이러한 현실을 인정하는 패러다임의 대전환이 요청된다.

한편, 한국의 통일정책 기조는 기본적으로 북한의 변화를 전제로 한다. 또 남북관계 개선이 북한에 그러한 기회를 제공할 수 있을 것으로 가정한다. 그러나 남북관계 개선이란 북한의 일방주의적 행동을 수용하면서 교류·협력하는 것이 아니다. 남북관계가 서로에게 이익이 되고 공동이익을 가져오는 것으로 공동의 노력이 필요하다. 그러기 위해서는 북한의 행태가 변하고 북한 내부도 변해야 한다. 북한 내부에서 체제 변화의 욕구가 억제된 상태에서는 남북관계의 본질을 바꾸기가 어렵다. 북한체제의 변화와 남북관계가 정상화될 때 평화공존이 가능하며, 평화공존 체제를 거쳐야 평화적 통일의 길이 열릴 수 있다.

요컨대 남북관계의 패러다임 전환은 남한 국가와 북한 국가의 존재 현실을 인정하는 것에서 시작해야 한다. 이에 토대하여 좁은 민족주의 시각이 아니라 장기적인 국가발전 전략 차원에서 남북관계 발전을 구상하고 대북정책을 강구·추진해야 한다. 한반도의 '두 국가의 존재 현실' 인정이 통일을 부정하거나 포기하는 것이 아니다.

4. 김정은 정권의 성격

김정은 정권의 대남 강경 전략은 한국에 윤석열 정부가 들어선 이후에도 크게 바뀌지 않을 것이다. 하지만 북한의 전략에 대한 대증적 접근으로는 북한의 공격적 행태는 변하지 않고 일방주의적 남북관계를 지속시킬 뿐이다. 이러한 행위 양태를 변화시켜 새로운 패러다임 속에서 남북관계를 정상화하려면 김정은 정권의 성격을 냉철하게 판단하고 그에 맞는 전략과 행동 계획으로 정책을 추진해야 한다.

첫째, 김정은 정권은 지구상 현존하는 가장 오랜 독재정권으로서 1당-1인 지배의 세습 정권이다. 권위주의 연구에 따르면 북한처럼 견고한 1당 지배의 개인화 독재정권은 그 지속성이 매우 크다.[22] 특히 독재자의 집권 기간이 길수록 독재체제가 견고하게 굳어질 가능성이 매우 크다. 모든 분야에서 권력을 통제·장악하고 안보·보안기구를 자신의 권력 도구로 활용하며 권력 배분에서 외부의 영향에 덜 민감하기 때문이다.[23] 북한이 그러한 전형적인 사례다. 더욱이 이웃한 중국과 러시아는 매우 크고 강력한 독재국가로 미국과 대척점에 있다. 북한의 핵무기는 중국과 러시아에는 불편할 수는 있어도 위협이 아니며 두 나라는 북한의 '핵보유국' 지위를 묵인할 수 있다.

둘째, 2021년 세계 민주주의 수준은 1989년 수준으로 퇴화했으며 독재체제가 증가 추세에 있다. 현재 세계 인구의 70%가 독재 통치 아래에 있다.[24] 중국과 러시아, 시리아, 쿠바 등 북한과 국교 관계에 있는 국가 대부분이 독재 내지는 권위주의 체제다. 이중 북한은 최악의 독재체제로 평가된다.[25] 미·중 패권경쟁이 심화하는 가운데 러시아의 우크라이나 침공으

22) Adam Day, Dirk Druet and Luise Quaritsch, *When Dictators Fall: Preventing Violent Conflict during Transitions from Authoritarian Rule* (New York: United Nations University, 2020), p. 11.

23) Adam Day, Dirk Druet and Luise Quaritsch, *When Dictators Fall: Preventing Violent Conflict during Transitions from Authoritarian Rule*, p. 11.

24) V-Dem Institute, *Democracy Report 2022: Autocratization Changing Nature?* (Gothenburg, Sweden, 2022), p. 6.

25) V-Dem Institute, *Democracy Report 2022: Autocratization Changing Nature?* p. 47.

로 미·러 적대관계가 형성되면서 세계는 민주주의 진영 대 권위주의 진영 간 새로운 냉전 시대로 진입하고 있다. 북한의 대중 및 대러 협력 강화[26]와 북·중·러 3각 협력 증대 등의 현상은 가장 폐쇄적 독재국가인 북한에 유리한 국제 환경을 주고 있다.

셋째, 김정은 정권은 어떤 독재국가보다 권력 엘리트집단의 내부 응집력이 강하다. 김일성 유일 지배체제가 성립된 이래 250명 내외의 당 중앙위원회 정·후보위원이 북한의 당·정·군을 움직인다.[27] 김정은 집권 초기의 권력 상층부에 대한 숙청과 공개처형처럼 때때로 숙청·처형이 발생하고 지휘부 교체가 수시로 이뤄지나 이 집단에 들어가면 체제 이익을 공유하므로 충성심이 상당히 견고하다. 경제 위기 시에도 고도의 충성심을 유지하며 핵심 엘리트 주위로 응집해 분열을 피할 가능성이 크다.

넷째, 김일성 유일 지배체제가 성립된 이후 오랜 기간 권력 엘리트집단 내의 핵심세력으로 소수의 '승리 연합'을 구성하는 효과적인 권력 분배 메커니즘이 작동하고 있다. 이러한 승리 연합은 권력과 부를 공유한다. 김정은의 고모부 장성택 처형처럼 최고위층/고위층의 특정인이 제거되면 충성의 새 인물이 충원되면서 그 연합의 성격은 그대로 유지된다. 견고한 독재체제 승리 연합 속의 특정 인물 제거가 그 연합의 해체나 연합에 대한 도전을 유발하기보다는 연합의 새로운 결속을 가져오는 계기가 될 수 있다. 김정은 정권은 그가 정점(당 중앙)인 승리 연합의 현재진행 형태이다.

다섯째, 북한 주민은 생활의 일부인 사상 학습과 고도의 통제 아래 거대

---

26) 우크라이나 돈바스 지역에서 2014년 4월 분리 독립을 선포한 도네츠크 인민공화국과 루간스크 인민공화국을 북한은 2022년 7월 13일 주권 국가로 승인했다. 북한은 러시아, 시리아에 이어 세 번째로 도네츠크 인민공화국과 루간스크 인민공화국을 승인한 유엔회원국이다.

27) 김정은 정권의 정치체제와 관련해서는 김갑식 외, 『김정은 정권의 정치체제: 수령제, 당·정·군 관계, 권력엘리트의 지속성과 변화』(서울: 통일연구원, 2015) 참조.

한 동굴 속에 갇힌 존재다. 북한에서도 확산하고 있는 통신 수단인 손(휴대)전화는 보이지 않는 감시 도구다. 주기적인 공포 통치는 지위 고하, 남녀노소를 가리지 않는다. 이러한 체제에서 대다수 북한 주민은 동굴의 우상을 극복하기 어렵다. 북한 정권은 반복적으로 인민 삶의 어려움을 미 제국주의의 탓으로 돌린다. 그리고 독재자는 '인민의 어버이'로 선전되고[28] 사상 학습과 선전 예술 활동 등을 통해 인민의 의식 속에 각인되도록 한다. 이러한 북한에서 보통의 인민에게 체제 도전은 감히 생각조차 하기 어렵다.

여섯째, 북한은 경제적 지대 추구 사회다. 독재자와 핵심 엘리트, 당·정·군 간부, 일반 주민에 이르기까지 뇌물 사슬로 얽혀있다. 만성적 공급부족 상태에서 뇌물은 소득 재분배 효과를 낳는 일종의 윤활유다.[29] 부패구조의 심화가 체제 취약성을 가중할 수도 있다. '인민대중제일주의정치'를 표방하며 주기적으로 부패와의 전쟁을 선포해 고위층부터 단속하는 이유다. 정부의 운영능력, 자원의 효율성 등을 보여주는 북한의 거버넌스 수준은 거의 밑바닥이다.[30]

일곱째, 김정은의 가장 믿을만한 수단은 핵무기와 미사일이다. 핵무력은 "국력의 상징이자 우리(북한) 군사력의 기본"이다.[31] 당 우위의 국가이지만

---

28) 경제 실패가 연속적인 상황에서도 김정은 정권은 2021년 1월 초 열린 제8차 당 대회에서 당 규약 개정을 통해 이른바 '인민대중제일주의'를 '사회주의 기본정치방식'으로 명시했다.

29) 김병연, "북한 경제 실태와 경제발전 5개년 계획의 평가," 한반도포럼 '북한 경제 실태 재평가' 토론회 발표 자료, 2021.3.18.

30) 독일 베르텔스만 연구소의 연례 국가 변혁지수(BTI Transformation Index) 조사에서 2022년 북한은 거버넌스 부분에서 조사대상 137개국 중에서 에리트레아, 시리아와 함께 최하위 바닥권으로 평가됐다. Bertelsmann Stiftung (ed.), *Transformation Index BTI 2022: Governance in International Comparison* (Verlag Bertelsmann Stiftung, Gütersloh, 2022).

31) 김정은 연설, 『조선중앙통신』, 2022.4.25.

총대는 당과 정권, 사회주의제도를 수호하는 담보다.[32] 핵무기는 소위 미국의 위협에 대한 억제력이며, 생존권과 발전권을 주장하는 뒷받침이고, 대남 전략의 강력한 수단이다. 독재자가 자발적으로 핵무기를 포기한 사례는 없다. 러시아 푸틴의 우크라이나 침공은 역설적으로 김정은에게 더욱더 핵무기에 집착하게 하는 교훈을 준다.

여덟째, 북한과 국경을 접한 동맹국 중국이 있다. 중국은 북한이 '하나의 운명'이자 '불패의 전략적 관계'로 간주하는 절대 후원국이다. 북핵과 북한 문제에 대한 중국의 '건설적' 역할은 중국의 국가 전략에 활용되는 하나의 수단이다. 북핵 문제의 해결을 위한 중국의 '건설적 역할'이 갖는 함의는 북한의 핵 개발 차단과 핵 폐기로의 영향력 발휘다. 그러나 북핵 문제가 불거진 이후 지난 30년간 중국은 그에 부응하는 책임 있는 역할을 하지 않았다. 특히 중국은 유엔안보리 상임이사국이자 북한의 동맹국으로서 북한의 핵 개발을 억제하지 못한 책임에서 벗어날 수 없다. 중국은 6자회담 등 북한 비핵화를 위한 다양한 협상 과정에서 자국의 이익을 확보하는데 주안점을 두었다. 중국의 장기 전략 목표는 미국의 지위를 대체하는 것이다. 중국 국가 정체성의 본질은 공산당 지배다.

5. 남북관계 정상화를 위한 정책 방향: 제언[33]

이상에서 지난 30년의 대북·통일정책을 비판적으로 성찰하고, 정상적

---

32) 『경애하는 김정은 동지의 명언 (1)』 (평양: 조선노동당출판사, 2015), p. 39.,

33) 이 절은 필자의 중앙일보 칼럼 "박영호의 한반도평화워치" (2022.7.19.)의 내용을 보완한 것이다.

인 남북관계를 구축하기 위한 전략적 구상으로 남북관계/대북정책 패러다임의 전환 필요성을 제기하였다. 그리고 김정은 정권의 성격에 대해 검토하였다. 이러한 분석의 토대 위에서 필자는 정상적인 남북관계 구축, 즉 남북관계 정상화를 위한 대북정책의 방향을 다음과 같이 제안하고자 한다.

첫째, 대북·통일정책은 확고한 대한민국 국가 정체성의 기반 위에 서야 한다. 자유민주주의, 자본주의 시장경제, 인권, 법의 지배, 공화주의 등 헌법의 기본 가치는 남북관계 개선·발전과 정상화, 그리고 통일 추진과정에서 양보할 수 없는 요소다. 또한, 유엔회원국으로서 유엔헌장의 목표와 원칙을 충실히 반영해야 한다. 남북관계의 현실은 이러한 원칙의 반영에 걸림돌이 되고 또 지루한 시간이 소요될 수 있다. 그러나 정상적인 남북관계를 만들어나가기 위해서는 끊임없는 인내심과 의연함이 요구된다.

둘째, 평화와 안보에 대한 철학은 '힘을 통한 평화'에 토대를 둔다. '평화지상주의'가 평화를 가져오지 않는다. 김정은 정권이 핵의 사용이나 사용위협을 대남 전략의 도구로 활용하지 못하도록 무력화해야 한다. 전반적인 대북정책의 목표는 '남북관계의 정상화와 평화공존의 토대 구축'이다. 대북정책의 기본 전략은 충분한 억지에 기반을 둔 상호주의 관여다. 억지와 강압(deterrence and coercion), 대화·협상으로 북한 비핵화를 추진하면서 북한을 국제사회의 정상적 일원으로 편입시키는 전략적 관여정책을 추진한다. 관여는 포용이 아닌 변화를 이끄는 방법이다. 이를 위해선 효율적 국제협력이 필수적이다. '글로벌 중추 국가'의 역할을 충분히 수행하며 한반도 문제에 대한 촘촘한 국제협력 네트워크를 만들어야 한다. 정책 기조의 기본은 호혜적 상호주의다.

셋째, 자유민주주의, 인권, 평화의 실천 방식으로서 남북관계를 진화시켜야 한다. 이런 점에서 윤석열 정부의 '남북관계 정상화' 국정과제는 매우 적절하다. 모든 남북 간 상호작용이 국제법, 국제규범·관행의 기반 위에 이뤄지도록 방식을 바꿔야 한다. 호혜성 없는 대화나 거래에 의존할 필요 없다. 경제 지원과 약속의 불이행에는 대가가 따라야 한다. 북한 인권 문제는 경제·사회·문화적 권리와 시민적·정치적 권리의 통합적 접근이 요구된다. 이를 위해 북한인권법과 북한인권재단을 조속히 정상 가동·운영해야 한다. 그리고 실용과 유연성을 이유로 상호주의 원칙의 근본을 손상하지 말아야 한다.

넷째, 윤석열 정부의 '담대한 계획'은 북한 비핵화가 전제가 아닌 이를 견인하는 계획이다.[34] 북한 비핵화와 경제 패키지와 함께 북한의 대미·대일 관계 정상화, 남북 정치 관계의 제도화, 군사적 신뢰 구축과 군비 통제, 경제 관계, 평화체제 구축과 국제안보협력 등이 포괄적·구체적이며 연동하도록 디자인해야 한다.[35] 북핵 문제의 해결 과정에서 남한은 당사자로서 직접 관여해야 한다. '남북 공동경제발전계획'을 수립·추진할 경우, 북한의 정책 변화 수용성, 주변국의 발전 구상, 국제 정치 현실 등과 동떨어진 공허한 청사진이 아니라 현실 정합적인 내용을 담아야 한다.

다섯째, 북한 독재체제의 공고화와 자원 전용에 활용되는 상호작용은 차

34) 윤석열 정부는 2022년 8월 15일 제77주년 광복절 대통령 경축사에서 '담대한 계획'을 '담대한 구상'으로 제안하였다.

35) 윤석열 대통령의 '담대한 구상'과 관련 국가안보실 배경 설명, 대통령 취임 100일 기자회견, 통일부 장관 설명 등을 통해 윤석열 정부는 필자가 중앙일보 칼럼 '박영호의 한반도 평화워치'(2022년 5월 10일자와 7월 19일자)에서 제안한 바와 같이 남한이 당사자로서 북핵 문제를 협상하며 북한 비핵화를 위해 경제 패키지와 함께 북미 관계 정상화를 위한 외교적 지원, 신뢰 구축과 군축, 평화체제 구축 등을 포함한 "경제 · 정치 · 군사 부분을 포괄하는 포괄적, 총합적 계획"이며 "포괄적인 핵 합의가 나오고 실질적 비핵화 프로세스가 시작되면 '남북공동경제발전위원회' 등이 가동될 것"이라고 설명하고 있다. 권영세 통일부 장관은 담대한 구상의 중점 방향에 관해 "정치·안보·경제 세 분야에 대해 남북이 서로 논의해나가는 과정 속에서 비핵화 과정 또한 동시적으로 합의하고, 이행해 나가고자" 한다고 설명했다. 권영세, "경남대 극동문제연구소 국제학술회의 기조연설," 2022.8.18.

단하고 장기적인 변화 이행을 견인하는 관여 방안을 개발·추진해야 한다. 대화, 경제지원과 협력, 교류협력 등 모든 남북관계는 국제법·국제규범과 국제관행의 적용을 원칙으로 한다. 즉 각종의 거래 및 상호작용 행위는 기존처럼 북한의 선호(選好)에 따른 일방적 방식이 아니라 쌍방 지향적 행위를 원칙으로 적용하여 추진한다. 북한체제의 속성을 일거에 전환하기는 어려우나 각종 거래와 상호작용 행위가 한국 사회의 다양성과 다원성이 반영되고 쌍방향의 방식으로 진화되도록 추진한다. 인도적 지원의 경우도 마찬가지다. 다양한 접촉과 교류협력은 북한 주민의 각성과 역량 배양, 사회의 개방과 체제의 변화를 고무하는 환경 조성의 수단이다. 남북 교류협력을 민간 자율에 맡기되 정부는 국가 간 거래의 법적·제도적 규율로 지원하도록 한다.

여섯째, 통일은 장기 국가발전 전략의 일환이다. 서독은 북대서양조약기구(NATO)와 유럽공동체(EC)의 틀 속에서 원칙 있는 정책 추진으로 동독의 체제 전환에 영향을 주고, 결국 자유민주적 질서로의 통일을 달성했다. 우리의 국가 정체성에 토대한 국제연대 강화와 지구촌 평화·번영에 대한 역할 제고는 남북관계의 정상화와 북한체제의 변화를 이끄는 구심력이다. 남북관계가 정상화되면 북한지도부의 정권·체제 안보 우려가 완화되고 체제 전환의 길을 선택할 기회가 증대할 것이다.

마지막으로, 장기 국가(안보) 전략 내지는 국가발전 전략 차원의 '통일 대계(大計)'를 마련할 필요가 있다. 한국의 민주화 이후 5년 임기의 정부가 여섯 차례 지났으며 현재의 윤석열 정부는 일곱 번째 정부다. 지난 경험을 준거로 할 때, 정부 임기 중 실천하고 달성할 수 있는 일에는 한계가 있다. 남북기본합의서의 요체인 화해와 불가침 및 평화 보장, 다각적 교류·협력의 실현, 그리고 북한 비핵화는 긴 호흡을 요구한다. 남북관계가 정상화되지 않은 상태에서 향후 25년의 시기에 우리는 대립과 갈등의 남북관계, 분단 100년과 각각의 정부 수립 100년을 맞을 수도 있다. 그러한 상황이 현실화되지 않도록 지속 가능한 대북·통일정책과 행동 계획의 토대가 될 가칭 '통일 대계 2048'을 국가 차원의 전략으로 작성해야 할 것이다. 이 글에서 필자가 제안한 남북관계의 패러다임 전환 차원에서 중기목표로 남북기본합의서를 업그레이드한 한반도의 두 국가 간 기본조약 체결을 추진하는 것은 그 일환이 될 수 있다.

6. 결론

한반도 분단체제는 남한과 북한 두 국가에 국가발전과 경영의 굴레이자 족쇄다. 따라서 남한의 역대 정부나 북한의 유일 지배체제 세습 3대 정권 모두 이 체제의 극복을 위해 통일을 국가목표로 세우고 각각 대북정책과 대남정책을 추진해왔다. 그런데 남한의 통일 지향과 북한의 통일 지향은 그 목표가 극명하게 다르다. 따라서 모두 평화적 통일을 명분으로 내세웠어도 그 목표가 상충함에 따라 남한의 대북정책과 북한의 대남정책 또한 근본적으로 충돌할 수밖에 없다. 이러한 상황에서 민주화 이후 역대 남한 정부는 남북관계 개선·발전을 위한 다양한 노력을 전개하였다.

그러나 지난 30여 년의 대북정책 추진과정에서 민주주의의 본질상 정권 교체에 따라 정책의 일관성, 지속성 등에서 많은 문제가 발생하였다. 특히 사회주의진영이 붕괴하고 북한이 핵무기 개발과정에 들어서면서 북한의 핵개발 의지와 북한체제의 성격에 관한 판단이 정권의 성격에 따라서 다르게 나타났다. 따라서 역대 정부들은 대북정책의 비전과 목표, 정책 과제들을 그럴듯하게 설정했어도 제대로 된 결과를 산출하기가 어려웠다. 이 과정에서 남북대화나 남북관계에 대한 북한의 일방주의적 행태가 수용되는 비정상적인 남북관계가 형성됐다. 한편 북한은 경제적 어려움이 지속되는 상황에서도 핵무기와 미사일 개발에 국가 역량을 집중함으로써 핵보유국이 되었다. 결국, 총체적인 국력의 열위에도 불구하고 북한은 남한의 안보는 물론 동북아지역의 안보를 위협하고 나아가 세계의 비확산체제를 위협하는 국가가 되었다.

분단이 장기화되면서 통일에 대한 우리 국민의 의식에서 세대 간 간격이 크게 나타나기 시작했다. 6.25 전쟁을 경험한 세대는 이제 소수에 불과하다. 또 한국이 경제적, 사회문화적으로 국가 역량이 크게 신장함에 따라서 통일의 필요성에 관한 생각도 점차 변화가 발생하고 있다.[36] 반면에 북한은 '우리식 사회주의' 이데올로기의 독재체제 아래서 과거 동유럽국가는커녕 아시아의 중국, 베트남과도 달리 체제의 개방을 거부하고 있다. 남한과 북한의 체제 간격은 그만큼 더 벌어지고 있다.

한편 30여 년 전 남북기본합의서가 체결될 당시의 국제질서와는 달리 현재의 국제질서는 그 성격은 다르지만 마치 과거의 냉전 체제로 회귀한 듯하다. 경제력의 신장을 바탕으로 군사력을 강화하고 있는 중국이 미국 주도의 자유주의 국제질서에 도전하고 미국이 이에 적극적으로 대응하는 미·중 패권경쟁이 심화하고 있다. 시진핑의 주변국/약소국에 대한 전략은 '중화와 변방의 오랑캐'라는 과거 '중화종주권'의 퇴영적 인식에 기반하고 있다. 러시아의 우크라이나 침공은 양자 간 전쟁이 아니라 러시아 대 미국 주도의 NATO 간 전쟁이 되었다. 푸틴은 핵무기 사용 가능성을 위협한다. 중국과 북한은 러시아의 편에 섰다. 유엔안보리는 무력하다. 푸틴의 침략

---

36) 서울대 통일평화연구원의 2021년 국민의식조사에서 통일의 필요성에 대한 질문에 '매우 필요하다'와 '약간 필요하다'를 합한 응답자의 비중이 44.6%로 동 조사가 시작된 2007년 이래 가장 낮은 수준으로 떨어졌다. 김범수 외, 『2021 통일의식조사』 (서울: 서울대 통일평화연구원, 2022), p. 30.

전쟁은 민주주의 진영 대 권위주의 진영 간 대립 구도를 선명하게 만들었다. 군비 경쟁이 본격화되었다. 전략자원·에너지·신기술·사이버안보 등 경제안보/신안보의 도전이 거세다.

이러한 모든 상황은 한반도 전략환경에 그대로 투영된다. '미국·서방의 자유주의 국제질서 유지' 대(對) '중국·러시아의 위계적 권위주의 국제질서 구축 추진' (민주주의 진영 대 권위주의 진영), '자유민주 대한민국' 대 '전체주의 독재 조선민주주의인민공화국', '한·미·일 협력 강화' 대 '북·중·러 협력 강화', '대북 억제력 강화·비핵화 요구' 대 '북한의 핵무력 강화', '한·미·일 공조' 대 '민족 공조', '북한 변화 유도·자유민주 통일기반 조성' 대 '우리식 사회주의·사회주의강국 건설' 등이다. 약소국 북한에 작금의 국제질서는 30년 전 냉전 구조 해체 직후의 국제 질서에 비해 훨씬 유리하다. 여기에 더해 남한과 북한 간 본질적 갈등·충돌 요인인 '자유민주주의·시장경제 기반의 통일'과 '우리 식 사회주의 기반의 통일'이라는 대립구조는 바뀌지 않았다.

이제 한국의 대북·통일정책은 지난 30여 년의 정책에 대한 철저한 재검토, 북한체제의 성격에 대한 냉철한 이해, 국제전략 환경의 변화 등을 반영하고 한국의 장기 국가 전략의 관점에서 입안되고 추진되어야 한다. 이러한 토대 위에서 한국 정부는 과거처럼 공허한 청사진을 그리지 말고 현실적이고 실천 가능하며 임기 종료 이후에도 이어나갈 수 있는 정책을 구상하고 실행해야 할 것이다. 이 글에서의 분석과 정책 제언이 그러한 방향에서 정책이 형성되는 조그만 출발점이 되기를 기대한다.

특별기고3

한반도 평화협정과 한반도 영구평화: 한반도 평화협정 조문과 이론·내용·과제의 축조(逐條)해설

박명림 연세대

1. 문제의 제기

오늘날 한반도에서, 한반도 비핵화, 정전체제의 평화체제로의 전환, 북미관계 정상화를 포함하는 항구적 평화의 구축 문제는 격변과 반전을 거듭하고 있다. 2017~18년 한반도는 북한의 핵실험과 대륙간탄도미사일(ICBM: Intercontinental Ballistic Missile) 발사로부터 비롯된 김정은 북한 국무위원장과 트럼프(Donald Trump) 미국 대통령의 말폭탄을 포함하여, 한국전쟁 이후 최고 수준의 군사충돌위기를 노정한 바 있다.[1] 이후 평창올림픽을 계기로 대화국면으로의 급반전으로 인해 한국의 문재인 정부와 미국의

---

1) 당시 한반도의 심각한 위기상황에 대해서는, Bob Woodward. 2020. Rage. New York: Simon& Schuster. ; ___. 2018. *Fear: Trump in the White House*. New York: Simon& Schuster; John Bolton. 2020. *The Room Where It Happened – A White House Memoir* (New York: Simon& Schuster)를 참조.

트럼프 정부 시기 동안 활발히 진행되던 남북, 북미정상회담을 포함한 한반도 비핵평화를 위한 대화는 현재 다시 정지되어있는 상태다.

문재인 대통령과 김정은 국무위원장은 세 번에 걸친 정상회담을 가진 바 있다. 분단 이후 남북 최고 지도자들로서는 가장 많은 정상회담을 가진 두 사람이다. 트럼프 대통령과 김정은 위원장 역시 세 번의 정상회담을 가진 바 있다. 역시 두 나라 최고 지도자 사이에는 건국 이래 최초이자 가장 많은 정상회담을 가진 두 사람이다.

그러나 남북관계는 물론 북한과 미국의 대화 역시 2021년 조 바이든(Joe Biden) 정부의 출범 이래 단절되어있다. 비핵평화의 문제에 관한한 남북 사이의 윤석열-김정은 대화는 물론, 북미 사이의 바이든-김정은 대화 역시 현재로서는 실현 가능성이 높지 않다. 또한 조선민주주의인민공화국(이하 북한, 또는 조선)은 인류 역사상 처음으로 무기[핵무기]를 헌법에 삽입한 이래(2012년 4월 13일), 현재에 이르기까지 세 번에 걸친 헌법개정에도 불구하고 핵무기가 포함된 전문을 전혀 개정하지 않고 있다.[2] 문재인-트럼프-김정은 사이의 빈번한 정상회담을 계기로 부풀었던 한반도 비핵평화의 희망과 노력은 현재로서는 꽉 막혀있는 상태가 아닐 수 없다.

한국전쟁에 대한 공식적인 종전의 선언을 통해 정전체제의 평화체제로의 전환의 한 시작 의도를 담고 있는 한국의 문재인 정부의 열정적인 종전선언 추구와 제안 역시 남·북·미·중 사이에 어떠한 합의조차 이루어내지 못한 채 결국은 실패하고 말았다.[3] 문재인 정부가 임기 동안 한반도 평화

---

2) 아래의 헌법들이 이에 해당한다. [조선민주주의인민공화국 사회주의헌법] - 2012년 4월 13일 최고인민회의 제12기 제5차 회의에서 수정보충; 2013년 4월 1일 최고인민회의 제12기 제7차 회의에서 수정보충; 2019년 4월 11일 최고인민회의 제14기 제1차 회의에서 수정보충; 2019년 8월 29일 최고인민회의 제14기 제2차 회의에서 수정보충.

3) 종전선언이 실패하게 된 요인과 국가별 입장 차이는, 본 평화협정안 제시의 전제로서 중요하나 본고가 종전선언의 실패를 직접 다루는 것은 아니기 때문에 생략하였다. 종전선언

체제의 정초를 위해 가장 강력히 추진해온 정책의 하나가 종전선언이라고 해도 과언이 아니었다. 2018년 판문점 선언에 포함한 이래 종전선언은 문재인 정부의 대표적인 한반도 평화정책의 하나였다.[4] 이후 문재인 대통령은 2018년 제73차, 2020년 75차, 2021년 76차에 이르기까지 세 차례의 유엔 총회 기조연설을 포함하여 국내-남북-국제적으로 기회있을 때마다 종전선언을 제안하고 추진하였다.[5] 그러나 임기를 마칠 때까지 종전선언은 끝내 실현되지 못하였다.

한국전쟁이라는 미증유의 가공할 세계적 전쟁을 경험한 국민들로서 안정적이고도 지속가능한 평화를 향한 한국인들의 열망은 세계 최고라고 해도 과언이 아니다. 물론, 한국전쟁 이후 오늘에 이르기까지 한국인들은 전쟁의 재발 방지라는 소극적 평화를 유지하는 데에는 크게 성공해온 것이 사실이다. 그를 통해 놀라울 정도로 빠른 속도로 경제번영과 민주주의를 성취하였음은 부인할 수 없다. 그러나 정전체제와 북핵문제를 포함한 근본적인 평화위협 요소들은 여전히 상존하고 있다.

이에 본고는 한반도문제 출발의 한 근본요소인 한반도 정전협정을 평화협정으로 대체하여 한반도에 공고하고도 항구적인 평화체제를 구축하자고 제안한다. 그를 위해 포괄적이고도 상세한 한반도 평화협정의 초안을 작성

의 실현 불가능성 및 철회 제안에 대해서는 졸고, 박명림, "한반도 문제의 현황, 진단, 전망: 비핵평화를 위한 사유와 해법". 경제 · 인문사회연구회, 중앙일보, 통일연구원, 한반도 평화만들기 공동주최 학술회의. 『한반도 정세와 북한경제: 쟁점과 전망』 발표논문(2018년 12월 21일. 롯데호텔)을 참조.

4) "남과 북은 정전협정체결 65년이 되는 올해에 종전을 선언하고 정전협정을 평화협정으로 전환하며 항구적이고 공고한 평화체제 구축을 위한 남 · 북 · 미 3자 또는 남 · 북 · 미 · 중 4자회담 개최를 적극 추진해 나가기로 하였다." [한반도의 평화와 번영, 통일을 위한 판문점 선언] 제3조 3항. https://www1.president.go.kr/articles/3138 (2022년 1월 15일 검색)

5) https://www1.president.go.kr/search (2022년 1월 15일 검색)

하여 제시한다. 한반도 평화정착의 문제와 관련하여, 각각 실패한 세 핵심 과제, 즉 한반도 비핵화, 정전체제의 평화체제로의 전환, 북미관계 정상화 문제를 따로따로 접근해서는 어느 하나도 여전히 성공의 가능성이 낮기 때문이다. 그만큼 이들 세 문제는 긴밀히 맞물려 있다.

따라서 이제는 발상의 획기적인 전환을 통해 이 문제들에 대한 포괄적이고도 종합적인 접근이 필요하다고 사료된다. 본협정이 한반도 평화체제에 관한 거의 모든 필수 의제들을 상호 연결되게 망라한 이유다. 먼저 한반도 평화협정의 조문 하나하나의 내용을 제안한 이후 차례대로 그에 대한 근거와 배경, 철학과 이론, 상태와 목표에 대한 상세한 축조(逐條) 해설과 해석을 제시하고자 한다.[6)]

2. 한반도 평화협정 전문(全文)[7)]

한반도 평화협정

前文

대한민국(이하 한국, 또는 남한·남)과 조선민주주의인민공화국(이하 조선, 또는 북한·북)과 미합중국(이하 미국)과 중화인민공화국(이하 중국)은 1953년

---

6) 정전협정의 대체 문제와 평화협정의 주요 쟁점들에 대한 포괄적이고도 체계적인 정리와 설명에 대해서는, 도경옥 · 안준형, 『한반도 평화협정의 법적 쟁점과 과제』 (통일연구원, 2019)를 참조.

7) 이하의 한반도 평화협정 전문은 아래의 내용을 크게 수정 보완한 것이다. 박명림, "남북평화협정과 한반도평화: 잠정 초안의 원칙, 내용, 비전," 『민주법학』, 제25호 (2004), pp. 259-297.

7월 27일 체결된 「군사정전에 관한 협정」이 영원한 평화와 통일을 염원하는 모든 한국인들과 아시아인들과 세계인들의 뜻에 따라 「평화협정」으로 대체되어야함을 인정하고,

한국과 조선이 합의한 「7·4 남북공동성명」(1972), 「남북 사이의 화해와 불가침 및 교류·협력에 관한 합의서」(1991), 「한반도비핵화 공동선언」(1992), 「6·15 공동선언」(2000), 「남북관계 발전과 평화번영을 위한 선언」(2007), 「한반도의 평화와 번영, 통일을 위한 판문점 선언」(2018), 「평양공동선언」(2018)및 한국·조선·미국·중국이 합의한 「6자회담 9.19공동성명」(2005), 그리고 조선과 미국이 합의한 「공동성명」(2018)의 평화, 불가침, 비핵화, 화해, 공동 번영의 정신을 계승하여,

포괄적이고 생산적이며 정의롭고 항구적인 한반도와 세계평화의 달성을 목표로 하고,

생명, 인권, 자유, 평등, 그리고 화해를 기반으로 하여 인간의 궁극적 존엄성을 추구하도록 하는 평화의 창조, 유지, 강화, 영구화의 무한한 중요성을 새기고,

상호 간에 지속적인 위협, 무력사용, 갈등을 피하기 위한 안전보장을 소망하고,

상호 우의와 신뢰, 연대를 통한 동아시아와 세계의 평화에 적극적으로 참여하고 기여하기 위해,

1950년 6월 25일 시작하여 1953년 7월 27일 정전된 한반도에서의 전쟁 상태와 1953년 7월 27일 이후 지속된 정전상태의 완전 종결을 선언하고 다시는 한반도에 전쟁의 참상을 결코 되풀이하지 않기 위해 이 협정을 체결함에 있어,

한국과 조선은 쌍방의 관계가 동등한 권리를 갖는 주권국가로서 통일을 지향하는 특수한 정상관계(正常關係)라는 점을 인정하고,

이 협정은 일단은 향후 평화통일이 달성될 때까지 한시적으로 유효함을 인정하면서,

1953年 7月 27日 체결된 「군사정전에 관한 협정」으로 형성된 정전상태를 평화상태로 전환하는 데에 다음과 같이 동의하였다.

제1장 전쟁 종결과 평화의 수립

제1조 (전쟁상태의 종결) 한국, 조선, 미국, 중국은 1950년 6월 25일 시작하여 1953년 7월 27일 정전협정의 체결로 일시 정지되었던 한반도에서의 전쟁상태의 완전 종결을 선언한다.

제2조 (정전상태의 종식) 한국, 조선, 미국, 중국은 1953년 7월 27일 이후 지속된 한반도 정전상태의 완전한 종식을 선언한다.

제3조 (평화의 수립) 이로써 한반도에는 평화가 수립되었다.

제2장 일반 원칙

제4조 (인간존중) 한국, 조선, 미국, 중국은 인간의 모든 기본적 권리를 인정하고 보호하며 존중한다.

제5조 (주권과 체제인정) 한국, 조선, 미국, 중국은 상호 간의 영토, 주권, 체제, 제도를 인정하고 존중한다.

제6조 (내정 불간섭) 한국, 조선, 미국, 중국은 자기 영토 내에서 안전하게 살아갈 권리를 서로 인정하고, 내부 문제에 간섭하지 아니한다.

제7조 (무력사용 금지 및 불가침) 한국, 조선, 미국, 중국은 무력을 사용하여 각각을 파괴·전복·침략하려는 일체의 행위를 하지 아니한다.

제8조 (침략전쟁 포기 및 참여 금지) 한국, 조선, 미국, 중국은 침략전쟁을

부인하며 세계 평화유지에 노력한다.

제9조 (분쟁의 평화적 해결) 한국, 조선, 미국, 중국은 한반도에서의 일체의 분쟁을 대화와 타협을 통한 평화적 방법으로 해결한다.

제3장 경계선, 관할 구역 및 불가침 경계

제10조 (지상경계) 한국과 조선의 지상 경계선과 구역은 「군사정전에 관한 협정」에 규정한 군사분계선과 지금까지 쌍방이 관할하여 온 구역으로 한다.

제11조 (해상경계) 한국과 조선의 해상 경계선과 구역은 앞으로 계속 협의한다. 해상 경계선과 구역은 해상 경계선이 확정될 때까지 쌍방이 지금까지 관할하여 온 구역으로 한다.

제12조 (공중경계) 한국과 조선의 공중 경계선과 구역은 지상 및 해상 경계선과 관할 구역의 상공으로 한다.

제13조 (불가침 경계선) 한국과 조선은 이상의 지상, 해상, 공중 경계선을 불가침 경계선으로 인정하고 준수한다.

제4장 평화지대의 설치

제14조 (평화지대의 설치) 한국과 조선은 기존 비무장지대를 평화지대(peace zone)로 전환한다. 평화지대는 최소한 1953년 7월 27일 합의된 비무장 지대의 범위 이하로 축소될 수 없다.

제15조 (평화지대 무력 배치 및 군사훈련 금지) 한국과 조선은 평화지대를 동아시아와 세계평화의 상징으로 만들기 위한 노력을 공동으로 경주한다.

평화지대에는 일체의 무력을 배치할 수 없으며 평화지대 내에서는 어떠한 군사훈련도 금지된다.

제16조 (평화지대의 관리와 이용) 평화지대의 관리와 이용은 한반도 평화관리 남북공동위원회가 담당한다.

제17조 (평화지대의 구분) 평화지대는 각각 생명, 생태, 평화, 번영, 화해, 치유, 교류, 문화, 청년·교육, 체육, 관광 구역으로 나뉘어 해당목적에 맞게 한반도 평화관리 남북공동위원회가 관리한다.

제5장 무력 불사용 및 위협 포기

제18조 (무력불사용과 위협금지) 한국, 조선, 미국, 중국은 한반도에서 어떠한 경우에도 무력을 사용하지 않으며 무력으로 위협하지 아니한다.

제19조 (무력불사용에 관한 구체적 사항) 한국과 조선의 무력불사용에 관한 구체적 사항은 [남북사이의 화해와 불가침 및 교류·협력에 관한 합의서]의 '제2장 남북 불가침'의 이행과 준수를 위한 부속합의서에 의거하여 이를 이행·준수한다.

제20조 (상호 불가침 및 무력불사용에 관한 구체적 사항의 이행·보장) 한국과 조선의 상호 불가침 및 무력불사용에 관한 구체적 사항의 이행·보장은 한반도 평화관리 남북 공동위원회가 담당한다.

제6장 평화관리기구

제21조 (한반도 평화관리 남북공동위원회) 한반도에서의 분쟁해결 및 평화관리를 위해 현 군사정전위원회는 한반도 평화관리 남북공동위원회로 대체한다. 한반도 평화관리 남북공동위원회는 한국과 조선의 대표로 구성하

며 한반도 분쟁해결 및 평화관리의 제1차적 책임은 이 위원회에게 있다.

第22조 (한반도 평화관리 국제조정위원회) 한반도에서의 분쟁해결 및 평화관리를 보조, 지원, 조정하기 위해 현 중립국감독위원회는 한반도 평화관리 국제조정위원회로 대체한다.

第23조 (한반도평화관리 국제조정위원회의 구성과 역할) 분쟁해결 및 평화관리와 관련하여 한국과 조선 간에 이견이 있을 경우 일방이 한반도 평화관리 국제조정위원회에 조정을 의뢰할 수 있다. 한반도 평화관리 국제조정위원회의 구성과 역할은 본 협정에 근거하여 한국, 조선, 미국, 중국이 협의하여 결정한다.

제7장 군비통제 및 군축

第24조 (군사적 신뢰구축과 군비통제·군축) 한국, 조선, 미국, 중국은 한반도에서의 군사적 신뢰조성 및 군비통제와 군비감축의 실현을 위해 적극 노력한다.

第25조 (군사적 신뢰구축, 군비통제, 군축의 구체사항) 군사적 신뢰구축, 군비통제와 군축의 구체적 사항에는 대규모 부대이동과 군사연습의 상호 통보 및 참관, 군 인사교류 및 정보교환, 대량살상무기와 공격 능력의 단계적 제거, 이행의 상호 검증 문제 등이 포함된다.

第26조 (군비통제와 군축의 담당) 군비통제와 군축에 관한 문제는 한반도 평화관리 남북공동위원회가 담당한다. 단 동 위원회에서 합의되지 않는 사항의 경우 한국과 조선은 합의하에, 또는 단독으로 한반도 평화관리 국제조정위원회에 조정을 의뢰할 수 있다.

제8장 핵 및 대량살상무기의 포기

제27조 (핵 및 대량살상무기의 포기) 한국과 조선은 핵무기의 시험, 제조, 생산, 접수, 보유, 저장, 배비(配備), 사용, 수출을 하지 않으며, 또한 생물학무기, 화학무기 등의 대량살상무기와 중장거리 미사일의 시험, 제조, 생산, 접수, 보유, 저장, 배비, 사용, 수출을 하지 않는다. 미국과 중국 또한 이와 같은 무기를 통해 한국과 조선을 공격하거나 위협하지 않는다.

제28조 (핵무기 포기 및 한반도 비핵화의 담당) 한반도 비핵화에 관한 사항은 국제원자력기구 (International Atomic Energy Agency. IAEA)와 한반도 핵통제공동위원회가 담당한다.

제29조 (대량살상무기 포기 및 통제의 담당) 대량살상무기와 중장거리 미사일 통제에 관한 사항은 한반도 평화관리 남북 공동위원회와 한반도 평화관리 국제조정위원회가 담당한다.

제30조 (국제기구의 감시, 감독, 사찰) 한국과 조선의 핵 및 대량살상무기 포기에 관한 제반 확인 조치들은 한반도 평화관리 국제조정위원회와의 협의를 거쳐 국제기구의 적절한 감시, 감독, 사찰, 검증을 받도록 한다.

제31조 (한반도 비핵화와 외교관계의 단계적 개선) 한반도 비핵화의 진전 정도에 따라 미국 및 한국과 조선은 각각의 수도에 차례대로 상호 동시에 연락사무소, 상주대표부, 공식 대사관을 개설한다. 연락사무소, 상주대표부, 공식 대사관의 개설은 한반도 비핵화의 진전에 대한 사찰과 검증에 조응하여 상호 간에 단계적으로 진행된다.

제9장 전쟁과 정전상태의 종결에 따르는 전후 처리

제32조 (화해와 호양의 정신) 한국, 조선, 미국, 중국은 한국전쟁의 과정에

서 발생한 인적 물적 피해에 대해 상호 이해와 화해, 호양의 정신에 입각하여 국내 국제적 수준에서 법률적 정치적 문제를 제기하지 않는다.

제33조 (인도주의 문제) 한국, 조선, 미국, 중국은 한국전쟁과 정전상태의 기간에 발생한 인도주의적 문제에 대해 특별한 관심을 갖고 조속히 해결될 수 있도록 노력한다.

제34조 (전후 처리 특별위원회) 한국, 조선, 미국, 중국은 전쟁과 정전상태에서 발생한 문제들에 대해 인도주의, 진실과 화해, 치유와 회복의 정신에 입각해 해소될 수 있도록 노력한다. 이를 위해 한국과 조선은 상호 합의 하에 전후처리 특별위원회를 설치할 수 있다.

제35조 (자유왕래의 보장과 거주이전의 자유 제한) 한국과 조선은 모든 구성원들의 자유로운 왕래와 접촉을 실현한다. 그러나 한·조 주민들은 통일이 달성될 때까지 현거주지에서 거주하는 것을 원칙으로 하며, 불가침 경계선을 넘는 거주이전의 자유는 보장되지 않는다.

제10장 타 조약 및 법률과의 관계

제36조 (군사동맹 불가담) 한국과 조선은 본 협정의 정신과 목적에 위배되는 조약과 군사동맹, 국제기구에 참여하지 않는다.

제37조 (타 조약과의 관계) 본 협정은 원칙적으로 한국, 조선, 미국, 중국이 각각 타국과 체결한 기존의 조약에는 영향을 미치지 않는다. 그러나 한반도문제에 관한한 평화체제의 수립을 위해 본 협정의 정신과 내용에 저촉될 수 있는 조약들을 개정하도록 노력한다.

제38조 (국내 법률과 규정의 개정) 한국과 조선은 본 협정의 정신과 내용에 저촉되는 제반 국내 법률과 규정을 개정하도록 노력한다. 이러한 개정노력은 내정불간섭의 범위 내에서 각기 주체적으로 이루어져야한다.

제39조 (외국군대의 주둔) 한반도 내에 외국군의 주둔은 본 협정의 정신과 목적을 구현하고 보장하는 범위 내에서 허용된다.

제11장 정전체제의 평화체제 이행과 정상관계(正常關係)를 위한 기구의 설치와 후속 조치

제40조 (상설협의기구) 한국과 조선은 본 협정의 충실한 이행을 보장하기 위하여 상설협의기구를 설치한다. 상설협의기구는 한·조관계의 종합적 발전을 담보할 정치, 경제, 군사, 사회문화, 경제, 예술, 체육 분야의 공동위원회를 각각 설치 운영한다.

제41조 (상주 대표부) 한국과 조선은 본 협정의 체결과 함께 쌍방의 정부 소재지에 양측 정부를 대표하여 일상적 남북관계를 담당할 상주대표부를 설치한다.

제42조 (평화통일 남북공동회의) 평화협정으로 조성될 평화상태를 장차 평화통일로 발전시키기 위해 한국과 조선은 평화통일 남북공동회의를 설치한다.

제43조 (조선민주주의인민공화국과 미합중국의 정전상태 종식) 본협정의 체결과 동시에 미국과 조선은 상호 주권 존중, 무력불사용, 평화공존의 원칙하에 정전협정 이후 지속되어온 적대관계를 종식한다.

제44조 (조선민주주의인민공화국과 미합중국의 국교수립) 본협정의 체결 이후 미국과 조선은 상호 협상을 통해 조속한 시일 내에 국교를 수립하여 외교관계를 정상화한다. 동시에 쌍방의 수도에 전권대사를 파견한다.

제45조(조선민주주의인민공화국과 중화인민공화국의 국제연합과의 정전상태의 종식) 본협정의 체결과 동시에 정전협정 이후 지속되어온 조선 및 중국의 국제연합과의 정전상태는 종식되었음을 선언한다.

제12장 발 효

제46조 (효력의 발생) 본 협정은 한국, 조선, 미국, 중국이 각기 발효에 필요한 비준 절차를 거쳐 서명하고, 그 정본을 교환한 날부터 효력을 발생한다.

제47조 (유효 기간) 본 협정은 한국과 조선이 통일을 이룩할 때까지 유효하다.

제48조 (유효 기간의 연장) 본 협정은 한국과 조선의 통일 이후에도 한반도에서의 항구적 평화를 위하여 당사국들의 합의 하에 수정, 지속될 수 있다.

제13장 기 타

제49조 (수정·보완) 본 협정은 서명 국가들이 합의에 의하여 추후 수정·보완할 수 있다.

제50조 (일방적 파기 선언) 본 협정의 내용에 관한 어느 일방의 부분, 또는 전면 파기 선언은 어떤 경우에도 유효하지 않다.

제51조 (문서) 본 협정은 한국어, 영어 및 중국어로 기재된 문서를 정본으로 하며, 상호 해석상의 차이가 있을 경우에는 영어본을 우선한다.

202X년 X월 XX일

대한민국 대표 署名　　　조선민주주의인민공화국 대표 署名

미합중국 대표 署名　　　중화인민공화국 대표 署名

Ⅲ. 한반도 평화협정의 기본 철학, 주체, 목표, 범주

먼저 전문의 가장 중요한 점은 평화협정의 주체를 명확히 한 것이다. 대한민국이 한반도 평화협정의 당사자로 참여함으로써 1953년의 정전협정 서명에 불참하여 그동안 한국에 대해 한반도 정전체제와 평화관리의 당자사성 문제가 제기되어온 데 대한 법적 현실적 문제를 완벽하게 해소한다. 갈등의 주체가 평화의 주체가 되지 않는다면 안정적 평화는 불가능하다. 따라서 한국, 조선, 미국, 중국이 모두 참여하는 4자를 한반도 평화협정의 주체와 당사국으로 한다. 미국과 중국을 참여시키는 문제 역시 정전협정과 한반도의 안보 현실을 모두 고려할 때 불가피하다.

가장 기본적인 출발은, 본 평화협정이 추구하는 평화의 목표를 생명, 인권, 자유, 평등, 화해로 제시하며, 인간 존엄성의 추구를 평화의 궁극적 지향으로 설정한다는 점이다. 이는 4개국이 한반도 평화를 통하여 실현하려는 목표 상태와 지향가치를 말한다. 이때 말하는 존엄성(dignity)의 실현은 말뜻 그대로 인간을 상호 간에 신이나 동물이 아닌 인간으로서 받아들인다는 점에서 인류 일반의 궁극적인 평화의 이상을 말한다. 수단적 존재가 아닌 목적적 존재로서의 인간 상호 간의 인식을 말한다.

따라서 "모든 한국인들과 아시아인들과 세계인들의 뜻"을 언급하여 한반도 평화는 한국민들뿐만 아니라 아시아와 세계인들의 공통 목표임을 천명한다. 한반도 평화와 세계평화는 상호 분리 불가능한 동시 목표임을 함의한다. 말을 바꾸면 한반도 평화협정의 한 목표는 세계평화임을 명확히 한다. 즉 지역과 세계평화를 함께 추구하고 지향한다. 나아가 중국과 미국, 아시아와 세계를 언급하여 한반도 평화협정을 아시아와 세계평화를 위협하는 북핵문제 해결 및 북미 국교정상화와 연결시키려는 구상을 담는다. 가교국가이자 교량국가로서 한국문제는 동아시아 전쟁과 평화의 요충적

길목이기 때문이다. 따라서 한반도와 동아시아 평화를 동시에 성취하여 세계평화의 한 초석을 놓는다. 역사적으로 이는, 한반도 평화를 동아시아 영구평화 구상의 확고한 출발점으로 삼았던 안중근(1879-1910) 평화사상의 연장에 놓인다.[8)]

이때 한반도 평화협정에서 말하려고 하는 평화의 근본 속성은 아래의 네 가지를 의미한다. 이는 전쟁 없는 상태라는 기존의 소극적 평화 관념과 이해를 크게 넘는다. 우선 포괄적 평화(comprehensive peace)다. 즉 군사안보와 같은 특정 한 측면, 또는 몇몇 부분에 한정된 길항적이며 불균등한 평화가 아니라 정치, 경제, 군사, 문화, 의식, 역사, 영토… 등의 모든 영역에서 통합적이며 전체적인 평화를 말한다.

둘째는 생산적 평화(productive peace)를 말한다. 빈곤과 불평등, 무위와 소여의 질서가 아닌, 적극적인 생산과 번영을 낳는 평화를 말한다. 평화가 경제요 평화가 번영인 이유다. 미국 헌법의 기초를 닦은 제퍼슨(Thomas Jefferson)의 말을 빌면, "평화는 우리를 확실히 번영으로 이끄는 유일한 것"이다.[9)] 기실 평화(平和)라는 말 자체가 사람(口)들 앞에 벼(禾)를 고르게 준다(平)는 뜻을 말한다. 즉 평화는 번영과 평등이 함께 들어있는 어의다. 평등한 번영을 말한다.

셋째는 정의로운 평화(just peace)를 말한다. 인권침해, 독재, 학살, 불의,

8) 안중근의 한반도와 동아시아의 이중 영구평화 구상에 대해서는 Myung-Lim Park, "A Design of Universal[*Global Civil*] Peace from the Border Country", A Paper Presented to *the International Conference on Commemorating the 70th Anniversary of the End of the World War II: East Asia and the Ideas of Universal Peace* (September. 16-21, 2015. Yonsei University), pp.1-34.를 참조.

9) 제퍼슨에 앞서 이 문제를 확고하게 주장한 사람은 모어이다. Thomas More, *Utopia*, edited by George M. Logan and Robert M. Adams (Cambridge University Press, 1975, 1989) Book I., pp. 33-34.

무력, 악의 추구나 허용을 통한 평화는 궁극적 평화가 아니다. 그러나 평화가 본래적으로 갖는 공존과 관용의 의미에 비추어 정의의 배타적인 추구는 전쟁으로 연결된다는 점에서 둘은 함께 가야 한다. "정의와 평화가 서로 만나야 한다"[10]는 점은 가장 오랜 인류의 소망을 담는다. 따라서 현대의 대표적인 평화이론의 하나인 "평화적 수단에 의한 평화"는 무력불사용을 넘어 정의로운 평화의 범주를 포함해야 한다.[11]

넷째는 항구적 평화(perpetual peace), 즉 영구평화를 말한다. 이 말은 반드시 누천년에 걸친 무한정한 추상적 원칙적 평화를 의미하는 것은 아니다. 여기에서 말하는 영구평화는 제한된 자원 가운데 정부의 전쟁 의지를 공동체의 평화 의지에 종속시키고, 더 나아가 사회의 의지를 이성적인 행동규범에 종속시켜 실현할 수 있다. 이는 칸트(Immanuel Kant)와 함께 '보편 영구평화(a universal and perpetual peace)'를 말한 제임스 매디슨(James Madison)의 이론으로부터 원용하였다. 미국헌법을 통해 내외 두 차원 모두에서 영구평화를 실현하고자 했던 매디슨의 구상은 본 한반도 평화협정의 정신에도 가장 잘 들어맞는다고 하겠다.[12]

이어서 본협정은 포괄적이고 생산적이며 정의롭고 항구적인 평화의 핵심 속성들을 실현하기 위해, 그리고 한반도문제의 역사적 특성을 고려하여

---

10) 『성서-시편』. 85장 10절.

11) Johan Galtung, *Peace by Peaceful Means: Peace and Conflict, Development and Civilization* (Oslo: PRIO, 1996).

12) 루소의 영구평화에 대한 날카로운 비판을 포함하는 매디슨의 탁월한 보편영구평화 주장에 대해서는, James Madison, "Universal Peace", *Writings* (New york: The Library of America, 1999),pp.505-508 ; *Selected Writings of James Madison*, Edited with Introduction by Ralph Ketcham, (Indianapolis/Cambridge: Hackett Publishing Company, Inc., 2006), pp. 216-218. 수 백 년에 한 번씩밖에 전쟁이 없었던 과거 한반도의 고려시대와 조선시대는 다른 나라, 특히 유럽, 중국, 일본에 비하면 거의 영구평화 상태에 가까웠다.

평화의 단계를 설정한다. 즉 평화의 4단계 발전구상으로서 평화창조(peace-making), 평화유지(peace-keeping), 평화강화(peace-enforcing), 평화영구화(peace-perpetuating)로의 심화를 말한다. 따라서 일반적인 전쟁 부재와 평화 유지 차원을 명백히 넘는 상태를 함의한다. 평화상태는 역동적인 발전을 포함하기 때문이다. 물론 그것은 무엇보다 전쟁상태(state of war)와 가장 반대된다. 전쟁상태는 자연상태(*status naturalis*)와 폭력상태를 말하기 때문이다.[13]

정전협정이 전제한, 전쟁의 잠정중단을 의미하는 정전상태(state of armistice) 역시 평화상태는 아니다. 만약 우리가 정전상태를 평화상태로 여겨야 한다면, 그것은 매우 낮고 약한 수준의 소극적 평화(negative peace)라고 할 수 있을 것이다. 동시에 이는 법률상, 또는 사실상의 적대상태(*de jure*/de facto state of hostility)로 볼 수도 있다. 즉 전쟁과 평화 양쪽 모두로의 발전 가능성을 갖고 있는 중간상태를 말한다. 이 문제에 대한 보편적인 근거를 제시한 칸트의 평화 이론도 정전상태를 평화상태로 보지는 않는다.[14]

범위와 관련하여, 한국과 조선을 넘어 동아시아와 세계의 분할선 및 갈등의 전초 역할을 담당해온 한반도에서의 공고한 평화구축은 동아시아와 세계의 연대와 연합을 가능하게 하여 동아시아와 세계평화를 정초하게 할 것이다. 2차대전 이후 서양과 동양에서 세계분단의 최종 경계는 각각 베를린장벽과 휴전선이었다. 따라서 사회주의진영은 정확하게 동독에서 북한까지였다. 독일에서 세계분단선을 둘러싼 전쟁은 도래하지 않았다. 그러나 유럽과 아시아의 세계분할선 중 후자의 한반도는 격렬한 세계전쟁을 치르

13) Kant, Immanuel, Translated by Ted Humphrey, 1983, *Perpetual Peace and Other Essays* (Indianapolis, IN: Hackett Publishing Company), pp. 110-111.

14) 위의 책, p. 107.

고 말았다.

동아시아에서 세계사회주의 진영과 세계자본주의 진영의 세계시민전쟁(global civil war, Weltbürgerkrieg)이 곧 한국전쟁이었던 것이다.[15] 정전협정 역시 당연히 세계협정이었다. 국제공산주의 운동에 대한 한 저명한 저작이 말하듯 한국전쟁의 정전협정이 이미 강대국들 사이의 세계합의(world agreement)였다. 자신이 국제공산주의 운동의 지도자였던 저자는 베를린위기와 한국전쟁을 세계전쟁으로 발전할 뻔했던 두 개의 가장 심각한 사태로 보고 있다. 맞다. 그러나 자유진영 대 공산진영의 유럽에서의 대치선이었던 베를린 위기가 교착상태로 귀결되었음에 반해, 한국전쟁은 냉전의 가장 심각한 핵심 충돌이었다. 그러한 세계대결이 세계합의를 통해 세계균형(world balance)을 이끌어내었던 것이다.[16]

15) 한국전쟁을 세계학계의 기존의 두 시각이었던 내전과 국제전 관점 모두를 지양하고 세계시민전쟁으로 해석할 때의 개념과 이론은, 세계시민 사이의 내전을 의미하는, 칼 슈미트, 에른스트 융거, 지그문트 노이만, 한나 아렌트의 이론을 따른다. Carl Schmitt, *The Leviathan in the State Theory of Thomas Hobbes: Meaning and Failure of a Political Symbol*, George Schwab and Erna Hilfstein (trans.) (Westport, Connecticut: Greenwood Press, 1938, 1996), p. 48; Carl Schmitt, *The Nomos of the Earth in the International Law of the Jus Publicum Europaeum*, G. L. Ulmen (trans.) (New York: Telos Press Publishing, 1950, 2006), p. 296; Ernst Jünger, *The Peace*, Stuart Hood (trans.) (Hinsdale, Illinois: Henry Regnery Company, 1944, 1948.), p. 24; Sigmund Neumann, "The International Civil War", *World Politics*, Vol. 1, no. 3(April 1949), pp. 333~350; Hannah Arendt, *On Revolution* (Penguin Books, 1963, 1965), p. 17.). 즉 한국전쟁은 한반도에서 한국인들 사이의 전쟁이 세계 자본주의 진영과 사회주의 진영, 자유세계와 공산세계 사이의 세계시민으로서의 전쟁을 그 자체로서 내포하고 있었던 것이다. 한국전쟁해석의 세계시민전쟁론에 대한 입론은, Myung-Lim Park, "Der Koreakrieg"(The Korean War), in Lee Eun-Jeung / Hannes B. Mosler (Hrsg.), *Länderbericht Korea [BPB Country Report: Korea]* (Bonn: Bundeszentrale für Politische Bildung, 2015) (in German), pp. 67-81.; 박명림, "우리시대 한국의 세계(사)적 향방 -- 평화와 통일", 『문화의 안과 밖 제8권; 시대상황과 성찰 -- 공동체의 삶』 (민음사,2016), pp. 233-281을 참조.

16) Claudin, Fernando. 1975, *The Communist Movement: From Comintern to Cominform: Part Two - The Zenith of Stalinism* (New York, NY: Monthly Review Press), pp. 576-590.

그러니 한반도를 정전상태에서 평화상태로 전환하기 위해 정전협정을 대체하는 평화협정 역시 본질상 국제합의일 수밖에 없다. 목표 역시 한반도 평화를 넘어 세계평화를 동시에 추구하지 않을 수 없는 것이다. 나아가, 기존에 존재하던 세계균형이 사회주의 붕괴와 냉전해체로 인해 지난 세기 말 해체되었음을 유념할 때, 그리하여 과거의 군사적 균형을 회복하려고 시도한 것이 북한의 핵개발이었음을 고려할 때, 한반도 평화협정은 당연히 정전체제와 북핵체제 둘을 모두 넘어 새로운 평화공존을 목표로 하지 않으면 안 되는 것이다.

즉 한반도 문제는 민족차원을 넘는 세계의 적대상태였다. 때문에 그러한 세계적대상태의 극복인 한반도 평화상태의 도래는 동아시아와 세계평화상태의 한 결정적인 세계적 장애가 제거되었음을 뜻한다. 한반도에 세계시민평화(global civil peace) 상태의 도래를 말한다. 그리하여 우리는 핀란드 문제와 독일분단 문제와 오스트리아 문제 해결을 통해 자국 내부의 평화정초를 넘어 유럽과 세계평화를 안내한 2차대전 이후의 핀란드인들, 오스트리아인들, 독일인들의 경로와 지혜를 한국의 비교 준거로서 고려할 수 있을 것이다. 여기에는 한국전쟁이, 세계냉전의 열전화로 인한 한국인들의 피해였다는 전통적 피해사관을 넘어, 피해자인 동시에 세계인과 세계평화에 대한 가해자라는, 깊은 자기성찰과 세계인들에 대한 평화실천의 의미를 담는다. 궁극적으로 한반도 평화사관은, 피해사관-가해사관의 이분법을 넘어 전혀 다른 새 지평으로 나아가야 한다.

본협정은 한반도에서 한국인들과 세계인들의 항구적인 세계시민평화상태를 추구하기에 4개국 사이의 상호 주권의 인정은 최소한의 기본 출발일 수밖에 없다. 따라서 특별히 두 주권국가 한국[남한]과 조선[북한]의 국가성격을 명확히 규정하고 있다. 한국과 조선은 ① 동등한 권리를 갖는다. ② 사실상의 주권국가다. ③ 통일을 지향한다. ④ 특수한 정상적 국가관계다.

분단되었으되 일반적인 관계라는 점을 강조하여 분단만 강조하는데서 오는 기존의 예외주의와 특수주의를 넘어선다. 동시에 두 국가가 국제연합 회원국으로서 독립된 주권국가라는 점을 인정한다. 즉 평화상태 하의 독립 공존을 말한다.

한국과 조선의 실체 및 관계에 대한 기존의 상호 규정이었던 "잠정적인 특수관계"가 내장한 적대관념과 통일주의를 모두 극복하고 상호 인정과 평화공존을 추구하기 위한 법적 관계의 재설정이랄 수 있다. 즉 "쌍방 사이의 관계가 나라와 나라 사이의 관계가 아닌 통일을 지향하는 과정에서 잠정적으로 형성되는 특수관계"[17]라는 규정은, 한국과 조선 서로의 국가성, 입헌성, 주권성, 정상성(正常性)을 부인하는 대신 상호 예외성, 분단성, 비정상성, 잠정성을 전제하기 때문에 평화상태의 도래와 함께 더 이상 유효하지 않은 것이다. 한국과 조선이 유엔회원국으로서 국가의 영토보전이나 정치적 독립(the territorial integrity or political independence of any state)에 관한 유엔헌장 2조4항의 적용을 받는다는 점도 매우 중요하다.[18]

이 점은 한국사회에서 본격적으로 논의할 필요가 있다. 이를테면 대한민국 헌법 제3조 "대한민국의 영토는 한반도와 그 부속도서로 한다."와 제5조2항 "국군은 국가의 안전보장과 국토방위의 신성한 의무를 수행함을 사명으로 하며, 그 정치적 중립성은 준수된다."를 결합하면, 헌법상 대한민국의 국토인 조선민주주의인민공화국 영토까지 대한민국 국군이 방위하는 감당할 수 없는 헌법적 모순이 발생한다. 영토조항에 관한 한 본 평화협정이 전제하는 단서조항의 삽입을 통해 헌법적 당위와 헌법적 현실 사이의

---

17) '남북 사이의 화해와 불가침 및 교류 · 협력에 관한 합의서'(남북기본합의서)의 전문.(1991년 12월 13일 합의. 1992년 2월 19일 발효), 『남북한 합의문건 총람』(국가정보원, 2005), pp. 335-337.

18) http://www.un.org/en/sections/un-charter/chapter-i/index.html

이러한 극적인 자기모순을 해소하지 않으면 안 된다.

본협정의 시효는 한시적이다(제47조). 이 점은 평화통일을 준비하기 위한 구체적인 기구(평화통일 남북공동회의, 제42조)의 설치에서 보듯, 본문 내의 조문에서도 강조된다. 평화협정의 체결이 통일의 영구포기가 아니라는 점을 함의한다. 즉 한국과 조선의 통일과 함께 본협정의 효력은 일단 소멸한다. 그러나 본협정은 통일 이후에도 한반도에서의 항구적 평화를 위하여 당사국들의 합의 하에 수정, 지속될 수 있다(제48조). 이 점은 한반도 통일과 한반도 평화의 조건과 과제를 명확하게 분리하는 중요한 함의를 담는다. 왜냐하면 한반도에서의 항구적 평화의 건설은 통일 이전과 이후를 구별하지 않고 추구되어야 하는 보편적 목표이기 때문이다.

요컨대 "통일이 곧 평화"라는 민족주의적 언술은 더 이상 유효하지도 실질적이지도 않다. 통일은 평화의 하위개념인 것이다. 게다가 미래 세대의 몫인 통일이 어떤 통일인지에 대해서는 본 평화협정은 의도적으로 명시하지는 않는다. 왜냐하면 한반도의 통일은 한편으로는 재통일(再統一)의 측면을, 다른 한편으로는 신통일(新統一)의 측면을 갖고 있기 때문에, 둘 모두를 함축하기 위해서이다. 다만 한국의 관점에서 볼 때 인권, 자유, 민주주의, 평등, 복지, 평화의 보편적 가치와 국력에서 앞서 있는 한국의 위상을 고려하면 한국 주도의 통일은 당연하다 할 것이다.

먼저 재통일(reunification)은 과거 동일 요소의 단일한 복원을 말한다. 즉 종족, 영토, 언어, 문화의 통일을 말한다. 이 측면에서 두 한국은 역사적으로 장기간 동일하였기 때문에 재통일이랄 수 있다. 그러나 이러한 측면들은 통일의 당위와 조건을 말할 뿐이다. 만약 재통일의 측면만 배타적으로 강조하여 통일을 추구하면 전쟁과 폭력을 초래할 수도 있기 때문에, 이는 결코 바람직한 통일이라고 할 수 없다. 둘째는 신통일(new unification)로서 국가, 국민, 주권, 헌법, 권력의 통일을 말한다. 이 요소들에서 역사상 한국과 조선의 두 국민은 단 한 번도 단일 근대국가, 단일 근대주권의 단일성 원인 적이 없었다. 때문에 한반도 통일은 본질상 재통일이 아닌 신통일이랄 수 있다. 그리고 실질적인 분단과 적대는 이 측면에서 발생한다는 점에서 신통일은 한·조관계의 내용에도 정확하게 상부한다.

Ⅳ. 전쟁상태, 정전상태에서 평화상태로

우선 한반도 평화협정은 한반도에서 두 개의 기존 상태에 대한 확고한 종식을 '평화의 수립'(제3조)으로 선언한다. 이 두 가지 상태의 종식 없는 평화상태는 불가능하기 때문이다. 평화상태(state of peace)는 정전협정의 폐기와 정전상태의 종식을 '함께' 의미한다. 즉 정전협정의 대체에만 그쳐서는 안 된다.

먼저, 제1조에서 협정은 한국전쟁에 대한 확실한 종전을 선언한다. 이로써 일반적 전쟁 사례들처럼 한국전쟁에 대한 별도의 종전선언은 불필요하게 된다. 한국정부가 그동안 적극적으로 추구해오던 종전선언의 합의 역시 필요하지 않게 된다. 한반도에서의 항구적인 평화체제의 구축은 한국전쟁 유산과의 확고한 결별이어야 한다는 점에서, 또 한국전쟁 종전에 대한 합의가 그동안 전연 없었다는 점에서 이 조항이 한반도 평화협정의 제1조에 들어가는 것은 중대한 함의를 갖는다.

물론 평화협정은 한국전쟁 종식을 넘어 정전협정으로 인한 정전상태의 종식을 동시에 함의한다. 즉 한반도 평화협정으로 인한 평화상태는 1953년 7월 27일의 정전협정을 대체하는 차원을 넘어, 이후 지속된 정전상태의 종식이라는 더욱 적극적인 평화상태를 의미한다(제2조). 왜냐하면 정전상태는 전쟁의 부재라는 소극적 평화만이 유지된 상태였기 때문이다. 평화상태는 그러한 소극적 평화조차 넘어 적극적 평화로 나아가지 않으면 안 된다.

다음으로 가장 중요한 일반 원칙은 인간의 권리로서의 평화의 가치가 아닐 수 없다(제4조). 평화의 목적은 궁극적으로 인간과 생명과 인권보호이다. 즉 최적 평화, 최적 평안(*pax optimus*)을 말한다. 그것은 인간실존의 최상의 목표인 영구 최적 상황(*optimum perpetua*)의 창출을 의미한다. 따라서 평화권은 생명권과 인신보호(*habeas corpus*)는 물론 자유권, 참정권, 평등권을 포괄한다. 평화는 당연히 인권을 포괄한다. 따라서 한반도 평화협정과 평화상태의 구축은 정전상태와 남북적대를 이유로 심각한 인권문제를 안고 있는 조선에 대한 강력한 압박을 의미한다. 기존의 진영대결 구도에서 남북관계에 관한한 보수가 인권을 중시하고, 진보가 평화를 중시하는 이분법을 넘어서는 것이다.

따라서 한반도 평화상태는 한반도에서 두 개의 인권국가의 공존을 추구한다. 나아가 이 조항을 일반 원칙의 제1원칙으로 설정하여 체제인정과 존중의 앞에 둠으로써 국가주권(의 존중)이 인간의 기본권을 침해할 수 없음을 명백히 함의하고 있다. 따라서 한반도 평화협정의 체결이 북한독재와 인권탄압에 대한 인정과 수용이라는 비판은 타당하지 않다고 할 수 있다. 인권과 함께 하지 않는 평화는 무의미하며, 평화와 함께 하지 않는 인권은 공허하다. 평화는 민주주의를 통한 인권의 고양으로 나아가지 않으면 안 된다.

인권보장에 대한 기본 전제에 이어 주권과 체제의 4국 사이의 상호 인정은 평화에 당연히 수반된다(제5조). 기존의 남북기본합의서 제1조는 체제에 대한 인정, 즉 "남과 북은 상대방의 체제를 인정하고 존중한다."[19]에 한정되어있으나 평화협정은 영토와 주권과 제도에 대한 상호 인정을 명확히 한다. 이는 4국 전체에게도 해당된다. 평화구축에서 체제인정보다 선제적

19) 국가정보원, 『남북한 합의문건 총람』(서울: 국가정보원, 2005).

으로 필요한 것은 국가 및 국제연합회원으로서 주권에 대한 상호 인정이기 때문이다. 즉 평화협정을 통해 한반도에서 1민족 2국가 체제를 명확히 한다.

또 제도를 추가한 것은, 특정 기구나 단체에 대한 폐지와 철폐요구를 차단하기 위한 것이다. 내부문제에 대한 간섭은 종종 분쟁과 갈등의 요인이 된다. 내부 문제에 대한 불간섭을 설정한 이유다(제6조). 그러나 이 조항은 특정 일방의 집단학살, 내란 또는 붕괴에 준하는 중대 사태의 도래 시점에는 재고될 필요가 있다. 이를테면 조선에서의 급변사태를 말한다. 그러한 상황에서는 인도적 개입이나 평화유지에 대한 또 다른 국제법과 규범을 적용할 필요가 있기 때문이다.

대화와 타협은 민주주의 원리를 넘어 분쟁의 평화적 해결을 위한 근본원칙의 하나다(제9조). 한반도 역시 예외일 수 없다. 기존의 전쟁과 평화 관념과 이론은 세계적으로 두 가지의 극단적인 대립을 보여왔다. 하나는, "전쟁과 평화 사이에는 아무것도 없다(*Inter bellum et pacem nihil est medium*)"는, 키케로(Cicero)와 그로티우스(Hugo Grotius)로 대표되는 고전적인 '분리' 이해였다.[20] 이는 오랫동안 주류 국제법과 국제관계 이론의 근본원칙이었다. 다른 하나는 클라우제비츠(Carl von Clausewitz)에서 레닌(Vladimir I. Lenin)으로 이어지는 "전쟁은 정치의 연속"[21]이라는 '연결' 이해

---

20) Wilhelm G. Grewe, *The Epochs of International Law* (Berlin: Walter de Gruyter, 2000), p. 201

21) 종종 오독을 불러일으키기에 두 원문을 모두 전거한다. "war is not merely an act of policy but a true political instrument, a continuation of political intercourse, carried on with other means.", Karl von Clausewitz. *On War*. Michael Howard and Peter Paret, (Princeton Univ. Press, 1976), p. 87.: "War is the Continuation of Politics by Other' (i.e., Violent) 'Means'. This famous dictum was uttered by Clausewitz, one of the profoundest writers on the problems of war. Marxists have always rightly regarded this thesis as the theoretical basis

였다. 레닌은 클라우제비츠가 말하는 '다른 수단'을 아예 '폭력적' 수단이라고 정식화한다.

그러나 이들 분리와 연결의 두 이해 방식은 모두 오류라고 할 수 있다. 전쟁과 대립되는 관념은 평화와 함께 정치이기 때문이다. 즉 전쟁과 평화 사이에는 정치가 존재한다. 그리고 정치의 요체는 대화와 타협이다. 따라서 제9조에서 말하는 '평화적 해결'은 다른 말로 하면 '정치적 해결'이 된다. 이른바 무력 우위의 원칙이 아니라 정치 우위의 원칙을 말한다. 전쟁과 평화 사이에는 아무것도 존재하지 않는 것이 결코 아니다. 이때 대화와 타협으로 나타나는 정치는 바로 권력을 전제한 동시에 권력 사이의 권력 행위를 말한다. 권력은 본질적으로 폭력과는 다르다.

따라서 전쟁은 정치의 연속이 아니라 정치의 실패의 결과라고 할 수 있다. 반대로 평화는 정치의 성공의 산물이라고 할 수 있다. 즉 정치로서 대화와 타협의 결과가 합의와 공존으로 연결되면 평화가 도래하기 때문이다. 그것은 궁극적으로는 시민의 의사가 존중되는 정치체제의 수립문제와 직결된다. 정치로부터 평화의 공간을 발견한 근대의 이론가들은 바로 공화주의와 평화의 확고한 연결지점을 발견한 공화주의 평화(republican peace)의 토대를 놓은 사람들이었다.

즉 칸트로부터 오늘의 민주평화론을 도출하는 국제학계의 일반적 해석은 장구한 공화주의 평화론에 대한 오류인 것이다. 특히 모어[22], 밀턴[23],

---

of views on the significance of any war. It was from this viewpoint that Marx and Engels always regarded the various wars"(강조는 레닌), V.I. Lenin, "Socialism and War"(1915), in *Revolution, Democracy, Socialism – Selected Writings, V.I. Lenin*. Edited and with an Introduction by Paul Le Blanc, (Pluto Press, 2008), p. 225.

22) More, Thomas. 1975, *More: Utopia* (New York, NY: Cambridge University Press), pp. 17-18.

23) Milton, John. 1660/1915, *The Ready and Easy Way to Establish a Free Commonwealth,*

흄[24], 페인[25], 몽테스키외[26], 매디슨[27]은 칸트[28]와 토크빌[29]과 함께 초기의 공화주의 평화이론가들로 크게 주목받아야 할 것이다.[30] 이러한 보편적인 이론적 전통들을 구체적으로 언명하는 이유는, 한반도 국가들의 체제문제야말로 한반도 영구평화를 고민할 때 가장 중요한 요소의 하나이기 때문이다.

요컨대 한국과 조선처럼 서로 완전히 이질적인 체제들 사이에는 조선이 주장하는 연방체제와 연방을 통한 평화와 통일은 불가능하다. 왜냐하면 몽테스키외가 정확하게 말하듯 "연방국가는 동질국가, 무엇보다도 공화국들

Edited with Introduction, Notes, and Glossary by Evert M. Clark (New Haven, CT: Yale University Press), p. 9, p. 10, p. 34, p. 46, p. 54, p. 100.

24) Hume, David. 1882, "Idea of a Perfect Commonwealth," Thomas Hill Green and Thomas Hodge Grose (eds.), *The Philosophical Works*, Vol.3. (Essays, Moral, Political, and Literary) (Darmstadt, Germany: Scientia Verlag Aalen), pp. 480-481.

25) Paine, Thomas. 1995, *Rights of Man, Common Sense, and Other Political Writtings* (London, UK: Oxford University Press), pp. 1-60.

26) Montesquieu, Charles Secondat. *The Spirit of the Laws* (London, UK: Cambridge University Press, 1989), pp. 132.

27) Madison, James, "Universal Peace," *Writings* (New York, NY: The library of America, 1999).

28) Kant, Immanuel (Author), Ted Humphrey (Translator), *Perpetual Peace and Other Essays* (Indianapolis, IN: Hackett Publishing Company, 1983), pp. 106-143.

29) Tocqueville, Alex de (author), George Lawrence (Translator), *Democracy in America* (London, UK: Fontana Press, 1994).

30) 필자는 이들의 '공화주의 평화론'을 민주평화론(democratic peace)이나 자유주의 평화론(liberal peace)으로 해석하는 오늘의 많은 서구 이론들에는 상당히 동의하기 어렵다. 이에 대해서는 추후에 이론적으로 상론하려 한다. 이는 매디슨과 칸트는 물론 그들의 이론에 기초하여 새 공화국 건설의 철학적 이론적 기초를 놓았던 『페더럴리스트 페이퍼』를 보더라도 명백하다.

로 구성되어야 한다."[31] 한국과 조선의 체제적 이질성은 너무도 크기 때문에 연방을 통한 평화와 통일은 전혀 성공할 수 없는 것이다. 이점에 관한한 인류의 성공적인 연방의 사례들은 예외가 없었다. 주목할 만하게도 한반도에서 평화와 체제의 문제에 대해 최초로 이론화한 것은 한민족공동체 통일방안이었다.[32] 그 구상이 한국의 민주화 이후에 제출되었다는 점은, 본 평화협정의 성취 및 실현과 관련하여 장차 조선의 민주화와 한반도 평화체제 구축문제의 상관성에 대해 깊이 유념하게 한다.

V. 평화지대, 그리고 공동평화와 콘코르디아

한반도 평화협정에서 영토와 경계(선) 문제는 기본적으로 기존의 정전협정을 존중하여 지금까지 한·조 쌍방이 관할하여 온 구역으로 한다(제3장). 이를 인정하는 것이 분쟁 재발을 방지하는 근본이기 때문이다. 북방한계선(NLL: Northern Limitation Line) 역시 마찬가지다.

그러나 비무장지대는 평화협정에서는 정전협정과는 전혀 다르게 접근해야 한다(제4장). 현재 비무장지대는 원래의 설치 목표 및 용어 자체의 뜻과는 달리 오늘의 세계에서 최대 최장 최첨단의 최고 무장지대(MMZ: Most-militarized Zone)로 변전되어 있다. 세계적으로 이토록 많은 병력이 이토록 오래 동안 이토록 가까운 곳에서 대치하고 있는 곳은 한반도의 비무장지대밖에는 없다. 따라서 본협정이 제안한 대로 비무장지대를 평화지대로 설정

31) Montesquieu, Charles Secondat. *The Spirit of the Laws* (London, UK: Cambridge University Press, 1989), p. 132.

32) 효당이홍구선생문집 간행위원회 편, 『이홍구문집 III: 민족공동체와 통일』 (나남출판, 1996),

하여 평화적 이용구역으로 완전한 전환을 시도하지 않으면 안 된다.[33)]

그리하여 한반도 평화체제가 구축될 경우 비무장지대는 세계와 인류의 보고(寶庫)가 될 것으로 판단된다. 한반도 평화지대 구상은 긴 역사를 갖는다. 먼저, 군사정전위원회 유엔군측 수석대표인 로저스(Feliz H.Rogers) 소장은 1971년 6월 12일 제317차 군사정전위원회를 통해 공산 측에게 비무장지대의 평화적 공동이용을 제안하였다. 비무장지대의 평화적 이용에 대한 최초의 제안이었다. 내용은, "쌍방 군인과 무기의 철수, 군사시설의 파괴, 비무장지대의 비무장화, 민간인 영농 보장을 통한 평화적 이용의 도모"를 담고 있었다.[34)] 이는 본래의 비무장 상태의 복원을 넘어, 영농이라는 생산행위와 민간인 활동을 통한 적극적 평화의 내용을 담고 있는 획기적 제안이라고 할 수 있다.

민주화 이후 한국정부는, 노태우 대통령이 유엔연설을 통해 "휴전선 안 비무장지대 안에 '평화시'의 건설"을 제안하였다(강조는 원문 그대로). 한국과 조선으로서는 처음이었다. 구체적인 내용은 더욱 획기적이다. "이 평화시 안에서 헤어졌던 남북의 이산가족들이 자유로이 만나며, 민족문화관·학술교류센터·상품교역장 등을 설치하여 폭넓은 교환·교류·교역을 실시할 수 있을 것입니다(1988년 10월 18일)."[35)] 나아가 노태우 정부의 공식적인 통일정책이었던 한민족 공동체 통일방안에서는 남북연합의 기구와 시설을 비무장지대 안에 '평화구역'을 만들어 설치하고 평화구역은 점차 '통일평화

---

33) 비무장지대의 평화적 이용에 대한 분석에 대해서는, 김명기, "DMZ 평화화의 국제법적 구상", 김인영 김재한 편, 『DMZ - 발전적 이용과 해체』(소화, 1999), pp. 67-98을 참조.

34) 국방정보본부, 『군사정전위원회 편람』(국방정보본부, 1986), p. 345, 『동아일보』, 1971년 6월 12일.

35) "유엔총회연설", 『민주주의와 통일을 여는 길: 노태우 대통령 3년의 주요 연설』(동화출판공사,1991), p. 9.

시'로 발전시켜 나가자고 제안하였다. 평화구역과 통일평화시 역시 획기적인 구상이 아닐 수 없다.[36]

한편 국제학계에서는 대표적인 평화이론가 요한 갈퉁(Johan Galtung)이 한반도 비무장지대의 평화지대화를 주장해온 대표적인 학자이다. 갈퉁은 이 평화지대(zone of peace)를 국제평화지대(international zone of peace)로 선포할 것을 제안하는 동시에 건설적이며 협조적인 적극적 평화의 지대가 되어야 한다고 제안한다.[37] 비무장지대를 평화지대, 또는 세계평화지대(World Peace Zone)로 지정하자는 제안도 있다. 역시 평화지대 개념을 사용하고 있다.[38] 이 두 견해가 말하는 경계지역에서의 평화지대의 설치는 한마디로 연합평화(*Pax Consortia*), 공동평화(*Pax Condominia*)를 구체화 실질화하는 구상이다.

박근혜 정부와 문재인 정부 역시 적극적으로 비무장지대의 평화지대화를 제안한 바 있다. 박근혜 대통령은 이를 '세계평화공원'으로[2013년 5월 8일 미국 상하원 합동회의 연설], 문재인 대통령은 '국제평화지대'[39]로 만들자고 호소한다. 둘은 용어는 약간 다르지만 내용은 거의 같다. 한마디로 민주화와 탈냉전 이후 한국정부는 비무장지대의 평화지대화에 대한 일관된 기조를 지속해왔음을 알 수 있다.

---

36) 이홍구, "한민족 공동체 통일방안의 정책기조와 실천방안", 한국정치학회 편, 『한국정치의 민주화와 통일방안』(을유문화사, 1990), p. 353.

37) 요한 갈퉁(Johan Galtung) 저, 김인영 역. 2000, "DMZ의 Zop화," 김재한 편, 『DMZ Ⅱ: 횡적 분단에서 종적 연결로』(서울: 소화), pp. 201-207.

38) 박명림, "세계평화지대를 지정하자", 『중앙일보』, 2006년 6월 19일). 필자는 앞서 최초의 평화협정안에서도 한반도 평화지대를 제안한 바 있다. 박명림, 2004, "남북평화협정과 한반도평화: 잠정 초안의 원칙, 내용, 비전," 『민주법학』, 25호, p. 291.

39) 청와대. 2018b. "제74차 유엔 총회 기조연설," 9월 26일, http://www1.president.go.kr/articles/4397 (2022/01/15).

이와 같은 평화지대 구상은 남북 사이에 두 번의 합의의 역사를 갖는다. 최초는 [남북기본합의서] 제12조에서 남북 군사공동위원회가 "비무장지대의 평화적 이용문제"를 협의·추진한다고 합의한 것이었다.[40] 아직은 비무장지대의 '평화적 이용' 정도에 머물렀으나, 비무장지대가 한국전쟁의 직접적 산물인 동시에 전후 오랜 군사적 대치의 최전선이었음을 고려할 때 '평화적 이용'에의 남과 북의 합의 자체만 해도 매우 큰 의미를 갖는 것이었다. 두 번째는 정상회담에서의 합의였다. 이때는 남북합의에 처음으로 '평화지대' 개념이 등장한다. 남북 정상 사이에 비무장지대의 평화지대화에 합의한 것은 문재인 대통령과 김정은 국무위원장 사이의 2018년 [한반도의 평화와 번영, 통일을 위한 판문점 선언] 제2조 제1항["…앞으로 비무장지대를 실질적인 평화지대로 만들어 나가기로 하였다."]에서였다. 정상합의로서는 최초였다.[41] '실질적인'이라는 표현까지 들어갔지만 평화지대의 구체적인 내용까지 담고 있는 것은 아니었다.

본협정이 평화지대의 관리를 넘어 '이용'을 덧붙인 이유는, 평화지대의 소극적인 전쟁방지 역할을 넘어 적극적인 평화창조와 평화건설 기능을 수행하기 위한 조항이다(제16조). 여기에는 정례 이산가족상봉, 교류, 회합, 생산, 관광특구, 공동기업, 인력교육, 협력, 영농, 학생 공동수업, 스포츠, 음악, 세계축전, 동물농장, 자연녹지, 생태공원…을 포함한 모든 형태의 평화적 이용을 포괄한다.[42] 따라서 한반도 평화지대를 세밀하게 구분하여 각 구역별로 남과 북이 최고의 공동평화, 공동번영, 공동생태, 공동치유,

40) 국가정보원. 『남북한 합의문건 총람』 (서울: 국가정보원, 2005).

41) 청와대. 2018a, "한반도의 평화와 번영, 통일을 위한 판문점 선언," 제3조 3항, 4월 27일, http://www1.president.go.kr/articles/3138 (2022/01/15)(2022년 2월 20일 접근).

42) 이 문제에 대한 선구적 제안은, 김영명, 김재한 편, 『DMZ- 발전적 이용과 해체』 (소화, 1990) 을 참조.

공동교육, 공동교류의 협력 공간을 창출한다(제17조). 이를테면 평화 구역은 각종 평화축전과 행사를, 화해 구역은 유해발굴 교환 보관을, 치유 구역은 이산가족의 확인 및 상설 상봉 시설, 생태구역은 자연물 보호… 등이 포함된다.

즉 한반도 평화지대는 전체 한반도 평화공동체, 한반도 경제공동체, 한반도 생태공동체, 한반도 화해 공동체, 한반도 치유공동체…의 하나의 연결고리이자 소우주(microcosm)인 것이다. 그리하여 세계 최고의 생태·평화·화해·치유·회복 지대가 되도록 활용한다. 이는 전술한 경계지역에서 인류의 오랜 전통인 연합평화, 공동평화 관념을 원용한 것이다. 인류의 가장 위대한 한 평화이론가의 사상이 통찰한, “모든 계층의 시민들이 죽어 넘어진 그 장소에 화해(Concordia)의 성전”[43]을 세웠던, 그리하여 학살의 장소가 외려 화해의 성소로 승화되는 비약을 적용하려는 시도인 것이다. 물론 이는 비극적인 세계전쟁의 무대였던 한반도 전체를 세계영구평화의 한 중심으로 구축하려는 본 평화협정의 기본 철학에 직결된다.

VI. 평화관리, 한반도비핵화, 그리고 관계 정상화

무력불사용, 불가침, 그리고 위협의 포기는 평화의 기초 중의 기초다. 따라서 제5장은 한국과 조선이 오직 무력을 방어적 목적을 위해서만 사용할 수 있음을 의미한다. 항구적인 평화국가로 가기 위한 중대한 잠정조항의 성격을 갖는다. 그런데 한반도 평화관리의 경우 협정체결 이후에는 한

43) 성 아우구스티누스, 조호연 · 김종흡 옮김, 『하나님의 도성』 (크리스천 다이제스트, 1998, 2016), 제3권 - 25. p. 212.

국이 유엔을 대체하여 조선과 함께 한반도 평화관리의 공동 당사자가 된다. 그동안 정전협정 하의 정전체제 관리가 조선과 유엔·미국으로 되어있던 비정상성을 극복하는 조항이다. 갈등의 당사자가 평화의 당사자가 되지 않으면 안되기 때문이다. 남북의 대표로 구성되는 한반도 평화관리 남북공동위원회는 이를 상징한다.

그러나 한국문제의 국제성에 대한 담보를 위하여 현 중립국감독위원회는 한반도 평화관리 국제조정위원회로 대체한다. 직접 합의가 불가능한 한국과 조선의 이견을 조정하고 타협을 유도하는 역할과 책임을 담보하며, 장기적으로는 평화통일과정의 공동 관리를 담당할 수도 있을 것이다. 만약에 이를 한국, 조선, 미국, 중국으로 구성할 경우 독일문제의 2+4처럼 한국문제의 2+2공식으로 기능할 수도 있기 때문이다.

제7장, 특히 제25조는 군사문제에 관한 한 거의 완전한 상호신뢰를 추구하는 조항이다. 장차 전쟁과 충돌 가능성을 염두에 둔 은폐, 허위합의, 기만을 담은 평화조약은 결코 평화조약이랄 수 없기 때문이다. 칸트의 유명한 "국가간 영구평화를 위한 예비조항 제1조"의 내용은 이 점을 명시한 것이다.[44] 따라서 이 조항은 사실상 영구평화를 위한 핵심조항이 된다.

제8장은 한마디로 한반도 비핵화를 목표로 한다. 북핵문제가 상존하는 한 한반도 평화협정과 평화체제는 실현가능하지 않다. 따라서 북한의 핵과 대량살상무기의 포기는 강조할 필요도 없다. 그럴 때 오늘날 북한의 핵포기 가능성의 난망 및 핵능력의 강화와 함께 한국에서 논의되고 있는 북핵문제에 대한 다섯 가지 대응 구상과 담론들, 즉 자체 핵무장, 전술핵 재배치, 나토식 핵공유. 전략 자산 순환배치, 확장억제 강화 중에, 앞의 셋은 한국과 세계가 북한의 비핵화를 적극적으로 추구하는 한 아직은 가능하지

44) Kant, 1983, pp.107-108.

않은 선택지라고 할 수 있다. 즉 현재로서는 북한의 비핵화를 추구하면서도 실질적인 방어역량의 확보를 위해서는 네 번째와 다섯 번 째 대응의 결합, 즉 전략자산 순환배치와 확장억제 강화의 결합이 가장 현실적인 경로라고 할 수 있다.

그런데 이 장 전체는 기실 본 협정의 제43조, 44조와 필수 교환항목에 해당한다. 이는 또한 사실상 한반도 평화협정·한반도평화체제의 한 궁극적인 목적이기도 하다. 즉 한반도 비핵화—현재 실질적으로는 조선(북한)비핵화— 와 조·미 국교 정상화는 공고한 한반도평화구축을 위해 서로 긴밀히 맞물린 핵심 2제라고 할 수 있다. 말을 바꾸면 오늘날 한반도에서 평화체제는 단순한 정전체제를 넘는데 한정되지 않고, 북핵체제 및 조·미적대체제를 함께 종식하는 것이어야 한다. 정전체제와 북핵체제는 한반도 안보체제(security regime)의 두 요체로서 모두 조선이 산생하였다는 점 —한국전쟁과 북핵개발로 인해—에서 동일하다. 북핵체제는 정전체제의 직접적 파생물로서 평화체제로의 이행과 함께 당연히 폐기되어야 한다.

그런데 정전체제의 법적 군사적 근본 대립구도는 남북과 북·미 대결이기 때문에—한반도에서의 직접적인 한·중, 미·중 대결 구도는 한·중, 미·중 국교정상화 이후 일단 해소되었다—, 평화체제로의 전환은 당연히 두 대결구도의 종식을 의미한다. 즉 한반도 평화협정 체결은 정전체제는 물론 북핵체제와 북·미 대결구도를 동시에 극복·폐기·대체하는 삼중 전환의 의미를 담는다. 말을 바꾸면 미국은 미국-북한 관계 정상화 하나의 카드로서 정전체제와 북핵체제를 동시에 타파하는 이중효과를 얻는 것이다. 반대로 북한은 비핵화 하나로서 정전체제와 북·미적대관계를 동시에 극복하는 것이다.

그러나 평화협정 체결 이후에도 한반도 전체의 방어충분 역량에 대해서는, 미국, 러시아, 중국, 일본이라는 군사강대국들이 위요하고 있는 현실을 고려할 때 또 다른 차원의 심층 논의가 필요한 것이 사실이다. 이는 점증하는 미·중대결, 중국의 대국으로의 부상, 타이완해협의 불안정성, 일본의 재무장 및 주변사태개입 의지를 고려할 때 더욱더 그러하다. 한반도 평화는 이들 요인 모두로부터 커다란 영향을 받기 때문이다. 한반도 평화체제 구축과 조·미 국교정상화 시에 한국과 미국이 한미동맹을 포함하여 깊이 고려해야할 지점이 아닐 수 없다.

제31조는 북한 비핵화의 가장 실질적인 동시에 효과적인 경로로서 비핵화와 북미관계 개선을 상호 대응시키고 있다. 이는 북한의 국제사회 진입의 첩경이라고 할 수 있다. 북한 비핵화의 진전 정도에 따라 합의에 의해 미국 및 남한과 북한은 각각의 수도에 차례대로 외교 관계의 단계를 높여가는 것이다. 즉 상호 동시에 워싱턴과 평양, 그리고 서울과 평양에 연락사무소(liason office), 상주대표부(standing representative), 공식 대사관(official embassy)을 개설한다. 물론 연락사무소, 상주대표부, 공식 대사관의 개설은 북한 비핵화의 진전에 대한 사찰과 검증(28, 29, 30조)에 조응하여 단계적으로 진행된다. 이는 미국과 북한이 각각 상대방에게 요구하는 북한 비핵화와 조·미 적대관계의 종식을 단계적으로 진전·심화·교환하는 방식을 통해 두 주체의 요구를 모두 충족시키고 있다. 현재로서는 두 국가의 불신을 제거하는 가장 효과적인 방식으로 판단된다. 물론 한국에도 해당된다. 북한 비핵화에 따른 미국과 한국의 대북관계 개선 진전에 따라 북일관계 역시 단계적으로 조응하게 된다. 그렇게 될 경우 북한은 한반도 평화체제의 수립과 함께 모든 적대국가와의 관계정상화를 통해 확고한 안전을 담보받게 되는 동시에 국제사회의 완전한 일원이 된다.

Ⅶ. 인도적 전후처리

전쟁과 평화의 문제는 궁극적으로 죽거나 다치거나 살아남은 인간 생명의 문제로 귀결된다. 전쟁의 종식 이후 인도적 전후 처리 문제가 가장 어려운 부분의 하나를 구성하는 이유다. 가공할 폭력이 최악의 적대와 증오를 남기기 때문에 언제라도 재연될 폭발성을 안고 있기 때문이다. 따라서 평화체제가 도래하더라도 당사국들은 원칙적으로 70년 전의 한국전쟁의 과정에서 발생한 인적 물적 피해에 대해 상호 이해와 화해, 호양의 정신에 입각하여 상호 간에 법률적 정치적 문제를 일단 제기하지 않을 필요가 있다. 전시 피해를 규명하고 책임을 추궁할 경우 격렬한 갈등을 다시 불러일으킬 수 있기 때문이다. 따라서 미국의 남북전쟁과 재건시대(1863~1877), 핀란드 건국(1944~1946), 오스트리아 건국(1945~1955), 남아프리카 공화국 아파르트헤이트 극복(1995~1998), 아일랜드 평화협정(1998), 독일통일(1989~1990) 과정의 진실과 용서, 정의와 화해 사이의 교환을 철저하게 고찰하여, 전후 과거사 처리문제는 아무리 신중하고 깊게 접근해도 부족하다.

그러나 한반도 평화체제에서 전시 인도주의 문제의 해결 자체를 배제해서도 안 된다. 그것은 생명의 회복을 추구해야 하는 평화의 원칙에 반한다. 가장 중요한 인도적 전후 처리문제는 아직도 지속되고 있는 이산가족, 미귀환 포로, 납북, 납치, 억류, 유해 발굴과 송환 문제가 포함된다. 한국전쟁의 최대의 비극의 하나인 이산가족문제는 말할 필요도 없고, 특수하게는 남과 북은 물론 미국과 중국의 미발굴 미송환 유해도 포함된다. 한국은 지금까지 유엔군 29구, 북한군 768구, 중국군 959구의 유해를 발굴한 바 있다.[45] 그중 중국군의 경우 이미 2014년 이후 2021년까지 총 8차에 걸쳐 모두 825구의 유해를 송환한 바 있다. 최근 북한 역시 미국에게 총 55개 상자 76명의 유해를 송환한 바 있다. 미국 국방부 전쟁포로·실종자확인국이 2021년에 발표한 통계에 따르면 한국전 참전 미군 전사자 또는 실종자 가운데 아직 신원이 확인되지 않는 인원은 7,556명에 달한다.[46] 물론 너무도 많은 수의 미발굴 실종자와 유해를 갖고 있는 남과 북 사이에도 유해발굴과 송환 작업이 필수적임은 재론할 필요도 없다.

평화체제 아래에서는 이러한 숱한 인도적 문제들에 대해 상호 긴밀한 논의 하에 처리하기 위해서 전후 처리 특별위원회를 설치할 필요가 있다(제34조). 이 기구는 본래의 목적에 맞게 역할을 수행할 경우, 또 한반도 평화지대를 최대한 활용할 경우 과거사처리 문제에 있어 한반도가 세계의 모범적인 사례로 받아들여질 수도 있을 것이다. 그럴 경우 이 기구는 과거치유를 통한 화해와 상생의 결정적인 역할을 수행하게 된다. 그러나 과거사문제는 워낙 폭발적인 의제이기 때문에 아무리 주의해서 다루더라도 살얼음판을 걷듯 조심해야할 것임은 말할 필요도 없다.

또한, 인도주의를 가장 적극적으로 고려하더라도 이중 기준의 적용이 필요한 문제가 존재한다. 그것은 남과 북이 모든 구성원들의 자유로운 왕래와 접촉을 보장하더라도, 불가침 경계선을 넘는 거주이전의 자유는 보장되지 않는다는 원칙을 말한다. 이는 남한과 북한에서 상대지역으로의 급격한 인구이탈을 막으려는 조치이다. 이탈지역이나 유입지역이나 심각한 사회문제에 봉착하게 될 것이기 때문이다. 그러나 평화지대의 설치로 인해 이

45) 국방부 유해발굴 감식단 발굴실적. (2022년 2월 20일 검색) https://www.withcountry.mil.kr/cop/withcountry/withExcavateView.do?id=withcountry_020201000000.

46) https://www.voakorea.com/a/korea_korea-politics_dpaa-korean-war-mia-stats/6060496.html (2022년 2월 20일 검색).

산가족 상봉을 포함한, 필요한 인적 교류는 완벽하게 보장된다.

Ⅷ. 국내 법률과의 조응관계: 한국과 조선

제10장은 평화협정이 필수적으로 고려해야 하는 문제인 다른 국가와의 조약과 국내 법률을 다루고 있다. 우선 전자는 원칙적으로 두 주권국가 한국과 조선이 각각 타국과 체결한 기존의 조약에는 영향을 미치지 않는다(제37조). 예컨대 평화협정의 체결로 한미상호방위조약이 영향을 받아서는 결코 안 된다.

외국군대 역시 본 평화협정의 정신과 목적을 구현하고 보장하는 한 허용된다. 요컨대 평화상태 하에서의 미군의 주둔은, 정전상태가 적대상태로 재진입할 가능성을 원천적으로 차단하는, 한반도와 동북아의 평화유지군(peace keeping forces)으로서 필요하다고 할 수 있다. 일종의 역내 균형자 역할을 수행하는 것이다. 주한미군이 한반도 평화유지군의 성격을 갖는 경우 삼중 억제(triple deterrence) 역할을 말한다. 즉 북한의 남한 공격 뿐민 아니라 남한의 북한 공격과 외부의 한반도 공격 역시 저지하는 역할을 의미한다.

역사적으로 중국, 러시아(소련), 일본의 한반도 영토야욕을 경험한 한국민들에게 삼중억제 역할은, 통일보다 평화가 더 중요하다는 '평화우선(primacy of peace) 원칙'의 측면에서 매우 중요하다. 특히 한·미동맹 해체와 주한미군 철수는 동북아에서 국제적 힘의 균형의 해체를 초래하여 외려 일본의 재무장과 중·일 군비경쟁을 포함한 역내 긴장 국면을 초래할 수도 있다. 역설적이게, 한반도 평화체제와 북·미국 교정상화가 달성된다면 주한반도 미군은 중국과 일본견제를 위한 효과적인 지렛대 역할을 수행할게 될지도 모른다.

평화협정체제의 도래와 함께 중요한 것은 한국과 조선 각각에서 국내법률과의 문제이다(제38조). 이 문제에 관한한 한국과 조선은 본협정의 정신과 내용에 저촉되는 제반 국내 법률과 규정을 개정하도록 노력한다. 그러나 이러한 개정노력은 내정불간섭의 원칙 하에 각기 주체적으로 이루어져야 한다. 이미 한국의 경우에는 한 법률의 구체적인 개정과정을 통해 남북관계의 법적 성격에 대해, 특히 국가보안법적 인식의 문제점에 대해 정부 차원에서 예리한 내부 인식의 변화를 보여준 바 있다.

즉 한국 정부 당국은 민주화 이후 탈북자의 증가로 인해 제정된 [귀순북한동포 보호법](1993년)을 [북한이탈주민의 보호 및 정착지원에 관한 법률](1997년)로 개정한 바 있다. '귀순'과 '동포'가 안고 있는 법률적(헌법과 국가보안법)이며 사실적(남북관계)인 문제점을 인식하여 '이탈'과 '주민'이라는 중립적이며 초헌법적인 표현으로 바꾼 것이다. 북한이탈과 북한주민이 '귀순'과 '동포'로 인식되는 한, 북한과의 당국 간 대화와 협상은 물론 반(反)국가단체 북한의 인권유린문제에 대한 통일 이후의 책임 문제 역시 결코 간단한 것이 아니기 때문이다. '귀순'은 [국가유공자 및 월남귀순자 특별원호법](1962년)과 [월남귀순용사 특별보상법](1979년), [귀순북한동포보호법]에 이르기까지 남한을 선택한 북한주민들에 대한 일반적 규정이었었다. 따라서 남한에서 '귀순자', '귀순용사', '귀순동포'가 '이탈주민'으로 전변된 것은 북한체제 자체에 대한 법적 인식의 중대한 변화를 함축하는 것이었다.[47] 남한과 북한에 대한 합법과 불법, 정통과 괴뢰의 양분 인식을 대체한 것이었기 때문이다.

북한의 조선로동당 규약과 형법, 남한의 헌법과 국가보안법은 평화협정

47) 박명림, "북한인권과 한반도 인권체제: 보편과 특수, 가치와 현실의 결합", 『다문화사회연구』, 제9권 2호 (2016), pp. 39-68. 특히 pp. 55-58.

과 관련하여 매우 복잡한 경우에 해당한다. 이들의 일부 조항과 내용은 남한과 북한의 유엔동시가입으로 사실상 국제(법)적 효력을 상실했다. 타국의 내부문제에 법률적으로 개입하고 있기 때문이다. 먼저 과거에 조선로동당 규약 전문은 아래 부분이 크게 문제가 되어왔다. ① "조선로동당은 조선민족과 조선인민의 이익을 대표한다." ② "당면목적은 … 전국적 범위'에서 민족해방 민주주의 혁명과업을 수행함에 있으며" ③ "조선로동당은 남조선에서 미제 침략무력을 몰아내고 온갖 외세의 지배와 간섭을 끝장내며 일본제국주의의 재침책동을 짓부수며 사회의 민주화와 생존의 권리를 위한 남조선 인민들의 투쟁을 적극 지지하며".

그러나 최근 개정된 규약[48]은, ①번은 그대로 존치하였으나 ②번은 삭제한 바 있다. ③번은 "조선로동당은 남조선에서 미제 침략무력을 철거시키고 온갖 외세의 간섭을 철저히 배격하고…"로 수정하였다. ①번은 조선의 범위에 한국이 포함되지 않는다면 언급할 필요가 없으나, 그 반대라면 조선로동당이 여전히 한국민족과 한국국민을 대표한다는 문제를 갖고 있는 것이다. ③번 역시 미군을 침략무력으로 볼 뿐만 아니라 철수대상으로 보고 있다는 점에서, 한미동맹에 대한 간섭을 의미하기 때문에 개폐되지 않으면 안 된다. 더군다나 평화협정에 따라 북·미관계가 정상화된다면 침략무력이라는 규정 자체가 성립될 수 없게 된다.

조선민주주의인민공화국 형법은 제68조(민족반역죄), 제69조(조선민족해방운동탄압죄), 제70조(조선민족적대죄), 제71조(반국가 및 반민족범죄에 대한 은닉죄), 제72조(반국가 및 반민족범죄에 대한 불신고죄) 등이 여전히 폐지 또

48) 『조선로동당 규약 전문』(2021년 1월). 이는 조선로동당 제8차대회에서 채택된 것이다.

는 개정의 대상이 된다.[49] 특히 제69조의 '조국통일운동 탄압죄'나 '조선민족의 이익을 팔아먹은 죄' 등의 폐지는 필수적이다. 만약 한국에서 친북 활동으로 인해 처벌받은 사람들에 대해 합법적으로 법률을 적용하고 집행하였을 경우에도 탄압죄로 처벌(을 요구)할 수 있는 내정간섭 조항이기 때문이다.

한국의 경우 먼저 헌법은 다음의 두 조항이 평화협정 상태에서는 수정 필요성이 제기된다. 물론 두 조항은 헌법 자체적으로도 상호 충돌한다. ① "대한민국의 영토는 한반도와 그 부속도서로 한다(제3조)." ② "대한민국은 통일을 지향하며, 자유민주적 기본질서에 입각한 평화적 통일정책을 수립하고 이를 추진한다(제4조)."

평화협정 조문들과 충돌하는 국가보안법은 제3조(반국가단체 구성), 제6조(잠입탈출), 제7조(고무찬양), 제8조(회합통신), 제10조(불고지) 등이 이에 해당된다. 국가보안법이 아닐지라도 형법[제98조 간첩죄]을 포함한 다른 국가법률체계를 통해 이 조항들은 얼마든지 소기의 목적을 달성할 수 있을 것이다. 한국의 국가보안법에 해당하는 타이완의 동원감란시기 임시조관(動員戡亂時期臨時條款) 폐지는 1991년이었다. 헌법수정 역시 같은 해였다. 타이완에 대한 중국의 하나의 중국 정책과 실질적인 위협, 그리고 국력 격차에 비추어 볼 때 타이완의 정책은 한국으로서는 하나의 준거로서 참조할 필요가 있는 변화였다.

평화통일을 달성한 서독 역시 우리와는 크게 다르다. 서독의 기본법(Grundgesetz, 1949)은 23조 "이 기본법은 우선적으로 바덴, 바이에른, 브레멘, 대베를린, 함부르크, 헷센, 니이더작센, 노르트라인, 베스트팔렌, 라인

---

49) 북한 형법의 해당 조항들에 대해서는, 하태영, "북한형법상 반국가 및 반민족 범죄에 관한 연구", 『동아법학』, 제66호 (2015), pp. 1-70을 참조.

란트, 팔츠, 슐레스비히, 홀슈타인, 뷔르템베르크, 호엔촐레른 지방의 영역에 효력을 가진다. 독일의 다른 부분에 대해서는 독일연방에 편입(Beitritt)한 이후에 그 효력을 발생한다."와 제146조 "이 기본법은 독일 국민의 자유로운 결정으로 의결한 헌법이 시행되는 날에 그 효력을 잃는다."는 조항을 포함하고 있었다. 이 두 조항에서 보듯이 통일 이전 서독의 기본법은 헌법과 다름없는 법이었지만 서독지역에 한하여 통일 이전까지만 유효한 분단헌법이자 과도 헌법이며 잠정 헌법이었다. 서독헌법은 훗날 동서독이 통일국가를 완성할 때 완전한 헌법(Verfassung)을 만들기로 하고 기본법 23조와 146조를 설정했다. 따라서 분단헌법, 분단잠정헌법, 잠정헌법, 과도기헌법, 통일지향헌법이라고 해석된다.[50]

아일랜드는 1998년 체결된 성금요일 협정(Good Friday Agreement, 벨파스트 평화협정)에 따라 한국과 동일한 헌법 제2조 영토조항을 국민투표를 통해 헌법에서 삭제하였다. 아일랜드는 한국과는 달리 서독과 동일하게 헌법 3조에서 제2조 영토조항의 효력을 제한하는 단서조항을 갖고 있는 상태였음에도 불구하고 삭제하였다. 나아가 독립된 주권국가였음에도 불구하고 영국의 한 자치령에 불과한 북아일랜드와 정부 대 정부 차원에서 대등하게 공동기구를 설립할 수 있는 헌법적 기반을 마련했다.[51] 매우 전향적인 조치였던 것이다.

한국 역시 평화협정체제 하에서는, 헌법규범과 헌법현실이 충돌하는 상황을 극복하기 위해 잠정 헌법, 분단 헌법으로 변경할 필요가 있다. 영토조

---

50) 김철수, 『독일 통일의 정치와 헌법』 (박영사, 2004), pp. 23-30, 109-115. 헌법학자 김철수는 서독기본법을 분단헌법, 분단잠정헌법, 잠정헌법, 과도기헌법, 통일지향헌법이라고 규정한다.

51) 김정노, 『아일랜드 평화프로세스』 (늘품플러스, 2015), pp. 349-353.

항의 경우 독일과 아일랜드의 사례를 고려할 때 단서조항의 신설이 바람직하다 할 것이다. 해방 60년, 분단 60년을 맞아 실시한 한 신문의 제헌절 '헌법여론조사'에 따르면, 매우 주목할만한 답변결과가 나온다.[52] 당시 조사는 헌법의 영토조항을 조사항목에 삽입하여 국민과 국회의원들의 여론을 조사하였다. 그 결과 일반 국민의 경우 '이 조항을 그대로 두되, 통일 전까지는 적용하지 않는다는 단서조항을 둬야 한다'는 답변이 44.5%로 가장 많았다. 이 조항을 '수정'해야 한다는 의견은 28.7%, '현행대로 유지'해야 한다는 응답은 단지 21.0%였다. '유지'보다 '변경'이 73.2%로 압도적으로 높았다는 점은, 분단현실에 대한 헌법적 수용이 의사였던 것이다.

반면, 의원들은 '현행 유지'라는 응답이 42.1%로 가장 많았다. 일반 국민들보다 두 배 가까이 높았다. 그다음은 '단서조항 신설'이 26.7%였다. 이 조항을 '수정'해야 한다는 의견은 25.2%를 차지했다. 전체로는 '변경'이 51.9%로 '유지' 42.1%보다는 높았다.[53] 당시 조사는 "통일을 이룰 때까지는 잠정적으로 1953년 7월27일 체결된 정전협정에서 허용된 관할구역으로 한한다"는 단서조항을 제시한 바 있다. 이 단서조항과 내용은 정전협정체제는 물론 평화협정으로 대체된 상태에서는 더욱 필요하고 유효하다.

Ⅸ. 평화협정과 한·조관계, 그리고 국제관계

제11장 [정전체제의 평화체제 이행과 정상관계를 위한 기구의 설치와 후속 조치] 부분에서 가장 중요한 문제인 한국과 조선 각각의 상주대표부의 설치

52) 박명림, "북한인권과 한반도 인권체제: 보편과 특수, 가치와 현실의 결합," pp. 39-68.

53) 『한겨레』, 2005년 7월 18일.

는 남북관계를 사실상 국가 간 외교관계에 준하는 일상적인 정상관계, 즉 한·조관계로 격상하는 것을 의미한다(제41조). 상주대표부를 경계선인 판문점이 아닌 각각의 수도에 설치하는 것도 같은 함의를 갖는다. 또한 양측 정부의 대표를 교환하도록 하여 사실상의 대사에 버금가는 자격과 역할을 수행하도록 한다.[54] 그러나 상주대표부는, 본협정의 제31조가 상정하는 바처럼, 한반도 비핵화에 조응하는 조·미, 조·일 외교관계 정상화가 진행될 경우, 한·조관계 역시 공식 대사관으로 전변될 수 있다.

제43조의 조선민주주의인민공화국과 미합중국의 정전상태 종식 내용은 정전협정의 법률상의 공식 당자사가 (한국과 미국이 아니라) 유엔인 데서 초래되어온, 게다가 전후 지속되고 있는 조·미 적대관계로 인한 조선의 조·미평화협정 주장을 한반도 평화협정을 통해 수용하고 무력화하는 동시에 조·미 적대관계를 공식적으로 청산하기 위한 조항이다. 비록 짧은 하나의 조문에 불과하지만, 이 조항은 매우 복합적인 목표를 갖는다. 미국과 조선의 상호 주권 인정과 존중, 무력불사용과 전쟁포기, 평화공존과 평화상태, 관계 정상화와 국교수립을 모두 포괄한다. 즉 한반도 평화협정 체결은 한·조 평화협정 차원을 넘어 조·미평화조약의 의미를 함께 담는다. 또한 이 조항은, 본 협정의 제8장에 나와 있는 북핵포기에 상응하는 안보 대 안보(security to security), 평화 대 평화(peace to peace)의 교환방식을 상징한다. 즉 상호 안전보장을 통한 평화체제 구축을 말한다. 더이상 북핵포기와 경제지원, 즉 안보와 경제를 교환하는 방식으로는 한반도 비핵화는 불가능하기 때문이다.

---

54) 상주대표부 설치에 대한 체계적인 제안에 대해서는 한반도포럼, 『남북관계3.0: 한반도 평화협력프로세스』(중앙일보, 2012), pp. 43-46의 "남북기본조약 체결과 상주대표부" 항목을 참조.

역사적으로도 북미관계는 쌍방 전쟁 이후 미국으로서는 세계 최장의 적대관계라고 할 수 있다. 미국은 사회주의 종주국 러시아와는 러시아혁명 16년만인 1933년 복교하였다. 두 전범국가 일본 및 서독과는 2차대전 종전 10년도 안 된 한국전쟁 시기 및 직후(각각 1951 및 1952/1954)에 주권을 회복시키고 관계를 정상화하였다. 중국과는 미·중전쟁[한국전쟁] 정전 26년만인 1979년에 수교하였다. 패전의 악몽을 안긴 베트남과는 종전 20년만인 1995년에 수교하였다. 동독과는, 서독의 존재에도 불구하고 종전 29년만인 1974년 수교하였다. 적대관계가 한 세대를 넘은 나라는 하나도 없었다. 전쟁 상대국가들에 대한 미국의 동맹-적대관계의 변동과 국제 우적(友敵)관계 재편에서 장기적 예외는 북한뿐이었다. 미국과 북한의 전후 70년동안의 제재·봉쇄·적대·외교단절은 세계사상 매우 이례적이고 독특한 것이다. 따라서 제31조, 제44조의 조선민주주의인민공화국과 미합중국의 국교수립 조문은 평화협정의 체결에 수반되는 관계정상화를 촉진하기 위한 조항이다.

제45조 [조선민주주의인민공화국과 중화인민공화국의 국제연합과의 정전상태의 종식] 조항은 특별한 함의를 갖는다. 한국전쟁 정전협정에 따라 서명 당사자인 조선 및 중국과 유엔은 1953년 이후 현재까지 정전상태에 놓여있다. 즉 조선과 중국은 한반도에서 유엔과의 전쟁 이후 정전협정 이외에 지금까지 유엔과 어떠한 강화조약이나 평화협정을 맺지 않은 관계로 인해 여전히 정전상태에 놓여있는 것이다. 놀랍게도 이는 중국이 유엔에 가입한 1971년(10월 25일), 그리고 조선이 유엔에 가입한 1991년(9월 17일) 이후에도 지금까지 변함없이 지속되고 있다. 회원국이 상부기구와 문면적인 정전상태를 해소하지 않은 채 가입하였다는 점은 매우 이례적인 것이다. 즉 이 문제는 두 국가의 유엔가입 당시에도 해소되지 않음으로써 회원국가가 해당 국제기구와 지속적으로 정전상태에 놓여있는 초유의 국제법적 예외상

태인 것이다. 한반도 정전협정을 평화협정으로 대체하지 않는 한 이러한 예외성은 해소될 길이 없다.

특히 유엔과 정전상태에 있는 중국이 안전보장 이사회 상임이사국[55]으로서 거부권을 행사하고 있는 상황은 국제법과 국제기구의 역사에 비추어 불합리성의 극치라고 할 수 있다. 유엔 공식기록에 따르면 2022년 현재까지 중국은 유엔 안전보장이사회 상임이사국으로서 모두 16번의 거부권을 행사한 바 있다.[56] 한국전쟁이 산생한 이러한 초유의 국제법적 예외상태를 해소하기 위해서라도, 또 중국과 조선의 유엔회원국 자격 및 중국의 유엔 안전보장 이사회 상임이사국 거부권 행사의 국제법적 정상화를 위해서라도 한반도 정전협정을 평화협정으로 대체할 필요성은 필수적이다.

끝으로 평화협정의 서명 당사국가의 문제가 남아있다. 이는 협정의 주체와 마찬가지로 한국·조선·미국·중국의 4국이 맞다. 필자의 첫 평화협정 초안(2004년)에서는 한국과 조선을 평화협정의 주체 및 서명국가로 하고, 미국과 중국을 하기서명(下記署名)국가로 명기한, 아래와 같은 두 개의 조항들이 포함되어있었다. "제 12 장. 한반도 평화협정의 국제적 보장: 제 41조 (하기 서명) 이상의 평화협정 합의에 대한 남과 북의 충실한 이행을 확인하고 국제적으로 보장하기 위하여 미국과 중국은 본 평화협정에 하기 서명한다. 제 42조 (하기 서명과 당사자성) 미국과 중국의 하기 서명이 두 나라로 하여금 남과 북이 갖는 한반도 평화협정 당사자성과 동등한 자격을 갖는다는 의미는 아니다."[57]

---

55) 1971년 10월 25일 유엔 총회 결정 제2758호. The UN General Assembly Resolution 2758.

56) "Security Council – Veto List "http://research.un.org/en/docs/sc/quick/veto. 2022년 1월 20일 검색).

57) 박명림, "남북평화협정과 한반도평화: 잠정 초안의 원칙, 내용, 비전", 『민주법학』 제25호 (2004), pp. 294-295.

필자가 한반도 평화협정의 최초 제안에서 주체를 한국과 조선으로 분명하게 명기한 이유는, 평화협정안 논의와 제시 초기에는 북한이 정전협정에 대한 교조적 해석을 통해, 남한을 결코 한반도 평화협정과 평화체제의 당사자로 인정·수용하지 않았기 때문이었다. 격렬한 논의와 논쟁 과정에서 북한은 항상 남한을 '통일' '남북관계'의 상대로는 인정하였으나, '평화', '평화문제'의 상대는 오직 미국 뿐이라고 주장하였다. 남한은 한반도 평화문제 논의의 자격이 없다는 완강한 입장이었다. 평화협정이건 평화체제건 동일하였다. 때문에 북한의 주장에 대한 정면 반박과 대응으로서 남한을 직접적인 동시에 북한과 대등한 평화협정의 제일 당사자이자 주체로 포함시킬 필요성이 절실했다. 따라서 최초의 평화협정안은 남북을 두 직접적인 협정당사자로 하고 미국과 중국을 보장자로 하는 '2+2' 방식으로 추진하는 안을 제안하였던 것이다.

그러나 한반도 평화협정과 평화체제 문제가 갖는 본질상, 그리고 그간의 남북 접촉과정에서 평화문제에 관한 북한의 변화를 반영하여, 본 한반도 평화협정의 조문과 내용에 비추어 상기 4국으로 변경되지 않으면 안 된다. 미국과 중국 두 정전협정 서명국가가 한반도 평화협정의 하기서명국가로 참여할 경우, 첫째로 주체상 평화협정이 정전협정의 대체라는 의미를 갖기 어렵고, 둘째로 한국과 조선 두 나라 만의 평화협정일 경우 조선과 미국의 또 다른 평화협정 체결의 필요성이 상존하며, 셋째로 중국 및 조선의 유엔과의 적대관계 청산의 미해결 문제는 여전히 존재하는 등의 문제로 인해 4개국이 동시에 참여하는 형식이 훨씬 더 적절할 것이다.[58]

58) 이 문제에 대한 체계적인 비판과 근거에 대해서는 이삼성, 『한반도의 전쟁과 평화』(한길사, 2018), pp. 733-804를 참조할 수 있다.

X. 맺음말에 대신하여

지금까지 본 연구는 정전협정을 대체하는 한반도 평화협정의 상세한 초안의 제시를 통해 공고하고도 항구적인 한반도 평화체제의 실질적인 경로를 모색하고자 시도하였다. 즉 한반도 평화협정의 조문 하나하나가 갖는 실제 내용과 과제들을 통해 한반도 비핵화, 정전체제의 평화체제로의 이행, 조·미관계 정상화라는 한반도 3중 평화경로를 구체적이면서도 복합적이며 상호 연결적으로 제안하고자 하였다. 궁극적으로는 서로 긴밀히 맞물린 이 세 과제를 동시에 성취하지 않고는 적극적이면서도 지속 가능한 한반도 평화는 달성될 수 없기 때문이다.

말할 필요도 없이 그 전제는 한국과 조선을 한반도에 존재하는 두 개의 주권국가로 인정하는 것이다. 그 점에 비추어 전후 한반도문제의 안전확보와 평화체제를 위한 두 차례의 거시역사적 실기는 매우 중요하다. 첫 번째는 1953년 정전협정 당시 미국·조선·중국의 참여와 한국의 불참이었다. 당시 한국정부의 극단적인 정통성 독점과 반공이념주의로 인한, 최초의 한반도 안보체제[정전협정체제]에의 자발적 불참이었다. 두 번째는 1994년 제네바 기본합의시의 조선·미국 합의와 한국 소외였다. 한국은 두 번째 한반도 안보체제[북핵체제]문제에도 불참하였던 것이다. 두 안보체제의 실패와 한계를 고려할 때 한국의 평화협정과 평화체제의 참여는 필수가 아닐 수 없다.

미국과 국제사회는 북핵문제가 제기되기 이전에 조·미수교를 통한 한반도평화체제 구축의 결정적인 주요 계기들을 모두 망실하고 말았다. 본 평화협정의 제43조에 대한 설명에서 볼 수 있듯 미국이 전쟁의 종식 이후 적대국가와 이토록 장기간 외교관계를 정상화하지 않은 사례는 북한이 유일하다. 데탕트 시기는 물론 특히 사회주의 붕괴와 냉전해체 및 한중-한소수교 시기 동안에 북미적대관계를 해소하였다면, 북핵문제를 포함하여 한반도 평화문제는 크게 양상을 달리하였을 것임에 틀림없다. 본 한반도 평화협정이 북미관계 정상화를 한반도 비핵화과정에 조응하여, 세 핵심 과제를 함께 달성하도록 설정한 연유다.

북핵문제가 고도화하고 있는 오늘의 조건에 더해 점증하는 미·중대결을 고려할 때, 북핵문제를 해소하고 미·중대결이 한반도로 삼투되는 것을 제지할 수 있는 최선의 경로로서 북한 비핵화와 조·미수교를 포함하는 한반도 평화(협정)체제 건설은 더이상 늦출 수 없는 상황이다. 우리는 북핵문제의 등장 이후에도 수차 한반도 핵문제는 물론 평화체제 건설과 조·미관계 정상화의 기회를 놓친 바 있다. 1994년 제네바 기본합의는 물론 그 후 6자회담에서의 공동합의의 이행 실패를 포함해, 서로 맞물린 두 길항요소인 북핵체제와 조·미적대관계는 모두 정전(협정)체제의 산물이라는 점에서 세 요소의 동시 해소가 아니고는 궁극적인 해결의 길은 난망하다. 본 평화협정이 조문의 내용과 절차에서 이 세 층위를 긴밀히 연동하여 제시하고 있는 연유다.

오늘날 우리는 오늘날 한반도 평화협정을 통해 기존의 관념과 질서들을 깨고 한반도 영구평화의 새 지평선을 개척하지 않으면 안 된다. 협정조문의 구체적 내용들이 보여주듯 한반도 평화협정 하나하나의 조항들은 낱낱의 개별 사실과 항목으로 존재하는 것이 아니라 서로 밀접하게 연결되어 한반도 영구평화라는 하나의 전체 목표와 실천의 지반으로 연결되고, 그를 통해 달성될 실제 평화체제는 궁극적 평화상태로 나아가는 거대한 평화 연쇄고리로 자리잡아 동아시아와 세계평화의 한 초석으로 작용할 것임에 틀림없다. 머지않아 탁월한 지도자들과 전문가들의 손에 의해 본 평화협정안이 실제의 한반도 평화협정으로 실현되어 하나의 완벽한 한반도 영구평화 구상 및 동아시아 영구평화 경로로 자리 잡게 되길 소망한다.

〈참고 문헌〉

국가정보원. 2005, 『남북한 합의문건 총람』 (서울: 국가정보원).

국방부 유해발굴감식단. 2021, "국방부 유해발굴 감식단 발굴실적," http://www.withcountry.mil.kr/cop/withcountry/withExcavateView.do?id=withcountry_020201000000. (2022/02/20).

국방정보본부. 1986, 『군사정전위원회 편람』 (서울:국방정보본부).

김동현. 2021, "미 국방부 "최근 신원 확인 한국전 미둔 12명…7556명 아직 못 돌아와"," 『VOA』, 7월 27일, http://www.voakorea.com/a/korea_korea-politics_dpaa-korean-war-mia-stats/6060496.html (2022/02/20)

김명기. 1999, "DMZ 평화화의 국제법적 구상", 김인영 · 김재한 편, 『DMZ – 발전적 이용과 해체』 (서울: 소화): 67-98.

김정노. 2015, 『아일랜드 평화프로세스』 (서울:늘품플러스).

김철수. 2004, 『독일 통일의 정치와 헌법』 (서울: 박영사).

노태우. 1991, "유엔총회연설", 『민주주의와 통일을 여는 길: 노태우 대통령 3년의 주요 연설』 (서울: 동화출판공사).

도경옥 · 안준형, 〈〈한반도 평화협정의 법적 쟁점과 과제〉〉(통일연구원, 2019)

박명림. 2004, "남북평화협정과 한반도평화: 잠정 초안의 원칙, 내용, 비전," 『민주법학』, 25호: 259-297.

______. 2006, "세계평화지대를 지정하자," 『중앙일보』, 6월 19일.

______. 2016a, "우리시대 한국의 세계(사)적 향방 – 평화와 통일", 이재열 · 박명진 · 이태수 · 김문조 · 고세훈 · 박명림 · 이삼성, 『문화의 안과 밖; 공동체의 삶』 (서울: 민음사).

______. 2016b. "북한인권과 한반도 인권체제: 보편과 특수, 가치와 현실의 결합," 『다문화사회연구』, 9권 2호: 39-68.

______. 2018. “한반도 문제의 현황, 진단, 전망: 비핵평화를 위한 사유와 해법” 경제 · 인문사회연구회, 중앙일보, 통일연구원, 한반도평화만들기 공동주최 학술 회의. 〈〈한반도 정세와 북한경제: 쟁점과 전망〉〉 발표논문(2018년 12월 21일. 롯데호텔).
성 아우구스티누스(Saint Augustine) 저, 조호연 · 김종흡 역, 2016, 『하나님의 노성』 제3권-25 (파주: 크리스천 다이제스트).
요한 갈퉁(Johan Galtung) 저, 김인영 역. 2000, “DMZ의 Zop화,” 김재한 편, 『DMZ Ⅱ: 횡적 분단에서 종적 연결로』 (서울: 소화).
이삼성. 2018, 『한반도 전쟁과 평화』 (서울: 한길사).
이홍구. 1990, “한민족 공동체 통일방안의 정책기조와 실천방안,” 한국정치학회 편, 『한국정치의 민주화와 통일방안』 (서울: 을유문화사).
______. 1996, 『이홍구문집 Ⅲ: 민족공동체와 통일』 (파주: 나남출판).
조선로동당. 2021, 『조선로동당 규약 전문』, 조선로동당 제8차대회, 1월.
청와대. 2018a, “한반도의 평화와 번영, 통일을 위한 판문점 선언,” 제3조 3항, 4월 27일, http://www1.president.go.kr/articles/3138 (2022/01/15)
______. 2018b. “제74차 유엔 총회 기조연설,” 9월 26일, http://www1.president.go.kr/articles/4397 (2022/01/15).
______. 2018c, “한반도의 평화와 번영, 통일을 위한 판문점 선언,” 4월 27일, http://www1.president.go.kr/articles/3138 (2022/02/20).
______. 2020, “제75차 유엔 총회 기조연설,” 9월 23일, http://www1.president.go.kr/articles/9213 (2022/01/15).
______. 2021, “제76차 유엔 총회 기조연설,” 9월 22일, http://www1.president.go.kr/articles/11119 (2022/01/15).
하태영. 2015, “북한형법상 반국가 및 반민족 범죄에 관한 연구,” 『동아법학』, 66호: 1-70.

한반도포럼. 2012, 『남북관계3.0: 한반도 평화협력프로세스』(서울: 중앙일보).

'남북 사이의 화해와 불가침 및 교류·협력에 관한 합의서'(남북기본합의서)의 전문(1991년 12월 31일 합의. 1992년 2월 19일 발효), 국가정보원(2005): 335-337.

『동아일보』, 1971년 6월 12일.

『성서-시편』.

조선민주주의인민공화국, 『조선민주주의인민공화국 사회주의헌법』.

『한겨레』, 2005년 7월 18일.

Arendt, Hannah. 1963. *On Revolution* (London, UK: Penguin Books).

Bolton, John. 2020. *The Room Where It Happened-A White House Memoir*(New York, NY: Simon & Schuster).

Clausewitz, Carl von. 1976, *On War* (Princeton, NJ: Princeton University Press).

Claudin, Fernando. 1975, *The Communist Movement: From Comintern to Cominform: Part Two – The Zenith of Stalinism* (New York, NY: Monthly Review Press): 576-590.

Galtung, Johan. 1996, *Peace by Peaceful Means: Peace and Conflict, Development and Civilization* (Oslo, Norway: PRIO).

Grewe, Wilhelm G. 2000, *The Epochs of International Law* (Berlin, Germany: Walter de Gruyter).

Hume, David. 1882, "Idea of a Perfect Commonwealth," Thomas Hill Green and Thomas Hodge Grose (eds.), *The Philosophical Works*, Vol.3. (Essays, Moral, Political, and Literary) (Darmstadt, Germany: Scientia Verlag Aalen).

Jefferson, Thomas. 2009, "Jefferson to George Hammond (May.15, 1793)," Brett F. Woods (ed.), *Thomas Jefferson: Thought on War and Revolution-Annotated Correspondence* (New York, NY: Algora Publishing).

Jünger, Ernst (Author), Stuart Hood (Translator). 1944, *The Peace* (Hinsdale, IL: Henry Regnery Company).

Kant, Immanuel (Author), Ted Humphrey (Translator). 1983, *Perpetual Peace and Other Essays* (Indianapolis, IN: Hackett Publishing Company).

Lenin, V.I. 2008, "Socialism and War(1915)," Paul Le Blanc (ed.), *Revolution, Democracy; Socialism - Selected Writings, V.I. Lenin* (London, UK: Pluto Press).

Madison, James. 1999, "Universal Peace," *Writings* (New York, NY: The library of America).

______. 2006, *Selected Writings of James Maddison* (Indianapolis/Cambridge: Hackett Publishing Company).

Milton, John. 1660/1915, *The Ready and Easy Way to Establish a Free Commonwealth, Edited with Introduction, Notes, and Glossary by Evert M. Clark* (New Haven, CT: Yale University Press).

Montesquieu, Charles Secondat. 1989, *The Spirit of the Laws* (London, UK: Cambridge University Press).

More, Thomas. 1975, *More: Utopia* (New York, NY: Cambridge University Press).

Neumann, Sigmund. 1949, "The International Civil War," *World Politics*, Vol. 1, No. 3: 333-350.

Paine, Thomas. 1995, *Rights of Man, Common Sense, and Other Political Writtings* (London, UK: Oxford University Press).

Park, Myung-Lim. 2015a, "A Design of Universal[Global Civil] Peace from the Border Country," International Conference on Commemorationg the 70th Anniversary of the End of the World War Ⅱ: East ASia and the Ideas of Universal Peace (Seoul, September 16-21).

______. 2015b, "Der Koreakrieg(The Korean War)," Lee Eun-Jeung and Hannes B. Mosler, *Länderbericht Korea* [BPB Country Report: Korea] (Bonn, Germany: Bundeszentrale für Politische Bildung).

______. 2021, "The Korean Peace Agreement and the Korean Peace Regime: A Concrete Draft for Perpetual Peace in Pratice," *Korea Observer*, Vol. 52, No. 2: 313-341.

Schmitt, Carl. G. L,. 1938, *The Leviathan in the State Theory of Thomas Hobbes: Meaning and Failure of a Political Symbol*, (Westport, CT: Greenwood Press).

______. 1950, *The Nomos of the Earth in the International Law of the Jus Publicum Europaeum*, (New York, NY: Telos Press Publishing).

Tocqueville, Alex de (author), George Lawrence (Translator). 1994, *Democracy in America* (London, UK: Fontana Press).

United Nations. 1945, "Charter of the United Nations," *United Nations Office of Legal Affairs*, http://legal.un.org/repertory/art2.shtml (2022/01/15).

UN Security Council, "Veto List,"
http://research.un.org/en/docs/sc/quick/veto (2022/01/20).

Woodward, Bob. 2018, *Fear: Trump in the White House* (New York, NY: Simon&Schuster).

______. 2020, *Rage* (New York, NY: Simon & Schuster).

附記:

본 한반도 평화협정(안)이 작성되기 까지는 오랜 기간에 걸쳐 많은 발표·토론과 수정·보완의 계기가 있었다. 그 과정에서 한국, 북한, 미국, 일본, 중국, 독일(서독과 동독)….의 많은 평화이론가와 평화실천가, 정책결정자들의 조언과 논평을 받았기에 이에 깊은 감사의 마음을 표한다.

특별히 본 평화협정 완성 작업은 사실상 한국통일포럼-한반도포럼의 사반 세기 역사와 궤를 같이한다. 한국전쟁에 대한 공부를 시작한 이래 그것이 남긴 유산인 정전체제를 극복하기 위한 개인적 소망의 구체적 귀결로서, 한국전쟁 정전협정을 대체하는 한반도 평화협정의 현실적 필요성을 느끼고 있을 때 북한 당국자들과의 지속적인 회의에서 공식, 비공식 대화의 제로서 평화협정 문제를 본격적으로 제기할 수 있었기 때문이다. 그것은 이 분야를 공부하는 연구자로서 하나의 큰 기회인 동시에 행운이었다. 지속적인 논의의 장을 만들어주신 백영철 전 한반도포럼 이사장(전 한국통일포럼 회장)께 깊이 감사드린다. 한국통일포럼 및 한반도포럼은 본 한반도평화협정의 모태요 지반이었다. 한국전쟁 이후 당국과 민간을 통틀어 처음 제출된 바 있던 본 한반도 평화협정안은 10년에 걸친 북한 당국자 및 학자들과의 격렬하고도 지속적인 대화와 논쟁이 없었으면 완성이 불가능하였기 때문이다.

처음에 북한 학자 및 당국자들과의 반복적인 대화에서 느낀, (1) 평화의 개념과 상태에 대한 근본적인 차이는 물론, (2) 무엇보다도 한국전쟁의 본질 및 성격과 (3) 한반도 평화의 주체와 경로에 대한 정반대의 해석과 접근은 놀라운 체험이었다. 한국 정부 당국인 통일부에 대한 강력한 적대감을 포함하여, 무엇보다도 남한의 한반도 평화 당사자 및 주체 자격의 인정은 고사하고 아예 남북 사이의 평화논의 자체에 대한 그들의 완강한 거부와 적대 반응은 엄청난 지적 현실적 충격이었다. 첫 만남에서부터 한국을 아예 한반도 평화와 평화협정의 당사자로 결코 인정하지 않는 그들의 근본 인식과 태도는, 모든 국제적인 역사적 자료와 기록을 통해 남침으로 증명된 한국전쟁을 끝끝내 북침으로 왜곡 주장하는 것만큼이나, 필자에겐 거의 절대적인 인식론적 충격이었기 때문이다. 그러나 남한과의 평화논의에 대한 북한의 부인과 부정은 거꾸로 필자에게 한반도 평화협정의 필요성과 완성을 강력히 자극하는 추동력이 되었다.

현재는 과거의 산물이지만, 동시에 현재에 대한 인간들의 인식의 차이와 왜곡은 과거에 대한 그것보다 훨씬 크고 심각하다. 게다가 현재의 역사적 기원을 이루는 과거에 대한 --- 이 경우 오늘의 정전체제의 기원을 이루는 한국전쟁의 발발과 귀결 --- 이해가 완전히 왜곡되어있다면 현재에 대한 왜곡은 더더욱 철저하고 심각하다.

그런 점에서 필자 자신의 핵심 공부주제와 절실한 소망에 대한 북한 학자들과의 격렬하나, 격의 없는 반복 토론은 초학자로서는 단순한 충격을 넘어 다시 오기 어려운 최대의 행운이었다. 그 기회를 적극 활용하여 설득하고 토론하고 논쟁하려는 지난한 노력은 한편으로는 본 한반도평화협정의 완성으로 나타났지만, 다른 한편으로는 (적어도 대화를 진행한) 북한 당국자들이 점차 한국을 한반도 평화와 평화협정의 당사자로 수용하려는 인식 변화로 연결되었다. 만남이 반복되면서 그것은 매우 뚜렷한 전환이자 변화였다. 북한 주요 당국자들 및 최고 이론가들과의 오랫동안의 솔직하고도 반복적인 대화, 때로는 격하게 얼굴을 붉히는 토론과 논쟁이 없었다면 본 평화협정안은 완성될 수 없었다는 점에서, 특별히 원동연, 김경남, 박영철, 박영수, 전금철(전금진), 강정호…. 제씨와의 팽팽한 격론에 대해 착잡하고 미묘한 사의를 표한다. [한반도평화문제 - 협정과 체제를 포함하여 - 에 대한 북한측과의 논의 및 논쟁 과정을 포함하여 이에 대한 상세한 서술은 추후 제

출할 예정이다.]

처음 계기들은 한국통일포럼(남한)과 사회정치학학회(북한)의 제3차, 4차, 5차 [남북해외학자 통일회의] 실무회의 및 대화에서의 필자의 의제 제기로부터 비롯되었다.(1997년 8월 28-31일, 1998년 2월 17-22일, 1999년 10월 25-28일. 베이징) 그러나 북한측은 처음에는 평화협정과 평화체제는 고사하고 정전협정과 정전문제 자체가 남북 대화의 의제가 될 수 없다는 입장이었다. 아예 평화 자체가 남북 대화의 의제가 될 수 없다는 입장이었다. 그들은 남북대화 의제는 오직 통일과 남북관계만 대상이 될 뿐 한반도 평화문제는 북미[조미] 사이에 논의할 사안이라는 확고한 입장을 갖고 있었다. [그러한 주장에 대한 학술적 실천적 대응이 본 평화협정안의 초안이라고 할 수 있는 2004년판 평화협정안이었다.]

북한이 한반도 문제와 한국을 과연 어떻게 인식하고 있는지를, 자료가 아니라 직접 발언과 육성을 통해 생생하게 목도하게 되었을 때, 한국전쟁을 공부하며 이 땅에 영구평화를 꿈꿔온 초학자로서 충격은 당시에 너무도 컸다. 일체의 사실 왜곡에 입각해 그들은 한국전쟁을, 1950년 한국전쟁 발발 직후 소련 정부의 공식언명을 따라, 내전에 대한 미국의 개입으로 보는 것만큼이나 왜곡되게, 당시의 시점에서조차 한국을 국가주권이 결여된 존재로 인식하고 있었다. 한반도 평화와 평화협정의 주체를 자신들과 미국으로 인식하고 있는 오해와 왜곡을 둘러싼 논쟁은 길고도 잦은 만남이 지속되면서 풀릴 수 있었다.

본격적인 평화협정 문안내용 제기는 정전협정 50주년을 맞아 2003년 중국 베이징(2월 28-30일), 북한 평양(3월 21-28일)에서 한국통일포럼과 북한 사회정치학학회의 제6차 회의 실무회의 논의에서의 대화에서였다. 그동안의 오랜 대화에 기초하여 당시의 집중적인 수차의 의견교환을 통해 당해 회의에서 북한 당국자로부터 "통일포럼과 박 선생의 제안과 같은 내용이라면 남측과 평화협정을 못 맺을 이유가 없다"는 답변을 끌어내고는 진행 중이던 조문화작업을 서둘러 부족한대로 마침내 완성하였다.

이후 한국 제주(2003년 8월 22-25일. 제주평화회의)에서 평화협정 초안을 처음 발표한 뒤 일본 큐슈(9월 20-21일 일본 평화학회 큐슈집회 기조발표, 9월 27-28일 일본 동아시아학회 기조발표), 한국 서울(11월 7일. 민주주의 법학연구회 발표)을 거쳐 1차 완성·제출된 바 있다. 이후 2004년 7월 29일-31일에는 금강산에서 한국통일포럼과 북한 사회정치학학회 실무회의에서 북한 당국자들에게 완성된 형태로 처음으로 직접 전달되었다. 이 시점에서는 6.15 공동선언을 포함하여 그동안의 상황 변화와 설득과정을 반영하여 북한 당국자들도 남측이 한반도 평화와 장차 체결될 한반도 평화협정의 당사자가 될 수 있다는 입장을 보여주었다. 개인적으로는 큰 보람을 느끼는 순간이었다.

물론 그후로도 지속적인 수정과 보완 과정을 거쳤다. 금번 수록을 거치면서 필자는 이를 일단 한반도평화협정의 잠정적인 최종 초안으로 제출하고자 한다. 훗날 탁월한 역내 지도자들과 관련 이론가들과 실무 전문가들의 손에 의해 부족한 본 협정(안)이 실제의 평화협정으로 구체화하여 하나의 완벽한 한반도 영구평화 구상 경로로 자리잡게 되길 소망한다. 긴 시간 동안 한국통일포럼과 한반도포럼의 학술이사로서 활동하면서 북한과의 학술회의 준비와 논의, 대화와 논쟁에 지속적인 참여의 기회를 주신 백영철 회장께 다시 한번 깊은 사의를 표한다.

한반도포럼 학술활동

한 반 도 평 화 와 통 일

1. 2011년

1) 한반도 포럼 창립 학술회의

주제 한반도 대전환: 어디로 갈 것인가?

일자 2011년 3월 28일(월)

장소 한국프레스센터 국제회의장

2) 제2회 한반도포럼 학술회의

주제 북한은 어디로 가고 있는가?

일자 2011년 6월 29일(수)

장소 서울교육문화회관

2. 2012년

1) 제3회 한반도포럼 학술회의 2012

주제 김정일 이후 시대의 한반도

일자 2012년 2월 2일(목)

장소 한국 프레스센터 19층 기자회견장

2) 한반도포럼 리포트 2013: 평화와 통일의 대전략 도서 출판

주제 남북관계 3.0: 한반도 평화협력프로세스
"비핵평화협력과 남북기본조약 시대를 열자"

공동필자 백영철(건국대), 권만학(경희대), 김석진(산업연구원), 문정인(연세대), 박명림(연세대), 박영호(통일연구원), 안희창(중앙일보), 유호열(고려대), 이정철(숭실대), 임혁백(고려대), 전봉근(국립외교원), 조동호(이화여대), 조성렬(국가안보전략연구소), 최진욱(통일연구원)

출간일자 2012년 9월 21일

3. 2013년

1) 2013년 5월 한반도포럼 세미나

일자 2013년 5월 10일(금)

장소 그랜드엠배서더호텔 카페드셰프

2) 2013년 6월 한반도포럼 세미나

일자 2013년 06월 28일(금)

장소 그랜드엠버서더호텔 카페드쉐프

3) 2013년 8월 한반도포럼 세미나

일자 2013년 08월 27일(화)

장소 그랜드 엠버서더 호텔 더 킹스

4) 2013년 10월 한반도포럼 세미나

일자 2013년 10월 31일(목)

장소 랜드 엠버서더 호텔 더 킹스

5) 2013년 12월 한반도포럼 세미나

일자 2013년 12월 23일(월)

장소 한국프레스센터 목련실

4. 2014년

1) 한반도포럼 창립 3주년 학술회의

주제 한반도 평화와 통일 - 통일과정을 중심으로

일자 2014년 4월 22일(화)

장소 한국프레스센터

2) 2014년 한반도포럼 학술회의

주제 한반도 긴장완화와 평화구축 방안

일자 2014년 9월 26일(금)

장소 롯데호텔서울

3) 2014년 12월 한반도포럼 세미나

주제 북한 개발협력 추진방향 관련 주요 쟁점

5. 2015년

1) 2015년 한반도포럼 학술회의

주제 박근혜 정부의 대북정책과 남북관계 개선방안

일자 2015년 3월 20일(금)

장소 태평로 프레스센터 외신기자클럽(18층)

2) 한반도포럼·국회 공동회의

주제 남남갈등을 넘어 평화와 통일을 향해 - 지속가능한 대북정책

일자 2015년 6월 8일(월)

장소 국회 의원회관 제2세미나실

주최 「남북관계 및 교류협력 발전 특별위원회」,
「한반도포럼」 공동주최

주관 중앙일보

3) 한반도포럼 학술회의

주제 한반도 긴장 완화와 평화체제 건설

일자 2015년 10월 15일(목)

장소 롯데호텔

6. 2016년

1) 한반도포럼 창립 5주년 기념 학술회의

주제 북핵문제와 한반도 평화

일자 2016년 4월 25일(월)

장소 롯데호텔 가넷스위트

한반도 평화와 통일 2

- 남남갈등을 넘어 비핵평화와 통일을 향해 -

2023년 4월 26일 1판 1쇄

기획 한반도평화만들기·한반도포럼
지은이 백영철 외
펴낸곳 연세대학교 출판문화원
주소 서울특별시 서대문구 연세로 50
등록 1955년 10월 13일(제9-60호)
전화 02) 2123-3378~80
팩스 02) 2123-8673
전자우편 ysup@yonsei.ac.kr
홈페이지 http://press.yonsei.ac.kr
인쇄 (주)동국문화

ISBN 978-89-6850-712-0(94340)
978-89-6850-701-4(세트)

값 55,000원